Dictionary
of
Phrasal Verbs

English-Spanish

Dictionary of Phrasal Verbs

English-Spanish

Esta obra ha sido realizada bajo la iniciativa y coordinación general del editor.

Dirección editorial: Núria Lucena Cayuela

Coordinación y edición: Andrew Hastings

Colaboradores: Isabel Ferrer Marrades, Gemma Gómez Ribalta, Robert Kimpleton, Suzanne McCloskey, Victoria Ordóñez Diví, José Mª Ruiz Vaca, Stephen Smith, Steven Waller.

Informatización: Andrew Hastings

Diseño de cubierta: Francesc Sala

Esta obra ha sido publicada con la ayuda de la Dirección General del Libro, Archivos y Bibliotecas del Ministerio de Educación, Cultura y Deporte.

Reservados todos los derechos. El contenido de esta obra está protegido por la Ley, que establece penas de prisión y/o multas, además de las correspondientes indemnizaciones por daños y perjuicios, para quienes reprodujeren, plagiaren, distribuyeren o comunicaren públicamente, en todo o en parte, una obra literaria, artística o científica, o su transformación, interpretación o ejecución artística fijada en cualquier tipo de soporte o comunicada a través de cualquier medio, sin la preceptiva autorización.

Primera edición: marzo de 2003.

© Chambers Harrap Publishers Ltd, 2000

© Spes Editorial, S.L. 2003
Aribau, 197-199, 3ª planta
08021 Barcelona

e-mail: vox@vox.es
www.vox.es

Published by arrangement with Chambers Harrap Publishers Ltd

Impreso en España – Printed in Spain

ISBN 84-8332-414-8
Depósito Legal: B. 10.750-2003

Impreso por:
LITOGRAFÍA ROSÉS, S.A.
Progrés, 54-60, Pol. Ind. La Post
08550 Gavà (Barcelona)

Índice

Prólogo VII
Abreviaturas usadas en este diccionario IX
Dictionary of phrasal verbs 1
Clases de *phrasal verbs* 434
Las partículas 436
Símbolos fonéticos usados en este diccionario 467

Prólogo

El hablante nativo de inglés no tiene problema alguno con los *phrasal verbs*, no se percata de su complejidad, quizás ni siquiera es consciente de su existencia como fenómeno léxico-sintáctico, puesto que son combinaciones de verbos muy comunes y preposiciones básicas, es decir, palabras que aprendió en el regazo de su madre cuando apenas sabía andar. Constituyen un componente fundamental e integral de su lengua, son tan corrientes que pasan inadvertidos. Tanto los verbos como las partículas suelen ser palabras cortas, muchas veces monosilábicas, por lo tanto, para el nativo, son sencillos. Pero detrás de esa aparente sencillez se esconde una gran complejidad y el alumno extranjero no tiene la misma facilidad que el nativo para manejarlos, pues las combinaciones son muy numerosas, muchas de ellas son polisémicas, y su significado le puede parecer impredecible o aleatorio.

El anglófono no solo los entiende sin problemas, sino que también puede crear intuitivamente nuevas combinaciones, y los demás hablantes le entienden. Para que el alumno extranjero consiguiera un dominio total del los *phrasal verbs* necesitaría la intuición del nativo y una larga exposición al idioma, lo que no es fácil; pero sí puede llegar a comprender los *phrasal verbs* más usuales y a utilizarlos correctamente en sus contextos más normales. Con el fin de que el alumno español se desenvuelva mejor en esta parcela tan básica del inglés, este diccionario presenta una selección muy completa de más de dos mil setecientos phrasal verbs con cuatro mil seiscientos significados y seis mil quinientos ejemplos que ilustran su uso y los contextualizan, todo debidamente traducido al español. A continuación de la sección principal se encuentran una pequeña explicación de la sintaxis de los *phrasal verbs* y una valiosa recopilación de los principales matices que las partículas aportan al verbo. El estudio de esta última sección ayudará al alumno a desarrollar su propia intuición para interpretar el significado de los *phrasal verbs* que encuentre.

Con esta obra no pretendemos que el estudiante español llegue a tener un dominio total y absoluto de los *phrasal verbs*, eso solamente se conseguiría con mucho esfuerzo y años de experiencia, sino que los entienda mejor, que los maneje con más confianza y soltura y que dejen de ser, para él, el misterio impenetrable que quizás hayan sido hasta ahora.

Abreviaturas usadas en el diccionario

AmE	American English
BrE	British English
ESP	especially
sb	somebody
sth	something
vi	intransitive verb
vt insep	inseparable transitive verb
vt sep	separable transitive verb

Dictionary of phrasal verbs

abide [ə'baɪd]
abide by *vt insep* cumplir con *(una promesa)*, atenerse a *(una decisión, una regla)*: *The government undertook to abide by the terms of the treaty*, El gobierno se comprometió a cumplir con las condiciones del tratado.
SYNONYMS: keep to; stick to; observe.
ANTONYMS: flout; defy.

abound [ə'baʊnd]
abound in or **abound with** *vt insep (formal)* abundar en algo, estar repleto de algo: *The island abounds in beautiful scenery*, La isla está repleta de paisajes maravillosos; *This part of town abounds with nightclubs*, Esta parte de la ciudad está llena de locales nocturnos.
SYNONYMS: be full of.

abstain [əb'steɪn]
abstain from *vt insep (formal)* abstenerse de algo o de hacer algo: *His doctor told him to abstain from alcohol*, Su médico le dijo que se abstuviera de tomar alcohol; *Several members of parliament abstained from voting*, Varios miembros del parlamento se abstuvieron de votar.
SYNONYMS: leave off; refrain from *(formal)*.

accede [ək'siːd]
accede to *vt insep (formal)*
1 acceder a algo: *The company has acceded to the strikers' demands*, La compañía accedió a las peticiones de los huelguistas.
SYNONYMS: grant.
ANTONYMS: turn down; refuse.
2 ocupar, acceder a *(un puesto de trabajo, algo)*: *He later acceded to the post of chairman*, Más tarde pasó a ocupar el puesto de presidente.

accord [ə'kɔːd]
accord with *vt insep (formal)* coincidir con algo, estar de acuerdo con algo: *The new legislation does not accord with the constitution*, La nueva legislación no concuerda

con la constitución; ***Her decision accords with commonsense***, Ha tomado una decisión lógica.

SYNONYMS: fit in with; correspond to; correspond with.
ANTONYMS: be at odds with.

account [əˈkaʊnt]
account for *vt insep*
1 explicar algo, dar cuenta de algo: ***I cannot account for his behaviour***, No puedo explicar su comportamiento; ***What accounts for his extraordinary popularity?***, ¿Cómo se explica su gran popularidad?

2 dar cuenta de alguien: ***The fire brigade said everyone in the building had been accounted for***, Los bomberos dijeron que habían encontrado a todas las personas que había dentro del edificio.

3 representar, constituir: ***Fast food accounts for almost one meal in every ten served in the UK***, Una comida de cada diez que se sirven en el Reino Unido es comida rápida; ***Exports account for 35% of revenue***, Las exportaciones representan el 35% de los ingresos.

SYNONYMS: make up; represent; constitute.

4 dar explicaciones de algo, justificar *(una ausencia, un error)*: ***The finance director discovered that $13.7m of funds could not be accounted for***, El director financiero no supo explicar a dónde habían ido a parar los 13,7 millones de dólares de los fondos.

SEE ALSO: budget for.

acquaint [əˈkweɪnt]
acquaint with *vt sep* (to be acquainted with *somebody/something*) *(formal)*.
1 conocer: ***He tells me he is already acquainted with Mr Miller***, Me dice que ya conoce al Sr. Miller; ***Experienced soldiers are fully acquainted with danger***, Los soldados experimentados están muy familiarizados con las situaciones de peligro.

2 (to acquaint *somebody* with *something*) informar a alguien de algo, hacer a alguien partícipe de algo: ***I'll acquaint you with all the details later***, Le informaré de todos los detalles más adelante.

act [ækt]
act for *vt insep*
1 representar a alguien: ***My husband and I have a solicitor who acts for both of us***, Mi marido y yo tenemos un abogado que nos representa a los dos.

SYNONYMS: represent.

2 sustituir a alguien, actuar por alguien: ***In her absence, Jack Morris will act for her in negotiations with Unico Corporation***, En su ausencia, Jack Morris la sustituirá en las negociaciones con Unico Corporation.

SYNONYMS: stand in for, fill in for *(formal)*.

act on or act upon *vt insep*
1 actuar de acuerdo con algo: ***An experienced nurse can act on her own initiative***, Una enfermera con experiencia puede actuar por iniciativa propia; ***In a constitutional monarchy, the Queen acts on the advice of her Prime Minister***, En una monarquía constitucional, la Reina actúa aconsejada por el Presidente del Gobierno.

SYNONYMS: follow.

2 afectar a algo, actuar sobre algo: ***Caffeine acts on the central nervous system***, La cafeína afecta al sistema nervioso central.

act out *vt sep*
  1 exteriorizar algo, manifestar algo: *For him it was a way of acting out his fantasies*, Para él, era una manera de exteriorizar sus fantasías; *Teenagers sometimes act out their frustration by running away*, En ocasiones, los jóvenes exteriorizan su frustración escapándose de casa.
  2 representar *(con gestos, mímica)*: *Children act out in their games the dramas of adult life*, En sus juegos, los niños representan los problemas de la vida adulta.
    SYNONYMS: play out; enact.
act up *vi (informal)*
  1 fallar, no ir bien; hacer el tonto: *The video's acting up, it won't record*, El video no va muy bien: no graba.
  2 dar guerra, fastidiar, no dejar a uno tranquilo, dar el día a uno: *Whenever he doesn't get his way he starts acting up*, Me da el día siempre que no consigue salirse con la suya.
    SYNONYMS: play up *(informal)*.

add [æd]
  add in *vt sep* incluir, añadir: *I'll add in a few paragraphs about her family background*, Incluiré algunos párrafos sobre su familia; *Add in a little chopped parsley before serving*, Añada un poco de perejil picado antes de servir.
  add on *vt sep* añadir algo a algo: *Add on $2.50 for postage and packing*, Añádale 2,50 dólares para gastos de envío y embalaje; *The conservatory was added on later*, El invernadero fue añadido más tarde.
  add to *vt insep* aumentar, contribuir, influir en algo: *The darkness of the night, the rain: it all adds to the atmosphere*, La oscuridad de la noche, la lluvia...; todo ello contribuye a crear el ambiente.
  add together *vt sep*
    1 sumar: *Calculate the costs and add them together*, Calcula los costes y súmalos.
      SYNONYMS: add up; count up; tot up *(informal)*.
    2 mezclar: *Add together the flour and sugar*, Mezcle la harina con el azúcar.
      SYNONYMS: blend.
  add up *vt sep - vi*
    1 sumar: *You've added it up wrong*, Lo has sumado mal.
      SYNONYMS: count up; tot up *(informal)*.
    2 cuadrar: *I've checked the invoices against my records, but the figures don't add up*, He estado revisando las facturas y los números no cuadran.
    3 *(informal)* encajar, tener sentido: *She had no reason to do it, it doesn't add up*, No tenía motivos para hacerlo; lo que ha hecho no tiene sentido.
      SYNONYMS: stand to reason.
  add up to *vt insep*
    1 ascender a algo *(en cifras)*, sumar: *The losses add up to 200,000 euros*, Las pérdidas ascienden a 200.000 euros.
      SYNONYMS: come to; total.
    2 significar, constituir: *I can't see that this adds up to a motive for murder*, No veo que esto tenga que ser un motivo para asesinar.
      SYNONYMS: amount to; constitute.

adhere [ədʰhɪəʳ]
  adhere to *vt insep (formal)*
    1 acatar *(una orden)*, cumplir *(la ley, una promesa)*: *Many Jews adhere scrupulously to*

agree with

Judaic law, Muchos judíos cumplen la ley judía al pie de la letra; ***It is important that staff adhere strictly to the guidelines***, Es importante que el personal siga las directrices al pie de la letra .
SYNONYMS: stick to; abide by; follow.
ANTONYMS: flout.
2 estar de acuerdo con algo *(una creencia, opinión, etc.)*: ***He adheres to the view that children need strict discipline***, Él considera que los niños necesitan disciplina.
SYNONYMS: hold to; stand by.

agree [ə'griː]
agree with *vt insep*
1 estar de acuerdo con alguien: ***I agree with you entirely***, Estoy completamente de acuerdo contigo.
2 *(informal)* sentar bien algo: ***I can't eat raw onion, it doesn't agree with me***, No puedo comer cebolla cruda: no me sienta bien.

aim [eɪm]
aim at *vt insep - vt sep* (to aim at *something/somebody*, aim *something* at *somebody/something*)
1 apuntar hacia algo/alguien: ***I aimed at one of the trees, but the arrow hit the wall beyond***, Apunté hacia uno de los árboles, pero la flecha dio en la pared de detrás.
2 tener algo como objetivo, dirigir algo a alguien: ***Her books are aimed at younger readers***, Sus libros van dirigidos a lectores jóvenes; ***The award is aimed at young, unknown musicians***, El premio está pensado para músicos jóvenes y desconocidos.
3 tener algo como objetivo: ***The new legislation is aimed at protecting tenants***, La nueva legislación tiene como objetivo proteger a los inquilinos.
SYNONYMS: seek.

aim for *vt insep*
1 apuntar hacia, dirigir hacia: ***He was aiming for Swinton on the right wing, but the pass was intercepted***, El pase iba para Swinton en el lateral derecho, pero se lo interceptaron.
2 aspirar a algo, tener algo como objetivo: ***The bank is aiming for 30 new branches by the end of the year***, El banco quiere abrir otras 30 sucursales antes de que finalice el año.
SYNONYMS: aspire to *(formal)*; work towards.

allow [ə'laʊ]
allow for *vt insep* tener presente algo, dejar un margen para algo: ***Their income does not allow for any luxuries***, Sus ingresos no les permiten darse ningún tipo de lujo; ***Allow for traffic hold-ups when planning your journey***, Al planificar su viaje, tenga en cuenta las posibles retenciones.
SYNONYMS: take into account; take account of.

amount [ə'maʊnt]
amount to *vt insep*
1 ascender a algo: ***The income from investments alone amounts to over $300,000***, Sólo los ingresos de las inversiones ascienden a 300.000 dólares.
SYNONYMS: add up to; come to; total.
2 significar, suponer: ***I don't think her explanation amounts to a proper apology***, No creo que su explicación sea una disculpa adecuada; ***Whether we go to Spain***

or Greece, it amounts to the same thing: a relaxing holiday in the sun, Da lo mismo que pasemos las vacaciones en España o en Grecia: tendremos sol y tranquilidad en ambos países.
SYNONYMS: add up to; constitute.

3 representar, constituir, ser: *A few residents wrote angry letters to the papers, but their protest never really amounted to a serious threat to the project*, Unos cuantos vecinos escribieron cartas airadas a la prensa, pero su protesta no llegó a representar una seria amenaza al proyecto.

angle [ˈæŋgəl]

angle for *vt insep* buscar algo, andar detrás de algo: *It was obvious she was angling for sympathy*, Era evidente que lo que buscaba era compasión.
SYNONYMS: fish for.

answer [ˈɑːnsəʳ]

answer back *vt sep - vi* contestar a alguien *(de malos modos)*, replicar: *When your mother scolds you, don't answer her back*, Cuando tu madre te regañe, no le contestes.
SYNONYMS: talk back.

answer for *vt insep*
1 dar cuenta de algo, responder de algo: *I cannot answer for my colleague's actions; that is her responsibility*, No puedo responder de las acciones de mi colega; es responsabilidad suya.
SYNONYMS: take the blame for.
2 responder de/por: *There's no doubt about Tom's commitment to the company, but I cannot answer for the others*, No hay duda del compromiso que Tom tiene con la compañía, pero de los demás no puedo responder.
SYNONYMS: vouch for.

answer to *vt insep*
1 responder ante alguien *(de algo)*, dar cuentas a alguien *(de algo)*: *Christians believe we will answer to God for our actions*, Los cristianos creen que tendremos que responder ante Dios de nuestras acciones.
2 responder a algo, coincidir con algo: *None of the boys answered to the description*, Ninguno de los chicos coincidía con la descripción.

apprise [əˈpraɪz]

apprise of *vt insep (formal)* comunicar, notificar, informar de algo: *The committee has been apprised of the situation*, Se ha informado al comité de la situación.
SYNONYMS: let know about; notify of.

approve [əˈpruːv]

approve of *vt insep* estar de acuerdo con algo, parecer bien algo a alguien: *Medical experts no longer approve of this method of dieting*, Los expertos en nutrición ya no están de acuerdo con este método de adelgazamiento; *He doesn't approve of coarse language*, No le gusta el lenguaje vulgar.

arse [ɑːs]

arse about or **arse around** *vi (vulgar slang)* hacer el tonto, perder el tiempo, juguetear: *Stop arsing around and get on with it!*, ¡Deja de hacer el tonto y ponte a trabajar de una vez!

ask after

SYNONYMS: piss about *(vulgar slang)*; bugger about *(vulgar slang)*; muck about *(informal)*.

ask [ɑːsk]

ask after *vt insep* preguntar por alguien: *I saw Phil in town yesterday; he asked after you*, Ayer me encontré con Phil en el centro y me preguntó por ti; *She asked after my mother's health*, Me preguntó por la salud de mi madre.
SYNONYMS: inquire after.

ask around *vi* preguntar por ahí: *I asked around, but nobody had seen him*, Pregunté a varias personas, pero nadie lo había visto.

ask for *vt insep*
1 pedir: *I asked for a pay rise*, Pedí un aumento de sueldo; *Don't be afraid to ask for help*, No tengas miedo de pedir ayuda.
SYNONYMS: request *(formal)*.
2 preguntar por alguien: *A Mr Davies phoned this morning asking for you personally*, Un tal Sr. Davies llamó esta mañana preguntando por ti.

ask in *vt sep* invitar a entrar, pedir a alguien que entre: *We stood on the doorstep chatting, and all the time I was waiting for her to ask me in*, Nos quedamos hablando en la puerta de su casa y yo estaba todo el rato esperando que me dijera que pasara.

ask into *vt sep* (to ask *somebody* into *something*) hacer pasar a algún sitio: *Arnold asked me into his office*, Arnold me hizo pasar a su oficina.
SEE ALSO: call in.

ask out *vt sep* invitar a salir: *I was expecting you to ask me out*, Esperaba que me invitaras a salir; *I'll ask her out to dinner*, La invitaré a cenar fuera.

ask over or **ask round** *vt sep* invitar *(a venir)* a casa: *Why don't you ask a few of your colleagues over for drinks?*, ¿Por qué no invitas a algunos de tus compañeros de trabajo a tomar algo en casa?; *We've been asked round to my parents' for the evening*, Mis padres nos han invitado a su casa esta noche.

attend [əˈtend]

attend to *vt insep*
1 ocuparse de algo, atender *(algún asunto)*: *I have some business to attend to*, Tengo que ocuparme de unos asuntos.
SYNONYMS: see to; deal with; take care of.
2 atender a alguien: *Are there any customers not being attended to?*, ¿Hay algún cliente sin atender?; *The nurse will attend to your ankle in a moment*, La enfermera se ocupará de tu tobillo enseguida.
SYNONYMS: see to; take care of; look after.

auction [ˈɔːkʃən]

auction off *vt sep* subastar: *Most of the furniture was auctioned off*, Se subastaron casi todos los muebles.

average [ˈævərɪdʒ]

average out *vt sep - vi* calcular el promedio de algo, hacer la media de algo: *When we averaged it out, we found that we'd worked over thirteen hours a day*, Después de hacer cálculos, vimos que habíamos trabajado un promedio de más de trece horas diarias.

average out at *vt insep* alcanzar un promedio de algo: *The losses averaged out at* *over $30,000 per investor*, Las pérdidas ascienden a un promedio de unos 30.000 dólares por inversor.

back [bæk]
  back away *vi* irse para atrás, echarse atrás, retroceder: *The dog snarled and they backed away*, El perro les gruñó y ellos se echaron para atrás.
    SYNONYMS: back off; retreat *(formal)*; withdraw *(formal)*.
  back away from *vt insep* retirarse de algo, no ser partidario de algo: *The union appears to have backed away from strike action*, Al parecer el sindicato ya no es partidario de hacer huelga; *She backed away from criticizing the government outright*, No llegó a criticar al gobierno.
  back down *vi* ceder en algo, dar marcha atrás en algo: *The unions refused to back down over pay and conditions*, Los sindicatos no quisieron ceder en el sueldo y las condiciones; *If we back down on this issue, they'll sense weakness and walk all over us*, Si cedemos en este asunto, verán que aflojamos y nos pisotearán.
    SYNONYMS: give in; yield *(formal)*.
    SEE ALSO: climb down.
  back into *vt sep* (to back into *something*, back *something* into *something*) dar contra algo al dar marcha atrás: *He backed into a lamppost and smashed the rear light*, Al dar marcha atrás, dio contra una farola y rompió la luz trasera.
  back off *vi*
    1 echarse atrás, retirarse: *Brewer pulled out his revolver and the two men backed off*, Brewer sacó el revólver y los dos hombres se echaron atrás; *This is nothing to do with you, so just back off!*, Esto no tiene nada que ver contigo, así que no te metas.
    SYNONYMS: retreat *(formal)*; withdraw *(formal)*.
    2 apartarse, irse para atrás, echarse para atrás: *She backed off when he stretched out his hand*, Él le extendió la mano y ella se echó para atrás.
    SYNONYMS: back away; retreat *(formal)*; withdraw *(formal)*.
  back onto *vt insep* dar a algo por la parte de atrás: *The house backs onto a lane*, La parte trasera de la casa da a un camino.
    SEE ALSO: give onto; open onto.
  back out *vt insep*
    1 echarse atrás, arrepentirse: *They backed out of the agreement at the last minute*, En el último minuto se echaron atrás y se retiraron del acuerdo.
    SYNONYMS: pull out; withdraw.
    SEE ALSO: go back on.
    2 dar marcha atrás, salir dando marcha atrás: *It's dangerous backing out onto such a busy road*, Es peligroso dar marcha atrás en una carretera tan transitada como ésta; *She backed slowly out of the garage*, Salió lentamente del garaje dando marcha atrás.
  back up *vt sep*
    1 apoyar, respaldar: *They had sworn to back up the President no matter what happened*, Habían prometido apoyar al Presidente pasara lo que pasara; *Backed up by a loyal militia, he ruled the country with an iron fist*, Contaba con el apoyo de una milicia fiel para gobernar el país con mano dura.
    2 respaldar *(a una persona)*, corroborar *(una coartada)*: *No-one would back up her story*, Nadie corroboró su historia; *You should send photos of the damage to back up your claim*, Deberías enviar fotos de los daños para respaldar la reclamación.
    SYNONYMS: bear out; support.

3 dar marcha atrás: *You'll have to back up a little so I can open the gate*, Tendrás que dar marcha atrás un poquito para que pueda abrir la puerta.
  Synonyms: reverse.
4 apartarse, echarse para atrás: *The crowd backed up to let him pass*, La gente se apartó para dejarle pasar.
  Synonyms: retreat *(formal)*.
5 hacer una copia de seguridad de algo: *You should back up your crucial files regularly*, Deberías ir haciendo copias de seguridad de los archivos importantes.

bail [beɪl]
bail out *vt sep*
1 pagar la fianza de alguien: *His associate provided the money to bail him out*, Su socio aportó el dinero para pagar la fianza.
2 echar una mano a alguien, ayudar a salir de un apuro a alguien: *His parents never grew tired of bailing him out*, Sus padres siempre estaban allí para sacarle de apuros.
3 achicar: *We tried to bail the water out of the cabin*, Intentamos achicar el agua de la cabina.
4 tirarse en paracaídas: *At the first sign of engine trouble, the pilot's instructions are to bail out*, A la más mínima señal de problemas en el motor, el piloto debe lanzarse en paracaídas.

balance ['bæləns]
balance out *vt sep - vi* compensar, cancelar: *The positive and negative charges balance each other out*, Las cargas positiva y negativa se anulan; *Revenues and expenses have to balance out*, Los ingresos deben compensar los gastos.
  Synonyms: even out; even up.
balance up *vt sep* compensar, ajustar: *The afterlife is seen as a place where the inequalities of this life are balanced up*, El más allá se considera un lugar donde se compensan las desigualdades de esta vida; *We must balance up the budget for the new equipment*, Tenemos que ajustar el presupuesto para la nueva maquinaria.
  Synonyms: even out; even up.

balk [bɔːlk] (Also spelled baulk)
balk at *vt insep* resistirse a algo, resistirse a hacer algo: *I was hoping he'd bend the rules for me, but he balked at the suggestion*, Creía que me haría la vista gorda, pero no le pareció bien la idea.
  Synonyms: demur *(formal)*.

balls [bɔːlz]
balls up *vt sep (vulgar slang)* joder: *Interfering pest! She's ballsed up my filing system*, ¡Pero qué inútil es! Me ha jodido todo el sistema de archivos.
  Synonyms: cock up *(vulgar slang)*; mess up *(informal)*; screw up *(informal)*; bungle.

band [bænd]
band together *vi* juntarse, unirse, asociarse: *The resistance fighters banded together to form a united front*, Los soldados de la resistencia se unieron para formar un frente común.
  Synonyms: team up; join together; unite.
  Antonyms: break up; split up.

bandy ['bændɪ] bandying, bandied, bandied
  bandy about *vt sep* rumorear algo, hacer circular algo: *Several names have been bandied about but no-one has been appointed yet*, Se han barajado varios nombres, pero todavía no se ha nombrado a nadie; *'Ecosystem' is a word you often hear bandied about in semi-learned discussions*, El término 'ecosistema' circula bastante en conversaciones semiespecializadas.

bang [bæŋ]
  bang about or **bang around**
    1 *vt sep* manejar sin cuidado: *This radio's been banged around quite a bit, but it still works fine*, Esta radio ha recibido bastantes golpes, pero todavía funciona bien.
      SYNONYMS: knock about *(informal)*.
    2 *vi* hacer ruido, armar jaleo: *I could hear him banging about in the kitchen*, Lo oía en la cocina haciendo ruido.
      SYNONYMS: crash about.
    3 *vi* moverse y hacer ruido, repicar: *You don't want the bottles banging about in the boot*, No deberías dejar que las botellas vayan dándose golpes en el maletero.
      SYNONYMS: crash about.
  bang down *vt sep* plantar, colocar de golpe: *Ellen banged down her mug, spilling coffee all over the table*, Ellen, furiosa, dio un golpe con la taza en la mesa y derramó todo el café.
    SYNONYMS: slam down.
  bang into *vt insep* chocar contra algo, darle a algo: *The brakes failed and I banged into the car in front*, Fallaron los frenos y le di al coche de delante; *Her kitchen was so small I kept banging into the fridge*, Su cocina era tan pequeña que siempre me estaba dando contra la nevera.
    SYNONYMS: bump into.
  bang on about *vt insep (informal)* dar la lata con algo: *He's always banging on about how kids today have no respect*, Siempre se está quejando del poco respeto que tienen los niños hoy en día.
    SYNONYMS: go on about *(informal)*; harp on.
  bang out *vt sep (informal)*
    1 tocar ruidosamente: *The boys sang raucously while Billy banged out the tune on the piano*, Los chicos cantaban a berridos mientras Billy aporreaba la canción al piano.
    2 escribir a máquina rápidamente; picar rápidamente *(al ordenador)*: *He'd banged out the first chapter by lunchtime*, Para la hora de comer ya había picado el primer capítulo.
    SEE ALSO: dash off.
  bang up *vt sep*
    1 *(slang)* encerrar a alguien: *If she does it again she might well get banged up for a couple of months*, Si lo vuelve a hacer, seguramente la meterán en la cárcel un par de meses.
      SYNONYMS: send down *(informal)*; put away *(informal)*; imprison.
    2 *(vulgar slang)* dejar preñada a alguien: *His dad kicked him out because he got his girlfriend banged up*, Su padre lo echó de casa porque había dejado embarazada a su novia.
      SYNONYMS: knock up *(vulgar slang)*.

bank on

bank [bæŋk]

bank on *vt insep* contar con algo: ***We're banking on good weather for the concert***, Confiamos en que haga buen tiempo para el concierto; ***Don't bank on her train arriving on time***, No cuentes con que su tren sea puntual.
  SYNONYMS: count on; bet on; rely on.

bank up *vt sep*
  1 amontonar, apilar: ***We banked the snow up against the wall***, Amontonamos la nieve contra la pared.
  SYNONYMS: pile up; heap up.
  2 echar bastante carbón a *(un fuego)*: ***Dad banked the fire up every night so that it wouldn't go out***, Todas las noches, papá echaba bastante carbón al fuego para que no se apagara.

bargain ['bɑːgɪn]

bargain for or **bargain on** *vt insep* contar con algo, esperar algo: ***I was hoping for some adventure, but I got more than I'd bargained for***, Me esperaba algo de aventura, pero no tanta; ***We didn't bargain on them changing their mind at the last minute***, No contábamos con que cambiarían de idea en el último minuto.
  SYNONYMS: reckon on.

barge [bɑːdʒ]

barge in *vi* (to barge in; barge in on *somebody*)
  1 irrumpir, entrar sin llamar: ***He just barged in without even knocking***, Entró sin siquiera llamar.
  2 importunar, entrometerse, molestar: ***The children keep barging in on me when I'm talking on the phone***, Los niños no paran de incordiar siempre que hablo por teléfono.
  SYNONYMS: burst in; butt in *(informal)*.

barge into *vt insep* (to barge into *something/somewhere*)
  1 irrumpir en algún sitio: ***He barged into my office without knocking***, Entró en mi oficina sin llamar.
  2 entrometerse, interrumpir: ***He can't stop himself barging into other people's conversations***, Tiene la mala costumbre de entrometerse en las conversaciones de los demás.
  3 chocar contra alguien, tropezar con alguien: ***These louts just barge into you and knock you out of the way***, Estos sinvergüenzas se te echan encima y te apartan a empujones.

barge through *vt insep* - *vi* abrirse paso a empujones: ***A policeman barged through to the front of the crowd***, Un policía se abrió paso a empujones entre la multitud.
  SYNONYMS: push through.

bark [bɑːk]

bark out *vt sep* gritar, decir gritando: ***The Sergeant-Major barked out an order***, El general les gritó furioso una orden.

base [beɪs]

base on or **base upon** *vt sep* (to base *something* on *something*, be based on *something*) basar en algo: ***She bases her theory on the findings of a team of Swiss***

scientists, Su teoría se basa en los descubrimientos de un equipo de científicos suizos; ***The series is based on a very successful novel***, La serie está basada en una novela de mucho éxito.
SEE ALSO: derive from.

bash [bæʃ]
bash about *vt sep (informal)* golpear, pegar golpes a algo: ***I keep the binoculars locked away so the kids don't bash them about***, Tengo los prismáticos bien guardados para que los niños no los destrocen; ***The furniture's been bashed about a bit***, Estos muebles ya han recibido muchos golpes.
SYNONYMS: knock about *(informal)*.

bash on *vt insep (informal)* continuar, meterle caña a algo: ***I must bash on with this report or I'll never get it finished***, Tengo que meterle caña a este informe o no lo terminaré nunca.
SYNONYMS: press on; get on; push on *(informal)*.
ANTONYMS: give up; abandon.

batter ['bætəʳ]
batter down *vt sep* echar algo abajo, derribar algo a golpes: ***He battered the door down with an iron bar***, Echó abajo la puerta con una barra de hierro.
SYNONYMS: break down.

baulk [bɔːk] see **balk**.

bawl [bɔːl]
bawl out *vt sep*
1 vociferar, gritar: ***They stood round the piano bawling out popular songs***, Se reunieron alrededor del piano y se pusieron a berrear canciones populares.
2 *(informal)* gritar, decir algo a gritos: ***She felt bad about bawling out the trainees in front of the whole office***, Se sintió mal por haber gritado a los que estaban en prácticas delante de toda la oficina.
SYNONYMS: tell off; dress down; rebuke *(formal)*.

bear [beəʳ] bearing, bore, borne
bear down on *vt insep* acercarse a alguien amenazadoramente, echarse encima de alguien: ***He saw her figure bearing down on him from the other end of the corridor***, Vio cómo se le venía encima desde la otra punta del pasillo.

bear on or **bear upon** *vt insep (formal)* referirse a algo, tener que ver con algo: ***The report bears upon the quality of medical care***, El informe trata de la calidad de la asistencia sanitaria; ***I don't see how your comments bear on the matter in hand***, No veo qué tienen que ver sus comentarios con el asunto que tenemos entre manos; ***He's studying American foreign policy and how it bears on world trade***, Está estudiando la política exterior estadounidense y cómo influye en el comercio mundial.
SYNONYMS: have a bearing on.

bear out *vt sep* confirmar: ***Her allegations are not borne out by the facts***, Los hechos no confirman sus acusaciones; ***It was an attractive theory, but the results did not bear it out***, Parecía una teoría interesante, pero los resultados no acabaron de confirmarlo.
SYNONYMS: confirm; substantiate.

bear up

bear up *vi* aguantar, llevar: ***She's bearing up wonderfully under the strain***, Está llevando muy bien la presión.

bear with *vt insep* ser indulgente con alguien, tener paciencia con alguien: ***Please bear with me while I get everything ready***, Por favor, tenga un poco de paciencia mientras termino de prepararlo todo.

beat [biːt] beating, beat, beaten

beat down *vt sep*

1 pegar con fuerza, dar de lleno *(el sol)*: ***The noon sun beat down on his uncovered head***, El sol del mediodía le daba de lleno sobre su cabeza descubierta.

2 caer con fuerza *(la lluvia)*: ***They listened to the rain beating down on the roof of the tent***, Escuchaban la lluvia caer sobre el techo de la tienda.

3 conseguir rebajar hasta *(una cantidad)*: ***She wanted $200, but I managed to beat her down to $150***, Pedía 200 dólares pero pude regatearle hasta 150.

SYNONYMS: knock down.

beat off *vt sep* rechazar, repeler: ***Liverpool's defence beat off yet another United attack***, La defensa del Liverpool paró otro ataque del United; ***He tried to attack me but I beat him off with my umbrella***, Intentó atacarme pero me defendí con el paraguas.

SEE ALSO: fend off; ward off.

beat on *vt insep* AME pegar, zurrar, dar leña a alguien: ***He was the kind of kid the others liked to beat on***, Era de esa clase de chico al que siempre le zurraban los demás.

SYNONYMS: beat up.

beat up *vt sep* dar una paliza a alguien, pegar: ***He claimed he'd been beaten up by the police***, Afirmó que la policía le había dado una paliza.

SYNONYMS: duff up *(informal)*; work over *(informal)*; assault.

beat up on *vt insep* AME dar una paliza a alguien, pegar: ***Two guys cornered him in the locker room and beat up on him***, Dos tipos lo arrinconaron en los vestuarios y le dieron una paliza.

beaver [ˈbiːvəʳ]

beaver away *vi* trabajar diligentemente en algo; trabajar mucho: ***The children were beavering away at their handicrafts***, Los niños estaban muy ocupados trabajando en sus manualidades.

SYNONYMS: plug away *(informal)*.

SEE ALSO: slog away.

become [bɪˈkʌm]

become of *vt insep* ser de, ocurrir: ***What has become of Jeremy?***, ¿Qué ha sido de Jeremy?; ***She wondered what would become of the cottage if they sold it***, Se preguntaba que sería de la casa si finalmente la vendieran.

bed [bed] bedding, bedded, bedded

bed down *vi* dormir en algún sitio, acostarse en algún sitio: ***You could always bed down on the sofa***, Siempre puedes dormir en el sofá.

SYNONYMS: doss down *(informal)*.

SEE ALSO: crash out.

beef [biːf]
beef up vt sep (informal) reforzar, fortalecer: *I felt the text needed beefing up a little*, Pensé que el texto se podía mejorar un poco.
SYNONYMS: enhance.

beg [beg] begging, begged, begged
beg off vi excusarse: *Alex said he'd come but he's had to beg off: his wife is ill*, Alex dijo que vendría, pero ha tenido que disculparse porque su mujer está enferma.
SYNONYMS: cry off; back out; cancel.

believe [brˈliːv]
believe in vt insep
1 creer en algo: *I don't believe in God*, No creo en Dios; *Do you believe in ghosts?*, ¿Crees en los fantasmas?
2 creer en algo, abogar por algo, ser partidario de algo: *He never really believed in Communism as a solution*, Nunca pensó que el comunismo fuera la solución; *This government believes in free medical treatment for all*, Este gobierno aboga por una asistencia médica gratuita para todo el mundo.
3 creerse algo: *The film's central character is so outrageous it's impossible to believe in her*, La protagonista de la película es tan estrafalaria que es imposible creérsela.
4 tener fe en alguien, creer en alguien: *My husband believes in me and in what I'm trying to achieve*, Mi marido cree en mí y en lo que estoy intentando conseguir.
SYNONYMS: have faith in.

belt [belt]
belt out vt sep (informal) expulsar con fuerza: *The furnace belted out a terrific heat*, El horno desprendía muchísimo calor; *She was leaning against the piano belting out an old Sinatra number*, Apoyada en el piano, cantaba a voz en grito una vieja canción de Sinatra.
belt up vi (informal)
1 cerrar el pico, callarse la boca: *Just belt up for a second, will you!*, ¿Quieres cerrar el pico de una vez?
SYNONYMS: shut up (informal); pipe down (informal).
2 abrocharse el cinturón, ponerse el cinturón: *A racing driver must belt up before starting the race*, Un corredor de coches debe ponerse el cinturón antes de empezar la carrera.

bend [bend] bending, bent, bent
bend down vi agacharse, inclinarse: *He suffered from a bad back and couldn't bend down that far*, Tenía problemas de espalda y no podía agacharse tanto; *She bent down and whispered in the child's ear*, Se agachó y le susurró algo al oído del niño.
SYNONYMS: stoop.

bend over vi inclinarse: *Ask them to bend over and touch their toes*, Pídeles que se inclinen y se toquen los dedos de los pies.

bet [bet] betting, bet, bet
bet on vt insep
1 apostar, jugarse: *He bet all his wages on a horse with a 'lucky' name and it came*

in last, Apostó todo su sueldo por un caballo con un nombre 'con suerte' y llegó el último.

2 apostar a que pasa algo, jugársela por algo: *There are quite a few good songs this year, but I'm betting on the German girl to win*, Este año hay varias canciones buenas, pero apuesto a que ganará la participante alemana; *There may be a cut in interest rates, but I wouldn't bet on it*, Es posible que se reduzcan los tipos de interés, pero no me la jugaría.

SYNONYMS: bank on; count on.

bitch [bɪtʃ]
bitch up *vt sep* ESP AME *(informal)* joder, echar a perder: *I didn't have a happy childhood, there was always someone waiting to bitch up my special moments*, No tuve una niñez feliz, siempre había alguien a la espera para echar a perder los buenos momentos.

SYNONYMS: mess up *(informal)*; wreck; ruin.

bite [baɪt] biting, bit, bitten
bite back *vt sep* contener, tragarse: *Biting back his anger, Martin excused himself and left the room*, Conteniéndose la ira, Martin se disculpó y salió de la habitación; *She was about to apologise, but then bit it back to keep her dignity*, Estaba a punto de disculparse, pero se mordió la lengua para conservar la dignidad.

SYNONYMS: choke back; suppress.

black [blæk]
black out *vt sep - vi*

1 dejar a oscuras; estar a oscuras: *Wardens patrolled the streets to make sure every house had been properly blacked out*, Los vigilantes patrullaban las calles para asegurarse de que todas las casas estaban a oscuras.

2 desmayarse, perder el conocimiento: *I must have blacked out: the next thing I remember is two men pulling me from the car*, Seguramente perdí el conocimiento: lo siguiente que recuerdo es que dos hombres me sacaban del coche.

SYNONYMS: pass out; faint.

SEE ALSO: flake out; keel over.

3 suprimir: *Following orders from Moscow, all news bulletins were blacked out*, Siguiendo órdenes de Moscú, se suprimieron todos los noticiarios.

blare [bleəʳ]
blare out *vt sep - vi* sonar a todo volumen: *There were complaints about the music blaring out from one of the shops along the street*, Hubo quejas por la música que sonaba a todo volumen en una tienda de la calle; *Radios all over town blared out the new national anthem*, En las radios de toda la ciudad sonaba a todo volumen el nuevo himno nacional.

SYNONYMS: blast out.

SEE ALSO: boom out.

blast [blɑːst]
blast off *vi* despegar, efectuar el despegue: *The shuttle was due to blast off at two o'clock*, La lanzadera tenía previsto despegar a las dos.

blast out *vt sep* poner a todo volumen, hacer sonar a todo volumen: *The loudspeakers blasted out jazz music, with interruptions for news from the front*, Los altavoces

emitían a todo volumen música jazz, con interrupciones para dar las noticias del frente.
SYNONYMS: blare out.

blaze [bleɪz]
blaze away *vi*
1 arder con fuerza: *It wasn't long before the logs were blazing away*, Los leños pronto empezaron a arder.

2 *(informal)* disparar de forma continuada: *Then this robot bursts into the building and starts blazing away with a submachine gun*, Entonces irrumpe en el edificio un robot y se pone a disparar con una metralleta a diestro y siniestro.

blend [blend]
blend in *vi*
1 encajar, estar bien, adaptarse: *The other students were much younger, and he wasn't sure if he would blend in*, Los demás alumnos eran mucho más jóvenes, y él no sabía si encajaría.
SYNONYMS: fit in.

2 confundirse *(con el entorno)*: *The purpose of camouflage is to enable the animal to blend in with its surroundings*, La razón del camuflaje es permitir que el animal se confunda con su entorno.

blend into *vt insep*
1 encajar, estar bien, adaptarse *(en algún sitio)*: *It's astonishing how such a modern building blends so successfully into the old town centre*, Es increíble lo bien que encaja un edificio tan moderno en el casco viejo de la ciudad.
SYNONYMS: fit in.

2 confundirse *(con el entorno)*, fundirse *(con el fondo)*: *The tiger's stripes allow it to blend into its native jungle environment*, Las rayas permiten al tigre confundirse con su entorno natural en la jungla.
SEE ALSO: merge into.

block [blɒk]
block in *vt sep*
1 bloquear la salida a alguien, obstaculizar la salida a alguien: *There was a car double parked which was blocking me in*, Había un coche aparcado en doble fila que me impedía salir.
SEE ALSO: close in; shut in; hedge in.

2 colorear, sombrear: *The teacher told them to block in the figures in blue pencil*, El profesor les dijo que sombrearan las figuras con un lápiz azul.
SEE ALSO: shade in; colour in.

block off *vt sep* cortar, bloquear: *Because of roadworks, the street will be blocked off for several days*, Debido a las obras, la calle estará cortada varios días; *If we blocked the front entrance off altogether, they'd have to go in by the side*, Si cerrásemos la entrada principal por completo, tendrían que entrar por el lado.
SYNONYMS: close off; seal off.
ANTONYMS: open up.

block out *vt sep*
1 tapar, impedir la entrada de *(luz)*: *If the tree grew any bigger it would block the sunlight out altogether*, Si el árbol creciera más, taparía la luz por completo.
SYNONYMS: shut out.
ANTONYMS: let in.

2 apartar algo, quitarse algo de la cabeza: *I couldn't block out of my mind the terrible things she had said*, No podía apartar de mis pensamientos las cosas tan terribles que había dicho.
SYNONYMS: shut out; blot out; suppress.

block up *vt sep* atascar, taponar: *It dissolves the grease and dirt that keeps blocking the sink up*, Disuelve la grasa y la suciedad que atascan el fregadero; *Mucus blocks up the nose and forces the patient to breathe through their mouth*, La mucosidad tapona la nariz y obliga al paciente a respirar por la boca.
SYNONYMS: bung up *(informal)*.

blot [blɒt] blotting, blotted, blotted
blot out *vt sep*
1 tapar, ocultar: *The sun was totally blotted out by the thick smoke from the fire*, El espeso humo del incendio tapaba totalmente el sol; *The smell was nauseating, and she poured on some bleach to blot it out*, El olor era nauseabundo, así que echó un poco de lejía para acabar con él.
SYNONYMS: hide; mask; obscure.
2 hacer desaparecer, ocultar, borrar: *Most victims will try to blot the incident out completely*, La mayoría de las víctimas intentarán borrar el incidente por completo.
SYNONYMS: block out; shut out; suppress.

blow [bləʊ] blowing, blew, blown
blow away
1 *vt sep* llevarse volando algo: *The wind was so strong that it blew my umbrella away*, Soplaba tanto viento que mi paraguas salió volando.
2 *vi* salir volando, irse volando: *We weighted it down with bricks to stop it blowing away*, Lo sujetamos con ladrillos para que no saliera volando.
3 *vt sep* hacer volar algo, llevarse algo: *A bomb had blown one of his arms off*, Una bomba se le había llevado un brazo.
4 *vt sep* **(to blow somebody away)** ESP AME *(slang)* liquidar a alguien, cargarse a alguien, matar: *He threatened to blow them away if they came any closer*, Amenazó con volarles la tapa de los sesos si se acercaban.

blow down *vt sep* derribar *(con el viento)*, arrancar de cuajo *(un árbol)*: *Some tiles blew down in the storm, and damaged a neighbour's car*, En la tormenta se desprendieron algunas tejas que dañaron el coche de un vecino; *Last week's gale blew our apple tree down*, El vendaval de la semana pasada derribó nuestro manzano.

blow out *vt sep*
1 apagar *(soplando, con el viento)*: *When we returned, the wind had blown the fire out*, Cuando volvimos, el viento había apagado el fuego.
SEE ALSO: put out.
2 amainar *(una tormenta)*; perder fuerza: *These northerly gales should have blown themselves out by next week*, Se supone que la semana que viene estos vientos del norte habrán amainado; *Within a few hours his rage had blown itself out*, En pocas horas se le había aplacado la ira.

blow over
1 *vi* olvidarse: *It only took a few days for the scandal to blow over*, En sólo pocos días el escándalo pasó.
SYNONYMS: subside.
SEE ALSO: die down.

bog down

  2 *vi* amainar, pasar: ***We huddled together in the cellar and waited for the hurricane to blow over***, Nos apiñamos en el sótano y esperamos a que amainara el huracán.
  SYNONYMS: subside.
  SEE ALSO: die down.
  3 *vt sep* derribar: ***The wind was so strong that it blew several of the cyclists over***, Soplaba tanto viento que derribó a varios ciclistas.

blow up *vt sep - vi*
  1 volar, hacer estallar algo, hacer saltar por los aires algo: ***They blew up the bridge so that the enemy tanks wouldn't be able to cross the river***, Volaron el puente para que los tanques enemigos no pudieran pasar el río; ***The terrorist was blown up when the bomb triggered prematurely***, El terrorista saltó por los aires al estallar la bomba antes de tiempo; ***If flames had reached the fuel store, the whole place would have blown up***, Si las llamas hubiesen llegado al depósito de combustible, todo habría saltado por los aires.
  SYNONYMS: explode.
  2 inflar, hinchar: ***The children all blew up balloons for the birthday party***, Todos los niños inflaron globos para la fiesta de cumpleaños.
  SYNONYMS: inflate.
  3 ampliar: ***The detail will be much clearer if we blow the photo up***, Los detalles se verán mucho mejor si ampliamos la foto.
  SYNONYMS: enlarge.
  4 exagerar, agrandar: ***Once the newspapers got their hands on the story, it was blown up out of all proportion***, En cuanto los periódicos se hicieron con la historia, la sacaron totalmente de quicio.
  SYNONYMS: exaggerate.
  5 empezar, avecinarse: ***The horses get nervous when there's a storm blowing up***, Los caballos se ponen nerviosos cuando se avecina una tormenta.
  6 estallar: ***A heated row blew up between the director and the team manager***, Estalló una acalorada pelea entre el director y el jefe de equipo.
  7 *(informal)* dar unos gritos a alguien, encenderse de ira con alguien: ***Peter blew up at one of the students for not handing his work in on time***, Peter le echó una bronca a un alumno porque no entregó el trabajo a tiempo.
  SYNONYMS: flare up.

blurt [blɜːt]
  blurt out *vt sep* soltar, dejar escapar algo, contar algo sin venir a cuento: ***He blurted out the truth the moment the police questioned him***, Soltó la verdad en cuanto la policía lo interrogó; ***"Yes, we're leaving tomorrow," he blurted out***, -Sí, nos vamos mañana -espetó.

board [bɔːd]
  board up *vt sep* tapiar con tablas, cubrir con tablas: ***There were rows of empty houses with their windows boarded up***, Había varias filas de casas abandonadas que tenían las ventanas tapiadas con tablas; ***Shopkeepers, terrified by rumours of street violence, had boarded their windows up***, Los comerciantes, aterrorizados por los rumores de la violencia callejera, habían tapiado los escaparates con tablas.

bog [bɒg] bogging, bogged, bogged
  bog down *vt sep* obstaculizar, atascar: ***We must be careful not to get bogged down in trifling detail***, Tenemos que intentar no enredarnos en los detalles sin importancia; ***I thought we were becoming a little bogged down, so I tried to move the dis-***

bog off

cussion on a bit, Me pareció que nos estábamos empantanando, así que intenté que la discusión avanzara un poco.

bog off *vi (informal)* irse a la porra: *I just asked her if she wanted to dance and she told me to bog off*, Sólo le pregunté si quería bailar y me mandó a la porra.

SYNONYMS: piss off *(vulgar slang)*; bugger off *(vulgar slamg)*; get lost *(informal)*.

boil [bɔɪl]

boil down to *vt insep* reducirse a algo: *As with most problems, it all boils down to money*, Como con la mayoría de los problemas, todo es una cuestión de dinero; *What it boils down to is a fundamental difference in religious approach*, Todo se reduce a una diferencia fundamental en el enfoque religioso.

SYNONYMS: come down to.

boil over *vi*

1 irse *(la leche)*, rebosar, salirse *(el caldo)*: *If you put this gadget in the pan, the milk won't boil over*, Si metes este chisme en el cazo, no se irá la leche.

2 desbordarse, quedar fuera de control: *There were fears that the demonstration might boil over into a full-scale riot*, Se temía que la manifestación terminara en una auténtica revuelta.

bomb [bɒm]

bomb out *vt sep*

1 bombardear, volar: *In the country we were safe, but our friends in the city were bombed out in the first air raids*, En el campo estábamos a salvo, pero las casas de nuestros amigos de la ciudad fueron bombardeadas en los primeros ataques aéreos.

2 *(informal)* rechazar, expulsar: *Although the proposal was well researched, it bombed out due to its high cost*, Aunque la propuesta estaba bien documentada, fue rechazada por su alto coste; *She could get bombed out of her job if she carries on like this*, Si sigue así, se arriesga a que la echen.

SYNONYMS: throw out.

bone [bəʊn]

bone up on *vt insep (informal)* empollar algo, empaparse bien de algo: *I'd better bone up on my irregular verbs before the exam*, Más vale que me empolle los verbos irregulares antes del examen.

SYNONYMS: swot up on *(informal)*; revise.

SEE ALSO: brush up on.

book [bʊk]

book in or **book into** *vt sep - vi* (to book in; book into *somewhere*; book *somebody* into *somewhere*) registrarse, dejar los datos *(en un sitio)*, ingresar: *When we booked in, we were asked to leave our passports*, Cuando nos registramos, nos pidieron que dejáramos nuestros pasaportes; *We booked in at the reception desk and then went up to our room*, Dejamos nuestros datos en recepción y luego subimos a la habitación; *Her drug habit became so serious that she booked herself into a London clinic*, Su adicción a las drogas llegó a ser tan grave que pidió el ingreso en una clínica de Londres.

SEE ALSO: check in.

book up *vt sep - vi*

1 reservar, hacer una reserva para algo: *Am I too late to book up for the Paris trip?*,

¿Es tarde para apuntarme al viaje a París?; *It's best to book up early if you want to be able to choose your hotel*, Más vale reservar pronto si quieres elegir el hotel.
2 (to be booked up) estar completo, no quedar plazas: *I'm afraid the three o'clock flight is all booked up*, Me temo que en el vuelo de las tres no quedan plazas; *We decided late on the holiday and found all the hotels booked up*, Cuando decidimos ir de vacaciones ya era tarde y todos los hoteles estaban completos.

boom [buːm]
boom out *vt sep - vi* hacer resonar, emitir a todo volumen, decir a todo pulmón; resonar: *The officer boomed out the commands*, El oficial espetó las órdenes con voz de trueno; *His voice boomed out across the field*, Su voz resonaba como un trueno por el campo.

boot [buːt]
boot out *vt sep* (to boot out *somebody*, boot *somebody* out, boot *somebody* out of *something*) *(informal)* expulsar, echar, poner de patitas en la calle *(a alguien)* : *People have been booted out of the party for much less serious offences*, Hay gente a la que expulsaron del partido por infracciones mucho menos graves; *He was accused of spying and booted out of the country*, Lo acusaron de ser espía y lo expulsaron del país.
SYNONYMS: throw out; kick out *(informal)*.

border ['bɔːdəʳ]
border on *vt insep*
1 lindar con algo, limitar con algo, tener frontera con algo: *Luxembourg borders on France, Belgium and Germany*, Luxemburgo linda con Francia, Bélgica y Alemania.
SYNONYMS: neighbour.
2 rayar en algo, estar al borde de algo: *Her actions were at best unwise; at worst they bordered on stupidity*, Lo menos que se puede decir de sus acciones es que eran poco prudentes, y lo peor es que lindaban con la estupidez; *She had been in a miserable state bordering on depression*, Había estado en un estado lamentable, rayando en la depresión.
SYNONYMS: verge on.

boss [bɒs]
boss about or **boss around** *vt sep* mangonear, dar órdenes a alguien, ser mandón con alguien: *He was tired of being bossed around by his parents*, Estaba harto de que sus padres lo mangonearan.
SYNONYMS: order about; push around; domineer.

botch [bɒtʃ]
botch up *vt sep (informal)* hacer una chapuza de algo, arreglar algo haciendo una chapuza: *Somebody botched up the order and we got a lot of stuff we didn't need*, Alguien la pifió al hacer el pedido y recibimos un montón de cosas que no necesitábamos.
SYNONYMS: mess up *(informal)*; foul up *(informal)*; cock up *(vulgar slang)*.

bottle ['bɒtəl]
bottle out *vi (informal)* rajarse: *He said he was going to have a showdown with his*

bottle up

boss, but he got cold feet and bottled out, Dijo que iba a enfrentarse a su jefe, pero le dio canguelo y se rajó.
SYNONYMS: chicken out *(informal)*.

bottle up *vt sep* reprimir, contener: *She suddenly poured out everything she'd been bottling up for so long*, De repente soltó todo lo que había estado reprimiendo desde hacía tanto tiempo; *She kept her anger bottled up inside her for years*, Contuvo la ira durante años.
SYNONYMS: keep back; suppress.
ANTONYMS: let go; reveal.

bottom [ˈbɒtəm]

bottom out *vi* tocar fondo: *The crisis appears to have bottomed out and the economy should soon start to improve*, La crisis parece haber tocado fondo y pronto debería empezar a recuperarse la economía.
ANTONYMS: peak.
SEE ALSO: level out.

bounce [baʊns]

bounce back *vi* recuperarse, volver a flote: *The company bounced back into profit immediately after the recession*, La empresa se recuperó y empezó a obtener beneficios inmediatamente después de la recesión.
SEE ALSO: pick up; perk up.

bow [baʊ]

bow out *vi* retirarse, despedirse: *Navratilova may well play in one more Wimbledon before bowing out of the international circuit altogether*, Es posible que Navratilova juegue otro torneo de Wimbledon antes de retirarse por completo del circuito internacional.
SYNONYMS: retire; withdraw.
SEE ALSO: pull out; back out.

bow to *vt insep* ceder ante algo, resignarse a algo: *The courts don't seem willing to bow to the arguments of the animal rights lobby*, Los tribunales no parecen dispuestos a ceder ante los argumentos del lobby de los derechos de los animales.
SYNONYMS: give in to; yield to.
ANTONYMS: stand up to; defy.

bowl [bəʊl]

bowl over *vt sep*

1 tirar a alguien al suelo, derribar a alguien: *The poor lady was bowled over in the rush to get on the bus*, Con las prisas por coger el autobús, tiraron a la pobre mujer al suelo.
SYNONYMS: knock over.

2 desconcertar, dejar pasmado: *The friendliness of the Greeks just bowled me over*, La amabilidad de los griegos me dejó pasmada.
SYNONYMS: take aback; overwhelm; stagger.

box [bɒks]

box in *vt sep* encajonar, limitar: *I returned to the car park and found my car completely boxed in*, Cuando volví al parking me encontré con que le habían cerrado el paso a mi coche.

SYNONYMS: hem in; confine; enclose.
SEE ALSO: coop up.

branch [brɑːntʃ]
branch off *vi* salir de algún sitio *(un camino)*, desviarse de un camino, etc. *(una persona)*: ***About a hundred metres into the wood, take the narrow track that branches off the main path to the left***, Cuando te hayas adentrado en el bosque unos cien metros, sigue la pista estrecha que sale del sendero principal a la izquierda.

branch out *vi* extenderse, aumentar sus actividades: ***Several aeronautics companies branched out into the manufacture of weapons***, Varias empresas aeronáuticas ampliaron sus actividades para dedicarse a la fabricación de armas.

brazen ['breɪzən]
brazen out *vt sep* echarle cara a algo: ***Most experienced politicians have the nerve to brazen it out***, La mayoría de políticos con experiencia no tienen reparos en echarle cara a la situación.

break [breɪk] breaking, broke, broken
break away *vi*
1 escindirse, separarse: ***They became so disillusioned that they broke away from the Labour Party***, Se desilusionaron tanto que se escindieron del Partido Laborista; ***This has been the case with every self-proclaimed republic breaking away from the Soviet Union***, Y así ha sucedido con todas las repúblicas autoproclamadas que han surgido de la Unión Soviética.
SEE ALSO: break with.
2 escaparse, liberarse: ***Three of the prisoners managed to break away from their guard***, Tres de los prisioneros consiguieron escaparse de su carcelero.

break down *vt sep - vi*
1 estropearse, averiarse: ***The policy covers you even if you break down abroad***, La póliza te cubre incluso si se te estropea el coche en el extranjero; ***The washing machine broke down***, Se estropeó la lavadora.
SYNONYMS: pack up *(informal)*; conk out *(informal)*.
2 romperse, separarse: ***When marriages break down, we have to put the interests of the children first***, Cuando los matrimonios se rompen hay que dar prioridad a los intereses de los hijos.
SYNONYMS: fail; collapse.
3 derrumbarse, echarse a llorar: ***We have often seen relatives of victims break down in front of the cameras***, A menudo hemos visto a familiares de las víctimas perder el control y ponerse a llorar delante de las cámaras.
SYNONYMS: collapse.
4 tener un ataque de nervios, sufrir una crisis nerviosa: ***He broke down under the pressure***, Sufrió un colapso nervioso debido a la presión.
SYNONYMS: crack up.
5 echar algo abajo, derribar algo: ***Two police officers broke down the door***, Dos agentes de policía echaron la puerta abajo.
SYNONYMS: smash down; smash in.
6 desglosar, descomponer: ***The national statistic can be broken down into four geographical sub-groups***, La estadística nacional puede desglosarse en cuatro subgrupos geográficos; ***Overall outgoings break down into household expenses, childcare, and the cost of running a car***, Los gastos generales se desglosan en gastos domésticos, cuidado de los niños y gastos de mantenimiento del coche.

break in

7 descomponerse: ***Some types of plastics break down when buried in soil***, Ciertos tipos de plástico se descomponen cuando se cubren de tierra; ***The body's own acids break down the food in your stomach***, Los ácidos del cuerpo descomponen los alimentos que hay en el estómago; ***They've developed a drug that breaks down the poison***, Han desarrollado un fármaco que descompone el veneno.

break in *vt sep - vi*

1 entrar a robar *(en una casa)*, forzar *(una puerta, una ventana)*: ***They appear to have broken in through a rear window***, Parece que han entrado a robar por una de las ventanas de atrás.

2 interrumpir, intervenir *(en una conversación)*; irrumpir *(en algún sitio)*: ***I'm sorry to break in, but I think you're both wrong***, Siento interrumpir, pero creo que los dos estáis equivocados; ***"Isn't this all a bit irrelevant?", Sonia broke in***, -¿Todo esto no es un poco irrelevante? -interrumpió Sonia.
SYNONYMS: cut in; butt in.

3 formar a alguien, dar formación a alguien: ***It was Hanlon's responsibility to break in the new recruits***, Hanlon era responsable de formar a los nuevos reclutas.

4 domar, acostumbrarse a *(unos zapatos nuevos)*: ***He wore the boots around the house to break them in***, Llevó las botas por casa para domarlas.

5 domar: ***The oil magnate hired a top breeder to break the horse in***, El magnate del petróleo contrató a uno de los mejores criadores para que domara al caballo.

break in on *vt insep* interrumpir a alguien: ***I apologise for breaking in on you like this, but there's a man in reception who insists on seeing you immediately***, Pido disculpas por interrumpirle de esta manera, pero hay un hombre en recepción que insiste en verle inmediatamente.

break into *vt insep*

1 entrar a robar *(en algún sitio)*, forzar *(una caja fuerte)*: ***The shop had already been broken into three times that year***, Ya habían entrado en la tienda para robar tres veces aquel año; ***Someone broke into the filing cabinet and removed all financial documents***, Alguien forzó el archivador y se llevó todos los documentos financieros.

2 echar a, ponerse a: ***We trotted for a few metres, then Myra's horse broke into a gallop***, Fuimos al trote durante unos metros y entonces el caballo de Myra se puso a galopar; ***The men broke into raucous laughter***, Los hombres se echaron a reír escandalosamente.
SYNONYMS: burst into; launch into.

3 meterse en algo: ***He's hoping to break into journalism when he leaves university***, Espera introducirse en el mundo del periodismo cuando deje la universidad.
SYNONYMS: launch into; move into.

4 cambiar *(un billete)*: ***I don't want to have to break into a ten-pound note***, No quiero tener que cambiar un billete de diez libras.

5 empezar: ***Isn't it about time we broke into the next case of wine?***, ¿No va siendo hora de que empecemos otra caja de vino?; ***The only way we could afford it now is by breaking into the holiday money***, La única forma en que podríamos pagarlo ahora sería echando mano del dinero que hemos ahorrado para las vacaciones.
SYNONYMS: dip into.

break off *vt sep - vi*

1 partir, romper: ***They were shouted at for breaking a branch off the tree***, Les gritaron por partir una rama del árbol; ***The aerial must have broken off in the car wash***, La antena debe haberse roto en el túnel de lavado.
SYNONYMS: snap off; detach.

break up

 2 romper, acabar con algo: *No-one knows why she broke her engagement off*, Nadie sabe por qué rompió su compromiso.
 SYNONYMS: terminate *(formal)*.
 3 pararse, detenerse: *"Let me begin by, ..." she broke off, seeing the minister leave the room*, -Para empezar ... -se detuvo al ver que el ministro salía de la sala.
 4 hacer una parada, parar: *I thought we could break off for lunch around one*, He pensado que podríamos parar de trabajar hacia la una para ir a comer; *They didn't seem willing to break off their game to listen to his speech*, No parecían dispuestos a interrumpir el juego para escuchar su discurso.
 SEE ALSO: knock off.

break out *vi*

 1 fugarse de algún sitio, escaparse de algún sitio: *They managed to break out from prison by sawing through the bars*, Lograron fugarse de la cárcel serrando los barrotes.
 2 estallar, producirse: *Complete chaos broke out when the relief supplies arrived*, Se desató un caos total cuando llegaron las provisiones de ayuda; *Secret talks continued until the week before war broke out*, Las conversaciones secretas continuaron hasta la semana antes de que estallara la guerra.
 3 salirle a alguien: *Within seconds she was breaking out in a cold sweat*, En pocos segundos comenzó a entrarle un sudor frío; *A red rash had broken out all over his body*, Le salió un sarpullido rojo por todo el cuerpo.
 4 liberarse de algo: *Most housewives dream of breaking out of their daily routine*, La mayoría de amas de casa sueñan con liberarse de la rutina diaria; *Most kids want to leave the island and break out on their own*, Casi todos los chicos quieren dejar la isla y empezar a vivir por su cuenta.

break through *vt insep - vi*

 1 atravesar algo, abrirse paso entre algo: *She managed to break through the police cordon to get to the house*, Consiguió atravesar el cordón policial para llegar a la casa; *No progress can be made unless we can break through the wall of indifference that surrounds those in power*, No podemos progresar a menos que logremos atravesar el muro de indiferencia que rodea a los que están en el poder.
 2 abrirse paso entre algo: *The sun never managed to break through the clouds*, Las nubes impidieron que saliera el sol; *Although he speaks Spanish very well, his English accent sometimes breaks through*, Aunque habla español muy bien, a veces se le nota el acento inglés.

break up *vt sep - vi*

 1 partir, destrozar, hacer pedazos; partirse, destrozarse, hacerse pedazos: *He spent the first hour breaking up logs for firewood*, Pasó la primera hora partiendo troncos para hacer leña; *If they get any closer to the coast, the boat will certainly break up on the rocks*, Si se acercan más a la costa seguro que las rocas harán pedazos el barco.
 2 poner fin a algo, acabar con algo, acabarse *(una reunión, una pelea)*; dispersar, dispersarse *(una multitud)*; disolver, disolverse *(una manifestación)*: *The police arrived and broke up the noisy party*, La policía llegó y puso fin a la ruidosa fiesta; *Then Mark foolishly tried to break the fighting up*, Entonces Mark cometió la tontería de intentar separar a los que se estaban peleando; *The meeting broke up at around eleven, and some of us went to the pub for a drink*, La reunión terminó hacia las once, y algunos fuimos al pub a tomar algo.
 3 romper, separarse: *How did you feel once you knew your parents were breaking up?*, ¿Cómo te sentiste cuando supiste que tus padres se separaban?; *If you marry him, you will only succeed in breaking up the family*, Si te casas con él, seguro

que acabarás por deshacer la familia; *We would be sad to see such a long-standing organization break up over such a trivial affair*, Nos entristecería ver cómo se desintegra una organización tan antigua a causa de un asunto tan trivial.
SYNONYMS: split up.
ANTONYMS: come together.
  4 romper la monotonía de algo, añadir un poco de vida a algo: *An expanse of plain wall needs a few pictures or posters to break it up*, Hacen falta unos cuantos cuadros o pósters para animar una pared vacía; *He took to strolling round the park at lunchtimes, to break up his day*, Comenzó a pasear por el parque a la hora de comer para romper la monotonía diaria.
  5 *(informal)* empezar las vacaciones, terminar las clases: *Traffic conditions improve dramatically once the schools break up*, El tráfico mejora sustancialmente cuando terminan las clases.
break with *vt insep*
  1 romper con alguien: *Many Western intellectuals broke with the Communist Party in the Gorbachev era*, Muchos intelectuales europeos dejaron de pertenecer al Partido Comunista durante la era Gorbachev.
  SEE ALSO: break away.
  2 romper con algo, abandonar algo: *Breaking with custom, the King left his residence in the middle of the night to welcome the Prince in person*, Rompiendo con la costumbre, el Rey abandonó su residencia a media noche para recibir personalmente al Príncipe.

breathe [briːð]
breathe in *vt insep - vi* aspirar, inhalar; respirar: *They wear masks to avoid breathing in the fumes*, Llevan máscaras para evitar inhalar los gases; *Close your eyes and breathe in deeply through your nose*, Cierra los ojos y aspira profundamente por la nariz.
SYNONYMS: inhale.
breathe out *vi* espirar, expulsar el aire de los pulmones: *Breathe out slowly as you lower your arms*, Espira lentamente a medida que bajas los brazos.
SYNONYMS: exhale.

brew [bruː]
brew up *vi* BRE *(informal)* hacer un té: *We had only been working for an hour before someone decided to brew up*, Sólo llevábamos trabajando una hora cuando alguien decidió hacer un té; *Would you like a cup of tea?, I've just brewed up*, ¿Te apetece una taza de té?, lo acabo de hacer.

brick [brɪk]
brick up *vt sep* tapiar con ladrillos, hacer un muro de ladrillo para tapar algo: *The old fireplace was in an awkward place so we bricked it up*, Como la vieja chimenea estaba en un lugar poco apropiado la tapamos con ladrillos.

brighten ['braɪtən]
brighten up *vt sep - vi*
  1 animar, dar más luz/color a algo: *A few posters would brighten up the walls*, Unos cuantos pósters animarían las paredes; *They laid on a display of country dancing to brighten proceedings up a bit*, Hicieron una exhibición de baile country para animar un poco el acto; *She visibly brightened up at the mention of*

a holiday, Se le iluminó la cara cuando le hablaron de unas vacaciones; *He was a bit depressed, but we thought a day at the seaside would brighten him up a little*, Estaba un poco deprimido, pero pensamos que un día en la costa le animaría un poco.

2 aclarar, despejarse: *It was cloudy in the morning, but it brightened up after lunch and the sun came out*, Por la mañana estaba nublado, pero después de la hora de comer aclaró y salió el sol.

brim [brɪm] brimming, brimmed, brimmed

brim over *vi*

1 rebosar, desbordarse: *The champagne was so bubbly that the glasses brimmed over onto the table*, El champaña tenía tantas burbujas que rebosó las copas y se derramó sobre la mesa.
SYNONYMS: overflow.

2 estar rebosante de algo, rebosar de algo: *He's brimming over with enthusiasm for this new job*, Está rebosante de entusiasmo por el nuevo trabajo; *The schoolkids were brimming over with great ideas for the show*, Los niños del colegio estaban rebosantes de grandes ideas para la función.
SYNONYMS: bubble over *(informal)*.

bring [brɪŋ] bringing, brought, brought

bring about *vt sep* dar lugar a algo, ocasionar algo, provocar algo: *They're hoping this next round of talks will bring about a settlement of the pay dispute*, Esperan que esta próxima ronda de negociaciones dé lugar a un acuerdo sobre el conflicto salarial; *This is a very strange attitude; I don't know what's brought it about*, Es una actitud muy rara; no sé qué la ha provocado.
SYNONYMS: produce.

bring along *vt sep* traer consigo *(algo/a alguien)*: *There won't be many there, so please bring along a friend if you can*, Vendrá muy poca gente, así que por favor trae a un amigo si puedes; *You're advised to bring a portfolio of your work along to the interview*, Deberías traer una carpeta con tus trabajos a la entrevista.

bring back *vt sep*

1 devolver, volver a traer: *Please bring the book back on the date shown on the ticket*, Por favor, devuelva el libro en la fecha que aparece en la ficha.

2 recordar: *I'd quite forgotten how pretty she had been, but the photo brought it all back*, Casi había olvidado lo guapa que había sido, pero la foto me lo hizo recordar de nuevo.

3 restaurar, instaurar otra vez, reintroducir: *Bringing democracy back to this chaotic country seems a near-impossible task*, Restaurar la democracia en este país tan caótico parece un cometido casi imposible; *We find ourselves, at the close of the twentieth century, bringing back methods that were first used three hundred years ago*, Nos encontramos, a finales del siglo XX, reintroduciendo métodos que se emplearon por primera vez hace trescientos años.
SYNONYMS: restore; revive; reintroduce.

bring down *vt sep*

1 derrocar, acabar con *(un gobierno)*, derribar *(un dictador)*: *The objective of the Allied attacks was to bring down the Taliban regime in Afghanistan*, El objetivo de los ataques aliados era derrocar al régimen Talibán en Afganistán.
SYNONYMS: overthrow; topple.

2 reducir, hacer bajar algo: *We have developed economic policies to bring down inflation*, Hemos desarrollado políticas económicas para reducir la inflación;

bring forth

Could unemployment be brought down to pre-1979 levels?, ¿Es posible reducir el desempleo a niveles anteriores a los de 1979?; *They argue that mixed-ability classes bring down the brighter pupils*, Sostienen que las clases con distintos niveles de aptitud bajan el nivel de los alumnos más inteligentes.

3 derribar: *It looked to me as if Hoddle was brought down just inside the penalty box*, Me pareció que derribaron a Hoddle dentro del área de castigo; *He brought down the Milan striker with no intention of playing the ball*, Derribó al delantero del Milán sin tener la intención de hacerse con la pelota.

4 derribar: *The bigger guns can bring down enemy planes within a range of three miles*, Los cañones de mayor tamaño pueden derribar aviones enemigos a una distancia de tres millas.

5 deprimir, hacer sentir deprimido: *It's a constant pain that brings down even the strongest of patients*, Es un dolor constante que deprime incluso a los pacientes más fuertes.

SYNONYMS: get down; weigh down.

bring forth vt insep *(formal)* dar lugar a algo, suscitar algo, provocar algo: *The very suggestion would bring forth gasps of horror from committee members*, Una sugerencia así provocaría exclamaciones de horror por parte de los miembros del comité; *It doesn't seem likely that this chitchat will bring forth any positive solution to the problem*, No parece probable que esta cháchara informal pueda acabar en una solución positiva al problema.

SYNONYMS: yield.

bring forward vt sep

1 adelantar: *As I have an engagement at five, we'll have to bring the meeting forward to three o'clock*, Como tengo un compromiso a las cinco, tendremos que adelantar la reunión a las tres; *The trial has been brought forward to the beginning of February*, Han adelantado el juicio a principios de febrero.

ANTONYMS: put back; put off; postpone.

2 exponer, plantear: *The marketing department has been invited to bring forward plans for the development of the business overseas*, Han solicitado al departamento de márketing que proponga planes para promocionar el negocio en el extranjero.

SYNONYMS: put forward.

bring in vt sep

1 entrar: *Bring the washing in, it's starting to rain*, Entra la ropa, que se ha puesto a llover.

2 introducir: *They're going to bring in a law to legalize euthanasia*, Van a introducir una ley para legalizar la eutanasia.

SYNONYMS: establish.

3 producir, rendir: *Workers at the assembly plant bring in little over $800 a month*, Los obreros de la planta de montaje sacan algo más de $800 al mes.

4 llamar, invitar: *Air-accident experts have been brought in from North America to assist with the investigation*, Han llamado a expertos en accidentes aéreos de Norteamérica para ayudar en la investigación; *They want to bring in the local MP to support their campaign for a new school*, Quieren llamar al parlamentario local para que apoye su campaña en favor de una escuela nueva.

SYNONYMS: call in.

5 incluir: *I think they could bring in a little history of art to make the course more interesting*, Creo que podrían incluir un poco de historia del arte para que el curso sea más interesante.

SEE ALSO: bring up.

bring round

6 pronunciar, emitir *(un veredicto)*: ***The jury brought in a verdict of 'not guilty'***, El jurado emitió un veredicto de inocente.

bring off *vt sep (informal)* conseguir, lograr: ***It's a difficult dive but she should be able to bring it off***, Es una zambullida difícil pero seguro que lo conseguirá.
SEE ALSO: pull off.

bring on *vt sep* (**to bring something on *somebody*, bring something on *somebody***)

1 provocarle *(una enfermedad)* a alguien, ser la causa de que a alguien le entre *(una enfermedad)*: ***In the summer, even opening a window can bring on his hay fever***, En verano, hasta abrir una ventana puede hacer que le dé la alergia; ***She couldn't go far from home without bringing an anxiety attack on***, No podía alejarse de su casa sin sufrir un ataque de ansiedad.
SEE ALSO: come on.

2 potenciar, estimular, hacer bien a alguien: ***We need the skills of experienced professionals to bring on our most talented youngsters***, Necesitamos las habilidades de profesionales expertos para potenciar a nuestros jóvenes de más talento; ***The doctors say that soothing music brings the patients on a lot***, Los médicos dicen que la música tranquila hace mucho bien a sus pacientes.

3 ocasionar, causar: ***I don't feel sorry for him; he brought it all on himself***, No me da pena, él se lo buscó; ***Can you begin to understand the shame you have brought upon this family?***, ¿Tienes una idea de la vergüenza que le has ocasionado a esta familia?

bring out *vt sep*

1 sacar, lanzar algo al mercado: ***The BBC decided to bring out a gardening book to accompany the television series***, La BBC decidió sacar un libro de jardinería para acompañar a la serie de televisión; ***He's brought a new album out, haven't you?***, Ha sacado un nuevo disco, ¿no?

2 sacar a relucir algo, poner de manifiesto algo: ***The reading of a talented and sensitive actor brings out the subtleties of Shakespeare's texts***, Una lectura realizada por un actor con talento y sensible pone de manifiesto las sutilezas de los textos de Shakespeare; ***The sight of a train brings out the little boy in most men***, El hecho de ver un tren hace salir al niño que hay en la mayoría de los hombres; ***These tasks are designed to bring out the natural competitiveness in children***, Estas tareas han sido diseñadas para sacar a flote la competitividad natural en los niños; ***Football always brings out the worst in him***, El fútbol siempre saca lo peor que hay en él.
SYNONYMS: reveal.

3 dar confianza a alguien, ayudar a aumentar la confianza en uno mismo: ***Mary used to be very shy, but going to school has brought her out a lot***, Mary era muy tímida, pero la escuela la ha ayudado mucho a vencer su timidez.

bring out in *vt sep* (**to bring *somebody* out in *something***) hacer que le salga algo a alguien, sacar algo de alguien: ***Even being in the same room as a cat brings him out in a rash***, Incluso sólo por estar en la misma habitación que un gato le sale un sarpullido.

bring over *vt sep* traer, ir a buscar: ***She's bringing the CD over, so we can all have a listen***, Va a traer el CD para que todos podamos escucharlo; ***This is just a sample from the collection of designs she brought over from Paris***, Esto sólo es una muestra de la colección de diseños que trajo de París.

bring round *vt sep*

1 hacer volver en sí, reanimar: ***A little brandy will usually bring an unconscious***

bring to

person round, Una persona que ha perdido el conocimiento suele volver en sí con un poco de coñac.
SYNONYMS: bring to.
SEE ALSO: come round; come to.
2 hacer pensar de otro modo, convencer de algo, persuadir de algo: *It won't be difficult to bring them round to our way of thinking*, No será difícil convencerlos para que piensen como nosotros; *Within a matter of days, they'd been brought round to the view that a bridge would be a good idea*, Al cabo de pocos días, los convencieron de que el puente sería una buena idea.
SYNONYMS: win over; convert; sway.

bring to *vt sep* hacer volver en sí, reanimar: *After Jim fainted it was a couple of minutes before we managed to bring him to*, Después de que Jim se desmayara tardamos un par de minutos en hacerle volver en sí.
SYNONYMS: bring round.

bring together *vt sep*
1 reunir, congregar: *The Festival brings together major musical talents from all parts of the world*, El Festival reúne a los principales talentos musicales de todo el mundo.
SYNONYMS: assemble.
2 unir, reconciliar: *Our parties have brought together a number of couples*, Nuestras fiestas han unido a varias parejas; *As often happens when Paul and Sally have an argument, their children bring them back together*, Como suele ocurrir cada vez que Paul y Sally riñen, sus hijos los reconcilian.

bring up *vt sep*
1 criar, educar: *She was brought up by her aunt*, La crió su tía; *I'd like to think I brought my sons up to be kind and thoughtful*, Quisiera pensar que eduqué a mis hijos para que fueran amables y considerados; *Their children were brought up rather strictly*, Sus hijos recibieron una educación bastante estricta.
SYNONYMS: raise; rear.
2 mencionar algo, plantear algo, traer algo a colación: *It's not a good idea to bring up painful episodes from the past*, No es una buena idea mencionar episodios dolorosos del pasado; *Before we finish the meeting, there's one more question I'd like to bring up*, Antes de acabar la reunión, me gustaría plantear una pregunta más.
SYNONYMS: raise.
SEE ALSO: come up.
3 vomitar, devolver: *At least one of the babies will bring her food up at some time during the day*, Al menos uno de los bebés echará la comida en algún momento del día.
SYNONYMS: throw up *(informal)*; spew up *(informal)*; vomit.

bristle ['brɪsəl]
bristle with *vt insep*
1 abarrotar, llenar: *The hotel lobby bristled with famous names from the theatre and cinema*, El vestíbulo del hotel estaba abarrotado de celebridades del teatro y el cine; *The modern flight deck bristles with navigational equipment*, Una cabina de mando moderna está repleta de aparatos de navegación.
SEE ALSO: burst with; crawl with.
2 erizarse de algo, ponerse furioso: *The service in the restaurant was terrible and by the end of the meal we were all bristling with indignation*, El servicio del restaurante era malísimo y cuando acabamos de comer estábamos todos que trinábamos.

buck up

brood [bruːd]
brood over or **brood on** *vt insep* dar vueltas a algo, amargarse pensando en algo: *The secret is not to brood over your failures, but to accept them as inevitable*, El secreto consiste en no amargarte pensando en tus fracasos, sino en aceptarlos como algo inevitable.
SYNONYMS: dwell on.

brush [brʌʃ]
brush aside *vt sep* no hacer caso de algo: *She brushed aside the suggestion that the company's actions might have been illegal*, Hizo caso omiso de la sugerencia de que las acciones de la empresa habrían podido ser ilegales.
SYNONYMS: dismiss.
SEE ALSO: sweep aside.
brush past *vt sep* pasar al lado de alguien, rozar al pasar al lado de alguien: *I could smell her perfume as she brushed past me in the corridor*, Olí su perfume cuando pasó a mi lado por el pasillo.
brush up *vt sep* repasar algo, dar un repaso a algo, refrescar los conocimientos de algo: *I'll need to brush up my Shakespeare before the drama course starts*, Tendré que dar un repaso a las obras de Shakespeare antes de que empiece el curso de teatro; *If you accept the job in Paris you'll have to brush your French vocabulary up a bit*, Si aceptas el empleo de París tendrás que repasar tu vocabulario en francés.
brush up on *vt insep* repasar algo, dar un repaso a algo, refrescar los conocimientos de algo: *I'll need to brush up on my Shakespeare before the drama course starts*, Tendré que dar un repaso a las obras de Shakespeare antes de que empiece el curso de teatro; *If you accept the job in Paris you'll have to brush up on your French vocabulary*, Si aceptas el empleo de París tendrás que repasar tu vocabulario en francés.

bubble ['bʌbəl]
bubble over *vi*
1 derramarse, salirse: *When you heat the milk, make sure it doesn't boil and bubble over*, Cuando calientes la leche, ten cuidado de que no hierva y se derrame.
SYNONYMS: boil over.
2 estar rebosante de, rebosar de, no caber en sí de *(alegría, gozo, etc.)*, tener un montón de *(ideas)*, reventar de *(risa)*: *The boys bubbled over with delight when we said we were going to the seaside*, Los niños no cabían en sí de alegría cuando les dijimos que íbamos a la playa; *The marketing team was bubbling over with good ideas for the advertising campaign*, El equipo de marketing estaba lleno de buenas ideas para la campaña de publicidad.
SYNONYMS: brim over.

buck [bʌk]
buck up *vt sep - vi (informal)*
1 animar, levantar el ánimo a alguien; animarse: *An evening out will buck you up a bit*, Salir una noche te levantará un poco el ánimo; *I think a good holiday would buck up the whole family*, Creo que unas buenas vacaciones animarán a toda la familia; *Come on, buck up! Things aren't that bad!*, ¡Vamos, anímate! ¡Las cosas no están tan mal!
SYNONYMS: cheer up; perk up *(informal)*.
2 espabilarse, darse prisa: *Buck up or we'll be late*, Date prisa o llegaremos tarde.
SYNONYMS: hurry up; get a move on *(informal)*.

bucket down

bucket ['bʌkɪt]
bucket down *vi (informal)* diluviar, llover a cántaros: *Of course, the day we decided to go for a picnic it bucketed down*, Tenía que ser, el día que decidimos ir de picnic se puso a llover a cántaros.
SYNONYMS: pour down; pelt down *(informal)*; sheet down.

buckle ['bʌkəl]
buckle down *vi* dedicarse con empeño a algo: *It's time you buckled down to some work if you're going to pass that exam*, Ha llegado el momento de que te pongas a trabajar en serio si quieres aprobar ese examen.
SYNONYMS: knuckle down *(informal)*.
ANTONYMS: ease up; slacken off.

budge [bʌdʒ]
budge up *vi (informal)* correrse a un lado, moverse un poco: *Could you budge up a bit, please? I'd like to sit down*, ¿Podrías moverte un poco, por favor? Me gustaría sentarme.
SYNONYMS: move up.

budget ['bʌdʒɪt]
budget for *vt insep* hacer un presupuesto para algo, contar con los gastos de algo: *Sometimes people forget to budget for road tax and insurance when they buy a car*, A veces la gente no tiene en cuenta que tiene que pagar el impuesto de circulación y el seguro cuando se compra un coche.
SEE ALSO: account for.

bugger ['bʌgəʳ]
bugger about or **bugger around** *(vulgar slang)*
  1 *vi* hacer el gilipollas: *We could have finished by now if you hadn't buggered about so much this morning*, Ya habríamos terminado si esta mañana no hubieses dado tanto por saco.
  2 *vt sep* dar por saco a alguien, dar el coñazo a alguien, joder a alguien: *Will you stop buggering me about and give me a straight answer?*, ¿Quieres dejar de ser un coñazo y darme una respuesta clara?
SYNONYMS: piss about *(vulgar slang)*; mess about *(informal)*.

bugger off *vi (vulgar slang)* irse a tomar por saco, irse a tomar por culo, largarse: *They collect their money and just bugger off without saying a word*, Cogen el dinero y se las piran sin decir palabra.
SYNONYMS: piss off *(vulgar slang)*.

bugger up *vt sep (vulgar slang)* joder algo: *Sheila's buggered up the order again! We've got no envelopes and too many stamps*, ¡Sheila ha vuelto a cagarla con el pedido! No tenemos sobres y hay demasiados sellos; *Can we rely on him not to bugger things up?*, ¿Podemos estar seguros de que no meterá la pata?
SYNONYMS: cock up *(vulgar slang)*; foul up *(informal)*; mess up *(informal)*.

build [bɪld]
build in or **build into** *vt sep* (to build *something* in; build *something* into *something*)
  1 empotrar: *All of the cupboards in our kitchen are built in*, Todos los armarios de

nuestra cocina están empotrados; *The fish tank was built into the back wall in the living-room*, El acuario estaba empotrado en la pared trasera del salón.

2 agregar, añadir, incorporar: *The engineers have built a number of safety checks into the system*, Los ingenieros han agregado una serie de controles de seguridad al sistema; *This a new type of contract with an escape clause built in*, Éste es un nuevo tipo de contrato que incluye una cláusula de escape.

SYNONYMS: incorporate.

build on or **build upon** *vt sep* (to build on *something*; build *something* on *something*)

1 aprovecharse de algo, partir de algo, construir a partir de algo: *We must build on previous experience and not make the same mistakes again*, Tenemos que basarnos en la experiencia previa y no repetir los mismos errores; *I would like to think that last year's successes can be built upon*, Me gustaría pensar que podemos avanzar sobre los éxitos del año pasado.

2 basarse en algo: *Her success as a lawyer was built on her ability to argue and discuss well*, Su éxito como abogada se basó en su habilidad para discutir y argumentar; *The strongest relationships are built upon mutual trust and understanding*, Las relaciones más sólidas se basan en la confianza y la comprensión mutuas; *We're building our hopes of an economic revival on the strength of the euro*, Basamos nuestra esperanza de una reactivación económica en la solidez del euro.

SEE ALSO: base on.

build up *vt sep - vi*

1 aumentar, acumular; hacer crecer, crecer: *Traffic is building up on the approach to the Newbridge roundabout*, El tráfico se vuelve más intenso en las cercanías de la rotonda de Newbridge; *We need money to build up supplies of basic food and medicine for the winter*, Necesitamos dinero para reunir provisiones de alimentos básicos y medicamentos para el invierno; *We're looking for ways to build his confidence up a bit*, Intentamos que gane un poco de seguridad en sí mismo.

2 levantar, sacar adelante *(una empresa)*: *Steve and John have built the company up through their own hard work*, Steve y John han sacado la empresa adelante trabajando duramente; *The tourist industry was built up from virtually nothing to become the most important part of the country's economy*, La industria del turismo creció prácticamente de cero para convertirse en la parte más importante de la economía del país.

SYNONYMS: develop.

3 exagerar, hacer aparentar más de lo que es, dar una imagen mejor de la real: *Advertising often tries to build products up to be better than they are*, La publicidad suele presentar los productos mejor de lo que son; *E-commerce has been built up into a global economic revolution*, El e-commerce se ha desarrollado hasta convertirse en una revolución económica a escala mundial.

4 poner más fuerte, fortalecer; ponerse más fuerte: *The doctors want him to build himself up a bit before he can leave hospital*, Los médicos quieren que esté un poco más fuerte antes de darle el alta; *My grandmother thinks I need building up so she always gives me lots of food*, Mi abuela cree que necesito estar más fuerte así que siempre me da mucho de comer.

SEE ALSO: feed up.

5 construir: *I can remember when this area was just fields; now of course it's all been built up*, Me acuerdo de cuando en esta zona sólo había campo; ahora, por supuesto, está toda construida.

bully into

bully ['bʊlɪ] bullying, bullied, bullied
  bully into *vt sep* **(to bully *somebody* into *something*)** intimidar para que alguien haga algo, obligar a alguien a hacer algo: *We think his classmates bullied him into stealing money from his parents*, Creemos que sus compañeros de clase lo intimidaron para que robara dinero a sus padres.
  SEE ALSO: force into; push into.

bum [bʌm] bumming, bummed, bummed
  bum about or **bum around** *vi - vt insep* **(to bum around; bum around *somewhere*)** *(informal)*
    1 haraganear, estar sin hacer nada: *On a sunny day, we would walk the streets together, and just bum around*, Los días de sol paseábamos juntos por la calle y no hacíamos nada; *The idea of simply bumming about for a few weeks was irresistible*, La idea de hacer el vago durante un par de semanas era irresistible.
    SYNONYMS: laze about; loaf about.
    2 estar de viaje por algún sitio, vagabundear por algún sitio: *The idea was to bum round France and Spain for a few months, until I found a job*, La intención era viajar por Francia y España un par de meses hasta que encontrara un trabajo.
    SYNONYMS: wander about.

bump [bʌmp]
  bump into *vt insep*
    1 chocar con algo, dar con algo; chocar con alguien,: *I can't see how bumping into a table could produce a bruise like that*, No entiendo cómo pudiste hacerte ese moretón al darte con una mesa; *Another car bumped into me from behind*, Otro coche chocó conmigo por detrás.
    SYNONYMS: run into; bang into.
    2 *(informal)* toparse con alguien, encontrarse con alguien: *We bumped into Bob at the supermarket on Saturday*, El sábado nos topamos con Bob en el supermercado.
    SYNONYMS: run into.
  bump off *vt sep (slang)* cargarse a alguien, liquidar a alguien: *Freddy would bump off his wife if he thought he could make money from it!*, ¡Freddy se cargaría a su mujer si pensara que podía ganar dinero con ello!; *He was bumped off by the Mafia because he talked to the police*, La Mafia se lo cargó porque se chivó a la policía.
    SYNONYMS: knock off *(slang)*; do in *(slang)*; murder.
  bump up *vt sep (informal)* aumentar, subir: *Most places bump up the price if they know you're a tourist*, En la mayoría de los sitios ponen precios más caros si saben que eres un turista.

bundle ['bʌndəl]
  bundle off *vt sep (informal)* despachar a alguien a algún sitio, mandar a alguien a algún sitio: *Sometimes children are simply bundled off to any school that will take them*, A veces simplemente se quitan a los niños de encima mandándolos a la primera escuela que los acepta; *I had to bundle my friends off before my parents came back*, Tuve que echar a mis amigos antes de que mis padres volvieran.
    SYNONYMS: pack off *(informal)*; send off.
  bundle up *vt sep* hacer un bulto con algo, liar: *They bundled up my papers and stuffed them into boxes*, Juntaron todos mis papeles y los metieron en cajas.
    SEE ALSO: parcel up; wrap up.

bung [bʌŋ]
bung up *vt sep*

1 atascar, taponar, obstruir: *Oil and grease will bung up the sink*, El aceite y la grasa enseguida atascan el fregadero; *Instead of unblocking the pipes, the chemical sprays were bunging them up*, En lugar de desatascar las tuberías, los sprays químicos las obstruían.

2 **(to be bunged up)** *(informal)* estar congestionado, tener la nariz tapada; estar estreñido: *She sounded a bit bunged up on the phone; perhaps her hay fever has already started*, Por teléfono sonaba un poco congestionada; a lo mejor ya le ha empezado la alergia; *People who eat fried food all the time often get a bit bunged up*, La gente que come muchos fritos suele estar un poco estreñida.

SYNONYMS: block up.

buoy [bɔɪ]
buoy up *vt sep*

1 animar a alguien, dar ánimos a alguien: *We have been buoyed up by reports that two people have been seen alive on the mountain*, Los informes de que han visto a dos personas con vida en la montaña nos han animado; *They needed good news like this to buoy up their spirits*, Necesitaban una buena noticia como ésta para levantarles el ánimo.

SYNONYMS: cheer up; lift up; boost.

2 mantener a flote: *The value of the dollar has been buoyed up by news that troops will be withdrawn from Somalia*, El valor del dólar se ha mantenido gracias a la noticia de que las tropas serán retiradas de Somalia; *Increased exports of cars have buoyed up the trade figures*, El aumento de las exportaciones de automóviles ha mantenido la balanza comercial.

SYNONYMS: keep up.

burn [bɜːn] burning, burned/burnt, burned/burnt

burn down *vt sep* incendiar, quemar; quedar destruido por el fuego: *Most of the medieval abbeys were burned down in the sixteenth century*, La mayoría de las abadías medievales se incendiaron en el siglo XVI; *Dave was scared to leave the children alone, in case they burned the house down*, A Dave le daba miedo dejar a los niños solos por si quemaban la casa; *Two hundred workers lost their jobs when the factory burned down*, Doscientos obreros perdieron sus puestos de trabajo cuando la fábrica quedó reducida a cenizas.

burn off *vt sep* quitar quemando, quemar: *Remove any old varnish completely, preferably by burning it off*, Debe eliminar el barniz antiguo por completo, preferiblemente con una llama.

burn out *vt sep - vi*

1 apagarse, extinguirse: *A few people stayed on until the bonfire had burnt out*, Unas cuantas personas se quedaron hasta que se apagó la fogata; *The forest fire has been contained and will now be left to burn itself out*, El incendio en el bosque está controlado y ahora lo dejarán que se extinga del todo solo.

2 quemarse, fundirse: *The motor has burned out and will have to be replaced*, El motor se ha quemado y habrá que cambiarlo.

3 *(informal)* consumir todas las fuerzas de alguien, quedarse sin fuerzas: *Juantarina had nothing left for the last two laps: he'd burnt himself out in the first half of the race*, A Juantarina ya no le quedaban fuerzas en las últimas dos vueltas: se había agotado en la primera mitad de la carrera.

burn up

burn up vt sep quemar por completo, consumir *(a fuego)*: ***Most meteorites burn up when they enter the Earth's atmosphere***, La mayoría de los meteoritos se queman al entrar en la atmósfera de la Tierra; ***When all the oxygen is burned up, the candle will go out***, Cuando se haya consumido todo el oxígeno, la vela se apagará.

burst [bɜːst]

burst in or **burst into** vt *insep* - vi (to burst in; burst into *somewhere*) entrar de pronto en algún sitio, irrumpir en algún sitio: ***We were in the living-room when Philip burst in with the good news***, Estábamos en el salón cuando Philip irrumpió con las buenas noticias; ***Alex burst into the room with a piece of paper in his hand***, Alex irrumpió en la habitación con un papel en la mano.

burst in on vt *insep* entrar de pronto en algún sitio, irrumpir en algún sitio: ***I was sitting reading when the children burst in on me***, Estaba sentado leyendo cuando de pronto entraron los niños.

burst out vi romper a *(llorar)*, partirse de *(risa)*: ***When Tom's wife heard he was dead, she burst out crying***, Cuando la mujer de Tom se enteró de que había muerto, rompió a llorar.

burst with vt *insep* reventar de algo, estar hasta los topes de algo: ***As usual in the summer, Cambridge was bursting with tourists***, Como siempre en verano, Cambridge estaba hasta los topes de turistas; ***The children are bursting with good ideas for the party***, Los niños no paran de proponer buenas ideas para la fiesta; ***Peter and Sarah were bursting with love for their new baby***, Peter y Sarah no cabían en sí de amor por su recién nacido.

bury ['berɪ] burying, buried, buried

bury in vt *sep* enfrascarse en algo, ensimismarse en algo, estar metido en algo: ***I wanted to speak to Dennis before he had the chance to bury his head in the paper***, Quería hablar con Dennis antes de que pudiera enfrascarse en la lectura del periódico.

See also: absorb in.

bust [bʌst] busting, busted/bust, busted/bust

bust up vt *sep (informal)*

1 estropear, arruinar, hacer polvo algo: ***The police came at three o'clock in the morning to bust the party up***, La policía llegó a las tres de la mañana para interrumpir la fiesta.

2 romper con alguien, separarse de alguien: ***The thing she's afraid of most is that her boyfriend will bust up with her***, Lo que más teme es que su novio rompa con ella.

Synonyms: break up.

bustle ['bʌsəl]

bustle about or **bustle around** vi estar yendo y viniendo, ir de acá para allá: ***Margaret bustled about all evening giving drinks and snacks to her guests***, Margaret estuvo de acá para allá toda la noche repartiendo bebidas y aperitivos a sus invitados.

butt [bʌt] butting, butted, butted

butt in vi interrumpir en algo, meterse en algo: ***We can't have a sensible discussion if you continually butt in before I've finished what I'm saying***, Es imposible tener una discusión razonable si usted no para de interrumpirme cuando estoy hablando; ***Companies want to run their own affairs, and don't want the government to butt in***, Las empresas quieren gestionarse solas y no quieren que intervenga el Gobierno.

butt out *vi* AmE *(informal)* no entrometerse: ***I think her parents should just butt out and let her make her own mistakes***, Creo que sus padres no deberían meterse y deberían dejar que ella sola cometa sus propios errores.

ANTONYMS: butt in.

butter [ˈbʌtəʳ]

butter up *vt sep (informal)* darle coba a alguien, dar jabón a alguien, hacerle la pelota a alguien: ***She thinks the money'll be no problem if she butters her parents up a bit***, Cree que no habrá ningún problema de dinero si les da un poco de coba a sus padres; ***He tried to butter me up by telling me I was looking very nice tonight***, Ha intentado darme coba diciéndome que esta noche estaba muy guapa.

SEE ALSO: suck up to (informal); pander to.

button [ˈbʌtən]

button up *vt sep* abrocharse, abotonarse: ***Don't go out without buttoning your coat up***, No salgas sin abrocharte el abrigo.

SYNONYMS: do up.

buy [baɪ] buying, bought, bought

buy in *vt sep* abastecerse de algo, almacenar algo, comprar mucho de algo: ***At the first sign of winter, we all start buying in food, drink, and logs for the fire***, En cuanto aparecen las primeras señales del invierno, nos abastecemos de comida, bebidas y leña para el fuego.

SYNONYMS: stock up on; lay in.
SEE ALSO: buy up.

buy into *vt insep* comprar parte de algo, comprar acciones de algo: ***The cousins were invited to buy into the farm***, Los primos fueron invitados a participar en la compra de la granja.

SEE ALSO: come into.

buy off *vt sep (informal)* sobornar, comprar: ***It was said that certain council members could be bought off***, Se dijo que se podía sobornar a ciertos concejales del ayuntamiento; ***We usually advise them to buy off the blackmailer straight away***, Solemos aconsejar que paguen al chantajista de inmediato.

SEE ALSO: pay off.

buy out *vt sep* comprar la parte de otro de algo, adquirir la parte que es propiedad de otro: ***The theory is that private investors will eventually buy out the government's part of the company***, La teoría es que los inversores privados al final adquirirán la parte de la empresa que es propiedad del Gobierno.

SEE ALSO: pay out; sell out.

buy up *vt sep* comprar todas las existencias de algo, acapararlo todo: ***The council has been buying up the land near the river***, El ayuntamiento se ha ido quedando con todas las tierras cerca del río; ***In reality, corporate investors buy up all the shares and the private investor doesn't get a chance***, En realidad, los inversores colectivos acaparan todas las acciones y el inversor privado no tiene la menor oportunidad.

SEE ALSO: buy in.

buzz off

buzz [bʌz]
buzz off vi *(informal)* largarse: *You're really annoying me. Why don't you just buzz off?*, Me estás molestando. ¿Por qué no te largas de aquí?
SYNONYMS: clear off *(informal)*; bugger off *(vulgar slang)*.

call [kɔːl]
call after vt insep poner a alguien el nombre de alguien: *The baby was called after Jane, her mother's oldest sister*, Le pusieron a la niña el nombre de Jane, como la hermana mayor de su madre.
SYNONYMS: name after; name for.
call away vt sep llamar a alguien por algo, hacer que alguien se ausente: *He's been called away on urgent business*, Lo han llamado por un asunto urgente.
call back vt sep - vi
1 pasarse más tarde: *If you would prefer your husband to be here when we discuss it, I'll call back later when he's returned from work*, Si prefiere que su marido esté presente cuando lo hablemos, volveré a pasar cuando él haya vuelto del trabajo.
2 volver a llamar: *If you're busy now, I'll call you back later*, Si estás ocupado ahora, te vuelvo a llamar más tarde; *A man phoned while you were out, but he said he'll call back this evening*, Ha llamado un hombre mientras estabas fuera, pero ha dicho que volverá a llamar esta noche.
3 llamar más tarde, devolver la llamada: *Your file isn't on my desk at the moment. Can I call you back in ten minutes when I've found it?*, Su expediente no está en mi mesa en estos momentos. ¿Puedo llamarle dentro de diez minutos cuando lo haya encontrado?
SYNONYMS: phone back; ring back.
call by vt insep pasar por algún sitio: *I'll call by your house on my way to work and pick up the books*, Pasaré por tu casa de camino al trabajo y recogeré los libros.
SEE ALSO: call in; call round.
call down vt insep *(formal)* invocar: *Moses called down the wrath of God on the Egyptians*, Moisés invocó la ira de Dios sobre los egipcios.
call for vt insep
1 pasar a buscar, recoger: *He's calling for me at eight o'clock and we're going on to the theatre*, Pasará a buscarme a las ocho e iremos al teatro; *Will you be able to call for the package on your way home from work?*, ¿Podrás pasar a recoger el paquete de camino al trabajo?
SYNONYMS: pick up.
2 requerir, exigir: *It was an embarrassing situation that called for tact and diplomacy*, Era una situación violenta que requería tacto y diplomacia; *What wonderful news! Come on everyone, this calls for a celebration!*, ¡Qué noticia tan buena! ¡Vamos, esto hay que celebrarlo!; *I don't think that remark was really called for*, Creo que ese comentario sobraba.
SYNONYMS: require.
3 pedir: *The president made a radio broadcast calling for calm*, El presidente salió por la radio pidiendo calma.
call forth vt sep *(formal or literary)* inspirar, provocar *(un sentimiento)*; traer *(recuerdos)*; suscitar, provocar *(protestas)*: *Cruelty calls forth the compassion of humane people*, La crueldad despierta la compasión de las personas humanitarias; *When she sees a baby, it calls forth her maternal instincts*, Cuando ve un niño pequeño se le despiertan los sentimientos maternales.

call out

call in *vt sep*

  1 pasar, venir *(a ver a alguien)*: ***The doctor will call in again tomorrow to see that you're all right***, El médico volverá a pasar mañana para ver cómo estás.

  2 pasar por algún sitio: ***Would you call in at the butcher's on your way home and pick up my order?***, ¿Puedes pasar por la carnicería de camino a casa y recoger mi pedido?

    SEE ALSO: call by; call round.

  3 llamar *(a alguien)*: ***The county police were making no progress with the investigation so they called in the FBI***, La policía del condado no avanzaba con la investigación así que llamaron a la FBI; ***Granny doesn't look too good; do you think we should call the doctor in?***, La abuela no tiene muy buen aspecto; ¿crees que deberíamos llamar al médico?; ***He had called in a firm of local builders to carry out the essential repairs***, Había llamado a un constructor local para hacer las reparaciones básicas.

    SYNONYMS: call out; summon.

  4 exigir el pago inmediato de algo, pedir la devolución de algo: ***When the bank heard of the firm's financial difficulties it called in its loan***, Cuando el banco se enteró de las dificultades económicas de la empresa, exigió el pago inmediato del préstamo.

call off *vt sep*

  1 cancelar, suspender: ***Harry said he didn't see why the match should be called off just because it might snow***, Henry dijo que no entendía por qué iban a suspender el partido sólo porque podía nevar; ***Seven meetings have been called off in the last few days***, Han suspendido siete reuniones en los últimos días.

  2 suspender, abandonar, dar por terminado: ***The search for the missing climber had to be called off when it got dark***, La búsqueda del montañista desaparecido tuvo que suspenderse cuando se hizo de noche.

  3 llamar *(a un perro, para que no ataque)*: ***I yelled to the man to call off his dog***, Le grité al hombre que llamara a su perro.

call on *vt insep*

  1 pasar a ver a alguien: ***One of our trained representatives will call on you next week***, Uno de nuestros representantes cualificados pasará a verlo la semana que viene.

  2 llamar a alguien, invitar a alguien: ***I'm now going to call on Professor Hutchins to give us his expert opinion***, Voy a llamar al profesor Hutchins para pedirle su opinión de experto.

  3 pedir a alguien que haga algo, acudir a alguien: ***In some countries 18-year-old men are called upon to do military service***, En algunos países convocan a los hombres de dieciocho años para hacer el servicio militar.

  4 recurrir a algo: ***He had to call on all his knowledge and experience to land the damaged plane***, Tuvo que recurrir a todos sus conocimientos y experiencia para aterrizar con el avión averiado.

    SYNONYMS: summon.

call out *vt sep*

  1 gritar algo, decir algo gritando: ***The policeman called out to me to stop***, El policía me gritó que me detuviera; ***Please say 'here' when I call out your name***, Por favor digan 'presente' cuando los llame por su nombre; ***He was calling out, "I can't hold on any longer!"***, Gritaba: -¡No aguanto más!

    SYNONYMS: shout.

  2 llamar, acudir a alguien: ***We had to call out an emergency plumber when the tank***

in the attic started leaking, Tuvimos que llamar a un fontanero de urgencias cuando el depósito del ático empezó a perder agua.
SYNONYMS: call in; summon.

3 convocar a alguien: ***The trade union has called its members out on strike from 3 July***, El sindicato convocó a sus miembros a una huelga a partir del 3 de julio.

4 hacer intervenir a alguien: ***The president has had to call out the National Guard***, El Presidente tuvo que hacer intervenir a la Guardia Nacional.

call over *vt sep* llamar: ***Call the waiter over and ask him to bring some more water***, Llama al camarero y pídele que traiga más agua.

call round *vt insep* pasar por algún sitio: ***I'll call round at your flat after work***, Pasaré por tu casa después de trabajar.
SEE ALSO: call by; call in.

call up *vt sep*

1 llamar, llamar por teléfono, telefonear: ***Barry called me up last night to ask me if I would like to go to the game with him***, Barry me llamó anoche para preguntarme si quería ir al partido con él.
SYNONYMS: phone up; ring up.

2 llamar a filas a alguien, llamar para el servicio militar: ***He was called up in 1941 and was wounded during the Normandy landings***, Lo llamaron a filas en 1941 y fue herido en el desembarco de Normandía; ***Ken Jones is a reservist who was called up by the Army in the Gulf War***, Ken Jones es un reservista al que llamaron a filas en la Guerra del Golfo.
SYNONYMS: draft.

3 seleccionar, elegir: ***The selectors have called up several younger players for the game against Australia***, Los seleccionadores eligieron a varios jugadores jóvenes para el partido contra Australia.

4 buscar *(en el ordenador)*: ***Can you call up the latest sales figures on your computer, please?***, Por favor, ¿puedes buscar en tu ordenador las últimas cifras de ventas?

5 traer algo a la memoria: ***These photos of Oxford call up memories of when I was a student there***, Estas fotos de Oxford me traen recuerdos de cuando estudié allí; ***You know, your suggestion calls up an idea we talked about last year***, Sabes, tu sugerencia me recuerda una idea de la que hablamos el año pasado.
SYNONYMS: bring back; evoke *(formal)*.

calm [kɑːm]

calm down *vt sep - vi* calmar a alguien, tranquilizar a alguien; calmarse, tranquilizarse: ***She was quite hysterical; the doctor had to give her a sedative to calm her down***, Estaba bastante histérica; el médico tuvo que darle un sedante para calmarla; ***For goodness sake, calm down! It's only a little spider***, ¡Por el amor de Dios, tranquilízate! Sólo es una araña de nada.

camp [kæmp]
camp out *vi*

1 acampar por la noche, quedarse en una tienda de campaña: ***They continued south, riding all day and camping out at night under the stars***, Siguieron viajando hacia el sur; cabalgaban de día y acampaban por la noche, bajo las estrellas.

2 dormir temporalmente en algún sitio: ***The refugees camped out at St Peter's School in Northampton***, Los refugiados acamparon en la escuela de St Peter en Northampton; ***I'm afraid there aren't any spare beds, but you can camp out in the living-room if you like***, Me temo que no quedan más camas, pero si queréis podéis dormir en el salón.

carry off

camp up *vt sep* sobreactuar, hacer una caricatura de sí mismo: *I'm afraid Harry can't act naturally - he has to camp it up all the time*, Me temo que Henry no puede actuar con naturalidad; siempre está como sobreactuando.
SYNONYMS: ham it up *(informal)*.

cancel ['kænsəl] cancelling, cancelled, cancelled (In American English the final consonant does not double: **canceling, canceled, canceled**)
   cancel out *vt sep* anular, hacer que no quede compensado: *Make sure the charges on your insurance policy don't cancel out the tax savings*, Asegúrate de que lo que pagas por tu póliza de seguros compensa lo que te ahorras en impuestos; *The increase in sales in our overseas markets has cancelled out the fall in sales in our domestic markets*, El aumento de ventas en nuestros mercados extranjeros ha compensado la caída de las ventas en nuestros mercados nacionales.
   SYNONYMS: neutralize *(formal)*; nullify *(formal)*.

care [keəʳ]
   care about *vt insep* interesarse por alguien, querer a alguien: *I don't care about the money; I'm more concerned about you*, No me importa el dinero; lo que más me preocupa eres tú.
   care for *vt insep*
      1 cuidar de alguien: *I hope my children will care for me when I get old*, Espero que mis hijos me cuiden cuando sea mayor.
      2 caer bien a alguien, sentir afecto por alguien: *"Have you met her new boyfriend?" "Yes, I have, and I have to say I don't much care for him"*, -¿Conoces a su nuevo novio? -Sí, y tengo que decir que no me entusiasma.

carry ['kærɪ] carrying, carried, carried
   carry away *vt sep*
      1 llevarse, arrastrar: *The flood waters carried away the old wooden bridge*, Las riadas arrastraron el viejo puente de madera.
      2 **(to get carried away by something)** dejarse llevar por algo: *The match was so exciting that John got carried away and began screaming and shouting at the referee*, El partido fue tan emocionante que John se dejó llevar y se puso a gritar y a chillar al árbitro.
   carry back *vt sep* llevar, transportar a un tiempo: *Hearing my grandfather's voice on tape carried me back to my childhood*, Oír la voz de mi abuelo en la cinta me transportó a mi infancia.
   carry forward *vt sep (rather formal)* llevar a cabo, realizar: *We will carry forward a family support initiative to provide help to the poorest families in the country*, Llevaremos a cabo una iniciativa de apoyo familiar para ayudar a las familias más pobres del país.
   carry off *vt sep*
      1 llevarse: *The soldiers attacked the farms and carried off their cattle*, Los soldados atacaron las granjas y se llevaron el ganado.
      2 interpretar, llevar a cabo *(un papel)*: *Lady Macbeth is a difficult role, and only a very special type of actress can carry it off*, El papel de Lady Macbeth es difícil, y sólo un tipo muy especial de actriz puede interpretarlo bien; *She carried off a difficult and embarrassing situation with great skill*, Manejó una situación difícil y embarazosa con mucha habilidad.
      3 llevarse *(un premio)*, ganar *(un campeonato)*: *Once again this season, Rangers have*

carried off the Scottish league title, Una vez más, esta temporada los Rangers han ganado el campeonato de la liga escocesa.

4 llevarse a alguien, ser la causa de la muerte de alguien: **Fiona's mother was carried off by pneumonia**, Una pulmonía se llevó a la madre de Fiona.

carry on vt insep - vi

1 mantener, continuar con algo; seguir: **How do you expect us to carry on a conversation with all that noise going on?**, ¿Cómo pretendes que mantengamos una conversación con todo ese ruido?; **The business is now being carried on by the sons of the original proprietor**, Ahora los hijos del propietario original llevan el negocio; **We had to carry on our conversation against a background of ear-splitting rock music**, Tuvimos que conversar mientras en el fondo sonaba música rock a todo volumen.

2 continuar haciendo algo, seguir haciendo algo: **I'd like to carry on working after I'm sixty**, Me gustaría seguir trabajando después de cumplir los sesenta años; **Don't let me interrupt you; just carry on with what you were doing before I came in**, No quiero interrumpirte; sigue haciendo lo que hacías antes de que llegara; **Take the first turn on the right and carry straight on until you reach the crossroads**, Coja la primera a la derecha y siga todo recto hasta llegar al cruce; **Caspar took no notice of him, and carried on through the wood towards the field**, Caspar no se fijó en él y siguió andando por el bosque en dirección al campo.

3 (informal) estar dale que te pego: **A group of boys at the back of the bus spent the entire journey shouting and carrying on**, Un grupo de niños en la parte de atrás del autobús se pasaron todo el viaje gritando y armando bulla.

carry out vt insep llevar a cabo, realizar: **How to find the money necessary to carry out the charity's work has always been a worry**, Siempre ha sido un problema encontrar el dinero necesario para llevar a cabo las obras de beneficiencia; **None of the soldiers liked the order but they had to carry it out**, A ninguno de los soldados le gustó la orden pero tuvieron que obedecerla.
SYNONYMS: perform; undertake; execute; fulfil.

carry over vt sep continuar, transmitir, conservar: **The habit of getting up early in the morning has been carried over from his childhood spent on a farm**, Ha conservado la costumbre de levantarse temprano por la mañana que adquirió durante su infancia en una granja.

carry through vt sep

1 llevar algo a cabo, llevar algo hasta el final: **It's quite an ambitious plan. Do you think he's capable of carrying it through?**, Es un plan bastante ambicioso. ¿Crees que es capaz de llevarlo a cabo?; **My father taught me that once you've begun something you should carry it through to the end**, Mi padre me enseñó que cuando empiezas algo tienes que llevarlo hasta el final.
SYNONYMS: accomplish.

2 ayudar a alguien a pasar (una situación difícil), sostener a alguien: **My religious faith carried me through that difficult time**, Mi fe religiosa me sostuvo en esos momentos difíciles; **Good study habits carried her successfully through university**, Unos buenos hábitos de estudio la ayudaron a estudiar la carrera con éxito.

cart [kɑːt]

cart off or **cart away** vt sep (informal) llevarse a la fuerza: **Several protesters were arrested and carted off to the police station**, Varios manifestantes fueron detenidos y trasladados a la comisaría.

carve [kɑːv]

carve out vt insep forjarse algo, labrarse algo: *The company carved out its own niche in the market by launching an innovative product line*, La empresa se forjó su propio hueco en el mercado lanzando una línea de productos innovadora; *Though he was forced to resign from the government, he gradually succeeded in carving out a new career for himself as an author and journalist*, Aunque se vio obligado a dimitir del Gobierno, poco a poco consiguió triunfar como escritor y periodista.

carve up vt sep
1 dividir, repartirse: *Once the telephone company is privatized they will probably carve it up into several smaller companies*, En cuanto se haya privatizado la compañía telefónica, es probable que la dividan en varias empresas más pequeñas; *After World War II, it seemed the United States and the Soviet Union were carving up the world between them*, Después de la Segunda Guerra Mundial, parecía que Estados Unidos y la Unión Soviética se repartían el mundo entre los dos.
2 *(slang)* rajar a alguien, apuñalar a alguien: *A gang of young thugs had carved up his face with a broken bottle*, Una banda de jóvenes matones le rajaron la cara con un envase roto.
3 *(informal)* meterse por delante de alguien: *Did you see how that maniac in the Porsche carved me up?*, ¿Has visto cómo ese loco del Porsche se me ha adelantado?

cash [kæʃ]
cash in vt sep
1 vender *(acciones)*, hacer efectivo algo: *He raised the money he needed by cashing in his shares in British Telecom*, Reunió el dinero que necesitaba vendiendo sus acciones de British Telecom.
2 cambiar algo por dinero, cobrar algo: *After winning twice at roulette I decided not to push my luck any further and cash in my chips*, Tras ganar dos veces en la ruleta decidí no seguir desafiando la suerte y cobrar las fichas.

cash in on vt insep sacar provecho de algo, aprovecharse de algo: *That unscrupulous dealer is trying to cash in on the snowy weather by raising his prices for snow tyres*, Ese comerciante sin escrúpulos está intentando sacar tajada de las nevadas subiendo el precio de los neumáticos para la nieve; *Now that elections are near, the Prime Minister will probably try to cash in on his current popularity and call an early election*, Ahora que se acercan las elecciones, es probable que el Primer Ministro intente sacar provecho de su popularidad actual y que adelante la fecha.
SYNONYMS: exploit.

cash up vi hacer caja, contar la recaudación: *When she cashed up she discovered that $75 was missing from the till*, Cuando hizo caja, se dio cuenta de que faltaban 75 dólares.

cast [kɑːst] casting, cast, cast
cast about for or **cast around for** vt insep *(formal)* rebuscar, andar buscando: *There was a terrible silence as she cast around for something interesting to say*, Se hizo un silencio terrible mientras ella buscaba algo interesante que decir; *He cast about desperately for a believable excuse, but could think of nothing plausible*, Buscó desesperadamente una excusa creíble, pero no se le ocurría nada verosímil.

cast aside vt sep *(formal)* dejar de lado, desechar: *Union and management officials decided to cast aside their differences in order to avoid a strike*, Los representantes sindicales y de la patronal decidieron dejar de lado sus diferencias para evitar una huelga; *Roger decided it was time he cast aside his fears and took some risks in*

cast away

life, Roger decidió que había llegado el momento de dejar de lado sus temores y de correr algún riesgo en su vida.

SYNONYMS: abandon.

cast away *vt sep* **(to be cast away)** naufragar: ***What would you miss most if you were cast away on a desert island?***, ¿Qué es lo que más echarías de menos si naufragaras y acabaras en una isla desierta?

cast back *vt sep* intentar recordar, rememorar: ***If you cast your mind back to our previous discussion, you'll remember that we agreed to a pay rise of no more than 5%***, Si intentas recordar nuestra discusión anterior, te acordarás de que acordamos pagar un aumento de no más del 5%.

cast down *vt sep* deprimir a alguien, desanimar a alguien: ***It wasn't the general manager's criticism that made him feel cast down so much as the lack of support from his colleagues***, Lo que lo deprimió no fue tanto la crítica del director general como la falta de apoyo de sus colegas.

cast off

1 *vt sep (formal)* dejar algo de lado, abandonar algo: ***Both sides have agreed to cast off the ideological narrowness of the past***, Las dos partes decidieron dejar de lado la estrechez ideológica del pasado; ***The children of immigrants should not be expected to cast off the language and customs of their parents' homelands***, No se puede pretender que los hijos de inmigrantes desechen el idioma y las costumbres de la tierra natal de sus padres.

SYNONYMS: throw off; reject; discard *(formal)*.

2 *vi* soltar amarras: ***We cast off at midday and by nightfall we'd sailed halfway to the islands***, Soltamos amarras al mediodía y al anochecer habíamos hecho la mitad del recorrido a las islas.

cast out *vt sep (formal)* expulsar: ***According to the Bible, God punished Adam and Eve by casting them out of the Garden of Eden***, Según la Biblia, Dios castigó a Adán y Eva expulsándolos del Jardín del Edén.

SYNONYMS: expel; banish *(formal)*.

cast up *vt sep*

1 arrastrar, arrojar: ***After several days at sea, their life-raft was cast up on an isolated island***, Tras varios días en el mar, su bote salvavidas fue arrastrado por las olas hasta una isla aislada.

2 *(informal)* restregar algo, echar algo en cara: ***He's always casting up the fact that I wasn't a good enough student to get into university***, Siempre me está restregando el hecho de que no era un estudiante lo suficientemente bueno para entrar en la universidad.

catch [kætʃ] catching, caught, caught

catch at *vt insep*

1 tratar de coger algo, atrapar por algún sitio: ***He caught at her arm and pulled her away from the edge just as she was about to fall***, La cogió por el brazo y la apartó del borde justo cuando estaba a punto de caer.

2 engancharse en algo: ***As we walked through the wood, the brambles caught at our clothes***, Mientras caminábamos por el bosque, se nos enganchaban las zarzas a la ropa.

catch on *vi (informal)*

1 tener éxito, hacerse popular: ***Baseball has never quite caught on in England***, El béisbol nunca ha sido muy popular en Inglaterra.

2 captar las cosas, caer en la cuenta: ***He's a smart kid; it doesn't take him long to***

catch on, Es un chico listo; no tarda mucho en captar las cosas; *It was some time before the police finally caught on to the activities of the drug smugglers*, La policía tardó tiempo en caer en la cuenta de lo que hacían los traficantes de drogas.

catch out *vt sep* pillar en un error, coger mintiendo, sorprender: *Be careful when you are giving evidence; the defence lawyer will do everything he can to catch you out*, Ten cuidado cuando declares; el abogado de la defensa hará todo lo posible por pillarte en un error.

catch up *vt sep - vi*

1 alcanzar, atrapar, llegar a la altura de alguien: *Let's slow down and give the others a chance to catch us up*, Vayamos más despacio para que los demás puedan alcanzarnos; *They ran so fast that I couldn't catch up*, Corrían tan rápido que no podía alcanzarlos.

SEE ALSO: catch up with.

2 llegar a su nivel, ponerse al nivel del resto: *She's missed several days due to illness, but if she works hard she'll soon catch up the rest of the class*, Ha perdido varios días porque estuvo enferma, pero si trabaja mucho pronto se pondrá al nivel del resto de la clase; *We're so far behind the rest of Europe, I fear we'll never catch up*, Estamos tan retrasados con respecto al resto de Europa que me temo que nunca nos pondremos al día.

SEE ALSO: catch up with.

catch up in *vt insep* (**to be caught up in** *something*) verse involucrado en algo, participar de algo: *The UN troops had become caught up in the fighting despite their efforts to limit their role to peacekeepers*, Las tropas de las UN se vieron involucradas en los enfrentamientos a pesar de sus esfuerzos por limitarse a mantener la paz; *He was so caught up in his private thoughts that he didn't hear the telephone ring*, Estaba tan inmerso en sus pensamientos que no oyó el teléfono.

catch up on *vt insep*

1 ponerse al día *(en el trabajo)*; recuperar *(el sueño perdido)*: *The thing I dislike about business travelling is that when you return to the office there's so much paperwork to catch up on*, Lo que no me gusta de los viajes de trabajo es que cuando vuelves a la oficina tienes que ponerte al día con un montón de papeleo.

SEE ALSO: catch up with.

2 hacer mella en alguien: *My joints are starting to hurt; I think old age is starting to catch up on me*, Me empiezan a doler las articulaciones; creo que la edad empieza a hacer mella.

SYNONYMS: overtake.

catch up with *vt insep*

1 alcanzar, atrapar, llegar a la altura de alguien: *Let's slow down and give the others a chance to catch up with us*, Vayamos más despacio para que los demás puedan alcanzarnos.

SEE ALSO: catch up.

2 llegar a su nivel, ponerse al nivel del resto: *She's missed several days due to illness, but if she works hard, she'll soon catch up with the rest of the class*, Ha perdido varios días porque estuvo enferma, pero si trabaja mucho, pronto se pondrá al nivel del resto de la clase.

SEE ALSO: catch up.

3 ponerse al día con algo, ponerse al corriente con algo: *It's time to catch up with all the jobs in the office that you've been delaying*, Ha llegado el momento de ponerse al día y de hacer todos esos trabajos de la oficina que habéis estado postergando.

SEE ALSO: catch up on.

cater for

4 localizar a alguien, dar con alguien: *He had defrauded dozens of old age pensioners of their life savings before the police eventually caught up with him*, Había estafado a varias docenas de jubilados los ahorros de toda su vida antes de que la policía por fin lo cogiera.

5 hacer pagar las consecuencias: *His involvement in the fraud scandal, which he had tried to keep secret, was bound to catch up with him eventually*, Seguro que tarde o temprano pagaría las consecuencias de su participación en el escándalo de la estafa, que había intentado mantener en secreto.

cater ['keɪtə']

cater for *vt insep* atender a alguien, ocuparse de alguien, ofrecer servicios para alguien: *Our consulting services cater for small businesses*, Nuestros servicios de consultoría van dirigidos a las pequeñas empresas.

cater to *vt insep* atender algo, ocuparse de algo: *We've started a new service that caters to the needs of disabled people who want to go on living in their own homes*, Tenemos un nuevo servicio que atiende las necesidades de los minusválidos que desean seguir viviendo en sus casas.

cave [keɪv]

cave in *vi*

1 derrumbarse, desplomarse: *The roof of the tunnel caved in bringing tons of rock and earth down on the men working beneath*, El techo del túnel se derrumbó y cayeron toneladas de rocas y tierra sobre los hombres que trabajaban debajo.

2 *(informal)* ceder, rendirse: *The unions kept up the pressure with a series of strikes, hoping that the management would cave in and agree to all their demands*, Los sindicatos mantuvieron la presión con una serie de huelgas, con la esperanza de que la dirección cedería y aceptaría todas sus exigencias.

centre ['sentə'] (In American English the spelling is **center**)

centre around or **centre round** *vt insep* girar alrededor de *(alguien/algo)*: *The new parental guidelines centre around what is best for children in any given situation*, Las nuevas pautas para los padres giran alrededor de lo que es mejor para los niños en cualquier situación; *Each lesson centres around one particular feature of the language*, Cada lección gira alrededor de una característica determinada de la lengua.

centre on or **centre upon** *vt sep* (to centre *something* on *something*, centre *something* on *somebody*) centrarse en *(algo/alguien)*: *Their whole strategy was centred on their ambitions to break into the European market*, Toda su estrategia se centraba en sus ambiciones para introducirse en el mercado europeo; *Not centred on a single topic, the book deals with various aspects of Greek civilization*, Sin centrarse en un tema específico, el libro trata de diversos aspectos de la civilización griega.

chain [tʃeɪn]

chain up *vt sep* sujetar algo con una cadena, encadenar: *Their dog had to be chained up to prevent it from attacking people who passed in front of their house*, El perro tenía que estar atado con una cadena para que no atacara a la gente que pasaba por delante de la casa; *You had better chain your bike up if you don't want to have it stolen*, Más vale que le pongas la cadena a la bicicleta si no quieres que te la roben.

chase after

chalk [tʃɔːk]
   chalk up *vt insep* apuntarse *(un éxito, una victoria)*: ***Henry won last weekend's tournament, chalking up his fifth victory so far this year***, Henry ganó el torneo del fin de semana pasado, logrando su quinta victoria en lo que va de año.
   SYNONYMS: notch up.

chance [tʃɑːns]
   chance on or **chance upon** *vt insep (formal)*
   1 tropezarse con alguien, encontrarse por casualidad con alguien: ***Luckily for me, I chanced on a group of hikers who were able to give me directions back to the main road***, Por suerte, me encontré por casualidad con un grupo de excursionistas que pudieron indicarme cómo podía volver a la carretera principal.
   2 tropezarse con algo, encontrar algo por casualidad: ***While browsing in the library, I chanced upon an old volume of his poetry that had gone out of print long ago***, Mientras curioseaba por la biblioteca, encontré por casualidad un viejo ejemplar de su poesía que se había agotado hace tiempo.
   SYNONYMS: come across; happen on.

change [tʃeɪndʒ]
   change down *vi* reducir la marcha, cambiar a una velocidad inferior: ***He changed down to third as he approached the hill***, Redujo a tercera cuando se acercó a la cuesta.
   change over *vi* pasarse a algo, cambiar a algo: ***Many drivers are changing over from petrol to diesel vehicles because diesel fuel is cheaper***, Muchos conductores de vehículos de gasolina se están pasando a los de diesel porque el diesel es más barato.
   change round *vi*
   1 cambiar *(de sentido o dirección)*: ***The momentum of the match has changed round - our team is now winning***, La dirección del partido ha cambiado: ahora va ganando nuestro equipo.
   2 cambiar *(los muebles)* de sitio, mover *(los muebles)*: ***We changed our bedroom round so that the bed was under the window***, Cambiamos de sitio los muebles de nuestro dormitorio y ahora la cama está debajo de la ventana; ***Don't try to change the facts round so that I appear to be to blame***, No intentes alterar los hechos para hacerme quedar como el culpable.
   change up *vi* cambiar de marcha *(a una superior)*: ***As the car begins to pick up speed change up to second***, Cuando el coche empiece a coger velocidad, cambia a segunda.

charge [tʃɑːdʒ]
   charge with *vt sep* encargar a alguien de algo, encomendar algo a alguien: ***A negotiator from the United Nations has been charged with the task of bringing the two sides together for peace talks***, Han encomendado a un negociador de las Naciones Unidas la tarea de juntar a las dos partes para las conversaciones de paz.

chase [tʃeɪs]
   chase after or **chase around after** *vt insep* ir detrás de alguien, perseguir a alguien: ***They all chased after the thief, but he was too fast and he got away***, Todos se echaron a correr detrás del ladrón, pero era muy rápido y se escapó; ***It's pretty embarrassing when your own mother starts chasing after all the young***

men in the village, Es bastante vergonzoso cuando tu propia madre se pone a perseguir a todos los jóvenes del pueblo; *He spends most of his time chasing around after what little work is available*, Se pasa la vida yendo detrás del poco trabajo que hay.

chase off *vt sep* ahuyentar: *He tried to enter the grounds but two huge guard dogs chased him off*, Intentó entrar en el recinto pero dos enormes perros guardianes lo ahuyentaron.

chase up *vt sep (informal)*
1 ponerse en contacto con alguien, localizar a alguien: *Chase up the caterers and ask them what has happened to the food they'd promised to deliver*, Ponte en contacto con los del servicio de catering y pregúntales qué ha pasado con la comida que prometieron entregar.
2 localizar, conseguir: *Could you chase up some balloons and paper hats for the children's party tomorrow?*, ¿Podrías conseguir globos y sombreros de papel para la fiesta de los niños de mañana?
SYNONYMS: hunt up; track down.

chat [tʃæt] chatting, chatted
chat up *vt sep (informal)*
1 ligar con alguien, intentar enrollarse con alguien: *I came back to find some young lad chatting up my wife*, Cuando volví me encontré con que un joven estaba intentando ligar con mi mujer; *If I didn't know you were already married, I'd think you were trying to chat me up!*, ¡Si no supiera que estás casado, creería que intentas ligarme!
2 darle coba a alguien, hacerle la pelota a alguien: *Go and chat up the hotel manager and see if he'll give us a room with a view of the sea*, Vete a darle coba al director del hotel a ver si nos da una habitación con vistas al mar.

cheat [tʃiːt]
cheat on *vt insep*
1 engañar a alguien, ponerle los cuernos a alguien: *If he keeps cheating on his wife, she'll find out sooner or later and divorce him*, Si sigue engañando a su mujer, ella acabará enterándose y se divorciará de él.
2 hacer trampa con algo: *He's been cheating on his travel expenses, claiming for trips he never made*, Ha hecho trampas con los gastos de viajes, reclamando dinero por viajes que nunca hizo.

check [tʃek]
check against *vt sep* (to check *something* against *something*) cotejar, comprobar: *They checked the names of the survivors against the passenger list to see how many were missing*, Comprobaron los nombres de los supervivientes en la lista de pasajeros para ver cuántos habían desaparecido.

check in *vi*
1 facturar *(el equipaje)*: *I usually check in an hour before my flight leaves*, Suelo facturar una hora antes de la salida del vuelo; *The person who checked me in said I had too much luggage and charged me 20 euros*, La persona que me facturó dijo que llevaba demasiado equipaje y me cobró 20 euros.
2 registrarse, dejar los datos *(en un hotel)*: *We arrived at 2 a.m. and were checked in by the night porter*, Llegamos a las dos de la madrugada y tomó los datos el portero de noche; *After arriving in New York we checked into the Waldorf Astoria*,

cheer up

one of the city's most famous hotels, Tras llegar a Nueva York, nos registramos en el Waldorf Astoria, uno de los hoteles más famosos de la ciudad.
ANTONYMS: check out.

check off *vt sep* comprobar y marcar: *After checking off the names of everyone who'd arrived, we discovered that two people were still missing*, Tras marcar en la lista los nombres de todos los que habían llegado, vimos que todavía faltaban dos personas.

check out
1 *vi* dejar *(un hotel)*, pagar y salir *(del hotel)*: *If we check out after 11 a.m., the hotel will charge us for another night*, Si dejamos el hotel después de las once de la mañana, nos cobrarán otra noche.
ANTONYMS: check in.
2 *vt sep (informal)* comprobar, averiguar, mirar: *Now that we've decided on a destination we'll have to check out the available flights*, Ahora que hemos decidido el destino, tendremos que mirar si hay vuelos disponibles; *We've had a report of a disturbance in Cambridge Street and I've sent two policemen to check it out*, Nos han informado de disturbios en Cambridge Street y he enviado a dos policías a comprobarlo.
SEE ALSO: check up on.
3 *vt sep (informal)* investigar a alguien: *Before hiring any new employees the boss checks them out thoroughly to make sure they are honest*, Antes de contratar a empleados nuevos el jefe pide informes de ellos para asegurarse de que son honrados.
SEE ALSO: check up on.
4 *vt sep* atender en la caja: *I'm afraid the cashier who checked me out charged me for more things than I actually bought*, Me temo que la cajera que me atendió me cobró más cosas de las que compré.

check over *vt sep* examinar algo, hacer una revisión a algo: *Peter's had a bad cough for weeks now. I'm going to have the doctor check him over*, Peter tiene una tos muy fuerte desde hace varias semanas. Tendré que llevarlo al médico para que lo examine; *Just give me a moment to check over what you have written so far*, Dame un momento para repasar lo que has escrito hasta ahora.

check through *vt insep* repasar, comprobar: *Sorry, but would you mind checking through the guest list to see if my name appears anywhere?*, Disculpe, ¿le importaría repasar la lista de invitados para ver si sale mi nombre?

check up *vt sep* confirmar, comprobar: *If you want to check up that their flight will be arriving on time, just phone the airport enquiry desk*, Si desea confirmar que su vuelo llegará a la hora prevista, llame a información del aeropuerto; *I wasn't sure if I had taken his number down properly so I checked it up in the telephone directory*, Como no estaba segura de haber anotado bien su número de teléfono, lo consulté en la guía de teléfonos.

check up on *vt insep* controlar, vigilar: *Sometimes my parents make unexpected visits just to check up on me*, A veces mis padres vienen a verme inesperadamente sólo para controlarme.

cheer [tʃɪəʳ]

cheer on *vt sep* animar a alguien: *All his friends came to the match to cheer him on to victory*, Todos sus amigos fueron al partido para animarlo a ganar.

cheer up *vt sep - vi* alegrar, animar, alegrarse, animarse: *I thought you were looking a bit down so I brought you a little present to cheer you up*, Te vi un poco deprimido así que te traje un regalito para animarte; ***Oh, do cheer up! You've nothing to be depressed about***, ¡Vamos, anímate! No tienes ninguna razón para deprimirte.

cheese [tʃiːz]

cheese off *vt sep (informal)* hartar a alguien: ***His arrogant attitude really cheeses everybody off***, Todo el mundo está harto de su actitud arrogante.

chew [tʃuː]

chew on *vt insep (informal)* pensar algo bien, reflexionar sobre algo: ***Because this is a complicated matter, I think I'll chew on it a while before taking a decision***, Como se trata de un asunto complicado, creo que voy a pensármelo antes de tomar una decisión.
  Synonyms: ponder on *(formal)*; consider.

chew over *vt sep (informal)* pensarse algo, rumiar algo: ***Now that we've told him what we want from him we better give him some time to chew it over***, Ahora que le hemos dicho lo que queremos de él más vale que le demos un tiempo para que se lo piense; ***They have a meeting every Friday to chew over any problems that have arisen during the week***, Se reúnen cada viernes para tratar los problemas surgidos a lo largo de la semana.

chew up *vt sep*
  1 masticar bien algo: ***If you don't chew your food up properly you might have problems digesting it***, Si no masticas bien la comida puedes tener problemas en la digestión.
  2 *(informal)* arrugar, pillar: ***There's something wrong with the photocopier; it's chewing up the paper and jamming***, La fotocopiadora no funciona bien; arruga el papel y se atasca.

chicken ['tʃɪkɪn]

chicken out *vi (informal)* rajarse, no atreverse, acojonarse: ***Henry was going to do a parachute jump but he chickened out at the last minute***, Henry iba a saltar en paracaídas pero se rajó en el último momento; ***I'm sure that he'll chicken out of the fight when he sees how big his opponent is***, Seguro que no se atreverá a pelearse cuando vea el tamaño de su adversario.
  Synonyms: bottle out *(informal)*; wimp out *(informal)*.

chill [tʃɪl]

chill out *vi (informal)* relajarse: ***After a stressful day I like to go home and chill out in front of the television***, Tras un día de estrés me gusta ir a casa y relajarme delante de la televisión.

chime [tʃaɪm]

chime in *vi (informal)* interrumpir, intervenir, meter baza: ***"Yes, that's quite true," Peter chimed in, eager to agree with what the boss was saying***, -Sí, es verdad - intervino Peter, deseoso de dar la razón al jefe.
  Synonyms: break in.

chime in with *vt insep (informal)* estar de acuerdo con algo, coincidir con algo: ***I was delighted to discover that his attitude to this difficult question chimed in with my own***, Me agradó ver que su actitud frente a este difícil asunto coincidía con la mía.
  Synonyms: accord with *(formal)*.

chip [tʃɪp] chipping, chipped
chip in *vt insep - vi (informal)*
1 contribuir con algo, compartir los gastos de algo: *We'll all have to chip in 50 euros if we decide to hire a car for the whole week*, Tendremos que contribuir con 50 euros si decidimos alquilar un coche para toda la semana.
2 intervenir con algo, meter baza con algo: *Margaret chipped in with the suggestion that we should hold the meeting somewhere else*, Margaret intervino para sugerir que debíamos celebrar la reunión en otro sitio.

chivvy ['tʃɪvɪ] chivvying, chivvied, chivvied (Also spelled **chivy**)
chivvy along or **chivvy up** *vt sep (informal)* meter prisa a alguien, espabilar a alguien: *He's going to be late! Go and chivvy him along, will you*, ¡Va a llegar tarde! Vete a decirle que se dé prisa, por favor.
SYNONYMS: annoy.

choke [tʃəʊk]
choke back *vt sep* contener *(una emoción)*, tragarse *(las lágrimas)*: *She choked back her tears because she didn't want her schoolmates to see her crying*, Se contuvo las lágrimas porque no quería que sus compañeros de la escuela la vieran llorar.
SYNONYMS: suppress.

choke off *vt sep (informal)* acabar con algo, cortar: *The police choked off most of the city's supply of heroin by arresting several important drug dealers*, La policía cortó casi todo el suministro de heroína de la ciudad tras arrestar a varios traficantes importantes.

choke up *vt sep* atascar, bloquear, obstruir: *Any food that gets into the kitchen sink could choke it up*, Cualquier alimento que se meta por el fregadero podría atascarlo; *The drains got all choked up with leaves after it rained yesterday*, Las tuberías del desagüe se obstruyeron con las hojas después de la lluvia de ayer.
SYNONYMS: bung up.

chop [tʃɒp] chopping, chopped, chopped
chop down *vt sep* talar: *They're going to chop down all these beautiful trees to build a motorway*, Van a talar todos estos árboles para construir una autopista.

chop off *vt sep* cortar algo de tajo: *They executed Mary, Queen of Scots by chopping her head off*, Ejecutaron a María, reina de Escocia, decapitándola.

chop up *vt sep* picar, desmenuzar: *I'm going to chop up some logs to make firewood*, Voy a cortar unos cuantos troncos de leña para el fuego; *To make vegetable soup you start by chopping up some potatoes, onions and carrots*, Para hacer sopa de verduras primero hay que picar patata, cebolla y zanahoria.

chuck [tʃʌk]
chuck away *vt sep (informal)* tirar: *Can you believe it? He's chucked away the spices I was going to use in the sauce*, ¿Te lo puedes creer? Ha tirado las especias que iba a echar en la salsa.
SYNONYMS: chuck out *(informal)*; throw out.

chuck in *vt sep (informal)* dejar, abandonar *(el trabajo)*: *He's decided to chuck his job in and devote all of his time to painting*, Ha decidido dejar su trabajo y dedicarse por completo a la pintura; *I've told you twice to stop annoying your sister. If you don't chuck it in, you'll be punished*, Ya te he dicho dos veces que dejes de molestar a tu hermana. Si no paras, te castigaré.
SYNONYMS: jack in *(informal)*; pack in *(informal)*.

chuck out

chuck out *vt sep (informal)*
  1 echar a alguien *(de un sitio)*, despedir *(del trabajo)*: ***The barman chucked them out of the pub for fighting***, El camarero los echó del bar por pelearse.
  SYNONYMS: throw out.
  2 tirar: ***As soon as I can afford a new one, I'm going to chuck this old sofa out***, En cuanto pueda comprar un sofá nuevo, tiraré el viejo.
  SYNONYMS: chuck away *(informal)*; throw out.

chuck up *vt sep (informal)* abandonar, dejar: ***He just chucked up his job and took off on a round-the-world trip***, Acaba de dejar su trabajo y se ha ido a dar la vuelta al mundo.
  SYNONYMS: throw up.

chum [tʃʌm] chumming, chummed, chummed

chum up with *vt insep (informal)* hacerse amigo de alguien: ***When in Venice, he chummed up with a couple of Italian students***, En Venecia se hizo amigo de un par de estudiantes italianos.

churn [tʃɜːn]

churn out *vt sep* producir: ***The universities churn out thousands of graduates every year, but most of them have no specialized training***, Cada año salen como churros miles de licenciados de las universidades, pero la mayoría no ha recibido una formación especializada; ***Now that we've installed modern machinery, our factory is churning out more units than ever***, Ahora que hemos instalado una maquinaria moderna, nuestra fábrica está produciendo más unidades que nunca.

churn up *vt sep* remover: ***Elephants are such heavy animals that they churn up the grass under their feet when they walk***, Los elefantes son unos animales tan pesados que remueven y destrozan la hierba bajo sus patas al caminar; ***The boat's propellers turned very quickly, churning up the water behind it***, Las hélices del barco giraban muy rápido, agitando el agua por detrás.

claim [kleɪm]

claim back *vt sep* reclamar la devolución, pedir que se devuelva algo: ***He said he would buy the plane ticket himself and claim it back on his travel expenses***, Dijo que él mismo compraría el billete de avión y que pediría que se lo reembolsaran presentándolo como gastos de viaje; ***If the government deducts too much tax from your salary, you can claim it back at the end of the year***, Si el gobierno te retiene demasiados impuestos deduciéndolos de tu sueldo, puedes reclamar la devolución al final del año.

clam [klæm] clamming, clammed, clammed

clam up *vi* cerrar el pico, no decir ni mu: ***At first he was eager to talk, but when I asked him about the stolen money he just clammed up***, Al principio estaba dispuesto a hablar, pero cuando le pregunté por el dinero robado se cerró en banda.

clamp [klæmp]

clamp down *vt insep* tomar medidas drásticas contra algo: ***The company is going to clamp down on persistent absenteeism***, La empresa va a tomar medidas drásticas contra el absentismo persistente.

clap [klæp] clapping, clapped, clapped

clap in or **clap into** vt sep (to clap *somebody* in prison, clap *somebody* into prison) encerrar a alguien, meter a alguien en chirona: *The authorities clapped suspected terrorists in prison and left them there for the rest of their lives*, Las autoridades metían en la cárcel a los terroristas sospechosos sin juzgarlos y los dejaban allí hasta el final de sus días.

clap on or **clap onto** vt sep (to clap *something* on; clap *something* on(to) *somebody*) poner algo violentamente o a la fuerza: *He clapped his hat on and shot out into the street*, Se puso el sombrero y salió corriendo a la calle; *One policeman held him down while the other clapped the handcuffs on him*, Mientras un policía lo sujetaba, el otro le puso las esposas rápidamente.

class [klɑːs]

class among vt sep situar a alguien entre otros, clasificar a alguien entre otros: *Winning a gold medal in the Olympics classed her among the world's elite athletes*, La obtención de la medalla de oro en los Juegos Olímpicos la situó entre los mejores atletas del mundo.

claw [klɔː]

claw at vt insep arañar algo, engancharse a algo con las uñas: *The cat was clawing at the door, trying to get in*, El gato arañaba la puerta para intentar entrar; *She defended herself against the attacker by clawing at his face with her fingernails*, Se defendió del agresor arañándole la cara con las uñas.

claw back vt sep recuperar algo, volver a tomar algo: *Unemployment benefits may seem generous, but the government claws back every cent by deducting taxes from your salary once you've started working again*, Puede que los subsidios de desempleo parezcan generosos, pero el gobierno recupera cada céntimo al deducir los impuestos de tu sueldo en cuanto vuelves a trabajar.

clean [kliːn]

clean down vt sep limpiar de arriba abajo, hacer una limpieza de arriba abajo: *Before painting the walls you should clean them down first*, Antes de pintar las paredes tienes que limpiarlas a fondo.

clean out vt sep
1 limpiar algo a fondo: *Dad really should clean out the garage and throw out all the things he doesn't use anymore*, Realmente papá debería hacer una limpieza a fondo del garaje y tirar todo lo que ya no usa.
2 *(informal)* dejar limpio a alguien, dejar sin un duro: *I can't afford to go out for a meal - the visit to the dentist has cleaned out my wallet*, No me puedo permitir comer fuera: la visita al dentista me ha dejado sin blanca.

clean up vt sep - vi
1 limpiar, lavar; lavarse, asearse: *How did you manage to get chocolate all over your face? We'll have to clean you up before your mum comes to collect you*, ¿Cómo lo has hecho para mancharte toda la cara de chocolate? Habrá que lavarte antes de que venga tu madre a buscarte.
2 limpiar algo: *Could you get me a damp cloth to clean up the juice the baby's just spilt on the table?*, ¿Me puedes pasar un trapo húmedo para limpiar el zumo que el niño acaba de derramar en la mesa?
3 limpiar lo que alguien ha ensuciado: *It's not fair to expect your mother to clean up after you all the time*, No es justo que esperes que tu madre siempre limpie todo lo que ensucias.

4 *(informal)* limpiar, desinfectar, lavar la imagen de algún sitio: *In an effort to clean up the neighbourhood, city officials have closed several illicit businesses*, En un intento de limpiar el barrio, las autoridades de la ciudad han cerrado varios negocios ilícitos; *With all these accusations of corruption, it's time someone did something to clean up the government's image*, Con todas estas acusaciones de corrupción, ya es hora de que alguien haga algo para lavar la imagen del gobierno.

5 *(informal)* forrarse, ponerse las botas: *He bought the houses cheaply and cleaned up by selling them for three times the price*, Compró las casas muy baratas y se forró vendiéndolas por el triple de lo que le costaron.

clear ['klɪəʳ]

clear away *vt sep* recoger, quitar: *I'll clear away as soon as everyone's finished their tea*, Voy a recoger en cuanto todo el mundo haya terminado de merendar; *Clear away all the dirty dishes and put them in the dishwasher*, Recoge todos los platos sucios y ponlos en el lavavajillas.

clear off *(informal)*

1 *vi* largarse, pirarse, irse: *Here come the police - we'd better clear off quick!*, Viene la policía; ¡larguémonos de aquí rápidamente!; *Clear off! This is private property*, ¡Fuera de aquí! Esto es propiedad privada.

2 *vt sep* pagar, liquidar: *We've decided to use the money to clear off our mortgage*, Hemos decidido usar el dinero para liquidar la hipoteca; *The bank cannot give you a loan till you clear all your debts off*, El banco no le puede conceder un préstamo hasta que pague todas sus deudas.

clear out *vt sep - vi*

1 ordenar, vaciar: *If you clear out the cupboard you will probably find some things you didn't know were in there*, Si vacías y ordenas el armario, es posible que encuentres cosas que no sabías que estaban allí.
SYNONYMS: tidy out.

2 largarse, pirarse, irse: *Her husband threatened to clear out that night if she didn't stop nagging him*, Su marido amenazó con largarse esa noche si ella no paraba de darle la lata; *The landlord has told us to clear out of the flat if we can't pay the rent we owe before the end of the week*, El casero nos ha dicho que tenemos que dejar el piso si no podemos pagarle el alquiler que le debemos antes de que acabe la semana.

clear up *vt sep - vi*

1 recoger; recoger, dejarlo todo ordenado, ordenar las cosas: *I won't let you do any baking unless you promise to clear up afterwards*, No te dejaré hacer un pastel a menos que prometas que después lo recogerás todo; *John and I can stay after the party and help you clear up*, John y yo podemos quedarnos después de la fiesta y ayudarte a recoger.

2 recoger lo que otro ha desordenado: *You'd better put all these things away; I'm not going to clear up after you anymore*, Más vale que ordenes todo esto; no pienso seguir recogiendo lo que desordenas.

3 aclarar, resolver, solucionar: *I'd like to clear up a few minor points before I sign the contract*, Me gustaría aclarar unos cuantos puntos sin importancia antes de firmar el contrato; *The city has hired more police officers to clear up crime*, La ciudad ha contratado a más agentes de la policía para luchar contra el crimen.

4 aclararse, despejarse: *It's been raining all morning but the forecast says it will clear up this afternoon*, Ha llovido toda la mañana pero el pronóstico del tiempo dice que esta tarde se aclarará.

5 curarse *(una enfermedad)*, desaparecer *(síntomas)*: *If my symptoms haven't cleared up* *by Friday the doctor is going to prescribe antibiotics*, Si el viernes mis síntomas no han mejorado, el médico me recetará antibióticos; *The doctor said that my stomach problems were temporary and would clear up within a week*, El médico ha dicho que mis problemas estomacales son temporales y que se me irán en una semana.

climb [klaɪm]

climb down *vi* ceder, bajarse del burro: *He knows he's wrong but he's too stubborn and proud to climb down*, Sabe que se equivoca, pero es demasiado tozudo y orgulloso para ceder.

clock [klɒk]

clock in or **clock on** *vi* fichar la entrada, picar, llegar al trabajo: *He always clocks in an hour before anyone else*, Siempre ficha una hora antes que los demás; *Remember to clock on before you go to your work station*, Acuérdate de fichar antes de ir a tu puesto de trabajo.

clock off or **clock out** *vi* fichar la salida, picar, salir del trabajo: *The day-shift workers clock off from the factory at 4 p.m.*, Los obreros del turno de día salen de la fábrica a las 4 de la tarde; *I clock out at 5.30 every day, so we could meet for a drink around 6 p.m.*, Salgo a las 5.30 todos los días, así que podríamos quedar para tomar algo a eso de las 6 de la tarde.

clock up *vt sep (informal)* acumular, alcanzar, hacer: *Jerry's really clocking up the miles; he drives from Manchester to London every day*, Jerry hace muchos kilómetros; va de Manchester a Londres en coche todos los días; *He reached the final with ease, clocking up some of the highest scores in the history of the tournament*, Llegó a la final sin problemas, alcanzando una de las puntuaciones más altas en la historia del torneo.

SYNONYMS: register; record.

clog [klɒg] clogging, clogged, clogged

clog up *vt sep* atascar, bloquear: *There's a convoy of heavy lorries clogging up the M1 so I suggest you take another route*, Una caravana de grandes camiones está atascando la M1 así que te aconsejo que cojas otro camino; *Something's clogged up the drain again. I'll get the plumber to fix it*, La tubería ha vuelto atascarse. Voy a llamar al fontanero para que la arregle.

close [kləʊz]

close down *vt sep - vi*

1 cerrar; cerrarse: *The steel mill is closing down with the loss of 5000 jobs*, La acería está a punto de cerrar con la pérdida de 5000 empleos; *Authorities closed down the factory after discovering many safety code violations*, Las autoridades cerraron la fábrica tras descubrir que se violaban muchas normas del código de seguridad.

2 acabar la emisión, dejar de emitir: *The local radio station closes down from midnight to 6 am because almost no one listens during those hours*, La emisora de radio local deja de emitir desde las 12 de la noche hasta las 6 de la mañana porque a esas horas casi nadie la escucha.

close in *vi*

1 cerrarse *(la noche)*; hacerse más corto *(el día)*; anochecer, hacerse de noche: *By late autumn the days have closed in and it gets dark as early as 5.30 pm*, A finales

de otoño los días son más cortos y a las 5.30 de la tarde ya anochece; *The lights on your car aren't working. You'd better get home before night closes in*, Los faros de tu coche no funcionan. Será mejor que te vayas a casa antes de que anochezca.

SYNONYMS: draw in.

2 envolver a alguien, ir acercándose a alguien: *A thick fog closed in on us; it was dangerous to continue climbing so we decided to camp for the night*, Nos vimos envueltos en una espesa niebla; era peligroso seguir escalando así que decidimos acampar para pasar la noche.

3 cerrar el cerco, rodear: *After years of investigations, the police are finally closing in on the big Mafia bosses*, Tras años de investigaciones, la policía por fin está cercando a los grandes jefes de la Mafia; *We tried not to panic, but when the gang members started closing in we had to run away*, Intentamos no asustarnos, pero cuando los miembros de la banda empezaron a rodearnos tuvimos que salir corriendo.

close off *vt sep* cortar, cerrar, vallar, acordonar: *The area has been closed off to allow investigators to do their work*, La zona ha sido acordonada para facilitar el trabajo de los investigadores; *Part of the motorway will be closed off until police and firemen have cleared the wreckage*, Parte de la autopista estará cortada hasta que la policía y los bomberos hayan retirado los restos del accidente.

close on *vt insep* ir acercándose *(a alguien/algo)*, cernirse *(sobre alguien/algo)*: *Realizing that several police cars were closing on him, the fugitive decided to stop and surrender*, Al darse cuenta de que se acercaban y lo rodeaban varios coches patrulla, el fugitivo decidió detenerse y entregarse; *The horse on the inside was closing rapidly on the leaders but did not win the race*, El caballo del centro se acercaba rápidamente a los que iban en cabeza pero no ganó la carrera.

close out *vt sep* bloquear, no dejar pasar: *If you pull that blind down you'll close out most of the light*, Si bajas esa persiana no dejarás pasar casi nada de luz; *He tried to close the sound of their screams out by putting his fingers in his ears*, Intentó no oír sus gritos tapándose los oídos con los dedos.

close up *vt sep - vi*

1 cerrar *(al final del día)*; cerrar del todo; cerrarse: *The librarian told us to choose our books quickly because she was just about to close up for the night*, La bibliotecaria nos dijo que eligiéramos los libros rápidamente porque estaba a punto de cerrar hasta el día siguiente; *The house was closed up and everyone had gone*, La casa estaba cerrada y todo el mundo se había ido.

2 cerrar; cerrarse: *The flytrap has leaves that close up, trapping unfortunate flies inside*, El atrapamoscas tiene unas hojas que se cierran y atrapan a las pobres moscas.

3 acercarse más, juntarse, apiñarse; estar más cerca: *The football players closed up in an attempt to block the penalty kick*, Los jugadores de fútbol se juntaron para intentar frenar el penalti; *The crowd of people closed up, forcing her to walk around*, La multitud se apiñó, obligándola a dar la vuelta.

cloud [klaʊd]
cloud over *vi*

1 nublarse: *By the time we got outside it had started to cloud over and there was the occasional spot of rain*, Para cuando entramos había empezado a nublarse y cayeron unas cuantas gotas.

2 ensombrecerse, entristecerse: *He had been in a good mood, but his face quickly*

clouded over when I told him the bad news, Estaba de buen humor, pero se le demudó el rostro en cuanto le di la mala noticia.

3 empañarse: *The thick fog caused the window panes to cloud over*, La espesa niebla empañó los cristales.

SYNONYMS: mist over.

club [klʌb] clubbing, clubbed

club together *vi* hacer un fondo, juntar fuerzas: *We're going to club together and buy a minibus so that we can all go off together at weekends*, Vamos a comprar entre todos un minibús para poder ir por ahí de fin de semana.

cluster ['klʌstəʳ]

cluster around or **cluster round** *vt insep* apiñarse, juntarse alrededor de alguien: *A group of enthusiastic fans clustered round the rock star to ask for his autograph*, Un grupo de fans entusiastas se apiñaron alrededor de la estrella de rock para pedirle un autógrafo; *My house has several large trees clustered around it, making it difficult to see from the road*, Mi casa está rodeada de varios árboles muy grandes, por lo que es difícil verla desde la carretera.

clutter ['klʌtəʳ]

clutter up *vt sep* abarrotar, atestar: *Please stop cluttering up the hall with your skis and camping equipment*, Por favor, no abarrotéis el pasillo de esquís y del equipo de camping.

coast [kəʊst]

coast along *vi*

1 ir en punto muerto *(un coche)*; dejarse caer cuesta abajo *(una bicicleta)*: *Our car ran out of petrol at the top of a mountain road, so we just coasted along until we reached the bottom*, Nuestro coche se quedó sin gasolina en la cima de una montaña así que fuimos hasta abajo en punto muerto.

2 hacer lo mínimo, avanzar sin esforzarse: *Henry never works hard; he just coasts along hoping nobody will notice*, Henry nunca trabaja mucho; se limita a hacer justo lo necesario esperando que nadie se dé cuenta.

cobble ['kɒbəl]

cobble together *vt sep* improvisar, hacer algo a toda prisa: *We had to cobble together a sort of stretcher from branches and an old blanket so that we could get the injured man to hospital*, Tuvimos que improvisar una especie de camilla con ramas y una vieja manta para poder llevar al herido al hospital.

cock [kɒk]

cock up *vt sep (vulgar slang)* joder, hacer mal, estropear: *Don't get Steven to make the travel arrangements. He's sure to find some way of cocking them up*, No dejes que Steven prepare el viaje. Seguro que encontrará la manera de fastidiarlo; *She cocked up the whole laboratory experiment by labelling the test tubes incorrectly*, Echó a perder todo el experimento del laboratorio al equivocarse con la etiqueta de los tubos de ensayo.

coil [kɔɪl]

coil around or **coil round** *vt sep* enroscarse alrededor de algo, enrollarse alrededor de algo: ***The python coiled itself around the goat, killing it within minutes***, La pitón se enroscó alrededor de la cabra, matándola en pocos minutos.

coil up *vt sep* - *vi* enroscar, enroscarse; enrollar; enrollarse: ***Ropes are coiled up neatly on the ship's deck so that they may be carried from place to place***, Los cabos están muy bien enrollados en el puente del barco de modo que se pueden llevar de un sitio al otro; ***The rattlesnake coiled up and prepared to attack***, La serpiente de cascabel se enroscó y se preparó para atacar.

collect [kəˈlekt]

collect up *vt sep* recoger y poner juntos: ***Go round the tables and collect up all the dirty dishes***, Pasa por las mesas y recoge todos los platos sucios.

colour [ˈkʌlər] (In American English the spelling is **color**)

colour in *vt sep* colorear, pintar de colores algo: ***That's a lovely house you've drawn. Are you going to colour it in now?***, Esa casa que has dibujado es preciosa. ¿Vas a colorearla ahora?

colour up *vi* sonrojarse, ponerse rojo: ***"Did you take Emily's pocket money?" "No, I didn't, honestly,"*** ***he said, colouring up and avoiding his mother's eye***, -¿Has cogido el dinero de bolsillo de Emily? -¡No, de verdad, dijo, sonrojándose y evitando mirar a su madre a los ojos.

SYNONYMS: blush.

comb [kəʊm]

comb out *vt sep* (**to comb out** *something*, **comb** *something* **out of** *something*) desenredar, desenmarañar: ***She was sitting on the edge of the pool combing the tangles out of her long brown hair***, Sentada en el borde de la piscina, se peinaba y desenredaba su largo pelo castaño; ***It's easier to comb out your hair when it's wet than to wait until it has dried***, Es más fácil desenredar el pelo cuando está mojado que esperar a que esté seco.

come [kʌm] coming, came, come

come about *vi*

1 ocurrir, pasar: ***How did it come about that the patient was given the wrong dose of the drug?***, ¿Cómo es que el paciente recibió una dosis equivocada del medicamento?; ***The situation came about through a misunderstanding***, La situación se produjo por un malentendido.

SYNONYMS: happen; occur; come to pass *(formal)*.

2 virar: ***When we reach the red buoy we'll have to come about***, Cuando lleguemos a la boya roja tendremos que virar.

SEE ALSO: go about; put about.

come across *vt insep* - *vi*

1 encontrar algo, dar con algo: ***He was digging in the garden when he came across some old Roman coins***, Mientras cavaba en el jardín encontró unas antiguas monedas romanas; ***Did you happen to come across my old school tie when you were tidying out the wardrobe?***, ¿No habrás visto mi vieja corbata de la escuela cuando ordenaste mi armario?; ***Have you ever come across a case like this before?***, ¿Te has encontrado alguna vez con un caso como éste?; ***It doesn't matter how experienced you are, occasionally you'll come across problems you hadn't anticipated***, Por mucha experiencia que tengas, de vez en cuando te encontrarás con problemas que no habías previsto.

SYNONYMS: run across; run into.

come at

2 dar una buena impresión: *The Prime Minister's speech came across well*, El discurso del Primer Ministro causó buena impresión; *The film comes across as a poor imitation of 'Star Wars'*, La película da la impresión de ser una mala imitación de 'La guerra de las galaxias'; *She comes across as someone who is kind and caring*, Da la impresión de ser una persona amable y afectuosa.
SYNONYMS: come over.

3 *(informal)* soltar, apoquinar: *At first he didn't want to pay but eventually he came across with the cash*, Al principio no quería pagar, pero al final soltó el dinero.
SYNONYMS: come up with *(informal)*; produce.

come after *vt insep*

1 seguir, ir después de algo: *Who was the English king who came after Charles II?*, ¿Quién fue el rey inglés que reinó después de Carlos II?; *As far as I remember, the story of his affair with the actress came after his resignation, not before it*, Por lo que recuerdo, la historia de su aventura con la actriz ocurrió después de su dimisión, no antes; *It's our responsibility to protect the environment for the generations who are to come after us*, Es nuestra responsabilidad proteger el medio ambiente para las generaciones venideras.
ANTONYMS: come before.

2 perseguir a alguien, venir detrás de alguien: *We ran away, but he came after us, shouting and waving his hands in the air*, Nos fuimos corriendo, pero él nos persiguió, gritando y agitando las manos; *I'm warning you, if you don't stop now I'll come after you and see to it that you go to prison for a long, long time*, Te lo advierto, si no paras ahora mismo iré a por ti y me ocuparé de que te metan en la cárcel durante mucho, mucho tiempo.

come along *vi*

1 salir, presentarse: *I don't think I'll take that job; I'll wait until something better comes along*, No creo que coja ese trabajo; esperaré a que salga otra cosa mejor.
SYNONYMS: crop up; turn up.

2 ir progresando: *How's our young trainee coming along?*, ¿Cómo le va a nuestro joven aprendiz?; *"How's my father today, doctor?" "He seems to be coming along fine; he might even be able to go home tomorrow"*, -¿Cómo está hoy mi padre, doctor? -Parece que va bien; incluso es posible que mañana pueda volver a casa.
SYNONYMS: come on.

3 **(come along!)** ¡venga!, ¡vamos!: *Come along now, ladies and gentlemen, finish your drinks please; it's closing time*, Vamos, damas y caballeros, acaben sus copas, por favor; es hora de cerrar; *Come along, eat up your vegetables like a good boy*, Venga, cómete las verduras como un buen chico.

come apart *vi* deshacerse, romperse: *He picked up what was left of the mummy but it came apart in his hands*, Cogió lo que quedaba de la momia pero se le deshizo en las manos; *The doll comes apart to reveal a series of smaller and smaller dolls each fitted inside the other*, La muñeca se desmonta y salen varias muñecas cada vez más pequeñas que están una dentro de la otra.

come at *vt insep*

1 hacer llegar repetidamente a alguien: *No wonder children get confused with so much information coming at them from advertising, television, and the like*, No me extraña que los niños se líen con toda esa información que les llega de la publicidad, la televisión y demás.

2 abalanzarse sobre alguien: *He came at me with a knife*, Se me vino encima con un cuchillo.
SEE ALSO: come for.

come away vi

1 irse, alejarse: *He asked me to come away with him for the weekend*, Me pidió que me fuera con él de fin de semana; *Come away from the water; you might fall in*, Aléjate del agua; puedes caerte.

2 despegarse, desprenderse: *Plaster had come away from the walls from ceiling to floor*, El enyesado se había desprendido de las paredes desde el techo hasta el suelo.

come back vi

1 volver, regresar: *All these young men going off to war not knowing if they will ever come back*, Todos estos jóvenes que se van a la guerra sin saber si volverán algún día; *We came back from holiday last week*, Volvimos de las vacaciones la semana pasada.

2 acordarse de algo, volver a la memoria: *"Oh, what was his name?" "Don't worry, it'll come back to you"*, -Ay, ¿cómo se llamaba? -No te preocupes, ya te acordarás; *Yes, this was where it happened; it's all coming back to me now*, Sí, fue aquí donde ocurrió; ahora lo recuerdo todo.

3 volver, estar de vuelta, estar otra vez de moda: *I see those horrible platform shoes are coming back again*, Veo que vuelven a llevarse esos zapatos de plataforma tan horribles.

come back to vt insep

volver a algo, retomar algo: *Let's come back to the question of grants when we have more information on what is available*, Retomemos el tema de las becas cuando tengamos más información sobre lo que hay disponible.

come before vt insep

1 preceder, venir antes: *P comes before Q in the alphabet*, La P va antes de la Q en el alfabeto; *The agricultural revolution in England came before the industrial revolution and in some ways made it possible*, En Inglaterra la revolución agrícola precedió a la revolución industrial y en cierto modo hizo que fuera posible.
SYNONYMS: precede.
ANTONYMS: come after.

2 presentarse ante, comparecer ante: *The bill is due to come before the House of Lords in September*, Se supone que el proyecto se presentará a la Cámara de los Lores en septiembre; *You can say all you want when your case comes before the magistrate*, Podrás decir todo lo que quieras cuando se presente tu caso ante el juez.

3 anteponer algo a algo, poner algo por delante de algo: *My family will always come before my job*, Siempre antepondré a mi familia a mi trabajo.

come between vt sep

interponerse *(como obstáculo)*: *I won't let anyone come between me and my wife*, No permitiré que nadie se interponga entre mi mujer y yo; *He's determined to let nothing come between him and his ambition to reach the top of his profession*, Está empeñado en no permitir que nada se interponga entre él y su ambición por llegar a la cima de su profesión.

come by vt insep - vi

1 pasar: *She sat on the wall and watched as the parade came by*, Se sentó en el muro y vio pasar el desfile.
SEE ALSO: go by.

2 pasar por algún sitio: *Kirsty came by the office this morning to show me photographs of her latest work*, Esta mañana Kirsty pasó por la oficina para mostrarme las fotos de su último trabajo.

3 encontrar, conseguir: *We were lucky to get it; these old farmhouses are hard to come by*, Tuvimos suerte al comprarla; estas granjas antiguas son difíciles de

encontrar; *Are you able to tell me how you came by all that money?*, ¿Puedes explicarme de dónde sacaste todo ese dinero?

SYNONYMS: acquire; get hold of.

come down *vi*

1 caerse, desplomarse, derrumbarse: *Some of the plaster on the ceiling has come down*, Parte del enyesado del techo se ha caído; *They stood under the trees watching the rain come down*, Se quedaron bajo los árboles viendo caer la lluvia; *Come down from that tree at once, young man!*, ¡Muchacho, baja ahora mismo de ese árbol!

2 bajar, descender: *We are pleased to be able to announce that the unemployment rate has come down for the third month running*, Tenemos el placer de poder anunciar que la tasa de desempleo ha bajado por tercer mes consecutivo.

ANTONYMS: go up.

come down on *vt insep*

1 castigar severamente a alguien, imponer un castigo duro a alguien: *If any pupil is caught smoking in school, the headmaster will come down on them like a ton of bricks*, Si cogen a un alumno fumando en la escuela, el director lo tratará con mano muy dura; *George came down pretty hard on me in the meeting; he said my report was 'rubbish'*, George se puso muy duro conmigo en la reunión; dijo que mi informe era una 'basura'.

SYNONYMS: jump on.

2 (**to come down on the side of**) inclinarse a favor de algo/alguien: *In the end, however, the judge came down on the side of the demonstrators and against the police*, Sin embargo, al final el juez falló a favor de los manifestantes y en contra de la policía.

come down to *vt insep* depender de algo, reducirse a algo: *We would like to develop this side of the business more but it all comes down to money*, Nos gustaría desarrollar más este lado del negocio pero todo depende del dinero.

SYNONYMS: boil down to.

come down with *vt insep* caer enfermo de algo, pillar algo: *I suspect Will's coming down with flu*, Me temo que Will ha cogido la gripe.

come for *vt insep*

1 recoger, venir a buscar *(a alguien)*: *Your dad said he would come for you around six o'clock*, Tu padre dijo que vendría a recogerte a eso de las seis.

2 venir a por alguien, abalanzarse sobre alguien: *He appeared suddenly from behind a tree and came for me with what looked like a machete*, De pronto salió de detrás de un árbol y se abalanzó sobre mí con algo que parecía un machete.

SYNONYMS: come at.

SEE ALSO: go for.

come forth *vi (formal or literary)* aparecer, presentarse, salir: *Moses struck the rock with his rod twice and water came forth abundantly*, Moisés golpeó la roca con su varilla dos veces y salió agua en abundancia; *We agreed to buy the new system before the reports of its unreliability came forth*, Acordamos comprar el sistema nuevo antes de que salieran los informes sobre su poca fiabilidad.

SEE ALSO: go forth.

come forth with *vt insep (formal or literary)* ofrecer, presentar: *Various scientists have come forth with theories to explain the strange phenomenon*, Varios científicos han presentado teorías para explicar el extraño fenómeno.

SYNONYMS: come forward with.

come forward *vi* presentarse: *We hope that anyone with any information about*

come forward with

his whereabouts will come forward before another crime is committed, Esperamos que se presente cualquier persona que disponga de información sobre su paradero antes de que se cometa otro crimen.
SYNONYMS: step forward; volunteer.

come forward with *vt insep* ofrecer, presentar: *Then Peter came forward with the suggestion that we should all meet again the following day*, Entonces Peter sugirió que todos debíamos volver a reunirnos al día siguiente; *We asked for suggestions, but nobody has come forward with any ideas yet*, Pedimos sugerencias, pero de momento nadie ha ofrecido ninguna idea.

come from *vt insep*
1 ser de algún sitio, nacer en algún sitio: *I know you've lived here for a long time but where did you come from originally?*, Ya sé que vives aquí desde hace mucho tiempo, pero ¿de dónde eres?; *He's so weird I'm beginning to think he comes from another planet!*, ¡Es tan raro que empiezo a pensar que es de otro planeta!
2 proceder de algo, descender de algo: *"I'm still as fit as I was twenty years ago. That's because I come from good peasant stock,"* he said, *with a smile*, -Estoy tan en forma como hace veinte años. Eso es porque desciendo de una buena familia de campesinos -dijo con una sonrisa; *He comes from a musical background; his father's a pianist and his mother sings opera*, Se crió en un ambiente musical; su padre es pianista y su madre canta ópera; *Both men came from poor backgrounds*, Los dos hombres son de origen humilde.
3 venir de algo, salir de algo: *Where's all this water coming from?*, ¿De dónde viene toda esta agua?; *I don't know where that story came from*, No sé de dónde salió esa historia; *Milk comes from cows and goats*, La leche viene de las vacas y las cabras; *The Greek word is 'chronos', from which comes our word 'chronology'*, La palabra griega es 'chronos', de la que proviene la palabra 'cronología'.
4 *(informal)* querer decir: *Now I think I understand where he's coming from; he wants someone to look after him*, Creo que ya sé lo que se propone; quiere que alguien cuide de él.

come in *vi*
1 entrar, pasar, llegar: *Hullo, it's nice to see you, do come in*, Hola, me alegro de verte, pasa por favor; *"Come in," called a lady's voice*, -Adelante -dijo una voz de mujer; *Jack and Alison came in, followed by Mark and Ludovic*, Jack y Alison entraron, seguidos de Mark y Ludovic; *Caroline didn't even knock, she just came straight in*, Caroline ni siquiera llamó a la puerta, sino que entró directamente.
2 llegar, entrar: *The president's wife was in bed when news of the assassination attempt came in*, La mujer del presidente estaba en la cama cuando recibió la noticia del intento de asesinato; *Calls have been coming in from all over the country*, Se han estado recibiendo llamadas de todo el país; *There's a report coming in of a serious crash on the M5*, Están dando la noticia de un grave accidente en la M5.
3 tener que ver con algo: *It's a family matter, so I don't quite see where someone who is complete stranger comes in*, Es un asunto de la familia, así que no veo qué tiene que decir una persona a la que no conocemos de nada.
4 ingresar: *My husband's unemployed and I only work part-time, so we don't have much money coming in*, Mi marido está en el paro y yo solo trabajo a tiempo parcial, así que no ingresamos mucho dinero.
5 ponerse de moda: *The mini skirt came in in the mid-sixties*, La minifalda se puso de moda a mediados de los años sesenta.
ANTONYMS: go out.
6 entrar en vigor: *All new buses will have to be fitted with seat-belts when the law*

comes in next January, Se tendrán que poner cinturones de seguridad en todos los autobuses nuevos cuando la ley entre en vigor en enero; ***When telephone banking came in customers didn't have to visit their branch so often, so fewer staff were needed***, Cuando entró en funcionamiento la banca telefónica los clientes no tenían que acudir a su sucursal tan a menudo, por lo que se necesitó menos personal.

7 llegar al poder, acceder al poder: ***When the Conservatives came in, unemployment stood at over a million***, Cuando los Conservadores llegaron al poder, había más de un millón de parados.
SYNONYMS: get in.

8 llegar, acabar *(el primero, el segundo, etc.)*: ***Sebastian Coe won the race, with the other British runners coming in third and sixth***, Sebastian Coe ganó la carrera, y los demás corredores británicos llegaron en tercer y sexto lugar.

9 subir: ***The boys were trapped on the rocks when the tide came in***, Los chicos se quedaron atrapados en las rocas cuando subió la marea.
ANTONYMS: go out.

come in for *vt insep* ser objeto de algo, ser blanco de algo, recibir algo: ***The Labour leader came in for criticism in the Conservative press***, El líder de los laboristas fue objeto de críticas en la prensa conservadora.

come in on *vt insep* apuntarse a algo, tomar parte en algo, participar en algo: ***I know some guys who'll come in on the venture if they think they'll make a bit of money by it***, Conozco a unos cuantos que participarán en la empresa si creen que con ello ganarán algo de dinero.

come into *vt insep*
1 heredar: ***Mark came into a fortune when his father died***, Mark heredó una fortuna cuando murió su padre.
2 tener que ver con algo, participar en algo: ***Vanity doesn't come into it. I just want to look my best***, La vanidad no tiene nada que ver. Sólo quiero tener el mejor aspecto posible; ***People are always so helpful until money comes into it, aren't they?***, La gente siempre está dispuesta a ayudar hasta que hay dinero de por medio, ¿verdad?

come in with *vt insep* participar en algo con alguien: ***I'm not starting the business alone, I've asked a couple of friends to come in with me to spread the risk***, No empiezo el negocio solo, he pedido a un par de amigos que participen conmigo para no correr riesgos yo solo.

come of *vt insep*
1 salir de algo, ocurrir como resultado de algo: ***One of the big oil companies did show some interest in his invention but in the end nothing came of it***, Una de las grandes empresas petroleras sí que se mostró interesada en su invento pero al final no salió nada; ***They've swindled her out of her savings. That's what comes of being too trusting***, Le han estafado sus ahorros. Eso es lo que pasa cuando uno es demasiado confiado.
2 ser de un origen determinado *(aristócrata, noble, etc.)*: ***He comes of an aristocratic family***, Es de origen aristócrata.

come off *vt insep - vi*
1 caerse de algo: ***He hit a patch of oil on the road and came off his bike***, Pasó por una mancha de aceite en la carretera y se cayó de la bicicleta.
2 caerse, desprenderse, despegarse: ***The handle's come off the bathroom door***, Se ha caído el pomo de la puerta del baño; ***"The top of this jar won't come off." "Let me try. Look, it comes off quite easily"***, -La tapa de este tarro no se puede quitar. -A ver. Mira, sale sin problemas.

come on

3 salir: *I hope this chocolate stain comes off the dress*, Espero que salga esta mancha de chocolate del vestido.

4 resultar con éxito, dar resultado: *Our plans for early retirement didn't quite come off as we had hoped*, Nuestros planes de jubilarnos pronto no salieron como esperábamos; *Well, it sounds good in theory but will it come off in practice?*, Bueno, en teoría suena bien, pero ¿saldrá bien en la práctica?

5 *(informal)* ocurrir, tener lugar: *There's a five-a-side football tournament coming off next Saturday. Would you like to go along as a substitute?*, El domingo se juega un torneo de fútbol sala. ¿Quieres ir como suplente?

6 *(informal)* salir bien, salir mal parado de algo: *It was a hard fight for Bruno, but he came off better than his opponent*, Fue una pelea dura para Bruno, pero salió mejor parado que su adversario.

7 desengancharse de algo, dejar algo: *He had a very bad time when he was coming off heroin*, Lo pasó muy mal cuando se desenganchó de la heroína; *Carol's doctor told her she had to come off the pill because she has high blood pressure*, El médico de Carol le dijo que tenía que dejar de tomar la píldora porque tiene la presión alta.

8 (**come off it!**) *(informal)* ¡anda ya!: *"I thought it was a very good film." "Oh, come off it, you can't be serious. It was terrible!"*, -La película me pareció muy buena. -Anda ya, no lo dirás en serio. ¡Era malísima!

come on *vi*

1 ir, avanzar: *How's the science project coming on?*, ¿Cómo va el trabajo de ciencias?; *"These carrots are growing well." "Yes, they're coming on"*, -Estas zanahorias están creciendo bien. -Sí, van bien.
SYNONYMS: come along.

2 empezar: *We had just set up our picnic when the rain came on*, Acabábamos de sacar las cosas del picnic cuando empezó a llover; *The film is coming on after the news*, La película empieza después de las noticias.

3 encenderse *(una luz, la calefacción, etc)*: *Someone must be in, I saw a light come on in one of the bedrooms*, Tiene que haber alguien, he visto una luz que se encendía en uno de los dormitorios.

4 venir, empezar, entrarle a alguien: *Whenever I feel a migraine coming on I lie down in a darkened room*, Cuando siento que me viene una migraña me tumbo en una habitación a oscuras.

5 salir *(al escenario, campo de juego, etc)*: *You don't come on again until the last act*, No vuelves a salir al escenario hasta el último acto.

6 (**come on!**) ¡venga!, ¡vamos!: *Come on, we're going to be late!*, ¡Venga, que llegamos tarde!; *Oh, come on, Bill! Things aren't that bad*, ¡Venga, hombre, Bill! Las cosas no están tan mal.

come on to *vt insep (informal)* entrarle a alguien, tirarle los tejos a alguien: *Maybe I got the signals wrong, but I could have sworn she was coming on to me*, A lo mejor lo entendí mal, pero habría jurado que se me estaba tirando los tejos.

come out *vi*

1 salir: *The sun came out from behind the clouds*, El sol salió de entre las nubes.

2 salir a la luz, ponerse de manifiesto: *The truth came out when Jenny finally admitted that she had taken the money*, La verdad salió a la luz cuando Jenny por fin reconoció que había cogido el dinero; *What came out of the statistical analysis was how infrequently people actually go to the dentist*, Lo que se desprendió del análisis estadístico fue lo poco que la gente va al dentista.
SYNONYMS: emerge.

come over

    3 salir *(una mancha)*: *I took my jacket to the dry cleaner's hoping that the wine stain would come out*, Llevé la chaqueta a la tintorería con la esperanza de que saliera la mancha de vino.

    4 irse, desteñir: *This is a rinse, not a dye, so it comes out of your hair in a couple of weeks*, Esto es un baño de color, no un tinte, de modo que el color se te irá del pelo dentro de un par de semanas.

    5 declararse: *We were astonished when a life-long pacifist came out in favour of re-armament*, Nos sorprendimos cuando un pacifista de toda la vida se declaró a favor del rearme.

    6 declararse en huelga: *Do you really think the miners will come out if they don't get a pay rise?*, ¿De verdad crees que los mineros se declararán en huelga si no les aumentan el sueldo?

    7 salir, resultar: *It'll all come out okay in the end, you'll see*, Al final todo saldrá bien, ya verás.

    8 salir: *The photograph has come out a bit blurred*, La fotografía ha salido un poco desenfocada; *I'm pleased this shot of the twins has come out*, Me alegro de que haya salido esta foto de los gemelos.

    9 salir, salir a la venta: *The new model comes out in August*, El nuevo modelo sale en agosto; *She's got another book of poetry coming out in the autumn*, Va a sacar otro libro de poesía en otoño.

    10 salir: *It always rains as soon as my roses come out*, Siempre llueve en cuanto me salen las rosas.

    11 (**to come out on top**) salir vencedor, salir ganando, ganar: *It looks as if it will be an American golfer who comes out on top in this year's British Open*, Parece que este año el que ganará el Open británico será un jugador de golf estadounidense.

come out against *vt insep* declararse en contra de algo: *Many of the country's leading newspapers have come out against the government's plans for the health service*, Muchos de los principales periódicos del país se han declarado en contra de los planes de sanidad del gobierno.

come out in *vi* salirle a alguien: *He had a temperature and then he came out in spots so I took him to the doctor*, Tenía fiebre y luego le salieron unos granos, así que lo llevé al médico; *Quick, put on the heater! It's so cold in here I'm coming out in goosepimples*, ¡Rápido, enciende la estufa! Hace tanto frío que se me está poniendo la carne de gallina.

come out of *vt insep* salir de algo: *The minister came out of the affair with his reputation intact*, El ministro salió del asunto con la reputación intacta.

come out with *vt insep* (*informal*) salir con, soltar *(un comentario, una frase)*: *He often comes out with these peculiar expressions that no-one else understands*, A menudo sale con expresiones extrañas que nadie más entiende; *What will that child come out with next?*, ¿Con qué saldrá ese niño ahora?

    SYNONYMS: come away with.

come over *vt insep - vi*

    1 (*informal*) ponerse, sentirse: *I suddenly came over all funny and had to sit down*, De repente me sentí muy raro y tuve que sentarme; *It was so hot in the office that I came over all faint and had to go outside*, Hacía tanto calor en la oficina que me mareé y tuve que salir.

    2 dar la impresión de algo: *She came over as very intelligent and enthusiastic at the interview*, En la entrevista dio la impresión de ser muy inteligente y entusiasta.

    SYNONYMS: come across.

    3 invadirle a alguien, entrarle a alguien: *I'm so sorry for losing my temper, I don't*

come round

know what came over me, Siento mucho haber perdido los estribos, no sé qué me pasó.

come round *vt insep - vi*

1 dejarse convencer, cambiar de opinión *(y pasar a estar de acuerdo con alguien)*: *At first, she was reluctant to sign the contract, but she came round in the end*, Al principio se mostró reacia a firmar el contrato, pero al final se dejó convencer; *I knew she would eventually come round to our way of thinking*, Sabía que al final acabaría aceptando nuestro punto de vista.

2 llegar: *I can hardly believe it's nearly Christmas time again, it seems to come round more and more quickly as I get older*, No me puedo creer que ya casi sea otra vez Navidad, parece que con la edad cada vez llega antes; *We'll do some decorating when spring comes around*, Pintaremos un poco cuando llegue la primavera.

3 volver en sí, recobrar el conocimiento: *I saw his eyelids move, I think he's coming round*, He visto que movía los párpados, creo que está volviendo en sí.

SYNONYMS: come to.

come through *vt insep - vi*

1 sobrevivir a algo, superar algo: *My grandfather came through the First World War without being wounded once*, Mi abuelo sobrevivió a la Primera Guerra Mundial sin sufrir ni una sola herida.

2 ser evidente, hacerse patente: *The conductor's sensitivity to the changes of mood came through in her handling of the orchestra*, La sensibilidad de la directora hacia los cambios de humor se hizo patente por su manera de llevar la orquesta.

3 llegar: *The money from the insurance company has come through*, Ha llegado el dinero de la compañía de seguros.

4 oírse *(por un aparato de radio)*: *Okay, Harry, you're coming through loud and clear*, Vale, Harry, se te oye perfectamente.

come to *vt insep - vi*

1 volver en sí, recobrar el conocimiento: *When he came to he found himself in a hospital bed*, Cuando volvió en sí se encontró en la cama de un hospital.

SYNONYMS: come round.

2 ascender a *(una cantidad)*: *Surely you've made a mistake, what we've eaten can't possibly come to £120!*, Tiene que ser un error, ¡no es posible que lo que hemos comido ascienda a 120 libras!

SYNONYMS: add up to; amount to.

3 ir a algo, tratar de algo *(en conversación)*: *"What about the new computer equipment?" "I was just coming to that"*, -¿Y qué pasa con el nuevo equipo informático? -A eso iba en este momento.

4 llegar a algo: *We had great plans for expanding the business, but they didn't come to anything*, Teníamos grandes planes para ampliar el negocio, pero al final no llegaron a nada; *Accepting charity! Surely we haven't come to this?*, ¡Aceptar la caridad! ¿No habremos llegado a eso?

come together *vi*

1 juntarse, unirse: *Mark and Julie came together in a passionate embrace*, Mark y Julie se unieron en un abrazo apasionado.

2 avenirse, llegar a un acuerdo, reconciliarse: *Workers and management have at last come together to work out a solution to the dispute*, Los empleados y la dirección se han reunido por fin para buscar una solución al conflicto.

come under *vt insep*

1 ir bajo, ir en, estar en *(una sección, una categoría, etc)*: *Would you say dictionaries come under 'General Reference' or 'Language'?*, ¿Crees que los diccionarios van

bajo 'Obras de consulta general' o en 'Lengua'?; ***And finally things like coffee and cleaning products come under the heading of General Expenses***, Y por último los artículos como el café o los productos de limpieza van en el apartado de gastos generales.

2 depender de algo: ***Public transport comes under the regional rather than the district council***, El transporte público depende de la corporación regional en vez de la del distrito.

come up *vi*

1 venir: ***With the election coming up next week, all the papers are publishing polls***, La semana que viene habrá elecciones y todos los periódicos publican encuestas; ***Coming up after the break, an exclusive interview with Robert de Niro***, Tras la pausa les ofreceremos una entrevista en exclusiva con Robert de Niro.

2 surgir: ***I'm afraid something's come up and I won't be able to go to the meeting after all***, Me temo que ha surgido un imprevisto y al final no voy a poder asistir a la reunión.

3 salir *(en pantalla)*: ***An error message came up when I tried to load the file***, Me salió un mensaje de error cuando intenté abrir el archivo.

4 salir *(en conversación, examen)*: ***The question of the trade deficit came up again at today's Cabinet meeting***, Hoy volvió a salir la cuestión del déficit comercial en la reunión del Consejo de ministros; ***The origins of the Second World War always come up in the Modern History paper***, Siempre salen los orígenes de la Segunda Guerra Mundial en el examen de Historia Moderna.

come up against *vt insep*

toparse con, tropezarse con *(un problema)*, surgirle a alguien: ***I'm afraid we won't be able to get the work finished on time. We've come up against a bit of a problem***, Me temo que no vamos a poder acabar el trabajo a tiempo. Nos hemos topado con un pequeño problema.

come up for *vt insep*

1 estar a punto de cumplir, acercarse a *(una edad)*: ***He's coming up for eighteen and will be able to vote in the next election***, Está a punto de cumplir dieciocho años y podrá votar en las próximas elecciones.
SYNONYMS: approach.

2 tocarle hacer algo, llegarle el turno de hacer algo: ***The car's coming up for its MOT soon***, El coche tendrá que pasar pronto por la ITV; ***He doesn't have time to go out in the evening these days because he's coming up for his exams***, Estos días no tiene tiempo para salir por la noche porque se está preparando para los exámenes; ***The manuscript, which was believed for many years to be lost, is coming up for auction next week***, El manuscrito, que durante muchos años se dio por perdido, saldrá a subasta la semana que viene; ***The President will try to push the legislation through Congress before he comes up for re-election in 2005***, El Presidente intentará conseguir que el Congreso apruebe la ley antes de volver a presentarse a las elecciones en 2005.

come upon *vt insep*

encontrarse algo: ***I came upon these letters when I was sorting through her desk***, Me encontré estas cartas cuando rebuscaba en su escritorio.
SYNONYMS: chance upon *(formal)*; encounter.

come up to *vt insep*

1 acercarse a alguien: ***The horse came up to me and took the sugar out of my hand***, El caballo se me acercó y me quitó el azúcar de la mano; ***A strange man came up to her in the street and asked her where she lived***, Se le acercó un extraño por la calle y le preguntó dónde vivía.

2 estar a la altura de algo, estar al nivel de algo: ***The meal didn't come up to expectations***, La comida no estaba a la altura de lo que me esperaba; ***Any parts that***

come up with

don't come up to standard will be rejected, Todas las piezas que no alcancen el nivel de calidad serán rechazadas.

3 estar cerca de algo: *She must be coming up to retirement age*, Debe de estar cerca de la edad de jubilación; *It was coming up to ten o'clock by the time I left the office last night*, Anoche cuando me fui de la oficina eran cerca de las diez.

come up with *vt insep* ocurrírsele a alguien: *Who came up with the bright idea to have a barbecue in March?*, ¿A quién se le ocurrió la brillante idea de hacer una barbacoa en marzo?; *Well, can you come up with a better suggestion?*, Bueno, ¿puedes proponer algo mejor?

come with *vt insep*

1 venir con algo, ir acompañado de algo: *The steak comes with salad and French fries*, El filete va acompañado de ensalada y patatas fritas; *The house comes with a large garden and its own swimming pool*, La casa tiene un gran jardín y su propia piscina; *The radio comes with four rechargeable batteries and a stylish leather case*, La radio viene con cuatro pilas recargables y un elegante estuche de cuero.

2 venir con algo, ser parte de algo: *Good judgement comes with experience*, El discernimiento viene con la experiencia.

come within *vt insep* ponerse a *(la vista, al alcance)*: *The cat sat in the tree all morning, waiting for one of the birds to come within reach*, El gato se pasó toda la mañana sentado en el árbol, a la espera de que un pájaro se pusiera a su alcance.

cone [kəʊn]

cone off *vt sep* poner conos de señalización en *(una carretera)*, cortar con conos: *The outside lane was coned off and workmen were busy digging up the tarmac*, El carril exterior estaba cortado y los obreros levantaban el asfalto.

conjure ['kʌndʒəʳ]

conjure up *vt sep*

1 hacer algo como por arte de magia, sacar algo de la nada: *Do you really expect me to conjure up a meal for four people with these ingredients?*, ¿De verdad esperas que improvise una comida para cuatro personas con estos ingredientes?

2 hacer pensar en algo, evocar: *The sound of the pipes conjures up images of misty Highland glens and men in kilts*, El sonido de las gaitas te hace pensar en los valles neblinosos de las Highlands y en hombres con faldas escocesas.

SYNONYMS: call up; evoke *(formal)*.

conk [kɒŋk]

conk out *vi (informal)* escacharrarse, estropearse: *The engine's making funny noises, I hope it doesn't conk out on us*, El motor está haciendo ruidos raros, espero que no se nos escacharre; *His heart just conked out*, De pronto se le paró el corazón.

SYNONYMS: give out *(informal)*; pack in *(informal)*.

connect [kə'nekt]

connect up *vt sep* conectar, estar conectado: *We won't be able to use any of our electrical appliances until we're connected up to the mains*, No podremos usar nuestros electrodomésticos hasta que nos nos hayan conectado a la red.

connect with *vt sep* enlazar con algo: *Our flight from London to Boston connects with an internal flight to St Louis*, Nuestro vuelo de Londres a Boston conecta con un vuelo nacional a San Luis.

contract [ˈkɒntrækt]
contract in *vi* optar por participar en algo, darse de alta en algo: *The company has a private health insurance policy and you can contract in to it if you like*, La empresa tiene una póliza de seguro de enfermedad privado que puedes contratar si quieres.

contract out
1 *vi* optar por no participar, optar por salirse, darse de baja: *Is it possible to contract out of their occupational pension scheme?*, ¿Se puede optar por no participar en el plan de pensiones de la empresa?
2 *vt sep* subcontratar: *They don't do the work themselves, they contract it out to various specialist firms*, Ellos no hacen el trabajo, subcontratan a varias empresas especialistas para que lo hagan.

cook [kʊk]
cook up *vt sep (informal)* inventarse algo: *When he was late for school, he cooked up this incredible story about the wheels falling off the bus*, Cuando llegó tarde a la escuela se inventó una historia increíble de que al autobús se le habían salido las ruedas; *He cooked up this scheme to make loads of money on the stock market, but it failed*, Se inventó un plan para ganar un montón de dinero en la bolsa, pero fracasó.

cool [kuːl]
cool down *vt sep - vi*
1 refrescar, enfriar; refrescarse, enfriarse: *Put the wine in the fridge for it to cool down*, Mete el vino en la nevera para que se enfríe; *The chips are straight out of the pan, wait till they've cooled down a bit before you start eating them*, Las patatas acaban de salir de la freidora, espera a que se enfríen un poco antes de comerlas.
2 calmar; calmarse: *Wait until he's cooled down a bit before you broach the subject again*, Espera a que se haya calmado un poco antes de volver a tocar el tema.

cool off *vt sep - vi*
1 refrescar; refrescarse: *The sun's too hot, I'm going for a swim to cool off*, El sol quema demasiado, voy al agua a refrescarme.
2 calmar; calmarse: *He had a fight with one of the other kids so we put him in a room by himself to cool off*, Se peleó con otro niño de modo que lo dejamos solo en una habitación para que se calmara.

coop [kuːp]
coop up *vt sep* encerrar, enjaular: *He was cooped up all day in a tiny windowless office*, Estaba encerrado todo el día en una oficina minúscula sin ventanas (Usually used in the passive).
SYNONYMS: confine; imprison.

cop [kɒp] copping, copped, copped
cop out *vi (slang)* escaquearse, quitarse de en medio: *Don't worry. This time I'm not going to cop out of telling her*, No te preocupes. Esta vez no me voy a escaquear de decírselo.

copy [ˈkɒpɪ] copying, copied, copied
copy down *vt sep* copiar, anotar: *I copied down the calculations from the black-*

copy out

board in my maths notebook, Copié los cálculos de la pizarra en mi cuaderno de matemáticas.

copy out *vt sep* copiar: *She copied out the whole letter for me in her impeccable handwriting*, Me copió toda la carta con su letra impecable.

cordon ['kɔːdən]

cordon off *vt sep* acordonar: *Police have cordoned off the area and only residents are allowed in*, La policía ha acordonado la zona y sólo se permite entrar a los vecinos.

cork [kɔːk]

cork up *vt sep* poner el tapón a algo, tapar la botella: *This wine is bad, cork it up and take it back to the shop*, Este vino está malo, ponle el corcho y devuélvelo a la tienda.

cotton ['kɒtən]

cotton on *vt insep - vi (informal)* caer en la cuenta de algo, llegar a comprender algo; caer en la cuenta: *It took her ages to cotton on to the fact that we didn't want her to come with us*, Tardó siglos en caer en la cuenta de que no queríamos que viniera con nosotros; *I kept hinting that Maria fancied him but he didn't cotton on*, Le insinué muchas veces que le gustaba a Maria, pero él no caía en la cuenta.

cough [kɒf]

cough up *vt sep*

1 expulsar, escupir: *That night he started coughing up blood and had to be taken to hospital*, Aquella noche empezó a echar sangre al toser y lo tuvieron que llevar al hospital.

2 *(informal)* soltar: *When are you going to cough up that ten pounds you owe me?*, ¿Cuándo vas a soltar las diez libras que me debes?

SEE ALSO: come across with *(informal)*.

count [kaʊnt]

count against *vt insep* perjudicar, ir en contra de algo: *You're certainly well enough qualified, but your lack of experience may count against you*, No cabe duda de que estás muy cualificado, pero puede que tu falta de experiencia te perjudique.

count among *vt sep* contar entre algo: *Harry had always counted Mike among his friends until Mike started going out with Harry's girlfriend*, Harry siempre había contado a Mike entre sus amigos hasta que Mike empezó a salir con la novia de Harry.

count down *vt sep* contar hacia atrás, contar lo que queda para algo: *A disembodied voice was counting down the seconds to launch*, Una voz incorpórea contaba los segundos que faltaban para el lanzamiento.

count for *vt insep* servir para algo, valer para algo: *She said her parents liked John a lot and that must count for something nowadays!*, Dijo que a sus padres les gustaba mucho John, lo cual debe tener algún peso hoy en día; *United's Premier League status counted for nothing once the two teams were out on the pitch*, El hecho de que el United estuviera en Primera División no sirvió de nada cuando los dos equipos salieron al campo de juego.

count in *vt sep* contar con alguien, incluir a alguien: *If you're looking for people who* *want to work overtime, count me in*, Si estás buscando a gente que quiera hacer horas extra, cuenta conmigo.

ANTONYMS: count out.

count on *vt insep*
1 contar con alguien: *I'm counting on Nancy to help me with the food*, Cuento con Nancy para que me ayude con la comida; *You can't let us down now, we're all counting on you*, No nos puedes abandonar ahora, todos contamos contigo.
2 contar con algo: *"I'm sure your father will lend us the money." "I wouldn't count on it if I were you"*, -Estoy segura de que tu padre nos prestará el dinero. -Yo que tú, no contaría con ello; *We should count on taking at least three days to get there*, Deberíamos contar con que se tarda al menos tres días en llegar allí.

count out *vt sep*
1 ir contando: *He took a metal box out of the safe and counted out £5.50 in fifty pence pieces*, Sacó una caja metálica de la caja fuerte y fue contando cinco libras cincuenta en monedas de cincuenta peniques.
2 no contar con alguien, excluir, descartar: *"We're holding a demonstration at the university tomorrow." "Oh, are you indeed? Well, you can count me out"*, -Mañana vamos a hacer una manifestación en la universidad. -¿Ah, sí? Pues no contéis conmigo.

ANTONYMS: count in.

3 declarar fuera de combate, eliminar: *The fight ended in the fifth round when Patterson was counted out*, El combate acabó en el quinto asalto cuando Patterson fue declarado fuera de combate.

count towards *vt insep* contar para algo: *The Irish Open is the first event to count towards Ryder Cup qualification*, El Open irlandés es la primera competición que cuenta para la clasificación de la Ryder Cup; *The exams at Christmas and Easter count towards your final mark*, Los exámenes de Navidad y Semana Santa cuentan para la nota final (American speakers of English usually use **toward** instead of **towards**).

count up *vt sep* contar: *Have you counted up the number of people who are coming to the Christmas party?*, ¿Has contado la gente que va a venir a la fiesta de Navidad?

SYNONYMS: add up; tot up *(informal)*.

count upon *vt insep* see **count on**.

couple ['kʌpəl]

couple together *vt sep* juntar, empalmar, poner uno al lado del otro: *The logs were coupled together to make primitive rafts*, Juntaron los troncos para hacer unas balsas rudimentarias.

couple with *vt insep* juntar con algo, unir con algo: *The prolonged delay, coupled with low spirits caused by cold, squalor, and hunger, had created a feeling of hopeless desperation*, El prolongado retraso, unido al desánimo causada por el frío, la miseria y el hambre, había provocado un sentimiento de total desesperación.

course [kɔːs]

course down *vt insep* correr por algo, caer por algo: *Tears coursed down her cheeks as she waved goodbye to her parents*, Las lágrimas le rodaban por las mejillas mientras decía adiós con la mano a sus padres.

course through *vt insep*
1 correr por algo: *Her words sent the blood coursing through his veins*, Sus palabras hicieron que la sangre le corriera por las venas.

cover [ˈkʌvə']

cover in *vt sep* cubrir, tapar: *Put the tarpaulin over the hole to cover it in*, Pon la lona sobre el agujero para cubrirlo.

cover over *vt sep* cubrir, tapar: *If it rains the entire playing area can be covered over in seconds with an enormous electronically-operated roof*, Si llueve, todo el campo de juego puede cubrirse en cuestión de segundos con un enorme techo electrónico.

cover up *vt sep - vi*
1 cubrir, tapar; cubrirse, taparse: *She lay down on the sofa and covered herself up with a blanket*, Se echó en el sofá y se tapó con una manta; *Make sure the plants are covered up at night to avoid frost damage*, Asegúrate de que las plantas estén tapadas por la noche para evitar que las dañen las heladas; *You're nearly naked! For goodness sake, cover yourself up*, ¡Vas casi desnudo! Tápate, por el amor de Dios.
2 ocultar *(un secreto, algo prohibido)*; encubrir *(un delito)*; disimular *(un sentimiento, una emoción)*: *Look, I know you did it; don't try and cover it up*, Mira, sé que lo hiciste; no intentes ocultarlo; *The Nixon White House tried to cover up the Watergate burglary*, La Casa Blanca de Nixon intentó ocultar el robo en el Watergate.
SYNONYMS: hush up.
3 encubrir a alguien, dar la cara por alguien: *I got to work late the next day but Debbie covered up for me by telling the boss I'd gone to the doctor's*, Llegué tarde al trabajo al día siguiente, pero Debbie me encubrió diciéndole al jefe que me había ido al médico.

crack [kræk]

crack down on *vt insep* tomar medidas duras contra algo: *The Department of Social Security is cracking down on benefit fraud*, El departamento de la Seguridad Social esta tomando medidas enérgicas contra el fraude en la obtención de prestaciones.

crack up *vi*
1 venirse abajo, tener una crisis nerviosa: *He doesn't seem to be able to handle stress anymore, I think he's cracking up*, Parece que ya no es capaz de soportar el estrés, creo que se está viniendo abajo.
2 *(informal)* darle algo a alguien: *Your father'll crack up when he sees the mess you've made!*, ¡A tu padre le va a dar algo cuando vea cómo lo has puesto todo!

cram [kræm] cramming, crammed, crammed

cram into *vt sep* encajar, meter a la fuerza: *He crammed all his clothes into a small suitcase and left the hotel as quickly as he could*, Metió toda su ropa apretada en una maleta pequeña y se fue del hotel en cuanto pudo.

crane [kreɪn]

crane forward *vi* estirar el cuello, sacar la cabeza hacia adelante: *She had left her glasses at home and had to crane forward to try to read the notice*, Se dejó las gafas en casa y tuvo que estirar el cuello para intentar leer el letrero.

crank [kræŋk]

crank up *vt sep* arrancar algo dándole a una manivela: *Using a typewriter is now as old fashioned as cranking up a car engine*, Ahora escribir a máquina está tan pasado de moda como arrancar con manivela el motor de un coche.

creep into

crash [kræʃ]
  crash about or **crash around** vi andar de un lado para otro haciendo ruido: *We couldn't see the elephants but we could hear them crashing about in the undergrowth*, No podíamos ver los elefantes, pero podíamos oírlos abriéndose paso ruidosamente entre la maleza.

  crash down vi caer haciendo ruido: *The shelves came crashing down, scattering books all over the study floor*, Las estanterías cayeron estrepitosamente, y los libros quedaron esparcidos por todo el suelo del despacho.

  crash out vi *(informal)* caer redondo: *She staggered upstairs and crashed out without even getting undressed first*, Subió las escaleras tambaleándose y cayó redonda sin siquiera desnudarse antes; *You can crash out on the sofa if you want*, Puedes quedarte a dormir en el sofá si quieres.

crawl [krɔːl]
  crawl with vt insep **(to be crawling with something)** estar plagado de algo, estar cuajado de algo: *We couldn't sunbathe because the whole place was crawling with ants and little biting flies*, No pudimos tomar el sol porque por todas partes estaba plagado de hormigas y de mosquitas que picaban.

cream [kriːm]
  cream off vt sep seleccionar, sacar lo mejor de algo: *The system is designed to cream off the most able pupils and concentrate resources on them, at the expense of the rest*, El sistema está pensado para seleccionar a los mejores alumnos y concentrar en ellos los recursos, a expensas de los demás.

crease [kriːs]
  crease up vi troncharse de risa, partirse el pecho de risa: *When he made a funny face behind the teacher's back, we all creased up*, Cuando hizo una mueca a espaldas del profesor todos nos tronchamos de risa.

credit ['kredɪt]
  credit with vt sep
    1 creer algo a alguien, atribuir algo a alguien: *I'm very disappointed in you, I had credited you with a little more imagination*, Me has decepcionado mucho, te creía un poco más imaginativo.
    2 atribuir algo a alguien: *The Scotsman John Logie Baird is generally credited with the invention of television*, La invención de la televisión suele atribuirse al escocés John Logie Baird.

creep [kriːp]
  creep in vi entrar sin hacer ruido: *I turned the key in the door and crept in, hoping my parents were asleep*, Di una vuelta a la llave en la cerradura y entré despacio y sin hacer ruido, con la esperanza de que mis padres estuvieran durmiendo; *Fog was creeping in off the sea*, La bruma subía lentamente desde el mar.

  creep into vt insep entrar o penetrar lentamente, empezar a notarse: *A reporter should not allow his personal prejudices to creep into his writing*, Un periodista no debería dejar que sus prejuicios personales se filtraran en sus artículos; *Doubts began to creep into his mind*, Las dudas empezaron a asaltarle; *A note of fear crept into her voice*, Hablaba con voz cada vez más asustada.

creep up on *vt insep* acercarse sigilosamente a alguien: *He crept up on me and said "Boo!"*, Se me acercó sigilosamente por detrás y dijo "¡Uh!".

crisp [krɪsp]
crisp up *vt sep* hacer que se ponga crujiente algo: *Turn the oven up to a high heat to crisp up the crackling on the roast pork*, Sube la temperatura del horno para que se ponga crujiente la piel del cerdo asado.

crop [krɒp] cropping, cropped
crop up *vi* surgir, presentarse: *One or two problems have cropped up since our last meeting*, Han surgido algunos problemas desde nuestra última reunión; *We won't be able to come to your anniversary party, something's cropped up*, No vamos a poder ir a tu fiesta de aniversario, nos ha surgido otra cosa.
SYNONYMS: come up.

cross [krɒs]
cross off *vt sep* tachar de algo: *If he doesn't apologise for what he did, I'll cross him off the list*, Si no se disculpa por lo que hizo, lo tacharé de la lista.
cross out *vt sep* tachar, borrar: *End the letter with "Yours sincerely, William Grant". No, on second thoughts, cross that out and put in "Regards, Bill"*, Acaba la carta con "Atentamente, William Grant". No, pensándolo bien, táchalo y pon "Saludos, Bill".
cross over *vt insep - vi* cruzar, pasar *(al otro lado)*: *Look both ways before crossing over the road*, Mira en ambos sentidos antes de cruzar la carretera; *They crossed over to the Italian side of the border*, Pasaron al lado italiano de la frontera.
cross with *vt sep* cruzar algo con algo: *Traditional British breeds have been crossed with Continental breeds of cattle like the Charolais to increase their meat yield*, Las razas tradicionales británicas se han cruzado con razas continentales de ganado como la Charolais para aumentar la producción de carne.

crowd [kraʊd]
crowd around or **crowd round** *vt insep* aglomerarse alrededor de algo, apiñarse alrededor de algo: *Protestors were crowding round the Prime Minister shouting abuse*, Los manifestantes se iban aglomerando alrededor del Primer Ministro, profiriendo insultos.
crowd in *vi* entrar de golpe, entrar arrasando: *The manager opened the doors at last and hundreds of eager bargain-hunters crowded in*, El director abrió por fin las puertas y entraron en tropel cientos de compradores que iban a la caza de gangas.
crowd in on *vt insep* agobiar a alguien, rodear a alguien agobiándolo: *With the problems that were crowding in on him, he felt trapped, crushed, defeated*, Cada vez más agobiado por los problemas, se sentía atrapado, aplastado y vencido.
crowd into *vt insep* aglomerarse, concentrarse, meterse de golpe: *They were crowded into a small room*, Estaban apelotonados en una habitación pequeña; *We all got off the coach and crowded into the pub*, Todos bajamos del autocar y nos metimos en tropel en el pub.
crowd out *vt sep* desplazar, hacer que se vaya alguien: *Local residents have been crowded out by yuppies in much of London's Dockland*, Los yuppies están desplazando a los vecinos en buena parte de la zona portuaria londinense.
SYNONYMS: squeeze out.

cuddle up

crumble ['krʌmbəl]

crumble away *vi* desmenuzarse *(la comida)*, desmoronarse *(una pared, la madera)*: *He tried to lift the trapdoor but the wood was rotten and it crumbled away in his hands*, Intentó subir la trampilla, pero la madera estaba podrida y se le quedó en las manos; *The few centimetres of rock beneath his feet threatened to crumble away*, Los escasos centímetros de roca que tenía bajo los pies amenazaban con desmoronarse.

crumple ['krʌmpəl]

crumple up *vt sep* arrugar, hacer una bola de algo: *I crumpled the letter up and threw it into the wastepaper basket*, Arrugué la carta y la tiré a la papelera; *The whole of the front of the car crumpled up when it hit the wall*, Toda la parte delantera del coche quedó hecha un acordeón al chocar contra la pared.

crush [krʌʃ]

crush in or **crush into** *vt sep* apretujar, amontonar: *There were four of us crushed in the back of his car*, Ibamos cuatro apretujados en la parte trasera de su coche; *Men, women, and children were crushed into cattle trucks*, Hombres, mujeres y niños tuvieron que subir apretujados a camiones de ganado.

crush up *vt sep* triturar, espachurrar, machacar: *His mother crushed up the tablet and gave it to him in a spoonful of jam*, Su madre machacó la pastilla y se la dio mezclada con una cucharada de mermelada.

cry [kraɪ] crying, cried, cried

cry down *vt sep* menospreciar, despreciar: *The thing I really hate about George is the way he always cries down other people's ideas*, Lo que más detesto de George es la forma en que siempre menosprecia las ideas de los demás.

SYNONYMS: denigrate *(formal)*.

cry off *vi* retirarse, rajarse, echarse atrás, romper *(un trato)*: *I know I said I would be there but I'm afraid I'm going to have to cry off*, Sé que dije que estaría allí pero me temo que voy a tener que desdecirme; *We were expecting Jane to come but she cried off at the last minute*, Esperábamos que viniera Jane, pero se echó atrás en el último momento.

cry out *vi* gritar, dar un grito: *Sometimes at night he'd cry out in his sleep*, A veces, por la noche gritaba en sueños; *Someone cried out "Where's the doctor?"*, Alguien gritó: -¿Dónde está el médico?; *He drew a deep breath and cried out for her: "Mama! Mama!"*, Respiró hondo y la llamó a gritos: -Mamá, mamá!

cry out for *vt insep* pedir algo a gritos: *These human rights abuses are crying out for justice*, Es imperativo que la justicia se haga cargo de estos abusos de los derechos humanos; *What this party is crying out for is some decent music and a few extra bottles of wine*, Esta fiesta está pidiendo a gritos un poco de buena música y unas cuantas botellas más de vino.

cuddle ['kʌdəl]

cuddle up *vi* acurrucarse junto a alguien, arrimarse a alguien: *She went in to check on the children and found them all cuddled up in bed*, Fue a ver cómo estaban los niños y los encontró a todos acurrucados en la cama; *Come on, cuddle up and get yourself warm*, Venga, arrímate a mí, así entrarás en calor.

SYNONYMS: snuggle up.

curl [kɜːl]
curl up *vi*
1 enrollarse, abarquillarse: *The leaves had dried out and curled up in the heat of the sun*, Las hojas se habían secado y se habían abarquillado al calor del sol.
2 acurrucarme: *I want to curl up in a chair and go to sleep*, Quiero acurrucarme en una silla y ponerme a dormir.
3 *(informal)* morirse de vergüenza: *When he said I was his sweet little pudding I just wanted to curl up and die*, Cuando dijo que yo era su bomboncito hubiera querido que me tragara la tierra.

curtain ['kɜːtən]
curtain off *vt insep* separar algo con una cortina: *We can curtain off this part of the room to give you a little more privacy*, Podemos separar esta parte de la habitación con una cortina para que tengas un poco más de intimidad.

cut [kʌt] cutting, cut, cut
cut across *vt insep*
1 cortar por algún sitio, atajar por algún sitio: *We could get ahead of them if we cut across this field*, Podríamos adelantarlos si atajamos por este campo.
2 ir más allá de algo, rebasar, superar: *There was potential here to cut across established Catholic-Protestant divisions*, Existía la posibilidad de trascender las divisiones entre católicos y protestantes.

cut away *vt sep* cortar, eliminar: *The surgeon cut away all the diseased tissue*, El cirujano cortó todo el tejido enfermo.

cut back *vt sep*
1 reducir, recortar: *We've had to cut back a great deal since my husband lost his job. There are no expensive holidays now and we can't afford a new car*, Hemos tenido que reducir muchos gastos desde que mi marido perdió el trabajo. Se acabaron las vacaciones caras y no podemos permitirnos un coche nuevo.
2 podar, recortar: *I want to cut back that bush before it gets too big*, Quiero podar ese arbusto antes de que crezca demasiado.

cut back on *vt insep* reducir: *The company is being forced to cut back on staff because of the recession*, La empresa se ha visto forzada a reducir el personal a causa de la recesión; *The government has decided to cut back on defence spending*, El gobierno ha decidido recortar los gastos de defensa.

cut down *vt sep*
1 talar, cortar: *Most of the trees were cut down for firewood and building materials*, Talaron casi todos los árboles para hacer leña y materiales de construcción. SYNONYMS: fell.
2 recortar: *We'll have to find ways of cutting down our expenses*, Tendremos que encontrar maneras de recortar nuestros gastos; *You'll have to cut down your beer-drinking if you want to lose weight*, Tendrás que dejar de beber tanta cerveza si quieres perder peso; *If we cut the text down we should be able to publish it in one volume*, Si acortamos el texto podríamos publicarlo en un volumen.

cut down on *vt insep* comer menos, fumar menos, beber menos, etc: *If you really want to lower your blood pressure you'll have to cut down on smoking, or best of all, stop altogether*, Si realmente quieres que te baje la tensión tendrás que fumar menos, o mejor aún, dejarlo del todo; *When I cut down on coffee I felt much more relaxed*, Cuando dejé de tomar tanto café me sentí mucho más relajado.

cut in *vi*

1 interrumpir, meterse en algo: *"Wait a minute, you have no right to ask him that," cut in Jack,* -Espera un momento, no tienes derecho a preguntarle eso, -interrumpió Jack; *If I could just cut in for a moment, I'll try to explain it to you,* Si me permites que interrumpa un momento, intentaré explicártelo; *The operator cut in on our telephone conversation to tell me there was another call waiting,* La telefonista interrumpió nuestra conversación telefónica para decirme que tenía otra llamada.
SYNONYMS: interrupt.

2 interrumpir el baile: *I haven't had a chance to dance with Carrie all evening. Do you mind if I cut in?,* No he tenido la oportunidad de bailar con Carrie en toda la noche. ¿Te importa que os interrumpa y que ahora baile yo con ella?

cut into *vt insep*

1 cortar algo: *You'll only know if the fruit is evenly distributed when you cut into the cake,* No sabrás si la fruta está bien repartida hasta que cortes el pastel; *The skirt was so tight it was cutting into her waist,* La falda le quedaba tan apretada que se le clavaba en la cintura.

2 reducir: *All these interruptions are cutting into the time left for checking and revising,* Todas estas interrupciones reducen el tiempo que nos queda para comprobar y revisar.

cut off *vt sep*

1 cortar, quitar con el cuchillo: *Cut the fat off the meat before you fry it,* Quítale la grasa a la carne antes de freírla; *He cut his own ear off,* Se cortó la oreja.

2 aislar, separar: *Many of the smaller villages have been completely cut off by snow,* Muchos de los pueblos más pequeños han quedado totalmente aislados por la nieve; *She cut herself off from her family,* Se apartó de su familia.

3 cortar: *The electricity will be cut off during the repair work,* Cortarán la electricidad mientras reparan la avería; *If you don't pay your bill the gas company will cut you off,* Si no pagas la factura la compañía del gas te cortará el suministro.

4 cortar, desconectar: *We were cut off just when she was telling me some juicy gossip,* Se cortó justo cuando me estaba contando unos cotilleos muy sabrosos.
SYNONYMS: disconnect.

cut out *vt sep - vi*

1 recortar: *I cut this article out of the newspaper for you,* Te he recortado este artículo del periódico; *She was kneeling on the floor cutting out a dress,* Estaba arrodillada en el suelo cortando un vestido; *The peaches will taste okay if you cut out the mouldy bits,* Los melocotones estarán buenos si les quitas los trozos mohosos.

2 cortar, eliminar, quitar: *If you cut this last paragraph out, the essay will be much improved,* Si cortas el último párrafo el ensayo mejorará mucho; *All references to her husband had been cut out of her autobiography,* Había eliminado de su autobiografía cualquier referencia a su marido.

3 *(informal)* dejar de hacer algo: *I've felt a lot better since I cut out smoking,* Me encuentro mucho mejor desde que dejé de fumar.

4 ¡ya vale!, ¡basta ya!: *Come on now, cut that out! You're splashing water all over the floor,* ¡Venga, basta ya! Estás salpicando agua por todo el suelo; *I don't want to hear that sort of language in my house. Cut it out, will you?,* No quiero oír estas palabrotas en mi casa. A ver si paras, ¿vale?
SYNONYMS: give up.

5 pararse, calarse: *The engine keeps cutting out. What do you think is wrong with it?,* El motor se para todo el rato. ¿Cuál te parece que debe de ser el problema?

cut out for

cut out for *vt insep* (to be cut out for something) *(informal)* estar hecho para algo: *She found after a couple of months that she wasn't really cut out for life in the country*, Después de un par de meses se dio cuenta de que no estaba hecha para vivir en el campo.

cut through *vt insep*
1 atravesar, hacer un agujero; cortar: *You'll need a saw rather than secateurs if you want to cut through that thick branch*, Te hará falta una sierra en vez de tijeras de podar si quieres cortar esta rama tan gruesa; *When he examined the brake pipe he found it had been cut through*, Cuando examinó el tubo del freno descubrió que lo habían cortado.
2 sortear: *The old sailing ship made a magnificent sight as it cut through the waves*, El viejo velero ofrecía una bella estampa al surcar las olas.
3 cortar por algún sitio, atajar por algún sitio: *If you cut through the school playing-fields you'll get there five minutes earlier*, Si cortas por los campos de juego del colegio llegarás cinco minutos antes.
4 saltarse: *He seems able to cut through all the red tape and gets things done quickly*, Parece que sabe cómo resolver todo el papeleo y solucionarlo todo deprisa.

cut up *vt sep* cortar en trozos, trocear: *You'd better cut up the children's meat for them*, Sería mejor que les cortaras la carne a los niños.

dab [dæb]

dab at *vt insep* dar unos toques a algo, pasar algo ligeramente sobre algo: *She dabbed at the cut with some cotton wool soaked in antiseptic*, Dio unos toquecitos en el corte con un algodón empapado en antiséptico.

dab off *vt sep* frotar con suavidad: *She was trying to dab the spilled wine off her blouse with her table napkin*, Intentaba limpiarle el vino que se le había caído en la blusa frotándola suavemente con la servilleta.

dab on *vt sep* poner dando unos toques ligeros: *Anthea was dabbing some sort of thick cream on her forehead and cheeks*, Anthea se estaba poniendo una especie de crema espesa en la frente y en las mejillas.

dabble ['dæbəl]

dabble in *vt insep* interesarse por algo de forma superficial: *She's interested in old pagan rituals and it's said that she has even dabbled in witchcraft*, Le interesan los antiguos ritos paganos y se dice que incluso ha tenido escarceos con la brujería.
SYNONYMS: dip into.

dally ['dælɪ] dallying, dallied, dallied

dally with *vt insep*
1 coquetear con algo: *I've often dallied with the idea of writing a novel*, A menudo he coqueteado con la idea de escribir una novela.
SYNONYMS: toy with.
2 *(old use)* coquetear con alguien, flirtear con alguien: *Ken's just been dallying with you; he's never intended to marry you*, Ken sólo ha estado coqueteando; nunca ha tenido la intención de casarse contigo.
SYNONYMS: flirt with.

dam [dæm] damming, dammed, dammed

dam up *vt insep*

1 poner un dique a algo: *Beavers had dammed up the river with tree branches and stones*, Los castores habían represado el río con ramas de árboles y piedras.
2 contener, reprimir: *She broke down at last, all the grief and frustration that had been dammed up for so long pouring out in helpless sobs*, Por fin se echó a llorar y desahogó todo el dolor y la frustración que había reprimido durante tanto tiempo, sollozando sin poder contenerse.
SYNONYMS: bottle up.

damp [dæmp] (Also dampen)
damp down *vt sep*

1 sofocar, apagar: *Before going to bed, we damped down the fire with ash to leave it ready for the morning*, Antes de irnos a la cama apagamos el fuego con ceniza para dejarlo listo para la mañana siguiente; *The fire was nearly out but firemen continued to play their hoses on it to damp down the dying embers*, El incendio estaba casi apagado pero los bomberos continuaron dirigiendo las mangueras hacia las llamas para sofocar los rescoldos.
2 humedecer: *Nervously he licked his fingers and dampened down his hair before pressing the doorbell*, Se lamió los dedos con nerviosismo y se humedeció el pelo antes de tocar el timbre.
3 apagar, sofocar: *Drugs or toxins may damp down electrical activity in the brain leading to disturbance or loss of consciousness*, Los medicamentos o las toxinas pueden reducir la actividad eléctrica en el cerebro, lo cual puede provocar trastornos mentales o pérdida de conciencia; *Our enthusiasm for the boat trip was somewhat dampened down when we heard that strong winds and rain were predicted*, Nuestro entusiasmo por el viaje en barco decayó bastante cuando oímos que habían pronosticado fuertes vientos y lluvia.

dart [da:t]
dart about or dart around *vi* moverse rápidamente, ir zumbando: *Some swallows were darting about, gathering food for their chicks*, Algunas golondrinas iban y venían rápidamente, recogiendo comida para sus polluelos; *His eyes darted around before he slipped a couple of bottles under his coat*, Miró rápidamente en todas direcciones antes de meterse un par de botellas bajo el abrigo.

dash [dæʃ]
dash against *vt sep* estrellar contra algo: *The flimsy little boat was dashed to pieces against the rocks*, La endeble barquita quedó destrozada al estrellarse contra las rocas; *I think what happened was that he tripped and dashed his head against the metal rail*, Creo que lo que pasó es que tropezó y se dio de cabeza contra la barandilla metálica.
dash off *vt sep - vi*
1 salir pitando, marcharse apresuradamente: *Where are you dashing off to?*, ¿Adónde vas tan deprisa?
SYNONYMS: rush off.
2 escribir *(algo)* a toda prisa: *He dashed off a short reply thanking her for her invitation*, Escribió deprisa y corriendo una respuesta corta para agradecerle la invitación.

date [deɪt]
date back *vi* remontarse: *His emotional problems date back to the day when his*

date from

father walked out of the family home and never came back, Sus problemas emocionales se remontan al día en que su padre se marchó de casa y nunca volvió; ***These fossils are thought to date back as far as the Cambrian era***, Se cree que estos fósiles se remontan al periodo cámbrico.

date from *vt insep* datar de *(una fecha)*: ***Parts of the castle date from the 11th century***, Algunas partes del castillo datan del siglo XI.

daub [dɔːb]

daub on *vt sep* embadurnar algo: ***She was daubing on great blotches of red and green on the canvas***, Estaba embadurnando el lienzo con grandes manchas de rojo y verde.

SYNONYMS: slap on.

daub with *vt sep* embadurnar de algo: ***The soldiers daubed their faces with mud so that they couldn't be seen so easily in the dark***, Los soldados se embadurnaron la cara de barro para que no pudieran verlos tan fácilmente en la oscuridad.

dawn [dɔːn]

dawn on or **dawn upon** *vt insep* hacer caer a alguien en la cuenta: ***Annabel was nowhere to be seen, and then it dawned upon him that she had never intended to come***, A Annabel no se la veía por ningún lado, y entonces cayó en la cuenta de que ella nunca había pensado venir; ***I'm sorry, it just never dawned on me to call you***, Lo siento, no se me ocurrió llamarte.

deal [diːl] dealing, dealt, dealt

deal in *vt sep*

1 tratar con algo, comerciar con algo: ***He made his fortune dealing in arms***, Hizo su fortuna con el comercio de armas.
SYNONYMS: trade in.

2 *(informal)* dar cartas a alguien: ***Joey sat down at the poker table and was dealt in***, Joey se sentó a la mesa donde jugaban al póker y le dieron cartas.

3 contar con alguien: ***Deal me in if you're going to the pub***, Si vais al pub contad conmigo; ***As long as you're going to go by car rather than on foot, you can deal me in***, Mientras vayas a ir en coche y no a pie, cuenta conmigo.

deal out *vt sep*

1 imponer: ***The courts have been dealing out stiff sentences to people found guilty of violent crimes***, Los tribunales han estado imponiendo duras sentencias a los acusados de delitos violentos.
SYNONYMS: hand out; mete out *(formal)*; dispense.

2 repartir: ***When you have shuffled the pack, deal out five cards to each player***, Cuando hayas barajado, reparte cinco cartas a cada jugador.

deal with *vt insep*

1 encargarse de algo, ocuparse de algo, tratar con algo: ***Leave it to me, I'll deal with it***, Déjamelo a mí, que yo me ocupo; ***He's not very good at dealing with crises***, No es muy bueno a la hora de enfrentarse a las crisis; ***What are the police doing to deal with the ever-increasing problem of drugs in Britain's inner cities?***, ¿Qué está haciendo la policía para solucionar el creciente problema de las drogas en las zonas urbanas deprimidas de Gran Bretaña?; ***Have you dealt with those invoices yet, Miss Arnold?***, ¿Se ha ocupado ya de estas facturas, señorita Arnold?; ***You'll be dealing with the public in this job so you should have a pleasant manner and***

a smart appearance, Va a estar tratando con el público en este trabajo, así que debería tener un trato agradable y buena presencia; *It's proved to be a particularly difficult problem to deal with*, Ha resultado ser un problema particularmente difícil de resolver.

2 tratar de algo: *The last two sections of the novel dealt with her attempt to rediscover herself*, Las dos últimas partes de la novela trataban de su intento por redescubrirse; *Her books deal mainly with feminist issues*, Sus libros tratan principalmente de temas feministas.

3 tener trato con alguien, tratar con alguien: *We've always dealt with Brodies'*, Siempre hemos tenido tratos comerciales con Brodies'.

deceive [dɪˈsiːv]

deceive into *vt sep* engañar para que alguien haga algo: *She was deceived into signing the agreement by an unscrupulous salesman who told her it was a safe investment*, Un vendedor sin escrúpulos que le dijo que era una inversión segura la engañó para que firmara el acuerdo; *The people were deceived into thinking that there was no alternative to war*, Engañaron a la gente para que creyera que no había alternativa a la guerra.

decide [dɪˈsaɪd] deciding, decided, decided

decide against *vt insep* decidir no hacer algo, decidirse en contra de algo: *We thought about having double glazing, but when we saw what it would cost we decided against it*, Pensamos en instalar doble acristalamiento, pero cuando vimos lo que costaría decidimos no hacerlo.

decide for *vt sep* decidir algo por alguien: *I can't make up my mind, you decide for me*, No puedo decidirme, decide tú por mí; *When you're 18 you can decide for yourself; until then you do what I say*, Cuando tengas 18 años podrás tomar tus propias decisiones; hasta entonces harás lo que yo te diga.

decide on or **decide upon** *vt insep* decidir algo, decidirse por algo: *Have you decided on a name for your baby yet?*, ¿Ya has decidido qué nombre le vas a poner al niño?

deck [dek]

deck out *vt sep* adornar, engalanar; engalanarse: *The church was decked out with flowers*, La iglesia estaba adornada con flores; *They'd decked themselves out in beads and bangles*, Se engalanaron con collares y pulseras.

declare [dɪˈkleə^r]

declare against *vt insep* declarar en contra de algo: *More and more small landowners were declaring against the reforms*, Cada vez eran más los pequeños terratenientes que se pronunciaban en contra de las reformas.

SYNONYMS: come out against.

declare for *vt insep* pronunciarse a favor de algo: *The union leaders have declared for the resumption of the strike*, Los líderes sindicales se han pronunciado a favor de la reanudación de la huelga; *So far 50 MPs have declared for Duncan-Smith in the Conservative leadership race*, Hasta la fecha 50 diputados se han pronunciado a favor de Duncan-Smith en la carrera por el liderazgo de los conservadores.

SYNONYMS: come out in favour of.

deliver [dɪˈlɪvəʳ]

deliver of *vt insep (formal)*
1 dar a luz a alguien: *Mrs Fenchurch was delivered of twins on Wednesday*, La señora Fenchurch dio a luz a gemelos el miércoles.
2 pronunciar algo: *Having delivered himself of these pearls of wisdom, he sat back with a smug smile*, Después de pronunciar semejante ejemplo de sabiduría, se volvió a sentar con una sonrisa de suficiencia.

deliver up *vt sep (formal)* entregar: *All financial records must be delivered up to the auditors by next week*, Todos los registros financieros deben entregarse a los auditores antes de la semana que viene.

delve [delv]

delve into *vt insep* rebuscar, hurgar, investigar: *He delved into his coat pocket and pulled out a coin*, Rebuscó en el bolsillo de su abrigo y sacó una moneda; *Colin's been delving into his family's history and he's come up with some very interesting information*, Colin ha estado hurgando en la historia de su familia y ha encontrado información muy interesante.

depart [dɪˈpɑːt]

depart from *vt insep* apartarse de algo, desviarse de algo: *This year we have departed from our usual end-of-session programme and are having the prizegiving on the last day of term*, Este año nos hemos apartado de nuestro habitual programa de final de curso y vamos a entregar los premios en el último día del trimestre; *The minister departed from his prepared text to respond to journalists' questions*, El ministro dejó el texto que llevaba preparado para responder a las preguntas de los periodistas.
SYNONYMS: deviate from *(formal)*.

depend [dɪˈpend]

depend on or **depend upon** *vt insep*
1 fiarse de alguien, confiar en alguien, contar con alguien: *We can always depend on Ken to come up with a sensible solution*, Siempre podemos confiar en que a Ken se le ocurra una solución sensata; *We've stopped working with Tech Systems because we couldn't depend on them to provide the service they promised*, Hemos dejado de trabajar con Tech Systems porque no podíamos confiar en que prestaran el servicio que prometían; *Are you certain that their support can be depended upon?*, ¿Estás seguro de que podemos contar con su apoyo?
SYNONYMS: count on.
2 depender de algo/alguien: *Many charities depend on the small donations they get from the general public*, Muchas organizaciones benéficas dependen de los pequeños donativos que reciben del gran público.
3 depender de algo: *The amount you pay in council tax depends on the value of your house*, La cantidad que pagas en concepto de impuestos municipales depende del valor de tu casa.

descend [dɪˈsend]

descend from *vt insep* descender de alguien: *He's descended from a long line of distinguished politicians*, Desciende de una larga estirpe de políticos distinguidos.

descend on or **descend upon** *vt insep (informal)* invadir la casa a alguien: *I hope you don't mind us descending on you like this*, Espero que no te importe que te invadamos la casa de esta manera.

descend to *vt insep* rebajarse a algo, rebajarse a hacer algo: *I'd never considered him to be a highly virtuous person, but I never thought he would descend to fraud*, Nunca le había considerado una persona muy virtuosa, pero jamás pensé que se rebajaría a cometer estafas.

die [daɪ] dying, died, died
die away *vi*
1 desvanecerse, irse apagando: *The sounds of their singing and laughter died away as they disappeared into the distance*, Los sonidos de sus cantos y sus risas se fueron apagando a medida que desaparecían a lo lejos; *His initial confidence soon died away to be replaced by feelings of doubt*, Su confianza inicial se desvaneció enseguida para dar paso a sentimientos de duda.
SYNONYMS: fade away.
2 amainar: *As they approached the equator the light breeze that had carried them along died away*, A medida que se iban aproximando al ecuador la ligera brisa que les había empujado fue amainando.

die back *vi* secarse, quedarse en las raíces: *herbaceous plants that die back in winter*, plantas herbáceas que se secan en invierno.

die down *vi* disminuir: *When the fever dies down he should start to feel a little better*, Cuando remita la fiebre tendría que empezar a encontrarse un poco mejor; *Let's wait until the rain dies down before we go out*, Esperemos a que deje de llover antes de salir.

die off *vi* morirse: *It's the time of year when wasps are beginning to die off*, Es la época del año en que las avispas comienzan a morirse; *People who could have best helped him in his inquiries had died off one by one*, Las personas que más le podrían haber ayudado con sus pesquisas se habían ido muriendo una a una.

die out *vi* desaparecer: *The craft of blacksmith had died out locally*, El oficio de herrero había desaparecido en la región; *Some families died out and were replaced with others over the course of the century*, Algunas familias desaparecieron y fueron reemplazadas por otras en el transcurso del siglo.

dig [dɪg] digging, dug, dug
dig in *vt sep - vi*
1 *(informal)* atrincherar; atrincherarse: *I could see where enemy troops had dug in some of their artillery*, Podía ver el lugar en que las tropas enemigas habían atrincherado parte de su artillería.
2 asentarse: *He's really dug himself in at the bookshop. Nothing will shift him until he decides to retire*, No cabe duda de que ha asentado sus reales en la librería. No se moverá hasta que decida retirarse.
3 mantenerse en sus trece: *I could tell by his expression that he was going to dig in and refuse to grant our request*, Me di cuenta por su expresión de que se iba a mantener en sus trece y se iba a negar a acceder a nuestra petición; *At the negotiating table, the strike committee dug their heels in and refused to abandon any of their demands*, En la mesa de negociaciones, el comité de huelga se mantuvo en sus trece y rehusó renunciar a ninguna de sus reivindicaciones.
4 **(dig in!)** *(informal)* al ataque!: *There's plenty of food, so dig in everyone!*, Hay comida de sobra, así que ¡todo el mundo a comer!
SYNONYMS: tuck in *(informal)*.

dig into *vt sep* **(to dig into *something*; dig *something* into *something*)**
1 clavar: *He dug his elbow into my ribs*, Me clavó el codo en las costillas; *The leath-*

er strap was digging into his shoulder, La correa de cuero se le clavaba en el hombro.

2 hurgar, investigar: *After digging into the company's foreign operations he discovered some serious financial irregularities*, Después de investigar las operaciones extranjeras de la empresa descubrió graves irregularidades financieras.

SYNONYMS: delve into.

dig out *vt sep*

1 sacar: *The hunters used terriers to dig the fox out*, Los cazadores emplearon terriers para sacar al zorro de su madriguera.

2 *(informal)* desempolvar, rebuscar: *You'll have to dig out all the old files relating to the case*, Tendrás que desempolvar todos los archivos antiguos relacionados con el caso.

3 *(informal)* sacar: *I'd like to see how you're going to dig yourself out of this mess*, Me gustaría ver cómo te las arreglas para salir de este lío.

dig over *vt sep* remover la tierra de algo: *The vegetable garden will have to be thoroughly dug over before planting*, Habrá que remover muy bien la tierra del huerto antes de plantar.

dig up *vt sep*

1 levantar: *They will be digging up the road to install new water pipes*, Van a levantar la calle para instalar nuevas tuberías de agua.

2 desenterrar, sacar algo a la luz: *Archaeologists have dug up a 3000-year-old skeleton*, Los arqueólogos han desenterrado un esqueleto de 3000 años.

SYNONYMS: unearth.

3 *(informal)* sacar, obtener, descubrir: *I've no idea where he dug up all these personal details about me*, No tengo ni idea de dónde averiguó todos esos detalles personales sobre mí.

din [dɪn] dinning, dinned, dinned

din into *vt insep* inculcar algo a alguien: *As small children, road safety procedures were dinned into us by both our teachers and parents*, Cuando éramos pequeños, tanto nuestros maestros como nuestros padres nos inculcaron las normas de seguridad vial.

SYNONYMS: drum into.

dine [daɪn]

dine in *vi (formal)* cenar en casa, quedarse en casa a cenar: *I usually dine in because I don't care for the food they serve at the local pub*, Suelo cenar en casa porque no me gusta la comida que sirven en el pub del barrio.

ANTONYMS: dine out; eat out.

SEE ALSO: eat in.

dine off or **dine on** *vt insep (old use)* comer algo, cenar algo: *To celebrate their wedding anniversary they dined on lobster*, Comieron langosta para celebrar su aniversario de boda.

dine out *vi* cenar fuera de casa, salir a cenar: *She dines out often because she doesn't like to cook*, Cena fuera a menudo porque no le gusta cocinar.

ANTONYMS: dine in.

SEE ALSO: eat out.

dine out on *vt insep* tener tema de conversación con algo: *He'll be dining out for months to come on the fact that he met the Princess of Wales*, El haber conocido a la princesa de Gales le dará tema de conversación durante meses.

dip [dɪp] dipping, dipped, dipped
dip into vt insep
1 hojear: *The lavish illustrations and photographs make it an interesting book to dip into*, Es un libro que se hojea con interés debido a sus magníficas ilustraciones y fotografías.
2 echar mano de algo: *We want to be able to pay for it without dipping into our savings*, Queremos poder pagarlo sin tener que echar mano de nuestros ahorros.

disagree [dɪsəˈgriː]
disagree with vt insep
1 no estar de acuerdo con alguien, estar en desacuerdo con alguien: *Of course, the grandparents will disagree with any new methods of child-rearing*, Desde luego, los abuelos no estarán de acuerdo con ningún nuevo método para criar a los hijos.
2 no sentar bien: *I use soya milk now because I found that cow's milk disagreed with me*, Ahora uso leche de soja porque descubrí que la leche de vaca no me sentaba bien; *The climate in Borneo disagreed with her so she came home two months early*, Como el clima de Borneo no le sentaba bien volvió a casa dos meses antes.

dish [dɪʃ]
dish out vt sep (informal)
1 repartir: *This administration has been dishing out favours like so many sweets to all their supporters*, Esta administración ha estado repartiendo favores como si fueran caramelos a todos sus partidarios.
2 hacer: *He doesn't like to receive criticism but he's quite happy to dish it out*, No le gusta que le critiquen pero él no duda en criticar a los demás.

dish up vt sep servir, echar: *The phone rang just when I was about to dish up the lasagne*, Sonó el teléfono justo cuando estaba a punto de servir la lasaña.
SYNONYMS: serve up.

dispense [dɪˈspens]
dispense with vt insep prescindir de algo, deshacerse de algo: *Now that we are doing all our own housework we can dispense with the services of a maid*, Ahora que hacemos nosotros mismos todas las tareas domésticas podemos prescindir de los servicios de una criada.

dispose [dɪˈspəʊz]
dispose of vt insep
1 deshacerse de algo: *They have to find a safe means for disposing of hazardous waste so that there is no risk to the environment*, Tienen que encontrar un método seguro para deshacerse de los residuos peligrosos de modo que no haya riesgo para el medio ambiente; *The police are trying to find out where the murderer disposed of the other bodies*, La policía está tratando de averiguar el lugar en que el asesino se deshizo de los otros cuerpos.
2 tratar algo, despachar algo: *We soon disposed of the first two items on the agenda, but the third point caused major disagreement*, No tardamos en despachar los dos primeros puntos del orden del día, pero el tercero provocó importantes discrepancias; *Several people raised objections but he was able to dispose of them quite quickly*, Varias personas pusieron objeciones, pero pudo despacharlas con bastante rapidez.

dive in

3 matar, despachar: *Potential rivals within his own party were taken away by the secret services and disposed of*, Los servicios secretos se llevaron a los posibles rivales dentro de su partido y los mataron.
SYNONYMS: dispatch.

dive [daɪv] diving, dived, dived (In American English the past tense is **dove**)
  dive in *vi* lanzarse a algo: *When she was asked to organize the school concert she just dived in, though she had never done anything like it before*, Cuando le pidieron que organizara el concierto escolar se metió de lleno en el asunto, aunque nunca había hecho nada igual antes.
  dive into *vt insep* meterse en algún sitio; meter la mano en algún sitio: *She dived into her handbag and brought out the letter*, Metió la mano en el bolso y sacó la carta.

divide [dɪˈvaɪd]
  divide by *vt insep* dividir algo entre algo: *100 divided by 10 is 10*, 100 dividido entre 10 es 10; *Add these amounts together and divide the total by 7*, Suma estas cantidades y divide el total entre 7.
    SEE ALSO: multiply by.
  divide from *vt sep* (to divide *something* from *something*) separar algo de algo: *Hedges divided the hillside from the gardens*, La ladera estaba separada de los jardines mediante setos.
  divide into *vt sep* (to divide *something* into *something*)
    1 dividir algo entre algo: *If you divide 25 into 1000 the answer is 40*, Si divides 1000 entre 25 el resultado es 40.
    2 dividir algo en algo, hacer algo en un número de partes: *She divided the cake into four large pieces*, Dividió el pastel en cuatro trozos grandes; *grand Victorian houses divided into flats*, magníficas casas victorianas divididas y convertidas en pisos.
  divide off *vt sep* separar: *This showed how futile it was to try to divide off your private life from your public one*, Esto demostró cuán inútil era intentar separar la vida privada de la pública; *The dining room was divided off from the kitchen by a sliding door*, Una puerta corredera separaba el comedor de la cocina.
  divide up *vt sep*
    1 dividir, repartir: *The land is to be divided up between his three sons*, Las tierras deben dividirse entre sus tres hijos.
    2 dividirse, repartirse: *According to the terms of the will, the estate cannot be divided up and everything will go to the eldest son*, Según los términos del testamento, el patrimonio no puede dividirse y el hijo mayor lo heredará todo.

divvy [ˈdɪvɪ] divvying, divvied, divvied
  divvy up *vt sep (slang)* repartir: *Nobody knows exactly how the couple will divvy up their assets in the divorce settlement*, Nadie sabe exactamente cómo se repartirá sus bienes la pareja en el acuerdo de divorcio; *White settlers pushed west, seized Indian land and divvied it up amongst themselves*, Los colonos blancos avanzaron hacia el oeste, se apoderaron de tierras indias y se las repartieron entre ellos.

do [duː] doing, did, done
  do as *vt insep (informal)* servir de algo, hacer de algo: *This flat rock will do as a table*, Esta piedra plana servirá de mesa; *Make the chicken's beak out of cardboard, and*

a big paper lampshade will do for the body, Haz el pico del pollo de cartón, y una pantalla grande de papel servirá de cuerpo.

SYNONYMS: serve as.

do away with *vt insep*

1 acabar con algo, eliminar algo: *There's a rumour going round that the government plans to do away with child benefit*, Circula el rumor de que el gobierno piensa eliminar el subsidio familiar.

SYNONYMS: abolish; eliminate.

2 *(informal)* cargarse a alguien; *(with o.s.)* suicidarse: *The police suspected him of having done away with his wife*, La policía sospechaba que se había cargado a su mujer.

SYNONYMS: make away with *(informal)*.

do down *vt sep (informal)* dejar en mal lugar a algo/alguien: *Journalists are only too eager to do the government down*, Los periodistas siempre están buscando cualquier oportunidad para poner mal al gobierno.

do for *vt insep (informal)*

1 cargarse: *It was the drink that did for him in the end*, Fue la bebida lo que acabó matándole.

2 hundir, perder: *You'll be done for if you get caught*, Estarás perdido si te cogen.

3 encargarse de algo; hacer el trabajo de la casa: *He has a young woman who comes in each morning to do for him*, Una chica viene cada mañana a hacerle el trabajo de la casa; *They're quite old enough to do for themselves now*, Ahora ya son lo suficientemente mayores como para arreglárselas solos con el trabajo de la casa.

SEE ALSO: do as.

do in *vt sep (slang)* cargarse, matar: *He threatened to do her in if she went to the police*, La amenazó con cargársela si iba a la policía.

SYNONYMS: bump off *(slang)*.

do out *vt sep (informal)* limpiar bien, hacer una buena limpieza de algo: *When did you last do out these kitchen cupboards? They're absolutely filthy*, ¿Cuándo fue la última vez que limpiaste a fondo estos armarios de la cocina? Están realmente asquerosos.

do out in *vt sep* decorar algo de alguna manera: *The kitchen was done out in green with hand-painted cupboards in solid wood*, La cocina estaba pintada de verde y tenía armarios de madera maciza pintados a mano.

do out of *vt sep* (to do *somebody* out of *something*) *(informal)* timar, quitar: *I'm sure that waiter's done me out of £5*, Estoy segura de que ese camarero me ha birlado 5 libras; *I can't see the benefit of new technology if it does thousands of people out of a job*, No les veo la ventaja a las nuevas tecnologías si dejan sin trabajo a miles de personas.

SYNONYMS: deprive of.

do over *vt sep*

1 redecorar, dar una capa de pintura, pintar de nuevo: *We're going to do the whole interior over in a more modern style*, Vamos a redecorar todo el interior en un estilo más moderno.

2 ESP AME volver a hacer: *It's full of mistakes, you'll have to do it over*, Está lleno de errores, tendrás que volverlo a hacer.

SYNONYMS: redo.

3 *(slang)* dar una paliza a alguien: *He ended up in hospital after being done over by a gang of violent hoodlums*, Acabó en el hospital después de que un grupo de gamberros violentos le dieran una paliza; *He returned home to find that burglars*

had done over his flat again, Al volver a casa descubrió que los ladrones le habían vuelto a robar el piso.

do up *vt sep*
1 abrochar, abrocharse: *He was seven before he learned how to do up his shoelaces*, No aprendió a atarse los cordones de los zapatos hasta los siete años.
   ANTONYMS: undo.
2 envolver, liar: *The present was done up in gold paper with a big pink bow*, El regalo estaba envuelto en papel dorado con un gran lazo rosa.
3 coger el pelo de una forma, llevar el pelo de una forma: *She always does her daughter's hair up in a ponytail*, Siempre le recoge el pelo a su hija en una cola de caballo.
4 reformar, arreglar: *She buys old properties and does them up for letting*, Compra inmuebles antiguos y los reforma para alquilarlos; *We'll need at least ten thousand pounds to do up the kitchen and bathroom*, Necesitaremos al menos diez mil libras para reformar la cocina y el baño.
   SYNONYMS: renovate.

do with *vt insep*
1 hacer algo con algo: *I don't know what I did with yesterday's newspaper. I may have thrown it away*, No sé lo que he hecho con el periódico de ayer. Puede que lo haya tirado; *What have you done with my black pen?*, ¿Qué has hecho con mi bolígrafo negro?
2 hacer algo con alguien/algo: *He just won't do what he is told. I don't know what is to be done with him*, No hay manera de que obedezca. No sé qué hacer con él; *"What shall we do with these empty wine bottles?" "Put them in a box and take them to the bottle bank for recycling"*, -¿Qué hacemos con estas botellas de vino vacías? -Ponlas en una caja y llévalas al contenedor de vidrio para reciclarlas.
3 venir algo bien, hacer falta algo: *We could do with some new curtains in this room*, Nos harían falta unas cortinas nuevas en esta habitación; *I could do with a nice cold beer*, No me vendría mal una cerveza bien fresca.
4 hacer: *He doesn't know what to do with himself now that he's retired*, No sabe qué hacer ahora que está retirado; *What did you do with yourselves when you were cut off from civilization for all those months?*, ¿Qué hicisteis cuando estuvisteis apartados de la civilización durante todos esos meses?

do without *vt insep* apañárselas sin algo, pasar sin algo: *We can't afford a car so we'll just have to do without until we've saved enough to buy one*, Como no podemos permitirnos un coche tendremos que pasar sin él hasta que hayamos ahorrado lo suficiente para comprar uno.
   SYNONYMS: go without; forego *(formal)*.

dole [dəʊl]

dole out *vt sep (informal)* dar, repartir: *She's a bit too fond of doling out advice*, Es demasiado aficionada a dar consejos; *The volume of work depends on the number of government contracts that have been doled out at the beginning of the year*, El volumen de trabajo depende del número de contratos gubernamentales que se hayan repartido al principio del año.
   SYNONYMS: deal out; dish out *(informal)*; dispense *(formal)*.

doll [dɒl]

doll up *vt sep* arreglarse, emperifollarse, ponerse mona: *Can you wait for ten minutes? Jenny is still dolling herself up in the bedroom*, ¿Puedes esperarte diez minutos? Jenny todavía se está acicalando en el dormitorio; *What are you getting all*

dolled up for? We're only going down to the pub for half an hour, ¿Para qué te estás acicalando tanto? Sólo vamos a ir media hora al pub.
  SYNONYMS: titivate *(formal)*.
  SEE ALSO: tart up.

dope [dəʊp]
dope up *vt sep (informal)* dopar, drogar; doparse, colocarse, ponerse ciego: *He'd been doped up with so many painkillers, he didn't know where he was*, Como lo habían atiborrado a analgésicos no sabía dónde estaba; *He'd doped himself up with a mixture of drugs and alcohol*, Se había colocado con una mezcla de drogas y alcohol.

dose [dəʊs]
dose up *vt sep* medicar, poner un tratamiento de algo: *I thought I had a cold coming on so I dosed myself up with vitamin C tablets*, Como me parecía que me estaba resfriando me atiborré de pastillas de vitamina C; *Dosing the cattle up periodically with minerals ensures that they are getting sufficient amounts*, Dar minerales periódicamente al ganado garantiza que reciban las cantidades suficientes.

doss [dɒs]
doss down *vi (informal)* echarse, ponerse a dormir: *We couldn't find a hotel for the night so we dossed down in the back of the van*, Como no pudimos encontrar un hotel para pasar la noche nos echamos en la parte de atrás de la camioneta.

dote [dəʊt]
dote on or **dote upon** *vt insep* adorar, estar loquito por alguien: *She had no family except one nephew, whom she doted on*, No tenía familia a excepción de un sobrino, al que adoraba.
  SYNONYMS: adore; idolize.

double ['dʌbəl]
double as *vt insep* hacer de algo, servir de algo: *The study doubles as a guest bedroom*, El estudio hace las veces de dormitorio de invitados.

double back *vt sep - vi*
  1 volver sobre los mismos pasos, volverse: *We came to a set of locked gates and had to double back and find another route*, Fuimos a dar con unas puertas cerradas con llave y tuvimos que volver sobre nuestros pasos y buscar otro camino.
  2 doblar: *Put the wire through the hook and then double it back on itself*, Mete el alambre por el gancho y a continuación dóblalo sobre sí mismo.

double over *vt sep - vi* doblar: *Doubling the card over she then proceeded to cut long the fold*, Dobló la cartulina y luego se dispuso a cortar por el doblez.
  2 doblarse: *He doubled over holding his stomach after I'd hit him*, Se dobló en dos cogiéndose el vientre después de que lo golpeara.

double up *vi*
  1 retorcerse *(de dolor)*, partirse *(de risa)*: *We were doubled up with laughter*, Nos tronchamos de risa; *Her face was pure white and she was doubled up with pain*, Tenía la cara blanca como el papel y estaba doblada de dolor.
  2 compartir la habitación: *Some of us may have to double up if there aren't enough bedrooms*, Algunos tendremos que compartir si no hay bastantes dormitorios.

doze [dəuz]
doze off *vi* quedarse dormido, dormirse: *I didn't hear you come in, I must have dozed off*, No te oí entrar, debo haberme dormido.
Synonyms: drift off; drop off.

drag [drag] dragging, dragged, dragged
drag down *vt sep*
1 deprimir, debilitar: *The pain was obviously dragging her down. She seemed quite unlike the woman I used to know*, Era evidente que el dolor estaba haciendo mella en ella. Parecía muy distinta a la mujer que conocí una vez.
2 arrastrar: *He refused to be dragged down to their level*, Se negó a que lo arrastraran al nivel de ellos; *Knowing they were going to expel him from the administration no matter what he did, he decided to drag as many of them down as he could*, Como sabía que lo iban a expulsar de la administración hiciera lo que hiciera, decidió arrastrar a tantos como le fue posible.

drag in or **drag into** *vt sep* (to drag *somebody* in; drag *somebody* into *something*) traer algo a la fuerza, sacar algo a relucir: *There's no need to drag her name into this*, No hace falta sacar a relucir su nombre.

drag on *vi* alargarse demasiado, no acabar nunca: *These claims for compensation tend to drag on for years*, Estas reclamaciones de indemnización suelen alargarse durante años.

drag out *vt sep*
1 sacar, extraer: *Any information about his progress at school has to be dragged out of him*, Se le ha de arrancar cualquier información sobre sus progresos en el colegio.
2 alargar excesivamente: *The government has a vested interest in dragging the inquiry out for as long as possible*, El gobierno tiene un gran interés en alargar la investigación al máximo.
Synonyms: draw out; spin out; stretch out; prolong.

drag up *vt sep*
1 sacar algo a relucir, traer algo a colación: *Why do you go on dragging up the fact that he went bankrupt ten years ago?*, ¿Por qué sigues sacando a relucir el hecho de que se arruinó hace diez años?
Synonyms: bring up; dredge up.
2 *(informal)* criar, sacar adelante: *What can you expect of kids who were dragged up by a mentally unstable mother and an alcoholic father?*, ¿Qué se puede esperar de niños criados por una madre con desórdenes mentales y por un padre alcohólico?

dragoon [drə'guːn]
dragoon into *vt sep* (to dragoon *somebody* into doing *something*) obligar a alguien a hacer algo, forzar a alguien a hacer algo: *The boys had to be dragooned into helping with the housework*, Tuvieron que obligar a los chicos a ayudar con las tareas domésticas.
Synonyms: bully; browbeat.

draw [drɔː] drawing, drew, drawn
draw back *vi*
1 retroceder, echarse para atrás: *When he moved towards her she drew back with a look of terror*, Cuando se le acercó, ella retrocedió con mirada aterrorizada.
Synonyms: recoil *(formal)*.

2 echarse atrás, no atreverse: *Faced with two such diametrically-opposed alternatives, in the end Klein drew back from agreeing to either one*, Ante la perspectiva de tener que elegir entre dos alternativas tan diametralmente opuestas, al final Klein se echó atrás y no optó por ninguna de las dos.

draw down *vt sep* atraer, causar: *They hesitated to do anything that might draw down the wrath of the headmaster, knowing that his anger was a terrible thing*, Dudaron antes de hacer nada que pudiera despertar la ira del director, a sabiendas de que sus enfados eran terribles.

draw for *vt insep* echar a suertes algo: *Will we draw for who's going to organize which stall at the jumble sale?*, ¿Echamos a suertes quién organiza cada puesto en el mercadillo benéfico?

draw in *vt insep - vi*
  1 acortarse *(el día)*, acercarse *(la noche)*: *As evening draws in, the street lamps begin to light up one by one*, A medida que va oscureciendo, las farolas comienzan a encenderse una a una; *The days begin to draw in around mid-October, reminding us that winter is just around the corner*, Los días empiezan a acortarse hacia mediados de octubre, lo cual nos recuerda que el invierno está a la vuelta de la esquina.
  SYNONYMS: close in.
  ANTONYMS: draw out.
  2 entrar en, realizar la entrada en: *As the train drew into the station I could see my brother through one of the windows*, Conforme el tren entraba en la estación pude ver a mi hermano a través de una ventanilla.
  SYNONYMS: pull in.

draw into *vt sep* involucrar en algo, hacer entrar por la fuerza en algo: *I refused to be drawn into their argument*, Me negué a que me involucraran en su discusión; *In the end the government was drawn in and had to settle the dispute*, Al final el gobierno se vio involucrado y tuvo que resolver el conflicto.
  SEE ALSO: draw in.

draw off *vt sep* sacar, extraer, vaciar: *The sludge then settles to the bottom and can be drawn off with relative ease*, Entonces los residuos se posan en el fondo y se pueden sacar con relativa facilidad.

draw on *vt insep*
  1 recurrir a algo, servirse de algo: *A huge organization like that has a wide variety of expertise to draw upon*, Una organización tan enorme como ésta puede recurrir a una amplia gama de expertos; *The researchers have drawn on fieldwork over a period of nearly 20 years*, Los investigadores han hecho uso del trabajo de campo por un periodo de casi 20 años.
  2 chupar, dar una calada a algo: *He sat in the corner saying nothing, drawing contemplatively on his pipe*, Estaba sentado en la esquina sin decir nada, chupando pensativo su pipa.

draw out *vt sep - vi*
  1 alargar algo al máximo: *They'll try to draw out the process for as long as possible*, Intentarán alargar el proceso al máximo.
  SYNONYMS: drag out; spin out; prolong.
  2 alargar; durar demasiado: *Then we heard a piercing shriek drawn out over several seconds*, Entonces oímos un chillido penetrante que se alargó durante varios segundos.
  3 salirse de *(un carril)*; salir de la estación: *A lorry drew out into the outside lane and I had to swerve to avoid it*, Un camión invadió el carril de la izquierda y tuve que

virar bruscamente para evitarlo; *We arrived at the station just as our train was drawing out*, Llegamos a la estación justo cuando salía nuestro tren.
SYNONYMS: pull out.
4 sacar: *He went to the bank and drew out £1000 in five pound notes*, Fue al banco y sacó 1000 libras en billetes de cinco.
SYNONYMS: withdraw.
5 sacar, hacer hablar, desatar la lengua: *A competent trial lawyer, he can normally draw the truth out of a witness*, Es un abogado competente, que normalmente puede sacarle la verdad a un testigo.
SYNONYMS: bring out; elicit *(formal)*.
6 hacer que alguien se abra, hacer a alguien menos reservado: *At first she didn't seem interested in talking, but I managed to draw her out by asking about her children*, Al principio no parecía interesada en hablar, pero conseguí que se abriera preguntándole por sus hijos.
SYNONYMS: bring out.
7 alargarse, hacerse más largo: *Now that the days are drawing out we can go on long afternoon walks*, Ahora que los días se alargan podemos dar largos paseos por la tarde.
ANTONYMS: draw in; close in.

draw up *vt sep - vi*
1 parar; pararse: *The limousine drew up outside the hotel and two men got out*, La limusina paró frente al hotel y bajaron dos hombres.
SYNONYMS: pull up.
2 trazar *(un plan)*; redactar *(una ley, documento, contrato, informe)*: *The politicians who drew up this law did so without realizing that it was unconstitutional*, Los políticos que redactaron esta ley lo hicieron sin percatarse de que era inconstitucional; *I'm going to get my lawyer to draw me up a new will*, Voy a pedirle a mi abogado que me redacte un nuevo testamento.
SYNONYMS: draft.
3 acercar: *He sat there alone not speaking with the other guests, so I drew up a chair and started a conversation with him*, Estaba allí sentado sin hablar con los otros invitados, así que acerqué una silla y le di conversación.
4 erguirse *(al levantarse)*, ponerse derecho *(al estar sentado)*, incorporarse *(de la cama)*: *Visibly angry, he drew himself up to his full height and left the room without saying another word*, Visiblemente enfadado, se irguió cuan alto era y salió de la habitación sin decir ni una palabra más.

draw upon *vt insep* see **draw on**.

dream [driːm] dreaming, dreamt, dreamt (The past tense and past participle can also be spelled **dreamed**)
dream away *vt sep* pasarse soñando: *By the river in summer, you could dream your days away and relax completely*, Junto al río, en verano, podías pasarte los días soñando y relajarte completamente.
dream up *vt sep* trazar, inventar: *I'd like to meet the person who dreamed up this ridiculous scheme so that I could tell them what I thought of it*, Me gustaría conocer a la persona que concibió este plan ridículo para poder decirle lo que me parece.

dredge [dredʒ]
dredge up *vt sep (informal)* sacar, hacer salir, desenterrar: *A list of names that dredged up all these forgotten faces from the past*, Una lista de nombres que hicieron revivir todos aquellos rostros olvidados de épocas pasadas; *Of course, the*

tabloid press will dredge up every little bit of scandal they can find and make his life a misery, No cabe duda de que la prensa sensacionalista desenterrará todos los escándalos que pueda encontrar y le amargará la vida.
SYNONYMS: drag up.

dress [dres]
dress down *vt sep - vi*
1 llevar algo informal; vestir informalmente: *Tourists are advised to dress down and not carry much money*, Se aconseja a los turistas que vistan de manera informal y no lleven mucho dinero encima.
ANTONYMS: dress up.
2 reprender a alguien, echar un rapapolvo a alguien: *He was known for dressing down his staff in public*, Era conocido por reprender a sus empleados en público.
SYNONYMS: tell off.

dress up *vt sep - vi*
1 vestir elegante; ponerse ropa elegante: *Why are you getting all dressed up? It's only an informal lunch*, ¿Por qué te pones tan elegante? Sólo es un almuerzo informal; *Nigel's mother had always wanted a daughter so she dressed him up as a little girl*, La madre de Nigel siempre había querido tener una hija, así que lo vistió de niña.
2 vestirse de algo, disfrazarse de algo: *Every Christmas he dressed up as Santa Claus*, Cada Navidad se disfrazaba de Papá Noel.
3 disfrazar: *This very basic dish can be dressed up with some homemade mayonnaise and seasonal vegetables*, Este plato tan sencillo puede aderezarse con mayonesa casera y verduras del tiempo; *The plain truth is they are giving me the sack, however they try to dress it up*, La verdad pura y dura es que me echan, por más que lo intenten disfrazar.

drift [drɪft]
drift along *vi* ir a la deriva, ir sin ton ni son: *John just drifts along, without a care in the world, and certainly with no thought of his future*, John va a la deriva, sin preocuparse por nada y desde luego sin pensar en absoluto en su futuro.

drift apart *vi* irse distanciando, ir separándose poco a poco: *The realization that she and her husband were drifting apart filled Emma with fear for the future*, Darse cuenta de que ella y su marido se estaban distanciando llenaba a Emma de miedo de cara al futuro.

drift off *vi* quedarse dormido, dormirse: *I was just drifting off when there was this terrific noise*, Me estaba quedando dormida y entonces se oyó un ruido tremendo.
SYNONYMS: doze off; drop off.

drill [drɪl]
drill in *vt insep* inculcar algo, hacer ejercicios de entrenamiento de algo: *Every employee in the nuclear industry is drilled in safety procedures*, A todos los empleados de la industria nuclear se les hacen aprender bien las medidas de seguridad.

drill into *vt sep* inculcar algo a alguien: *You have to drill it into young people that drugs will ruin their lives*, Hay que inculcar a los jóvenes que las drogas les destrozarán la vida.

drink [drɪŋk] drinking, drank, drunk
drink down *vt sep* beberse de una vez, tomarse de un solo trago: *The medicine*

drink in

won't taste so vile if you drink it down in one gulp, La medicina no te sabrá tan mal si te la bebes de un trago.

drink in *vt sep* empaparse de algo, absorber algo: *We stood on the mountain-top and drank in the breathtaking scenery*, Nos quedamos de pie en la cima de la montaña contemplando absortos el espectacular paisaje; *Poppy sat with her mouth open, drinking in every word*, Poppy estaba sentada con la boca abierta, pendiente de cada palabra.

drink to *vt insep* brindar por alguien/algo: *They drank to the success of the campaign*, Brindaron por el éxito de la campaña; *Gentlemen, let us drink to the Queen!*, ¡Señores, brindemos por la Reina!
SYNONYMS: toast.

drink up *vi* acabar la bebida, terminar de beber: *Come on, gentlemen, drink up now. The bar closes in five minutes*, Vamos, señores, terminen sus bebidas. El bar cierra en cinco minutos.

drip [drɪp] dripping, dripped, dripped
drip with *vt insep*
1 chorrear: *The bare trees dripped with melting frost*, Al derretirse, la escarcha goteaba desde los árboles desnudos; *After only a few minutes of playing in the scorching sun their jerseys were dripping with sweat*, Después de jugar bajo un sol abrasador durante sólo unos minutos tenían las camisetas empapadas en sudor.
2 cargar de algo: *She emerged from Tiffany's dripping with the jewellery that her millionaire husband had just bought her*, Salió de Tiffany's cargada de joyas, que su millonario marido le acababa de comprar.

drive [draɪv] driving, drove, driven
drive at *vi* insinuar algo, referirse a algo, dar a entender algo: *Do you know what he was driving at when he said there was room for improvement in our department?*, ¿Sabes a qué se refería cuando dijo que aún podíamos mejorar en nuestro departamento?

drive away *vt sep* ahuyentar, alejar: *Some of the new programmes are driving listeners away in droves*, Algunos de los nuevos programas están haciendo que se vayan montones de oyentes; *Her anger and bitterness has eaten her up and driven away all the people who once cared about her*, La rabia y el resentimiento la corroen y han ahuyentado a todos aquellos que antes sentían afecto por ella.

drive back *vt sep - vi* (**to drive back to** *somewhere*, **drive** *somebody* **back to** *somewhere*)
1 volver en coche, volver conduciendo; llevar a alguien de vuelta *(en coche)*: *Surely you're not going to drive back to Norwich tonight?*, ¿No se te ocurrirá volver en coche a Norwich esta noche?
2 hacer retroceder: *They drove the invaders back to the sea*, Hicieron retroceder a los invasores hasta el mar; *The morning sun emerged on the horizon, driving back the darkness of night*, El sol de la mañana salió por el horizonte y alejó la oscuridad de la noche.

drive off *vt sep* ahuyentar, obligar a marcharse: *They contented themselves with burning the village and driving off the cattle*, Se contentaron con quemar el pueblo y ahuyentar el ganado; *Last month's flood, the most destructive in more than a decade, has driven thousands off their land*, La inundación del mes pasado, la más destructiva en más de una década, ha obligado a miles de personas a abandonar su tierra.

drive on *vi* no parar, seguir conduciendo: *We waved at him to stop but he just drove on*, Le hicimos una señal con la mano para que parara pero siguió conduciendo; *We reached Fort William at four o'clock and drove on to Inverness the same day*, Llegamos a Fort William a las cuatro y seguimos conduciendo hasta Inverness el mismo día.

drive out *vt sep* ahuyentar, obligar a salir: *The fire spread quickly from room to room, driving firemen out of the building*, El fuego se propagó rápidamente de habitación en habitación y obligó a los bomberos a salir del edificio; *The soldiers fought bravely but were unable to drive the rebels out*, Los soldados combatieron con valentía pero no pudieron expulsar a los rebeldes.
SYNONYMS: expel *(formal)*.

drone [drəun]

drone on *vi* hablar monótonamente, soltar el rollo, dar la tabarra: *"Oh, I shall go mad," Janine said, "if I have to listen to Kitty droning on about the wedding"*, - ¡Me volveré loca! -dijo Janine -si tengo que escuchar a Kitty dando la tabarra todo el rato con lo de la boda; *I couldn't keep awake so I haven't a clue what he was droning on about*, Como no pude permanecer despierto no tengo ni idea de sobre qué estaba soltando el rollo.
SYNONYMS: go on; go on about.

drool [dru:l]

drool over *vt insep* caérsele la baba a alguien *(por alguien/con algo)*: *She's at that peculiar age when girls drool over their pop idols*, Está en esa edad tonta en la que a las chicas se les cae la baba por sus ídolos del pop.

drop [drɒp] dropping, dropped, dropped

drop away *vi* ir disminuyendo, irse uno a uno: *As national newspapers began to publish details of the scandal, his political support dropped away to almost nothing*, A medida que la prensa nacional comenzó a publicar detalles del escándalo su apoyo político disminuyó casi por completo.

drop back *vi* quedarse rezagado, quedarse atrás: *He seemed to pull a muscle and dropped back*, Parece que sufrió un tirón en un músculo y se dejó adelantar.

drop behind *vi* quedarse atrás, ir por detrás: *He's dropped behind the rest of the class this term*, Va por detrás del resto de la clase este trimestre.

drop by *vi* pasar por casa de alguien, dejarse caer por casa de alguien: *Just drop by any time for a coffee*, Ven a verme cuando quieras para tomar café.
SYNONYMS: call by.

drop in *vt insep - vi* (**to drop in on** *somebody*) pasar por casa de alguien, ir/venir por casa de alguien: *If you're going to drop in on me unexpectedly, don't be surprised if the place is in a mess*, Si piensas presentarte de improviso no te sorprendas si el piso está hecho un asco; *"Have you seen Adele lately?" "Yes, she dropped in for a visit yesterday"*, -¿Has visto a Adele últimamente? -Sí, ayer pasó por casa para hacernos una visita.
SYNONYMS: call in; pop in *(informal)*.

drop off *vt sep - vi*
1 quedarse dormido, dormirse: *He had already dropped off to sleep when Jane arrived*, Ya se había dormido cuando llegó Jane; *I went to her room to say goodnight but she had already dropped off*, Fui a su habitación a darle las buenas noches pero ya se había dormido.
SYNONYMS: nod off *(informal)*.

drop out

2 disminuir, descender: *The latest statistics show that sales dropped off in January though they were forecast to rise,* Las últimas estadísticas demuestran que las ventas descendieron en enero a pesar de que estaba previsto que aumentaran; *The crime rate dropped off significantly after the city assigned police officers to patrol the area,* El índice de criminalidad descendió considerablemente después de que la ciudad enviara a agentes de policía para patrullar la zona.

3 dejar a alguien en algún sitio: *My husband dropped me off at the station,* Mi marido me dejó en la estación.

drop out *vt insep - vi*

1 retirarse de algo, abandonar; retirarse, abandonar: *He had to drop out after the first round because he sprained his wrist,* Tuvo que retirarse después del primer asalto porque se hizo un esguince en la muñeca.

2 dejar de estudiar, abandonar los estudios: *Some students are having to drop out because of lack of money,* Algunos estudiantes tienen que dejar los estudios por falta de dinero.

drop round *vi* pasar por algún sitio: *I'm just going to drop round to Mum's to see if she's okay,* Me voy a pasar por casa de mamá para ver si está bien.

drown [draʊn]

drown out *vt sep* ahogar, apagar: *He turned up the music to drown out the sound of the neighbour's dog barking,* Subió el volumen de la música para no oír los ladridos del perro del vecino.

drum [drʌm] drumming, drummed, drummed

drum into *vt sep* hacer aprender algo, meter algo a alguien en la cabeza: *We had our multiplication tables drummed into us when we were at school,* Nos hicieron aprender las tablas de multiplicar a base de repetirlas cuando íbamos al colegio.
  Synonyms: din into.

drum out *vt sep* expulsar: *The conviction for theft meant he was drummed out of the police force,* Lo expulsaron del cuerpo de policía debido a la condena por robo.

drum up *vt insep* captar, conseguir: *Is that why you're here? Still drumming up followers for your meetings?,* ¿Por eso estás aquí? ¿Todavía sigues captando a seguidores para tus mítines?

dry [draɪ] drying, dried, dried

dry off *vt sep - vi* secar completamente; secarse completamente: *When you come out of the water, be sure to dry yourself off or you'll catch cold,* Cuando salgas del agua sécate bien o cogerás frío; *For best results pick your herbs early in the morning, after the sun has dried off any dew, but before it gets very hot,* Para obtener los mejores resultados coja las hierbas por la mañana temprano, después de que el sol haya secado todas las gotas de rocío pero antes de que haga mucho calor.

dry out *vi*

1 secarse: *The plants grow best in a fertile soil that doesn't dry out too readily,* Las plantas crecen mejor en una tierra fértil que no se seque muy fácilmente.

2 *(informal)* dejar el alcohol: *Now that he's trying to dry out he avoids social gatherings where alcohol is consumed,* Ahora que está intentando seguir una cura de desintoxicación, evita las reuniones sociales en las que se consume alcohol.

dry up *vi*

1 secarse, quedarse sin agua, desaparecer: *The river almost dried up during last year's drought,* El río casi se secó durante la sequía del año pasado.

2 secarse: ***The peat in the plant pots has dried up completely because of the hot sun***, La turba de las macetas se ha secado completamente por el calor del sol.

3 cesar, pararse: ***New construction projects have all dried up during the recession***, Todos los nuevos proyectos de construcción se han paralizado durante la recesión.

4 *(informal)* quedarse en blanco, cortarse: ***He was so nervous he dried up in the middle of the soliloquy***, Estaba tan nervioso que se quedó en blanco en medio del soliloquio.

5 *(informal)* cerrar el pico, cortar el rollo, callar: ***Oh, dry up, Frank. I'm fed up listening to you moaning!***, -¡Oh, cierra el pico, Frank. Estoy harta de oír tus quejas!
SYNONYMS: belt up *(informal)*; shut up *(informal)*.

6 secar los platos: ***I'll wash the dishes if you dry up after me***, Lavaré los platos si tú los secas después.

duck [dʌk]

duck out *vt insep* **(to duck out of *something*)** *(informal)* escaquearse de algo, escabullirse de algo, desaparecer para no hacer algo: ***You know it's your turn to clean the kitchen, so don't try to duck out of it***, Sabes que te toca limpiar la cocina, así que no intentes escaquearte.

duff [dʌf]

duff up *vt sep (informal)*

1 fastidiar, joder: ***Look what you've done, you idiot! You've duffed up my painting!***, ¡Idiota, mira lo que has hecho! ¡Me has fastidiado el cuadro!
SYNONYMS: cock up *(vulgar slang)*; fuck up *(vulgar slang)*.

2 dar o pegar una paliza a alguien: ***He ran away when the skinheads threatened to duff him up***, Salió corriendo cuando los cabezas rapadas lo amenazaron con pegarle una paliza.

dumb [dʌm]

dumb down *vt sep* simplificar, reducir el nivel intelectual, empobrecer: ***Teachers are complaining that exams are being dumbed down so that more pupils can pass***, Los profesores se quejan de que los exámenes se están haciendo menos exigentes para que aprueben más alumnos.

dump [dʌmp]

dump on *vt insep (informal)* descargar sobre alguien, soltar el mal rollo a alguien: ***He said he was going to leave home because he was sick of being dumped on by older brothers and sisters***, Dijo que se iba a ir de casa porque estaba harto de que sus hermanos mayores le echaran la culpa de todo.
SYNONYMS: abuse.

dust [dʌst]

dust down *vt sep* limpiar el polvo de algo, desempolvar algo: ***He picked himself up, dusted himself down, and walked away as if nothing had happened***, Se levantó, se sacudió el polvo y se fue como si no hubiera pasado nada.

dust off *vt sep* limpiar el polvo de algo: ***You'd better dust off that old typewriter before you try to use it***, Sería mejor que limpiaras esa vieja máquina de escribir antes de intentar usarla.

dwell [dwel] dwelling, dwelt/dwelled, dwelt/dwelled
  dwell on or **dwell upon** vt insep dar vueltas a algo, obsesionarse con algo: *I know it was a horrible experience, but you should try not to dwell on it*, Sé que fue una experiencia horrible, pero deberías intentar no darle demasiadas vueltas.

ease [iːz]
  ease off vi disminuir, bajar, amainar *(el viento, la lluvia)*: *The rain was beginning to ease off so we packed up the car*, Como estaba empezando a parar de llover metimos las cosas en el coche; *Unfortunately, the tension between them had not eased off one bit*, Desafortunadamente, la tensión entre ellos no había disminuido un ápice.
    SEE ALSO: die down; let up.

  ease up vi aflojar el ritmo de trabajo, tomarse las cosas con más tranquilidad: *When managers say ease up a little, it's time to listen*, Cuando los directivos dicen que se baje un poco el ritmo de trabajo, es hora de escuchar; *The morning traffic is crazy until about 9.15, then things ease up until the lunch hour*, Por la mañana hay un tráfico endiablado hasta las 9:15, y luego las cosas se calman hasta la hora de comer.
    SYNONYMS: slow down; slacken off.

eat [iːt] eating, ate, eaten
  eat away vt sep corroer: *The side panel had been almost completely eaten away by rust*, El panel lateral estaba casi completamente corroído por la herrumbre; *This kind of criticism can eat away at a child's confidence*, Críticas de este tipo pueden minar la confianza de un niño; *It is as if the disease is gradually eating away his personality*, Es como si la enfermedad le estuviera destruyendo gradualmente la personalidad.
    SYNONYMS: wear away; erode.
    ANTONYMS: build up.
    SEE ALSO: waste away.

  eat in vi comer/cenar en casa, quedarse en casa a comer/cenar: *We sometimes go out to restaurants, but usually we eat in*, A veces vamos a restaurantes, pero normalmente comemos en casa.
    ANTONYMS: eat out.

  eat into vt insep
    1 corroer: *Moisture settles in the pipe and rust eats into it from the inside*, La humedad se deposita en la tubería y la herrumbre la corroe desde dentro.
      SYNONYMS: wear away.
    2 reducir algo, usar parte de algo, mermar algo: *Problems start when you have to eat into the winter fuel stocks*, Los problemas empiezan cuando tienes que usar parte de las reservas de combustible para el invierno; *The finance manager warned that the higher labour costs would eat into the company's profits*, El director financiero advirtió que el mayor coste en mano de obra reduciría los beneficios de la compañía.

  eat out vi comer/cenar fuera, salir fuera a comer/cenar: *We can still afford to eat out once in a while*, Aún podemos permitirnos comer fuera de vez en cuando.
    SYNONYMS: dine out.
    ANTONYMS: eat in; dine in.

  eat up vt sep
    1 acabar, acabar de comer, comérselo todo: *Only once they've eaten their vegetables up are the children offered sweets*, Dan caramelos a los niños sólo después

de que se hayan comido la verdura; *Eat up and I'll cut you a piece of chocolate cake*, Cómetelo todo y te cortaré un trozo de pastel de chocolate.

2 consumir: *She was eaten up with jealousy because Daniel went out with Jane*, La consumían los celos porque Daniel salía con Jane; *The conflict between his father's expectations and what he really wanted was eating him up emotionally*, El conflicto entre las expectativas de su padre y lo que él quería realmente lo estaba consumiendo emocionalmente.
  SYNONYMS: consume.

3 comerse, consumir: *What with insurance and road tax, running a car can soon eat up all your spare cash*, Entre el seguro y el impuesto de circulación, si tienes coche se te acaba muy pronto todo el dinero extra.
  SYNONYMS: use up.
  SEE ALSO: get through.

ebb [eb]

ebb away vi desaparecer poco a poco, apagarse poco a poco, disminuir: *Much of the old resentment had ebbed away, and Lila had begun to smile again*, Buena parte del antiguo resentimiento había disminuido y Lila había empezado a sonreír de nuevo; *She could see her parental authority slowly ebbing away as the children got older*, Veía cómo su autoridad como madre disminuía poco a poco a medida que los niños iban creciendo.
  SYNONYMS: fade away; die out; peter out.
  ANTONYMS: build up.

edit ['edɪt]

edit out vt sep suprimir, eliminar, cortar: *For television, much of the sex and violence has to be edited out*, Para emitirse por televisión se ha de suprimir buena parte del sexo y de la violencia; *The publisher edited out several paragraphs that they thought might be libellous*, La editorial sacó varios párrafos que consideró que podrían ser difamatorios.
  SYNONYMS: cut out; take out.
  ANTONYMS: put in; add in.

egg [eg]

egg on vt sep incitar a alguien, animar a alguien: *He was basically a good lad who'd been egged on by so-called friends*, En el fondo era un buen chico espoleado por sus supuestos amigos.
  ANTONYMS: talk out of; hold back; put off.
  SEE ALSO: urge on; spur on.

eke [iːk]

eke out vt insep

1 estirar algo, hacer que algo llegue para algo, sacar el máximo provecho de algo: *Each family has to eke out their half-litre ration of paraffin*, Cada familia tiene que estirar su ración de medio litro de parafina; *Food got harder to come by, and we got better at eking every bit out*, Cada vez era más difícil conseguir comida, y aprendimos a hacer durar cada migaja.

2 ganarse la vida a duras penas, salir adelante con dificultad: *Farmers eked out a meagre existence in harsh times and a hostile climate*, Los campesinos apenas conseguían ganarse la vida en tiempos difíciles y bajo un clima hostil.
  SYNONYMS: scrape; scratch.

embark [ɪmˈbɑːk]
embark on or **embark upon** vt insep (formal)
1 embarcarse en algo, lanzarse a algo, emprender *(un viaje)*: ***We would never embark upon such an ambitious project without doing thorough research***, Nunca nos embarcaríamos en un proyecto tan ambicioso sin hacer una investigación a fondo; ***Students will be embarking on a journey of self-discovery***, Los alumnos emprenderán un viaje de autodescubrimiento.
2 embarcarse en algo, meterse en algo: ***Russia was embarked on a programme of re-armament that could not be reversed***, Rusia se había embarcado en un programa de rearme que no podía dar marcha atrás.

empty [ˈemptɪ] emptying, emptied, emptied
empty out vt sep vaciar, dejar vacío *(el contenedor)*; vaciar *(el contenido)*: ***Once you've emptied the compost out, you can use the bag as a liner for a hanging basket***, Cuando hayas vaciado el abono puedes usar la bolsa para forrar un macetero colgante; ***You have to empty out the boot before you can get at the spare wheel***, Tienes que vaciar el maletero para poder sacar la rueda de recambio.
SEE ALSO: clear out.

end [end]
end in vt insep
1 acabar en algo: ***Scorpions have a long flexible tail that ends in a sting***, Los escorpiones tienen una cola larga y flexible que acaba en un aguijón; ***There was a long, narrow garden ending in a play area for the children***, Había un jardín largo y estrecho que acababa en una zona de juegos para los niños.
2 acabar en algo: ***Disputes of this kind frequently end in bitterness and recrimination***, Las disputas de este tipo frecuentemente acaban con resentimiento y recriminaciones.
SYNONYMS: culminate in *(formal)*.

end up vt insep (**to end up** *somewhere*) acabar en algún sitio, acabar haciendo algo: ***We took the first train that came in, and ended up in Florence***, Cogimos el primer tren que llegó y acabamos en Florencia; ***The car wouldn't start, so I ended up walking***, Como el coche no arrancaba, tuve que acabar yendo a pie.
SYNONYMS: wind up *(informal)*; finish up; land up *(informal)*.

engage [ɪnˈgeɪdʒ]
engage in vt insep (formal) dedicarse a algo, ocuparse de algo: ***t's not acceptable for any government minister to engage in underhand dealings***, No es aceptable que un ministro del gobierno se dedique a negocios turbios; ***We asked them to explain the scientific experiments they were currently engaged in***, Les pedimos que explicaran los experimentos científicos que hacían en ese momento.

enlarge [ɪnˈlɑːdʒ]
enlarge on or **enlarge upon** vt insep (formal) ampliar, extenderse sobre algo, hablar más detenidamente sobre algo: ***We're not clear about the actual sequence of events. Would you enlarge on your statement, giving dates and times?***, No hemos entendido bien cómo se han sucedido exactamente los acontecimientos. ¿Podría ampliar su declaración y dar fechas y horas?
SYNONYMS: expand on; elaborate on *(formal)*.

expand on

enter [ˈentəʳ]
enter for
1 *vt insep* (**to enter for** *something*) inscribirse en algo, presentarse a algo: *They had entered for three out of the five races*, Se habían presentado a tres de las cinco carreras.
SYNONYMS: go in for.
2 *vt sep* (**to enter** *somebody* **for** *something*) inscribir a alguien en algo, presentar a alguien a algo: *John's teacher has entered him for a national poetry competition*, El profesor de John lo ha inscrito en un concurso nacional de poesía.
SYNONYMS: put in for.

enter into *vt insep*
1 iniciar, entrar en algo, meterse en algo: *We have no intention of entering into negotiations with management*, No tenemos la menor intención de entrar en negociaciones con la dirección; *You should think seriously before entering into a relationship with a married man*, Deberías pensártelo seriamente antes de iniciar una relación con un hombre casado.
2 tener que ver con algo, ser parte de algo, afectar: *Your opinion doesn't enter into it at all, this is between me and my husband*, Tu opinión no tiene absolutamente nada que ver, esto queda entre mi marido y yo; *We have a professional relationship; my private life doesn't enter into it*, Tenemos una relación profesional; mi vida personal no tiene nada que ver; *There's no reason why potential changes in the weather should enter into our travel plans*, Los posibles cambios de tiempo no tienen por qué afectar a nuestros planes de viaje.
SYNONYMS: have a bearing on.

enter upon or **enter on** *vt insep (formal)* iniciar, comenzar, emprender, embarcarse en algo: *We knew that once we had entered upon these investigations, no area of public life would be immune from scrutiny*, Sabíamos que en cuanto hubiéramos iniciado estas investigaciones, ningún ámbito de la vida pública se libraría de un análisis minucioso.
SYNONYMS: embark on *(formal)*.

even [ˈiːvən]
even out *vt sep - vi* nivelar, nivelarse, igualar, igualarse: *We've seen that daily fluctuations in share prices tend to even out over a monthly period*, Hemos visto que las fluctuaciones diarias en los precios de las acciones tienden a nivelarse en el transcurso de un mes; *A rationing system was introduced to even the grain supply out over the whole year*, Se introdujo un sistema de racionamiento para nivelar el suministro de grano a lo largo de todo el año.
even up *vt sep - vi* equilibrar, igualar: *That's two points to Ian and Neil, which evens the scores up a bit*, Son dos puntos para Ian y Neil, lo que equilibra un poco el marcador.
SYNONYMS: balance up.

expand [ɪkˈspænd]
expand on *vt insep* desarrollar *(un tema)*, dar más detalles: *You can improve your essay by expanding on each of your main points in a separate paragraph*, Puedes mejorar la redacción desarrollando cada una de las ideas principales en un párrafo aparte.
SYNONYMS: enlarge on *(formal)*; elaborate on *(formal)*; flesh out.

explain away

explain [ɪk'spleɪn]
explain away *vt sep* explicar, justificar: *If the accountants have made a serious miscalculation, I can't imagine how they're going to explain it away to management*, Si los contables han cometido un error de cálculo grave, no sé cómo se lo van a justificar a la dirección.

eye [aɪ] eyeing, eyed, eyed
eye up *vt sep (informal)*
1 comerse con los ojos a alguien: *He had the unfortunate habit of eyeing up other men's wives*, Tenía la desafortunada costumbre de comerse con los ojos a las mujeres de los demás.
SYNONYMS: make eyes at; ogle.
2 echar el ojo a algo: *We had already eyed up a table by the window but another couple got it*, Ya le habíamos echado el ojo a una mesa junto a la ventana pero la cogió otra pareja.
SYNONYMS: pick out.

face [feɪs]
face about *vi* dar media vuelta: *They marched to the end of the parade ground, faced about and marched back again*, Desfilaron hasta el final de la plaza de armas, dieron media vuelta y volvieron a desfilar hacia nosotros.

face down *vt sep* amilanar: *She was able to face down any opposition spokesman who was foolish enough to challenge her in the House*, Era capaz de amilanar a cualquier portavoz de la oposición que cometiera el error de desafiarla en la Cámara.
SEE ALSO: face out.

face out *vt sep* afrontar, hacer frente a algo, enfrentarse a algo: *It may seem like a disaster, but if we face it out together, we'll come through okay*, Puede que parezca un desastre, pero si lo afrontamos juntos, a todos nos saldrá bien.
SEE ALSO: face down.

face up to *vt insep* aceptar, asumir, hacerse cargo de algo: *I know you find the situation hard to accept, but sooner or later you'll have to face up to it*, Ya sé que te cuesta aceptar la situación, pero antes o después tendrás que hacerte cargo de ella; *She had to face up to the fact that her youth and beauty were things of the past*, Tuvo que hacerse a la idea de que su juventud y su belleza eran cosas del pasado.
SYNONYMS: come to terms with.

face with *vt sep* verse ante algo, estar frente a algo: *This faces us with a problem*, Esto nos plantea un problema; *The factory is faced with closure*, La amenaza del cierre se cierne sobre la fábrica; *He was faced with such overwhelming opposition that he was forced to back down*, Se encontró frente a una oposición tan abrumadora que se vio obligado a echarse atrás.
SYNONYMS: come up against; confront with.

fade [feɪd]
fade away *vi* irse apagando, ir desapareciendo, desvanecerse: *The sounds of the orchestra faded away until only a single violin could be heard*, El sonido de la orquesta se fue apagando hasta que sólo se oía un violín.
SYNONYMS: die away.

fade in or **fade up** *vt sep - vi* hacer aparecer poco a poco, aparecer poco a poco: *The poignant image of the hero's wife and family looking out to sea fades in as his ship sinks beneath the waves*, La conmovedora imagen de la mujer y la familia del héroe mirando al mar entra en fundido mientras su barco se hunde bajo las olas.

fade out *vt sep - vi* apagarse poco a poco: *After the last chorus the song fades out*, Tras el último estribillo la canción se va dejando de oír poco a poco; *The film ended with the image of a sunset fading out*, La película acabó con un cierre en fundido de una puesta de sol.

faff [fæf]

faff about or **faff around** *vi (slang)* hacer el chorra, hacer el tonto, perder tiempo a lo tonto: *She had spent the whole morning faffing about and so wasn't ready when I arrived to collect her*, Como se había pasado toda la mañana con tonterías, cuando pasé a buscarla no estaba lista.

SYNONYMS: fart about *(vulgar slang)*; mess about *(informal)*.

fag [fæg] fagging, fagged, fagged

fag out *vt sep (informal)* hacer polvo a alguien, hacer trizas a alguien: *All this running up and down stairs has fagged me out*, Tanto subir y bajar escaleras me ha dejado hecho polvo.

SYNONYMS: exhaust.

fall [fɔːl] falling, fell, fallen

fall about *vi (informal)* morirse de la risa, partirse de risa: *The comedian's jokes were so funny he had the audience falling about*, Los chistes del humorista eran tan divertidos que tenía al público muerto de la risa.

fall apart *vi*

1 caerse a pedazos, caerse a cachos: *These shoes weren't the bargain I thought they were. They fell apart after just a couple of weeks*, Estos zapatos no son la ganga que creía. Al cabo de sólo un par de semanas los tenía destrozados.
 SYNONYMS: come to pieces; fall to pieces.

2 venirse abajo, desmoronarse, irse a pique: *The whole organization had fallen apart due to lack of co-ordination*, La organización entera se había venido abajo por falta de coordinación; *They tried to act as if everything was fine, but it was obvious their marriage was falling apart*, Intentaban hacer ver que todo iba bien, pero era obvio que el matrimonio se iba a pique.
 SYNONYMS: break up; disintegrate.

3 desmoronarse, venirse abajo: *The intense pressure of standing up in the witness box made him fall apart*, Se desmoronó por la intensa presión de estar en el estrado.
 SYNONYMS: disintegrate.

fall away *vi*

1 caer en pendiente: *At the bottom of the garden the land falls away to a sandy bay*, Al final del jardín hay una pendiente que acaba en una zona arenosa.

2 desprenderse: *Part of the cliff face had fallen away leaving the fossils exposed*, Parte de la pared del acantilado se había desprendido dejando los fósiles a la vista.

3 ir desapareciendo, decaer, dar un bajón: *The Democrats saw their support in rural constituencies falling away*, Los Demócratas vieron que decaía el apoyo de las circunscripciones rurales.
 SYNONYMS: fall off.

4 desvanecerse: *His selfish attitude fell away when he realized how much his*

fall back

family had endured for his sake, Su actitud egoísta se desvaneció cuando se dio cuenta de todo lo que había soportado su familia por él.

5 decaer: *Our team fell away when their opponents scored two goals in the last five minutes of the match*, Nuestro equipo empezó a decaer cuando sus contrincantes marcaron dos goles en los últimos cinco minutos del partido.

fall back *vi*

1 retroceder, replegarse: *Our troops had to fall back in the face of an assault by the enemy*, Nuestras tropas tuvieron que replegarse ante un ataque del enemigo; *The rioters fell back as the mounted policemen advanced*, Los manifestantes retrocedieron cuando avanzó la policía montada.

SYNONYMS: draw back; retreat; retire *(formal)*.

2 retroceder, hacerse atrás: *The police inspectors fell back in horror when they uncovered the murder victim's decaying corpse*, Los inspectores de policía retrocedieron horrorizados cuando destaparon el cadáver en descomposición de la víctima.

SYNONYMS: draw back; recoil.

fall back on or **fall back upon** *vt insep* recurrir a algo, echar mano de algo: *If he loses his job, he has no savings to fall back on*, Si se queda sin trabajo, no tiene ahorros a los que recurrir.

SYNONYMS: resort to.

fall behind *vt insep - vi*

1 quedarse rezagado, quedarse a la zaga, retrasarse, quedarse atrás: *He's fallen behind the rest of the class and needs extra tuition to catch up*, Se ha retrasado con respecto al resto de la clase y necesita clases suplementarias para ponerse al día; *We mustn't let our company fall behind in the race to develop new technology*, No podemos permitir que nuestra empresa se quede a la zaga en la carrera para desarrollar nuevas tecnologías.

SYNONYMS: lag behind.

2 (**to fall behind with** *something*) retrasarse: *They've fallen behind with their mortgage payments and may have to sell their house*, Se han retrasado con los pagos de la hipoteca y puede que tengan que vender la casa; *He's always falling behind with his paperwork*, Siempre se retrasa con el papeleo.

fall down *vi*

1 fallar, hacer agua: *That is the point where his theory falls down*, Allí es donde falla su teoría.

2 venirse abajo, caerse: *They don't seem in the least concerned that the house is falling down around them*, No parece preocuparles en absoluto que su casa se les esté viniendo abajo.

fall down on *vt insep* no cumplir con algo, fallar en algo: *The police were accused of falling down on the job because the crime figures continued to rise*, Acusaron a la policía de no cumplir con su trabajo porque los índices de delincuencia seguían subiendo.

SYNONYMS: fail.

fall for *vt insep*

1 enamorarse de: *She always seems to fall for the most unsuitable men*, Parece que siempre se enamora de los hombres menos apropiados.

2 tragarse algo, creerse algo: *You didn't fall for that old story, did you?*, No te habrás tragado ese viejo cuento, ¿verdad?; *He told me he was an expert in antiques and, like a fool, I fell for it*, Me dijo que era experto en antigüedades y yo, como un idiota, me lo creí.

fall on

fall in *vi*
1 hundirse, desmoronarse: *The roof of the tunnel fell in, burying the unfortunate miners*, El techo del túnel se hundió, enterrando a los desgraciados mineros.
SYNONYMS: cave in.
2 formar filas: *There was a chaotic scramble as the sergeant major ordered the recruits to fall in*, Se armó un barullo caótico cuando el brigada ordenó a los reclutas que formaran filas.
SEE ALSO: fall out.

fall into *vt insep*
1 caer en algo, sumirse en algo: *Many of the old dialects have fallen into disuse*, Muchos de los dialectos antiguos han caído en desuso; *Many of the prime minister's traditionally loyal supporters have fallen into a state of apathy*, Muchos de los partidarios tradicionalmente leales al primer ministro se han sumido en un estado de apatía; *She fell into a deep sleep*, Se quedó profundamente dormida.
2 adquirir, coger *(un hábito)*: *He's fallen into some very bad habits recently*, Últimamente ha adquirido muy malas constumbres.
SYNONYMS: get into.
3 entablar, entrar en: *I fell into conversation with a very interesting old man on the plane journey home*, Entablé conversación con un anciano muy interesante en el viaje de vuelta en avión.

fall in with *vt insep*
1 aceptar, mostrarse conforme con algo: *I trust him to do the right thing and will be quite happy to fall in with anything he might suggest*, Confío en que hará lo correcto y estoy dispuesto a aceptar todo lo que él proponga.
2 juntarse con, unirse a *(un grupo)*: *As a teenager, he fell in with a very bad crowd and was always in trouble with the police*, De adolescente se juntó con malas compañías y siempre tenía problemas con la policía; *The Captain thinks our ship might fall in with some homeward bound vessels*, El capitán cree que a lo mejor nuestro barco se podría unir a otras embarcaciones que vuelven a casa.

fall off
1 *vt insep - vi* caerse: *He fell off the horse and broke his arm*, Se cayó del caballo y se rompió en brazo; *Mind you don't fall off!*, ¡Ten cuidado y no te caigas!
2 *vi* disminuir, bajar: *The number of competitors has fallen off in recent months due to the recession*, El número de competidores ha disminuido en los últimos meses debido a la recesión.
SYNONYMS: fall away; lessen; deteriorate.

fall on *vt insep*
1 *(formal or literary)* caer sobre alguien, echarse encima de alguien, abalanzarse sobre alguien, lanzarse sobre alguien: *Our troops fell on the enemy as they lay asleep*, Nuestras tropas cayeron sobre el enemigo cuando dormía; *A gang of bandits fell on them and robbed them of all they had*, Una cuadrilla de bandidos se les echaron encima y les robaron todo lo que llevaban.
2 abalanzarse sobre, lanzarse sobre *(la comida)*: *The men fell upon the bread and cheese because they hadn't eaten for days*, Los hombres se abalanzaron sobre el pan y el queso porque llevaban varios días sin comer.
3 recaer sobre alguien: *The responsibility for the expedition's failure fell squarely on his shoulders*, La responsabilidad del fracaso de la expedición recayó directamente sobre él.
SYNONYMS: fall to.
4 abalanzarse sobre alguien: *She was so happy to see him that she fell on him, kissing him over and over again*, Estaba tan contenta de verlo que se abalanzó sobre él, besándolo una y otra vez.

fall out

    5 caer en *(una fecha)*: *My birthday falls on a Sunday this year*, Este año mi cumpleaños cae en domingo.

    6 recaer sobre, caer sobre, caer en *(una sílaba)*: *In the word 'available', the stress falls on the second syllable*, En la palabra 'available', el acento cae sobre la segunda sílaba.

    7 detenerse en algo: *His eyes fell on an interesting-looking book at the back of the top shelf*, Su mirada se detuvo en un libro de aspecto interesante en el fondo del estante superior.

fall out *vt insep - vi*

    1 caerse: *My hair began to fall out when I was in my early thirties*, Se me empezó a caer el pelo a los treinta y pocos años.

    2 *(formal)* suceder, ocurrir, acaecer, acontecer: *And so it fell out that there was a new king*, Y entonces sucedió que hubo un nuevo rey.

    3 pelearse, reñir: *That was a silly thing for you and Andrew to have fallen out over*, Vaya tontería por la que os peleasteis Andrew y tú; *I'm going to end up falling out with you if you keep criticizing my boyfriend*, Voy a acabar riñendo contigo si sigues criticando a mi novio.

    4 romper filas: *Not one of the infantrymen moved a muscle until the sergeant gave the order for them to fall out*, Ni uno solo de los soldados de infantería movió un músculo hasta que el sargento les dio la orden de romper filas.

    SEE ALSO: fall in.

fall over *vi - vt insep*

    1 caerse: *Many of the gravestones in the old cemetery had fallen over, while others just leaned precariously*, Muchas de las lápidas del viejo cementerio se habían caído, mientras que otras se inclinaban de forma precaria; *She lost her balance and fell over*, Perdió el equilibrio y se cayó; *It was dark in the forest and he fell over the roots of a tree*, El bosque era oscuro y se cayó al tropezar con las raíces de un árbol.

    2 **(to fall over oneself to do *something*)** desvivirse, pegarse, estar desesperado por: *The banks are falling over themselves to lend you money and sell you new products*, Los bancos se pegan para prestarte dinero y venderte productos nuevos.

fall through *vi* fracasar, fallar: *Our plans for a picnic have fallen through due to bad weather*, Nuestros planes de ir de picnic han fracasado por culpa del mal tiempo.

fall to *vt insep - vi*

    1 *(old use or literary)* ponerse a ello: *Dinner was served, and being extremely hungry, we all fell to immediately*, Se sirvió la cena y, cómo teníamos mucha hambre, enseguida nos pusimos a comer.

    2 *(formal)* corresponder a alguien: *As best man, it falls to me to propose a toast to the newlyweds*, Como soy el padrino, me corresponde a mí hacer un brindis por los novios.

    SYNONYMS: fall on.

fall under *vt insep* entrar dentro de, caer bajo *(una sección, una categoría, etc)*: *Sorry, but I don't think a weekend in Mallorca falls under the heading of 'Business Travel'*, Lo siento, pero no creo que un fin de semana en Mallorca entre en la categoría de 'viaje de negocios'; *Any incidents occurring on the high seas fall under the rule of international law*, Cualquier incidente que tenga lugar en alta mar está bajo la jurisdicción de la ley internacional.

    SYNONYMS: come under.

fan [fæn] fanning, fanned, fanned
fan out *vi* abrirse en abanico, separarse: *The six planes began the manoeuvre by flying in parallel formation, fanning out as they passed over the airfield*, Los seis aviones iniciaron la maniobra volando en formación paralela y luego se abrieron en abanico al pasar por encima del campo de aviación; *The men fanned out across the wide field to look for the missing child*, Los hombres se desplegaron por el extenso campo para buscar al niño desaparecido.

farm [fɑːm]
farm out *vt sep*
1 encargar *(a otras empresas o colaboradores externos)*: *The television stations have stopped hiring now that so many new productions are farmed out to independent programme makers*, Las cadenas de televisión han dejado de contratar personal desde que encargan los programas nuevos a productoras independientes.
2 dejar *(con otras personas)*: *The boys were farmed out to relatives while their parents were abroad*, Dejaron a los niños en casas de familiares mientras sus padres estaban en el extranjero.

fart [fɑːt]
fart about or **fart around** *vi (vulgar slang)* hacer el chorra, hacer el tonto, perder el tiempo a lo tonto: *For God's sake, will you stop farting about and get on with cutting the grass!*, ¡Dios!, ¡quieres parar de hacer el chorra y ponerte a cortar el césped de una vez!
SYNONYMS: faff about *(slang)*; mess about *(informal)*.

fasten ['fɑːsən]
fasten on or **fasten upon** *vt insep* aferrarse a algo: *While his parents wanted him to enter the family business, he fastened on the notion of travelling abroad*, Mientras que sus padres querían que entrara en el negocio familiar, él se aferraba a la idea de viajar al extranjero.
fasten on to *vt insep* pegarse a alguien: *Aubrey fastened on to me at the party and no matter what I did I couldn't get rid of him*, Aubrey se me pegó en la fiesta e, hiciera lo que hiciera, no pude deshacerme de él.
SYNONYMS: latch on to.
fasten up *vt sep* abrochar, atar: *Fasten up the top button of your jacket so that you don't catch a cold*, Abróchate el botón de arriba de la chaqueta para no resfriarte; *They keep the dog fastened up because it's dangerous*, Tienen el perro atado porque es peligroso.

father ['fɑːðəʳ]
father on *vt sep* **(to father** *something* **on** *somebody*) *(formal)* atribuirle algo a alguien: *Fathering the idea on the vicar was a convenient way of avoiding problems*, Atribuirle la idea al párroco fue una buena manera de evitar problemas; *How dare you try to father this shambles on me!*, ¡Cómo te atreves a culparme de este desastre!

fathom ['fæðəm]
fathom out *vt sep* entender, comprender, explicarse algo: *It's a complete mystery to me. I just can't fathom it out*, Es todo un misterio para mí. No lo entiendo; *It took me ages to fathom out what was going on*, Tardé siglos en entender lo que ocurría.
SYNONYMS: work out; suss out *(informal)*.

fatten ['fætən]

fatten up *vt sep* engordar, cebar: *The cattle are raised on special farms where they are fattened up for slaughter*, El ganado se cría en granjas especiales donde lo ceban para la matanza; *Connie is far too thin, she needs fattening up*, Connie está demasiado delgada, necesita engordar.

favour ['feɪvəʳ] (In American English the spelling is **favor**)

favour with *vt sep* (**to favour somebody with something**) *(formal or humorous)* honrar a alguien con algo: *Will you be favouring us with your presence this evening?*, ¿Nos honrarás con tu presencia esta noche?

fawn [fɔːn]

fawn on or **fawn upon** *vt insep* adular, halagar: *He likes to surround himself with supporters who fawn on him and feed his vanity*, Le gusta rodearse de seguidores que lo adulan y alimentan su vanidad.

fear [fɪəʳ]

fear for *vt insep* temer por: *A blizzard blew up, making us fear for the lives of the climbers who were near the peak*, Se levantó una ventisca, lo que nos hizo temer por las vidas de los escaladores que estaban cerca de la cima.

feed [fiːd] feeding, fed, fed

feed in or **feed into** *vt sep* (**to feed something into something**) introducir en algo, meter en algo: *Meat is fed into the machine at one end and comes out as sausages at the other end*, Se introduce la carne en la máquina por un extremo y luego sale por el otro en forma de salchichas; *Once the raw data has been fed into the computer, the statistics can be calculated in a matter of seconds*, En cuanto se han introducido los datos en bruto en el ordenador, se pueden calcular las estadísticas en cuestión de segundos.

feed off *vt sep* alimentarse de algo: *The public's distrust of the mayor fed off the stories of corruption published by the local press*, La desconfianza del público hacia el alcalde se alimentaba de las historias de corrupción publicadas por la prensa local; *Pelicans feed on fish they catch with their large bills*, Los pelícanos se alimentan de los peces que atrapan con sus grandes picos.

feed up *vt sep* cebar: *These pigs will need a couple of months of feeding up before they are ready to be slaughtered*, Estos cerdos necesitarán que los ceben un par de meses antes de estar listos para la matanza.

feel [fiːl] feeling, felt, felt

feel for *vt insep*

1 buscar a tientas: *The hallway was pitch dark and I had to feel for the light switch*, El pasillo estaba totalmente a oscuras y tuve que buscar a tientas el interruptor de la luz.

2 compadecer a alguien, sentir pena por alguien: *I can understand why you are so upset, and I feel for you, I really do*, Entiendo por qué estás tan disgustado, y lo siento por ti, de verdad.

feel out *vt sep* (**to feel somebody out about something**) tantear la opinión de alguien sobre algo, sondear a alguien sobre algo: *Informal meetings were held so that the boss could feel people out about his plan*, Se celebraron reuniones

informales para que el jefe pudiera tantear a la gente y ver lo que pensaba de su plan.
SYNONYMS: sound out.

feel up *vt sep (informal)* meter mano a alguien, sobar a alguien: *If he doesn't stop feeling up the girls in the office, one of these days he'll find himself accused of sexual harassment*, Si no para de meter mano a las chicas en la oficina, un día de estos se encontrará con una denuncia por acoso sexual.
SYNONYMS: touch up *(informal)*.

feel up to *vt insep* sentirse con ánimos para algo, sentirse con fuerzas para algo: *"Let's go for a long walk." "No, I'm sorry, I just don't feel up to it at the moment"*, -Vamos a dar un buen paseo. -No, lo siento, en estos momentos no me siento con ánimos; *The doctor said I could return to work in three days if I felt up to it*, El médico ha dicho que podía volver a trabajar dentro de tres días si me sentía con fuerzas.

fence [fens]
fence in *vt sep* encerrar *(con una cerca o valla)*: *The lions are safely fenced in and can't escape*, Los leones están bien encerrados y no pueden escapar.

fence off *vt sep* poner una cerca de algo, cercar, poner una valla a algo, vallar: *They have fenced off part of the park as a children's play area*, Han cercado una parte del parque para convertirla en una zona de recreo infantil.

fend [fend]
fend off *vt sep*
1 rechazar, apartar: *He put up his hands to fend off the bully's punches*, Levantó las manos para esquivar los puñetazos del matón.
2 eludir: *The government is finding it more and more difficult to fend off criticism from the opposition*, Al gobierno le está costando cada vez más eludir las críticas de la oposición; *His press agent successfully fended off inquiries from dozens of reporters*, Su agente de prensa eludió con éxito las preguntas de docenas de periodistas.
SYNONYMS: ward off.

ferret ['ferɪt]
ferret out *vt sep (informal)* encontrar *(tras andar rebuscando)*: *His unconventional methods of cross examination have proved to be very successful in ferreting out the truth*, Sus métodos poco convencionales en los contrainterrogatorios han resultado tener mucho éxito para desentrañar la verdad.
SYNONYMS: unearth; bring to light.

fetch [fetʃ]
fetch in *vt sep*
1 entrar: *It's starting to rain. You'd better fetch the washing in*, Empieza a llover. Sería mejor que entraras la ropa.
2 llamar *(para que preste ayuda)*: *If the problem of petty theft gets any worse, we'll have to fetch the police in*, Si el problema de los pequeños hurtos se agrava, tendremos que llamar a la policía.

fetch up *vi (informal)* acabar en, ir a parar a *(un lugar)*: *I broke my leg and fetched up in hospital*, Me rompí la pierna y acabé en el hospital.
SYNONYMS: land up *(informal)*.

fight [faɪt]

fight back *vt sep - vi*

1 defenderse, responder, contraatacar, reaccionar: *If you don't fight back he'll just go on bullying you*, Si no te defiendes seguirá intimidándote.
   SYNONYMS: retaliate.
   ANTONYMS: give way to; submit.

2 contener, reprimir, luchar contra algo: *As her boyfriend's train drew out of the station, she stood on the platform fighting back her tears*, Mientras salía de la estación el tren en el que iba su novio, ella se quedó en el andén conteniendo las lágrimas; *Ex-alcoholics must always fight back the temptation to start drinking again*, Los ex-alcohólicos siempre tienen que luchar contra la tentación de volver a beber.
   SYNONYMS: fight down.

fight down *vt sep* contener, reprimir, luchar contra algo: *She fought down an almost irresistible urge to scream*, Contuvo unas ganas casi irresistibles de gritar.
   SYNONYMS: repress; suppress.

fight for *vt insep* luchar por algo: *She spent her whole life fighting for animal's rights*, Se pasó casi toda su vida luchando por los derechos de los animales; *He was lying on the floor fighting for breath and clutching his chest*, Estaba tumbado en el suelo respirando con gran dificultad y cogiéndose el pecho.

fight off *vt insep*

1 combatir, superar: *I thought I was going to get flu last week but I managed to fight it off*, La semana pasada creí que iba a coger la gripe pero conseguí mantenerla a raya.
   SYNONYMS: ward off; stave off.

2 rechazar, repeler, deshacerse de alguien: *The enemy tried several times to storm the castle, but each time they were fought off*, El enemigo intentó asaltar el castillo varias veces, pero fue rechazado cada vez; *We had to fight off the reporters as we went into the house*, Tuvimos que repeler a los periodistas que nos asediaban cuando entramos en la casa; *He has so many women after him he literally has to fight them off*, Lo persiguen tantas mujeres que tiene que deshacerse de ellas literalmente.
   SYNONYMS: beat off.

fight out *vt sep* resolver, dirimir: *I don't know whose turn it is to wash the dishes; you'll have to fight it out between you*, No sé a quién le toca lavar los platos; tendréis que resolverlo entre vosotros.

figure ['fɪgəʳ, 'fɪgjəʳ]

figure in *vt insep* incluir algo en los cálculos, tener algo en cuenta, contar con algo: *They bought the most expensive computer system they could afford but didn't figure in the cost of training their employees to use it*, Compraron el sistema informático más caro que pudieron permitirse pero no tuvieron en cuenta el coste de enseñar a sus empleados a usarlo.

figure on *vt insep*

1 ESP AME *(informal)* calcular: *I figure on finishing my thesis by the end of the year*, Calculo que acabaré la tesis para finales de año.

2 contar con *(que pase algo)*: *I hadn't figured on Luther turning up, so there wasn't enough room for us all in the van*, No había contado con que vendría Luther, así que no cabíamos todos en la furgoneta.
   SYNONYMS: reckon on.

figure out vt sep (informal)
1 calcular: *You'll have to figure out the compound interest to find the overall cost of the loan*, Tendrás que calcular el interés compuesto para averiguar el coste total del préstamo.
SYNONYMS: work out.

2 entender, explicarse algo: *His instructions were so complicated that none of us could figure out what we were supposed to do*, Sus instrucciones eran tan complicadas que ninguno de nosotros entendimos lo que teníamos que hacer; *I can't figure out why she left home so suddenly*, No me explico por qué se fue de casa tan de repente.
SYNONYMS: work out.

file [fail]
file away vt sep archivar, guardar: *I can't find my copy of the letter; my secretary must have filed it away*, No encuentro mi copia de la carta; mi secretaria debió de archivarla; *Be careful what you say to her. She files away every little scrap of gossip in her memory so that she can pass it on to her friends*, Ten cuidado con lo que le digas. Guarda en la memoria todos los cotilleos, por mínimos que sean, para luego poder contárselo a sus amigos.

file for vt insep presentar una demanda de algo, solicitar ante un tribunal: *After many years of unhappy marriage, Mary finally filed for divorce*, Tras muchos años sin ser feliz en su matrimonio, Mary por fin pidió el divorcio.

fill [fɪl]
fill in vt sep
1 llenar, rellenar, tapar: *There are about a dozen workmen filling in the holes in the road*, Hay alrededor de una docena de obreros tapando los baches de la carretera; *I had to fill in the gaps in the conversation by talking about the weather*, Tuve que llenar los vacíos en la conversación hablando del tiempo.

2 rellenar: *Fill this application form in and return it to the secretary*, Rellene este impreso de solicitud y devuélvalo a la secretaria; *Take this form and fill in your name and age at the top*, Coja este formulario y escriba su nombre y edad en la parte de arriba.
SYNONYMS: fill out; fill up.

3 sustituir: *I don't actually belong to this department, I'm just filling in for a girl who's ill*, En realidad no pertenezco a este departamento, sólo estoy sustituyendo a una chica que está enferma.
SYNONYMS: stand in; deputize.

4 aprovechar: *We filled in the six hours between flights by taking a bus into town and exploring*, Para aprovechar las seis horas que había entre vuelo y vuelo cogimos un autobús y fuimos a ver la ciudad.

fill in on vt sep (**to fill** *somebody* **in on** *something*) poner al corriente de algo a alguien, informar de algo a alguien: *Could you fill me in on the latest developments?*, ¿Me puedes poner al corriente de lo que ha ocurrido últimamente?; *John can fill you in on the details of the project*, John puede explicarte los detalles del proyecto.

fill out vt sep
1 rellenar: *He was getting tired of filling out job application forms*, Empezaba a hartarse de rellenar impresos de solicitud de empleo.
SYNONYMS: fill in; fill up.

fill up

2 engordar, estar más llenito: *After a couple of weeks of relaxation and good food, her cheeks had filled out and acquired a healthy colour*, Tras un par de semanas de descanso y buena comida, las mejillas se le habían rellenado y habían adquirido un color más sano.

3 desarrollar: *Your essay is too short; you'll have to fill it out a bit if you want to get a good mark*, Tu trabajo es demasiado corto; tendrás que desarrollarlo un poco si quieres sacar buena nota.

SYNONYMS: flesh out; expand.

fill up *vt insep*

1 llenar: *They stopped at a little stream to fill up their water bottles*, Se detuvieron en un pequeño arroyo para llenar las botellas de agua; *He kept filling up our wine glasses so we got quite drunk*, No paraba de llenarnos las copas de vino y acabamos bastante borrachos.

2 echar gasolina, poner gasolina: *I'm just going down to the hypermarket to fill the car up, it's cheaper there*, Voy al hipermercado a poner gasolina, allí es más barata.

3 llenarse: *The shop filled up with customers as soon as the doors opened*, La tienda se llenó de clientes en cuanto se abrió la puerta; *He peeped through the curtain and saw that the theatre was filling up nicely*, Se asomó por detrás del telón y vio que el teatro se estaba llenando bastante.

4 rellenar: *You have to fill up dozens of forms when you take your car abroad*, Tienes que rellenar docenas de impresos cuando sacas el coche al extranjero.

SYNONYMS: fill in; fill out.

filter ['fɪltəʳ]

filter out *vt sep* eliminar con un filtro, quitar filtrando: *You can filter dirt out of the oil quite easily*, Es muy fácil eliminar la suciedad del aceite con un filtro; *You can start the selection process by filtering out applicants with no computing experience*, Puedes iniciar el proceso de selección filtrando a los candidatos sin ninguna experiencia en informática.

filter through *vi* llegar *(poco a poco, gradualmente)*: *When reports of the victory began to filter through, the citizens of Rome took to the streets to celebrate*, Cuando empezaron a llegar noticias de la victoria, los ciudadanos romanos se lanzaron a la calle a celebrarlo.

find [faɪnd] finding, found, found

find against *vt insep* fallar en contra de alguien: *The jury didn't believe a word of his story and found against him*, El jurado no se creyó ni una palabra de su historia y falló en contra suya.

SEE ALSO: find for.

find for *vt insep* fallar a favor de alguien: *After reviewing all the evidence, the court found for the plaintiff*, Tras revisar todas las pruebas, el tribunal falló a favor del demandante.

SEE ALSO: find against.

find out *vi-vt sep*

1 enterarse de algo: *I found out that she had left home three days earlier*, Me enteré de que se había ido de casa tres días antes.

2 enterarse de algo, averiguar: *Could you find out when the boat leaves?*, ¿Podrías enterarte de cuándo sale el barco?; *Your homework for tomorrow is to find something out about Gandhi*, Para mañana de deberes tenéis que averiguar cosas de

Ghandi; ***Children enjoy finding out how things work***, A los niños les gusta averiguar cómo funcionan las cosas.

3 descubrir a alguien: ***Though he was very careful to keep his affair a secret, he was eventually found out by his wife***, Aunque se cuidó mucho de mantener su aventura en secreto, al final su mujer lo descubrió; ***Cheating on your taxes will certainly save you some money, but aren't you afraid of being found out?***, Está claro que se ahorra dinero defraudando a Hacienda, pero ¿no te da miedo que te descubran?

finish ['fɪnɪʃ]
finish off *vt sep*

1 acabar, terminar: ***I need another twenty minutes to finish off this essay***, Necesito otros veinte minutos para acabar de redactar este trabajo.
   SYNONYMS: complete.

2 acabarse algo, terminarse algo: ***I can't believe how quickly he eats; he finished off that huge steak in less than three minutes***, No me puedo creer lo rápido que come; se acabó ese filete enorme en menos de tres minutos.

3 *(informal)* acabar con alguien, terminar con alguien: ***A sudden thrust of the officer's sword finished him off***, Una estocada repentina de la espada del oficial acabó con él; ***He had managed to get himself out of financial difficulties on several occasions, but it was tax problems that eventually finished him off***, Consiguió superar las dificultades económicas en varias ocasiones pero al final los problemas con los impuestos acabaron con él.

finish up *vi* acabar en, terminar en *(un lugar, una situación)*: ***If he doesn't change his ways he'll finish up in jail***, Si sigue así, acabará en la cárcel; ***She started in the company as a secretary and finished up as managing director***, Empezó en la empresa como secretaria y acabó como directora ejecutiva.
   SYNONYMS: end up.

finish up with *vt insep* acabar con algo, terminar con algo: ***If you don't stop smoking you're going to finish up with lung cancer or heart disease***, Si no paras de fumar acabarás con un cáncer de pulmón o con una enfermedad del corazón.

finish with *vt insep*

1 romper con alguien, dejarlo con alguien: ***I finished with Jane last week because we were having constant arguments***, Rompí con Jane la semana pasada porque no parábamos de discutir.

2 acabar con alguien *(en una discusión o una conversación)*: ***You stay here; I haven't finished with you yet***, Tú quédate aquí que todavía no he acabado contigo.

3 acabar con algo, terminar con algo: ***You can have the newspaper when I've finished with it***, Podrás tener el periódico cuando haya acabado con él; ***I don't take drugs anymore, I've finished with all that***, Ya no me drogo; he dejado todo eso.

fire [faɪəʳ]
fire ahead or fire away *vi (informal)* lanzarse *(a decir o hacer algo)*: ***Though I told him to wait until he could see Daddy alone, he just fired ahead and asked him for money in front of everyone***, Aunque le dije que esperara a que pudiera ver a papá a solas, se lanzó y le pidió el dinero delante de todo el mundo; ***Of course I don't mind if you ask me a personal question. Fire away!***, Claro que no me importa que me hagas una pregunta personal. ¡Adelante!
   SYNONYMS: shoot *(informal)*.

fire off

fire off *vt sep*

1 disparar: *The guard of honour fired off three rounds*, La guardia de honor disparó tres salvas.

SYNONYMS: let off *(informal)*.

2 lanzar, hacer rápidamente: *The examiner was firing off questions so quickly I couldn't keep up*, El examinador hacía las preguntas tan rápido que no podía seguirlo; *He fired off a letter to the newspaper threatening to sue them if they repeated the allegation*, Envió una carta al periódico amenazando con ponerles un pleito si repetían la acusación.

firm [fɜːm]

firm up *vt sep*

1 endurecer: *If you do the exercises every day you'll soon firm up those tummy muscles*, Si haces ejercicio cada día pronto se te pondrán duros esos músculos de la barriga.

SEE ALSO: tone up.

2 contretar, fijar, determinar: *Can we have a meeting to firm up the arrangements for next week's trip?*, ¿Podemos reunirnos para concretar los planes del viaje de la semana que viene?

SYNONYMS: finalize.

fish [fɪʃ]

fish for *vt insep* buscar, ir a la caza de algo: *The reporter talked to all his neighbours fishing for any whiff of scandal*, El periodista habló con todos sus vecinos, a la caza de cualquier cosa que oliera a escándalo; *When I said I wasn't happy with my appearance, I hope you didn't think I was fishing for compliments*, Cuando dije que no me sentía a gusto con mi aspecto, espero que no pensaras que buscaba un cumplido.

SYNONYMS: angle for.

fish out *vt sep (informal)* sacar: *He fell into the sea and we had to fish him out with a lifebelt*, Se cayó al agua y tuvimos que sacarlo con un salvavidas; *He put his hand in his pocket and fished out a card with his name and address on it*, Metió la mano en el bolsillo y sacó una tarjeta con su nombre y dirección.

SYNONYMS: pull out.

fit [fɪt] fitting, fitted, fitted (In American English, **fit** is sometimes used as the past tense and past participle)

fit in *vt sep*

1 caber: *There's a bit of room on the back seat, I'm sure a small person could fit in*, Hay un poco de sitio en el asiento de atrás, seguro que una persona pequeña cabría; *I don't think we could fit all four chairs in the boot*, No creo que nos quepan las cuatro sillas en el maletero.

SYNONYMS: get in; go in.

2 encajar: *This piece fits in here*, Esta pieza encaja aquí.

3 encajar, integrarse: *Thomas was a loner who never really tried to fit in*, Thomas era un solitario que en realidad nunca intentó integrarse.

SYNONYMS: blend in; belong.

SEE ALSO: stand out; stick out.

4 tener tiempo para algo: *I won't have the time to fit in everything I want to do*, No voy a tener tiempo para hacer todo lo que quiero; *Could we fit a meeting in some time this afternoon?*, ¿Tendremos algún hueco para reunirnos esta tarde?; *I'll*

see if the doctor can fit you in tomorrow morning, A ver si el médico tiene tiempo para verte mañana por la mañana.
SEE ALSO: squeeze in.
5 encajar: *I don't really see where I fit in in this plan of yours*, Realmente no sé dónde encajo en este plan tuyo.

fit in with *vt insep*
1 encajar con algo: *These new American methods don't really fit in with the way things have traditionally been done here*, Estos nuevos métodos americanos no encajan mucho con la manera en que se han hecho las cosas aquí tradicionalmente.
ANTONYMS: clash with; be at odds with.
SEE ALSO: match.
2 adaptarse a algo: *I'll fit in with whatever's convenient for you*, Me adaptaré a lo que más te convenga.

fit into *vt sep*
1 caber *(en un lugar)*: *Would the bookcase fit into that space under the window?*, ¿Cabría la estantería en ese espacio debajo de la ventana?
SYNONYMS: get into; go into.
2 encajar en *(un grupo)*: *She feared her husband would never fit into the world of the rich and famous*, Temía que su marido no encajara nunca en el mundo de los ricos y famosos.
SYNONYMS: blend in; belong.
SEE ALSO: stand out; stick out.
3 entrar, encajar *(en un papel, una categoría)*, clasificarse como algo: *Would this kind of letter fit into the category of 'customer complaints'?*, ¿Crees que esta carta entraría en la categoría de 'quejas de los clientes'?

fit out *vt sep* equipar: *The cost of fitting out the older ships would be prohibitive*, El coste de equipar los barcos más viejos sería prohibitivo; *On arrival, new recruits are fitted out with full combat kit*, Al llegar, proporcionan a los reclutas nuevos un equipo completo de combate.
SYNONYMS: kit out; rig out; equip.

fit up *vt sep (informal)* tender una trampa a alguien *(para que parezca culpable)*: *I'm telling you, I didn't do it. Can't you see I've been fitted up?*, Ya te digo que no lo hice. ¿Es que no ves que me han tendido una trampa para hacerme parecer culpable?
SYNONYMS: stitch up *(informal)*; frame.

fix [fiks]

fix on *vt sep* concretar, decidir: *We haven't yet fixed on the kind of wedding we'd like*, Todavía no hemos decidido el tipo de boda que nos gustaría.

fix up *vt sep*
1 organizar, concertar: *We've managed to fix up a two-week holiday at the end of September*, Hemos conseguido organizar unas vacaciones de dos semanas a finales de septiembre; *I've fixed up for her to go and see Dr Graham*, Lo he arreglado para que vaya a ver al doctor Graham; *The secretary has the job of fixing up temporary accommodation for visitors*, La secretaria se encarga de encontrar alojamiento temporal para las visitas; *John's asked me to fix him up a three-o'clock meeting with the directors*, John me ha pedido que le concertara una reunión con los directores a las tres.
SYNONYMS: arrange *(informal)*.
2 (to fix *somebody* up with *something*) conseguir algo para alguien, proporcionar algo a alguien: *It was Jed who fixed me up with a new car*, Fue Jed el que me con-

fix with

siguió un coche nuevo; *I can easily fix you up with a bed for the night*, Puedo proporcionarte una cama para dormir sin problemas; *She's offered to put me up in her flat, till I get myself fixed up*, Me ha ofrecido su casa hasta que consiga un sitio para vivir.

3 *(informal)* hacerse algo *(de manera improvisada)*: *They managed to fix up a rough shelter with some branches and a tarpaulin*, Consiguieron haerse un refugio rudimentario con unas cuantas ramas y una lona; *We've fixed up some reasonable shelves with some bricks and a couple of planks*, Nos hemos hecho unas estanterías que no están mal con unos cuantos ladrillos y un par de tablas.

SYNONYMS: rig up *(informal)*; knock up *(informal)*; improvise.

4 *(informal)* arreglar: *It wouldn't cost much to fix up the flat*, No costaría mucho arreglar el piso.

SYNONYMS: do up *(informal)*; refurbish *(formal)*; renovate *(formal)*.

fix with *vt sep (formal)* clavar *(la mirada)* en alguien: *The Doctor fixed Mortimer with a stony gaze*, El doctor clavó en Mortimer una mirada helada; *Maggie fixed him with her grey eyes*, Maggie clavó sus ojos grises en él.

fizzle ['fɪzəl]

fizzle out *vi (informal)* quedar en nada, apagarse: *The coup attempt fizzled out when most of the army decided to remain loyal to the president*, El intento de golpe quedó en nada cuando casi todo el ejército decidió mantenerse leal al presidente.

SEE ALSO: peter out.

flag [flæg] flagging, flagged, flagged

flag down *vt sep* hacer señas a *(un vehículo, una persona)* para que se detenga: *Two men in police uniform flagged us down*, Dos hombres vestidos de policía nos hicieron señas para que nos detuviéramos; *We flagged a taxi in the street*, Paramos a un taxi en la calle.

flake [fleɪk]

flake off or **flake away** *vi* desconcharse, descascarillarse, desprenderse: *Some of the plaster was flaking off the ceiling*, Parte del enyesado del techo se estaba desconchando; *There were lighter patches where the varnish had flaked away*, Había zonas más claras en los lugares en que el barniz se había caído; *The rust flakes off if you rub it with wire wool*, La herrumbre se descascarilla si la frotas con un estropajo metálico.

SEE ALSO: peel off.

flake out *vi (informal)* caer rendido: *We dropped our rucksacks and flaked out on the grass*, Tiramos las mochilas y caímos rendidos en la hierba.

SEE ALSO: flop down; pass out; black out; keel over.

flare [fleəʳ]

flare up *vi*

1 avivarse: *There was a gust of wind and the flames flared up*, Sopló una ráfaga de viento y se avivaron las llamas.

2 estallar: *Violence has flared up again in Belfast tonight*, Esta noche la violencia ha vuelto a estallar en Belfast.

SYNONYMS: break out; boil over.

3 estallar, ponerse hecho una furia: *She just flared up at me for no apparent reason*, De pronto se puso hecho una furia conmigo sin ningún motivo aparente.

float around

SYNONYMS: blow up *(informal)*; fly off the handle *(informal)*; blow one's top *(informal)*.

flash [flæʃ]
flash back to *vi* venirle algo a la memoria a alguien: *I tried to forget her, but my thoughts kept flashing back to Grace, and what she had said*, Intenté olvidarla, pero no paraba de venirme a la memoria el recuerdo de Grace y de lo que había dicho.
SEE ALSO: drift back.

flatten ['flætən]
flatten down *vt sep* allanar, alisar, nivelar: *He rubbed the cream into his hair, combed it, then flattened it down with his hand*, Se aplicó la crema en el pelo, se lo peinó y después se lo alisó con la mano; *We need one of those hydraulic machines for flattening down soil*, Necesitamos una de esas máquinas hidráulicas para nivelar el suelo.
flatten out *vi* volverse más llano, allanarse: *The garden flattens out towards the south side*, El jardín se vuelve más llano por el sur.
SYNONYMS: level out.
SEE ALSO: even out.

flesh [fleʃ]
flesh out *vt sep* desarrollar, explicar más ampliamente: *I think some of the characters are rather sketchy and need to be fleshed out a bit*, Creo que algunos de los personajes están poco definidos y necesitan que los desarrolles un poco más; *Don't just give us the dates of battles, flesh the history out a bit*, No nos des sólo las fechas de las batallas, desarrolla un poco la historia.
SYNONYMS: expand on; enlarge on *(formal)*.

flick [flɪk]
flick through *vt insep* hojear: *I just flicked through the magazine without really reading it*, Sólo hojeé la revista sin leerla realmente; *She flicked through several pages, then stood up and handed him the book*, Hojeó unas cuantas páginas, después se levantó y le dio el libro.
SYNONYMS: flip through; browse through; leaf through; skim through.

fling [flɪŋ] flinging, flung, flung
fling into *vt sep* (to fling *oneself* into *something*) volcarse en algo, meterse de lleno en algo: *After the divorce, he flung himself into his work to stop himself brooding over it*, Tras el divorcio, se metió de lleno en su trabajo para no darle más vueltas al asunto; *It was her first job and she flung herself into it with great enthusiasm*, Era su primer empleo y se volcó en él con mucho entusiasmo.
SYNONYMS: throw into.

flip [flɪp] flipping, flipped, flipped
flip through *vt insep* hojear: *Can you flip through this report and tell me what you think?*, ¿Puedes hojear este informe y darme tu opinión?
SYNONYMS: flick through; browse through; leaf through; skim through.

float [fləʊt]
float around *vi*
1 circular: *Various stories were floating around as to why she had resigned*, Circulaban varias historias sobre las razones de su dimisión.
SYNONYMS: go around; circulate.

flock in

    2 *(informal)* estar por ahí: *There are photos from last year's holiday floating around somewhere*, Por ahí hay fotos de las vacaciones del año pasado.
    SYNONYMS: kick about *(informal)*; knock about *(informal)*.
    SEE ALSO: lie around.

flock [flɒk]
flock in or **flock into** *vi - vt insep* (to flock in; flock into *somewhere*) llegar en multitud: *Music-lovers of all ages have been flocking into the stadium all day*, Durante todo el día ha estado llegando al estadio una multitud de amantes de la música de todas las edades; *As soon as the theme park opens, we are sure customers will come flocking in*, En cuanto abra el parque temático, estamos seguros de que vendrá un montón de gente.
    SYNONYMS: flood in; pour in.

flood [flʌd]
flood in or **flood into** *vi - vt insep* (to flood in; flood into *somewhere*) llegar en avalancha: *Since last week's programme, letters of complaint have flooded in from people all over the country*, Desde el programa de la semana pasada, ha llegado una avalancha de cartas de gente de todo el país quejándose; *It's easy to imagine a situation in which refugees from all over the world would start flooding into Europe*, Es fácil imaginar una situación en la que empiece a llegar a Europa una avalancha de refugiados de todo el mundo.
    SYNONYMS: pour in.
    SEE ALSO: flock in.

flood out *vt sep* verse obligado a evacuar *(por una inundación)*: *Nearly all of the villagers have been flooded out of their homes*, Las inundaciones han obligado a casi toda la gente del pueblo a evacuar sus casas.

flop [flɒp] flopping, flopped, flopped
flop down *vi (informal)* desplomarse, derrumbarse, dejarse caer: *Harry flopped down on a rug with his arms extended, quite out of breath*, Harry se desplomó en una alfombra con los brazos abiertos y sin aliento; *I feel like just flopping down in front of the television for a few hours*, Sólo me apetece pasarme unas cuantas horas tumbado delante de la televisión.
    SEE ALSO: flake out.

flounder ['flaʊndəʳ]
flounder about *vt insep*
    1 tambalearse, ir dando tumbos, moverse torpemente: *The injured deer floundered about for over an hour before dying*, El ciervo herido anduvo tambaleándose durante una hora antes de morir; *None of us was prepared to pay good money to watch two third-rate teams floundering around in the mud*, Ninguno de nosotros estaba dispuesto a pagar esa cantidad de dinero para ver a dos equipos de tercera categoría revolcándose por el barro.
    SEE ALSO: thrash about.
    2 titubear, balbucir: *The interviewer's brutally direct style has had many eminent politicians floundering about for credible answers*, Con su estilo brutalmente directo, el entrevistador ha conseguido que muchos políticos eminentes se quedaran titubeando sin poder dar una respuesta creíble.

fly in

flow [fləʊ]
flow from vt insep derivarse de algo, resultar de algo: *It's impossible to overestimate the social benefits that would flow from increased public awareness of environmental issues*, No se pueden sobrevalorar los beneficios sociales que se derivarían de una mayor concienciación del público sobre los problemas ambientales.
SEE ALSO: stem from; spring from.

flow over vt insep - vi
1 resbalarle a alguien: *I always ignore the criticism and just let it flow over me*, Nunca hago caso a las críticas, simplemente me resbalan.
2 invadirle a alguien, apoderarse de alguien: *Elliot felt a wave of jealousy flow over him at the thought of Paul taking Laura to the cinema*, Elliot sintió que le invadía una oleada de celos al pensar que Paul iba a llevar a Laura al cine.
SYNONYMS: wash over.

fluff [flʌf]
fluff up vt sep mullir, ahuecar: *He quickly hoovered around the sofa and fluffed the cushions up*, Pasó el aspirador rápidamente alrededor del sofá y mulló los cojines.

flunk [flʌŋk]
flunk out vi (to flunk out; flunk out of something) AmE *(informal)* dejar de estudiar *(por haber suspendido)*: *The percentage of students who flunk out after the first year is surprisingly high*, El porcentaje de estudiantes que abandonan los estudios tras el primer año es sorprendentemente alto.
SEE ALSO: drop out.

flush [flʌʃ]
flush out vt sep hacer salir a alguien de su escondite: *The army launched an operation to flush out the last few guerrillas who were hiding in the mountains*, El ejército lanzó una operación para hacer salir de su escondite a los últimos guerrilleros que se ocultaban en las montañas; *If they'd wanted to flush him out of hiding, they'd have done it already*, Si hubiesen querido hacerlo salir de su escondite, ya lo habrían hecho.
SEE ALSO: track down; sniff out.

fly [flaɪ] flying, flew, flown
fly at vt insep arremeter contra alguien: *She suddenly flew at him, clawing with her nails*, De pronto arremetió contra él, arañándole con las uñas; *She had a tendency to fly at journalists who questioned her motives*, Tenía cierta tendencia a arremeter contra los periodistas que ponían en duda sus motivos.
SYNONYMS: lay into *(informal)*; pitch into *(informal)*.

fly in
1 vi venir en avión: *Jackson himself will be flying in from Mexico today*, El propio Jackson vendrá hoy de México en avión.
2 vt sep traer en avión a alguien: *Air-crash investigators from North America are being flown in to throw what light they can on the causes of the disaster*, Traerán en avión desde Norteamérica a investigadores de accidentes aéreos para intentar explicar las causas de la catástrofe; *Further medical supplies will be flown in from Holland and Germany at the beginning of next week*, A principios de la semana que viene traerán en avión más suministros médicos de Holanda y Alemania.

fly out

fly out
1 *vi* ir en avión *(a un sitio)*: ***Mr Major met her briefly before flying out to the Rio summit***, El señor Major se reunió con ella brevemente antes de coger un avión para ir a la cumbre de Río.
2 *vt sep* llevar en avión a alguien: ***A further three hundred British troops will be flown out to Sierra Leone next month***, La semana que viene otros trescientos soldados británicos serán enviados en avión a Sierra Leona.
SEE ALSO: jet off.

fob [fɒb] fobbing, fobbed, fobbed

fob off *vt sep* (to fob *somebody* off with *something*)
1 colar algo a alguien, endilgarle algo a alguien: ***She tried to fob me off with a credit note, but I insisted on a full refund***, Intentó colarme una nota de crédito, pero insistí en que me devolviera el importe total.
2 engatusar a alguien con algo, quitarse a alguien de encima con algo: ***Try to be firm with them, don't let yourself be fobbed off with excuses***, Intenta mantenerte firme con ellos, no dejes que te engatusen con excusas.
SEE ALSO: put off; palm off.

fog [fɒg] fogging, fogged, fogged

fog up *vt sep - vi* empañar, empañarse: ***The heater wasn't clearing the windscreen, it was fogging it up***, En lugar de despejar el parabrisas, la calefacción lo empañaba.
SYNONYMS: steam up; mist up; mist over.
SEE ALSO: cloud over.

foist [fɔɪst]

foist on *vt sep* (to foist *something* on *somebody*)
1 imponer algo a alguien: ***Our aim is to get them to think for themselves, not to foist our own views on them***, Nuestro objetivo es conseguir que piensen por sí mismos, no imponerles nuestras ideas.
SYNONYMS: force on; impose on.
2 endilgar algo a alguien, enjaretar algo a alguien: ***The neighbours foisted their kids on us for three hours***, Los vecinos nos endilgaron los hijos durante tres horas.
SYNONYMS: force on; impose on.

fold [fəʊld]

fold up *vt sep - vi*
1 doblar, plegar: ***She watched him fold up the newspaper carefully and put it into his bag***, Observó como doblaba el periódico con cuidado y lo guardaba en la bolsa; ***The rug'll be easier to carry if you fold it up***, Te será más fácil llevar la alfombra si la doblas; ***These lightweight, easy-to-clean garden chairs fold up for storage***, Estas sillas, ligeras y fáciles de limpiar, se pliegan para poder guardarlas.
2 quebrar, cerrar: ***You never imagine that a high-street chain like Rumbelows will fold up***, Nunca te imaginas que una cadena de tiendas tan importante como Rumbelows vaya a quebrar.
SYNONYMS: go under.

follow ['fɒləʊ]

follow through *vt sep* llevar algo a término, hacer algo hasta el final: ***We had a***

number of business plans but we didn't follow any of them through, Teníamos una serie de planes comerciales pero no llevamos a cabo ninguno de ellos; *In the first chapter, she develops an interesting theory, but unfortunately she doesn't follow it through*, En el primer capítulo, presenta una teoría interesante, pero por desgracia no la acaba de desarrollar.

SEE ALSO: see through.

follow up *vt sep*

1 investigar: *Information from members of the public has given us some fresh leads, and we're following them up at the moment*, La información proporcionada por miembros del público nos ha dado pistas nuevas, y en estos momentos las estamos investigando; *Before I assign my best journalist to the story, I have to be sure it's worth following up*, Antes de asignar la historia a mi mejor periodista, tengo que estar seguro de que vale la pena investigarla.

SEE ALSO: look into; check out.

2 continuar algo *(reforzándolo)*: *The success of the original dictionary was followed up by a series of workbooks and other spin-offs*, Al éxito del diccionario original le siguió una serie de cuadernos y otros productos derivados; *We're proud of our achievements in the league and we're hoping to follow them up with good performances in the cup competitions*, Estamos orgullosos de nuestros logros en la liga y esperamos continuarlos con una buena actuación en la copa.

fool [fu:l]

fool about or **fool around** *vi* hacer el tonto: *The boys went down to the river to swim and fool about*, Los chicos bajaron al río a nadar y hacer el tonto; *There were one or two serious students, but most of them fooled around all day until it was time to go to the pub*, Había uno o dos estudiantes serios, pero la mayoría hacía el tonto hasta que llegaba la hora de ir al bar.

SYNONYMS: muck about *(informal)*; lark about *(informal)*.

fool about with or **fool around with** *vt insep*

1 hacer el tonto con algo, tontear con algo, juguetear con algo: *Tim and I got nervous when she started fooling about with her dad's gun*, Tim y yo nos pusimos nerviosos cuando empezó a tontear con la pistola de su padre; *When you're fooling around with people's feelings, someone's bound to get hurt*, Cuando juegas con los sentimientos de la gente, alguien siempre acaba haciéndose daño.

SYNONYMS: mess about with *(informal)*; muck about *(informal)*.

2 tontear con alguien: *He was released from jail only to find that his wife had been fooling around with his best friend*, Cuando salió de la cárcel se encontró con que su mujer había estado tonteando con su mejor amigo.

force [fɔ:s]

force back *vt sep* contener, reprimir: *I could see he was trying to force back the tears*, Me di cuenta de que intentaba contener las lágrimas; *I had a sudden urge to slap him, but I forced it back*, De pronto me entraron ganas de abofetearle, pero me contuve.

SYNONYMS: fight back; hold back; keep back; suppress.

ANTONYMS: let go; let out.

force into *vt sep* (to force *somebody* into (doing) *something*) obligar a alguien hacer algo: *It's your decision, I don't want to force you into anything against your will*, La decisión es tuya, no quiero obligarte a hacer nada en contra de tu voluntad; *In a free market economy a government can't force a company into putting up wages*, En una economía de libre mercado un gobierno no puede obligar a una

force on

empresa a subir los sueldos; *It seems he was forced into stealing from his parents by older, so-called 'friends'*, Parece que unos supuestos 'amigos' que son mayores que él le obligaron a robar a sus padres.

force on or **force upon** *vt sep*

1 imponer, obligar a aceptar: *I don't imagine they want any additional responsibilities forced upon them*, No creo que quieran que les impongan más responsabilidades; *Because of this government's casual attitude, other countries are forcing more and more of their nuclear waste on us*, Debido a la actitud despreocupada de este gobierno, otros países nos están obligando cada vez más a aceptar sus residuos nucleares.

SYNONYMS: foist on; impose on.

forge [fɔːdʒ]

forge ahead *vi* avanzar a grandes pasos, hacer grandes adelantos: *Repairs to the castle are forging ahead*, Las reparaciones del castillo están avanzando mucho; *With the sale of Rover to BMW, it is the Germans who are forging ahead at the luxury end of the car market*, Con la venta de Rover a BMW, los alemanes están subiendo mucho en el sector del automóvil de lujo.

ANTONYMS: lag behind; drop behind; trail.

fork [fɔːk]

fork out *vt sep (informal)* apoquinar, aflojar, desembolsar: *Don't expect me to fork out more money to tax and insure the bloody car as well*, No esperes que también apoquine más dinero para los impuestos y también para el seguro del maldito coche; *Tax payers have already forked out a fortune on repairs to council buildings*, Los contribuyentes ya han desembolsado una fortuna para las reparaciones de los edificios del ayuntamiento.

SYNONYMS: shell out *(informal)*; lay out *(informal)*; cough up *(informal)*.

foul [faʊl]

foul up *vt sep - vi (informal)* fastidiar, estropear; pifiarla, cagarla, meter la pata: *I don't know how he managed to foul up the travel arrangements*, No sé cómo se las arregló para fastidiar los planes del viaje; *If it doesn't arrive on time, you can bet it's because the Glasgow office has fouled up again*, Si no llega a tiempo, seguro que es porque la oficina de Glasgow ha vuelto a meter la pata.

SYNONYMS: mess up *(informal)*; muck up *(informal)*; cock up *(vulgar slang)*.

freak [friːk]

freak out *vi*

1 *(informal)* alucinar, flipar: *Her parents will freak out when they get the bill*, Sus padres van a alucinar cuando les llegue la factura; *I nearly freaked out when I read the first question*, Por poco me da algo al leer la primera pregunta; *The weird way she rolled her eyes really freaked me out*, Me alucinó la manera tan extraña en que puso los ojos en blanco.

2 *(slang)* flipar: *We'd never seen anyone on acid freak out like that before*, Nunca habíamos visto a nadie flipar así con un ácido.

free [friː] freeing, freed, freed

free up *vt sep* dejar libre, liberar: *He said he would try to free up a couple of hours*

the following week, Dijo que intentaría dejar un par de horas libres la semana siguiente.
ANTONYMS: tie up.

freeze [fri:z] freezing, froze, frozen
freeze out *vt sep (informal)* dar de lado a alguien, excluir, dejar fuera: *It was clear that a Western alliance had been formed, with the purpose of freezing out Eastern bloc countries*, Era evidente que se había formado una alianza occidental, con la intención de excluir a los países del bloque del Este; *If you answer more than three questions incorrectly, you'll be frozen out of the next round*, Si respondes mal más de tres preguntas, quedas fuera de la próxima ronda.
SEE ALSO: squeeze out.

freeze over *vi* helarse, congelarse: *It was so cold that winter that even the sea froze over*, Aquel invierno hizo tanto frío que incluso se heló el mar; *Where do the ducks go in the winter when the pond freezes over?*, ¿A dónde van los patos en invierno cuando el estanque se congela?; *There's no way they'll give us the money — there's more chance of Hell freezing over*, No va a haber forma de que nos den el dinero; hay más posibilidades de que se congele el infierno.
SYNONYMS: ice over.

freeze up *vi* helarse, congelarse, atascarse por el hielo: *All the locks had frozen up and we couldn't get into the car*, Todas las cerraduras estaban congeladas y no pudimos entrar en el coche.
SYNONYMS: ice up.
SEE ALSO: seize up.

freshen ['freʃən]
freshen up *vi* lavarse y arreglarse: *It's a long journey from London and they'll probably want to freshen up before dinner*, Es un viaje muy largo desde Londres y seguramente querrán lavarse y arreglarse antes de cenar.

frighten ['fraɪtən]
frighten away or **frighten off** *vt sep*
1 ahuyentar, espantar: *They kept the camp fire burning to frighten the bears away*, Dejaron encendida la fogata del campamento para ahuyentar a los osos; *It's clear the thief had only just entered the building when the sound of police sirens frightened him off*, Está claro que el ladrón acababa de entrar en el edificio cuando el sonido de las sirenas de la policía lo ahuyentó.
SYNONYMS: scare off.
2 ahuyentar, espantar, alejar: *He's desperate for marriage and children, and this has frightened away every woman he's met so far*, Está desesperado por casarse y tener hijos, y eso ha ahuyentado a todas las mujeres que ha conocido hasta ahora; *Blair's task is to remain loyal to the party's socialist roots whilst being careful not to frighten off the middle-class voter*, La misión de Blair es seguir siendo leal a las raíces socialistas del partido al tiempo que intentar no espantar al votante de clase media.
SYNONYMS: scare off.
SEE ALSO: ward off.

frighten into *vt sep* (to frighten *somebody* into (doing) *something*) amedrentar a alguien para que haga algo: *Some witnesses had been frightened into giving false evidence*, Metieron miedo a algunos testigos para que dieran un testimonio falso.

fritter [ˈfrɪtəʳ]
fritter away *vt sep* desperdiciar, derrochar: *It was all too easy to fritter the whole holiday away sunbathing and splashing in the sea*, Era muy fácil dejar pasar las vacaciones tomando el sol y chapoteando en el mar; *We frittered away most of our lottery winnings on just having a good time*, Derrochamos casi todo lo que ganamos en la lotería simplemente pasándolo bien.
SYNONYMS: squander.

frost [frɒst]
frost over or **frost up** *vi* cubrirse de escarcha: *The pavements had frosted over which made walking quite hazardous*, Las aceras se habían cubierto de escarcha, por lo que era bastante peligroso caminar por ellas; *The windscreen has frosted up during the night and I can't find my scraper*, El parabrisas se ha cubierto de escarcha esta noche y no encuentro la espátula.

frown [fraʊn]
frown on or **frown upon** *vt insep* desaprobar, no ver bien algo: *Smoking is frowned on in public buildings*, Está mal visto fumar en los edificios públicos; *The company makes a great show of frowning upon any hint of sexist behaviour*, La empresa hace gala de desaprobar la menor insinuación de conducta sexista.

fuck [fʌk]
fuck about or **fuck around** *(vulgar slang)*
  1 *vi* hacer el gilipollas: *Tell them to stop fucking about and get some work done*, Diles que se dejen de hacer el gilipollas y que se pongan a trabajar; *That moron Darren Lewis is always fucking around in class*, Ese imbécil de Darren Lewis siempre está haciendo el gilipollas en clase.
  2 *vt sep* joder a alguien, andar jodiendo a alguien: *I came here to do business, not to be fucked around by a bunch of accountants*, Vine aquí a un negocio, no a que me anden jodiendo unos cuantos contables; *I'm warning you; don't fuck me about or you'll live to regret it*, Te lo advierto: no me andes jodiendo o te arrepentirás.
  SYNONYMS: piss about *(vulgar slang)*; bugger about *(vulgar slang)*; mess about *(informal)*.
fuck off *vi (vulgar slang)* mandar a alguien a tomar por culo, mandar alguien a la mierda: *Why don't you just fuck off and leave me alone!*, ¿Por qué no te vas a tomar por culo y me dejas en paz?
  SYNONYMS: piss off *(vulgar slang)*; bugger off *(vulgar slang)*; get lost *(informal)*.
fuck up
  1 *vt sep (vulgar slang)* joder algo: *He's managed to fuck up the last chance we had of making any serious money*, Se las ha arreglado para joder la última oportunidad que teníamos de ganar dinero de verdad.
  2 *vi (vulgar slang)* joderla, cagarla: *Don't get Norris involved, he'll only fuck up again*, No metas a Norris en esto, seguro que la vuelve a joder.
  SYNONYMS: cock up *(vulgar)*; foul up *(informal)*; mess up *(informal)*.

fuss [fʌs]
fuss over *vt insep* andarse con contemplaciones con alguien, contemplar, mimar: *She doesn't realize that fussing over the children will only make them soft*, No se da cuenta de que si se anda con tantas contemplaciones con los niños sólo conse-

guirá hacerlos más débiles; *I think that, to varying degrees, we all like to be fussed over a bit,* Creo que, en distintos grados, a todos nos gusta que nos hagan un poco de caso; *Will you stop fussing over me? I've got everything I want,* ¿Quieres parar de andarte con tantas contemplaciones conmigo? Ya tengo todo lo que quiero.

gabble ['gæbəl]
gabble away or **gabble on** *vi (informal)* parlotear atropelladamente: *Old Mrs Bates gabbles away quite happily when we visit her, though she doesn't remember who we are,* La vieja señora Bates se pone a parlotear encantada cuando vamos a verla a pesar de que no se acuerda de quiénes somos; *What were you gabbling on about? It didn't make any sense,* ¿De qué estabas hablando? No tenía ningún sentido.

gain [geɪn]
gain in *vt insep*
1 adquirir, ganar: *The sledge gained in speed as it went down the slope,* El trineo adquirió velocidad al bajar por la cuesta; *Well, you've certainly gained in weight since you joined the Army,* Desde luego que has ganado peso desde que te alistaste en el ejército.
2 adquirir, ganar: *He felt he had gained in wisdom and experience, but at a high personal cost,* Sentía que había adquirido sabiduría y experiencia, pero a un coste personal elevado.

gain on or **gain upon** *vt insep*
1 acercarse a alguien, acortar distancias con alguien: *I looked back and saw that the policeman was gaining on me,* Miré hacia atrás y vi que el policía estaba cada vez más cerca; *Recent opinion polls show the Social Democrats gaining on the Christian Democrats,* Los últimos sondeos de opinión demuestran que los socialdemócratas están acortando las distancias con respecto a los democratacristianos.
   SYNONYMS: catch up with; catch up on.
2 alejarse de alguien: *The Algerian led the race from the start, but in the last two laps he gained even more on the rest of the runners,* El argelino iba ganando la carrera desde el principio, pero en las dos últimas vueltas se alejó aún más del resto de los corredores.

gallop ['gæləp] galloping, galloped, galloped
gallop through *vt insep (informal)* hacer algo a toda marcha: *They galloped through the various items on the agenda so that they could get finished by 5 pm,* Repasaron los distintos puntos del orden del día a toda marcha para poder acabar a las cinco de la tarde; *There's nothing very complicated about this test. You should be able to gallop through it in no time,* Esta prueba no tiene nada de complicado. Deberías poder hacerla en un periquete.

gamble ['gæmbəl]
gamble away *vt sep* jugarse algo: *He gambled away his entire fortune in three short months,* Se jugó toda su fortuna en sólo tres meses; *By putting his faith in quacks, he was gambling away his only real chance of a cure,* Al depositar su fe en los curanderos, se jugaba la única posibilidad que tenía de curarse.
gamble on *vt insep*
1 jugar a algo, apostar a algo: *I suppose I spend about 500 euros a week gambling*

on the horses, Supongo que me gasto unos quinientos euros a la semana apostando a los caballos; ***Each week millions of people gamble on the National Lottery hoping to win a fortune***, Cada semana millones de personas juegan a la Lotería Primitiva con la esperanza de ganar una fortuna.

2 confiar en algo *(que no es seguro que ocurra)*: ***We gambled on the weather remaining fine and left our raincoats at home***, Confiamos en que seguiría haciendo buen tiempo y dejamos las gabardinas en casa; ***The government is gambling on the support of several minor parties to push the legislation through parliament***, El gobierno juega con que le apoyen varios partidos pequeños para que la ley sea aprobada en el parlamento.

gang [gæŋ]

gang together or **gang up** *vi* unirse a alguien: ***We will be ganging up with sales teams from all over the country for the national convention***, Nos uniremos a equipos de ventas de todo el país para la convención nacional.

gang up on *vt insep* confabularse contra alguien: ***He was ganged up on by several bigger boys***, Varios chicos mayores se confabularon contra él; ***Several of his former political allies ganged up on him***, Varios de sus antiguos aliados políticos se confabularon contra él.

gasp [gɑːsp, gæsp]

gasp out *vt sep* decir algo jadeando: ***He gasped out, "Help me, I think I'm dying," as he sank to his knees***, -Socorro, creo que me muero -dijo jadeando, mientras caía de rodillas.

gather [ˈgæðəʳ]

gather around *vt insep* see **gather round**.

gather in *vt sep* recoger: ***They are working round the clock to gather in the wheat and barley***, Están trabajando contra reloj para recoger el trigo y la cebada.

gather round *vt insep*

1 agruparse en torno a algo, reunirse en torno a algo: ***Passers-by gathered around the scene of the accident***, Los transeúntes se agruparon en torno a la escena del accidente; ***Come on, children, gather round, and I'll show you how to make a cake***, Vamos, niños, poneos a mi alrededor y os enseñaré a hacer un pastel.

2 arropar, apoyar: ***The bereaved woman's friends had all gathered round to help***, Todos los amigos de la viuda acudieron a ayudarla.

gather together *vt sep* reunir: ***He has gathered together all the experts in the field so that they can exchange ideas***, Reunió a todos los expertos en el tema para que intercambiaran ideas; ***The whole family was gathered together to hear the reading of the will***, Toda la familia se reunió para escuchar la lectura del testamento; ***It was essential, Dexter knew, to gather together as powerful a case as possible***, Dexter sabía que era esencial reunir los argumentos más convincentes posibles.

gather up *vt sep* recoger: ***Without a word Andreyev gathered up the papers in front of him and left the room***, Sin pronunciar palabra, Andreyev recogió los papeles que tenía delante y salió de la habitación; ***They were gathering great armfuls of hay up and tossing them on the cart***, Recogían grandes cantidades de heno y lo lanzaban al carro.

gear [gɪəʳ]

gear down *vt sep - vi*

1 reducir *(una marcha)*: ***McRae geared down as he approached the bend***, McRae redujo cuando se acercaba a la curva.

2 reducir: ***We'll be forced to gear down our production now that demand is falling***, Tendremos que reducir la producción, ahora que disminuye la demanda.

ANTONYMS: gear up.

gear to or **gear towards** *vt insep* (**to be geared to** *or* **towards something**) estar dirigido a algo, estar orientado a algo: ***This was in the context of a world trading system geared to the industrial needs of Europe***, Esto ocurrió en el contexto de un sistema comercial mundial dirigido a las necesidades industriales de Europa; ***Obviously the service has to provide value for money, but it must be geared first and foremost towards the needs of patients***, Obviamente, el servicio debe ofrecer una buena relación calidad-precio, pero ante todo tiene que estar dirigido hacia las necesidades de los pacientes.

gear up *vt sep - vi* prepararse: ***The newly industrialized nations of the Far East were being geared up for entry into international markets***, Los países recién industrializados de Extremo Oriente se estaban preparando para entrar en los mercados internacionales; ***He spent a few days at base camp gearing himself up for the assault on the summit***, Pasó unos cuantos días en el campamento base preparándose para escalar a la cumbre.

gee [dʒiː] geeing, geed, geed

gee up *vt sep (informal)* animar, animarse: ***He was feeling the effects of the long flight and had to gee himself up to go out and do some sightseeing***, Sentía los efectos del largo vuelo y tuvo que hacer un esfuerzo para salir y hacer un poco de turismo; ***Come on, a nice long walk will gee you up***, Vamos, un buen paseo te animará.

gen [dʒen] genning, genned, genned

gen up *vt sep (informal)* poner a alguien al tanto: ***Go and see Arthur and he will gen you up on the latest developments***, Vete a ver a Arthur y él te pondrá al tanto de los últimos acontecimientos.

SYNONYMS: brief; put in the picture *(informal)*.

get [get] getting, got, got (In British English the past tense and past participle of **get** is **got**. In American English **gotten** is often used as the past participle)

get about or **get around** *vi (informal)*

1 moverse, viajar: ***"She was in Cardiff on Monday, Birmingham on Tuesday and Edinburgh on Wednesday." "Yes, she gets about, doesn't she?"***, -El lunes estaba en Cardiff, el martes en Birmingham y el miércoles en Edimburgo. -Sí, viaja mucho, ¿verdad?; ***I get around town on my bike; it's a lot quicker than the bus***, Me muevo por la ciudad en bicicleta; es mucho más rápido que el autobús.

2 moverse: ***He's broken his ankle but he can still get about on crutches***, Se ha roto el tobillo, pero todavía puede moverse con muletas.

3 circular, correr, propagarse: ***Keep this information to yourself, I wouldn't want it to get about***, No se lo cuentes a nadie, no quiero que se sepa por ahí; ***The news soon got around that Johnson's was hiring and a queue of people formed at the factory gate***, Pronto corrió la voz de que Johnson's estaba contratando personal y se formó una cola en la puerta de la fábrica.

get across *vt sep - vi*

1 cruzar, pasar: ***How are we going to get across the river when there's no bridge***

and we don't have a boat?, ¿Cómo vamos a cruzar el río si no hay puente y no tenemos barco?
SYNONYMS: get over.
2 transmitir: *We have to get the message across that, once again, the government is wrong*, Tenemos que transmitir el mensaje de que, una vez más, el gobierno se equivoca.
SYNONYMS: get over; communicate.

get after *vt insep* ir tras alguien: *John's just left. Get after him and tell him the flight's been cancelled*, John acaba de irse. Ve tras él y dile que se ha suspendido el vuelo.

get ahead *vt insep - vi*
1 adelantarse: *Schumacher accelerated approaching the bend and got ahead of Hill as they came into the straight*, Schumacher aceleró al acercarse a la curva y adelantó a Hill cuando los dos llegaron a la recta.
2 avanzar: *I want to get ahead with this project so that I'll have more free time later on*, Quiero adelantar el trabajo para este proyecto para después tener más tiempo libre.
ANTONYMS: get behind.
3 progresar, hacer progresos: *How do you expect to get ahead in the company if you're not willing to work?*, ¿Cómo pretendes progresar en la empresa si no estás dispuesta a trabajar?

get along *vt insep - vi (informal)* llevarse bien: *Despite the difference in age, the two brothers have always got along well*, A pesar de la diferencia de edad, los dos hermanos siempre se han llevado bien; *I've never got along with my parents-in-law*, Nunca me he llevado bien con mis suegros.
SEE ALSO: get on.

get around *vt insep - vi*
1 encontrar tiempo *(para hacer algo)*: *Steven eventually got round to painting the garden gate*, Steven por fin encontró un momento para pintar la verja del jardín.
2 difundirse, propagarse, circular: *It's a mystery to me how these rumours get around*, Para mí es un misterio cómo se difunden estos rumores.
SEE ALSO: get about.
3 eludir, evitar: *We'll just have to face it, I can't see any way of getting around it*, Tendremos que hacerle frente, no veo cómo podemos eludirlo.
4 convencer: *Don't worry about Mum, I can easily get around her*, No te preocupes por mamá, puedo convencerla fácilmente.

get at *vt insep (informal)*
1 referirse a algo, querer decir, insinuar: *Do you know what he was getting at when he said there was trouble on the horizon?*, ¿Sabes a qué se refería cuando dijo que se avecinaban problemas?
2 meterse con alguien: *Do you think he was getting at me when he said he thought the system could be improved?*, ¿Crees que se estaba metiendo conmigo cuando dijo que creía que se podía mejorar el sistema?; *I'm fed up with that teacher, she's always getting at me*, Estoy harta de esa profesora, siempre está metiéndose conmigo.
SYNONYMS: pick on.

get away *vi*
1 escapar, huir: *The police managed to catch three of the robbers but the leader of the gang got away*, La policía logró atrapar a tres de los ladrones pero el jefe de la banda huyó; *There were some fishermen in the pub talking about the fish that got away*, Había unos pescadores en el bar hablando del pez que se escapó.

2 irse, marcharse: *I'll have to get away by 11 o'clock if I'm to catch the last train*, Tendré que irme de aquí antes de las once si quiero coger el último tren.

3 hacer una escapada, irse de vacacioens: *We're hoping to get away for a couple of weeks in the summer*, Esperamos poder hacer una escapada un par de semanas en verano.

get away from vt insep

1 apartarse, alejarse: *Get away from the window, someone might see you!*, ¡Apártate de la ventana, que puede verte alguien!

2 escaparse de alguien, alejarse de alguien: *I go to a night class to get away from the children for a few hours*, Voy a una clase nocturna para escaparme unas horas de los niños.

get away with vt insep

1 escaparse con algo, huir con algo: *The robbers had got away with nearly 100,000 pounds' worth of diamonds*, Los ladrones habían huido con casi 100.000 libras en diamantes.

2 hacer algo sin que pase nada, hacer algo con impunidad: *He's apparently been getting away with tax fraud for years*, Al parecer lleva años defraudando al fisco y nunca le ha pasado nada; *I didn't do my emergency stop properly, but I got away with it and passed my driving test*, No hice bien la parada de emergencia, pero lo pasaron por alto y aprobé el examen de conducir; *I sang the first verse twice, but no-one seems to have noticed so I think I got away with it*, Canté la primera estrofa dos veces, pero parece que nadie se dio cuenta, así que no pasó nada.

get back vt sep - vi

1 llegar a casa, volver, volver a casa: *Our train was late and we didn't get back until after midnight*, Nuestro tren llegó tarde y no llegamos a casa hasta pasada la medianoche; *He got back just in time to dress for dinner*, Llegó a casa justo a tiempo de vestirse para la cena.

2 volver: *This has been rather a long lunch, we'd better get back to the office*, Ha sido una comida muy larga, más vale que volvamos a la oficina.

3 colocar algo en su sitio, poner algo donde estaba: *I don't think we'll be able to get his dislocated shoulder back into its socket without giving him an anaesthetic*, No creo que podamos volverle a colocar el hombro dislocado en su sitio sin administrarle un anestésico.

4 hacerse atrás, retroceder: *Get back! I've got a gun, and I'll use it if you come any closer!*, ¡Atrás! ¡Tengo una pistola, y la usaré si te acercas!

5 recuperar: *I lent him my Bon Jovi tapes months ago and I don't think I'm ever going to get them back*, Le presté hace meses mis cintas de Bon Jovi y creo que no me las va a devolver; *After looking so pale and ill for so long, she's now got her normal healthy glow back*, Después de llevar tanto tiempo pálida y enferma, ahora ha recuperado su color sano de siempre.

SYNONYMS: recover; regain.

get back at vt insep (informal) hacérselas pagar a alguien, vengarse de alguien: *She racked her brains trying to think of a way to get back at Elizabeth*, Se devanó los sesos intentando pensar en cómo podía hacérselas pagar a Elizabeth.

SYNONYMS: get even with.

get back into vt insep (informal) volver a meterse en algo: *After years spent at home, it took her a while to get back into the routine of going out to work every day*, Tras años de estar en casa, tardó un tiempo en volver a meterse en la rutina de salir a trabajar todos los días.

get back to

get back to *vt insep*
1 volver a *(hacer algo)*, reanudar: ***The best thing for him would be to get back to his everyday routine***, Lo mejor para él sería reanudar su rutina cotidiana.
2 contestar a alguien más tarde, volver a contactar con alguien: ***I don't have the price list handy. Can I get back to you on it?***, No tengo la lista de precios a mano. ¿Puedo llamarle más tarde para dárselos?; ***Listen, I'll speak to John this morning and get back to you, okay?***, Mira, voy a hablar con John esta mañana y después te llamo, ¿de acuerdo?

get behind *vt insep*
1 ponerse detrás de algo: ***If you get behind that curtain no-one will see you***, Si te pones detrás de esa cortina, nadie te verá.
2 atrasarse, retrasarse, demorarse: ***This delay was due to the production department getting behind with the manufacture***, Este retraso se debió a que el departamento de producción se demoró en la fabricación; ***Remember that if you get behind with your mortgage payments the bank may repossess your house***, Recuerda que si te retrasas con los pagos de la hipoteca, el banco puede quedarse con la casa.
   SYNONYMS: fall behind.
3 apoyar, dar su apoyo a alguien: ***The supporters should get behind their team instead of continually criticizing them***, Los seguidores deberían apoyar al equipo en lugar de criticarlo continuamente.

get beyond *vt insep* pasar de algo, superar algo: ***I laid a bet that he couldn't get beyond level two of Super Mario Brothers***, Aposté que no podría pasar del nivel dos de Super Mario Brothers; ***Come on now, this has got beyond a joke. Where have you put my camera?***, Oye, esto ya deja de ser una broma. ¿Dónde has puesto mi cámara?

get by *vt insep*
1 pasar: ***There was a lorry blocking the road and the police car couldn't get by***, Un camión bloqueaba la carretera y el coche patrulla no podía pasar.
2 arreglarse, apañarse: ***Money has always been a worry but we've managed to get by somehow***, El dinero siempre ha sido una preocupación pero nos las hemos arreglado de un modo u otro; ***I know the photocopier isn't working; you'll just have to get by without it***, Ya sé que la fotocopiadora no funciona; tendrás que apañártelas sin ella.
   SYNONYMS: exist; subsist *(formal)*.

get by on *vt insep* arreglarse con algo, apañarse con algo: ***Few young couples nowadays are able to get by on only one income***, Hoy en día pocas parejas jóvenes pueden vivir con un solo sueldo.

get by with *vt insep* arreglarse con algo, apañarse con algo: ***I don't have a decent suit. Do you think I could get by with a blazer and grey trousers for the interview?***, No tengo un traje presentable. ¿Crees que para la entrevista puedo pasar con una americana y unos pantalones grises?
   SYNONYMS: get away with.

get down *vt sep*
1 bajar: ***The cat's climbed to the top of the tree and can't get down again***, El gato se ha subido a la copa del árbol y no puede bajar.
   SYNONYMS: descend.
2 tomar nota de algo, anotar algo: ***The lecturer talks so quickly that it's difficult to get down everything he says***, El profesor habla tan rápido que cuesta tomar apuntes de todo lo que dice; ***I find I need to get things down on paper before I really***

get into

understand them, Veo que necesito poner las cosas por escrito antes de entenderlas de verdad.

3 *(informal)* desanimar, desmoralizar, deprimir: ***His constant criticisms are beginning to get me down***, Sus críticas constantes empiezan a desanimarme; ***It was the fourth time in two weeks he had come home late, and it was beginning to get her down***, Era la cuarta vez en dos semanas que él llegaba tarde a casa, y eso empezaba a deprimirla.

4 **(to get down on your knees)** ponerse de rodillas: ***The tunnel was so low they had to get down on their knees and crawl through it***, El túnel era tan bajo que tuvieron que ponerse de rodillas y avanzar a gatas.

get down to *vt insep (informal)* ponerse a *(hacer algo)*: ***After the Easter break you'll have to get down to some serious study for your exams***, Tras las vacaciones de Semana Santa tendréis que poneros a estudiar en serio para los exámenes; ***They're more likely to attack opponents than get down to the specifics of their own party programmes***, Seguro que atacan a los adversarios antes que ponerse a concretar los programas de su propio partido.

get in *vt sep - vi*

1 salir elegido, ganar: ***Do you think the Liberals will get in again at the next election?***, ¿Crees que los liberales volverán a salir elegidos en las próximas elecciones?

2 tener tiempo para hacer algo: ***I'd like to get another hour's work in before dinner***, Me gustaría trabajar una hora más antes de cenar; ***Can we get another game in before it's time to go?***, ¿Hay tiempo para otra partida antes de la hora de marcharse?

3 decir algo, meter baza, intervenir: ***It was difficult to get a comment in, everyone was talking so furiously***, Costaba intervenir porque todos hablaban muy apasionadamente; ***If I could just get a word in, ...***, Si me dejáis decir algo, ...

4 llamar, contratar: ***"Will you be putting the new bathroom in yourselves?" "No, we're getting a local firm of plumbers in"***, -¿Vais a hacer la instalación del cuarto de baño nuevo vosotros mismos? -No, vamos a llamar a unos fontaneros de por aquí.

5 llegar: ***The last train gets in at midnight***, El último tren llega a medianoche.

get in on *vt insep (informal)* meterse en algo: ***He's always trying to get in on our discussions, even though we make it obvious he isn't welcome***, Siempre intenta meterse en nuestras discusiones, aunque le dejamos claro que no es bienvenido.

get into *vt sep*

1 meterse en, subirse a, entrar en *(un vehículo)*: ***It took four stretcher-bearers to get him into the ambulance***, Para poder meterlo en la ambulancia hicieron falta cuatro camilleros; ***Get in the car - we're leaving!***, ¡Entra en el coche que nos vamos!

2 meter a alguien en algo; meterse en algo: ***That's another fine mess you've gotten me into!***, ¡En menudo lío has vuelto a meterme!; ***His habit of saying the first thing that comes into his head will get him into trouble one of these days***, Un día de estos su costumbre de decir lo primero que se le ocurre le dará problemas; ***It was very foolish of them to get themselves into so much debt***, Fue una locura que se endeudaran tanto.

3 entrarle a alguien *(un cabreo, el pánico, etc)*: ***She got into a real panic when she discovered the baby was missing***, Le entró verdadero pánico cuando descubrió que el bebé había desaparecido.

4 *(informal)* aficionarse a algo, meterse en algo *(de lleno)*: ***I got into surfing when I was on holiday in Australia***, Me aficioné al surf cuando estuve de vacaciones en Australia; ***Since he's been working in Edinburgh, he's really got into Scottish his-***

get in with

tory and culture, Desde que trabaja en Edimburgo, se ha metido de lleno en la historia y la cultura de Escocia.

5 entrar en *(un centro educativo)*: ***Do you think he'll get good enough grades to get into Oxford?***, ¿Crees que sacará notas lo bastante buenas como para entrar en Oxford?

6 salir elegido al *(parlamento, congreso, etc)*: ***He got into Parliament with the slimmest of majorities***, Salió elegido al Parlamento por una escasísima mayoría de votos.
SEE ALSO: get in.

7 llegar a *(un lugar)*: ***When does the ferry leaving Ullapool at 11 a.m. get into Stornaway?***, ¿A qué hora llega a Stornaway el ferry que sale de Ullapool a las 11 de la mañana?

8 ponerse *(ropa, zapatos)*: ***The astronauts couldn't get into their heavy space suits without help***, Los astronautas no podían ponerse los pesados trajes espaciales sin ayuda; ***I've got so fat I can't get into my clothes***, He engordado tanto que no me cabe la ropa.

9 **(What has got into *somebody?*)** ¿Qué mosca le ha picado?, ¿qué le ha pasado?: ***I wonder what's got into Peter; he was quite rude to me!***, ¿Qué mosca le habrá picado a Peter?, ¡ha estado muy grosero conmigo!

get in with *vt insep* relacionarse con alguien, codearse con alguien, hacer amistad con alguien: ***I've been trying to get in with some of the more experienced players hoping to learn something***, He intentando relacionarme con algunos de los jugadores con más experiencia con la esperanza de aprender algo.

get off *vt sep*

1 salir de *(un sitio)*,: ***Get off my land immediately or I'll set the dog on you***, Sal de mis tierras de inmediato o te echo el perro; ***Ouch! Get off! You're standing on my toe!***, ¡Ay! ¡Quita! ¡Me estás pisando el dedo del pie!

2 quitar: ***I'll never get this stain off the carpet***, Nunca voy a poder quitar esta mancha de la alfombra; ***Isn't there some sort of special solution that gets graffiti off?***, ¿No hay un líquido especial para quitar las pintadas?; ***Get your dirty feet off my clean floor!***, ¡Quitad esos pies sucios del suelo, que está limpio!

3 bajarse, salir de *(un vehículo)*: ***Stop the bus! I want to get off!***, ¡Pare el autobús que quiero bajarme!; ***Have my seat. I'm getting off at the next station***, Siéntese aquí. Me bajo en la próxima estación.
SYNONYMS: alight.

4 bajarse: ***He had to get off his bike and push it up the hill***, Tuvo que bajarse de la bicicleta y subir la cuesta empujándola.

5 irse, salir: ***We've packed all our camping equipment and are hoping to get off as soon as it's light***, Hemos preparado todo el equipo de camping y esperamos salir en cuanto amanezca; ***Get yourself off to school now, it's nearly half past eight***, Vete ya mismo a la escuela, son casi las ocho y media.

6 salir *(una carta, un mensaje)*: ***Can you make sure this letter gets off before the last post tonight?***, ¿Puedes asegurarte de que esta carta salga antes del último correo de esta noche?

7 librar a alguien, librarse: ***The lawyers got him off with a small fine***, Los abogados se las arreglaron para que sólo tuviera que pagar una pequeña multa; ***They didn't even fine him, he got off with a warning***, Ni siquiera le pusieron una multa, solo le dieron una advertencia.

8 quitarse *(la ropa)*: ***It's so hot! I must get this thick jersey off***, ¡Hace mucho calor! Tengo que quitarme este jersey tan grueso.
SYNONYMS: take off.

9 **(to get off lightly)** tener suerte, salir bien parado: ***All he got was six months'***

community service. I'd say he got off rather lightly, Sólo le echaron seis meses de servicio social. Creo que salió bastante bien parado.

get off on *vt insep (slang)* ponerse con algo, flipar con algo: *He seems to get off on having all that power*, Parece que el poder le pone.

get off with *vt insep (informal)* enrollarse con alguien: *She thought I was trying to get off with her boyfriend*, Pensó que intentaba enrollarme con su novio.

get on *vt insep - vi*
1 llevarse bien: *I don't think my son and his wife have been getting on very well recently*, Creo que últimamente mi hijo no se lleva muy bien con su mujer.
    SYNONYMS: get along.
2 prosperar: *It seems that, in order to get on, you have to socialize with the bosses*, Parece que, para llegar a alguna parte, tienes que hacer vida social con los jefes.
    SYNONYMS: get ahead *(informal)*.
3 *(informal)* irle a alguien: *"How's David getting on in his new job?" "He seems to be getting on fine"*, -¿Cómo le va a David en su nuevo trabajo? -Parece que le va bien.
4 subir, montar: *Several people got on at the last stop*, Varias personas se subieron en la última parada; *Hurry up and get on the bus*, Date prisa y sube al autobús.
    SYNONYMS: board.
    ANTONYMS: get off; alight.
5 ponerse *(ropa)*: *She was trying to get her new jeans on*, Intentaba ponerse los vaqueros nuevos.

get on at *vt insep (informal)* criticar, dar la lata, echar la bronca a alguien: *My wife's been getting on at me to get a job*, Mi mujer me ha estado echando la bronca para que busque un trabajo.
    SYNONYMS: nag.
    SEE ALSO: keep on at.

get on for *vt insep* rondar, ser cerca de, acercarse a *(una cantidad, una edad)*: *It was getting on for 3 a.m. by the time they found their way back to the road*, Eran cerca de las tres de la mañana cuando encontraron el camino de vuelta a la carretera; *Jim's father still goes riding even though he must be getting on for ninety*, El padre de Jim sigue montando a caballo a pesar de que debe de rondar los noventa años; *We must have had getting on for three hundred applications so far*, De momento habremos recibido cerca de unas trescientas solicitudes.

get on to *vt insep* llamar a alguien: *Get on to the suppliers and find out why our order hasn't arrived*, Llama a los proveedores y averigua por qué no ha llegado nuestro pedido.

get on with *vt insep*
1 llevarse bien con alguien: *She wants to leave home because she doesn't get on with her stepmother*, Se quiere marchar de casa porque no se lleva bien con su madrastra.
2 seguir con algo, seguir haciendo algo: *Of course his death was a blow, but you have to get on with your life, don't you?*, Claro que su muerte fue un golpe duro, pero hay que seguir viviendo, ¿verdad?; *I had better get on with this work if I want to finish it today*, Más vale que siga con el trabajo si quiero acabar hoy; *Have you got enough work to be getting on with?*, ¿Tienes suficiente trabajo para ir tirando?

get out *vi*
1 irse, marcharse: *Go on, get out, I don't want you here*, Venga, vete, no te quiero ver por aquí; *Get out of my sight, you disgusting child!*, ¡Fuera de mi vista, niño asqueroso!

get out of

2 salir a la luz, descubrirse: *If this gets out, we'll be in real trouble*, Si esto se descubre, tendremos problemas.

3 escaparse: *Someone left the gate open and the dog got out*, Alguien dejó la verja abierta y el perro se escapó.

4 salir: *When he eventually gets out, he'll find it pretty difficult to adjust to life outside prison*, Cuando por fin salga, le costará adaptarse a la vida fuera de la cárcel.

5 salir, salir de casa: *She's a bit frail now and doesn't get out much any more*, Está un poco delicada y ya no sale mucho.

get out of *vt insep* librarse de algo: *I don't want to go to their stupid dinner party but how on earth am I going to get out of it?*, No quiero ir a su estúpida cena, pero ¿cómo narices voy a librarme?; *It's amazing the excuses children will think of to get out of doing their homework*, Son increíbles las excusas que se inventan los niños para librarse de hacer los deberes.

SYNONYMS: avoid; duck out *(informal)*.

get over

1 *vt insep* pasar, saltar *(un obstáculo)*: *I don't think that pony will get over that big jump*, No creo que ese poni pueda saltar tan alto.

2 *vt insep* recuperarse de algo, superar algo: *She's never really got over the death of her husband*, En realidad nunca se ha recuperado de la muerte de su marido.

3 *vt insep* solucionar, superar: *We had a few problems at the beginning, but we soon got over those*, Al principio tuvimos algunos problemitas, pero pronto los solucionamos; *We'll be able to relax a little once we've got over the busy period in the summer*, Podremos relajarnos un poco en cuanto hayamos pasado el periodo tan ocupado del verano.

4 *vt sep* transmitir, hacer comprender: *The party must make an effort to get its message over to the electorate if they want to win the election*, El partido tiene que esforzarse por transmitir su mensaje al electorado si quiere ganar las elecciones.

SYNONYMS: get across; communicate.

get over with *vt sep* **(to get *something* over with)** quitarse algo de encima, acabar con algo cuanto antes: *She said she just wanted to get the funeral over so that she could get on with her life*, Dijo que sólo quería que el funeral terminara cuanto antes para seguir adelante con su vida.

get round

1 *vt insep* evitar, esquivar, salvar *(un obstáculo)*; evitar *(un problema)*: *There's an enemy checkpoint up ahead, we'll have to find some way to get round it*, Hay un control enemigo más adelante, así que tendremos que encontrar la forma de evitarlo; *If your licence for the program expires on a certain date, one way of getting round the problem is by changing the date on your computer*, Si tu licencia de programa caduca en una fecha determinada, una forma de evitar el problema es cambiar la fecha del ordenador.

2 *vt insep* desplazarse, moverse: *This plan will help you to get round the campus*, Este plano te ayudará a moverte por el campus; *The best way to get round the island is by bicycle*, La mejor manera de ir de un sitio a otro de la isla es en bicicleta.

3 *vt insep* persuadir, convencer, engatusar: *She certainly knows how to get round the boss, she can make him do absolutely anything she wants*, Ella sí que sabe engatusar al jefe, puede hacer que haga absolutamente cualquier cosa que ella quiera.

4 *vi* difundirse, llegar a saberse, hacerse público: *If word gets round that rats have been found in the kitchen, you might as well close the restaurant because nobody will want to eat there*, Si se corre la voz de que se han encontrado ratas

en la cocina, más te vale que cierres el restaurante porque nadie va a querer comer allí.

get round to *vt insep* llegar a hacer algo, ponerse a hacer algo: *I've been meaning to write to you for ages, but I just haven't got round to it till now*, Hace tiempo que tenía intención de escribirte, pero no me he puesto hasta ahora; *I buy loads of books, but I never seem to get round to reading them*, Compro montones de libros, pero se ve que nunca encuentro el momento de leerlos.

get through *vt insep*
1 terminar, acabar: *It'll take me hours to get through all these letters*, Tardaré horas en terminar todas estas cartas.
2 gastar, consumir, acabar con algo: *We seem to get through an awful lot of coffee in this house*, Me parece que en esta casa consumimos un montón de café.
3 comunicar *(por teléfono)*: *I tried ringing him at his office, but I couldn't get through*, Intenté llamarle a la oficina pero no logré comunicar con él.
4 (to get through to *somebody*) hacerse entender por alguien, hacer que alguien le entienda a uno: *I don't know, we talk about drugs but I can't seem to get through to him*, No sé, a veces hablamos sobre drogas pero no consigo que me entienda.
5 (to get *something* through to *somebody*) hacer entender algo a alguien: *I can't seem to get through to them how important this is*, No consigo hacerles entender lo importante que es esto.

get to *vt insep*
1 llegar hasta, ir hasta *(un sitio)*: *What's the best way to get to the British Museum?*, ¿Por dónde se va mejor al Museo Británico?; *Which page did we get to in 'Hamlet' last week?*, ¿Hasta qué página de 'Hamlet' llegamos la semana pasada?; *He felt he was getting to the point where he couldn't cope anymore*, Le parecía que estaba llegando a un punto en el que ya no podía más.
2 estar: *He should have been here ages ago. Have you any idea where he might have got to?*, Tenía que haber llegado hace horas. ¿Sabes dónde puede estar?
3 afectar: *You shouldn't let him get to you. He's like that to everyone*, No deberías dejar que te afectara tanto. Es así con todo el mundo.
SEE ALSO: get at.

get together *vi* reunirse, juntarse: *We must get together soon and discuss the project*, Tenemos que reunirnos pronto para hablar del proyecto.

get up
1 *vi* levantarse: *Everyone got up when she came in the room*, Cuando entró en la sala todos se levantaron; *Raymond found it hard to get up on winter mornings*, A Raymond le costaba levantarse por las mañanas en invierno.
SYNONYMS: rise.
2 *vt sep* (to get *somebody* up) levantar a alguien *(de la cama)*: *She got me up at six o'clock just to watch the sun rise*, Hizo que me levantara a las seis de la mañana sólo para ver salir el sol.

get up to *vt insep* hacer, tramar: *I hate to think what he and his mates are getting up to in Greece*, No quiero ni pensar lo que él y sus amigos estarán haciendo en Grecia; *Those children are very quiet. What do you think they're getting up to?*, Esos niños están muy callados, ¿qué crees que estarán tramando?

get with *vt insep* (to get with it) *(informal)* enterarse, ponerse al día: *Nobody wears their hair like that anymore. You should try to get with it, Mum*, Ese peinado ya no se lleva; que no te enteras, mamá; *Get with it, Bob. That's not a very realistic suggestion, is it?*, A ver si te enteras un poco, Bob. No es una sugerencia muy realista, ¿no?

ginger [ˈdʒɪndʒə']

ginger up *vt sep* animar, activar, estimular: *The government must do something soon to ginger up the housing market or house prices will continue to decline*, El gobierno debería hacer algo para reactivar el mercado de la vivienda o los precios seguirán bajando; *The mamager brought on Saunders in the second half to ginger the team up a bit*, El mánager puso a Saunders en la segunda mitad del partido para animar un poco al equipo.

give [gɪv] giving, gave, given

give away *vt sep*

1 regalar: *Her mother gave most of her old baby clothes away*, Su madre regaló casi toda su ropa de cuando era un bebé.

2 regalar *(por descuido)*: *Listen, we have to stop giving the ball away in midfield*, A ver, no podemos seguir regalando balones en el medio campo.

3 entregar: *We've asked Mrs Andrews of the Parents and Teachers Association to give away the prizes*, Hemos pedido a la Sra. Andrews de la Asociación de padres y profesores que entregue los premios.
   SYNONYMS: give out; present.

4 revelar, descubrir *(información)*: *It seems he had been giving away all sorts of valuable trade secrets*, Al parecer había estado revelando todo tipo de secretos importantes sobre el proceso de fabricación.

5 delatar, descubrir a alguien: *I don't want him to find me, you won't give me away, will you?*, No quiero que me encuentre. ¿No me delatarás verdad?; *What gave him away in the end was the blonde hair on his jacket*, Al final lo que le delató fue el cabello rubio que tenía en la chaqueta.

6 delatar, revelar *(por un gesto, una expresión, etc)*: *I wondered what she was thinking, her expression gave very little away*, Me preguntaba qué estaría pensando; su expresión no decía mucho.

7 llevar al altar: *Her father's dead so her uncle will be giving her away*, Su padre está muerto, así que será su tío quien la lleve al altar.

give back *vt sep* devolver: *Give me back my ball*, Devuélveme el balón; *The unexpected win gave the team its confidence back*, La inesperada victoria devolvió la confianza al equipo.

give in

1 *vi* rendirse, darse por vencido: *You can't give in now. We're almost there*, ¡No puedes rendirte ahora! Ya casi estamos; *Okay, I give in. Who did it?*, De acuerdo, me rindo. ¿Quién lo hizo?; *There comes a point in life when you have to give in and admit that you're not as young as you were*, Llega un momento en la vida en que uno tiene que darse por vencido y admitir que ya no es tan joven.
   SYNONYMS: surrender.

2 *vt sep* entregar: *Has everyone given their homework in to the teacher?*, ¿Todos habéis entregado los deberes al profesor?
   SYNONYMS: hand in.

give in to *vt insep* ceder ante algo, acceder a algo: *If you give in to their demands, they'll simply come back for more money*, Si accedes a sus exigencias, volverán a por más dinero; *He's trying his best not to give in to temptation*, Hace todo lo que puede para no caer en la tentación.
   SYNONYMS: give way to.

give of *vt insep (formal)* dar, dedicar *(de forma altruista)*: *If you want to give of your best when you play in public, you have to practice every day*, Si quieres dar lo mejor de ti cuando actúas frente al público, tienes que practicar a diario; *He's always giving of his time to help out at the youth club*, Dedica mucho tiempo al club de jóvenes.

give off vt insep dar, despedir: *Most light bulbs give off more heat than light*, La mayoría de bombillas dan más calor que luz; *The chemical gave off acrid fumes, stinging their eyes*, El producto químico despedía gases acres que les irritaban los ojos; *She gave off a powerful smell of expensive perfume as she passed by*, A su paso dejaba un intenso olor a perfume caro.

give onto vt insep dar a *(un lugar)*: *The door gives onto a little courtyard*, La puerta da a un patio pequeño; *Our bedroom window gave onto the sea*, La ventana de nuestra habitación daba al mar.

give out

1 vt sep repartir: *We stood in the High Street giving out leaflets*, Nos pusimos a repartir folletos en High Street; *Most neighbourhood police place the emphasis upon community service and informal contact, giving out few parking tickets*, La mayoría de policías de barrio ponen más énfasis en el servicio a la comunidad y el contacto con la gente, por lo que acaban poniendo pocas multas de aparcamiento.
SYNONYMS: hand out; distribute.

2 vt sep anunciar, hacer saber: *It's been given out by the Prime Minister's office that he and his Irish counterpart are close to agreement*, El gabinete del Primer Ministro ha anunciado que él y su homólogo irlandés pronto llegarán a un acuerdo; *I shall let it be given out that she fell from her horse*, Haré que se anuncie que se cayó del caballo.

3 vt insep emitir, hacer, dar *(un ruido, un grito, etc)*: *The old engine was giving out a strange rattling noise*, El viejo motor hacía un ruido extraño; *He jumped up from his seat and gave out the most tremendous shout of triumph*, Saltó de su asiento y dio un grito de victoria tremendo.

4 vi agotarse: *Jane tried to climb Kilimanjaro, but her strength gave out about 2000 feet from the summit*, Jane intentó escalar el Kilimanjaro, pero sus fuerzas se agotaron a unos 600 metros de la cumbre.
SYNONYMS: run out *(informal)*.

5 vi fallar, pararse: *The strain was too much and his heart just gave out*, La presión que sufría era demasiada y se le paró el corazón.

give over

1 vt sep dar, entregar, ceder: *That is my book. Please give it over*, Ese es mi libro. Dámelo, por favor; *I cannot give over any of the powers that I, as a Member of Parliament, was given when I came to this Parliament*, No puedo ceder ninguno de los poderes que me fueron otorgados como diputado.

2 vi *(informal)* dejar *(de hacer algo)*: *I wish he would give over droning on about his holiday*, Ojalá dejara de hablar todo el día de sus vacaciones; *Oh, give over, will you! I'm fed up listening to your excuses*, ¡Vale ya! ¿no? Estoy harto de oír excusas.

give over to vt sep

1 destinar a algo, dedicar a algo: *Every available piece of land was given over to cereal production*, Todas las tierras disponibles se destinaron a la producción de cereales; *The last years of his life seem to have been largely given over to this task*, Dedicó los últimos años de su vida a este trabajo.

2 (to give oneself over to something) dedicarse, entregarse a algo: *She devoted her life to God, giving herself over to prayer and contemplation*, Dedicó su vida a

give up

Dios, entregándose a la oración y la contemplación; ***She wanted the world to go away so that she could give herself over to her lover's embrace***, Deseaba que el mundo desapareciera para dedicarse al abrazo de su amado.

give up *vt sep*
1 dejar algo, dejar de *(hacer algo)*: ***Why are you giving up your job?***, ¿Por qué dejas tu trabajo?; ***I'm afraid you'll have to give up cakes and biscuits if you want to lose weight, Mrs Jones***, Si quiere adelgazar, Sra. Jones, va a tener que dejar los dulces; ***Giving up smoking with someone else is much more likely to be successful than doing it alone***, Si dejas de fumar al mismo tiempo que otra persona da más resultado que si lo haces solo.
2 rendirse: ***Although they were surrounded, Howe and his company refused to give up and fought on***, Aunque estaban rodeados, Howe y su compañía no se rindieron y siguieron luchando; ***"Come on, have another guess." "No, I give up, I haven't a clue what it is"***, -Vamos, inténtalo otra vez. -No lo sé, me rindo. No tengo ni idea de lo que puede ser; ***I've given up trying to talk sense to him***, He dejado de intentar hacerle entrar en razón.
3 dejar *(a alguien)*, romper *(con alguien)*: ***But I have given her up, and in any case she has meant nothing to me for years***, Pero he roto con ella, y además, hace mucho tiempo que no significa nada para mí; ***If you don't give that boy up your father and I will stop your allowance***, Si no dejas a ese chico, tu padre y yo dejaremos de darte la semana.
4 deshauciar a alguien, perder las esperanzas con alguien: ***We had all given her up when she made this miraculous recovery***, Ya habíamos perdido las esperanzas con ella cuando se recuperó milagrosamente; ***After looking for half an hour we gave up the ball as lost***, Después de buscar el balón durante media hora, lo dimos por perdido.
5 entregarse: ***The thieves were cornered by police and forced to give themselves up***, La policía acorraló a los ladrones y tuvieron que entregarse.
6 renunciar a algo: ***The French weren't prepared to consider anything that involved giving up military sovereignty***, Los franceses no estaban preparados para considerar nada que supusiera renunciar a la soberanía militar; ***They went round the town calling on the people to give up their dead***, Fueron por todo el pueblo diciéndole a la gente que renunciaran a sus muertos.

SYNONYMS: deliver up *(formal)*; hand over; surrender.

give up on *vt insep (informal)* perder las esperanzas con alguien, perder la confianza en alguien: ***Here you are at last! We'd almost given up on you***, ¡Por fin! Pensábamos que ya no vendrías; ***It would be immoral of me to give up on my son***, Jamás podría darme por vencida y dejar de luchar por mi hijo; ***But if we don't do it, it means we're giving up on any chance of success***, Pero si no lo hacemos, significa que renunciamos a cualquier posibilidad de éxito.

give up to *vt sep* (**to give oneself up to something**) entregarse a algo, darse a algo: ***Diane forgot about her bad day and gave herself up to the pleasure of her walk with Ben***, Diane se olvidó del mal día que había tenido y decidió disfrutar de su paseo con Ben.

SYNONYMS: give over to.

glance [glɑːns]
glance off *vt insep* rebotar en algo: ***Fortunately the ball glanced off the window without breaking it***, Por suerte el balón rebotó en la ventana y no la rompió.

go against

glory [ˈglɔːrɪ]
  glory in *vt insep* enorgullecerse de algo, jactarse de algo: *She didn't just enjoy her position at the apex of the town's social scene, she positively gloried in it*, No sólo disfrutaba de una distinguida posición en la esfera social de la ciudad, sino que además se enorgullecía de ella.

gloss [glɒs]
  gloss over *vt insep* hacer la vista gorda con algo, pasar por alto algo: *It's no use the Minister trying to gloss over his department's mistakes*, Es inútil que el ministro intente hacer la vista gorda con los errores de su ministerio; *The company has also glossed over the fact that the gas contains benzene*, La empresa también ha pasado por alto el hecho de que el gas contiene benceno.

go [gəʊ] going, went, gone
  go about
  1 *vi* andar por *(un sitio)*, ir por *(un sitio)*, ir por ahí: *William Kunster went about the world protesting against the trial on the grounds that it was political*, William Kunster recorrió todo el mundo protestando porque aquél había sido un juicio político; *We don't go about in cars, not in London*, En Londres no solemos movernos en coche.
  2 *vt insep* ocuparse de *(un asunto)*: *I couldn't think how to go about breaking the news to her*, No sabía cómo darle la noticia; *This seems an odd way to go about things*, Es una manera un poco extraña de hacer las cosas.
  3 *vt insep* estar haciendo algo, ir haciendo algo: *They both go about with permanent scowls*, Siempre andan con caras largas; *And then he goes about telling people that I've been having an affair with the boss!*, Y luego va diciendo por ahí que he tenido un lío con el jefe; *There's no need for him to go about insulting people like that*, No tiene por qué ir insultando a la gente así.
    SYNONYMS: go around; go round.
  4 *vi* circular, correr, andar: *There's a rumour going about that his wife's left him*, Dicen que su mujer lo ha dejado; *Isn't there a bad cold going about?*, Hay un mal resfriado andando por ahí, ¿verdad?
    SYNONYMS: go around; go round.
  go about with *vt insep* ir con, salir con: *He used to go about with one of the lads from the village, but I haven't seen them together for a while*, Solía ir con un chico del pueblo, pero ahora hace tiempo que no los veo juntos.
  go after *vt insep*
  1 ir tras algo/alguien, seguir algo/a alguien: *Don't let her leave like that, go after her and tell her you're sorry for what you said*, No dejes que se vaya así, ve tras ella y pídele perdón por lo que le has dicho.
    SEE ALSO: get after.
  2 estar detrás de *(un trabajo)*: *He went after several jobs but didn't succeed in getting any of them*, Anduvo detrás de varios trabajos, pero no consiguió ninguno.
  go against *vt insep*
  1 actuar en contra de algo, no hacer caso a alguien: *She went against her father's express wishes and married before she was twenty one*, No hizo caso a su padre y se casó antes de los 21; *It goes against everything I have been brought up to believe*, Va en contra de mis principios; *It goes against all commonsense to sell it off for profit*, No estaría bien hacer negocio con esto.
  2 ir en contra de alguien: *Can you tell us how you felt when the vote went against*

you?, Puedes decirnos cómo te sentiste cuando recibiste el voto en tu contra?; ***I'm afraid all of the evidence we have goes against what you're saying, Mike***, Me temo que todas las pruebas apuntan en tu contra, Mike; ***After the initial verdict went against them, Microsoft decided to appeal***, Tras la primera sentencia contra Microsoft, la empresa decidió recurrir.

go ahead

1 *vt insep* **(to go ahead of *somebody*)** adelantarse a alguien, ir por delante de alguien: ***He went ahead of us to see if he could find a way across the river***, Se adelantó para ver por dónde cruzaríamos el río; ***Sheffield went ahead after 30 minutes when Gage scored from a free-kick***, A los 30 minutos Sheffield se adelantó en el marcador gracias a un libre directo de Gage.

2 *vi* seguir adelante: ***Do you think their marriage will go ahead now that she's found out about his criminal record?***, ¿Crees que se casará con él aún habiendo descubierto sus antecedentes penales?; ***Despite the fears of a terrorist attack the summit will still go ahead amid tightened security***, A pesar del temor a un ataque terrorista, la cumbre se celebrará entre altas medidas de seguridad; ***I assume that the meeting can go ahead even though some people won't be able to come***, Supongo que la reunión se celebrará aunque haya gente que no pueda asistir.

3 *vi* seguir adelante con algo, continuar con algo: ***Paul is going to tell us about his hobbies. Go ahead, Paul***, Paul nos va a hablar sobre sus aficiones. Adelante, Paul; ***"Can I look through your record collection?" "Yes, go ahead"***, -¿Puedo ver tu colección de discos? -Claro, adelante; ***It was against the advice of most of his staff that he went ahead with the restructuring plan***, En contra de la opinión de la mayoría de trabajadores, siguió adelante con el plan de reestructuración; ***The referendum, approved by the Cabinet last night, will go ahead with all speed***, El referéndum, aprobado por el gabinete anoche, se celebrará de inmediato.

go along *vi*

1 proceder *(a hacer algo)*, ir por *(algún sitio)*: ***Donald said it would be okay so I went along to explain the plan***, Donald estaba de acuerdo, así que procedí a explicar el plan; ***Just go along the corridor and it's the first on your left***, Sigue por este pasillo y es la primera a la izquierda; ***"Are you going to the party?" "I think I'll go along for half an hour or so"***, -Irás a la fiesta? -Sí, pero creo que sólo me quedaré una media hora.

2 **(as you go along)** sobre la marcha: ***I couldn't speak any French when I came to France. I just learnt it as I was going along***, No sabía nada de francés cuando llegué a Francia; lo fui aprendiendo sobre la marcha; ***We didn't really have a business plan when we started, we just made one up as we went along***, Cuando empezamos no teníamos ningún plan de negocios, sino que fuimos elaborando uno sobre la marcha.

go along with *vt insep* estar de acuerdo con algo: ***I'll go along with anything you might suggest***, Todo lo que propongas me parecerá bien; ***I think you're simply going along with what he wants, and frankly that's out of character***, Siempre estás de acuerdo en todo con él y, la verdad, eso no es nada habitual.

go around *vi*

1 correr, andar, circular: ***Have you heard the rumour that's going round that the Prime Minister is thinking of resigning?***, ¿Has oído el rumor que corre acerca de la posible dimisión del Primer Ministro?; ***There's a tummy bug going around the office***, Se ve que anda un virus de gastroenteritis por la oficina; ***One idea going around is that French troops might be mixed in with brigades from Britain and other NATO countries***, Se habla de una posible infiltración de las tropas francesas en las brigadas de Gran Bretaña y otros países de la OTAN.

SYNONYMS: go about.

2 circular: ***Would you mind having white wine? There isn't enough champagne to go around***, ¿Te importaría tomar vino blanco? No hay bastante champán para todos; ***With less capital to go around, banks must make fewer loans***, Con menos capital circulando, los bancos deben hacer menos préstamos.

go around with *vt insep* ir por ahí con alguien, salir con alguien: ***Perhaps there isn't all that much fun in going around with a married bloke, after all?***, Quizás, después de todo, no sea tan divertido ir por ahí con un tipo casado; ***He goes around with a very strange crowd***, Va con una gente muy rara.

SYNONYMS: go about with.

go at *vt insep*

1 atacar a alguien, arremeter contra alguien, meterse con alguien: ***We could hear them in the other room, going at each other hammer and tongs***, Les oíamos discutir acaloradamente desde la otra habitación; ***Right from the bell the Jones and O'Sullivan went at each other as if determined to finish the fight in the first round***, Desde el comienzo del combate, Jones y O'Sullivan se lanzaron uno sobre el otro, como si el combate fuera a terminar en el primer asalto.

2 *(informal)* ponerse con algo: ***When he was asked to knock down the wall he went at it like a man possessed***, Cuando le pidieron que derrumbara la pared se lanzó sobre ella como un poseído.

SYNONYMS: tackle.

go away *vi*

1 irse, marcharse: ***They've gone away on holiday***, Se han ido de vacaciones; ***I hated the idea of her going away to school***, No me gustaba la idea de que se marchara de casa para estudiar; ***Now he must go away and I suppose I shall never see him again***, Ahora tiene que irse y supongo que no lo volveré a ver nunca más; ***"Are you going away this weekend?" "No, I think we'll just stay at home"***, -Vais a algún sitio este fin de semana? -No, creo que nos quedaremos en casa.

2 irse, marcharse: ***He came round to apologize but I just told him to go away***, Vino a disculparse pero le dije que se marchara; ***Fanny, I'm busy, go away***, Fanny, vete por favor; estoy ocupado; ***The policeman motioned me to go away***, El policía me hizo señas para que me fuera; ***But the car still wasn't ready so they asked him to go away and come back the next day***, Pero el coche todavía no estaba listo, así que le dijeron que se fuera y volviera al día siguiente.

3 desaparecer, irse: ***We can't wait for this problem to go away - we have to do something now***, No podemos esperar a que el problema se resuelva solo, tenemos que hacer algo; ***The recession this government has caused will not go away automatically***, La crisis que este gobierno ha creado no desaparecerá por sí sola; ***Well, Mr Johnson, the rash seems to be going away now, doesn't it?***, Bueno, Sr. Johnson, el sarpullido está desapareciendo, ¿verdad?

go back *vt insep*

1 volver, regresar: ***You have to go back home. You can't stay here***, Tienes que volver a casa. No puedes quedarte aquí; ***After the war no one wanted to go back to the poverty and unemployment of the Thirties***, Tras la guerra, nadie quería volver a la situación de pobreza y desempleo que se vivió en los años 30; ***The doctors told me to go back to Cambridge and continue the research***, Los expertos me dijeron que volviera a Cambridge y siguiera con la investigación; ***I went back into her room and had a look around***, Volví a su habitación y eché un vistazo; ***Go back down the road for half a mile***, Retrocede unos 800 metros; ***When I retire I want to go back to the Highlands***, Cuando me jubile quiero volver a las Tierras Altas de Escocia; ***The teacher told him he hadn't done any of the work properly***

so he had to go back to the beginning, El profesor le dijo que ninguno de los ejercicios era correcto, así que tuvo que empezar desde el principio otra vez.

2 remontarse a algo, retrotraerse a algo: *Their quarrel goes back to the time when they fought over the same girl at school*, Su enfado empezó con una pelea que tuvieron por una chica de la escuela; *His family tree goes back to just after the Norman Conquest*, Su árbol genealógico se remonta a justo después de la conquista normanda.

3 atrasar *(la hora)*: *The clocks go back tonight so we can all have an extra hour in bed*, Hay que atrasar la hora esta noche, así que hoy podremos dormir una hora más.

ANTONYMS: go forward.

go back on *vt insep* arrepentirse de algo, echarse atrás de algo, incumplir algo: *Then the management went back on the agreement and closed down the factory*, La dirección general de la empresa se echó atrás en el acuerdo y cerraron la fábrica; *Come on, you promised. You can't go back on it now*, Venga, lo prometiste. Ahora no puedes echarte atrás.

go back over *vt insep* repasar algo, volver a ver algo: *We'll have to go back over this chapter so that the people who weren't in class last week know what it is about*, Repasaremos este capítulo para los que no estuvieron en clase la semana pasada; *Always go back over your composition and look for mistakes*, Siempre hay que repasar la redacciones por si hubiera alguna falta; *He went back over the accident in his mind, trying to decided what he should have done differently*, Reconstruyó el accidente mentalmente para intentar averiguar si podía haber actuado de otra manera.

go back to *vt insep*

1 volver a algo: *She went back to work two weeks after her baby was born*, Volvió al trabajo dos semanas después de nacer su bebé; *Angela said she would find it hard to go back to using an old-fashioned typewriter after using a word-processor*, Ángela dijo que le sería difícil utilizar una máquina de escribir después de haber trabajado con un procesador de textos.

SYNONYMS: go back.

2 volver a la normalidad: *Things soon went back to normal, as if nothing had happened between them*, Las cosas pronto volvieron a la normalidad, como si nada hubiera ocurrido entre ellos.

go before *vt insep*

1 preceder a alguien, vivir antes que alguien, no existir ya: *The floors and walls of the church were incised with the records of those that had gone before*, Los suelos y los muros de la iglesia estaban grabados con los nombres de aquellos que nos precedieron; *This is a completely new issue and has nothing to do with anything that has gone before*, Es algo totalmente nuevo; no tiene nada que ver con lo que se ha hecho hasta ahora.

2 presentar ante *(un tribunal)*, interponer ante *(un tribunal)*: *So he went before the court and pleaded 'Not Guilty'*, Así que se presentó ante el tribunal y se declaró inocente; *His claim for unfair dismissal will go before an industrial tribunal*, La demanda que interpuso por despido improcedente se presentará ante el Juzgado de lo Social.

go below *vt insep* bajar *(al interior del barco)*: *It started to rain so we all went below and shut the hatch*, Se puso a llover, así que bajamos y cerramos la escotilla.

go beyond *vt insep* ir más allá de algo, exceder de algo: *His behaviour goes beyond mere enthusiasm, it's obsessive*, No es entusiasmo lo que demuestra con su comportamiento, sino obsesión; ***The new body's powers go well beyond those of the Scottish transport committee***, Los nuevos poderes de la institución son superiores a los del comité de transporte escocés.

SYNONYMS: exceed; surpass.

go by *vt insep - vi*

1 pasar: ***I saw a number 88 bus go by***, Vi pasar el autobús 88; ***He sat on the verge and watched the traffic go by***, Se sentó en el borde y se puso a ver los coches pasar.

2 pasar por un sitio: ***If you're going by the chemist's would you drop in and collect my prescription?***, Si pasas por la farmacia, ¿podrías recogerme una receta?; ***He can't go by a pub without going in for a drink***, No puede pasar por delante de un bar sin entrar a tomar algo.

3 pasar: ***As time went by they became closer and closer***, Con el paso del tiempo estaban cada vez más unidos; ***Twenty years went by before he saw his homeland again***, Pasaron veinte años antes de que volviera a su país natal.

SYNONYMS: elapse.

4 dejarse llevar por algo, creerse algo, fiarse de algo: ***You shouldn't go by what you read in the paper, sometimes journalists get their facts wrong***, No deberías creerte todo lo que dice el periódico; a veces la información de los periodistas no es del todo fiable; ***Local music appears to be on the wane, if recent developments are anything to go by***, Según las investigaciones recientes, la música regional está en decadencia; ***Isn't my word enough to go by, after all these years?***, ¿No te fías de mi palabra después de todos estos años?

5 hacerse llamar, llamarse, conocerse por: ***A singer who goes by the name of Rocking Ronnie***, Un cantante que se hace llamar Rocking Ronnie.

go down *vi*

1 bajar *(las escaleras)*, descender *(una montaña)*, bajar a algún sitio: ***He's always wanted to go down the Cresta Run***, Siempre ha soñado con descender por el Cresta Run; ***His office is the first on the right as you go down the stairs***, Su oficina está, bajando las escaleras, la primera puerta a la derecha; ***Go down to reception and ask if there have been any messages for me***, Baja a recepción y pregunta si hay algún recado para mí; ***Rescue workers went down the main shaft and tried to reach the trapped men***, El equipo de salvación bajó hasta el pozo principal para intentar rescatar al hombre que se encontraba atrapado.

2 ponerse, esconderse: ***I sat on the beach and watched the sun go down over the sea***, Me senté en la playa y contemplé el sol ponerse sobre el mar.

3 descender, disminuir: ***The water level in the lake has gone down during the drought***, Durante la sequía, el nivel del agua del lago ha disminuido; ***The value of the company's shares has been going down for the last few days***, En estos últimos días, el valor de las acciones de la compañía ha disminuido; ***Our supply of food is going down rather quickly***, Se nos están agotando las provisiones con mucha rapidez; ***The quality of life in the village will go down if more people move here***, Si se traslada mucha más gente a vivir al pueblo, la calidad de vida descenderá.

4 hundirse: ***The trawler went down in heavy seas***, La barca pesquera se hundió en mitad de la mar gruesa; ***Only two crew members were rescued, the rest are believed to have gone down with the ship***, Sólo pudieron ser rescatados dos miembros de la tripulación. Se cree que el resto se ahogó con el barco.

5 caer al suelo, desplomarse: ***The bottle hit him on the forehead and he went down like a stone***, La botella le dio en la frente y cayó desplomado; ***Men were going***

go down in 142

down everywhere, but still the attack continued, Había hombres cayendo por todas partes, pero el ataque seguía adelante.
SYNONYMS: fall down; collapse.

6 perder, ser derrotado: ***Lendl went down by five sets to three in a thrilling final***, Lendl fue derrotado por cinco sets a tres en una emocionante final; ***He produced one of best performances by an Irish horse when going down narrowly to Garrison Savannah at Cheltenham***, Hizo una de las mejores carreras que un caballo irlandés ha hecho jamás siendo vencido por muy poco por Garrison Savannah en Cheltenham.

7 caer bien/mal, ser bien/mal recibido: ***His jokes didn't go down very well with the older folks***, La gente mayor no disfrutaba con sus chistes; ***As you might imagine, the announcement that next Monday would be a holiday went down well***, Como puedes imaginarte, todos se han alegrado de saber que el lunes próximo es fiesta.

8 *(informal)* ir, tragarse: ***A glass of dry white wine would go down well with this fish***, Una copa de vino blanco seco iría muy bien con este pescado.

9 *(informal)* ir a la cárcel: ***I'm expecting to go down for this one. I can't face five years in prison***, Esta vez sí que voy a la cárcel, y no creo que aguante cinco años ahí dentro; ***He was found guilty of murder and went down for life***, Lo declararon culpable de asesinato y fue condenado a cadena perpetua.
SEE ALSO: send down.

go down in *vt insep* ser apuntado en *(un cuaderno, un papel)*: ***Everything he said went down in the policeman's notebook***, El policía tomó nota de todo lo que dijo; ***He'll go down in history as the best leader this party has ever had***, Quedará en la historia como el mejor líder de este partido.

go down with *vt insep* coger, pillar: ***At the start of the holiday they all went down with measles***, Al principio de las vacaciones todos cogieron el sarampión.

go for *vt insep*

1 atacar: ***You should keep that brute of a dog under control. It went for me when I opened the gate***, Deberías tener a esa bestia de perro controlado. Me atacó cuando iba a abrir el portal.

2 gustar: ***She goes for him in a big way***, Le gusta muchísimo; ***We don't go much for classical music, I'm afraid***, La verdad es que la música clásica no nos gusta mucho.

3 decidirse por algo, escoger algo: ***There were lots of unusual desserts but in the end I went for the chocolate mousse***, Había muchos postres raros pero al final pedí la mousse de chocolate; ***Parke thought the old version was 'bit Seventies' and went for something 'more authoritative'***, A Parke la versión le parecía un poco años setenta y se decidió por algo más ajustado al original.

4 *(informal)* intentar conseguir algo: ***I'm thinking of going for the manager's job***, He pensado presentarme para el puesto de encargado; ***There's definitely a market for this type of service. I think we should go for it***, Al parecer hay mercado para este tipo de servicio. Yo creo que deberíamos intentarlo; ***"I'm thinking of becoming a professional jockey." "That's a good idea, go for it"***, -Quiero ser jockey profesional. -Es una buena idea, ánimo.

go forth *vi (old use or literary)*

1 marcharse: ***And so at the age of 16 he went forth from his father's house in search of adventure***, Así que a los 16 se marchó de la casa de su padre en busca de aventura.

2 ser emitido, emerger: ***The clear message that went forth was that they would never compromise on the issue of disarmament***, Manifestaron claramente que nunca se comprometerían con el proceso de desarme.

go forward vi

1 seguir adelante, avanzar: *The negotiations are going forward and we hope a compromise solution will be reached within a week*, Las negociaciones avanzan y esperamos llegar a un acuerdo dentro de una semana; *The scheme can't go forward unless we get planning permission*, El proyecto no puede seguir adelante sin el permiso de planificación.

2 pasar: *Under the new system, only the two candidates with the highest number of votes in the first round go forward to the second round*, Con el nuevo sistema, sólo podrán pasar a la segunda ronda los candidatos que hayan conseguido el mayor número de votos durante la primera ronda.

3 ser adelantado: *Statistics show that road accidents decrease after the clocks go forward*, Las estadísticas revelan que ocurren menos accidentes de tráfico después de adelantar la hora del reloj.

ANTONYMS: go back.

go in vi

1 entrar, pasar, ir dentro: *Please do go in*, Pase, por favor; *It's got cold out here, I'm going in*, Aquí fuera hace mucho frío; me voy dentro; *They all went into the dining room for lunch*, Todos entraron en el comedor para comer; *If you go into the cupboard under the stairs, you'll find a stepladder*, Si miras en el armario de debajo las escaleras, encontrarás una escalera de mano.

2 entrar, caber, ir dentro: *He tried to put his new car into his garage, but it was too wide to go in*, Intentó meter el coche nuevo en el garaje, pero era demasiado ancho y no entraba; *Where does this piece of the jigsaw go in?*, ¿Dónde va esta pieza del puzle?; *The old key went into the lock surprisingly easily*, Sorprendentemente, la llave vieja entraba con facilidad en la cerradura.

3 *(informal)* ser entendido, ser aceptado: *I told him that his mother was dead, but I don't think it went in*, Le dije que su madre había fallecido pero parece que no lo entendió.

SEE ALSO: take in.

4 esconderse, ocultarse: *The moon went in and we were left in complete darkness*, La luna se escondió y nos quedamos completamente a oscuras.

go in for vt insep

1 presentarse a *(un certamen, una competición, un concurso)*: *Are you going in for the sculpture competition?*, ¿Vas a presentarte al concurso de escultura?

2 participar en *(una actividad, una ocupación)*: *Being competitive by nature, he went in for all sorts of sports in his younger days*, Es competitivo por naturaleza y de joven participaba en todo tipo de deportes; *Playing video games was popular with many of my schoolmates, but I never went in for it*, Muchos de mis compañeros de colegio eran aficionados a los videojuegos pero a mi nunca me entusiasmaron demasiado.

go into vt insep

1 analizar algo, entrar en algo, meterse con algo: *There isn't time to go into the precise reasons for the decision*, No hay tiempo para analizar las razones de esta decisión.

2 analizar algo, entrar en algo, meterse con algo: *Have you gone into all the risks associated with taking this drug for long periods?*, ¿Has analizado bien los riesgos que supone tomar este medicamento durante largos períodos de tiempo?

SEE ALSO: go in.

go in with vt insep

unirse con alguien, asociarse con alguien, montar un negocio con alguien: *Daves said he was surprised that Tom was going in with his brother. They were so different he doubted if it would work*, Daves dijo que le sorprendía que Tom se metiera en el negocio con su hermano. Eran tan diferentes que no creía que funcionara; *I didn't have enough money to start the business on my own so I went in with some ex-colleagues*, No tenía dinero suficiente para empezar el negocio por mi cuenta, así que monté uno con unos ex-compañeros de trabajo.

go off

1 *vi* dispararse *(un arma de fuego)*, estallar *(una bomba)*: *The gun went off accidentally while he was cleaning it*, La pistola se disparó accidentalmente mientras la limpiaba.

2 *vi* estropearse, echarse a perder: *The fridge broke down, and all the milk went off*, La nevera se averió y se estropeó toda la leche que había.

3 *vi* apagarse, desconectarse: *He set the timer so that the TV would go off after 30 minutes*, Programó el temporizador para que el televisor se apagara al cabo de 30 minutos; *At midnight all the lights and heating went off*, A media noche, se apagaron todas las luces y la calefacción.

4 *vt insep* dejar de gustar alguien: *It sounds like she's beginning to go off Simon*, Parece que Simon ya no le gusta tanto; *I've gone off the idea completely*, Esa idea ya no me interesa nada.

5 *vi* salir, resultar: *I've heard good things about the conference; apparently it went off really well*, He oído cosas muy buenas sobre la conferencia; parece que todo fue estupendamente.

go off with

vt insep irse con alguien, largarse con alguien: *I took Jenny to the dance, but she went off with one of the musicians in the band*, Llevé a Jenny al baile, pero me dejó plantado y se fue con uno de los músicos.

go on *vt insep - vi*

1 seguir con algo, continuar con algo: *Mark went on working while the others were having lunch*, Mark siguió trabajando mientras los otros comían; *He went on talking after most of the audience had left*, Siguió hablando después de que la mayoría de los asistentes se hubiera marchado; *If you had gone on with your studies you might have been able to get a better job*, Si hubieras seguido con tus estudios podrías haber conseguido un empleo mejor.

2 seguir por algún sitio: *Go on until you reach the church and then turn left*, Sigue por ahí y cuando llegues a la iglesia, gira a la izquierda.

3 seguir, continuar: *"I'm sorry for interrupting you, please go on"*, *he said*, -Perdona por la interrupción; continúa, por favor -dijo; *She went on to tell them how it was she had become a painter*, A continuación les contó cómo había llegado a convertirse en pintora.

4 durar, seguir: *Do you think this will go on much longer?*, ¿Crees que durará mucho más?; *He didn't want it to stop. He wanted it to go on and on for ever*, No quería que parara. Quería que durara para siempre; *Do you think this hot weather will go on for much longer?*, ¿Crees que este calor durará mucho más?; *The strike went on for another two months*, La huelga duró dos meses más.

5 pasar, transcurrir: *As time went on she got more used to his funny little habits*, Con el tiempo se fue acostumbrando a sus pequeñas manías.

6 salir *(a escena)*: *She didn't go on till the second act*, No salió a escena hasta el segundo acto.

7 ir luego a algún sitio, continuar hacia algún sitio: *Do you think he'll go on to university when he leaves school?*, ¿Crees que irá a la universidad cuando termine en el instituto?; *The plane stops for refuelling in Hawaii and then goes on to Australia*, El avión hace escala en Hawai para repostar y luego se dirige hacia Australia.

8 pasar a hacer algo, dedicarse luego a hacer algo: *After a few years in provincial*

theatre he went on to star in several successful films, Tras estar unos años en un teatro de provincias protagonizó varias películas de éxito.

9 (**What's going on?**) ¿Qué pasa?: *Someone's moved my desk. Would someone please tell me what's going on?*, Alguien ha movido mi escritorio. ¿Puede alguien explicarme lo que está pasando aquí?; *What's going on in there? Is everything okay?*, ¿Qué pasa ahí dentro? ¿Va todo bien?

10 apoyarse, basarse: *The police haven't identified any suspects because they have virtually nothing to go on*, La policía no ha identificado a ningún sospechoso porque prácticamente no tiene ninguna prueba en la que basarse.

11 saltar, encenderse *(una luz)*, sonar *(una alarma)*: *I heard a click and the security lights went on*, Oí un clic y se encendieron las luces de seguridad.
SEE ALSO: come on.

12 tomarse *(una pastilla)*, seguir *(un tratamiento)*: *She said she doesn't want any more children and might go on the Pill*, Dijo que no quería tener más hijos y que quizás empezaría a tomarse la píldora.

13 irse en algo: *Most of his money goes on feeding his heroin habit*, Casi todo el dinero se le va en la heroína; *All his wages go on paying back his debts*, Todo lo que cobra se lo llevan las deudas.

14 (**go on!**) venga, vamos: *This cake is delicious. Go on, try a piece*, El pastel está delicioso. Va, prueba un trozo.

15 (**go on!**) venga ya: *Go on! That surely can't be true!*, ¡Venga ya, no puede ser verdad!

go on about *vt insep (informal)* dar la lata con algo, estar siempre con algo, no parar de hablar de algo: *He went on and on about how wonderful she was, until we were all fed up listening to him*, No paraba de hablar sobre lo maravillosa que es hasta que nos cansamos de oirlo; *They've been going on about having to find poor old Jenny a new man*, Siempre están con que tienen que encontrarle un marido nuevo a la pobre Jenny; *"What are you going on about?" he said impatiently*, -¿De qué estás hablando? -dijo impaciente.

go on at *vt insep (informal)* dar la lata a alguien, criticar a alguien todo el tiempo: *Dad's always going on at me about improving my schoolwork*, Papá siempre está dándome la lata con que tengo que mejorar en la escuela.

go out *vi*

1 salir: *Will you be going out today?*, ¿Vas a salir hoy?; *We went out into the garden*, Salimos al jardín; *After the curfew was imposed, no one dared go out at night*, Después de que se impusiera el toque de queda, nadie se atrevía a salir de noche; *I went out and slammed the door behind me*, Salí dando un portazo.

2 apagarse, irse: *During last night's thunder storm the lights suddenly went out*, Durante la tormenta de anoche las luces se fueron repentinamente; *The stars gradually went out as the first light of dawn came over the horizon*, Las estrellas fueron desaparecieron poco a poco mientras la primera luz del amanecer se asomaba por el horizonte.

3 apagarse: *There was a sudden draught and the candle went out*, De repente, la corriente de aire apagó la vela.

4 bajar *(la marea)*: *The tide in the estuary went out as fast as it came in and it wasn't unusual for large fish to be stranded*, La marea del estuario bajaba y subía fácilmente y era habitual ver a peces grandes varados; *If we don't move the boat before the tide goes out it will get stuck in the sand*, Si no movemos al barco antes de que baje la marea, quedará varado en la arena.
ANTONYMS: come in.

5 salir: *Before the children were born we went out two or three times a week*, Antes

go out with

de que nacieran los niños salíamos dos o tres veces por semana; ***We don't seem to have the money to go out any more***, No nos podemos permitir salir como hacíamos antes; ***Do you fancy going out for dinner tonight?***, ¿Te apetece salir a cenar esta noche?

6 pasarse de moda: ***That hairstyle went out in the Seventies***, Ese peinado se puso de moda en los años setenta.

7 anunciarse, hacerse público *(una noticia, un comunicado)*; enviarse, salir *(una carta)*: ***The call went out for volunteers to help clear up the flood damage***, Hubo un llamamiento para que grupos voluntarios ayudaran tras las inundaciones; ***Have those letters gone out yet, Miss Jones?***, ¿Se han enviado ya esas cartas, Srta. Jones?

8 emitirse: ***The new programme will be going out on radio stations all over Britain***, El nuevo programa se emitirá por las emisoras de radio de toda Gran Bretaña.

9 gastar: ***We'll have to reduce our spending; we've got more going out than we have coming in***, Tenemos que reducir gastos; sale más dinero del que entra.

go out with *vt insep*

salir con alguien: ***I told him I wouldn't go out with him again unless he stopped flirting with other girls***, Le dije que no saldría más con él si no dejaba de coquetear con otras chicas; ***After going out together for years they finally decided to get married***, Después de estar saliendo varios años, decidieron casarse.

go over *vt insep*

1 estudiar, examinar, registrar, considerar: ***I've been over your report and I find it very interesting***, He examinado su informe y lo encuentro muy interesante.

2 registrar: ***I went over the whole house, but I couldn't find a single clue***, Registré la casa entera, pero no encontré ni una sola pista.

3 repasar, repetir: ***Shall we go over that last scene again?***, ¿Repitamos esa última escena?; ***I must go over my irregular verbs before the exam***, Tengo que repasar los verbos irregulares antes del examen; ***He went over the incident again and again, but he couldn't find a convincing explanation***, Repasó el incidente mentalmente repetidas veces, pero no le encontró ninguna explicación convincente.

go over to *vt insep*

1 acercarse a alguien/algo: ***He went over to her and put his arm around her shoulder***, Se acercó a ella y le puso el brazo por encima; ***Ali went over to the mantelpiece and picked up one of the china figurines***, Ali se acercó a la repisa de la chimenea y cogió una de las figuras de porcelana.

2 acercarse a casa de alguien: ***He went over to Andrew's to watch a video***, Fue a casa de Andrew a ver una película de vídeo.

3 ir a algún sitio, viajar a algún sitio: ***He had planned to go over to Brussels that weekend***, Había pensado ir a Bruselas ese fin de semana.

4 pasarse a *(la oposición, el enemigo)*: ***Many employees, lured by offers of higher salaries, went over to the competition***, Muchos de los empleados, atraídos por ofertas con mejores salarios, se fueron con la competencia.

go round *vi* see **go around**.

go through *vt insep*

1 atravesar, penetrar, pasar por algún sitio: ***His car collided with the tree and his head went through the windscreen***, El coche se estrelló con el árbol y su cabeza atravesó el parabrisas; ***Will you be going through Manchester on your way to Glasgow?***, ¿Pasarás por Manchester al ir a Glasgow?; ***The path goes through a small wood***, El camino atraviesa un pequeño bosque.

2 gastar: ***He can go through ten pairs of shoes in a year***, En un año puede llegar a gastar diez pares de zapatos; ***We went through a week's supply of food in three days***, En tres días nos comimos las provisiones de una semana.

SYNONYMS: get through.

3 revisar, mirar bien algo: *She'd gone through her briefcase twice, and the letter wasn't there*, Revisó el maletín dos veces, pero la carta no estaba ahí.

4 mirar algo, echar un vistazo a algo: *Would you go through these old clothes and see if there are any you want to keep*, Echa un vistazo a esa ropa vieja por si quieres guardar algo.

5 pasar: *Looking back, it was a serious situation that I wouldn't wish to go through again*, Pensándolo ahora, fue una situación grave por al que no me gustaría volver a pasar; *You must have gone through hell when your husband's affair was made public*, Debiste pasar un infierno cuando se supo la historia de tu marido.

go through with *vt insep* llevar a cabo, seguir adelante con *(algo desagradable o difícil)*: *She's threatened to sue, but I doubt if she'll go through with it*, Ha amenazado con demandarme, pero dudo que lo haga; *He asked Madge if she really wanted to go through with the divorce, which of course she did*, Le preguntó a Madge si realmente quería seguir adelante con el divorcio, y evidentemente dijo que sí.

go to *vt insep*

1 ir a algún sitio: *She goes to a girls' school now and says she prefers it to a mixed school*, Ahora va a una escuela de chicas y dice que le gusta más que la escuela mixta.
SYNONYMS: attend *(informal)*.

2 ir a algo: *Look! He's going to score! Go to it, Andy!*, ¡Mira! ¡Va a marcar! ¡Vamos, Andy!

3 meterse en algo difícil, costar algo mucho: *They went to a lot of trouble to discover who had been making the nuisance calls*, Les costó mucho descubrir quién había estado haciendo esas llamadas desagradables; *I went to great lengths to get you that job and now you're not interested!*, Me costó sudor conseguirte ese empleo y ahora resulta que no te interesa.

go together *vi*

1 ir bien, quedar bien juntos, pegar, hacer juego: *I don't think red lipstick and green eyeshadow go together*, Yo creo que un pintalabios rojo y una sombra de ojos verde no quedan bien; *It is often observed that intolerance and racism go together*, Muy a menudo la intolerancia y el racismo van de la mano.
SYNONYMS: go with.

2 salir juntos: *They've been going together for six months now*, Hace seis meses que salen juntos.

go towards *vt insep* ser para algo, gastar en algo, destinarse para algo: *My bonus can go towards the cost of our next holiday*, Podemos gastar mi paga extra en las próximas vacaciones; *The money given will go towards nutritional programmes in one of the poorest areas of Cairo*, Las donaciones se destinarán a programas de nutrición en una de las zonas más pobres de El Cairo (American speakers of English usually use **toward** instead of **towards**).

go under *vi*

1 hundirse: *The ship struck a rock and went under*, El barco colisionó contra una roca y se hundió.

2 hundirse, irse a pique, quebrar: *They'll lose everything if the company goes under*, Si la empresa se va a pique, lo perderán todo.

go up *vi*

1 subir, ascender: *He went up the stairs*, Subió las escaleras; *The lift attendant asked me if I was going up or down*, La ascensorista me preguntó si subía o bajaba; *The rocket went straight up*, El cohete salió disparado hacia arriba.
ANTONYMS: go down.

go with   148

    2 subir, aumentar: *The temperature went up into the nineties yesterday*, Ayer las temperaturas superaron los 30 grados Celsius; *The price of fresh vegetables goes up when they are in short supply*, El precio de las verduras se dispara cuando hay poca oferta; *Interest rates are going up again*, Los tipos de interés vuelven a subir.
    SYNONYMS: rise; increase.
    ANTONYMS: go down; fall.
    SEE ALSO: come down (informal).
    3 estallar, volar *(por una explosión)*, incendiarse *(por el fuego)*: *If you lit a match near that gasoline container the whole place would go up*, Si encendieras una cerilla cerca de ese contenedor de gasolina toda la zona volaría por los aires; *The whole building went up in flames*, El edificio entero se incendió.
    4 llegar hasta algún sitio: *Her legs were so long they seemed to go up to her armpits*, Tenía las piernas tan largas que parecía que le llegaban a los sobacos; *There's a damp patch on the wall that goes up to the ceiling*, Hay una mancha de humedad en la pared que se extiende hasta el techo.

go with *vt insep*
    1 quedar bien, ir bien, pegar, hacer juego: *That tie doesn't go with that shirt*, Esta corbata no pega con la camisa; *This red wine will go nicely with the steak you've ordered*, Este vino tinto acompañará muy bien el bistec que has pedido.
    2 *(informal)* salir con alguien: *She's been going with him for a couple of months as far as I know*, Por lo que yo sé, lleva saliendo con él dos meses.
    3 *(informal)* hacer caso a algo: *Let's go with Mike's suggestion and name the baby Jennifer*, Hagamos caso a Mike y llamemos a la niña Jennifer.

go without *vt insep* pasar sin algo: *Our parents didn't have the money for Christmas presents, so we went without*, Nuestros padres no tenían suficiente dinero para comprar regalos de Navidad así que pasábamos sin ellos.
    SYNONYMS: do without.

goad [gəʊd]

goad into *vt sep* (to goad *somebody* into (doing) *something*) incitar a alguien *(a algo, a hacer algo)*: *He said he was goaded into hitting his wife by her constant nagging*, Dijo que su mujer lo incitó a pegarle porque siempre estaba encima de él; *She was goaded by her friends into taking drugs*, Sus amigos la incitaron a tomar drogas.

goad on *vt insep* animar a alguien a hacer algo, provocar a alguien para que haga algo: *His friends stood around the bottom of the tree goading him on to climb higher and higher*, Desde el pie del árbol sus amigos lo animaban a que siguiera subiendo.

goof [gu:f]

goof about or **goof around** *vi (informal)* hacer el tonto, hacer tonterías: *Stop goofing about and give me back my jacket*, Deja de hacer el tonto y devuélveme la chaqueta; *The teacher said our goofing around during class was distracting the other students*, La profesora nos dijo que al no estarnos quietos en clase distraíamos a los otros compañeros.

goof off *vi* AmE *(informal)* hacerse el remolón, hacer el vago, gandulear: *Sometimes, we'd goof off and go down to the river*, A veces hacíamos pellas y nos íbamos al jugar al río; *We were too lazy to study so we spent most of the afternoon goofing off*, No teníamos ganas de estudiar y nos pasamos casi toda tarde sin hacer nada.

goof up *vt insep* AmE *(informal)* joder, estropear, meter la pata en algo: *This is our neighbour's phone bill; it looks like the postman's goofed up again*, Es la factura del teléfono de nuestros vecinos; el cartero debe de haberse equivocado otra vez.

gouge [gaʊdʒ]
gouge out *vt sep* sacar: *If you're not careful with your umbrella you might gouge somebody's eye out*, Si no tienes cuidado con el paraguas, le sacarás el ojo a alguien.

grab [græb] grabbing, grabbed, grabbed
grab at *vt insep* agarrar a alguien, pillar a alguien: *The chimpanzee tried to grab at me through the bars of its cage*, El chimpancé intentó agarrarme a través de los barrotes de la jaula.

grasp [grɑːsp, græsp]
grasp at *vt insep* agarrarse a algo, aferrarse a algo: *He was grasping at any shred of evidence he could find to prove his theory*, Se aferraba a cualquier prueba por mínima que fuera para demostrar su teoría; *He grasped at the rope but couldn't quite get hold of it*, Intentó colgarse de la cuerda pero le fue imposible.

grass [grɑːs, græs]
grass on or **grass up** *vt sep (slang)* delatar a alguien, cantar, chivarse: *You know what'll happen to you if you grass on us*, Ya sabes lo que te pasará si cantas; *You wouldn't grass us up, would you Johnny?*, Tú no te chivarías, ¿verdad, Johnny?
grass over *vt sep* plantar césped en algún sitio, cubrir de hierba algún sitio: *We've decided to grass over the area at the bottom of the garden so that the boys have somewhere to play football*, Hemos pensado plantar césped al final del jardín para que los niños tengan un sitio donde jugar al fútbol.

green [griːn]
green up *vt sep* enverceder, poner más verde: *The mixture has the dual effect of killing moss and greening up your lawn in one easy operation*, El preparado tiene doble acción: elimina el musgo y enverdece el césped.

grind [graɪnd] grinding, ground, ground
grind down *vt sep* agobiar, deprimir: *He's been quite ground down by all the problems he has had to face*, Ha estado bastante deprimido por todos los problemas que ha tenido; *The relentless pressure of work was grinding her down*, La continua presión en el trabajo la estaba matando.

gross [grəʊs]
gross out *vt sep* ESP AmE *(informal)* asquear a alguien, dar asco a alguien: *Jimmy succeeded in grossing out most of the girls in his class by passing milk through his nose*, Jimmy repugnaba a la mayoría de las chicas de su clase echando por la nariz la leche que bebía.
SYNONYMS: pig out *(informal)*.

ground [graʊnd]
ground in *vt sep* enseñar a alguien los fundamentos de algo, tener una buena base de algo: *We try to make sure that every pupil is well grounded in the subjects that*

make up the core curriculum, Intentamos asegurarnos de que todos los alumnos tienen una buena base en las asignaturas troncadas del currículo.

ground on *vt sep* basarse en algo, tener algo como base: *He made several interesting points, but none of them was grounded on fact*, Apuntó algunas cuestiones interesantes, pero ninguna de ellas tenían fundamento.

grow [grəʊ] growing, grew, grown

grow apart *vi* distanciarse: *Each of them started to develop separate interests and within a couple of years they had grown apart as a couple*, Empezaron a interesarse por cosas diferentes y en un par de años habían dejado de ser pareja.

SYNONYMS: drift apart.

grow into *vt insep* quedar bien al crecer: *It's a little big across the shoulders, but he'll soon grow into it*, Le queda un poco grande de los hombros pero pronto le irá bien.

grow on *vt insep* gustar cada vez más: *I didn't like the music at first, but the more you listen to it, the more it grows on you*, Al principio no me gustaba la música, pero cuanto más la escuchas, más te gusta.

grow out of *vt insep*
1 quedarse algo pequeño, no caber en algo: *Niall seems to grow out of new shoes in less than a month!*, A Niall los zapatos nuevos se le quedan pequeños en menos de un mes.
SYNONYMS: outgrow.
2 dejar de interesarse por algo, dejar de gustar algo, perder la costumbre de hacer algo: *As I've become older I've rather grown out of late-night parties*, A medida que he ido haciéndome mayor las fiestas hasta altas horas de la madrugada han dejado de gustarme.

grow up *vi*
1 crecer, hacerse mayor: *Young Peter is really growing up fast*, El joven Peter está creciendo muy rápidamente; *She's grown up so much since I last saw her*, ¡Ha crecido tanto desde la última vez que la vi!
SYNONYMS: mature.
2 madurar, hacerse mayor: *He's grown up a lot since he went away to school*, Ha madurado mucho desde que se fue a estudiar fuera.
3 comportarse como un adulto: *Oh, grow up, Martin! That's the most naive idea I've ever heard*, ¡No seas crío, Martin! Es la idea más ingenua que he oído nunca.

grow up on *vt insep* crecer haciendo algo: *We grew up on stories about the 'good old days' told to us by our grandfather*, Crecimos escuchando historias de los viejos tiempos que nos contaba nuestro abuelo.

grub [grʌb] grubbing, grubbed, grubbed

grub about or **grub around** *vi* rebuscar en algo, hurgar en algo: *The dog had been seen grubbing about in the dustbins looking for scraps of food*, Habían visto al perro hurgando en el cubo de la basura en busca de restos de comida.

grub out or **grub up** *vt insep* arrancar algo *(de raíz)*: *Howls of protest followed the announcement that the old hedge was to be grubbed up*, Cuando se supo que había que arrancar el seto se desataron fuertes protestas.

guard [gɑːd]

guard against *vt insep* proteger contra algo, evitar algo: *All surgical equipment must be properly sterilized to guard against infection*, Todos los instrumentos quirúrgicos deben esterilizarse debidamente para evitar cualquier tipo de infección.

guess [ges]
guess at *vt insep* imaginar algo, intentar adivinar algo: *He could hardly have guessed at the difficulties he would face*, Difícilmente podría haberse imaginado todo lo que se le venía encima; *We can only guess at many aspects of pre-historic civilisations*, Sólo podemos hacer conjeturas sobre algunos aspectos de las civilizaciones prehistóricas.

gull [gʌl]
gull into *vt insep (old use or formal)* (**to gull somebody into doing something**) embaucar, engañar a alguien para que haga algo: *The salesman gulled him into buying some merchandise which he did not want and could not use*, El vendedor le embaucó para que comprara una mercancía que no quería ni podía usar.

gull out of *vt insep (old use or formal)* (**to gull somebody out of something**) quitar algo a alguien mediante un engaño: *Appleby was gulled out of the property that was rightfully his*, A Appleby le engañaron y le quitaron una propiedad que le pertenecía.

gulp [gʌlp]
gulp back *vt sep* contener: *She gulped back her sobs as the coffin went down the aisle*, Contuvo el llanto al paso del ataúd por el pasillo de la iglesia.

gulp down *vt sep* tragarse *(bebida)*, zamparse *(comida)*: *He crammed the papers in his briefcase, gulped down a cup of tea, and rushed out to the car*, Metió los papeles en el maletín, se bebió el té de un trago y se salió hacia el coche.

gum [gʌm] gumming, gummed, gummed
gum up *vt sep*
1 pegar: *Her eyelids were all gummed up with sleep*, Tenía los ojos pegados con lagañas.
2 paralizar, detener: *You've gummed up the whole works by sending those parts to the wrong depot*, Has paralizado todo el trabajo porque has mandado esas piezas al almacén equivocado.

gun [gʌn] gunning, gunned, gunned
gun down *vt sep* abatir a tiros a alguien, matar a tiros: *Two masked men gunned him down outside his front door*, Dos hombres enmascarados lo abatieron a tiros en la puerta de su casa.

gun for *vt insep* andar a la caza de alguien, perseguir a alguien, tenérsela jurada a alguien: *The boss's gunning for you, you'd better keep out of his way!*, El jefe te la tiene jurada. Es mejor que te quites de enmedio.

gunge [gʌndʒ]
gunge up *vt sep (informal)* atascar, obstruir: *This drain is all gunged up with dead leaves and kitchen waste*, Este desagüe está atascado con hojas secas y basura de cocina.

hack [hæk]
hack about *vt sep*
1 dañar brutalmente: *None of the previous victims had been hacked about as badly as this*, Ninguna de las víctimas anteriores había sido asesinada con tanta brutalidad como ésta.

hack at

2 cortar o modificar mucho: *My article had been hacked about so much that I barely recognized it*, Cambiaron tanto mi artículo que era casi irreconocible.

hack at *vt insep* dar golpes a algo con algo cortante, acuchillar algo: *After seeing the flames he grabbed an axe and began to hack at the front door*, Al ver las llamas agarró un hacha y empezó a dar hachazos a la puerta.

hack down *vt sep* derribar a hachazos: *The thoughtless builder hacked down several trees around our house*, El constructor, sin ningún tipo de consideración, taló varios árboles que rodeaban nuestra casa.

SYNONYMS: chop down.

hack off *vt sep*

1 cortar, seccionar: *Why would a panicky murderer take the time to hack off his victim's hands?*, ¿Por qué un asesino precipitado se tomaría el tiempo de cortarle las manos a su víctima?

SYNONYMS: cut off; chop off; lop off *(informal)*.

2 poner enfermo a alguien, irritar a alguien: *"It's petty officials who hack me off", she said*, -Los agentes mezquinos me ponen enferma -dijo.

hack through *vt insep* abrirse paso a hachazos, a machetazos, etc: *Endill tried to hack his way through, but there were too many plants blocking his way*, Endill intentó abrirse paso a machetazos, pero había demasiadas plantas obstruyendo el camino.

SYNONYMS: cut through.

haggle ['hægəl]

haggle over *vt insep* discutir sobre *(un tema)*; regatear *(el precio de algo)*: *It takes nerve to haggle over the small print if you are told that your new colleagues have worked under similar terms for years*, Hay que tener valor para discutir sobre la letra pequeña si sabes que tus nuevos compañeros han trabajado en condiciones parecidas durante años; *In the end we didn't buy because the seller refused to haggle over the price*, Al final no compramos porque el vendedor no quiso negociar el precio.

SEE ALSO: beat down.

hail [heɪl]

hail as *vt sep* aclamar algo/a alguien como algo: *The current line-up has been hailed as the best team ever*, La alineación actual ha sido aclamada como el mejor equipo de todos los tiempos.

hail from *vt insep (informal)* ser de algún sitio, ser natural de algún sitio: *Isn't he the chap that hails from Dover?*, ¿No es ese el chico de Dover?

ham [hæm] hamming, hammed, hammed

ham up *vt sep (informal)* actuar demasiado dramáticamente, exagerar algo demasiado: *It is a delight to see Mason ham the drunken scene up*, Es una maravilla ver cómo Mason hace la escena del borracho.

hammer ['hæmə']

hammer away at *vt insep (informal)* machacar sobre algo, hacer hincapié en algo: *I kept hammering away at that point and in the end the Board agreed to follow my recommendation*, Seguí insistiendo en el tema y al final la junta acordó seguir mi recomendación.

SYNONYMS: bang on about *(informal)*.

hand over

hammer out *vt sep*

1 negociar con esfuerzo, llegar a *(un acuerdo)*: ***We were determined to hammer some sort of solution out, even if it took all night***, Estábamos decididos a negociar alguna solución, aunque nos llevara toda la noche.

SYNONYMS: work out; thrash out.

2 interpretar algo a golpes: ***A man with a 50s haircut hammered out some old rock clichés***, Un hombre con un corte de pelo estilo años 50 aporreaba en el piano algunos clásicos del rock.

hand [hænd]

hand back *vt sep* devolver: ***The customs officer looked hard at my passport and then handed it back to me***, El oficial de aduana miró bien mi pasaporte y luego me lo devolvió.

SYNONYMS: give back.

hand down *vt sep* transmitir, dejar en herencia: ***Traditional storytelling skills were handed down through the generations***, La tradición de contar historias se ha transmitido de generación en generación; ***Governments tend to hand the most difficult issues down to their successors***, Los gobiernos tienden a dejar los asuntos más difíciles para sus sucesores.

SYNONYMS: pass on; pass down; hand on.

hand in *vt sep*

1 entregar, devolver: ***I stopped off at the library to hand in some books***, Pasé por la biblioteca para devolver unos libros; ***We're giving all young people at risk of offending the chance to hand their weapons in to their local police station***, A toda la gente joven con riesgo de cometer un delito le estamos brindando la oportunidad de entregar las armas en la comisaría de policía de su localidad.

SYNONYMS: give in.

2 entregar, presentar: ***I hope you have a good reason for handing in your homework late***, Espero que tengas una buena razón para entregar tarde tus deberes.

SYNONYMS: submit.

3 presentar: ***After realizing that we had irreconcilable differences, I handed in my resignation to the chairman of the committee***, Después de asumir que teníamos unas diferencias irreconciliables, presenté mi dimisión al presidente del comité.

hand on *vt sep* (to hand *something* on to *somebody*) pasar a alguien,: ***There was a fear that any outstanding debts would be handed on to the children***, Había el temor de que si quedaban deudas éstas pasaran a los hijos.

SYNONYMS: pass on; pass down; hand down.

hand out *vt sep* repartir, distribuir: ***The class prefect would hand out books and pens to the others***, El delegado de clase repartía libros y bolígrafos a los demás.

SYNONYMS: give out; dish out *(informal)*.

SEE ALSO: dole out.

hand over *vt sep* (to hand *something* over to *somebody*)

1 entregar, dar: ***The BBC have refused to hand over the film of the demonstration without a court order***, La BBC se ha negado a entregar la película de la manifestación sin una orden judicial; ***Come on, hand over the money!***, ¡Venga, dame el dinero!

SYNONYMS: turn over; surrender *(formal)*.

2 pasar la responsabilidad de algo a alguien: ***She was really overworked; it's no wonder she wanted to hand over some of her duties to colleagues***, Estaba des-

hand round

bordada de trabajo; no es de extrañar que quisiera pasar algunas de sus responsabilidades a sus colegas.

SYNONYMS: turn over.

hand round *vt sep* pasar *(un objeto)* de mano en mano; servir, echar *(la comida, la bebida)*; ofrecer: *I'll serve the food while you hand round drinks*, Pon las bebidas mientras yo sirvo la comida.

SYNONYMS: pass round.

hang [hæŋ] hanging, hung, hung

hang about *vt insep - vi (informal)*

1 andar rondando, haraganear, perder el tiempo: *I can't spend all day hanging about waiting for Joe to turn up, I've got things to do*, No puedo perder todo el día esperando a que Joe se presente, tengo cosas que hacer; *Local residents are disgusted by the number of prostitutes hanging around looking for clients*, Los ciudadanos están indignados por el gran número de prostitutas que se pasean en busca de clientes; *They spent most of their free time hanging round the bar trying to pick up girls*, Pasaban la mayoría del tiempo libre en el bar tratando de ligar con chicas; *Anthony had just left university and was hanging round, not really trying to find a job*, Anthony había dejado la universidad y se pasaba el día sin hacer nada, con poca intención de encontrar un trabajo.

2 salir por ahí: *Charlie spends time with his family while the rest of the band hang about together*, Charlie dedica el tiempo a su familia, mientras el resto del grupo sale por ahí; *He started hanging around with the wrong sort of people*, Empezó a salir con la gente equivocada.

3 esperar: *So the wolf says to the rabbit, "Hang about till 8 p.m. and I'll eat you for supper"*, Así que el lobo le dice al conejo: -Espera hasta las 8 de la tarde y te comeré como cena.

SYNONYMS: hang on *(informal)*; hold on *(informal)*.

hang back *vi* quedarse atrás, no decidirse: *She hoped he wouldn't hang back because she didn't want to be the one to make the first move*, Esperaba que él diera el primer paso para no tener que ser ella quien lo diera; *We must be assertive; there is no room for anyone to hang back*, Tenemos que ser serios, nadie puede quedarse atrás.

SEE ALSO: hold back; shrink back.

hang on *vi (informal)*

1 esperar: *Hang on a minute, that's not fair!*, Espera un momento, ¡eso no es justo!; *Can you hang on for just a second? I've got someone calling on the other line*, ¿Puedes esperar un segundo? Tengo a alguien en la otra línea.

SYNONYMS: hold on *(informal)*.

2 agarrarse a algo, aferrarse a algo: *We all hung on for dear life as the boat plunged into the rapids*, Todos nos aferramos a la vida cuando la barca se sumergía en los rápidos.

hang onto *vt insep*

1 agarrarse a algo, aferrarse a algo: *Hang onto the rail, these steps are wet and very slippery*, Aférrate bien a la baranda, esta escalera está mojada y muy rebaladiza.

2 guardar, no tirar: *I'd hang onto the old shoes, you could use them in the garden*, Yo guardaría esos zapatos viejos; los podrías usar para el jardín; *It's frustrating for them to see the old leaders hanging onto power*, Es frustrante para ellos ver a los antiguos líderes todavía en el poder.

SYNONYMS: hold on to.

hang out *vt sep*

1 tender: ***Right after I'd hung out the washing it began to rain***, Empezó a llover justo después de tender la ropa.

2 *(informal)* pasar el rato, pasar el tiempo sin hacer nada especial: ***In LA, I learned a lot about the music business by hanging out with all sorts of musicians***, En Los Ángeles me codeé con todo tipo de músicos y aprendí mucho sobre el negocio de la música; ***He just spent a lot of time hanging out at the garage until they eventually hired him as a helper***, Se pasó mucho tiempo ayudando en el garaje hasta que al final lo contrataron de ayudante.

hang over *vt insep*

1 estar suspendido sobre algo: ***Looking towards the lake, I could see a thick mist hanging over the water***, Mirando hacia el lago, se podía ver una neblina espesa sobre el agua.

2 cernerse sobre alguien: ***His past mistakes left doubts hanging over his suitability for the post***, Los errores que había cometido en el pasado ponían en duda su capacidad para desarrollar ese trabajo.

hang round *vt insep* see **hang about**.

hang together *vi*

1 mantenerse unidos: ***The autonomous regions that make up the Russian Federation have an incentive to hang together***, Las regiones autónomas que forman la Federación Rusa tienen un incentivo para mantenerse unidas.
   SYNONYMS: stick together.

2 tener coherencia interna, combinar bien: ***Out of the nine poems he set to music, Cale eventually chose the four 'that seemed to hang together best'***, De los nueve poemas a los que puso música, Cale al final eligió los cuatro 'que parecían combinar mejor'.
   SEE ALSO: go together.

hang up *vt sep*

1 colgar: ***She kicked off her shoes and hung her suit up***, Se quitó los zapatos lánzandolos al aire y colgó su traje.

2 colgar el teléfono a alguien: ***I tried to reason with her but she hung up on me***, Intenté razonar con ella pero me colgó; ***If they call back, just hang up the phone***, Si vuelven a llamar, cuélgales el teléfono.

3 dejar *(una actividad)*, retirarse de *(un trabajo)*: ***After more than 30 years as a construction worker, I think it's time he hung his boots up***, Tras más de treinta años de trabajar como obrero de la construcción, creo que ha llegado el momento de retirarse.

hanker ['hæŋkəʳ]

hanker after or hanker for *vt insep* ansiar algo, anhelar algo, desear algo con muchas fuerzas: ***Blue jeans were invented for gold miners who hankered after work pants that were strong***, Los vaqueros se inventaron para los mineros de las minas de oro que querían pantalones de trabajo resistentes; ***Some sort of automatic payment scheme is what we've been hankering for***, Lo que nos gustaría tener es algún tipo de plan de pagos automático.
SYNONYMS: long for; crave for; yearn for *(formal)*.

happen ['hæpən]

happen along *vi* aparecer de pronto: ***I was sitting in the park the other day when your brother happened along***, El otro día estaba sentado en el parque cuando de pronto apareció tu hermano.

hark [hɑːk]

hark at *vt insep (informal)* escuchar: ***Hark at her! Anyone would think she was the Queen of Sheba!***, ¡Habráse visto! ¡Cualquiera pensaría que es la reina de Saba!

hark back to *vt insep*
1 recordar: ***It's the kind of gathering where everyone in the room is harking back to their schooldays***, Es ese tipo de reunión en que todo el mundo se pone a recordar los viejos tiempos del colegio.
2 evocar: ***They wore elaborate dresses that harked back to the days of the Paris salons***, Vestían elaborados vestidos que evocaban los tiempos de los salones de París.

harp [hɑːp]

harp on *vt insep* hablar siempre de algo, machacar siempre sobre algo, estar siempre con la misma historia: ***They're the kind of people who harp on the terrible expense of everything***, Son esa clase de gente que siempre hablan de lo caro que está todo.
SYNONYMS: go on about *(informal)*.

haul [hɔːl]

haul up *vt sep* obligar a declarar: ***We could have him hauled up before the judge in a matter of hours***, Podríamos llevarlo ante el juez en cuestión de horas; ***Hauling him up in front of the headmaster isn't going to do anything to solve his behavioural problems***, Mandarlo al director no servirá para resolver sus problemas de conducta.

have [hæv] having, had, had

have against *vt sep* **(to have *something* against *somebody*)** tener algo contra alguien: ***I have nothing against the new neighbours except their dog, which barks incessantly***, No tengo nada contra los vecinos nuevos salvo su perro, que no para de ladrar.

have back *vt sep* recuperar, ser devuelto: ***I must have it back by Friday at the latest***, Tienes que devolvérmelo el viernes como muy tarde; ***Don't worry, I'll have it back to you for the weekend***, No te preocupes, te le devolveré antes del fin de semana.
SEE ALSO: get back; give back.

have in *vt sep* tener en casa o en la oficina, recibir: ***The plan was to have the builders in before Christmas, so the whole thing would be finished before the baby was born***, El plan era que vinieran los albañiles antes de las Navidades, para que todo acabara antes de que naciera el bebé.
SEE ALSO: call in.

have on *vt sep*
1 llevar, llevar puesto, ponerse, vestir: ***I don't think you can have seen this dress, it's the first time I've had it on***, No creo que hayas visto este vestido, es la primera vez que me lo pongo.
2 tener encendido, tener puesto: ***They had their music on so loud that the glasses in our cupboards were shaking***, Tenían la música tan alta que los vasos de nuestros armarios temblaban.
3 tener algo planeado, tener algo que hacer: ***You could come over for Sunday lunch if you've got nothing on***, Podrías venir a comer el domingo si no tienes ningún plan.
4 *(informal)* tomar el pelo a alguien, quedarse con alguien: ***Was he having me on***

head up

about his brother being in the Foreign Legion, or is it true?, ¿Me tomaba el pelo con lo de que su hermano está en la Legión Extranjera, o es verdad?

have out *vt sep*

1 quitar, sacar: *Her little girl had to have another tooth out*, Tuvieron que quitarle otro diente a su hija pequeña; *Do you know if you've had your appendix out?*, ¿Sabes si te han operado de apendicitis?

2 **(to have *something* out with *somebody*)** aclarar algo con alguien, ajustar cuentas con alguien: *Sheila decided to go straight over there and have the whole thing out with him there and then*, Sheila decidió ir directamente y aclarar las cosas con él sin mayor dilación.

head [hed]

head back *vi* volver, iniciar el regreso, coger el camino de vuelta: *We left the remote mountains of the north and west and headed back towards the highlands*, Abandonamos las remotas montañas del norte y el oeste y volvimos en dirección hacia las tierras altas; *They headed back along the other side of the lake*, Volvieron por el otro lado del lago.

SYNONYMS: return.

head for *vt insep*

1 dirigirse a algún sitio, ir de camino a algún sitio: *We decided to abandon fishing and head for home before I froze to death*, Decidimos dejar de pescar y volver a casa antes de que me congelara de frío.

2 ir camino de algo: *He warns that the economy is headed for a severe recession*, Advierte que la economía va camino de una grave recesión.

SYNONYMS: head towards.

head off

1 *vi* irse, marcharse, largarse: *I'm afraid we'll head off soon, we both have an early start tomorrow*, Me temo que tenemos que irnos pronto, mañana los dos tendremos que levantarnos temprano; *I watched her head off towards the Tube station*, La vi alejarse hacia el metro; *The canoeists headed off downstream in the direction of Grandtully*, Los remeros se alejaron por el río hacia Grandtully.

SEE ALSO: clear off; set off.

2 *vt sep* desviar a alguien, cortar el paso a alguien: *They sent two riders to the north, to head the cattle off*, Enviaron a dos jinetes hacia el norte para cortarle el paso al ganado.

3 *vt sep* evitar a: *Another rise in VAT was rumoured, but government sources say the prime minister may have headed it off*, Corrió el rumor de que volvería a subir el IVA, pero según fuentes del Gobierno es posible que el Primer Ministro lo haya evitado.

head towards *vt insep*

1 dirigirse hacia algún sitio: *The gangsters' car was last seen heading towards Las Vegas*, La última vez que alguien vio el coche de los gangsters se dirigía a Las Vegas.

SYNONYMS: head for.

2 estar a punto de pasar algo: *UK mortgage interest rates are heading towards the 15 percent mark*, Los tipos de interés de las hipotecas en el Reino Unido están a punto de alcanzar el 15 por ciento (American speakers of English usually use **toward** instead of **towards**).

SYNONYMS: head for.

head up *vt sep* dirigir, estar a la cabeza de algo: *Many were upset because the per-*

heal up

son the mayor picked to head up the study was not a woman, Muchos se disgustaron porque la persona que eligió el alcalde para dirigir el estudio no era una mujer.
SYNONYMS: head.

heal [hiːl]
 heal up *vi* curarse: *The wound has healed up almost completely*, La herida ya se ha curado casi del todo.
 heal over *vi* cicatrizarse: *It was six weeks before the incision healed over*, La incisión tardó seis semanas en cicatrizarse.

heap [hiːp]
 heap up *vt sep* apilar, amontonar: *It was amazing to see how many potatoes he'd managed to heap up on one plate*, Era increíble ver la cantidad de patatas que había logrado apilar en un plato.
 SYNONYMS: pile up.
 heap upon *vt sep* colmar a alguien de algo: *A former Nobel prize winner, he's used to having all kinds of praise and accolades heaped upon him*, Como antiguo premio Nobel, está acostumbrado a que lo colmen de alabanzas y elogios.

hear [hɪəʳ] hearing, heard, heard
 hear about *vt insep* enterarse de algo, tener noticias de algo, saber de algo, oír hablar de algo: *I hear about these artists who work all day and all night*, He oído hablar de artistas que trabajan día y noche; *A few days after he died, they came to the house and said they were sorry to hear about my husband*, Pocos días después de su muerte, vinieron a casa y me dijeron que lo sintieron mucho cuando se enteraron de lo de mi marido.
 hear from *vt insep*
  1 saber algo de alguien, recibir noticias de alguien: *If you haven't heard from the firm within 28 days, write to their head office*, Si no ha recibido noticias de la empresa al cabo de 28 días, escriba a la oficina central.
  2 escuchar a alguien: *Let's hear more from Mr Bridges before returning to the audience for their opinions*, Escuchemos un poco más al señor Bridges antes de dirigirnos al público para que nos dé su opinión.
 hear of *vt insep*
  1 enterarse de algo, tener noticias de algo, saber de algo, oír hablar de algo: *When we first heard of his death we didn't believe it had really happened*, Al principio, cuando nos enteramos de su muerte, no nos lo creíamos; *You hear of actresses being temperamental, this girl isn't*, Dicen que las actrices son temperamentales, pero esta chica no lo es.
  2 oír hablar de algo: *I went to see a new play yesterday. I'd never heard of the author, he's Canadian I think, but it was very good*, Ayer fui a ver una obra nueva. Nunca había oído hablar del autor, es canadiense, creo, pero era muy buena; *Le Bugue is a place you've probably never heard of before*, Le Bugue es un lugar del que seguramente nunca has oído hablar; *Whoever heard of apprentices as old as that?*, ¿Quién ha oído hablar de aprendices tan mayores?
  3 *(formal)* querer saber algo de algo, querer oír hablar de algo: *She is advised to rest but won't hear of it, claiming walks outdoors will restore her strength*, Le han aconsejado que descanse pero ella no quiere ni oír hablar de eso y dice que con los paseos recuperará las fuerzas; *I won't hear of your staying at a hotel when we've*

help out

got plenty of room here, No quiero ni oír hablar de que te alojes en un hotel cuando aquí tenemos sitio de sobra.

hear out *vt sep* escuchar lo que dice alguien, escuchar a alguien hasta el final: *Eliza was determined that, this time, they would hear her out*, Eliza estaba decidida a que, esta vez, escucharían todo lo que tenía que decir.

heat [hiːt]
heat up
1 *vt sep - vi* calentar: *It'll only take a few seconds to heat up the milk*, Sólo tardaré unos segundos en calentar la leche; *The car's engine was beginning to heat up so we stopped to let it cool off*, El motor del coche empezaba a calentarse así que nos paramos para que se enfriara.
  SEE ALSO: warm up.

2 *vi* acalorarse: *Things are beginning to heat up in the Middle East where the threat of war looms larger with every hour that passes*, El ambiente empieza a acalorarse aquí en Oriente Medio donde la amenaza de la guerra crece con cada hora que pasa.
  SYNONYMS: hot up.

heave [hiːv]
heave up *vi (informal)* vomitar, devolver: *I was so ill that I spent the morning lying on the bathroom floor heaving up*, Estaba tan mal que me pasé toda la mañana tumbado en el suelo del cuarto de baño vomitando.
  SYNONYMS: throw up *(informal)*; chuck up *(informal)*; sick up; vomit.

hedge [hedʒ]
hedge around or hedge round *vt insep* plagar, llenar: *The whole scheme was hedged around with difficulties*, El plan entero estaba plagado de dificultades; *This was just one of the pitfalls her life seemed hedged round with*, Esto sólo fue una de las dificultades que parecían plagar su vida.

hedge in *vt sep* constreñir, rodear: *The company's petty restrictions had us hedged in on all sides*, Las restricciones mezquinas de la empresa nos constreñían por todos lados.
  SYNONYMS: hem in; fence in.

help [help]
help along *vt sep* beneficiar, contribuir, ayudar: *The profitability of the business was helped along by the national economic boom of that time*, La rentabilidad del negocio se benefició del boom económico del país en ese momento.

help off with *vt sep* (to help *somebody* off with *something*) ayudar a alguien a quitarse algo: *Leonard hovered round the older ladies, ready to help them off with their coats*, Leonard rondaba a las mujeres mayores, dispuesto a ayudarlas a quitarse los abrigos; *Would you mind helping me off with these heavy snow boots?*, ¿Te importaría ayudarme a quitarme estas botas de nieve tan pesadas?

help on with *vt sep* (to help *somebody* on with *something*) ayudar a alguien a ponerse algo: *Now she's a bit older, she doesn't need to be helped on with her clothes*, Ahora que es un poco mayor, no necesita que la ayuden a vestirse.

help out *vt sep* echar una mano con algo: *Marie could help out with the baby and I went to the shops*, Marie podía echar una mano con el bebé y yo iba a hacer la compra; *If we're ever stuck for money I'm sure my parents would help us out if*

help up

they could, Si tuviéramos problemas de dinero estoy segura de que mis padres nos echarían una mano si pudieran.

help up *vt sep* ayudar a alguien a levantarse, ayudar a alguien a subir: ***She's embarrassed at having to ask the younger ones to help her up out of the chair***, Le da vergüenza tener que pedir a los más jóvenes que la ayuden a levantarse de la silla.

hem [hem] hemming, hemmed, hemmed

hem in *vt sep* constreñir, rodear: ***It's quite natural for Western women to feel that Muslim traditions hem them in***, Es bastante normal que las mujeres occidentales se sientan constreñidas por las tradiciones musulmanas; ***It was a large old building with a paved yard, hemmed in by high walls***, Era un gran edificio antiguo con un patio pavimentado y rodeado de altos muros.

SYNONYMS: fence in; hedge in.

hide [haɪd] hiding, hid, hidden

hide away *vt sep - vi*

1 esconder, ocultar: ***A large sum of cash had been hidden away inside the house***, Una gran suma de dinero había sido escondida en la casa.

2 esconderse, ocultarse: ***Since the scandal started, he has been hiding away in his Florida mansion refusing to talk to the press***, Desde que empezó el escándalo, ha estado escondido en su mansión de Florida, negándose a hablar con la prensa.

SEE ALSO: hide out.

3 estar escondido, estar oculto: ***The cottage was hidden away among some trees at the north end of the bay***, El chalet estaba escondido entre los árboles en el extremo norte de la bahía.

hide behind *vt insep* escudarse en algo, ampararse en algo: ***They kept their romance a secret by hiding behind their professional relationship***, Mantuvieron su relación amorosa en secreto escudándose en su relación profesional; ***Geoff managed to hide his misanthropy behind an apparent disregard for personal relationships***, Geoff consiguió disimular su misantropía haciendo ver que no tenía interés por las relaciones personales.

hide from

1 *vt insep* esconderse de alguien, ocultarse de alguien: ***He decided to hide from the others until it was dark***, Decidió esconderse de los demás hasta que anocheció.

2 *vt sep* (**to hide *something* from *somebody***) esconder algo de alguien, esconder algo para que alguien no lo vea: ***I need to find somewhere good to hide these presents from the kids***, Necesito encontrar un buen sitio para esconder estos regalos de los niños.

3 *vt sep* (**to hide *something* from *somebody***) ocultar algo a alguien: ***You must tell me everything, don't try to hide even the smallest detail***, Debes contármelo todo, no intentes siquiera ocultarme el menor detalle.

4 *vt insep* encubrir, huir de *(la verdad)*: ***They're right when they say that you can't hide from the truth***, Tienen razón cuando dicen que no puedes huir de la verdad.

hide out *vi* esconderse, ocultarse: ***They believe the escaped prisoners are hiding out in the wood***, Creen que los presos fugitivos se ocultan en el bosque.

SEE ALSO: hide away.

hike [haɪk]

hike up *vt sep*

1 subirse, levantarse: ***The women hiked their skirts up, so they wouldn't get caught***

on the wire, Las mujeres se cogieron la falda para que no se les enganchara con el alambre.
SYNONYMS: hitch up *(informal)*.

2 subir, aumentar: *As soon as you mention Oxford or Cambridge the salary gets hiked up a couple of thousand*, En cuanto mencionas Oxford o Cambridge el sueldo sube un par de miles de libras; *They hike their rates up during the tourist season*, Suben las tarifas en la temporada de turismo.
SYNONYMS: push up.

hinge [hɪndʒ]

hinge on or **hinge upon** *vt insep* depender de algo: *It was a nail-biting season, with the championship hinging on the very last match*, Era una temporada muy emocionante, pues el campeonato dependía del resultado del último partido; *Success abroad seems to hinge on American-Japanese trade relations*, El éxito en el extranjero parece depender de las relaciones comerciales entre los americanos y los japoneses.
SYNONYMS: rest on.

hire [haɪəʳ]

hire out *vt sep* alquilar: *The leisure centre hires out bikes for £5 a day*, El centro de ocio alquila bicicletas por 5 libras al día.
SYNONYMS: rent out.

hit [hɪt] hitting, hit, hit

hit back *vt sep* devolver el golpe a alguien: *If one of the other boys hits you, make sure you hit them back just as hard*, Si uno de los chicos te pega, asegúrate de que se la devuelves igual de fuerte; *The minister in question hit back with an attack on the paper's 'lack of editorial independence'*, El ministro en cuestión replicó con un ataque a la 'falta de independencia editorial' del periódico.

hit on or **hit upon** *vt insep* descubrir algo casualmente: *They exhibited all the satisfaction of someone who has just hit upon a method of causing water to flow uphill*, Mostraron la satisfacción de alguien que acaba de descubrir cómo conseguir que el agua fluya hacia arriba.

hit out *vt insep* (**to hit out at** *somebody*) atacar a alguien, arremeter contra alguien: *They hit out at the festival organizers, claiming not enough had been done to promote the city*, Arremetieron contra los organizadores del festival, diciendo que no habían hecho lo suficiente para promocionar la ciudad.

hitch [hɪtʃ]

hitch up *vt sep* levantarse, subirse: *Gerald had a habit of hitching his trousers legs up before he sat down, exposing an expanse of faded sock*, Gerald tenía la costumbre de levantarse las perneras del pantalón antes de sentarse, lo que dejaba a la vista sus calcetines desteñidos.
SYNONYMS: hike up; pull up.

hive [haɪv]

hive off *vt sep* vender por separado: *Legal services was the first section to be hived off to the private sector*, La primera sección que se privatizó fue la de los servicios jurídicos.
SYNONYMS: sell off.

hold [həʊld] hols, holding, held, held

hold against *vt sep* (to hold *something* against *somebody*) tener algo en cuenta contra alguien, guardar rencor contra alguien: *Her father says, "So, you married a Scotsman. We won't hold it against you"*, Su padre le dice: -Conque te has casado con un escocés. No te lo tendremos en cuenta; *Perhaps their lack of computer competence will be held against them*, A lo mejor les perjudica su falta de conocimientos informáticos.

SEE ALSO: count against.

hold back *vt sep*

1 contener a algo/alguien, mantener a raya a alguien: *We must try to hold back the enemy till reinforcements arrive*, Hemos de intentar contener al enemigo hasta que lleguen los refuerzos.
SYNONYMS: keep back.

2 frenar, detener: *Smoking can affect the developing baby by holding back its growth*, El tabaco puede afectar al desarrollo del bebé al frenar su crecimiento; *Transplant programmes have been held back because of a shortage of donor organs*, Los programas de trasplantes se han retrasado por la falta de donantes de órganos; *The fact that he didn't attend a prestigious university never held him back in his professional life*, El hecho de no haber asistido a una universidad prestigiosa no le ha supuesto trabas en su vida profesional.
SEE ALSO: cut back.

3 guardar, ocultar, no revelar: *The Inspector feels Evans is holding something back*, El inspector cree que Evans se está callando algo.
SYNONYMS: withhold.

4 reprimir, contener: *I could see Moira working hard to hold her anger back*, Se notaba que Moira se esforzaba por contener su ira.
SYNONYMS: choke back; stifle; suppress.

5 aguantarse, contenerse, abstenerse: *It is necessary to be patient, to hold back and do nothing*, Es necesario tener paciencia, aguantarse y no hacer nada; *This was something Poindexter could hardly hold back from revealing*, Esto fue algo que a Poindexter le costaba mucho callarse.

hold down *vt sep*

1 contener, mantener en un nivel bajo: *The government's measures are intended to hold down prices*, Se supone que las medidas del gobierno estan destinadas a contener los precios.
SYNONYMS: keep down.

2 conservar, mantener: *Peter had never held any job down for longer than a couple of months*, Peter nunca había conservado un empleo más de un par de meses.

3 contener, aguantar: *People like Jane find it hard to hold down the panic they feel when they have to deal with confrontation*, A la gente como Jane le cuesta contener el pánico que siente cuando tiene que enfrentarse a algo.
SYNONYMS: hold back; keep back; stifle.

4 retener, no vomitar: *She was ill all night, but she managed to hold her breakfast down*, Se encontró mal toda la noche, pero pudo tomar el desayuno sin vomitarlo.
SYNONYMS: keep down.

5 someter, mantener quieto: *After being held down for so long, they finally rebelled against their oppressors*, Después de estar sometidos durante tanto tiempo, por fin se rebelaron contra sus opresores.

hold forth *vi* pontificar, disertar largamente: *She's always holding forth about*

politics and personally I find it quite boring, Siempre está pontificando sobre política y yo, personalmente, lo encuentro muy aburrido.
SYNONYMS: spout forth.

hold in *vt sep* contener: *As a man, you're expected to hold in your fear and accept your fate bravely*, Si eres un hombre se espera de ti que contengas el miedo y aceptes tu destino con valentía.
SYNONYMS: hold back; keep in.

hold off *vt sep*
1 aplazar algo/hacer algo, aguantar más tiempo sin hacer algo: *The pilot held off ejecting until the aircraft was away from the town*, El piloto no se eyectó hasta que el avión no estuvo lejos de la ciudad; *Could you hold off announcing it to the press until the family has been informed?*, ¿Puede aplazar el anuncio a la prensa hasta que no hayan informado a la familia?; *We need the rains to hold off for another few days, until we can harvest the wheat*, Necesitamos que aguante sin llover unos días más, hasta que podamos cosechar el trigo.
2 resistir, aguantar, rechazar *(un ataque)*: *It's amazing how only twenty soldiers managed to hold off the whole enemy army for over a month*, Es asombroso cómo solo veinte soldados pudieron resistir a todo el ejército enemigo durante más de un mes; *If Everton can hold Liverpool off until half time, they'll consider that an achievement in itself*, Si el Everton puede resistir el ataque del Liverpool hasta el descanso ya será toda una hazaña.

hold on *(informal)*
1 *vi* esperar: *Are you in a hurry, or can you hold on while I finish this letter?*, ¿Tienes prisa o puedes esperar mientras acabo esta carta?
SYNONYMS: hang on.
2 *vt insep* cogerse a algo, agarrarse a algo: *If the ship begins to sway just hold on to the railing*, Si el barco empieza a moverse cógete a la barandilla; *Hold on tight or you'll fall over when the bus goes round corners*, Cógete fuerte o te caerás cuando el autobús tome las curvas.

hold on to *vt insep* quedarse con algo, mantenerse en algo, seguir haciendo algo: *Jim is doing everything he can to hold on to his job*, Jim está haciendo todo lo posible para conservar su trabajo; *In the last election the government lost a lot of seats, but they managed to hold on to power*, El gobierno perdió muchos escaños en las últimas elecciones, pero pudo seguir en el poder; *I'd hold on to those stamps if I were you, they could be valuable one day*, Yo de ti guardaría esos sellos, podrían valer mucho algún día.
SYNONYMS: hang on.

hold out
1 *vt sep* ofrecer, alargar, acercar: *I approached the dog and held a bone out to him*, Me acerqué al perro y le ofrecí un hueso; *The native chief held out his arms in friendship*, El jefe nativo extendió los brazos en señal de amistad; *They held out the possibility of talks with the government as an incentive to call off the demonstration*, Ofrecieron la posibilidad de negociar con el gobierno como incentivo para desconvocar la manifestación.
2 *vi* resistir, aguantar, durar: *I'm not sure how long the Arsenal defence can hold out against this Chelsea attack*, No estoy seguro de si la defensa del Arsenal podrá resistir durante mucho más tiempo este ataque del Chelsea; *The city held out against the seige for three months, but was finally taken*, La ciudad resistió el asedio durante tres meses, pero finalmente fue ocupada.
SYNONYMS: last out.
ANTONYMS: give up; give in.

hold out for

    3 *vi* durar: ***I hope our stock of firewood holds out through the winter***, Espero que nuestra reserva de leña dure todo el invierno; ***Knowing him, he'll stay in the casino for as long as his money holds out***, Conociéndolo, se quedará en el casino hasta que se le acabe el dinero.
    SYNONYMS: last out.

hold out for *vt insep* exigir algo, insistir hasta conseguir algo: ***The unions are holding out for a five per cent rise***, Los sindicatos exigen un aumento de un cinco por ciento.

hold out on *vt insep (informal)* ocultar algo, no dar información, no decir algo (*a alguien*): ***You're not holding out on me, are you? Is there something you're not telling me?***, No me estarás ocultando nada, ¿verdad? ¿Hay algo que no me estás contando?

hold over *vt sep*

    1 aplazar, posponer: ***The game had to be held over because of snow on the pitch***, Tuvieron que aplazar el partido porque había nieve en el campo; ***The director's ill, so the meeting may be held over till next week***, El director está enfermo, por lo que puede que la reunión se aplace hasta la semana que viene.
    SYNONYMS: put off; put back; postpone.

    2 amenazar a alguien con algo: ***They are holding the threat of a general strike over the people of this country***, Amenazan a la gente de este país con una huelga general.

hold to

    1 *vt sep* (**to hold** *something* **to** *something*) apretar algo contra algo: ***Jack knelt beside the bed and held Mary's hand to his cheek***, Jack se arrodilló junto a la cama y apretó la mano de Mary contra su mejilla.

    2 *vt insep* mantenerse fiel *(a una creencia)*, atenerse *(a algo dicho anteriormente)*: ***They held to their religious beliefs in spite of persecution from the authorities***, Se mantuvieron fieles a sus creencias religiosas pese a la persecución de las autoridades.
    SYNONYMS: adhere to *(formal)*.

    3 *vt sep* (**to hold** *somebody* **to** *something*) obligar a alguien a cumplir algo: ***If the government undertakes to abolish military service, the voters will hold them to their promise***, Si el gobierno se compromete a abolir el servicio militar, los votantes le obligarán a cumplir su promesa; ***"You must come over to dinner some time." "I'll hold you to that"***, -Tienes que venir a cenar algún día. -Te tomo la palabra.

    4 *vt sep* (**to hold** *somebody* **to** *something*) mantener a alguien en el empate, empatar inesperadamente con alguien: ***Newcastle played well and managed to hold the league leaders to a two-all draw***, El Newcastle jugó bien y logró impedir que los líderes de la liga pasaran del empate a dos.

hold together *vt sep - vi*

    1 aguantar unidos, mantenerse unidos: ***I'm just hoping my old car will hold together until I can afford a new one***, Espero que mi coche viejo aguante hasta que pueda comprarme otro nuevo.

    2 mantenerse la unidad de algo, mantener algo unido: ***It's hard to see how the party can hold together when it is obviously so deeply divided***, Cuesta creer que pueda mantenerse la unidad del partido cuando resulta obvio que está profundamente dividido; ***Grandma managed to hold the family together during our mother's long illness***, La abuela logró mantener a la familia unida durante la larga enfermedad de nuestra madre.
    SEE ALSO: stay together; stick together.

hold up *vt sep*

1 levantar, alzar, sostener en alto: *She held the painting up so that everyone could see it*, Alzó el cuadro para que todos pudieran verlo.
2 sostener, sujetar: *The roof of the church is held up by twelve enormous pillars*, Doce pilares enormes sostienen el techo de la iglesia.
   SYNONYMS: prop up.
3 sostener, mantener: *Sales had dropped dramatically and the company was being held up by loans*, Las ventas habían caído en picado y la empresa resistía a base de préstamos.
4 retrasar, detener: *I hope my arriving late hasn't held up the meeting*, Espero que no se haya retrasado la reunión porque yo he llegado tarde; *The accident held up traffic for over two hours*, El accidente provocó un atasco de más de dos horas.
5 resistir: *We subjected the new model to rigorous testing and it held up very well*, Sometimos el nuevo modelo a pruebas rigurosas y las pasó muy bien; *He wouldn't hold up under interrogation, he'd tell them everything*, No resistiría un interrogatorio, se lo contaría todo.
   SYNONYMS: stand up.
6 tener a alguien por algo, poner a alguien como ejemplo de algo: *The separatists held him up as a hero, but the government branded him a terrorist*, Los separatistas lo tenían por un héroe, pero el gobierno lo tachó de terrorista; *She was embarrassed by the teachers' habit of holding her up to be some sort of model pupil*, La avergonzaba la costumbre que tenía el profesor de presentarla como una especie de alumna modelo.
7 atracar, asaltar: *A group of armed men held up a bank in the High St. and got away with £28,000*, Un grupo de hombres armados atracaron un banco en High Street y se llevaron 28.000 libras; *We were held up by bandits and stripped of everything we had*, Unos bandidos nos asaltaron y nos quitaron todo lo que teníamos.

hold with *vt insep* estar de acuerdo con algo, estar de parte de algo: *Many traditional teachers didn't hold with the new system of exams*, Muchos profesores tradicionales no estaban de acuerdo con el nuevo sistema de exámenes.
   SYNONYMS: agree with; subscribe to *(formal)*.

hole [həʊl]

hole up *vi (informal)* esconderse: *In a huge city like this there are hundreds of places where a criminal could hole up*, En una ciudad tan grande como ésta hay cientos de sitios donde podría esconderse un delincuente; *The police suspected that they were holed up somewhere along the coast*, La policía sospechaba que estaban ocultos en algún lugar de la costa.
   SYNONYMS: hide out.

home [həʊm]

home in on *vt insep*

1 dirigirse hacia algún sitio, dirigirse hacia el blanco de algo: *This missile can home in on enemy aircraft in flight*, Este misil puede dirigirse hacia los aviones enemigos en pleno vuelo; *From distances of up to half a mile, the young hyenas home in on the scent of blood*, Las hienas jóvenes siguen el rastro de la sangre desde distancias de hasta media milla; *I love ham, whenever I go into a supermarket I tend to home in on the delicatessen counter*, Me encanta el jamón, cada vez que voy a un supermercado suelo ir derecha al mostrador de charcutería.
2 concentrar sus esfuerzos en algo, ir disparado hacia algo: *She has a tendency to home in on any tiny mistake you make and blow it up out of all proportion*,

Tiene la tendencia de resaltar cualquier error minúsculo que cometas y exagerarlo muchísimo; *To improve her tennis game she decided to home in on her backhand*, Decidió concentrarse en su revés a fin de mejorar su juego en el tenis.
SYNONYMS: focus on.

hook [hʊk]

hook up *vt sep - vi* (**to hook** *something* **up to** *something*)

1 enganchar una cosa con otra, instalar una cosa en otra: *We'll be able to leave as soon as I can get a new engine hooked up to the boat*, Podremos irnos tan pronto como consiga instalar un motor nuevo en el barco.
SYNONYMS: couple up.

2 conectar una cosa con otra: *The first job is to get the telephone system hooked up*, Lo primero que tenemos que hacer es conectar la centralita; *You just hook your PC up to a modem and you can speak to other computers virtually anywhere in the world*, Sólo tienes que conectar tu PC a un módem y ya puedes hablar con otros ordenadores prácticamente en cualquier lugar del mundo.
SYNONYMS: link up.

horse [hɔːs]

horse about or **horse around** *vi (informal)* hacer el tonto, hacer tonterías: *We don't want the children horsing around anywhere near the pool*, No queremos que los niños jueguen armando jaleo cerca de la piscina; *Stop horsing about and get on with your work*, Deja de hacer el tonto y continúa con tu trabajo.
SYNONYMS: mess about *(informal)*; fool about; lark about *(informal)*.

hose [həʊz]

hose down *vt sep* regar, limpiar *(con manguera)*; pasar la manguera por algún sitio: *Council workers hosed down the streets after the parade*, Los empleados municipales regaron las calles con mangueras después del desfile.
SEE ALSO: wash down.

hot [hɒt] hotting, hotted, hotted

hot up *vi* animarse *(una fiesta, una celebración)*; acalorarse *(una disputa, una pelea, un debate)*: *Things were hotting up, but the captain told his men to remain calm*, Las cosas se estaban complicando, pero el capitán dijo a sus hombres que no perdieran la calma; *The competition's really hotting up now; there are only ten seconds between the first six riders*, Ahora sí que se está animando la competición; sólo hay diez segundos de diferencia entre los seis primeros corredores.
SYNONYMS: heat up.

hound [haʊnd]

hound out *vt sep* forzar a abandonar algún sitio: *News of the scandal spread and he was hounded out of office*, Se extendió la noticia del escándalo y lo forzaron a abandonar el cargo.

howl [haʊl]

howl down *vt sep* obligar a callarse a alguien, hacer callar a alguien: *The company sent a representative to explain the situation, but the union members just howled him down*, La empresa envió a un representante para que explicara la situación, pero los miembros del sindicato lo hicieron callar a gritos.
SYNONYMS: shout down.

hurry up

huddle ['hʌdəl]

huddle round vt insep acurrucarse alrededor de algo, arrimarse a algo: *It was freezing cold and everyone huddled round the stove to get warm*, Hacía muchísimo frío y todos se arrimaron a la estufa para entrar en calor.
SYNONYMS: gather round.

huddle together vi apiñarse, acurrucarse: *We huddled together, trying to keep warm*, Nos hicimos un ovillo para intentar darnos calor; *The cats huddled together under the porch when the dog came*, Los gatos se acurrucaron bajo el porche cuando vino el perro.

hunger ['hʌŋgəʳ]

hunger for vt insep ansiar, tener deseo de algo, estar ávido de algo: *By the end of the winter you're hungering for a bit of sunshine*, A finales del invierno uno ya está deseando tener un poco de sol.
SYNONYMS: die for; hanker after.

hunker ['hʌŋkəʳ]

hunker down vi AmE ponerse en cuclillas, acuclillarse: *They hunkered down round the camp fire and began to tell stories*, Se sentaron en cuclillas alrededor del fuego del campamento y comenzaron a contar historias.
SYNONYMS: crouch down.

hunt [hʌnt]

hunt down vt sep buscar *(hasta encontrar)*, localizar, dar caza a alguien: *The murderer hunted down his victims and attacked them when they were alone and defenceless*, El asesino daba caza a sus víctimas y las atacaba cuando estaban solas e indefensas; *The FBI will hunt the fugitives down wherever they go*, El FBI dará caza a los fugitivos, vayan donde vayan.
SYNONYMS: track down.

hunt out vt sep buscar *(hasta encontrar)*, localizar: *I know I have those photos somewhere, I'll try to hunt them out for you*, Sé que tengo esas fotos en algún sitio, intentaré buscártelas.
SYNONYMS: look out; dig out.

hunt up vt sep buscar, descubrir: *She's a researcher so most of her time is spent hunting up references in the British Library*, Como es investigadora dedica casi todo su tiempo a buscar referencias en la Biblioteca Británica.
SYNONYMS: chase up.

hurry ['hʌrı]

hurry on vi seguir andando deprisa, apretar el paso: *When the beggar asked him for money, Martin looked the other way and hurried on*, Cuando el mendigo le pidió dinero, Martin miró hacia el otro lado y apretó el paso.

hurry up
1 vi darse prisa: *Hurry up, Bill, or we'll miss the train*, Date prisa, Bill, o perderemos el tren; *If the kids don't hurry up they'll be late for school*, Si los niños no se dan prisa llegarán tarde al colegio.
2 vt sep meter prisa a alguien: *The guide tried to hurry his group of visitors up as the museum was about to close*, El guía intentó meter prisa a su grupo de visitantes porque estaban a punto de cerrar el museo.
3 vt sep agilizar, acelerar: *I'll ask the bank manager if he can hurry up approval of*

our loan, Le pediré al director del banco si puede agilizar la concesión de nuestro préstamo.
SYNONYMS: speed up; accelerate *(formal)*.

hush [hʌʃ]
hush up
1 *vt sep* encubrir, ocultar: *The duke tried to hush the scandal up, but it leaked out and was all over the papers next morning*, El duque intentó silenciar el escándalo, pero se filtró a la prensa y a la mañana siguiente apareció en todos los periódicos.
SYNONYMS: cover up; suppress *(formal)*.
2 *vi* callar, callarse: *Do hush up, please. I can't hear what the speaker's saying*, Cállate, por favor. No puedo oír lo que dice el conferenciante; *Anyone daring to whisper was immediately hushed up by the librarian*, La bibliotecaria hacía callar inmediatamente a todo aquél que se atrevía a susurrar algo.
SYNONYMS: shut up.
3 *vt sep* hacer callar a alguien, tapar la boca a alguien: *It wouldn't be the first time the Mafia had managed to hush a witness up*, No sería la primera vez que la Mafia conseguía silenciar a un testigo.
SYNONYMS: shut up.

hype [haɪp]
hype up *vt sep*
1 dar bombo a algo, exagerar algo: *As usual the Minister is trying to hype up what is a small success into a major achievement*, Como es habitual el ministro intenta exagerar un éxito menor para que parezca un logro muy importante.
SEE ALSO: talk up.
2 animar, preparar: *Knowing the league championship was at stake, the coach hyped up his players as much as he could*, A sabiendas de que el campeonato de liga estaba en juego, el entrenador incentivó al máximo a sus jugadores.
SEE ALSO: psych up.

ice [aɪs]
ice over *vi* helarse, congelarse, cubrirse de hielo: *That was the year it was so cold that the lake iced over in November*, Aquél fue el año en que hizo tanto frío que el lago se congeló en noviembre.
SYNONYMS: freeze over.
ice up *vi* helarse, congelarse, cubrirse de hielo: *All the locks had iced up during the night*, Todas las cerraduras se habían helado durante la noche; *The windscreen iced up and I couldn't see to drive*, El parabrisas se heló y no veía lo suficiente como para poder conducir.
SYNONYMS: freeze up.
SEE ALSO: seize up.

identify [aɪˈdentɪfaɪ] identifying, identified, identified
identify with *vt insep*
1 identificarse con alguien: *You can't expect readers to identify with a hero whose only problem in life is what to spend his money on*, No se puede esperar que los lectores se identifiquen con un protagonista cuyo único problema en la vida es saber en qué gastarse el dinero.
SYNONYMS: relate to.

indulge in

2 identificar con algo, asociar con algo, incluir en algo: *None of these poets set out to be identified with a movement of any kind*, Ninguno de estos poetas quería ser identificado con movimiento alguno; *In the public's mind, the name Jaguar is still identified with quality in motor cars*, La gente todavía asocia la marca Jaguar con automóviles de calidad.
SYNONYMS: associate with.

idle [ˈaɪdəl]

idle about or **idle around** *vi* no hacer nada, hacer el vago: *Seeing him idling about was making me angrier by the day*, Verle haciendo el vago me enojaba cada día más; *We spent the first couple of weeks idling around the beach and the nearby campsites*, Pasamos las dos primeras semanas sin hacer nada en la playa y en los campings cercanos.
SYNONYMS: laze about; loaf about; lounge about.
SEE ALSO: hang about.

idle away *vt sep* perder, desperdiciar: *We often went down to the river to idle away the summer afternoons*, Solíamos bajar al río para dejar pasar la tarde en verano.
SYNONYMS: while away.

impose [ɪmˈpəʊz]

impose on or **impose upon** *vt sep* (to impose on *somebody*, impose *something* on *somebody*)
1 imponer algo a alguien: *I wouldn't want to impose my religious beliefs on anyone*, No quisiera imponerle a nadie mis creencias religiosas; *The new tax will not be imposed on people's savings*, El nuevo impuesto no gravará los ahorros de la gente.
2 molestar a alguien, abusar de alguien: *I hate to impose on you, but my car won't start and I wondered if you would give me a lift*, Siento mucho molestarte, pero mi coche no arranca y me preguntaba si me podrías llevar; *We shouldn't impose ourselves upon her so soon after her mother's death*, No deberíamos abusar de su amabilidad cuando hace tan poco de la muerte de su madre.

impress [ɪmˈpres]

impress on or **impress upon** *vt sep* (to impose *something* on *somebody*) subrayar algo a alguien, convencer a alguien de la importancia de algo: *I would like to impress upon you the importance of this project for the future of the company*, Quisiera recalcarles la importancia de este proyecto para el futuro de la empresa.

improve [ɪmˈpruːv]

improve on or **improve upon** *vt insep* mejorar algo: *She'll find it difficult to improve on her first-round score*, Le será difícil mejorar su puntuación de la primera ronda; *Last year's performance must be improved upon*, Deben mejorarse los resultados del año pasado.
SYNONYMS: better.

indulge [ɪnˈdʌldʒ]

indulge in *vt insep* permitirse algo, dejarse llevar por algo: *I occasionally indulge in a cigar*, De vez en cuando me permito fumarme un puro; *Anyone indulging in unprotected sex should be aware of the risks*, Todos los que practiquen el sexo sin protección deberían ser conscientes de los riesgos.

inform [ɪnˈfɔːm]

inform on *vt insep* denunciar, delatar *(a alguien)*, dar información sobre los delitos de alguien: ***Few of us would inform on a close friend or relative, I think***, Creo que muy pocos de nosotros denunciaríamos a un amigo íntimo o a un pariente; ***A rival dealer informed on him to the police and he was arrested for trafficking***, Un traficante rival lo delató a la policía y lo arrestaron por traficar.
SYNONYMS: betray.
SEE ALSO: tell on.

ink [ɪŋk]

ink in *vt sep* apuntar, escribir *(con tinta)*: ***I'll get my diary and ink in the appointment***, Cogeré mi agenda y apuntaré que es una cita en firme; ***The date is definitely the 25th, but the location hasn't been inked in yet***, La fecha es definitivamente el 25, pero el sitio aún no se ha decidido.
SEE ALSO: pencil in.

inquire [ɪŋˈkwaɪəʳ] (Also **enquire**)

inquire after *vt insep* preguntar por alguien: ***She always inquires after the children***, Siempre pregunta por los niños; ***I said 'Good morning' and inquired after her husband's health***, Le di los buenos días y le pregunté por la salud de su marido.
SYNONYMS: ask after.

inquire into *vt insep* investigar, hacer investigaciones sobre algo: ***It seems astounding that the precise cause of death was not inquired into***, Parece increíble que no se investigara la causa exacta de la muerte; ***A commission was established to inquire into conditions at the prison***, Se creó una comisión para investigar las condiciones de la prisión.
SYNONYMS: look into.

insist [ɪnˈsɪst]

insist on or **insist upon** *vt insep* insistir en algo, en hacer algo: ***I offered to do the work free of charge, but he insisted on paying me***, Me ofrecí a hacer el trabajo sin cobrar, pero insistió en pagarme; ***In this office we insist on punctuality and a smart appearance at all times***, En esta oficina exigimos puntualidad y buena presencia en todo momento.

insure [ɪnˈʃʊəʳ]

insure against *vt insep* asegurar contra: ***If your house is made of wood, it's important to insure it against fire***, Si tu casa está hecha de madera, es importante asegurarla contra incendios.

interfere [ɪntəˈfɪəʳ]

interfere in *vt insep* entrometerse en algo, interferir en algo: ***It must be difficult for parents not to interfere in their children's lives***, Debe ser difícil para los padres no meterse en las vidas de sus hijos.
SYNONYMS: pry into.

interfere with *vt insep*
 1 afectar a algo, estorbar para algo: ***She found the job was interfering too much with her family life***, Descubrió que el trabajo afectaba demasiado a su vida familiar; ***The story is about a scientist who interferes with nature and causes a global catastrophe***, La historia trata de un científico que interfiere en el curso de la naturaleza y provoca una catástrofe mundial.

2 tocar algo, toquetear algo: *Someone interfered with the papers on my desk while I was out of the room*, Alguien me ha tocado los papeles del escritorio mientras estaba fuera de la habitación.

SYNONYMS: meddle with; monkey with *(informal)*; tamper with.

3 interferir con algo, causar interferencias a algo: *Passengers are reminded that all mobile phones must be switched off as they can interfere with flight instruments*, Recordamos a los pasajeros que todos los teléfonos móviles deben apagarse porque pueden interferir con el instrumental de vuelo.

4 abusar de alguien, cometer abusos con alguien: *We were shocked by yet another report of a priest who had interfered with children in his care*, Quedamos horrorizados al conocer otra noticia más sobre un sacerdote que había abusado de los niños a su cargo.

SYNONYMS: molest; abuse.

intrude [ın'truːd]

intrude on or **intrude upon** *vt insep (formal)* entrometerse en algo, inmiscuirse en algo: *It wouldn't be right for us to intrude on them in their time of grief*, No estaría bien que los importunáramos en su dolor.

invite [ın'vaıt]

invite in *vt sep* invitar a alguien a entrar: *Well, aren't you going to invite me in?*, Bueno, ¿no me vas a invitar a pasar?

SYNONYMS: ask in.

invite out *vt sep* invitar a alguien a salir: *Go round and invite her out, even if it's only for a walk*, Ve a su casa e invítala a salir, aunque sólo sea para dar un paseo; *She's been invited out to dinner and won't be home until late*, La han invitado a cenar fuera y no volverá a casa hasta tarde.

SYNONYMS: ask out.
SEE ALSO: go out with.

invite over or **invite round** *vt sep* invitar a alguien a tomar algo *(en casa)*, invitar a alguien *(en casa)*: *We've invited some of our neighbours over for a barbecue*, Invitamos a algunos de nuestros vecinos a una barbacoa en casa; *Perhaps we'll be invited round to their house some time*, Quizás nos inviten a su casa alguna vez.

SYNONYMS: ask over; ask round.

iron ['aıən]

iron out *vt sep* resolver *(los problemas)*, allanar *(las dificultades)*: *We are sure that these minor problems will soon be ironed out*, Estamos seguros de que estos pequeños problemas se resolverán pronto.

SYNONYMS: sort out; clear up.

itch [ıtʃ]

itch for *vt insep (informal)* estar deseando algo, tener muchas ganas de algo: *She was itching for a chance to prove what she could do*, Se moría por tener la oportunidad de demostrar lo que podía hacer.

SYNONYMS: long for.

jabber ['dʒæbə']

jabber away *vi (informal)* charlar, parlotear: *A group of foreign students sat jabber-*

ing away in the corner, Un grupo de estudiantes extranjeros estaban sentados en el rincón charlando.
SYNONYMS: gabble away *(informal)*; babble; prattle.

jack [dʒæk]

jack in *vt sep (informal)* dejar, abandonar: ***There are days when I feel like jacking in my job and starting a whole new life for myself***, Hay días en los que me dan ganas de dejar el trabajo y empezar una nueva vida.
SYNONYMS: pack in; give up; abandon.
ANTONYMS: carry on; keep on.

jack off *vi* ESP AME *(vulgar slang)* pajearse, hacerse una paja, cascársela: ***Sam spent his lonely teenage nights jacking off in his room***, Sam pasaba las noches solitarias de su adolescencia haciéndose pajas en la habitación.
SYNONYMS: jerk off; masturbate.

jack up *vt sep*
  1 levantar algo con el gato: ***We'd better jack it up and check the underside***, Sería mejor que lo levantáramos con el gato y comprobáramos los bajos.
  2 *(informal)* subir, aumentar: ***They take any opportunity to jack up their charges***, Aprovechan cualquier oportunidad para subir los precios.
  SYNONYMS: put up; hike up.
  ANTONYMS: reduce; bring down.
  3 *(slang)* pincharse, chutarse, meterse un pico: ***He started as an occasional drug user, but now he can't get through the day without jacking up***, Empezó como consumidor ocasional de drogas, pero ahora no puede pasar un día sin chutarse.
  SYNONYMS: shoot up *(informal)*.

jam [dʒæm] jamming, jammed, jammed

jam on *vt insep (informal)* pisar en seco *(el freno)*, frenar en seco: ***He jammed the brakes on and the van went into a skid***, Frenó en seco y la camioneta derrapó.
SYNONYMS: slam on; put on.

jazz [dʒæz]

jazz up *vt sep (informal)* dar color a algo, animar algo: ***I suppose we could jazz up the walls with a few posters***, Supongo que podríamos alegrar las paredes con unos cuantos pósters.
SYNONYMS: brighten up; liven up.

jerk [dʒɜːk]

jerk around or **jerk about** *vt sep* ESP AME *(slang)* jorobar, joder: ***I won't stand for them jerking me around like that***, No permitiré que me joroben de esta manera; ***The bigger the company, the more they feel they can jerk you about***, Cuando más grande es la empresa, con más derecho se creen a jorobarte.
SYNONYMS: mess around; muck about.
ANTONYMS: do right by.

jerk off *vi* ESP AME *(vulgar slang)* pajearse, hacerse una paja, cascársela: ***Sam spent his lonely teenage nights jerking off in his room***, Sam pasaba las noches solitarias de su adolescencia haciéndose pajas en la habitación.

jet [dʒet] jetting, jetted, jetted

jet off *vt insep - vi (informal)* volar, ir en avión *(a algún sitio)*: ***Jack and Elaine will be jet-***

juice up

ting off to the Canaries for the winter, Jack y Elaine volarán a Canarias para pasar el invierno allí.
SYNONYMS: fly off.

jog [dʒɒg] jogging, jogged, jogged
jog along *vi (informal)* avanzar sin prisa, ir tranquilamente: *Life at the office continued to jog along at its usual pace*, La vida en la oficina seguía su curso al ritmo habitual.

join [dʒɔɪn]
join in *vt insep - vi* unirse a algo, apuntarse a algo, participar en algo: *She used to watch the other children playing but wouldn't join in with them*, Solía mirar cómo jugaban los otros niños pero no se iba con ellos; *Soon everyone was joining in the discussion*, Al poco tiempo, todos participaban en el debate.
SYNONYMS: muck in *(informal)*; pitch in *(informal)*.
ANTONYMS: stand apart; shy away.
join up
1 *vt sep* unir, juntar, empalmar: *You could join up these three photos to get a panorama effect*, Podrías unir estas tres fotos para conseguir un efecto panorámico; *Shorter lengths had been joined up to make one long pipe*, Habían empalmado algunos trozos cortos para hacer una tubería larga.
ANTONYMS: take apart; break up.
2 *vi* alistarse: *He joined up in 1940 and was immediately posted abroad*, Se alistó en 1940 e inmediatamente después lo destinaron al extranjero.
SYNONYMS: enlist.
SEE ALSO: call up.
join with *vt insep* unirse a alguien, ir con alguien: *Please rise and join with me now in drinking a toast to the bride and groom*, Por favor, levántense y brinden conmigo en honor de los novios.

jolly ['dʒɒlɪ] jollying, jollied, jollied
jolly along *vt sep (informal)* engatusar a alguien: *The cook was always threatening to leave, but Mr Banks jollied her along with constant compliments and the occasional small gift*, La cocinera siempre amenazaba con marcharse, pero el señor Banks la engatusaba con cumplidos constantes y algún que otro regalito.
SYNONYMS: humour; keep sweet *(informal)*.
ANTONYMS: chase away; antagonize.

jot [dʒɒt] jotting, jotted, jotted
jot down *vt sep* apuntar, anotar: *I jotted down the number on the back of an envelope*, Apunté el número en el reverso de un sobre.
SYNONYMS: take down; make a note of.

juice [dʒuːs]
juice up *vt sep* ESP AME *(informal)* dar vida a algo, animar: *The first part of the song needed juicing up a little, so we added some electric guitar*, Hacía falta animar un poco la primera parte de la canción, así que le añadimos un poco de guitarra eléctrica; *They could juice up the presentation by hiring a celebrity to do it*, Podrían animar la entrega de premios contratando a alguien famoso para que la hiciera.
SYNONYMS: pep up; liven up.
ANTONYMS: detract from; spoil; impoverish.

jumble up

jumble ['dʒʌmbəl]
jumble up *vt sep* mezclar, revolver, embrollar: *Names and pictures had been jumbled up so we didn't know who was who*, Se habían mezclado nombres y fotos, de manera que no sabíamos quién era quién; *He didn't fold his clothes neatly, he just stuffed them in the drawer all jumbled up*, No dobló su ropa con cuidado, sino que la metió en el cajón toda revuelta.
ANTONYMS: sort out; order.
SEE ALSO: mix up; muddle up.

jump [dʒʌmp]
jump at *vt insep* aceptar inmediatamente, recibir con entusiasmo: *When they offered him a job in New York, he jumped at the chance*, Cuando le ofrecieron un empleo en Nueva York no dejó escapar la oportunidad.
SYNONYMS: seize upon.

jump on *vt insep* echarse encima de alguien: *Any mention of workers' rights was jumped on by the manager*, El jefe se echaba encima de cualquiera que mencionara los derechos de los trabajadores; *Everyone in the family jumped on me when I suggested that dad might be to blame*, Todos los miembros de la familia se me echaron encima cuando sugerí que la culpa podría ser de papá.
SEE ALSO: tell off; bawl out.

jump out *vi* salir de repente, aparecer dando un salto: *I opened the door and a gang of children in Halloween masks jumped out*, Abrí la puerta y de pronto apareció un grupo de niños con máscaras de Halloween.
SYNONYMS: leap out.

jump out at *vt insep* llamar la atención algo: *A name from the past jumped out at me from the page*, Nada más ver la página me llamó inmediatamente la atención un nombre del pasado; *Nothing on his CV jumps out as being outstanding*, No hay nada en su currículum que destaque.
SYNONYMS: leap out at.

keel [kiːl]
keel over *vi (informal)* caer redondo, desplomarse: *Several spectators keeled over in the extreme heat*, Varios espectadores cayeron redondos a causa del intenso calor.
SYNONYMS: fall down; collapse.
SEE ALSO: black out; pass out.

keep [kiːp]
keep away
1 *vt sep - vt insep* (**to keep away from** *something/somebody*; **keep** *somebody* **away from** *something/somewhere*) no ir, no acercarse, mantenerse alejado: *I tend to keep away from that part of town at night; it's dangerous*, No suelo ir por esa parte de la ciudad por la noche porque es peligroso; *His mother kept him away from school because of the outbreak of chickenpox*, Su madre no lo llevó al colegio a causa del brote de varicela; *Keep those children from the fire*, Aparta a esos niños del fuego.
SYNONYMS: stay away; avoid.

2 *vi* no acercarse, apartarse: *She threatened to set the dogs on him if he didn't keep away*, Amenazó con echarle los perros si no se iba.
keep back *vt sep*
1 ocultar: *He seemed frank and sincere, but I got the impression he was keeping*

something back, Parecía franco y sincero, pero me dio la impresión de que estaba ocultando algo; ***She had kept back important evidence, which obstructed police investigations***, Había ocultado pruebas importantes, lo cual obstruyó las investigaciones de la policía.
SYNONYMS: hold back; withhold.
ANTONYMS: give away; blurt out; confess.

2 contener, controlar: ***I was finding it hard to keep back the tears***, Me estaba costando contener las lágrimas; ***He's been used to keeping his feelings back***, Se ha acostumbrado a reprimir sus sentimientos.
SYNONYMS: hold back; stifle; suppress.
ANTONYMS: let go; reveal; disclose.

3 no acercarse, apartarse: ***Keep back and let the ambulance through***, Manténgase a un lado y dejen pasar a la ambulancia; ***Marshals are employed to keep spectators back***, Contratan a vigilantes para que los espectadores no se acerquen.
SYNONYMS: stand back; stay back.
ANTONYMS: crowd round; gather round.

4 quedarse con algo, guardar, reservar: ***Keep back 50g of the parmesan to sprinkle on top before serving***, Reserve 50 gr de parmesano para echarlo por encima antes de servir; ***They keep back part of my wages and pay it into a pension fund***, Se quedan parte de mi sueldo y lo ponen en un fondo de pensiones.
SYNONYMS: reserve; retain.
ANTONYMS: use up; give up; surrender.

keep down *vt sep*

1 mantener algo bajo, impedir que algo suba: ***If we are to maintain economic growth, it is vital to keep down inflation***, Si tenemos que mantener el crecimiento económico es esencial impedir que la inflación aumente; ***Sensible eating and exercise will help you to keep your weight down***, Una dieta sensata y el ejercicio te ayudarán a no aumentar de peso; ***Keep the noise down, the baby's asleep!***, ¡No hagas ruido, el niño está durmiendo!
SYNONYMS: hold down; control; contain; curb.

2 no vomitar: ***She's got a stomach bug and can't keep anything down***, Tiene un virus estomacal y lo vomita todo.
ANTONYMS: throw up *(informal)*; spew up *(informal)*.

keep from *vt sep*

1 impedir a alguien hacer algo: ***She clung on to the rail to keep herself from falling***, Se cogió a la barandilla para no caerse; ***I'll ring back later; I wouldn't want to keep you from your dinner***, Volveré a llamar más tarde, no quisiera entretenerle a la hora de cenar; ***It was all I could do to keep from slapping his face***, Me contuve al máximo para no darle una bofetada.
SYNONYMS: prevent, stop.
ANTONYMS: allow.

2 ocultar algo a alguien, mantener algo oculto a alguien: ***The rest of the family found out, but she managed to keep it from her parents***, El resto de la familia lo descubrió, pero se las arregló para ocultárselo a sus padres; ***I need to know everything, you mustn't keep anything from me***, Necesito saberlo todo, no debes ocultarme nada.
SYNONYMS: hold back; keep back; withhold.
ANTONYMS: reveal; disclose.

keep in *vt sep*

1 no dejar salir, encerrar *(castigado)*: ***When the weather's this cold, younger children should be kept in***, Cuando hace tanto frío los niños más pequeños no deberían

salir; ***The teacher kept us in after school because we hadn't done our homework***, El maestro nos dejó castigados después de clase porque no habíamos hecho los deberes.

ANTONYMS: let out; allow out.

2 suministrar, pagar: ***My husband's wages were barely enough to keep us in food***, El sueldo de mi marido apenas bastaba para comprar suficiente comida.

keep in with *vt insep* congraciarse con alguien, mantenerse en buenas relaciones con alguien: ***He's the kind of powerful man everyone tries to keep in with***, Es de esa clase de hombres poderosos con los que todo el mundo intenta congraciarse; ***He thought that if he kept in with the boss, he'd get a rise or promotion***, Pensaba que si se congraciaba con el jefe le aumentarían el sueldo o lo ascenderían.

ANTONYMS: alienate; antagonize.

keep off

1 *vt sep* mantener fuera de algún sitio, no entrar en algún sitio: ***If you don't keep your dog off my land, next time I'll shoot it!***, ¡Si sigue dejando que su perro entre en mi propiedad la próxima vez le pegaré un tiro!; ***I just think bikes should be kept off the roads in busy cities***, Creo que no deberían permitirse las bicicletas en las calles de ciudades con mucho tráfico; ***Keep off the grass***, Prohibido pisar el césped; ***A large sign read: 'Private Estate. Keep Off'***, Había un gran letrero en el que ponía: 'Urbanización Privada. Prohibido el paso'.

SYNONYMS: keep away from; stay off.

ANTONYMS: allow on; give access to.

2 *vt sep* mantener alejado de algo, no dejar que algo se acerque a algo: ***There didn't seem to be any way we could keep the insects off the food***, Parecía que no había manera de alejar a los insectos de la comida; ***We'll light a fire to keep off the cold***, Encenderemos un fuego para protegernos del frío.

SYNONYMS: keep away; ward off.

ANTONYMS: attract; invite.

3 *vt insep* no tomar algo, no comer/beber/fumar/etc: ***The doctor has told me to keep off alcohol of any kind***, El médico me ha dicho que no tome alcohol de ningún tipo; ***His wife was asked to keep him off the cigars***, Pidieron a su esposa que no le dejara fumar puros.

SYNONYMS: stay off; lay off *(informal)*.

SEE ALSO: give up; go without.

4 *vt insep* evitar hablar de algo, no sacar el tema de algo: ***We'd better keep off politics if we want to avoid arguments***, Será mejor que no hablemos de política si queremos evitar discusiones.

SYNONYMS: steer clear of.

5 *vi* no llegar: ***I hope the rain keeps off for the wedding tomorrow***, Espero que no llueva mañana para la boda.

SYNONYMS: hold off.

ANTONYMS: come on.

keep on

1 *vt insep* seguir haciendo algo, continuar haciendo algo: ***They kept on walking in spite of their hunger and tiredness***, Siguieron andando a pesar del hambre y del cansancio; ***She keeps on talking about her childhood, as if she wants to return to the past***, Sigue hablando de su infancia, como si quisiera volver al pasado.

SYNONYMS: carry on.

ANTONYMS: stop; give up; leave off.

2 *vt sep* seguir empleando a alguien, seguir dando trabajo a alguien: ***If you're a good worker, they might keep you on for another few weeks***, Si trabajas bien, puede

que sigan dándote trabajo durante algunas semanas más; *Most of them will go when the office closes, the best will be kept on in other jobs*, La mayoría tendrá que irse cuando cierre la oficina, y los mejores se quedarán haciendo otros trabajos.
SYNONYMS: hold on to; retain *(formal)*.
ANTONYMS: get rid of; sack; give the sack.

keep on about *vt insep* hablar siempre de algo, estar siempre con el mismo tema de algo: *I wish he wouldn't keep on about how much money he makes*, Ojalá no estuviera hablando siempre del dinero que gana.
SYNONYMS: go on about; harp on about.
ANTONYMS: shut up about.

keep on at *vt insep* estar siempre encima de alguien, seguir dando la lata a alguien: *My mother keeps on at me to settle down and have kids*, Mi madre siempre está encima de mí con lo de que siente la cabeza y tenga hijos; *They hadn't replied to any of our letters, so we just kept on at them until they finally did*, Como no habían contestado a ninguna de nuestras cartas seguimos dándoles la lata hasta que contestaron.
SYNONYMS: go on at *(informal)*; nag; badger.

keep out *vt sep - vi* no dejar entrar, no permitir la entrada *(a alguien)*: *A large sign on the door said 'DANGER. KEEP OUT!'*, En la puerta había un gran letrero en el que ponía 'PELIGRO. PROHIBIDA LA ENTRADA'; *We tried all sorts of ways of keeping the neighbour's dogs out of our garden*, Probamos de todo para que los perros del vecino no entraran en nuestro jardín; *They put bars on the windows to keep burglars out*, Pusieron barrotes en las ventanas para que no entraran los ladrones.
SYNONYMS: keep away.
ANTONYMS: bring in; go in; come in.

keep out of *vt sep* (to keep out of *something*, keep *somebody* out of *something*) no meterse en algo: *Keep out of trouble for a while or you'll end up in prison*, No te metas en líos durante algún tiempo o acabarás en la cárcel; *You keep out of it, it's nothing to do with you!*, (No te metas en esto, no tiene nada que ver contigo!
SYNONYMS: stay out of.

keep to

1 *vt insep* no salirse de algo, no desviarse de algo, ceñirse a algo: *Keep to the path and you won't get lost*, Sigue siempre el sendero y no te perderás; *Our discussion time is limited, so we must keep to the subject*, Hay un límite de tiempo para el debate, así que debemos ceñirnos al tema; *There'd be no problems if they'd kept to the original plan*, No habrían surgido problemas si se hubieran ceñido al plan original.
SYNONYMS: stick to; stay with.
ANTONYMS: go off; wander from; stray from.

2 *vt sep* limitar: *Pocket money should be kept to about £5 per child per week*, La paga semanal no debería pasar de cinco libras por niño a la semana; *We try to keep waste to an absolute minimum*, Intentamos reducir al máximo los desechos.
SYNONYMS: restrict.
SEE ALSO: keep down.

3 *vt sep* (to keep *somebody* to *something*) hacer cumplir algo a alguien: *He had said he was willing to marry the girl and they were determined to keep him to it*, Había dicho que estaba dispuesto a casarse con la chica y estaban resueltos a hacerle cumplir su promesa; *Patrick was kept to his word by pressure from his family*, Patrick tuvo que cumplir su palabra debido a las presiones familiares.
SYNONYMS: hold to.

keep up

4 *vt sep* (**to keep something to oneself**) guardarse algo para uno, guardar el secreto de algo: ***I'd like you to keep our little discussion to yourself***, Me gustaría que no le contaras a nadie nuestra pequeña discusión; ***She'd always kept her feelings to herself***, Siempre se había guardado sus sentimientos.

keep up

1 *vt sep* mantenerse al nivel/ritmo de algo, seguir al mismo ritmo: ***I knew Richard couldn't keep that pace up for long***, Sabía que Richard no podría seguir a ese ritmo mucho tiempo más; ***Her work has improved greatly recently; let's hope she can keep it up***, Recientemente su trabajo ha mejorado muchísismo; esperemos que siga así; ***They kept up the bombing until the enemy surrendered***, Continuaron con los bombardeos hasta que el enemigo se rindió; ***It's important that academic standards should be kept up***, Es importante mantener el nivel académico; ***The doctor says you must eat to keep your strength up***, El médico dice que tienes que comer para estar fuerte; ***If this hot weather keeps up, there could be a drought***, Si sigue haciendo este calor podría haber una sequía.

2 *vt sep* tener despierto a alguien, mantener en vela a alguien: ***A late phone call from Floyd kept her up past her normal bedtime***, Una llamada telefónica de Floyd ya entrada la noche la tuvo despierta hasta después de su hora habitual; ***I must apologise for keeping you up so late***, Quisiera disculparme por tenerte despierto hasta tan tarde.

keep up with *vt insep*

1 ir al paso de alguien, mantenerse al paso/nivel de alguien: ***She walked so fast that I almost had to run to keep up with her***, Andaba tan rápido que casi tuve que correr para ir a su paso; ***Salaries are increased regularly to keep up with inflation***, Aumentan los sueldos regularmente para compensar la inflación; ***One or two of the pupils are finding it difficult to keep up with the rest of the class***, A uno o dos de los alumnos les está costando seguir el ritmo del resto de la clase.
SYNONYMS: keep pace.
ANTONYMS: fall behind; get left behind; drop back.

2 estar informado de algo, estar al día de algo: ***I try to keep up with the latest developments in world politics***, Trato de estar informada de los últimos acontecimientos en política mundial; ***So many changes are being made all the time that it's impossible to keep up***, Están haciendo constantemente tantos cambios que es imposible estar al día.
SYNONYMS: stay abreast; keep in touch with.
ANTONYMS: lose touch; lose track of.

3 mantenerse en contacto con alguien: ***They've kept up with many of their old university friends***, Han mantenido el contacto con muchos de sus antiguos amigos de universidad.
SYNONYMS: keep in touch; stay in touch.
ANTONYMS: lose contact; lose touch.

key [kiː]

key in *vt sep* teclear, escribir *(una palabra, una clave)*, picar *(un texto)*: ***Key in your password and then click on the OK button***, Teclee su contraseña y a continuación haga clic en el botón OK.
SYNONYMS: type in; punch in; input.

kick [kɪk]

kick about or **kick around** *(informal)*

1 *vi* andar por ahí: ***His old schoolbooks were kicking about in the attic***, Sus viejos

libros de texto andaban por alguna parte del desván; *The theory has been kicking around for some time, but it's only recently been taken seriously*, La teoría ha existido durante algún tiempo, pero no la han tomado en serio hasta hace poco.
SYNONYMS: knock about; knock around.

2 *vt sep* dar vueltas a algo, discutir algo: *We kicked around a few ideas, but came up with nothing definitive*, Discutimos varias ideas, pero no se nos ocurrió nada definitivo.
SYNONYMS: toss about; toss around.

kick against *vt insep* rebelarse contra algo: *All teenagers kick against the system, it's part of growing up*, Todos los adolescentes se rebelan contra el sistema, forma parte de hacerse mayor.
SYNONYMS: defy; rebel against.
ANTONYMS: go along with; comply with; conform with.

kick back *vt sep (informal)* devolver: *The building company had apparently agreed to kick back 10% to one of the councillors on the planning committee*, Al parecer, la inmobiliaria había acordado devolver un 10% a uno de los concejales de la comisión de urbanismo.

kick down *vt sep* derribar a patadas, echar abajo a patadas *(una puerta)*: *Neighbours say they saw two police officers kick the door down*, Los vecinos dicen que vieron a dos agentes de policía derribar la puerta a patadas; *We had to kick down the gate to get in*, Tuvimos que derribar la verja a patadas para entrar.
SYNONYMS: break down; smash down.

kick in *vt sep* romper algo a patadas, emprenderla a patadas con algo: *Vandals had kicked the TV in*, Los gamberros destrozaron el televisor a patadas; *He had his face kicked in by a gang of thugs*, Una banda de matones le rompió la cara.
SYNONYMS: smash in.

kick off

1 *vi* empezar, hacer el saque inicial: *The referee arrived late, so we didn't kick off until quarter past nine*, Como el árbitro llegó tarde no empezamos el partido hasta las nueve y cuarto.

2 *vi (informal)* empezar: *The session kicked off with coffee and an introductory chat*, La sesión empezó con café y una charla introductoria; *I suppose we should kick off by learning one another's names*, Supongo que podríamos empezar aprendiéndonos los nombres de los otros; *They kicked off the concert with two of their best-known songs*, Empezaron el concierto con dos de sus canciones más conocidas.
SYNONYMS: open; commence.

3 *vt sep* sacarse con el pie *(los zapatos, las botas)*: *She flopped into a chair and kicked her boots off*, Se dejó caer en una silla y se sacó las botas con el pie.

kick out *vt sep (informal)* echar a alguien de algún sitio, poner a alguien de patitas en la calle: *A group at a table in the corner got a bit rowdy and the manager kicked them out*, Un grupo que se sentaba en una mesa del rincón comenzó a alborotar un poco y el encargado los echó; *He's been kicked out of his job*, Le han dado la patada en el trabajo; *She was expelled from two schools, and later managed to get herself kicked out of college*, La expulsaron de dos colegios, y más tarde acabaron echándola de la universidad.
SYNONYMS: throw out; boot out *(informal)*; turn out.

kick over *vt sep* tirar de una patada, volcar de una patada: *One of the men kicked over a table and a fight started*, Uno de los hombres volcó una mesa de una patada y comenzó una pelea.
SEE ALSO: knock over.

kick up

kick up vt sep *(informal)* montar, armar: *If we were late, the manager kicked up a terrible stink*, Si llegábamos tarde el director montaba un número increíble.

kid [kɪd] kidding, kidded, kidded
kid on vt sep *(informal)* tomar el pelo a alguien, quedarse con alguien: *Of course they weren't really offended, they were just kidding us on*, Claro que no se ofendieron de verdad, sólo nos estaban tomando el pelo.
SYNONYMS: have on; pull someone's leg; joke.

kill [kɪl]
kill off vt sep destruir algo por completo, acabar con algo: *Early frosts killed off most of the fruit*, Las heladas tempranas destruyeron casi toda la fruta; *Infectious diseases killed off a large percentage of the population*, Las enfermedades infecciosas acabaron con un gran porcentaje de la población.
SYNONYMS: wipe out; do for *(informal)*.

kip [kɪp] kipping, kipped, kipped
kip down vi *(informal)* echarse a dormir: *Could I kip down on your sofa for the night?*, ¿Puedo quedarme a dormir en tu sofá esta noche?
SYNONYMS: doss down *(informal)*; crash *(informal)*.

kiss [kɪs]
kiss away vt sep hacer olvidar con un beso, curar con un beso: *She kissed away her baby's tears as only a mother can*, Secó las lágrimas de su hijito a besos como sólo puede hacerlo una madre.
kiss off vt sep AmE *(informal)* desprestigiar, despreciar, rechazar: *Writers of best sellers are routinely kissed off by the critics*, Los críticos suelen despreciar a los autores de best sellers.
SYNONYMS: look down on; sniff at; reject.
ANTONYMS: acclaim; applaud.

kit [kɪt] kitting, kitted, kitted
kit out vt sep equipar: *You could kit yourself out with basic skiing gear for around £300*, Podrías equiparte con un equipo básico de esquí por unas 300 libras; *Now you're fully kitted out and ready to play your first game*, Ahora llevas todo el equipo y ya estás lista para jugar tu primer partido.
SYNONYMS: fit out; rig out; equip.

kneel [niːl] kneeling, knelt, knelt
kneel down vi arrodillarse, ponerse de rodillas: *The priest gave a sign, and ten thousand people knelt down to pray*, El sacerdote hizo una señal y diez mil personas se arrodillaron para rezar.

knit [nɪt] knitting, knitted, knitted
knit together vi soldarse, unirse, juntarse: *The broken bones should knit together in around six to eight weeks*, Los huesos rotos tendrían que soldarse entre seis y ocho semanas; *The film editor's job is to knit together the various scenes*, El trabajo del montador de una película consiste en unir las diferentes escenas.
SYNONYMS: fuse; bind.
ANTONYMS: break apart; split up.

knock down

knock [nɒk]
knock about *or* knock around *(informal)*

1 *vt sep* maltratar, pegar en repetidas ocasiones: *He didn't seem like the kind of man who would knock his wife about*, No parecía ser de esa clase de hombres que maltratan a sus mujeres.
SYNONYMS: beat up; batter; mistreat.

2 *vt insep* estr por ahí, rodar por ahí: *I'm sure there's another copy of the book knocking about somewhere in the office*, Estoy segura de que hay otra copia del libro dando vueltas por la oficina; *The usual crowd of autograph hunters was knocking around the stage door*, La multitud habitual de cazadores de autógrafos deambulaba por la entrada de artistas.
SYNONYMS: kick about; kick around.

3 *vi* dar vueltas por ahí, rodar por ahí: *She spent a year knocking about France before returning to Cambridge to complete her studies*, Pasó un año dando vueltas por Francia antes de volver a Cambridge para acabar la carrera.
SYNONYMS: have been about.

4 *vi* andar con alguien, ir con alguien, salir con alguien: *At weekends I mostly knock around with my friends from college*, Los fines de semana suelo salir con mis amigos de la universidad; *How long have they been knocking about together?*, ¿Cuánto tiempo llevan saliendo juntos?
SYNONYMS: go about; go around.

knock back *vt sep (informal)*

1 beber algo de un trago,: *He knocked back three whiskies one after the other*, Se bebió tres güisquis uno tras otro; *I think she's been knocking back the gin lately*, Me parece que le ha estado dando a la ginebra últimamente.
SYNONYMS: gulp down.
SEE ALSO: put away (informal); pack away.

2 rechazar: *I was knocked back by four universities before I finally got a place at Exeter*, Cuatro universidades me rechazaron antes de que por fin consiguiera una plaza en Exeter; *We applied for a loan, but the bank knocked us back*, Solicitamos un préstamo, pero el banco no nos lo concedió.
SYNONYMS: turn down.

knock down *vt sep*

1 atropellar: *He knocked down an old lady who stepped out from behind a bus*, Atropelló a una anciana que salió de detrás de un autobús; *She was knocked down by a lorry and broke her leg*, La atropelló un camión y se rompió la pierna.
SYNONYMS: knock over; run over.

2 derribar, demoler, echar algo abajo: *A row of houses had to be knocked down to make way for the new road*, Tuvieron que derribar una hilera de casas a fin de dejar espacio libre para construir la nueva carretera; *We could knock the dividing wall down and make one big room*, Podríamos tirar la pared medianera y hacer una habitación grande.
SYNONYMS: pull down; demolish.
ANTONYMS: put up; build.

3 *(informal)* conseguir que alguien haga una rebaja: *He never bought anything without trying to knock the salesman down a few quid*, Nunca compraba nada sin antes intentar que el vendedor le rebajara unas cuantas libras; *We've knocked the price down three times, but there are still no takers*, Hemos bajado el precio tres veces, pero aún no hay nadie interesado.
SYNONYMS: beat down; bring down.

knock off

    4 derribar a alguien, tirar a alguien al suelo: *One of the older boys knocked him down in the playground*, Uno de los niños mayores lo tiró al suelo en el patio.
    SYNONYMS: knock over.

knock off

    1 *vt sep* (**to knock** *something* **off** *something*) tirar algo de algun sitio: *He reached for the butter and accidentally knocked the plate off the table with his elbow*, Alargó el brazo para coger la mantequilla y con el codo tiró sin querer el plato que estaba sobre la mesa.

    2 *vt sep* (**to knock** *something* **off** *something*) *(informal)* rebajar *(una cantidad)* de algo: *He knocked £75 off the car because it had a dent in one door*, Rebajó el precio del coche en 75 libras porque tenía una abolladura en una puerta; *They've already knocked ten minutes off our lunch break*, Ya nos han recortado en diez minutos la hora del almuerzo.
    SYNONYMS: take off; deduct.
    ANTONYMS: add on; slap on *(informal)*.

    3 *vi (informal)* salir *(del trabajo)*, acabar *(el trabajo)*: *We knock off at three o'clock on Fridays*, Los viernes salimos del trabajo a las tres.
    SYNONYMS: clock off; pack up.

    4 *vt sep (informal)* llevar a cabo rápidamente: *If he needs money, all he has to do is knock off another best-selling novel*, Si necesita dinero no tiene más que escribir deprisa y corriendo otro best seller.
    SYNONYMS: knock out *(informal)*; churn out; rattle off.

    5 *vt sep (slang)* llevarse algo, largarse con algo, birlar algo: *We spotted a customer trying to knock off a handful of CDs*, Descubrimos a un cliente que intentaba birlar un puñado de CDs.
    SYNONYMS: nick *(informal)*; pinch; lift.

    6 *vt sep (slang)* atracar, asaltar: *They were amateurs who'd never knocked off a bank before*, Eran ladrones no profesionales que nunca antes habían atracado un banco.
    SYNONYMS: hold up; do over *(informal)*; rob.

    7 *vt sep (slang)* liquidar a alguien, cargarse a alguien: *His brother was knocked off by one of the Chicago gangs*, Una de las bandas de gánsters de Chicago se pulió a su hermano.
    SYNONYMS: bump off *(informal)*; do in *(informal)*; kill.

knock out *vt sep*

    1 dejar inconsciente, hacer perder el conocimiento: *The blow seemed to have knocked him out*, Parece que el golpe lo dejó sin conocimiento; *A whisky before bedtime usually knocks me out*, Normalmente un güisqui antes de irme a dormir me deja fuera de combate.
    ANTONYMS: bring round; perk up; pep up.

    2 eliminar: *Liverpool knocked Chelsea out of the cup in the third round*, El Liverpool eliminó al Chelsea en la tercera ronda de la copa.
    SYNONYMS: eliminate *(formal)*.

    3 destruir: *The BBC went off the air last night when lightning knocked out a transmitter*, La BBC interrumpió su emisión ayer por la noche cuando un rayo destruyó un transmisor; *Missiles knocked out enemy radar to pave the way for an air attack*, Los misiles destruyeron los radares enemigos a fin de preparar el terreno para un ataque aéreo.

    4 romper con un golpe, perder *(un diente)*: *She walked into a door and knocked one of her teeth out*, Se dio contra una puerta y del golpe perdió un diente.

    5 *(informal)* producir, hacer rápidamente: *Teachers can tell when a student has*

knocked out his essay in just a couple of hours, Los profesores adivinan si un alumno ha enjaretado un trabajo en sólo un par de horas.
SYNONYMS: knock off; churn out; rattle off.

6 *(informal)* hacer flipar, hacer alucinar, dejar alucinado: ***The album just knocked me out, I'd never heard anything like it before***, Flipé con el álbum, nunca antes había oído nada igual.
SYNONYMS: bowl over.

knock out of *vt sep* (to knock *something* out of *somebody*) quitar algo, eliminar algo: ***He's always been arrogant, but a spell in the army will soon knock that out of him***, Siempre ha sido arrogante, pero con una temporada en el ejército pronto se le quitará todo eso; ***The war had knocked every last ounce of humanity out of them***, La guerra los había deshumanizado por completo.

knock over *vt sep*
1 tirar, volcar: ***One of the kids knocked over a vase of flowers***, Uno de los niños tiró un jarrón con flores; ***They saw an old lady knocked over by a man on a bike***, Vieron cómo un hombre en bicicleta atropellaba a una anciana.
SEE ALSO: knock down.

2 *(informal)* robar algo, quedarse con algo: ***Guerrillas had knocked over a consignment of government supplies***, Los guerrilleros habían robado una remesa de provisiones del gobierno.
SYNONYMS: knock off.

3 *(informal)* atracar, asaltar *(a mano armada)*: ***They could make a living simply by knocking over the occasional warehouse***, Podían ganarse la vida con sólo robar en un almacén de vez en cuando.
SYNONYMS: knock off *(slang)*; rob.

knock up *vt sep*
1 *(informal)* hacer, dejarse listo algo: ***She could knock up a dress in an evening***, Podía dejar enjaretado un vestido en una tarde; ***We can soon knock up a meal from things in the fridge***, Podemos improvisar una comida con las cosas que hay en la nevera.

2 *(informal)* despertar, llamar: ***We asked John and Betty, who were early risers, to knock us up around 7.30***, Les pedimos a John y a Betty, que eran muy madrugadores, que nos despertaran hacia las 7:30.
SYNONYMS: get up; rouse.

3 pelotear: ***The two players spent a quarter of an hour knocking up before starting the match***, Los dos jugadores pasaron un cuarto de hora peloteando antes de empezar el partido.

4 *(vulgar slang)* dejar preñada, meter un penalti: ***Her father said he'd throw her out of the house if she got knocked up***, Su padre dijo que la echaría de casa si la dejaban preñada.

know [nəʊ] knowing, knew, known
know about *vt insep* saber de algo, haberse enterado de algo, tener conocimiento de algo: ***He knows almost all there is to know about butterflies***, Sabe casi todo lo que hay que saber sobre mariposas; ***Did you know about Robert's decision to leave?***, ¿Te habías enterado de la decisión de Robert de marcharse?

know as *vt sep* (to know *somebody* as *something*; be known as *something*) conocer a alguien como algo, ser conocido como algo, ser llamado algo: ***William was known to everyone in the family as 'Billy'***, Todos los miembros de la familia llamaban a William 'Billy'; ***The bison is now most common in North America, where***

it is known as the buffalo, El bisonte es ahora más común en América del Norte, donde se le conoce como búfalo.

know of *vt insep* haber oído hablar de algo/alguien, saber de la existencia de algo/alguien: *I don't know her personally, but I do know of her*, No la conozco personalmente, pero he oído hablar de ella; *She knows of a man who drank himself to death*, Sabe de un hombre que bebió hasta matarse.

SYNONYMS: hear of; hear tell of.

knuckle ['nʌkəl]

knuckle down *vt insep* **(to knuckle down to something)** *(informal)* ponerse a hacer algo en serio, ponerse seriamente con algo: *With only four weeks to the exams, most students are knuckling down to some serious revision*, Como sólo quedan cuatro semanas para los exámenes, casi todos los estudiantes se han puesto a repasar en serio.

SYNONYMS: buckle down; get down to.

knuckle under *vi (informal)* someterse, pasar por el aro: *Rebellious pupils were punished systematically until they knuckled under*, Castigaban sistemáticamente a los alumnos rebeldes hasta que pasaban por el aro; *It seems they've knuckled under to pressure from the European Parliament*, Parece que han cedido a la presión del Parlamento Europeo.

SYNONYMS: cave in; give in; give way.
ANTONYMS: hold out against; stand up to.

labour ['leɪbəʳ] (In American English the spelling is **labor**)

labour under *vt insep (formal)*

1 continuar *(haciendo algo)* a pesar de algo: *The ship had laboured all day under a severe headwind*, El barco había bregado todo el día con un fuerte viento de proa.
SYNONYMS: struggle against.

2 creer algo equivocadamente, estar equivocado: *The government is labouring under the mistaken idea that the country supports its pay policies*, El Gobierno tiene la idea equivocada de que el país apoya su política salarial; *I told her she was labouring under a misapprehension if she thought I'd pick her for the leading role*, Le dije que se engañaba si creía que la iba a escoger para el papel principal.

lace [leɪs]

lace up *vt sep* atarse los cordones de *(los zapatos, las botas)*: *He's only four and he can already lace his shoes up*, Sólo tiene cuatro años y ya se sabe atar los cordones de los zapatos.
SYNONYMS: do up; tie up.

lace with *vt sep*

1 echar un poco de licor a algo: *He passed round mugs of hot coffee laced with rum*, Nos pasó tazas de café caliente con un chorrito de ron.

2 salpicar algo con algo: *His lectures were always liberally laced with jokes and funny annecdotes*, Sus conferencias siempre estaban salpicadas de chistes y anécdotas divertidas.
SYNONYMS: spice with; colour.

ladle ['leɪdəl]

ladle out *vt sep*

1 servir algo, echar algo *(con cucharón)*: *She ladled out the vegetable soup into our bowls*, Nos sirvió la sopa de verduras en nuestros cuencos.

2 *(informal)* repartir, distribuir *(en grandes cantidades)*: ***This kind of propaganda is ladled out to schoolchildren every day***, Cada día atiborran a los escolares de propaganda de este tipo.

SYNONYMS: dish out *(informal)*; dole out *(informal)*.

lag [læg] lagging, lagged, lagged
  lag behind *vt insep* quedarse atrás, rezagarse: ***Mum strode out purposefully, with Dad and the kids lagging behind***, Mamá salió con aire resuelto, mientras que papá y los niños se rezagaron; ***Salaries in Britain lag behind those in many other European countries***, En Gran Bretaña los sueldos van a la zaga de los de muchos otros países europeos.

  SYNONYMS: fall behind.

lam [læm] lamming, lammed, lammed
  lam into *vt insep (informal)* dar una paliza a alguien *(pegándole)*; poner de vuelta y media *(criticando)*: ***Spectators witnessed the frightening spectacle of a world-class boxer lamming into an unprepared amateur***, Los espectadores presenciaron el espantoso espectáculo de un boxeador de talla mundial dando una paliza a un amateur que no estaba preparado; ***We were made to stand and watch as the editor lammed into him for missing the deadline***, Nos hicieron estar de pie y presenciar cómo el editor lo dejaba de vuelta y media por no entregar el trabajo a tiempo.

  SYNONYMS: tear into *(informal)*; lay into *(informal)*.

land [lænd]
  land in *vt sep* **(to land *somebody* in *something*)** causar algo a alguien, conducir a alguien a algo, hacer que alguien acabe en algún sitio: ***Watch what you say, comments like that could land you in trouble***, Cuidado con lo que dices, comentarios así podrían causarte problemas; ***If they catch you, you could land yourself in jail***, Si te cogen podrías acabar en la cárcel.

  SYNONYMS: get into.

  land up *vt insep (informal)* acabar en algún sitio, ir a parar a algún sitio: ***After months of travelling she landed up in Istanbul***, Después de viajar durante meses acabó en Estambul; ***I didn't want to land up teaching English in some remote place***, No quería acabar enseñando inglés en algún sitio perdido; ***Over half of them will land up in prison by the time they're twenty***, Más de la mitad acabarán en la cárcel cuando cumplan los veinte.

  SYNONYMS: end up; wind up *(informal)*.

  land with *vt sep* **(to land *somebody* with *something*)** *(informal)* cargar a alguien con algo: ***I found myself landed with the bill for the whole meal***, Me endilgaron la cuenta de toda la comida; ***She always seemed to get landed with the clumsiest dancers***, Parecía que siempre la hacían cargar con las parejas de baile más torpes.

  SYNONYMS: lumber with *(informal)*; saddle with *(informal)*.

lap [læp] lapping, lapped, lapped
  lap up *vt sep*
  1 beber algo a lengüetadas: ***The dog sat lapping up the beer that had been spilt on the floor***, El perro estaba sentado dándole lengüetazos a la cerveza que se había derramado por el suelo.

lapse into

2 *(informal)* disfrutar con algo: ***No matter what they say about not seeking praise, you can see that they really lap it up***, Pese a lo que dicen de que no buscan elogios, está claro que les encanta recibirlos; ***First-year students lap up whatever information you can give them***, Los estudiantes de primer curso absorben como esponjas cualquier información que se les de.
SYNONYMS: soak up; devour.

lapse [læps]

lapse into *vt insep* caer en algo, incurrir en algo, quedar en algún estado: ***After a promising first ten minutes, the film soon lapsed into gratuitous violence***, Después de diez minutos prometedores al principio la película no tardó en degenerar en violencia gratuita; ***The whole room lapsed into silence when she entered***, Toda la habitación quedó en silencio cuando entró ella; ***He lapsed into a coma and died three days later***, Entró en coma y murió tres días después.
SYNONYMS: sink into; degenerate.

lark [laːk]

lark about or **lark around** *vi (informal)* hacer el tonto, hacer tonterías: ***Stop larking about and get some work done!***, ¡Deja de hacer el tonto y ponte a trabajar!
SYNONYMS: mess about *(informal)*; muck about *(informal)*.

lash [læʃ]

lash down *vt sep*

1 amarrar, sujetar con cuerdas: ***Clearly all ferries would be safer if passenger vehicles were lashed down***, No cabe duda de que todos los transbordadores serían más seguros si amarraran los vehículos de los pasajeros.
SYNONYMS: tie down; fasten down; secure.

2 caer con fuerza: ***Outside, the rain lashed down and the wind howled, but we were nice and warm inside***, Afuera llovía con fuerza y el viento aullaba, pero nosotros estábamos muy calentitos dentro.
SYNONYMS: pour down; beat down.

lash out *vi* (to lash out at *somebody*; lash out against *somebody*) arremeter contra alguien, atacar a alguien repentinamente: ***When I stepped forward he lashed out at me with a knife***, Cuando di un paso al frente, arremetió contra mí con un cuchillo; ***They're fierce animals that will lash out if cornered***, Son animales feroces que atacan cuando están acorralados; ***She took the opportunity to lash out against the unfairness of the system***, Aprovechó la oportunidad para arremeter contra lo injusto del sistema.
SYNONYMS: hit out; tear into *(informal)*; pitch into *(informal)*.

lash out on *vt sep* (to lash out *something* on *something*) *(informal)* gastar mucho dinero al hacer/comprar algo: ***They lashed out over £5000 on decorating their bedroom***, Tiraron la casa por la ventana y se gastaron más de 5.000 libras en la decoración de su dormitorio.
SYNONYMS: splash out on *(informal)*.
SEE ALSO: fork out; cough up.

last [laːst]

last out *vi*

1 durar, perdurar, alcanzar: ***A pile of firewood that size should last out the winter***, Un montón de leña de este tamaño debería durar todo el invierno; ***I wasn't sure***

how long the money we'd brought would last out, No estaba segura de hasta cuándo nos alcanzaría el dinero que habíamos traído.
SYNONYMS: hold out; subsist *(formal)*.
ANTONYMS: run out; dry up.

2 aguantar, sobrevivir: *He wasn't sure he could last out the whole evening without a cigarette*, No estaba seguro de poder aguantar toda la noche sin un cigarrillo; *Mexico was only another twenty miles or so, and I was sure my horse would last out*, Solo faltaban otras veinte millas aproximadamente para llegar a México, y estaba seguro de que mi caballo aguantaría.

latch [lætʃ]
latch onto *vt sep*

1 pegarse a alguien, arrimarse a alguien: *The boy soon latched onto Charlie, mesmerised by his magic tricks and his funny stories*, El niño no tardó en pegarse a Charlie, fascinado por sus trucos de magia y sus divertidas historias.
SYNONYMS: take up with; hang around *(informal)*.

2 darse cuenta de algo, caer en la cuenta de algo: *It took her a moment to latch onto what they were arguing about*, Tardó un momento en caer en la cuenta de lo que estaban discutiendo.
SYNONYMS: catch on; cotton on *(informal)*; figure out; grasp.

laugh [lɑːf]
laugh at *vt insep* reírse de algo/alguien, burlarse de algo/alguien: *He was afraid that the other children would laugh at him for not knowing the answer*, Tenía miedo de que los otros niños se rieran de él por no saber la respuesta; *Any suggestion Julie made was laughed at by the rest of the committee*, Los restantes miembros del comité se reían de cualquier sugerencia que hiciera Julie.
SYNONYMS: scoff at; make fun of; ridicule.

laugh off *vt sep* quitar importancia a algo, no tomarse algo en serio: *Actors learn to laugh off criticisms in the press*, Los actores aprenden a no dar importancia a las críticas que salen en la prensa; *If anyone said anything nasty about her, she would just laugh it off*, Si alguien decía algo desagradable de ella, se lo tomaba a risa.
SYNONYMS: shrug off; make light of.
ANTONYMS: take seriously; take to heart.

launch [lɔːntʃ]
launch into *vt insep* lanzarse a algo, ponerse con algo: *Then she launched into a detailed account of her academic career*, Entonces se puso a contar con todo detalle su trayectoria académica; *He imagined Sheila launching into one of her tirades about immigration*, Se imaginó a Sheila poniéndose a despotricar sobre la inmigración.
SYNONYMS: burst into.

lavish ['lævɪʃ]
lavish on or **lavish upon** *vt sep* **(to lavish** *something* **on** *somebody*) colmar a alguien de algo: *A vast amount of time and energy has already been lavished on this project*, Ya han dedicado una gran cantidad de tiempo y esfuerzo a este proyecto; *The president lavished praise on the country's gold medallists, calling them national heroes*, El presidente colmó de elogios a los medallas de oro del país, llamándolos héroes nacionales.
SYNONYMS: shower on; pour on; heap on.

lay [leɪ] laying, laid, laid

lay about *vi* dar una paliza *(a alguien)*: *Three youths laid about him with sticks*, Tres jóvenes la emprendieron a bastonazos con él.
SYNONYMS: lay into *(informal)*; set about *(informal)*.

lay aside *vt sep*
1 guardar: *We always have some spare cash laid aside for emergencies*, Siempre guardamos algo de dinero extra para emergencias; *Could you lay it aside for me if I promise to collect it next week?*, ¿Podrías apartármelo si te prometo que lo vendré a buscar la semana que viene?
SYNONYMS: lay by; set aside; put aside.
2 dejar, dejar a un lado, poner a un lado: *It was after midnight before I finally laid my books aside*, Pasaba de medianoche cuando por fin dejé a un lado los libros.
SYNONYMS: set aside; put aside.
3 dejar de lado algo: *We can progress only if we lay aside our prejudices and adopt a positive attitude*, Sólo podemos progresar si dejamos a un lado nuestros prejuicios y adoptamos una actitud positiva; *She will have to lay her old fears aside and get on with the future*, Tendrá que dejar de lado sus antiguos miedos y pensar en el futuro.
SYNONYMS: cast aside; set aside; dismiss.

lay away *vt sep* guardar, dejar guardado: *Goods may be laid away in our warehouse for up to six months, until full payment is made*, Las mercancías se pueden guardar en nuestro almacén por un máximo de seis meses, hasta que se complete el pago.

lay before *vt sep* (**to lay** *something* **before** *somebody*) presentar algo a alguien, exponer algo ante alguien: *The plans will have to be laid before the committee*, Habrá que presentar los planes ante el comité.
SYNONYMS: put before.

lay by *vt sep* ahorrar, guardar: *I've been laying by a little money each month for when I retire*, He estado ahorrando un poco de dinero cada mes para cuando me retire.
SYNONYMS: lay aside; put by.

lay down *vt sep*
1 dejar, poner *(en algún sitio)*: *The gunmen laid down their weapons and surrendered to the police*, Los pistoleros dejaron las armas y se entregaron a la policía.
SYNONYMS: set down.
ANTONYMS: pick up; take up.
2 establecer, dictar, estipular: *The government have issued a new booklet laying down guidelines for safety at work*, El gobierno ha distribuido un nuevo folleto en el que se establecen las normas de seguridad en el trabajo; *Conditions for membership are laid down in the club rules*, En las normas del club se establecen las condiciones para hacerse socio.
SYNONYMS: set out; stipulate.
3 entregar, dar: *Half a dozen firefighters laid down their lives trying to rescue residents from the burning building*, Media docena de bomberos perdieron la vida intentando rescatar a los vecinos del edificio en llamas.
SYNONYMS: sacrifice.
4 guardar en una bodega, almacenar: *It's a good idea to buy wine young and lay it down to mature*, Es buena idea comprar vino joven y guardarlo en la bodega hasta que envejezca.

lay out

lay in *vt sep* proveerse de algo, abastecerse de algo, acumular algo: *Up here we get cut off by snow, so we lay in enough food for the whole winter*, Aquí arriba solemos quedar aislados por la nieve, así que nos abastecemos de comida suficiente para todo el invierno.
SYNONYMS: lay up; stock up with.

lay into *vt insep (informal)* dar una paliza a alguien, atacar a alguien: *He was badly injured, the boys had really laid into him this time*, Estaba malherido porque esta vez los chicos le habían dado una buena paliza; *When I arrived, Mary was laying into June about her laziness*, Cuando llegué Mary estaba arremetiendo contra June por ser tan perezosa.
SYNONYMS: tear into *(informal)*; rip into *(informal)*; pitch into *(informal)*.

lay off
1 *vt sep* despedir a alguien, suspender a alguien de empleo y sueldo temporalmente *(por falta de trabajo)*: *There's no work so they'll be laying off another fifty employees in the new year*, Como no hay trabajo el próximo año van a despedir a otros cincuenta empleados; *We've been laid off indefinitely until business picks up*, Nos han suspendido de empleo y sueldo indefinidamente hasta que el negocio vaya mejor.
ANTONYMS: take on; hire.
SEE ALSO: sack; pay off.
2 *vt insep - vi (informal)* dejar tranquilo a alguien, dejar en paz a alguien: *Lay off him, Tom, he's just a kid*, Déjalo en paz, Tom, no es más que es un niño.
SYNONYMS: leave off; give over *(informal)*; quit.
3 *vt insep (informal)* dejar algo, dejar de hacer algo: *The doctor's told him to lay off the beer and brandy*, El médico le ha dicho que no pruebe la cerveza ni el coñac.
SYNONYMS: stay off; give up.

lay on *vt sep*
1 dar, organizar: *The management's laying on a Christmas party for the staff*, La dirección va a dar una fiesta de Navidad para los empleados; *They even laid a car on, to take him to the airport*, Incluso pusieron un coche a su disposición para llevarlo al aeropuerto.
2 echar *(la culpa de algo)*, poner *(interés, énfasis)*: *They tried to lay the blame on us*, Intentaron echarnos la culpa a nosotros; *He laid great emphasis upon the importance of integrity*, Puso mucho énfasis en la importancia de ser íntegro.

lay out *vt sep*
1 colocar, disponer, arreglar, preparar: *She laid all her photographs out on the floor*, Colocó todas sus fotografías en el suelo con cuidado; *His valet laid out all his clothes for him*, Su ayuda de cámara le dejó toda la ropa preparada.
SYNONYMS: set out; spread out.
2 diseñar, trazar, hacer el trazado de algo: *These gardens were laid out in the eighteenth century*, Estos jardines fueron diseñados en el siglo XVIII.
3 explicar, exponer: *The inspector's recommendations are laid out in a paper entitled 'Options for Improvement'*, Las recomendaciones del inspector aparecen explicadas en un documento titulado 'Opciones para mejorar'.
SYNONYMS: set out.
4 *(informal)* gastar, desembolsar: *The company is not prepared to lay out sums of that kind*, La empresa no está preparada para desembolsar cantidades así.
SYNONYMS: fork out *(informal)*; shell out *(informal)*.
5 *(informal)* tirar, poner fuera de combate: *The blow laid him out flat on the floor*, Cayó redondo al suelo a causa del golpe.
SYNONYMS: knock out.

lay up

lay up *vt sep*
1 *(informal)* obligar a guardar cama: ***Frank has been laid up with the flu for over a week***, Frank ha estado en cama con gripe durante más de una semana.
   SYNONYMS: debilitate.
2 guardar en el garaje *(un coche, una moto)*, amarrar *(un barco)*: ***It was not unusual for the boats to be laid up for the whole winter***, No era raro que los barcos estuvieran amarrados todo el invierno.
3 almacenar, guardar: ***It's normal practice in these parts to lay up stocks of flour and salt for the winter***, En esta zona es habitual almacenar reservas de harina y sal para el invierno.
   SYNONYMS: lay in; stock up with.
4 *(informal)* esconderse: ***My guess is they'll lay up somewhere until the search is cancelled***, Imagino que se esconderán en algún sitio hasta que abandonen la búsqueda.
   SYNONYMS: hole up *(informal)*; hide out; lie low.

lay upon *vt sep* see **lay on**.

laze [leɪz]

laze about or **laze around** *vi* no hacer nada, holgazanear, vaguear: ***We spent the afternoon lazing about on the beach***, Pasamos la tarde en la playa sin hacer nada; ***It's no use just lazing around, you have to get out and do something***, No se consigue nada haciendo el vago, tienes que salir y hacer algo.
   SYNONYMS: lounge about; hang about *(informal)*; lie around.

lead [liːd] leading, led, led

lead in *vi* hacer una presentación: ***You could lead in with a brief history of the town, before beginning the lecture proper***, Podrías hacer una introducción con una breve historia de la ciudad antes de empezar la conferencia propiamente dicha.
   SYNONYMS: open.

lead off
1 *vi* empezar: ***We'll introduce ourselves first. Roger, would you like to lead off?***, Primero nos presentaremos. Roger, ¿quieres empezar tú?
   SYNONYMS: kick off *(informal)*; start the ball rolling *(informal)*.
2 *vt insep* salir *(de algún sitio)*, arrancar, empezar: ***The road leading off to the right will take you to the beach***, La carretera que sale a la derecha te llevará hasta la playa; ***There is a large sitting room with two bedrooms leading off it***, Hay una gran sala de estar que comunica con dos dormitorios.

lead on *vt sep* engañar, engatusar, hacer creer algo a alguien: ***The boy was really in love, but Eleanor was just leading him on***, El muchacho estaba enamorado de verdad, pero Eleanor le daba falsas esperanzas; ***I don't think you're telling me the truth. I think you're leading me on***, No creo que me estés diciendo la verdad, me parece que me estás engañando.
   SYNONYMS: string along *(informal)*; deceive; lead up the garden path *(informal)*.

lead up to *vt insep*
1 llevar a algo, conducir a algo: ***Let's examine the events leading up to World War I***, Examinemos los acontecimientos que precedieron a la Primera Guerra Mundial.
2 ir a parar a algo, querer llegar a algo: ***When he abruptly changed the subject we all could guess what he was leading up to***, Cuando cambió de tema repentinamente todos pudimos imaginar adónde quería ir a parar; ***Come on, spit it out. What are you leading up to?***, Venga, desembucha. ¿Adónde quieres ir a parar?
   SYNONYMS: work up to.

leaf [liːf]
  leaf through *vt insep* hojear: ***She sat at a table in the corner, leafing through a magazine***, Se sentó en una mesa en el rincón y hojeó una revista.
    SYNONYMS: flick through; thumb through; skim through.

leak [liːk]
  leak out *vi* filtrarse: ***Palace officials were angry to discover that news of the royal divorce had leaked out***, Los funcionarios del Palacio se enfadaron al descubrir que se habían filtrado noticias sobre el divorcio real.
    SYNONYMS: get out; come out.

lean [liːn] leaning, leant, leant (The past tense and past participle can also be spelled **leaned**)
  lean on *vt insep (informal)*
    1 presionar a alguien: ***If he won't pay up, we'll have to lean on him a bit***, Si no paga, tendremos que presionarle un poco.
      SYNONYMS: coerce; pressurize.
    2 apoyarse en alguien: ***The youngest boy has always leant a lot on his parents***, El hijo menor siempre se ha apoyado mucho en sus padres; ***This company has been leaning on its past reputation for too long; in the modern world you have to earn your business!***, Esta empresa ha confiado durante demasiado tiempo en su antigua reputación, en el mundo moderno uno se tiene que ganar los clientes.
      SYNONYMS: rely on; depend on.
  lean out *vt insep* asomarse por *(una ventana)*: ***It's madness to lean out when another train is coming***, Es de locos asomarse por la ventanilla cuando viene otro tren.
  lean over *vi* inclinarse, agacharse: ***She leaned over and kissed him on the cheek***, Se inclinó y lo besó en la mejilla; ***He leaned over to smell the stew as it cooked***, Se inclinó para oler el estofado mientras se estaba haciendo.
  lean towards *vt insep* inclinarse *(hacia un lado)*; tender hacia algo, inclinarse por algo: ***It is clear that NATO is leaning increasingly towards a military solution***, Es evidente que la OTAN se inclina cada vez más por una solución militar; ***If anything, I lean towards the Liberals on this issue***, Si acaso, en este asunto me inclino por los liberales (American speakers of English usually use **toward** instead of **towards**).
    SYNONYMS: tend towards; incline towards *(formal)*.
    ANTONYMS: be against; oppose.

leap [liːp] leaping, leapt, leapt (The past tense and past participle can also be spelled **leaped**)
  leap at *vt insep* aprovechar sin dudar: ***I imagine she would leap at the chance to spend her summer working in Australia***, Supongo que no dejaría pasar la oportunidad de pasar el verano trabajando en Australia.
    SYNONYMS: jump at; grab.
  leap on *vt insep*
    1 echarse sobre alguien, abalanzarse sobre alguien, atacar a alguien: ***The dog broke free and leapt on her before she could shut the gate***, El perro se soltó y se abalanzó sobre ella antes de que pudiera cerrar la verja.
      SYNONYMS: jump on; pounce on.
    2 echarse sobre algo, mostrar gran interés por algo: ***Oxford graduates were automatically leapt on by the Foreign Office***, El Foreign Office se ponía en contacto automáticamente con los licenciados de Oxford y no los dejaba escapar.
      SYNONYMS: pounce on.

leap out *vi* salir de repente, aparecer: ***Just when the postman got near the door the dog leapt out and started barking like crazy***, Justo cuando el cartero se acercó a la puerta el perro salió y se puso a ladrar como loco.
   SYNONYMS: jump out; emerge.

leap out at *vt insep* llamar la atención de alguien, saltar a la vista de alguien: ***As soon as I opened the book, the photo leapt out at me***, En cuanto abrí el libro, apareció la foto.
   SYNONYMS: jump out at; shout at.

leave [liːv] leaving, left, left

leave aside *vt sep* dejar de lado, apartar: ***Leaving aside the issue of pay, do you think the deal is fair?***, Dejando de lado la cuestión del pago, ¿crees que el acuerdo es justo?
   SYNONYMS: put aside; disregard; ignore.
   SEE ALSO: set aside.

leave behind *vt sep*
   1 dejar atrás, no llevar consigo: ***They frequently go off by themselves and leave the children behind with Granny***, Suelen salir solos y dejan a los niños con la abuela.
   ANTONYMS: take; bring.
   2 dejar atrás, dejar tras de sí: ***Hurricane Olga moved on to Florida, leaving behind it a trail of destruction***, El huracán Olga avanzó hacia Florida, dejando tras de sí un reguero de destrucción; ***He disappeared and left behind him only debts and problems for his family***, Desapareció dejando tras de sí sólo deudas y problemas para su familia.
   3 dejar atrás: ***A child with reading problems risks being left behind by his classmates***, Un niño con problemas de lectura corre el riesgo de quedarse atrás con respecto a sus compañeros de clase; ***The sports car soon left behind the police cars that were pursuing it***, El coche deportivo no tardó en dejar atrás los coches patrulla que lo perseguían.
   SYNONYMS: outstrip.
   SEE ALSO: fall behind.

leave off *vt sep*
   1 excluir, no incluir: ***We had to leave Mallorca off our itinerary because we couldn't get a hotel reservation***, Tuvimos que excluir Mallorca de nuestro itinerario porque no conseguimos una reserva de hotel; ***If your play doesn't improve, you'll be left off the team***, Si no mejora tu juego, serás excluido del equipo.
   ANTONYMS: put on; add to.
   2 no ponerse algo, no llevar puesto algo: ***If you think it's too hot, leave your jacket off***, Si crees que hace demasiado calor, no te pongas la chaqueta.
   SEE ALSO: take off.
   3 dejar algo, dejar de hacer algo: ***Let's start from where we left off last week***, Empecemos por donde lo dejamos la semana pasada.
   SYNONYMS: break off.
   4 *(informal)* dejar de hacer algo, parar de hacer algo: ***I wish Frank would leave off filling the kids' heads with that nonsense***, Ojalá Frank dejara de llenarles la cabeza a los niños con esas patrañas; ***Tell her to leave off, I'm fed up of hearing her complaints***, Dile que basta ya, estoy harta de oír sus quejas.
   SYNONYMS: give over *(informal)*; quit.
   ANTONYMS: keep on.

leave out vt sep

1 omitir, no incluir: *After such a poor performance, he risks being left out of the team*, Tras jugar tan mal, se arriesga a que lo excluyan del equipo; *I told her what you'd said, leaving out the bit about her husband*, Le conté lo que dijiste, omitiendo lo de su marido.
   SYNONYMS: omit.
   ANTONYMS: put in; add.

2 **(leave it out!)** *(informal)* ¡no te pases!, ¡corta el rollo!: *"It was wonderful, absolutely the best film I've ever seen!" "Oh, leave it out, it's wasn't that great"*, -¡Fue maravillosa, la mejor película que he visto en mi vida! -Ah, no te pases, no era para tanto.
   SYNONYMS: turn in.

3 **(to feel left out)** *(informal)* sentirse excluido: *She knew nobody at the party and she felt left out*, No conocía a nadie en la fiesta y se sentía excluida.

leave over vt insep **(to be left over)** quedar, sobrar: *There's still some drink left over from the party*, Todavía quedan bebidas de la fiesta.

lend [lend] lending, lent, lent

lend out vt sep prestar: *They have loads of films that they lend out for a small fee*, Tienen montones de películas que prestan por un módico precio.

lend to vt sep

1 **(to lend itself to something)** prestarse a algo: *The system lends itself to abuse*, El sistema se presta al abuso.

2 **(to lend oneself to something)** prestarse a algo, implicarse en algo: *I will not lend myself to anything illegal*, Me niego a participar en nada que sea ilegal.

let [let] letting, let, let

let down vt sep

1 decepcionar a alguien, fallar a alguien, dar un chasco a alguien: *He felt he'd let the whole team down with that penalty he missed*, Sentía que había decepcionado a todo el equipo con ese penalti que falló; *You will come, won't you? You won't let me down?*, Vendrás, ¿no? ¿No me fallarás?

2 desinflar: *They'd let one of the teachers' tyres down*, Le habían desinflado una rueda al profesor.
   SYNONYMS: deflate *(formal)*.
   ANTONYMS: blow up; pump up; inflate.

3 echar el dobladillo a algo, alargar algo: *For my sister, who's taller, we had to let the coat down by a good couple of inches*, Para mi hermana, que es más alta, tuvimos que echar el dobladillo del abrigo unos cuantos centímetros; *The curtains shrank in the wash and I had to let them down*, Las cortinas se encogieron al lavarlas y tuve que bajarles el dobladillo.
   ANTONYMS: take up.
   SEE ALSO: let out.

let in vt sep

1 hacer entrar a alguien, dejar que entre alguien: *Her parents warned her not to let anyone in*, Sus padres le advirtieron que no dejara entrar a nadie; *Although he'd booked a table, they didn't let him in without a tie on*, Aunque había reservado una mesa, no le dejaron entrar sin corbata; *You had a key, why didn't you just let yourself in?*, Tenías una llave, ¿por qué no entraste?

let in for

SYNONYMS: admit *(formal)*.
SEE ALSO: let into.

2 dejar entrar *(la luz, el aire, el agua)*, dejar que entre *(la luz, el aire, el agua)*: ***Open the windows and let some fresh air in***, Abre las ventanas y deja que entre un poco de aire fresco; ***It wasn't until we were half way up that I realized my boots were letting in water***, Hasta que no habíamos recorrido la mitad del camino no me di cuenta de que me entraba agua por las botas.

3 empotrar, meter algo en una superficie de manera que no sobresalga: ***The safe was let into the wall so that it would be more difficult to break into***, La caja fuerte estaba empotrada en la pared para que fuera más difícil forzarla.

let in for *vt sep* (to let *somebody* in for *something*) *(informal)*

enredarse en algo, meterse en algo: ***She was very vague about today's agenda, so I've no idea what we've been let in for***, Se mostró muy vaga con respecto al programa de hoy, así que no tengo ni idea de qué es lo que nos espera; ***You're starting your own business? Are you sure you know what you're letting yourself in for?***, ¿Vas a abrir tu propio negocio? ¿Seguro que sabes en qué te estás metiendo?

let in on *vt sep* (to let *somebody* in on *something*) *(informal)*

contar un secreto a alguien, confiar algo a alguien, iniciar a alguien en algo: ***I'll let you in on a little secret, I'm going to go for that job at the Sorbonne***, Te voy a confiar un secreto, voy a presentarme a ese trabajo de la Sorbona; ***If they'd let anyone else in on the deal it would have meant less profit for everyone***, Si hubiesen dejado participar a alguien más en el negocio, habría significado menos ganancias para todos.

let into *vt sep* (to let *somebody* into *something*)

1 dejar entrar a alguien en algún sitio: ***One of the servants could have let the burglar into the house through the kitchen entrance***, Es posible que un criado haya dejado entrar al ladrón en la casa por la puerta de la cocina; ***Non-members are not to be let into the casino under any circumstances***, Los que no son socios no están autorizados a entrar en el casino bajo ninguna circunstancia.
SEE ALSO: let in.

2 contar un secreto a alguien, confiar un secreto a alguien: ***I'll let you into a secret if you promise not to tell anybody***, Te confiaré un secreto si me prometes que no se lo contarás a nadie.
SYNONYMS: let in on.

let off *vt sep*

1 perdonar: ***I'll let you off this time, but next time you'll be punished***, Esta vez te perdono, pero la próxima te castigaré; ***The judge let him off with a fine, but he could have sent him to jail***, El juez sólo le puso una multa, pero habría podido mandarlo a la cárcel.
SEE ALSO: get off.

2 dispensar de algo, librar de algo: ***The beauty of a holiday is being let off cooking and housework***, Lo bueno de las vacaciones es que te libras de cocinar y de las tareas domésticas; ***Some teachers used to let you off homework if you played in the orchestra***, Algunos profesores te quitaban los deberes si tocabas en la orquesta.

3 disparar *(un arma)*, hacer explotar *(una bomba)*: ***They dress up in bright costumes and let off fireworks***, Se ponen disfraces de colores brillantes y disparan fuegos artificiales; ***He wouldn't have dared let the gun off inside the house, for fear someone would hear it***, No se habría atrevido a disparar la pistola dentro de la casa por temor a que alguien lo oyera.
SEE ALSO: go off; set off.

4 dejar a alguien en algún sitio: ***We made an unscheduled stop at Genoa to let off a couple of sick passengers***, Hicimos una escala no programada en Génova para que se bajaran un par de pasajeros mareados; ***Ask the taxi driver to let you off at the international departures terminal***, Dile al taxista que te deje en la terminal de salidas internacionales.
SYNONYMS: drop off; put off; set down.

5 *(informal)* tirarse un pedo, peerse: ***If any of the boys let off, the whole class went into hysterics***Ga, Si alguno de los niños se tiraba un pedo, toda la clase se tronchaba de risa.
SYNONYMS: fart *(informal)*; break wind.

let on *vi* decir algo: ***If you see Alec, don't let on that I've mentioned the party***, Si ves a Alec, no le digas que he mencionado lo de la fiesta; ***If I tell you, you mustn't let on to my parents***, Si te lo digo, no debes contárselo a mis padres.

let out *vt sep*

1 dejar salir a alguien: ***There was opposition to the policy of letting prisoners out for Christmas***, Algunos se opusieron a la política de dejar salir a los presos para Navidad; ***Don't get up, I can let myself out***, No te levantes, ya conozco la salida; ***Someone opened the cage door and let the budgerigar out***, Alguien abrió la jaula y dejó escapar al periquito.
SEE ALSO: see out.

2 sacar, expulsar, dejar salir: ***Lift the baby out before you let the water out of the bath***, Saca el bebé del agua antes de vaciar la bañera; ***Try to let the breath out slowly and evenly***, Intenta expulsar el aire despacio y de manera regular.
SYNONYMS: release.

3 emitir, dar: ***Tristan squeezed the injured paw and the dog let out a yelp***, Tristan apretó la pata herida y el perro dio un aullido.
SYNONYMS: emit; utter.

4 contar, revelar: ***I knew it wouldn't be a secret for long: someone was bound to let it out***, Sabía que no sería un secreto por mucho tiempo: era inevitable que alguien lo contara.

5 *(informal)* dejar libre a alguien, eximir: ***The meeting has been fixed for next Wednesday, which lets me out as I'll be in Amsterdam***, La reunión se ha fijado para el próximo miércoles, así que me libro porque estaré en Amsterdam; ***A rare medical condition let him out of doing his military service***, Se libró del servicio militar por una extraña enfermedad.

6 alquilar: ***They let a couple of rooms out to students to make a bit of extra money***, Alquilan un par de habitaciones a estudiantes para ganar un poco más de dinero.
SYNONYMS: rent out.
SEE ALSO: hire out.

7 sacarle algo a *(una prenda)*, ensanchar: ***I let it out a couple of inches when I was pregnant***, Le saqué unos cuantos centímetros cuando estaba embarazada.
ANTONYMS: take in.
SEE ALSO: let down.

let through *vt sep* dejar pasar a alguien: ***Officers were under orders not to let anyone through without searching their vehicle***, La policía tenía orden de no dejar pasar a nadie sin registrar el vehículo; ***Only cars bearing a Ministry of Defence sticker were let through the road block***, En el control de carretera sólo dejaban pasar a los coches con una pegatina del ministerio de Defensa.
SEE ALSO: wave through.

let up *vi* parar, cesar *(una actividad)*; escampar *(la lluvia)*; mejorar *(el mal tiempo)*; amainar *(la tormenta)*, aflojar *(una persona)*: ***There'll be serious flooding if the rain doesn't***

level against

let up soon, Habrá grandes inundaciones si no escampa pronto; *A good boxer puts the pressure on from the first round and never lets up for the rest of the fight*, Un buen boxeador aprieta desde el primer round y no afloja en toda la pelea.

level ['levəl] levelling, levelled, levelled (In American English the final consonant does not double: **leveling, leveled, leveled**)

level against *vt sep* (**to level** *something* **against** *somebody*) dirigir, lanzar *(acusaciones)* contra alguien: *They levelled accusations of disloyalty against almost every member of the Cabinet*, Acusaron de deslealtad a casi todos los miembros del gabinete.

level at *vt sep* (**to level** *something* **at** *somebody*)
1 dirigir, lanzar *(acusaciones)* contra alguien: *They levelled accusations of disloyalty at almost every member of the Cabinet*, Acusaron de deslealtad a casi todos los miembros del gabinete.
2 apuntar *(un arma)*; asestar *(un golpe)*: *He levelled a gun at me*, Me apuntó con una pistola; *He levelled a blow at his brother*, Asestó un golpe a su hermano.

level off
1 *vt sep* nivelar, allanar: *Once the concrete begins to set you can level it off with a float for a really smooth finish*, Cuando el cemento empieza a fraguar puedes nivelarlo con una llana para conseguir un acabado muy suave.
2 *vi* nivelarse, estabilizarse: *Student intake had reached over 25,000 before it began to level off*, El número de matrículas de estudiantes había superado las 25.000 antes de empezar a estabilizarse.
3 *vi* nivelarse, situarse en una trayectoria horizontal *(un avión)*: *The plane climbed sharply and levelled off at 35,000 feet*, El avión ascendió bruscamente y se situó en trayectoria horizontal a los 35.000 pies.

level out *vi*
1 nivelarse, hacerse llano: *The road climbed steeply for 200 metres and then levelled out*, La carretera subía abruptamente 200 metros y después se nivelaba.
2 nivelarse, situarse en una trayectoria horizontal *(un avión)*: *The plane climbed sharply and levelled out at 35,000 feet*, El avión ascendió bruscamente y se situó en trayectoria horizontal a los 35.000 pies.

level with *vt insep (informal)* ser franco con alguien, hablar con franqueza a alguien: *Look, I'll level with you. It was me who told the police about you*, Mira, seré franco contigo. Fui yo el que le habló a la policía de ti.
SYNONYMS: be straight with *(informal)*.

lie [laɪ] lying, lay, lain
lie about or **lie around** *vi*
1 estar tirado, estar tumbado sin hacer nada: *We just lay around on the beach all afternoon, sunbathing*, No hicimos otra cosa que pasarnos la tarde tumbados en la playa, tomando el sol; *I spent most of the weekend lying about the house*, Me pasé casi todo el fin de semana en casa sin hacer nada.
SYNONYMS: lounge about.
SEE ALSO: hang about.
2 estar tirado *(de forma desordenada)*: *There were clothes lying about all over the floor*, Había ropa tirada por todo el suelo; *If you leave your tools lying around they're bound to get lost*, Si dejas tus herramientas tiradas por ahí seguro que las perderás.
SEE ALSO: kick about.

lie ahead *vi* avecinarse, acercarse, estar por venir, estar esperando a alguien: *Who knows what lies ahead?*, ¿Quién sabe lo que el futuro nos depara?; *None of us could have imagined the difficulties that lay ahead*, Ninguno de nosotros habría podido imaginar las dificultades que nos esperaban; *Ahead of them lay months of hardship and privation*, Les esperaban meses de penurias y privaciones.

SEE ALSO: lie before.

lie back *vi* recostarse, echarse: *She lay back against the cushions*, Se reclinó en los cojines; *Just lie back, relax and enjoy it*, Recuéstate, relájate y disfrútalo.

SEE ALSO: lie down.

lie before *vt insep (formal)* avecinarse, acercarse, estar por venir, estar esperando a alguien: *Some difficult decisions lie before us*, Nos esperan decisiones difíciles.

SEE ALSO: lie ahead.

lie behind *vt insep* haber algo detrás de algo, ser la verdadera razón de algo: *I'm sure something sinister lies behind all this*, Estoy seguro de que hay algo siniestro detrás de todo esto; *What lies behind such crimes is rarely more than pure and simple greed*, Detrás de estos crímenes no suele haber más que pura y simple avaricia.

lie down *vi*

1 acostarse, tumbarse, echarse: *I lay down on the grass and went to sleep*, Me eché sobre la hierba y me dormí; *We were ordered to lie down and place our hands behind our heads*, Nos ordenaron que nos tumbáramos y pusiéramos las manos detrás de la cabeza.

SEE ALSO: lie back.

2 ceder, aguantar: *Local protesters say they will not lie down over the issue of the new motorway*, Los manifestantes locales dicen que no cederán en el asunto de la nueva autopista.

SYNONYMS: give in; give up; yield *(formal)*.

ANTONYMS: fight on.

lie in

1 *vi* quedarse en la cama un rato *(más de lo habitual)*: *The best thing about the holidays is that I can lie in till eleven*, Lo mejor de las vacaciones es que puedo quedar en la cama hasta las once.

SEE ALSO: sleep in.

2 *vt insep* radicar, estribar: *The problem lies mainly in his intransigence*, El problema radica principalmente en su intransigencia; *His success lies in his dedication to his work*, Su éxito estriba en su dedicación al trabajo.

lie up *vi* esconderse: *There are any number of derelict farmhouses where fugitives could lie up*, Hay un buen número de granjas abandonadas donde los fugitivos podrían esconderse.

SYNONYMS: hole up *(informal)*; lie low.

lie with *vt insep* recaer en alguien: *The real blame lies with the parents*, La verdadera culpa la tienen los padres; *Responsibility for the fault lies totally with the manufacturer*, La responsabilidad de la avería recae por completo en el fabricante.

lift [lɪft]

lift off *vi* despegar, efectuar el despegue: *The space shuttle is scheduled to lift off tomorrow morning from Kennedy Space Center*, La lanzadera espacial está programada para despegar mañana por la mañana desde el Centro Espacial Kennedy.

light [laɪt] lighting, lit, lit (**Lighted** can also be used as the past tense and past participle of the verb, though **lit** is more usual)

light on

light on *vt insep* see **light upon**.

light out *vi* AmE *(informal)* salir precipitadamente, salir por piernas, salir a toda prisa: *We heard voices and decided to light out quick*, Oímos voces y decidimos salir por piernas.
  SYNONYMS: get out; pull out *(informal)*; clear out *(informal)*.

light up
  1 *vt sep - vi* iluminar, alumbrar; iluminarse, encenderse: *Fires all along the hillside lit up the night sky*, Los fuegos que había por toda la ladera iluminaron el cielo nocturno; *Most public buildings are lit up at night*, En la mayoría de los edificios públicos encienden las luces por la noche; *The control panel lights up automatically when you go through a tunnel*, El panel de control se enciende automáticamente cuando pasas por un túnel.
    SYNONYMS: illuminate.
  2 *vi* iluminarse, encenderse: *Young eyes light up at the mention of Father Christmas*, Los ojos de los pequeños se iluminan ante la sola mención de Papá Noel.
  3 *vt sep - vi (informal)* ponerse a fumar, encender un cigarro: *You see the smokers lighting up as soon as they get off the coach*, Ves a los fumadores que encienden un cigarro nada más bajar del autocar; *He lit up his favourite pipe and sank into the armchair*, Encendió su pipa favorita y se arrellanó en la butaca.

light upon or **light on** *vt insep (formal)* caer en la cuenta de algo, encontrar algo: *Quite by chance, he lighted upon the solution to the problem*, Por casualidad, encontró la solución al problema.
  SYNONYMS: hit upon; come across; chance upon; happen upon.

lighten ['laɪtən]

lighten up *vi* ESP AmE *(informal)* relajarse, calmarse, ser menos serio: *If you lighten up a little, your students might be more eager to ask questions*, Si te relajaras un poco, tus estudiantes estarían más dispuestos a hacer preguntas; *Lighten up, will you? It was an accident, I didn't do it on purpose*, Tranquilízate, ¿quieres? Fue un accidente, no lo hice a propósito.

limber ['lɪmbɚ]

limber up *vi* entrar en calor, calentar, hacer ejercicios de precalentamiento: *If you limber up properly you will be less likely to injure yourself while training*, Si haces bien los ejercicios de calentamiento, tendrás menos posibilidades de lesionarte cuando te entrenes.
  SYNONYMS: loosen up; warm up.

line [laɪn]
line up
  1 *vt sep - vi* hacer cola, ponerse en fila: *People lined up for hours to get tickets for the concert*, La gente estuvo horas haciendo cola para conseguir entradas para el concierto; *The sergeant lined up the new recruits for inspection*, El sargento puso en fila a los reclutas nuevos para pasarles revista.
  2 *vt sep* alinear algo con algo, poner algo a continuación de algo: *Skoda, now a member of the Volkswagen group, is lining up right alongside companies such as BMW and Mercedes in the pursuit of motoring excellence*, Skoda, en la actualidad miembro del grupo Volkswagen, está en la misma línea de compañías como BMW y Mercedes en la búsqueda de la excelencia automovilística; *Don't rush the shot, take time to line up the cue*, No te precipites, tómate tu tiempo para alinear

el taco; *Line the dominoes up carefully so that when you knock the first one over, they'll all fall down one after another*, Pon las piezas de dominó en fila con cuidado para que al derribar la primera las demás se caigan una tras otra.

3 *vt sep (informal)* organizar, planear, tener algo a la vista: *She's got a job lined up for the summer*, Tiene un trabajo en vista para el verano; *Have you got anyone lined up for the job?*, ¿Tienes a alguien en vista para el empleo?
SYNONYMS: fix up; lay on.

4 *vi* alinear, poner en fila: *A number of prominent MPs were lining up against the Cabinet*, Varios diputados importantes se estaban alineando contra el gabinete.

linger ['lɪŋə']
linger on *vi* durar mucho algo: *Pete and June lingered on till around four, and would have stayed all night, if we'd let them*, Pete y June no se fueron hasta a eso de las cuatro, y se habrían quedado toda la noche si los hubiésemos dejado.

linger over *vt insep* entretenerse con algo, no darse prisa en hacer algo, hacer algo sin prisa: *When we linger over breakfast, there's always the feeling that half the day's been wasted*, Cuando el desayuno se alarga, siempre me queda la sensación de haber perdido medio día.

link [lɪŋk]
link up *vt insep - vi* conectar, conectarse: *The Edinburgh office is linked up with the London office by computer*, La oficina de Edimburgo está conectada informáticamente a la de Londres.

listen ['lɪsən]
listen in *vi*

1 escuchar a escondidas: *We can't talk about anything without your father listening in*, No podemos hablar de nada sin que tu padre nos escuche a escondidas; *Her brother sat outside the door listening in on her conversation with her friend*, Su hermano se sentó junto a la puerta y escuchó la conversación que tenía con su amiga sin que ella lo supiera.
SYNONYMS: eavesdrop.

2 escuchar *(la radio, un programa)*: *If you were listening in last week, you'll remember that Eric Clapton was in the studio*, Si escuchaste el programa la semana pasada, te acordarás de que Eric Clapton estuvo en el estudio.
SEE ALSO: tune in.

listen out for *vt insep* estar atento a algo, estar a la escucha de algo: *I lie awake, listening out for the sound of her key in the door*, Me quedo despierto, atento por si oigo el ruido de su llave en la puerta.
SEE ALSO: look out for; watch out for.

listen up *vi* (**listen up!**) ¡escuchen!, ¡escuchad!: *Now listen up, everybody!*, ¡Escúchenme todos!

live [lɪv]
live apart *vi* vivir separados, estar separados, no vivir juntos: *He's been living apart from his wife for the last six months*, Hace seis meses que no vive con su mujer.
SEE ALSO: break up; split up.

live by *vt insep* vivir al amparo de algo, atenerse a algo, adherirse a *(principios, creencias)*: *How many people who call themselves Christians actually live by the teach-*

ings of Christ?, ¿Cuánta gente que dice ser cristiana sigue de verdad las enseñanzas de Cristo?
  SYNONYMS: keep to; stick to; abide by; follow.

live down *vt sep* conseguir borrar, hacer olvidar: *I'll never live it down if I fail my driving test again*, Si vuelvo a suspender el examen de conducir los demás me lo recordarán toda la vida; *Even after 12 years, Bockton hasn't managed to live down that missed penalty that cost his team the cup*, Incluso después de 12 años, Bockton no ha podido hacer olvidar ese penalti fallado que le costó la copa al equipo.

live for *vt insep* vivir sólo para algo, estar siempre pendiente de algo: *We hated our jobs - we just lived for the weekend*, Odiábamos nuestro trabajo; sólo esperábamos que llegara el fin de semana.

live in *vi* vivir en el sitio de trabajo o de estudio, estar interno: *Over 50% of the students in his college live in*, Más del cincuenta por ciento de los estudiantes de su facultad vive en el campus; *I think it's important for a nanny to live in, it means she's always there if she's needed*, Creo que es importante que la niñera viva en casa, así siempre está cuando la necesitas.

live off *vt insep*
1 vivir de algo, alimentarse a base de algo: *He wandered through the jungle, living off fruit and roots and anything he could catch*, Erró por la jungla, alimentándose de fruta y raíces y de cualquier cosa que pudiera atrapar.
  SYNONYMS: live on.
2 vivir de algo/vivir a costa de alguien: *If I won the lottery, I'd invest it all and live off the interest*, Si me tocara la lotería, lo invertiría todo y viviría de los intereses; *It's time you got a job, son. You've lived off us long enough!*, Hijo, ya es hora de que te pongas a trabajar. ¡Ya has vivido bastante tiempo a costa de nosotros!
  SEE ALSO: sponge off; scrounge off.

live on *vt insep*
1 vivir con algo: *Nowadays most families can't live on one wage, both have to work*, Hoy en día la mayoría de las familias no puede vivir de un solo sueldo y los dos cónyuges tienen que trabajar.
2 vivir de algo, alimentarse a base de algo: *They're so poor that they live on rice and very little else*, Son tan pobres que se alimentan de arroz y poco más; *You have to have a varied diet, you can't just live on hamburgers and chips*, Tienes que tener una dieta variada, no puedes alimentarte sólo de hamburguesas y patatas fritas.
  SYNONYMS: live off.
3 vivir hasta *(una fecha)*; seguir vivo, seguir existiendo: *His widow lived on into her nineties*, Su viuda vivió hasta pasados los noventa años; *The Titanic disaster lives on in people's memories, kept alive perhaps by its frequent treatment in film*, La catástrofe del Titanic perdura en el recuerdo de la gente, y quizá se ha mantenido más vivo porque ha salido a menudo en el cine.

live out *vi*
1 vivir fuera *(del colegio mayor, del campus, etc.)*, no vivir en la casa: *Most students lived out in their second year, but I was lucky enough to get a room in the college*, La mayoría de los estudiantes se iba a vivir fuera en el segundo año, pero yo tuve la suerte de encontrar una habitación en el campus; *Apart from the cook, the servants lived out*, Salvo la cocinera, los criados no vivían en la casa.
2 pasar el resto de *(la vida, los días, etc.)* en algún sitio: *He wanted to live out his remaining days in the sun*, Quería pasar los últimos años de su vida en algún lugar soleado.

live through *vt insep* sobrevivir algo, pasar por algo: *If you'd lived through the war, you'd know what hardship really is!*, Si hubieses vivido la guerra, ¡sabrías lo que es la verdadera penuria!; *He was very tough, you had to be to live through the depression and then the war*, Era un hombre muy duro, había que serlo para pasar por la gran depresión y después por una guerra.
  SYNONYMS: go through.

live together *vi* vivir juntos: *We're going to live together for a few months first before we decide whether to get married*, Primero viviremos unos meses juntos antes de decidir si nos casamos.
  SEE ALSO: live with.

live up *vt sep (informal)* divertirse, darse la gran vida, pasarlo de puta madre: *He said he had worked long and hard for more than twenty years and now he was going to live it up a bit*, Dijo que había trabajado mucho durante más de veinte años y que ahora quería darse la gran vida; *Lucky beggars, living it up on a Caribbean cruise for a fortnight!*, ¡Qué suerte tienen, dándose la gran vida en un crucero por el Caribe durante quince días!

live up to *vt insep* estar a la altura de algo, corresponder a algo: *Barry spent the evening living up to his reputation as a ladies' man*, Barry se pasó la noche haciendo honor a su fama de mujeriego; *Very few of the products lived up to the claims of their manufacturers*, Muy pocos productos correspondían con lo que decían sus fabricantes.
  SYNONYMS: match up to; measure up to.

live with *vt insep*
  1 vivir con alguien: *She's twenty-six and still living with her mum and dad*, Tiene veintiséis años y todavía vive con sus padres.
  2 vivir con alguien: *Rob's been living with his girlfriend for six months now*, Rob ya lleva seis meses viviendo con su novia.
  3 cargar con algo, soportar el peso de algo, aceptar algo: *He will have to live with the mistake for the rest of his life*, Tendrá que cargar con esa equivocación el resto de su vida; *People who are blind from birth learn to live with their disability*, La gente que es ciega de nacimiento aprende a vivir con su discapacidad.
  SEE ALSO: put up with.

liven ['laɪvən]
liven up *vt sep*
  1 alegrar algo/a alguien, dar vida a algo/alguien: *Some pictures on the walls should liven up the room a bit*, Seguro que unos cuantos cuadros en las paredes alegrarían un poco la habitación; *The party was dull, but it livened up when Ann started telling jokes*, La fiesta fue aburrida, pero se animó cuando Ann empezó a contar chistes.
  SYNONYMS: pep up; enliven *(formal)*.
  SEE ALSO: jazz up.
  2 animar, animarse: *The guests livened up a bit when food was served*, Los invitados se animaron un poco cuando sirvieron la comida; *The holiday has livened him up a lot*, Las vacaciones lo han animado mucho.
  SYNONYMS: buck up *(informal)*; perk up *(informal)*; cheer up.

load [ləʊd]
load down *vt sep*
  1 cargar a alguien con demasiadas cosas, sobrecargar a alguien con algo: *She was so*

loaded down with shopping bags she could barely walk, Iba tan cargada de bolsas de la compra que apenas si podía caminar.
SYNONYMS: weigh down.

2 cargar hasta arriba de algo, agobiar a alguien con algo: ***The production department will be loaded down with work for the next couple of months***, El departamento de producción estará hasta los topes de trabajo los próximos dos meses.
SYNONYMS: snow under.

load up *vt sep* cargar *(un vehículo)*: ***It took us a couple hours to load up the trailer***, Tardamos un par de horas en cargar el remolque; ***Once the furniture was loaded up, there was no room for the carpets***, Tras cargar los muebles, no quedó sitio para las alfombras.
SEE ALSO: pack up; pile up; stack up.

loaf [ləʊf]

loaf about or **loaf around** *vi* holgazanear, vaguear: ***The students seemed to do very little except loaf about the campus***, Los estudiantes no parecían hacer gran cosa salvo holgazanear por el campus; ***You two, stop loafing around and come over here***, Vosotros dos, parad de hacer el vago y venid aquí.
SYNONYMS: laze about; lounge about.

lock [lɒk]

lock away *vt sep* guardar algo bajo llave, guardar algo en lugar seguro: ***What a shame that most of the paintings are locked away in a vault where nobody can see them***, Es una lástima que la mayoría de los cuadros estén encerrados en una cámara y que nadie pueda verlos.
SEE ALSO: shut away; close up.

2 encerrar a alguien, meter a alguien en la cárcel: ***Victims' families want the law to lock these people away for a very long time***, Las familias de las víctimas quieren que la ley encierre a este gente durante mucho tiempo.

3 encerrarse sin salir: ***She's one of those authors who stays locked away till she's finished what she's writing***, Es una de esas escritoras que se encierra en un lugar hasta que no termina lo que escribe.

lock in *vt sep* dejar encerrado: ***The door banged shut and I was locked in***, La puerta se cerró de golpe y me quedé encerrada.

lock onto *vt insep*

1 acoplarse, engancharse: ***They couldn't get the module to lock onto the space station***, No conseguían que el módulo se acoplara a la estación espacial; ***The bulldog locked onto his foot and he couldn't shake it off***, El buldog se le enganchó al pie y no podía soltarse.

2 adquirir, localizar, marcarse, enganchar: ***Once the missile has locked onto its target, it cannot be stopped***, Una vez que el misíl haya adquirido su objetivo, no se puede detener.

3 quedarse la vista clavada *(en algo)*; metérsele algo en la cabeza: ***He looked round the room and locked onto a Picasso over the fireplace***, Miró por la sala y se le quedó la vista clavada en un Picasso que había encima de la chimenea; ***When she locked onto an idea, there was no stopping her***, Cuando se le metía una idea en la cabeza, no había quién la parara.

lock out *vt sep*

1 dejar a alguien en la calle, cerrar la puerta a alguien: ***I got locked out and waited in the street till my wife came home***, Me quedé fuera de la casa sin llaves y esperé en la calle a que llegara mi mujer.

2 quedarse en la calle, dejarse la llave dentro de la casa: *Always leave a key with a neighbour in case you lock yourself out*, Dale siempre una llave a un vecino por si la dejas dentro alguna vez.

3 ordenar un cierre patronal: *The dispute became bitter when the employers locked the miners out*, La disputa con los mineros se enconó cuando los directivos ordenaron un cierre patronal.

lock up *vt sep*

1 cerrar algo con llave, poner candado a algo: *The last person to leave in the evening locks up*, La última persona que se va por la noche lo cierra todo con llave; *Lock your bicycle up, otherwise somebody'll steal it*, Ponle un candado a tu bicicleta porque te la pueden robar; *Make sure medicines are safely locked up where children cannot get at them*, Asegúrate de que los medicamentos están bajo llave y en un lugar seguro donde los niños no los alcancen.

2 encerrar a alguien *(en la cárcel)*: *People like him shouldn't be on the street, they should be locked up*, La gente como él no debería estar en la calle, debería estar encerrada.

SEE ALSO: lock away.

log [lɒg] logging, logged, logged

log in or **log on** *vi* entrar en el *(sistema, el programa)*, acceder *(al sistema, al programa)*: *First you have to log on and then you can access the file*, Primero tienes que entrar en el sistema y después puedes acceder al archivo; *Visitors to the website will have to log in using a personalized username and password*, Los visitantes de la página web tendrán que acceder usando un nombre de usuario personalizado y una contraseña.

log into *vt insep* entrar en *(el sistema, el programa)*, acceder *(al sistema, al programa)*: *I tried to log into the database, but I was denied access*, Intenté entrar en la base de datos, pero se me denegó el acceso.

log out or **log off** *vt insep - vi* salir; salir del sistema: *Remember to log off the system and close down the computer before you go home*, Acuérdate de salir del sistema y apagar el ordenador antes de irte a casa; *You can't just turn the computer off, you have to log out first*, No puedes apagar el ordenador de golpe, primero tienes que salir del sistema.

loll [lɒl]

loll about or **loll around** *vi* no dar golpe, repantingarse: *The park teemed with students lolling about on the grass*, El parque estaba lleno de estudiantes tumbados en la hierba.

look [lʊk]

look after *vt insep*

1 cuidar a alguien, atender a alguien: *Who looks after the baby when you go out to work?*, ¿Quién cuida del bebé cuando te vas a trabajar?
SYNONYMS: care for; take care of.

2 cuidar algo: *Look after that car and it should last you at least six years*, Cuida ese coche y verás cómo te dura seis años como mínimo.
SYNONYMS: take care of.

3 ocuparse de algo: *The hotel looks after everything: the food, the cake, the flowers and the music*, El hotel se ocupa de todo: la comida, el pastel, las flores y la

música; ***Security is looked after by an outside contractor***, Un contratista externo se ocupa de la seguridad.

SYNONYMS: see to; attend to; take care of.

4 cuidar algo de alguien, cuidarle algo a alguien, vigilarle algo a alguien: ***Would you look after my cases while I go to the toilet?***, ¿Le importa vigilarme las maletas mientras voy al lavabo?; ***We're looking after the house next door while the neighbours are on holiday***, Estamos vigilando la casa de al lado mientras los vecinos están de vacaciones.

SYNONYMS: watch; mind; keep an eye on.

5 cuidarse solo: ***Don't worry about John, he's a big boy now and can look after himself***, No te preocupes por John, ya es mayor y puede cuidarse solo.

look ahead *vi* pensar en el futuro, mirar hacia adelante: ***Looking ahead ten years, we can see the South East Asian countries dominating the market***, De aquí a diez años, vemos que los países del sudeste asiático dominarán el mercado.

look around *vt insep - vi* see **look round**.

look at *vt insep*

1 mirar algo: ***I looked at him and saw that he was asleep***, Lo miré y vi que dormía.

2 considerar, examinar: ***The first chapter looks at the history of the period***, El primer capítulo analiza la historia del periodo; ***Get an expert to look at it and give you a valuation***, Pídele a un experto que se lo mire y te lo valore; ***I've changed the oil but there's still the brakes to be looked at***, He cambiado el aceite pero todavía hay que ver cómo están los frenos.

3 mirar, enfocar *(un problema)*: ***Let's look at the problem from a different angle***, Veamos el problema desde otro ángulo.

4 echar un vistazo a algo: ***I haven't had the chance to look at the report***, No he podido echarle un vistazo al informe.

5 considerar, interesarse por algo: ***I don't think they'd look at any candidate who didn't have a degree***, No creo que se interesen por un candidato sin título; ***She won't look twice at a job in industry***, Ni se plantea coger un trabajo en la industria.

look back or **look back on**

1 *vt insep* recordar: ***She looks back on her childhood with fondness***, Recuerda su infancia con ternura.

2 *vi* ir sobre ruedas, prosperar: ***She opened her first shop at the age of twenty and never looked back***, Abrió su primera tienda a los veinte años y desde entonces todo le ha ido sobre ruedas.

look down on *vt insep* despreciar, mirar despectivamente: ***It's amazing to think how goods from Japan were once looked down on***, Es increíble pensar que antes se despreciaban los artículos de Japón; ***Charles looks down on anyone who hasn't been to Harvard***, Charles mira por encima del hombro a cualquiera que no haya ido a Harvard.

SYNONYMS: sneer at; look down one's nose at; turn one's nose up at.

look for *vt insep* buscar: ***I looked everywhere for the photographs, but I couldn't find them***, Busqué las fotos por todas partes, pero no las encontré; ***Scientists are still looking for a cure for the disease***, Los científicos siguen buscando una cura para la enfermedad.

SYNONYMS: seek *(formal)*.

look forward to *vt insep* tener ganas de algo, estar deseando algo, mirar hacia algo con ilusión: ***I'm really looking forward to the holidays***, Tengo muchas ganas de que lleguen las vacaciones; ***Are they looking forward to going to Australia?***, ¿Les apetece ir a Australia?; *I think we can look forward to a period of sustained economic growth*, Creo que podemos prever un periodo de crecimiento económico continuo.

look in *vi* pasar por algún sitio, pasar por casa de alguien: *I'll look in to see if your mother is all right*, Pasaré por casa de tu madre para saber si está bien; *Would you look in at the supermarket on your way home and get some milk?*, ¿Podrías pasar por el supermercado de camino a casa y comprar leche?; *Will there be time to look in on Jan and Mike while we're passing?*, ¿Tenemos tiempo de pasar a ver a Jan y Mike ya que vamos de camino?

SYNONYMS: drop in; call in.

look into *vt insep* investigar, estudiar detenidamente: *We are not sure exactly what happened yet, we're still looking into it*, Todavía no estamos seguros de lo que pasó exactamente, lo estamos investigando; *They're looking into the feasibility of establishing a colony on the Moon*, Estamos viendo las posibilidades de establecer una colonia en la Luna.

look on

1 *vi* estar observando, quedarse como espectador: *The boys were presented with their medals as proud parents looked on*, Los chicos recibieron sus medallas bajo la mirada de sus orgullosos padres.

2 *vt sep* considerar algo algo, ver algo como algo: *Some men look upon marriage as an unnecessary restriction on personal freedom*, Algunos hombres consideran que el matrimonio es una restricción innecesaria a la libertad personal; *They made it clear that they would not look kindly on applications from Blacks*, Dejaron bien claro que no mirarían con buenos ojos las solicitudes de los negros.

look out

1 *vi* (**look out!**) ¡cuidado!: *Look out! There's a car coming!*, ¡Cuidado, que viene un coche!

SYNONYMS: watch out.

2 *vt sep* buscar algo, ir a ver si está en algún sitio: *There's a drill in the garage somewhere, I'll look it out for you*, Hay un taladro en algún sitio en el garaje, iré a buscarlo.

SYNONYMS: dig out.

look out for *vt insep*

1 estar pendiente de si hay algo, estar al tanto de algo, mirar a ver si hay algo: *If you go to the market, can you look out for a jumper for me, like that one of yours?*, Si vas al mercado, ¿puedes ver si encuentras un jersey como el tuyo para mí?; *Look out for a butcher's on the left, it's right next door*, Busca una carnicería a la izquierda, está justo al lado.

SYNONYMS: watch out for.

2 cuidar a alguien, proteger a alguien: *It's a very close family, and they all look out for each other*, Es una familia muy unida, y se cuidan mucho unos a otros.

look over *vt sep* mirar algo, echar un vistazo a algo, echar una ojeada a algo: *We've looked over several flats in this part of town*, Hemos visto varios pisos en esta parte de la ciudad; *Could you look over this report for me and tell me what you think?*, ¿Podrías examinar este informe y decirme lo que piensas?; *Why don't you let the doctor look you over to make sure you haven't broken anything?*, ¿Por qué no dejas que te mire el médico para asegurarte de que no te has roto nada?

look round

1 *vi* volver la cabeza, mirar hacia atrás: *I heard footsteps and looked round to see if someone was following me*, Oí pasos y miré hacia atrás para ver si me seguía alguien.

look round for

2 *vt insep* visitar: ***Let's look round the castle this afternoon***, Vamos a visitar el castillo esta tarde.

3 *vt insep - vi* mirar, inspeccionar: ***Looking round the room, I noticed there were no pictures on the walls***, Al mirar por la habitación, advertí que no había cuadros en las paredes; ***People came into the shop and looked round, but they never bought anything***, La gente entraba en la tienda y miraba, pero nunca compraba nada.

look round for *vt insep* buscar, mirar a ver si se encuentra: ***Did I tell you Helen's started looking round for another job?***, ¿Te he dicho que Helen ha empezado a buscar otro trabajo?; ***She was looking round for somewhere to put the box***, Buscaba un sitio donde poner la caja.

look through *vt insep*

1 buscar entre algo, rebuscar entre algo, mirar por entre algo: ***I looked through my clothes, but found nothing suitable for the funeral***, Busqué entre mi ropa, pero no encontré nada adecuado para el funeral; ***Neil asked me to look through all the cupboards again, but I knew we wouldn't find anything***, Neil me pidió que volviéramos a buscar en todos los armarios, pero yo sabía que no encontraríamos nada.

SYNONYMS: go through.

2 echar un vistazo a algo, hojear algo: ***I only get about ten minutes at breakfast to look through the headlines in the paper***, Sólo tengo unos diez minutos mientras desayuno para echar un vistazo a los titulares del periódico.

SEE ALSO: flick through; browse through.

look to *vt insep*

1 acudir a alguien buscando algo, recurrir a alguien por algo: ***She has always looked to her parents for support***, Ella siempre ha acudido a sus padres en busca de apoyo.

SYNONYMS: turn to.

2 mirar hacia *(adelante, el futuro)*: ***The bad times are behind us, we can look to the future with confidence***, Los malos tiempos han quedado atrás, podemos contemplar el futuro con confianza.

look up

1 *vi* mirar hacia arriba, alzar la mirada, levantar la mirada: ***I heard a noise and looked up to see a woman falling to the ground***, Oí un ruido y al alzar la vista vi a una mujer que se caía al suelo; ***She passed me the towel slowly, without even looking up from her book***, Me pasó la toalla despacio, sin ni siquiera alzar la vista de su libro.

2 *vt sep* mirar, consultar, buscar: ***I had to look up the spelling in a dictionary***, Tuve que consultar cómo se escribía en el diccionario; ***They gave me the street name and I looked it up on the map***, Me dijeron el nombre de la calle y la busqué en el mapa.

3 *vt sep (informal)* ir a visitar: ***Look us up if you're ever in Edinburgh***, Ven a vernos si vienes a Edimburgo.

4 *vi (informal)* mejorar, ponerse mejor, tener mejor pinta: ***The weather is beginning to look up***, El tiempo empieza a mejorar; ***With cuts in interest rates, things are beginning to look up for small businesses***, Con las bajadas de los tipos de interés, las cosas empiezan a mejorar para las pequeñas empresas.

look upon *vt insep* see **look on**.

look up to *vt insep* admirar a alguien, respetar a alguien: ***The soldiers looked up to their commander***, Los soldados guardaban respeto a su comandante.

loom [luːm]

loom ahead *vi* amenazar, vislumbrarse, acercarse: *The written exam is over, but the actual driving test still looms ahead*, El examen teórico ya está, pero aún me falta aprobar las prácticas para el carnet de conducir; *Catastrophe looms ahead unless drastic measures are taken urgently*, Se avecina una catástrofe a menos que se tomen medidas drásticas urgentemente.

loom up *vi* surgir, aparecer: *The figure of a huge dog loomed up out of the darkness*, La figura de un perro enorme surgió de la oscuridad.

loose [luːs]

loose off *vt sep* disparar, soltar: *The soldiers loosed a few rounds off over the heads of the rioters*, Los soldados dispararon unas cuantas ráfagas por encima de las cabezas de los manifestantes.

loosen [ˈluːsən]

loosen up *vt sep - vi*

1 precalentar, entrar en calor: *Never run a race without first loosening up*, No corras nunca una carrera sin hacer antes ejercicios de precalentamiento.
SEE ALSO: warm up.

2 *(informal)* relajarse: *Hey, loosen up a little, sit down, have a drink*, Oye, relájate un poco, siéntate, toma una copa.
SYNONYMS: lighten up.

lop [lɒp] lopping, lopped, lopped

lop off *vt sep*

1 cortar, podar: *Give me the axe and I'll lop that branch off*, Dame el hacha y cortaré esa rama.
SYNONYMS: chop off; sever.

2 recortar, reducir: *Army chiefs were angry when the new president lopped 25% off the defence budget*, Los altos mandos del ejército se enfadaron cuando el nuevo presidente recortó el 25% del presupuesto de defensa.
SYNONYMS: cut off; take off; knock off.

lord [lɔːd]

lord over *vt sep* mangonear a alguien, ser muy mandón con alguien, ser una marimandona con alguien: *The older boys like to lord it over the younger ones*, A los chicos mayores les gusta tratar a los más pequeños con prepotencia; *When the boss is away, she tries to lord it over everyone else in the office*, Cuando el jefe no está, ella intenta mangonear a los demás de la oficina.
SEE ALSO: boss about; push around; queen over.

lose [luːz]

lose out *vi* salir perdiendo: *With indirect taxes like VAT, it's always those with low wages who lose out*, Con los impuestos indirectos como el IVA, los que tienen ingresos bajos siempre son los que salen perdiendo.
SEE ALSO: miss out.

lose out to *vt insep* estar perdiendo terreno ante algo, perder ante alguien, ser derrotado por alguien: *Small shops cannot compete and are losing out to the big chains*, Los comercios pequeños no pueden competir y están perdiendo terreno frente a las grandes cadenas; *Why was it that Betamax lost out to the VHS format?*, ¿Por qué Betamax perdió terreno frente al formato en VHS?

lounge [laʊndʒ]

lounge about or **lounge around** *vi* holgazanear, vaguear, hacer el vago: *It's time you stopped lounging about and actually did something*, Ya es hora de que dejes de holgazanear y de que hagas algo; *He's the typical apathetic teenager who spends most of his time lounging around the house*, Es el típico adolescente apático que se pasa el día en casa sin hacer nada.

SYNONYMS: laze about; loaf about; bum about *(informal)*.
SEE ALSO: hang about; loll about.

louse [laʊs]

louse up *vt sep (informal)* echar a perder algo, estropear algo, cagarla: *I'm afraid the hotel's loused up the arrangements for the reception; we've only got room for 50 instead of 60*, Me temo que el hotel ha echado a perder los preparativos para la recepción; tenemos sitio para 50 en lugar de 60; *I really loused up my French exam, I'll have to take it again in September*, Realmente la cagué en el examen de francés y me ha quedado para septiembre.

SYNONYMS: mess up *(informal)*; foul up.

luck [lʌk]

luck into *vt insep* AME tener, dar con algo *(por suerte)*: *Hitch-hiking can be a bit risky, but I lucked into a car that was going all the way to San Diego*, Hacer autostop puede ser complicado, pero tuve la suerte de dar con un coche que me llevó hasta el mismo San Diego.

luck out or **luck up** *vi* AME *(informal)* tener suerte, tener un golpe de suerte: *We lucked out and found a cheap place near the beach that had just come empty*, Tuvimos suerte y encontramos un lugar barato cerca de la playa que acababan de dejar libre; *I got the last seat on the very last flight, I really lucked out there*, Conseguí el último asiento en el último vuelo, conque tuve verdadera suerte.

SEE ALSO: strike out.

lumber ['lʌmbə']

lumber with *vt sep (informal)* cargar con algo, endilgar algo, enjaretar algo: *I got lumbered with my young cousins for the whole weekend*, Me endilgaron a mis primitos todo el fin de semana; *Why is it always me who gets lumbered with doing the washing up?*, ¿Por qué siempre me toca a mí lavar los platos?

SYNONYMS: saddle with; land with.

lump [lʌmp]

lump together *vt sep (informal)* juntar, agrupar: *Children of mixed abilities should not be lumped together in one class*, Los niños con distinta capacidad de aprendizaje no deberían estar todos juntos en una misma clase; *All other costs and expenses are lumped together under the term 'various'*, Todos los demás costes y gastos se agrupan bajo el título 'varios'.

lust [lʌst]

lust after *vt insep* desear a alguien, sentir deseo sexual por alguien: *All the time she was going out with him, she was lusting after his brother*, Durante todo el tiempo que salió con él, deseaba a su hermano.

magic ['mædʒɪk] magicking, magicked, magicked

magic away *vt sep* hacer desaparecer algo *(como por arte de magia)*: *The problem of*

make off

debt is an international one and can't be magicked away with some secret formula, El problema de la deuda es internacional y no se puede hacer desaparecer como por arte de magia con una fórmula secreta.
 SEE ALSO: spirit away.

major ['meɪdʒəʳ]
 major in *vt insep* coger como especialidad, tener como asignatura principal, especializarse en algo: *You don't decide what to major in until the end of third semester*, No tienes que decidir en qué te especializas hasta el final del tercer semestre; *I did do some Economics but I majored in Political Science*, Hice algo de Económicas pero me especialicé en Ciencias Políticas.

make [meɪk] making, made, made
 make after *vt insep* ir tras algo, perseguir algo: *A black car came out of a side street and made after the van at top speed*, Un coche negro salió de una calle lateral y fue tras la furgoneta a toda velocidad.
 SYNONYMS: go after.
 make away with *vt insep (informal)*
  1 largarse con algo, llevarse algo, alzarse con algo: *Three armed men held up the security van and made away with $38,000*, Tres hombres armados detuvieron el furgón de seguridad y se llevaron 38.000 dólares.
  SYNONYMS: make off with.
  2 matar, acabar con: *They watched him day and night so that he didn't try to make away with himself*, Lo vigilaron día y noche para que no intentara acabar con su vida.
  SYNONYMS: do away with *(informal)*; bump off *(informal)*; do in *(informal)*.
 make for *vt insep*
  1 dirigirse a/hacia algún sitio, ir con rumbo a algún sitio: *Can you give me a lift? Where are you making for?*, ¿Puedes llevarme? ¿Hacia dónde vas?; *He jumped out of his armchair and made hastily for the door*, Se levantó de la butaca de un salto y se precipitó hacia la puerta.
  SYNONYMS: head for.
  2 contribuir a algo, conducir a algo: *Fine weather and an excellent hotel made for a wonderful holiday*, El buen tiempo y un hotel excelente contribuyeron a que tuviéramos unas vacaciones maravillosas; *I'm afraid this financial report doesn't make for very encouraging reading*, Me temo que de este informe económico no se puede sacar una lectura muy alentadora.
 make into *vt sep*
  1 convertir en algo, transformar en algo: *I bought some new curtains and made the old ones into cushion covers*, Compré cortinas nuevas y convertí las viejas en fundas de cojines.
  2 convertir en algo, dirigir hacia algo: *I doubt whether such programmes can make bad parents into good parents*, Dudo de que esos programas consigan transformar a los malos padres en buenos padres.
  SYNONYMS: turn into.
 make of *vt insep* opinar de algo, pensar de algo: *So, what did you make of the new manager?*, Bueno, ¿qué te ha parecido el director nuevo?; *I didn't know what to make of her strange response*, No supe cómo interpretar su extraña respuesta.
 make off *vi (informal)* marcharse, largarse, pirarse: *The thieves made off at high*

make off with

speed in a yellow van, Los ladrones se marcharon a toda velocidad en una furgoneta amarilla.
Synonyms: take off.

make off with *vt insep (informal)* llevarse algo, robar algo, chorizar algo: *Thieves broke in and made off with jewellery worth thousands of pounds*, Entraron unos ladrones y se llevaron joyas por valor de miles de libras.
Synonyms: make away with.

make out

1 *vt sep* distinguir, percibir, poder ver, poder oír: *I could make out the faint outline of a car in the fog*, Distinguí el contorno difuso de un coche en la niebla; *They were whispering, so I couldn't make out what they were saying*, Como susurraban, no pude oír lo que decían.
See also: pick out.

2 *vt sep* entender, comprender: *Nobody can make out why he did it, it was so unlike him*, Nadie entiende por qué lo hizo, no era nada propio de él; *The police couldn't make out how the murderer had got in without being seen*, La policía no entendía cómo entró el asesino sin que nadie lo viera.
Synonyms: work out; figure out.

3 *vt sep* entender a alguien, ver claro a alguien: *None of us could really make Phil out, he was a mystery to us*, Ninguno de nosotros podía entender realmente a Phil, era todo un misterio para nosotros.
Synonyms: figure out.

4 *vt sep* hacer creer, dar a entender, presentar: *It's not as difficult as some people make out*, No es tan difícil como pretenden algunos; *The press made him out to be a ruthless capitalist who would do anything to make money*, La prensa lo presentó como un capitalista despiadado capaz de cualquier cosa por dinero; *The situation is not as black as it is made out to be*, La situación no es tan negra como la pintan; *She makes herself out to be something of an expert in the field*, Se hace pasar por una especie de experta en el campo.

5 *vt sep* rellenar *(un formulario, una receta)*, extender *(un cheque)*: *Could you make the cheque out to 'bearer', please?*, ¿Podría hacer el talón al portador, por favor?
Synonyms: write out.
See also: fill in.

6 *vi (informal)* ir, arreglárselas: *I don't know how they'll make out in the big city*, No sé cómo les irá en la gran ciudad; *You shouldn't worry about Clive, he'll make out all right on his own*, No te preocupes por Clive, se las arreglará muy bien solo.
Synonyms: get on; get along; cope; manage.

7 *vi (slang)* darse el lote, pegarse el lote, montárselo: *The parking lot was full of teenagers making out in the backs of cars*, El parking estaba lleno de adolescentes pegándose el lote en el asiento trasero de los coches; *None of the guys had ever made out with Lucy, she was our ambition*, Ninguno de los chicos se había pegado el lote con Lucy, que era lo que deseábamos todos.
Synonyms: score *(slang)*; get it on *(slang)*; have it off *(slang)*.

make over *vt sep*

1 traspasar algo a alguien, ceder algo a alguien: *Our personal wealth was at risk and accountants advised us to make it all over to our children*, Nuestros bienes personales corrían peligro y los contables nos aconsejaron que se los transfiriéramos todos a nuestros hijos.
Synonyms: sign over; turn over.

2 *(informal)* redecorar, modernizar, actualizar: *He made the bedroom over while his*

wife was away for the weekend, Mientras su esposa estaba fuera el fin de semana, redecoró el dormitorio.

3 *(informal)* transformar, cambiar de imagen, convertir: *He lost his job as an editor, but he managed to make himself over into a successful novelist*, Perdió su puesto de editor, pero consiguió convertirse en un novelista de éxito; *She was fed up with the way she looked and decided to make herself over*, Estaba cansada de su aspecto y decidió cambiar de imagen.

make up *vt sep*

1 componer, formar: *Water is made up of hydrogen and oxygen*, El agua está compuesta de hidrógeno y oxígeno; *Blacks now make up 22% of the population*, En la actualidad los negros constituyen el 22% de la población.

SYNONYMS: comprise; constitute.

2 inventar: *She made up some feeble excuse to do with washing her hair*, Se inventó una excusa de lo más mala de que tenía que lavarse la cabeza; *They had accused him of making the whole story up*, Lo habían acusado de haberse inventado toda la historia.

SYNONYMS: cook up *(informal)*; trump up *(informal)*; concoct.

3 preparar, hacer: *The kitchen staff will be happy to make up packed lunches for guests that require them*, El personal de cocina estará encantado de preparar almuerzos para llevar para los huéspedes que los soliciten.

4 completar, formar: *We need another player to make up the team*, Necesitamos otro jugador para completar el equipo.

5 maquillarse: *Then she spent half an hour making herself up*, Después se pasó media hora maquillándose.

6 hacer las paces: *Have you made it up with Janice yet?*, ¿Has hecho ya las paces con Janice?; *They have lots of rows, but they always make up afterwards*, Se pelean mucho, pero después siempre se reconcilian.

7 preparar, hacer: *Don't bother making a bed up, I can sleep on the sofa*, No te molestes en hacerme una cama, puedo dormir en el sofá.

8 (to make up one's mind) decidirse, estar seguro: *I couldn't make up my mind whether he was lying or not*, No estaba seguro de si mentía o no; *She made her mind up to get on the first train that came in*, Decidió subirse al primer tren que llegara.

make up for *vt insep*

1 recuperar algo: *We'll have to work hard to make up for lost time*, Tendremos que trabajar mucho para recuperar el tiempo perdido.

2 compensar algo, dar una compensación por algo: *I'm so sorry about accusing you of stealing the money, how can I make up for it?*, Siento mucho haberte acusado de robar el dinero, ¿qué puedo hacer para compensarte?; *I got compensation, of course, but no amount of money can make up for the loss of a loved one*, Recibí una indemnización, claro, pero ninguna cantidad de dinero puede compensar la pérdida de un ser querido.

SYNONYMS: compensate for; atone for.

make up to *vt insep*

hacerse amigo de alguien *(para aprovecharse)*, ganarse el favor de alguien, darle coba a alguien: *He was the kind of bloke who couldn't resist making up to every woman in his office*, Era la clase de tío que no podía evitar tratar de ganarse el favor de todas las mujeres del despacho; *It's pathetic how he makes up to the boss hoping for a rise*, Es patético ver cómo intenta darle jabón al jefe para conseguir un aumento.

SYNONYMS: chat up; butter up.

make with *vt insep* ESP AME *(informal)* traer, producir: *Hey, waitress! Let's make with*

map

the coffee over here!, ¡Oiga, camarera! ¡Traiga un café aquí!; *So he sits me down and starts making with the soft words and the loving eyes*, Así que me sienta y se pone a decirme palabras dulces y a mirarme con ojos tiernos.

map [mæp] mapping, mapped, mapped
  map out *vt sep* planear, proyectar con detalle: *Her parents appear to have her career all mapped out for her*, Parece que sus padres ya han planeado toda su carrera.
  SYNONYMS: set out; lay out.

march [mɑːtʃ]
  march on *vt insep* marchar sobre algún sitio: *After landing in France, Henry's army marched on Harfleur and laid siege to it*, Tras desembarcar en Francia, el ejército de Enrique marchó sobre Harfleur y lo sitió; *Angry protesters marched on parliament to demand the prime minister's resignation*, Los manifestantes enfurecidos marcharon sobre el Parlamento para exigir la dimisión del Primer Ministro.

mark [mɑːk]
  mark down *vt sep*
    1 anotar, apuntar: *I had marked down his address on the back of my cheque book*, Había anotado su dirección en el dorso de mi talonario.
      SYNONYMS: jot down; note down.
    2 rebajar: *We had to mark them down by 50% to get rid of them*, Tuvimos que rebajarlos un 50% para quitárnoslos de encima; *The trousers had been marked down from £45 to £15*, Habían rebajado los pantalones de 45 libras a 15.
      SYNONYMS: put down; take down; cut.
    3 quitar puntos a alguien *(por algo)*: *They mark you down for poor spelling, no matter how good your ideas are*, Te bajan la nota por las faltas de ortografía, por muy buenas que sean tus ideas.
      ANTONYMS: mark up.
    4 bajar la nota a alguien: *The external examiner marked you down a couple of percent*, El invitado del tribunal te bajó la nota un dos por ciento.
      ANTONYMS: mark up.
  mark down as *vt insep* decir algo de alguien, señalar a alguien como algo, pensar que alguien es algo: *From his appearance, you wouldn't mark him down as a millionaire*, Por su aspecto, no dirías que es millonario.
    SEE ALSO: have down as; put down as.
  mark off *vt sep*
    1 tachar, borrar *(de una lista)*: *He made a list of presents he had to buy and marked them off as he bought them*, Hizo una lista de los regalos que tenía que comprar y los fue tachando a medida que los iba comprando; *As the numbers are called, you mark them off on your card. If you mark them all off, you shout 'Bingo!'*, A medida que van diciendo los números, tienes que ir tachándolos en tu cartón. Si los has tachado todos, tienes que gritar: '¡Bingo!'.
      SEE ALSO: cross off; tick off.
    2 delimitar, demarcar, señalar los límites de algo: *Part of the slope had been marked off for beginners to practise*, Han delimitado una parte de la pista de esquí para que los principiantes practiquen; *Jet skis are not allowed in the area marked off with yellow buoys*, Las motos acuáticas no están permitidas en la zona señalada con boyas amarillas.
      SEE ALSO: cordon off.

marry up

3 distinguir, diferenciar: *There was about him a special quality that marked him off from the other men,* Tenía algo especial que lo distinguía de los demás hombres.
SYNONYMS: mark out; distinguish.

mark out *vt sep*
1 demarcar, dibujar, trazar una línea: *We marked out a tennis court on the lawn using whitewash,* Dibujamos una pista de tenis en el césped con cal.
2 distinguir: *What marked out the successful candidates was their self-assurance and positive attitude,* Lo que distinguió a los candidatos que salieron bien parados fue la seguridad en sí mismos y la actitud positiva.
SYNONYMS: mark off; distinguish.
3 considerar: *Even at that early stage, Party bosses had marked him out as a potential leader,* Incluso en esa fase inicial, los jefes del partido lo habían considerado un líder en potencia.

mark up *vt sep*
1 aumentar, subir *(el precio de algo)*: *They mark the imported lagers up by up to 200%,* Suben el precio de las cervezas de importación hasta un 200%.
SYNONYMS: put up; hike up.
ANTONYMS: mark down.
2 dar más puntos a alguien: *Any reference to the films of Godard gets you marked up a couple of percent,* Si haces cualquier referencia a las películas de Godard te suben la nota un dos por ciento.
ANTONYMS: mark down.
3 subir la nota de alguien: *Professor Gerrard marked up first-year essays as a matter of course,* El profesor Gerrad subía automáticamente la nota de los trabajos de los alumnos de primero.
ANTONYMS: mark down.

marry ['mærɪ] marrying, married, married
marry into *vt insep* emparentar con alguien, casarse con alguien de una determinada clase social: *Mothers dreamed that their daughters would marry into the aristocracy,* Las madres soñaban que sus hijas se casarían con algún aristócrata; *Seeing her parents made me wonder what sort of family I was marrying into,* Al ver a sus padres me pregunté con qué clase de familia me iba a emparentar; *He's not rich himself, he's just married into money,* Él no es rico, es que se ha casado con una mujer de familia rica.
marry off *vt sep* casar a alguien: *By the time she was eighteen, they couldn't wait to get her married off,* Cuando cumplió los dieciocho estaban ansiosos por casarla; *Arrangements had been made to marry her off to a rich old banker,* Habían hecho planes para casarla con un banquero rico y viejo.
marry out *vi* casarse con alguien de otra religión: *Marrying out is no longer the taboo it once was amongst Jews,* Para los judíos, casarse con alguien de otra religión ya no es el tabú que era en otros tiempos.
marry up *vt sep - vi* juntar, juntarse; coincidir, hacer coincidir: *If infantry units fail to marry up at Gaza, the whole operation will be jeopardized,* Si las unidades de infantería no se juntan en Gaza peligrará toda la operación; *My job as a broker is to marry up investors with people seeking capital,* Mi trabajo como corredor de bolsa consiste en presentar inversores a la gente que busca capital; *One of the difficulties with dubbing is marrying up the soundtrack with the image,* Una de las dificultades del doblaje es hacer que la banda sonora coincida con la imagen.
SYNONYMS: join up; link up.

mash [mæʃ]
mash up *vt sep* machacar: *Baby can't eat a banana like that, you have to mash it up for him first*, El niño no puede comerse un plátano así, primero se lo tienes que machacar.

match [mætʃ]
match against *vt sep*
1 enfrentar a alguien con alguien/poner dos cosas frente a frente: *He taught him how to box and matched him against former champions to give him plenty of experience*, Le enseñó a boxear y le hizo enfrentarse a antiguos campeones para que adquiriera mucha experiencia.
  SYNONYMS: pit against; set against.
2 poner algo frente a algo: *The list of candidates is then matched against the scripts, to check that everyone on the course has taken the exam*, Y entonces la lista de candidatos se coteja con las hojas de examen para comprobar que todos los asistentes al curso se han examinado.

match up *vi* emparejarse, estar conectados: *If you can match up the names with the faces, you win a prize*, Si puedes emparejar los nombres con las caras ganas un premio; *Genetic fingerprinting techniques confirmed that crime and suspect matched up*, Las técnicas de identificación genética confirmaron que existía una conexión directa entre el crimen y el sospechoso.

match up to *vt insep* estar a la altura de algo, valer: *It was widely thought that Jean didn't match up to the demands of a senior post*, Mucha gente pensaba que Jean no estaba a la altura de las exigencias de un puesto de responsabilidad.
  SYNONYMS: measure up to; be up to.

measure [ˈmeʒəʳ]
measure against *vt sep* comparar con algo/alguien: *Measured against competitor profits, our performance last year was rather modest*, Comparados con los beneficios de la competencia, nuestros resultados del año pasado fueron bastante modestos; *It's not so fantastical when you measure it against the technological developments of the last 20 years*, No es tan fabuloso si lo comparas con los avances tecnológicos de los últimos 20 años.
  SYNONYMS: set against.

measure off *vt sep* medir *(para cortar)*: *Measure me off a two-metre length of that plywood, will you?*, ¿Me mides dos metros de este contrachapado?; *I've measured three metres off, will that be enough?*, He medido tres metros ¿Será suficiente?
  SEE ALSO: measure up; mark off.

measure out *vt sep* tomar una medida de algo: *Measure out 5ml of powder and mix it with half a litre of water*, Tome una medida de 5 ml de polvos y mézclelos con medio litro de agua.
  SEE ALSO: measure off; mark out.

measure up
1 *vi* estar a la altura de algo, valer para algo: *She's a competent manager, but I'm not sure she'd measure up to the new position*, Es una directora competente, pero no estoy seguro de que esté a la altura del nuevo puesto; *Compared with last year's results, how do this year's students measure up?*, En comparación con los resultados del año pasado ¿cómo han quedado los alumnos de este año?
2 *vt sep* tomar medidas de algo: *The tailor measured me up for a suit*, El sastre me tomó las medidas para hacerme un traje; *The shop will send a carpet fitter round*

melt away

to measure up your living-room, La tienda enviará a un instalador de moquetas para que tome medidas de su sala de estar.

meddle [medəl]
meddle in
vt insep entrometerse en algo, interferir en algo: *I didn't want to be accused of meddling in Simpson's affairs*, No quise que me acusaran de entrometerme en los asuntos de Simpson.
SYNONYMS: pry in; intrude in; interfere in.

meddle with
vt insep toquetear algo, manosear algo: *I put a lock on the door to stop the kids meddling with my computer*, Puse un cerrojo en la puerta para impedir que los niños me toquetearan el ordenador.
SYNONYMS: tamper with; interfere with.

meet [mi:t] meeting, met, met
meet up
vi
1 quedar, encontrarse: *We met up in Venice and then travelled to Rome together*, Nos encontramos en Venecia y después viajamos juntas hasta Roma.
2 juntarse, empalmar: *The paths diverge here, but they meet up again on the other side of the wood*, Los senderos se separan aquí, pero vuelven a juntarse al otro lado del bosque.
SYNONYMS: link up; join up; come together.

meet with
vt insep
1 verse con alguien, encontrarse con alguien, entrevistarse con alguien: *The Prime Minister is expected to meet with the President tomorrow morning*, Se espera que el Primer Ministro se entreviste con el Presidente mañana por la mañana.
SYNONYMS: meet.
2 encontrarse con algo, causar, suscitar: *My proposal met with stiff opposition*, Mi propuesta suscitó una fuerte oposición; *I hope that this proposed solution meets with your approval*, Espero que esta solución que proponemos reciba su aprobación; *Her first novel met with considerable success*, Su primera novela obtuvo un considerable éxito.
3 encontrarse con algo, tropezar con algo, ocurrir algo,: *We met with a few minor difficulties*, Nos encontramos con algunas pequeñas dificultades; *You must insure yourself, in case you meet with an accident while on holiday*, Debes asegurarte por si tienes un accidente durante las vacaciones.
SYNONYMS: encounter.

melt [melt]
melt away
1 *vt sep* derretir, hacer desaparecer, eliminar: *He quickly melted away the old layers of paint with a blowtorch*, Eliminó rápidamente las capas antiguas de pintura con un soplete; *But then the sun came out and it soon melted the snow away*, Pero entonces salió el sol y enseguida deshizo la nieve.
2 *vi* desaparecer, desvanecerse, derretirse: *Any support he once had amongst his colleagues had melted away*, Sus colegas le habían retirado el apoyo que antes le brindaban; *But then the sun came out and soon the snow melted away*, Pero entonces salió el sol y enseguida la nieve se deshizo.
SYNONYMS: fade away; die away; peter out; dwindle *(literary)*.
3 *vi* esfumarse *(personas sueltas)*, dispersarse *(una multitud)*: *When Derek started talking about his operation, most of the guests melted away*, Cuando Derek empezó a hablar de su operación la mayoría de los invitados se esfumaron.
SYNONYMS: disperse.

melt down *vt sep* fundir, derretir: *In the war, millions of aluminium saucepans and frying pans were melted down to make aeroplanes*, Durante la guerra, derritieron millones de cazos y de sartenes de aluminio para construir aviones.

melt into *vt insep*
1 convertirse en algo, hacerse algo, fundirse en algo: *Her initial severity soon melted into warm friendliness*, Su severidad inicial no tardó en trocarse en cálida cordialidad.
  SYNONYMS: dissolve into; evaporate into.
2 desaparecer entre, mezclarse con *(una multitud)*: *Only Oliver was arrested, the other members of the gang melted into the crowd and made their escape*, Sólo arrestaron a Oliver, los otros miembros de la banda se escabuyeron entre la multitud y consiguieron escapar.

merge [mɜːdʒ]

merge in *vt insep* confundirse con algo, mezclarse con algo: *The flowers are hard to see as they are green and merge in with the foliage*, Es difícil ver las flores, ya que son verdes y se confunden con el follaje.
  ANTONYMS: stick out; stand out.
  SEE ALSO: blend in.

merge into *vt insep* fundirse uno con otro, confundirse uno con otro: *The bands of colour were so similar they seemed to merge into each other*, Las franjas de color eran tan parecidas que parecía que se fundían unas con otras; *The zebra's stripes help it to merge into its natural grassland landscape*, Gracias a sus rayas la cebra se mimetiza con la sabana, su paisaje natural.

mess [mes]

mess about or **mess around** *(informal)*
1 *vi* hacer el tonto, no hacer nada, perder el tiempo: *The teacher told them off for messing about in class*, El maestro les riñó por hacer el tonto en clase.
2 *vt sep* fastidiar, hacer perder el tiempo: *I wish they'd stop messing me around and tell me what job they want me to do*, Ojalá dejaran de fastidiarme y me dijeran qué trabajo quieren que haga.
  SYNONYMS: fool about *(informal)*; muck about *(informal)*; piss about *(vulgar slang)*; bugger about *(vulgar slang)*.

mess about with or **mess around with** *vt insep (informal)* juguetear con algo, entretenerse con algo: *Have you been messing about with my computer again?*, ¿Me has vuelto a tocar el ordenador?
  SYNONYMS: meddle with; interfere with; tamper with.

mess up *vt sep (informal)*
1 ensuciar, manchar, desordenar: *Don't mess up my dress, I've just ironed it*, No me ensucies el vestido, que acabo de plancharlo.
  SYNONYMS: muck up *(informal)*.
2 estropear, fastidiar: *This pilots' strike has really messed up our holiday plans*, Esta huelga de pilotos nos ha fastidiado los planes de vacaciones a base de bien.
  SYNONYMS: muck up *(informal)*; foul up *(informal)*; screw up *(vulgar slang)*.
3 AmE meter la pata, fastidiar: *This is your last chance, don't mess up*, Ésta es tu última oportunidad, no metas la pata.
  SYNONYMS: foul up *(informal)*; screw up *(vulgar slang)*.

mess with *vt insep*
1 *(informal)* mezclarse con alguien, juntarse con alguien: *He was the kind of violent*

man you wouldn't want to mess with, Era de esa clase de hombres violentos con los que uno no quiere juntarse.

2 *(informal)* juguetear, tocar, manipular *(indebidamente)*: ***Have you been messing with the video? It won't record***, ¿Has estado tocando el vídeo? No graba.

SYNONYMS: meddle with; interfere with; tamper with.

mete [miːt]

mete out *vt sep (formal)* imponer *(un castigo, una sentencia)*: ***Stricter sentences have been meted out to minor offenders***, Han impuesto sentencias más estrictas a los delincuentes de delitos menores.

SEE ALSO: deal out; dole out; hand out.

mill [mɪl]

mill about or **mill around** *vi (informal)* gandulear, vaguear, hacer el vago, pulular, rondar: ***As early as six o'clock, hundreds of devoted fans were milling around outside the gates***, A las seis ya había cientos de fervientes admiradores pululando por la entrada; ***Crowds of journalists were milling about in the airport, waiting for the President's plane to arrive***, Había una multitud de periodistas pululando por el aeropuerto, a la espera de que llegara el avión presidencial.

mind [maɪnd]

mind out *vi (informal)* ir con cuidado: ***You'll fall down that hole if you don't mind out***, Te caerás en ese agujero si no vas con cuidado; ***Mind out! There's a car coming***, ¡Cuidado, que viene un coche!

SYNONYMS: watch out; look out.

miss [mɪs]

miss out *vt sep* olvidar algo/a alguien, omitir algo/a alguien, dejarse algo/a alguien, saltarse algo/a alguien: ***When I checked his form, I noticed that he'd missed out his date of birth***, Cuando revisé su formulario me di cuenta de que no había puesto su fecha de nacimiento; ***Have I missed anyone out?***, ¿Me he dejado a alguien?

SYNONYMS: leave out; omit.

miss out on *vt insep* salir perdiendo en algo, dejar pasar, estar excluido: ***Of course I'm going; I wouldn't miss out on all that free food!***, ¡Claro que voy, no me quiero perder toda esa comida gratis!; ***What's going on? Am I missing out on something?***, ¿Qué pasa? ¿Me estoy perdiendo algo?; ***I don't want my children to feel that they are missing out not having the toys the others have***, No quiero que mis hijos se sientan excluidos por no tener los juguetes que tienen los otros niños.

SEE ALSO: lose out on.

mist [mɪst]

mist over or **mist up** *vt insep*

1 empañarse: ***When I turned the fan off, the windows started misting over***, Cuando apagué el ventilador, las ventanas empezaron a empañarse; ***I bought this special spray to stop the windscreen misting up***, He comprado este aerosol especial para que no se empañe el parabrisas; ***The heat and humidity misted my spectacles up***, Las gafas se me empañaron a causa del calor y la humedad.

SYNONYMS: steam up; fog up.

2 empañarse de lágrimas, cubrirse de lágrimas: ***His eyes mist over every time someone mentions her***, Se le empañan los ojos cada vez que alguien la menciona.

SEE ALSO: fill up; well up; cloud over.

mix [mɪks]
  mix in *vt sep*
    1 añadir *(y mezclar)*: ***When you've sifted the sugar and flour, mix the yeast and water in***, Cuando hayas tamizado el azúcar y la harina, añade la levadura y el agua.
      SEE ALSO: add in; blend in.
    2 mezclarse, alternar, relacionarse: ***Why don't you mix in a bit with the others and enjoy yourself?***, ¿Por qué no te relacionas un poco con los otros y te lo pasas bien?
      SYNONYMS: join in; muck in *(informal)*; pitch in *(informal)*; participate.
      ANTONYMS: stand apart; shy away.
  mix into *vt sep* mezclar con algo, añadir a algo: ***Mix the eggs and sugar into the flour using a wooden spoon***, Mezcle los huevos y el azúcar con la harina usando una cuchara de madera.
  mix up *vt sep*
    1 confundir con alguien: ***I always mix him up with his brother, they're twins you see***, Siempre lo confundo con su hermano, es que son gemelos ¿sabes?; ***I've known them for years, but I still sometimes get them mixed up***, Los conozco desde hace años, pero a veces todavía los confundo.
      SYNONYMS: muddle up.
      SEE ALSO: mistake for.
    2 mezclar, liar: ***Your papers fell on the floor, and I may have mixed them up in retrieving them***, Tus papeles se cayeron al suelo, y puede que los haya mezclado al recogerlos.
      SYNONYMS: muddle up; jumble up.
    3 mezclar, preparar *(una mezcla, un combinado, etc)*: ***Mix up another load of concrete***, Mezcla otra carga de hormigón; ***She mixed up a salt and lemon solution***, Preparó una solución a base de sal y limón.
      SYNONYMS: prepare.
  mix up in *vt sep* involucrar en algo, implicar en algo: ***He got mixed up in some kind of scandal and lost his job***, Se vio involucrado en algún escándalo y perdió su trabajo.
  mix up with *vt insep* mezclarse con alguien, liarse con alguien, enredarse con alguien: involucrarse en algo, meterse en algo: ***She got herself mixed up with a drug smuggling ring***, Se involucró en una red de narcotraficantes; ***I don't know how he got mixed up with such a common woman***, No sé cómo se enredó con una mujer tan vulgar.
  mix with *vt sep* (**to mix it with somebody**) *(slang)* meterse con alguien, buscar camorra con alguien, llegar a las manos con alguien: ***They all know better than to mix it with Ray***, Todos saben muy bien que no deben meterse con Ray.
    SEE ALSO: mess with.

model ['mɒdəl] modelling, modelled, modelled (In American English the final consonant does not double: **modeling, modeled, modeled**)
  model on *vt sep*
    1 basarse en algo, inspirarse en algo: ***The structure of degree courses here is modelled on the American universities***, Aquí la estructura de las licenciaturas se basa en la de las universidades americanas.
      SYNONYMS: base on; found on.
    2 tomar a alguien como modelo, imitar el modelo de alguien: ***I've tried to be an orig-***

molder ['məʊldr] see **moulder**.

monkey ['mʌŋkɪ]
monkey about or **monkey around** *vi (informal)* hacer tonterías, hacer el tonto: *He should spend more time working and less time monkeying around on that bike*, Debería pasar más tiempo trabajando y menos tiempo haciendo el tonto en esa bici.
SYNONYMS: fool about *(informal)*; lark about *(informal)*.

monkey about with or **monkey around with** *vt insep (informal)* juguetear con algo, hacer el tonto con algo, tontear con algo: *Stop monkeying about with those matches before you set the house on fire*, Deja de hacer el tonto con esas cerillas o le prenderás fuego a la casa; *I hear he's been monkeying around with some married woman twenty years older than him*, He oído que ha estado tonteando con una mujer casada veinte años mayor que él.
SYNONYMS: fool about with *(informal)*; mess about with *(informal)*; play about with.

mooch [muːtʃ]
mooch about or **mooch around** *vt insep* vaguear, rondar, danzar, dar vueltas por algún sitio: *She mooched about the house in her nightie, not knowing what to do with herself*, Daba vueltas por la casa en camisón, sin saber qué hacer; *There were some youths just mooching around outside the pub, waiting for something to happen*, Había algunos jóvenes rondando a la puerta del pub, esperando que pasara algo.
SYNONYMS: hang about; idle about.

moon [muːn]
moon about or **moon around** *vi* vagar, rondar, danzar, dar vueltas por algún sitio *(con pena)*, quedarse mirando a las musarañas: *I don't think I could face another weekend of Tom mooning about the house*, No creo que pudiera aguantar otro fin de semana viendo a Tom dar vueltas por la casa como un alma en pena; *Ever since Rob left her she's just mooned around*, Desde que Rob la dejó no ha hecho más que vagar como un alma en pena.
SYNONYMS: mope about.

moon over *vt insep* mirar a alguien con amor, suspirar por alguien: *She's up in her room mooning over some boy at school*, Está arriba en su habitación con la cabeza en la luna por algún chico del colegio.
SEE ALSO: swoon over.

mop [mɒp] mopping, mopped, mopped
mop up *vt sep*
1 secar, fregar, pasar la fregona por algún sitio: *Mop that wine up before it stains the table*, Seca ese vino antes de que manche la mesa; *The washing-machine leaked and I've spent all morning mopping up water off the floor*, Se salía el agua de la lavadora y me he pasado toda la mañana recogiendo agua del suelo.
SYNONYMS: wipe up *(informal)*.
2 acabar con alguien: *The Russians entered Berlin and mopped up what resistance*

mope about

they met within hours, Los rusos entraron en Berlín y en cuestión de horas redujeron a los que aún oponían resistencia.

mope [məʊp]
mope about or **mope around** *vi* andar con cara triste, estar abatido: *Moping around in the garden all morning isn't going to solve the problem*, Pasarte toda la mañana en el jardín como un alma en pena no va a resolver el problema.
SYNONYMS: moon about.

moulder ['məʊldə'] (In American English the spelling is **molder**)
moulder away *vi* pudrirse: *A few bits of salad were mouldering away at the back of the fridge*, Había restos de ensalada pudriéndose en el fondo de la nevera; *She had a vision of herself mouldering away in some dark corner of local government*, Se veía a sí misma pudriéndose en algún oscuro rincón del gobierno municipal.
SYNONYMS: rot away.

mount [maʊnt]
mount up *vi* acumularse, amontonarse: *If you save a little every month, it soon mounts up, you know*, Si ahorras un poco cada mes no tarda en acumularse, ¿sabes?
SYNONYMS: build up; grow.

mouth [maʊθ]
mouth off *vi (informal)* despotricar *(de algo/alguien)*: *I wasn't staying to listen to her mouthing off about the health service again*, No pensaba quedarme para escuchar cómo volvía a despotricar sobre los servicios sanitarios.

move [muːv]
move about or **move around**
1 *vi* moverse, andar: *I could hear someone moving about upstairs*, Podía oír a alguien merodeando arriba; *He's one of those players who move around the court at lightning speed*, Es uno de esos jugadores que se desplazan por la pista a la velocidad del rayo.
2 *vi* cambiar de sitio, ir de un sitio a otro: *She was fed up moving about and wanted to buy a house and settle down*, Estaba harta de trasladarse de un sitio a otro y quería comprar una casa para asentarse; *I like to move around and I never stay in the same job for more than three months*, Me gusta ir de un sitio a otro, y nunca permanezco en el mismo trabajo más de tres meses.
3 *vt sep* mover, cambiar de sitio, trasladar a otro sitio: *She's never stopped moving the furniture around since she read that book on Feng Shui*, No ha parado de cambiar los muebles de sitio desde que leyó aquel libro sobre Feng Shui.
4 *vt sep* cambiar de departamento a alguien, trasladar a alguien: *The company likes to move its employees around so they get experience of working in different departments*, A la empresa le gusta cambiar de puesto a sus empleados para que adquieran la experiencia de trabajar en departamentos diferentes.

move ahead *vi* avanzar, seguir adelante: *If the peace process is to move ahead, we must all work together*, Si el proceso de paz ha de seguir adelante, hemos de colaborar todos.

move along
1 *vt sep - vi* hacer circular; circular: *The gathering crowds were moved along by*

police, La policía hizo circular a la multitud que se estaba congregando; *Move along, please, there's nothing to see*, Circulen, por favor, no hay nada que ver.
SYNONYMS: move on.

2 *vi* correrse, hacerse a un lado: *If we all move along a bit there would be room for another one on the end*, Si todos nos corriésemos un poco habría espacio suficiente al final para otra persona.
SEE ALSO: move up.

3 *vi* avanzar, adelantar: *They're moving along quite quickly with the new library, it'll be finished for Easter*, Avanzan muy deprisa con la biblioteca nueva, estará acabada para Semana Santa.
SEE ALSO: come along.

move around *vi* see **move about** and **move round**.

move away

1 *vt sep* apartar, alejar: *Move away from the door and keep your hands in the air*, Apártese de la puerta y mantenga las manos en alto; *She went to grab me but I moved my arm away*, Iba a cogerme pero aparté el brazo.
SEE ALSO: slip away.

2 *vi* mudarse *(de sitio)*, marcharse, irse a vivir a otro sitio: *The kids' best pals have moved away and they say they have nobody to play with*, Los mejores amigos de los niños se han mudado y dicen que no tienen con quién jugar.

move away from *vt insep* apartarse de algo, rechazar algo: *Doctors are moving away from the belief that the disease is hereditary*, Los médicos están empezando a rechazar la opinión de que la enfermedad es hereditaria.
ANTONYMS: move towards.

move down *vt sep*

1 bajar; bajar por algún sitio, descender por algún sitio: *If we moved these books down a couple of shelves, the children could reach them*, Si pusiéramos estos libros un par de estantes más abajo los niños podrían llegar a ellos; *As winter approaches, the flocks move down the side of the mountain to the shelter of the valley*, A medida que se aproxima el invierno los rebaños bajan por la ladera de la montaña para resguardarse en el valle.

2 descender, bajar *(a algún sitio o a una posición inferior)*: *Everton have moved down to fourth place, behind Manchester United*, El Everton ha descendido a la cuarta posición, detrás del Manchester United; *She had very poor exam results in second year and was moved down a class*, Obtuvo unos resultados muy malos en los exámenes de segundo y la pasaron a un curso inferior.

3 mudarse a algún sitio, trasladarse a algún sitio: *If she gets the new job, she'll have to move down to London*, Si consigue el trabajo nuevo, tendrá que trasladarse a Londres.

4 bajar, disminuir, descender: *Oil prices have moved steadily down since the May crisis*, Los precios del petróleo han bajado sin parar desde la crisis de mayo.
SYNONYMS: come down; go down; fall.

move in *vi*

1 mudarse, instalarse: *We get the keys on Friday and will begin moving in at the weekend*, Nos dan las llaves el viernes y empezaremos a instalarnos el fin de semana.
ANTONYMS: move out.
SEE ALSO: settle in.

2 irse a vivir con alguien, instalarse con alguien: *Then she told us her boyfriend wanted to move in with her*, Y entonces nos dijo que su novio quería irse a vivir con ella.

move in on

3 llegar a algún sitio, introducirse en algún sitio: *The order was given and officers with riot shields moved in*, Dieron la orden y llegaron los agentes con escudos antidisturbios; *Interviewers like Humphries soften you up a bit before they move in for the kill*, Los entrevistadores como Humphries minan un poco tus defensas antes de entrar a matar.

move in on *vt insep* avanzar sobre alguien, abalanzarse sobre alguien: *The enemy moved in on us from all sides*, El enemigo avanzó sobre nosotros por todos lados; *Rival dealers moved in on each other's territory*, Los traficantes rivales invadieron sus territorios respectivos.
SYNONYMS: close in.

move into *vt insep*

1 mudarse a algún sitio, irse a vivir a algún sitio, llegar nuevo a algún sitio: *A young couple with three kids have moved into the street*, Una pareja joven con tres niños se ha venido a vivir a esta calle; *Have you seen the man who's moved in next door?*, ¿Has visto al hombre que se ha mudado a la casa de al lado?
ANTONYMS: move out.

2 pasar de un sitio a otro, cambiar a algún sitio, trasladar a algún sitio: *We could move the washer out of the kitchen into the utility room*, Podríamos sacar la lavadora de la cocina y ponerla en el lavadero; *The threat of war increased as India moved more troops into Kashmir*, La amenaza de guerra aumentaba a medida que la India trasladaba más tropas a Cachemira.

3 dedicarse a *(una actividad distinta)*: *I gradually moved out of teaching into translating*, Fui dejando paulatinamente la enseñanza para dedicarme cada vez más a la traducción; *They've stopped making hardware and moved into the software business*, Han dejado de fabricar hardware y ahora se dedican al software.

4 llegar a algún sitio: *Mounted police moved into the square to disperse the crowds*, La policía montada llegó a la plaza para dispersar a la multitud.

move in together *vi* irse a vivir juntos: *Sue and her boyfriend have decided to move in together*, Sue y su novio han decidido irse a vivir juntos.

move off *vi* ponerse en marcha, irse: *The bus moved off before Laura had got on and she fell and broke her leg*, El autobús se puso en marcha antes de que Laura hubiera subido y al caerse se rompió una pierna.
SEE ALSO: set off.

move on

1 *vi* cambiar; seguir *(su camino, una trayectoria)*; avanzar: *She soon got bored in any job and wanted to move on*, No tardaba en aburrirle cualquier empleo y quería trabajar en otra cosa; *We stayed in Orange for three days and then moved on down the coast to Montpelier*, Nos quedamos tres días en Orange y después seguimos viajando por la costa hasta Montpelier.
SEE ALSO: carry on; go on.

2 *vi* pasar de una cosa a otra, cambiar de actividad: *Well, I think we've dealt with that matter, so let's move on to the next topic on the agenda*, Bien, creo que ya hemos tratado este tema suficientemente, así que pasemos al siguiente asunto del orden del día.
SYNONYMS: go on.

3 *vt sep* hacer circular, obligar a marcharse: *A bloke in a uniform said we had to move on*, Un tipo de uniforme dijo que teníamos que circular.
SYNONYMS: move along.

4 *vi* ascender a otra posición, cambiar a algo mejor: *If he does well, they might move him on to a managament position*, Si lo hace bien podrían ascenderlo a un puesto directivo; *He moved on from a late-night slot on local radio to his own show on*

national radio, De estar en la franja nocturna en la radio local pasó a tener su propio programa en la radio nacional.

Synonyms: progress.

5 *vi* avanzar, modernizarse: ***Surgical techniques have moved on astonishingly fast in the last five years***, Las técnicas quirúrgicas han avanzado a una velocidad asombrosa en los últimos cinco años.

6 *vi* pasar *(el tiempo)*: ***We'd better book the wedding reception soon, time is moving on***, Será mejor que reservemos pronto el sitio para el banquete de boda, el tiempo pasa.

move out *vt sep*

1 mudarse de algún sitio, irse de algún sitio: ***We're moving out of the flat in April***, Dejamos el piso en abril; ***They've moved out of this area***, Se han ido de esta zona.

2 retirar, trasladar a otro sitio: ***India will not move its troops out of the area until the threat of war subsides***, La India no retirará sus tropas de la zona hasta que disminuya la amenaza de guerra; ***Local residents were moved out of their homes as the fire spread***, Desalojaron a los vecinos de sus casas a medida que se extendía el fuego.

3 dejar una actividad, cambiar de actividad, pasar a hacer otra actividad: ***It seemed prudent at the time to move out of sheet metal products altogether***, En aquel momento pareció prudente dejar del todo los productos de metal laminado; ***It was certainly a risk, going into the market at a time when all the big companies were moving out***, Introducirse en el mercado en un momento en que todas las grandes empresas lo abandonaban fue realmente arriesgado.

Antonyms: move in; move into.

move over *vi*

1 moverse sobre algo *(una superficie, la Luna, etc.)*: ***We watched the shadows moving slowly over the hills***, Contemplamos las sombras que se movían lentamente sobre las colinas; ***Clouds moved over the Moon and it became pitch dark***, Las nubes taparon la Luna y se hizo noche cerrada.

2 correrse, hacerse a un lado: ***Move over a bit, I'm falling off the edge of the bench***, Córrete un poco, que me estoy cayendo del borde del banco.

See also: move along; move up.

3 apartarse, irse, retirarse: ***It's time for the old boys like me to move over and make way for younger players***, Ya es hora de que los viejos como yo nos vayamos y cedamos el paso a jugadores más jóvenes.

Synonyms: step aside; step down.

move over to *vt sep* (to move over to *something*; move *somebody* over to *something*) cambiar de algo, hacer cambiar a alguien de algo: ***We are considering moving over to the metric system used by our European partners***, Estamos pensando en cambiar al sistema métrico que emplean nuestros colegas europeos.

move towards *vt insep* acercarse a algo: ***They're moving towards the French position on nuclear testing***, Están acercándose a la posición de Francia con respecto a las pruebas nucleares; ***We seem to be moving towards a solution of the oil crisis***, Parece que nos estamos acercando a una solución para la crisis del petróleo (American speakers of English usually use **toward** instead of **towards**).

Antonyms: move away from.

move up *vt sep*

1 correrse, arrimarse: ***Move up a bit and make room for me to sit down***, Córrete un poco y hazme sitio para que me pueda sentar.

See also: move over; move along.

mow down

2 ascender, pasar a una posición superior: *He moves up to the senior school next term*, El próximo trimestre pasa al instituto; *You'll get more homework when you move up to year 9*, Tendrás más deberes cuando vayas a noveno.

3 subir, ascender: *The euro has moved up half a cent against the dollar*, El euro ha subido medio céntimo respecto al dólar.

4 trasladar a una posición superior, ascender de nivel: *Pakistan has moved more troops up to the border*, Pakistán ha trasladado más tropas a la frontera.

mow [məʊ] mowing, mowed, mown or mowed

mow down *vt sep* acabar con alguien, barrer a alguien, abatir a tiros a alguien: *Most of the troops were mowed down before they had even reached the German wire*, Abatieron a casi todas las compañías antes de que hubieran llegado siquiera a las alambradas alemanas.

SYNONYMS: cut down; slaughter; massacre.

muck [mʌk]

muck about or **muck around** *(informal)*

1 *vi* hacer el tonto, perder el tiempo: *He got told off by the teacher for mucking about in class*, El maestro le riñó por hacer el tonto en clase.

SYNONYMS: mess about *(informal)*; fool about *(informal)*.

2 *vt sep* joder, fastidiar: *He feels the company's mucked him about enough already*, Piensa que la empresa ya le ha fastidiado bastante.

SYNONYMS: mess about.

muck about with or **muck around with** *vt insep* juguetear con, tocar, entretenerse con: *Why did you have to muck about with it, couldn't you just leave it as it was?*, ¿Por qué tuviste que tocarlo, no lo pudiste dejar tal como estaba?; *Have you been mucking about with my computer again?*, ¿Me has vuelto a tocar el ordenador?

muck in *vi (informal)* arrimar el hombro, ponerse con algo: *If everyone mucks in we can get the job finished today*, Si todos arriman el hombro podemos acabar hoy el trabajo.

SEE ALSO: chip in; pitch in.

muck out *vt sep* limpiar, quitar la suciedad de algún sitio: *I hate mucking out the pigs, it's a filthy job*, Odio limpiar la pocilga, es un trabajo asqueroso; *One of the lads from the village comes in at weekends to muck the stables out*, Uno de los chicos del pueblo viene los fines de semana para limpiar los establos.

muck up *vt sep (informal)*

1 echar a perder, joder: *She thinks she's mucked up her exams*, Piensa que ha metido la pata en los exámenes.

SYNONYMS: mess up *(informal)*; foul up *(informal)*; cock up *(vulgar slang)*.

2 ensuciar, enguarrar: *Watch what you're doing, you'll muck up my dress*, Cuidado con lo que haces o me pondrás perdido el vestido.

muddle ['mʌdəl]

muddle along *vi* arreglárselas, ir tirando: *We can't go on like this, muddling along from one crisis to the next*, No podemos seguir así, a salto de mata de una crisis a la siguiente.

muddle through *vi* conseguir salir adelante, arreglárselas de algún modo: *Things will be difficult, I admit, but we'll muddle through somehow*, Admito que tendremos dificultades, pero ya nos las arreglaremos de alguna manera.

muddle up *vt sep*
1 confundir: ***They're almost identical twins, so it's understandable that people keep muddling them up***, Como son gemelos casi idénticos es comprensible que la gente esté siempre confundiéndolos.
   SYNONYMS: mix up.
   SEE ALSO: mistake for.
2 confundir, mezclar equivocadamente: ***We muddle names and faces up and the contestants have to match them up again***, Mezclamos los nombres y las caras y los concursantes tienen que emparejarlos de nuevo.
   SYNONYMS: jumble up.

muffle ['mʌfəl]
muffle up *vt sep* tapar la boca, abrigar *(hasta arriba)*: ***Even on hot days, she keeps the kids muffled up in cardigans and hats***, Incluso cuando hace calor lleva a los niños abrigados con chaquetas de punto y gorros.
   SYNONYMS: wrap up.
   SEE ALSO: cover up.

mug [mʌg] mugging, mugged, mugged
mug up or **mug up on** *vt insep (informal)* empollar, empollarse: ***I spent the week before the test mugging up my Highway Code***, Me pasé la semana antes del examen empollando el Código de la Circulación; ***It's a good idea to mug up a bit on the company before you go for your interview***, Es buena idea mirar algo sobre la empresa antes de ir a la entrevista.
   SYNONYMS: swot up.

mull [mʌl]
mull over *vt sep* reflexionar sobre algo, rumiar sobre algo: ***I sat down to mull over what she had said***, Me senté para reflexionar sobre lo que había dicho.

muscle ['mʌsəl]
muscle in *vi* abrirse camino a la fuerza *(en algún sitio)*: ***More and more companies are trying to muscle in on this lucrative market***, Cada vez hay más empresas que intentan introducirse a la fuerza en este mercado tan lucrativo.
   SYNONYMS: interfere in; butt in.
muscle out *vt sep* echar a la fuerza *(de algún sitio)*: ***Colleagues she had trusted muscled her out of the chairmanship when they heard the news***, Colegas en los que había confiado la forzaron a abandonar la presidencia cuando se enteraron de la noticia.

muss [mʌs]
muss up *vt sep (informal)* despeinar *(el pelo)*, arrugar *(la ropa)*: ***She didn't go out into the garden in case the wind mussed her new hairdo up***, No salió al jardín por si el viento le deshacía el nuevo peinado.

muster ['mʌstər]
muster up *vt sep* hacer acopio de algo, armarse *(de valor)*: ***I was hoping I would be able to muster up enough courage to tell her what I really thought***, Esperaba poder hacer acopio del valor suficiente para decirle lo que pensaba realmente.
   SYNONYMS: summon up.

muster into vt insep AmE alistarse en algo: *He mustered into the 6th Cavalry and was posted to Fort Leavenworth*, Se alistó a la Sexta Caballería y lo enviaron a Fort Leavenworth.

muster out vi AmE licenciarse, abandonar el ejército: *After the war, he mustered out and took a job in television*, Después de la guerra se licenció y aceptó un empleo en televisión.

naff [næf]

naff off vi *(informal)* irse a la porra, irse a tomar por saco: *Why don't you just naff off and leave us alone?*, ¿Por qué no te vas a la porra y nos dejas tranquilos?; *No-one seemed to want me there so I just naffed off*, Nadie parecía quererme allí, así que me largué.

SEE ALSO: sod off; piss off.

nag [næg] nagging, nagged, nagged

nag at vt insep

1 dar la lata a alguien, criticar a alguien: *She's been nagging at me for months to fix the lock on the toilet door*, Me ha estado dando la lata durante meses para que arregle el cerrojo de la puerta del baño.

SYNONYMS: go on at *(informal)*; keep on at; harp on.

2 remorder, molestar: *The suspicion went on nagging at me until I just had to talk to someone about it*, La sospecha me fue reconcomiendo hasta que tuve que hablarlo con alguien; *A dull pain nagged at him and made him especially irritable*, Tenía un dolor persistente que le hacía estar especialmente irritable.

nail [neɪl]

nail down vt sep

1 clavar, fijar con clavos: *They nailed the carpet down so that nobody would trip over it*, Clavaron la alfombra para que nadie tropezara con ella; *They'll steal anything that isn't nailed down*, Robarán cualquier cosa que no esté fijada con clavos.

2 localizar a alguien, pillar a alguien: *Eventually, after chasing around for three days we managed to nail him down in the Newcastle office*, Finalmente, después de dar vueltas por todas partes durante tres días conseguimos localizarlo en la oficina de Newcastle; *Don't let the minister off the hook, nail him down and make him answer the question directly*, No dejes que el ministro se escabulla, acorrálalo y haz que responda directamente a la pregunta.

SYNONYMS: pin down.

3 *(informal)* concretar, precisar: *There's something odd about Joe, but it's difficult to nail down precisely what it is*, Encuentro algo raro en Joe, pero es difícil precisar exactamente el qué.

SYNONYMS: pin down.

nail up vt sep

1 clavar, sujetar con clavos: *On 21 October 1517, Martin Luther nailed up his Ninety Five Articles of Religion on the door of Wittenberg Cathedral*, El 21 de octubre de 1517 Martín Lutero clavó sus 95 tesis en la puerta de la catedral de Wittenberg.

2 sellar con clavos, clavar: *The shutters had been nailed up long ago and the room was dark and airless*, Hacía mucho que habían clavado los postigos y la habitación estaba a oscuras y mal ventilada.

name [neɪm]

name after *vt sep* llamar a *(un niño)* como alguien, poner a *(un niño)* el nombre de alguien: ***They named the baby after her grandmother***, A la niña la llamaron como su abuela; ***Peter is named after his maternal grandfather***, A Peter le pusieron el nombre de su abuelo materno; ***Thrushcross Grange is named after the mansion in Wuthering Heights***, Thrushcross Grange lleva el nombre de la mansión que sale en Cumbres borrascosas.
SYNONYMS: call after.

name for *vt sep* llamar a *(un niño)* como alguien, poner a *(un niño)* el nombre de alguien: ***He was named for John Edward Grant, his maternal grandfather***, Lo llamaron como John Edward Grant, su abuelo materno; ***The Hoover Dam, named for President Herbert Hoover, stands on the Colorado River in Arizona***, La presa Hoover, bautizada así en honor al Presidente Herbert Hoover, está situada en el río Colorado en Arizona.

narrow ['hærəʊ]

narrow down *vt sep* reducir una cantidad a algo, limitar a algo un número de posibilidades: ***The police have narrowed down the number of possible suspects to two***, La policía ha reducido a dos el número de posibles sospechosos; ***This one is too expensive, and this one is shoddy-looking. That narrows the choice down a bit***, Éste es demasiado caro, y éste parece de baja calidad. Esto reduce el número de posibilidades.
SYNONYMS: restrict.

nestle ['nesəl]

nestle up to *vt insep* acurrucarse junto a alguien, arrimarse a alguien: ***The puppies nestled up to their mother's warm body***, Los cachorros se acurrucaron junto al cuerpo caliente de su madre; ***She put her head on his shoulder and nestled up close to him***, Puso la cabeza en su hombro y se acurrucó junto a él.
SYNONYMS: cuddle up; snuggle up.

nibble ['nɪbəl]

nibble at *vt insep*
1 mordisquear, picar: ***I looked in the cupboard and there was a mouse nibbling at a piece of cheese***, Miré en la despensa y había un ratón mordisqueando un trozo de queso.
2 picar de algo, dar bocaditos a algo: ***She nibbled unenthusiastically at a dry biscuit***, Mordisqueaba una galleta seca sin muchas ganas.
SYNONYMS: peck at; pick at.

nip [nɪp] nipping, nipped, nipped

nip off *vi (informal)* largarse, hacer una escapada, escabullirse: ***They're nipping off to Paris for the weekend, leaving the children with the nanny***, Van a hacer una escapada a París el fin de semana y dejan a los niños con la niñera; ***The little devil nipped off as soon as my back was turned***, El diablillo se escabuyó nada más darme yo la espalda.

nip out *vi (informal)* salir un momento, hacer una escapada: ***Fred isn't here, he's just nipped out for a moment***, Fred no está aquí, ha salido un momento; ***I'm just nipping out to the chemist for a bottle of shampoo***, Salgo un momento a la farmacia a por un frasco de champú.
SYNONYMS: pop out.

nod off

nod [nɒd] nodding, nodded, nodded
  nod off *vi (informal)* quedarse dormido, echar un sueñecito, dar una cabezada: ***Would you like to lie down, Mary? You were just about to nod off there***, ¿Quieres tumbarte, Mary? Estabas a punto de quedarte dormida ahí; ***Grandad often nods off in his armchair after lunch***, El abuelo suele dar una cabezada en el sillón después de comer.
  SYNONYMS: doze off; drop off *(informal)*.

nose [nəʊz]
  nose about or **nose around** *vi (informal)* fisgonear, curiosear, olisquear: ***There's someone I don't know nosing about in the lane***, Hay alguien que no conozco fisgoneando en el callejón; ***There was a private detective nosing around yesterday, he asked about you***, Un detective privado que estuvo fisgoneando ayer por aquí preguntó por ti.
  SYNONYMS: poke about; snoop.
  nose out *vt sep*
   1 descubrir, conseguir sacar a la luz algo: ***It's guaranteed that some journalist will nose out what we've been doing***, Te garantizo que algún periodista averiguará lo que hemos estado haciendo.
   SYNONYMS: root out; smell out; sniff out; uncover.
   2 arrebatar, quitar: ***The Frenchman just nosed our runner out of first place***, El francés le arrebató el primer puesto a nuestro corredor por muy poco.
   SYNONYMS: root out; smell out; sniff out; uncover.
   3 BRE *(informal)* salir despacio *(con el coche)*: ***It's a busy road, so nose out slowly, you don't want to cause an accident***, En esta calle hay mucho tráfico, así que sal muy despacio, no sea que provoques un accidente.
  nose round *vi* see **nose about**.

notch [nɒtʃ]
  notch up *vt sep (informal)* apuntarse, anotarse: ***The England rugby team have notched up their third successive win on their tour of Australia***, El equipo de rugby de Inglaterra se anotó su tercera victoria consecutiva en su gira por Australia.
  SYNONYMS: chalk up *(informal)*; rack up *(informal)*; attain *(formal)*.

note [nəʊt]
  note down *vt sep* apuntar, anotar, coger: ***A couple of journalists were following him, noting down everything he said***, Le seguían un par de periodistas, anotando todo lo que decía; ***Did you manage to note down the registration number of the car?***, ¿Conseguiste apuntar la matrícula del coche?; ***Are you noting this down?***, ¿Estás apuntando esto?
  SYNONYMS: jot down; take down; write down.

number ['nʌmbəʳ]
  number among *vt sep* contar algo/a alguien entre un grupo de cosas/personas: ***I number Joseph among my most intimate friends***, Cuento a Joseph entre mis amigos más íntimos; ***He numbers among the best doctors in the country***, Figura entre los mejores médicos del país.
  SYNONYMS: count among.

nurse [nɜːs]
nurse through *vt sep* cuidar a alguien, atender a alguien durante una enfermedad: *She stayed by his side and nursed him through his illness*, Se quedó a su lado y lo cuidó durante toda su enfermedad.

object [ɒbˈdʒekt]
object to *vt insep* poner objeciones a algo, oponerse a algo: *Local residents objected to the new airport, but it was built anyway*, Los vecinos se oponían al aeropuerto nuevo, pero lo construyeron de todos modos; *I object to people smoking in this office, it's most annoying*, No me gusta que la gente fume en esta oficina, es muy molesto.

oblige [əˈblaɪdʒ]
oblige with *vt sep (rather old)* hacer el favor de darle algo a alguien: *Please be good enough to oblige me with an immediate response to this letter*, Le ruego tenga la amabilidad de responder inmediatamente a esta carta.

occur [əˈkɜːʳ] occurring, occurred, occurred
occur to *vt insep* ocurrírsele a alguien: *Then a brilliant idea suddenly occurred to me*, Entonces se me ocurrió de repente una idea genial; *It never occurred to me that she might be offended*, Nunca se me ocurrió que pudiera ofenderse.

offer [ˈɒfəʳ]
offer up *vt sep*
1 ofrecer: *Lord, we offer up this prayer to Thee*, Señor, te ofrecemos esta oración.
2 ofrecer, servir: *It was alleged that the restaurant was offering up dog meat to its customers pretending that it was beef*, Se decía que el restaurante ofrecía carne de perro a sus clientes haciéndola pasar por ternera.

open [ˈəʊpən]
open into *vt insep* dar a algún sitio, comunicar con algún sitio: *The dining room and sitting room open into each other*, El comedor y el salón se comunican; *There was also a glass door which opened into the garden*, También había una puerta de cristal que daba al jardín.

open off *vt sep* dar a algún sitio: *We walked down a long, dark corridor with cell-like rooms opening off it*, Fuimos por un pasillo largo y oscuro con habitaciones como celdas a ambos lados.

open onto *vt insep* dar a algún sitio: *A central corridor opened onto bedrooms on one side, and a sitting room and dining room on the other*, Había un pasillo central con dormitorios a un lado y una sala de estar y comedor al otro; *The windows of the little room opened onto the garden*, Las ventanas de la habitación pequeña daban al jardín.
   SYNONYMS: give onto.

open out
1 *vt sep* desplegar, desdoblar, extender, abrir: *He took out a folded sheet of paper, opened it out, and smoothed it flat on the table*, Cogió una hoja de papel doblada, la desdobló, y la aplanó sobre la mesa; *Opening out the map, he tried to discover exactly where he was*, Desplegó el mapa e intentó averiguar dónde estaba exactamente.

open up

2 *vi* abrirse: ***The buds had formed, but for some reason they didn't open out***, Los capullos se habían formado, pero por alguna razón no se abrieron.

3 *vi* extenderse, abrirse: ***Below the town the valley opens out into a large alluvial plain***, Por debajo del pueblo el valle se abre a una gran planicie aluvial; ***He saw that the passageway opened out into a large courtyard***, Vio que el pasaje se abría a un gran patio.

4 *vi* extenderse: ***It's worth taking the funicular railway just to experience the journey and marvel at the views opening out below***, Merece la pena coger el funicular sólo para disfrutar del viaje y maravillarse ante las vistas que se extienden hacia abajo; ***A new life opened out in front of him***, Ante él, se abría una nueva vida.

5 *vi* abrirse, confiarse desvelar alguien sus secretos: ***After some hesitation, she opened out and told us a bit more about her life in the secret service***, Después de dudar un poco, se abrió y nos contó alguna cosa más acerca de su vida en el servicio secreto.

SYNONYMS: open up.

open up

1 *vt sep* abrir la puerta de algo: ***The servants went on ahead to open up the house***, Los criados se adelantaron para abrir la puerta de la casa; ***Open up, in the name of the Law!***, ¡Abran, en nombre de la ley!

2 *vi* abrir: ***She's opening up a hairdresser's in the High Street***, Va a abrir una peluquería en la calle principal; ***Have you seen that new restaurant that's opened up in George Street?***, ¿Has visto ese restaurante nuevo que han abierto en la calle George?; ***Although it was very early, several shops had already opened up***, Aunque era muy temprano varias tiendas ya habían abierto.

3 *vt sep* abrir: ***Using a rusty old key, he opened up the trunk and took out a map***, Abrió el baúl con una vieja llave oxidada y sacó un mapa; ***John opened up the car boot to remove his luggage***, John abrió el maletero del coche para sacar su equipaje.

4 *vt sep* abrir, despejar: ***They've opened up a footpath along the side of the golf course***, Han abierto un sendero que bordea el campo de golf.

5 *vt sep* abrir, hacer accesible: ***One of the company's main objectives is to open up new markets like China***, Uno de los objetivos principales de la empresa consiste en abrirse nuevos mercados como China; ***Thomas Cook opened up the world to men and women who had never dreamed of travelling before***, Thomas Cook puso el mundo al alcance de hombres y mujeres que nunca antes habían soñado con viajar; ***The railway opened up the West to settlers from the east***, El ferrocarril abrió el Oeste a los colonos del este.

6 *vt sep - vi* ofrecer, crear; presentarse, crearse: ***The value of the course was in the career opportunities it opened up***, El curso valía la pena por las oportunidades profesionales que ofrecía; ***Moving to Boston has opened up all sorts of opportunities for me***, Mudarme a Boston me ha abierto todo tipo de oportunidades.

7 *vt sep* estar abierto a algo, exponerse a algo: ***He never asks girls out because he doesn't want to open himself up to rejection***, Nunca pide de salir a ninguna chica porque no quiere exponerse a que lo rechacen; ***Be careful! You may be opening yourself up to ridicule, or even worse***, ¡Cuidado! Puede que te expongas a hacer el ridículo, o aún peor.

8 *vi (informal)* abrirse: ***We had a couple of glasses of wine, and she opened up a little after that***, Nos tomamos un par de vasos de vino y después de eso se abrió un poco; ***My psychoanalyst helped me to open up***, Mi psicoanalista me ayudó a abrirme.

9 *vt sep (informal)* abrir: ***What worries me is that when the surgeon opens me up he***

might find something nasty, like a tumour, Lo que me preocupa es que, cuando el cirujano me abra, pueda encontrar algo feo, como un tumor.
SYNONYMS: cut open.

10 *vi (informal)* abrir fuego, empezar a disparar: *He burst through the doors and just opened up on innocent by-standers*, Salió de repente abriendo fuego contra varias personas inocentes que estaban allí; *The German guns then opened up and bombarded our positions*, Entonces los cañones alemanes abrieron fuego y bombardearon nuestras posiciones.
SYNONYMS: open fire.

11 *vt sep (informal)* acelerar a tope: *Once you get out on the motorway you can open her up and really see how she performs*, Una vez hayas entrado en la autopista puedes pisar el acelerador a fondo y verás cómo responde.

12 *vt sep - vi* agilizar, abrir el juego de algo: *That goal for Southampton has really opened this game up*, Ese gol del Southampton sí que ha agilizado el partido.

13 *vt sep* sacar ventaja de algo a alguien: *Cox has opened up a ten-metre lead over the pack*, Cox le ha sacado una ventaja de diez metros al pelotón.

operate ['ɒpəreɪt]

operate on *vt insep* operar a alguien: *It's much easier to operate on people if you give them a general anaesthetic*, Es mucho más fácil operar a alguien si le pones anestesia general; *Whether her foot is operated on or not, it will never be normal again*, Tanto si le operan el pie como si no, nunca volverá a ser normal.

opt [ɒpt]

opt for *vt insep* optar por algo, tomar la opción de algo, elegir algo: *They both opted for the steak and chips*, Los dos eligieron bistec con patatas fritas; *The American people opted for a return to isolationism*, El pueblo americano optó por volver al aislacionismo; *You can do a full-time course, or you can opt for one that is part-time*, Puedes hacer un curso a tiempo completo, o puedes optar por uno a tiempo parcial.
SYNONYMS: decide on; plump for; pick.

opt in *vi* optar por participar *(en un contrato)*: *The pension scheme is voluntary, but most employees have opted in*, El plan de pensiones es voluntario, pero la mayoría de los empleados han optado por él.

opt out *vi* optar por no participar en algo, optar por no hacer algo: *I've opted out of the company pension scheme, I prefer to invest in shares*, He optado por no participar en el plan de pensiones de la empresa, prefiero invertir en acciones.

order ['ɔːdəʳ]

order about or **order around** *vt sep* mangonear a alguien, dar órdenes a alguien: *She ordered her daughters about and made their lives miserable*, Mangoneaba a sus hijas y les amargaba la vida; *Stop ordering me about!*, ¡Deja de darme órdenes!
SYNONYMS: boss about; push around.

order off *vt sep* expulsar a alguien, decir a alguien que se vaya: *Peyton was ordered off in the second half after receiving his second yellow card*, Expulsaron a Peyton en la segunda parte, después de haberle mostrado la segunda tarjeta amarilla.
SYNONYMS: send off.

own [əʊn]

own to *vt insep (formal)* admitir algo, reconocer algo: *He owned to knowing her, but* *denied having an affair with her*, Admitió que la conocía, pero negó haber tenido una aventura con ella.

own up *vi* confesar: *Come on, own up. I know you did it*, Venga, admítelo. Sé que lo hiciste tú; *Nobody would own up to sealing the money*, Nadie confesó haber robado el dinero.

SYNONYMS: confess; come clean *(informal)*.

pace [peɪs]

pace off or **pace out** *vt sep* medir algo contando los pasos: *Pacing off about twenty metres, he made a mark in the sand with the heel of his boot*, Recorrió unos veinte metros contando los pasos que daba e hizo una marca en la arena con el tacón de la bota; *Peter paced out the length and breadth of the yard*, Peter midió en pasos la longitud y la anchura del patio.

pack [pæk]

pack away *vt sep* guardar *(empaquetado)*: *Any spare eggs are frozen and packed away in special containers*, Los huevos que sobran se congelan y se guardan en envases especiales.

SYNONYMS: put away.

pack in

1 *vt sep* apiñar un sitio, llenar al máximo algo: *She had so many clothes that she couldn't pack all of them into the suitcase*, Tenía tanta ropa que no podía meterla toda en la maleta; *The drugs were illegally packed into the hold as part of the cargo*, Metieron las drogas de forma ilegal en la bodega como parte de la carga; *Simmer the pears in the syrup and pack into sterilised jars*, Hierva las peras en almíbar a fuego lento y métalas en tarros esterilizados.

2 *vt sep* hacer muchas cosas en poco tiempo: *If you are well organized, you can pack a lot into a single weekend*, Si te organizas bien puedes hacer muchas cosas en un fin de semana.

3 *vt sep (informal)* tener lleno completo *(una función)*: *The show has been packing them in every week since it opened*, La función ha llenado cada semana desde que se estrenó.

4 *vt sep (informal)* dejar algo, dejar de hacer algo: *He packed his job in and went to live with some Indians in the jungle*, Dejó su trabajo y se fue a vivir con unos indios en la selva.

SYNONYMS: jack in *(informal)*; chuck in *(informal)*.

5 *vt sep* dejar algo, parar de hacer algo: *You'd better pack that nonsense in and start behaving yourselves*, Será mejor que dejéis de hacer tonterías y empecéis a comportaros; *Pack it in, will you? I can't concentrate!*, ¿Quieres parar? ¡No me puedo concentrar!

6 *vt sep (informal)* cortar con alguien: *"Are you still going out with Tracy?" "No, I packed her in last week"*, -¿Todavía sales con Tracy? -No, corté con ella la semana pasada.

SYNONYMS: finish with; chuck in *(informal)*.

7 *vi (informal)* estropearse, escacharrarse: *Don't tell me the generator's packed in again!*, ¡No me digas que el generador se ha escacharrado otra vez!; *It's not surprising that his liver packed in after thirty years of heavy drinking*, No me sorprende que se le fastidiara el hígado después de beber tanto durante treinta años.

SYNONYMS: pack up *(informal)*.

pack off *vt sep (informal)* despachar a alguien a algún sitio, mandar a alguien a algún sitio: *His parents packed him off to boarding school when he was only seven*, Sus padres lo mandaron a un internado cuando sólo tenía siete años; ***Under apartheid the government packed the black majority off to rural 'homelands' dotted around the country***, Bajo el apartheid el gobierno envió a la mayoría negra a reservas rurales dispersas por todo el país.

SYNONYMS: bundle off *(informal)*; send off; dispatch *(formal)*.

pack out *vt sep* abarrotar algún sitio, llenar hasta los topes algún sitio: ***When the Stones came to play, the hall was packed out every evening***, Cuando los Stones vinieron a tocar, la sala estaba llena hasta los topes cada noche; ***Thousands of fans packed the stadium out for the big game***, Miles de hinchas abarrotaban el estadio para ver el gran partido.

SYNONYMS: mob.

pack up

1 *vt sep* hacer la maleta, preparar el equipaje: ***I gave her a hand packing up her clothes***, La ayudé a meter la ropa en la maleta; ***She packed up her car as if she was about to go away for the weekend***, Llenó el maletero del coche como si fuera a irse de fin de semana.

2 *vi* recogerlo todo, recoger: ***I think it's time to pack up and go home***, Creo que es hora de recoger e irse a casa; ***"Are you coming for a quick drink?" "I'll just pack up my desk and I'll be right with you"***, -¿Vienes a tomar una copa? -Recojo mi escritorio y enseguida estoy contigo.

3 *vt sep (informal)* dejar de hacer algo: ***If I had a cough like that I'd pack up smoking right away!***, Si tuviera una tos como ésa, dejaría de fumar inmediatamente.

SYNONYMS: pack in *(informal)*.

4 *vi (informal)* estropearse, escacharrarse: ***Have you got a torch? This one's packed up***, ¿Tienes una linterna? Ésta está escacharrada; ***We're hoping he gets a transplant before his kidneys pack up completely***, Esperamos que reciba un trasplante antes de que sus riñones dejen de funcionar del todo.

SYNONYMS: pack in *(informal)*.

pad [pæd] padding, padded, padded

pad out *vt sep*

1 rellenar con algo: ***If you padded the shoulders out, the sleeves would hang better***, Si le pusieras hombreras, las mangas caerían mejor.

2 meter paja en algo: ***He padded his report out with a load of meaningless statistics***, Rellenó el informe con un montón de estadísticas que no querían decir nada.

ANTONYMS: cut down; condense; shorten.

paint [peɪnt]

paint in *vt sep* pintar algo: ***First I do the background, then I paint the details in***, Primero hago el fondo y después pinto los detalles.

paint out *vt sep* cubrir con una capa de pintura: ***One of the figures in the original version was painted out, either by the artist himself or someone else at a later date***, Una de las figuras de la versión original estaba tapada con pintura, o bien por el propio artista o por otra persona con fecha posterior.

paint over *vt insep* pintar sobre algo, volver a pintar sobre algo: ***I didn't strip the wallpaper off, I painted over it, it was easier***, No quité el papel, pinté por encima, así fue más fácil; ***I never clean the walls first, I just paint over the dirt***, Nunca limpio las paredes primero, simplemente pinto encima de lo sucio.

pair [peəʳ]

pair off vt sep emparejarse, formar parejas: *Soon everyone else had paired off and I was left alone*, Todos los demás no tardaron en emparejarse y yo me quedé sola; *My mother was always trying to pair me off with 'suitable' girls*, Mi madre siempre estaba intentando emparejarme con chicas 'apropiadas'.

pair up vi aparearse *(los animales)*, formar pareja con alguien: *Then the birds pair up and build a nest*, Y entonces los pájaros se aparean y hacen un nido; *Ronnie paired up with Joe for the men's doubles*, Ronnie formó pareja con Joe para los dobles masculinos.

pal [pæl] palling, palled, palled

pal around vi *(informal)* salir como amigos, ser amigos: *Wasn't she one of the girls you palled around with at school?*, ¿No era una de las chicas de las que eras amiga en el colegio?; *Who does your son pal around with?*, ¿Quiénes son los amigos de tu hijo?

pal up with vt insep *(informal)* hacerse amigo de alguien: *When he first went into the army, he palled up with a couple of Welsh lads*, Cuando se incorporó al ejército, se hizo amigo de un par de chicos galeses.
SYNONYMS: chum up with *(informal)*.

pall [pɔːl]

pall on vt insep *(formal)* dejar de gustar a alguien, cansar a alguien: *After a few days, even the stunning scenery was beginning to pall on him and he longed for the bustle of the city*, Después de unos pocos días, incluso el maravilloso paisaje ya no le impresionaba y echaba de menos el bullicio de la ciudad.

palm [pɑːm]

palm off vt sep *(informal, derogatory)*
1 endilgar algo a alguien, colar algo a alguien: *He tried to palm some cheap substitute off on me, but I insisted on real caviar*, Intentó endilgarme un sucedáneo barato, pero insistí en que quería caviar auténtico.
SYNONYMS: fob off.
2 quitarse de encima a alguien: *Stop trying to palm me off with excuses and tell me the truth*, No intentes quitártemede encima con excusas y dime la verdad.
SYNONYMS: fob off.

pan [pæn] panning, panned, panned

pan out vi *(informal)* resultar bien, salir como se espera, ser un éxito: *What will we do if it doesn't pan out?*, ¿Qué haremos si no resulta?; *He wasn't too pleased about how things had panned out*, No quedó demasiado contento con la forma en que salieron las cosas.
SYNONYMS: turn out; work out.

pant [pænt]

pant for vt insep morirse por algo, anhelar algo: *I'm panting for a cold drink!*, ¡Me muero por una bebida fría!; *He was one of those writers who pant for public recognition*, Era uno de esos escritores que necesitan obtener el reconocimiento del público.
SYNONYMS: long for; yearn for *(formal)*.

paper ['peɪpəʳ]

paper over *vt sep* encubrir, disimular: *We should try to discuss this honestly and without trying to paper over the difficulties which we all know exist*, Deberíamos intentar discutir esto honestamente, sin tratar de tapar las dificultades que todos sabemos que existen; *As far as they're concerned, it's just an attempt to paper over the racial tensions that exist*, En lo que a ellos respecta, no es más que un intento de tapar las tensiones raciales existentes.
SYNONYMS: cover up; gloss over; camouflage.

parcel ['pɑːsəl] parcels, parcelling, parcelled, parcelled (In American English the final consonant does not double: **parcels, parceling, parceled**)

parcel out *vt sep* dividir en parcelas, parcelar: *They had parcelled the land out into small plots*, Dividieron las tierras en pequeñas parcelas; *After the revolution, all private estates were seized and parcelled out to the peasants*, Después de la revolución, confiscaron todas las fincas privadas y las dividieron en parcelas para entregárselas a los campesinos.
SYNONYMS: divide out; portion out.

parcel up *vt sep* empaquetar algo, embalar algo, hacer un paquete con algo: *She parcelled up the books and wrote the address on the label*, Empaquetó los libros y escribió la dirección en la etiqueta.

pare [pEəR]

pare away *vt sep* ir rebajando algo, ir quitando algo: *If you pare away all the glitz and glamour all you're left with is a rather inferior production*, Si le quitas todo el glamour y el oropel, lo que queda es una producción bastante mediocre.

pare down *vt sep* reducir, disminuir: *To improve your chances of reaching the summit, pare down your weight until you are carrying as little excess as possible*, Para que aumenten tus posibilidades de llegar a la cima, reduce el peso hasta llevar el mínimo exceso de equipaje posible; *The company has announced that it will be paring down the workforce as part of a package of cutbacks*, La empresa ha anunciado que reducirá la plantilla como parte de un paquete de recortes.

pare off *vt sep* ir quitando, ir cortando: *Pare off the outer layers until you reach the young green wood*, Pela las capas exteriores hasta llegar a la madera verde joven; *He sat on the edge of the bath paring the hard skin off his feet*, Estaba sentado en el borde de la bañera, cortándose las durezas de los pies.

part [pɑːt]

part from *vt insep* separarse *(de alguien)*: *She refused to be parted from her family*, Se negó a separarse de su familia; *How could he bear to part from his wife and children?*, ¿Cómo podría soportar separarse de su mujer y sus hijos?

part with *vt sep* desprenderse de algo, deshacerse de algo, tener que separarse de algo: *Thomas just couldn't bear to part with his toy rabbit*, Thomas no soportaba la idea de desprenderse de su conejo de juguete; *Gresham appeared to be willing to part with the money*, Gresham parecía estar dispuesto a desembolsar el dinero.
SYNONYMS: give up; let go of; relinquish *(formal)*.

partake [pɑːˈteɪk] partaking, partook, partaken

partake in *vt insep (old use or formal)* tomar parte en algo, ser parte de algo: *He was insistent that he had never partaken in any of their illegal activities*, Insistía en que nunca había tomado parte en ninguna de sus actividades ilegales.
SYNONYMS: participate.

partake of

partake of *vt insep (old use or formal, often humorous)*
1 darse el gustazo de tomar algo: *Shall we move into the shade and partake of a little wine?*, ¿Nos ponemos a la sombra y bebemos un poco de vino?
2 tener algo de una cualidad: *Their encounter partook somewhat of the violence of a tropical storm*, Su encuentro tuvo algo de la violencia de una tormenta tropical; *The children partook rather of their father's good looks and their mother's generosity*, Los niños tenían bastante del atractivo físico de su padre y de la generosidad de su madre.

partition [pɑːˈtɪʃən]

partition off *vt sep* separar algo con tabiques, hacer un tabique para separar algo: *The foreman's office was partitioned off from the workshop*, La oficina del capataz estaba separada del taller por un tabique; *They're partitioning part of the main hall off to create a small office and cloakroom*, Van a dividir parcialmente la sala principal con un tabique para hacer una oficina pequeña y un guardarropa.

pass [pɑːs]

pass along *vt sep*
1 ir pasando: *Take a chocolate and pass the box along*, Coge un bombón y pasa la caja a los demás.
2 recorrer algún sitio, pasar por algún sitio: *Frankie could never pass along that section of corridor without feeling that there was someone hiding in the shadows*, Frankie no podía recorrer esa parte del pasillo sin tener la impresión de que había alguien escondido entre las sombras.

pass around *vt sep* see **pass round**.

pass away *vi*
1 desaparecer: *When at last the pain passed away, Norma was able to open her eyes again*, Cuando por fin desapareció el dolor, Norma fue capaz de abrir otra vez los ojos; *The film evokes a powerful nostalgia for the world that has passed away*, La película suscita una fuerte nostalgia de un mundo ya desaparecido.
2 *(euphemistic)* fallecer, pasar a mejor vida: *"My father passed away just last month." "Oh, dear, I'm terribly sorry"*, -Mi padre falleció el mes pasado. -¡Vaya por Dios! Lo siento muchísimo.
SYNONYMS: pass on; pass over.

pass between *vt insep* pasar, comunicarse: *Thousands of letters passed between them over the years*, A lo largo de los años se intercambiaron miles de cartas; *No words passed between us, but we each understood the other perfectly*, No cruzamos ni una sola palabra, pero los dos entendimos al otro a la perfección.

pass by
1 *vi* pasar, pasar por delante: *He hid in a doorway until the crowd of drunken youths had passed by and he felt safe to come out*, Se escondió en un portal hasta que pasó la multitud de jóvenes borrachos y le pareció seguro salir; *Through the café window I watched people passing by on their way home*, A través de la ventana del café veía pasar a la gente que iba de vuelta a casa; *I was just passing by and I thought I'd drop in to say hello*, Pasaba por aquí y pensé en hacerte una visita para saludarte.
2 *vi* pasar, transcurrir: *A day, a week, then a month passed by, and still there was no news*, Pasó un día, una semana, luego un mes, y todavía no había noticias.
3 *vt sep* pasar *(por delante)* sin detenerse, pasar de largo: *There was a blind man begging on the corner, but everyone passed by without even looking at him*, Había

un ciego pidiendo limosna en la esquina, pero todo el mundo pasaba de largo sin siquiera mirarlo; *Having spent thirty years looking after her invalid mother, at fifty she had the feeling that life had passed her by*, Después de pasar treinta años cuidando a su madre inválida, a los cincuenta tenía la impresión de que la vida le había pasado de largo; *You can't afford to let such an opportunity pass you by*, No puedes permitirte dejar pasar una oportunidad así.

4 *vt insep* pasar por algún sitio: *Could you pass by the chemist's on your way home and get me some paracetamol?*, ¿Podrías pasar por la farmacia de camino a casa y comprarme unas pastillas de paracetamol?

pass down *vt sep* pasar a alguien, dejar en herencia a alguien: *The craft of weaving was passed down from father to son*, El oficio de tejedor pasaba de padre a hijo.

SYNONYMS: hand down; pass on.

pass for *vt insep* pasar por algo, parecerse a algo: *Wearing his full dress uniform the cadet found that he could easily pass for an officer*, El cadete descubrió que cuando vestía uniforme de gala podía pasar fácilmente por un oficial; *What passes for art these days would make Rembrandt or Velázquez turn in their grave*, Lo que se entiende hoy por arte haría revolverse en sus tumbas a Rembrandt o Velázquez; *She could very well pass for forty*, Podía aparentar perfectamente cuarenta años.

SYNONYMS: be taken for.

pass into *vt insep* pasar a algún sitio, entrar en algún sitio: *He descended a flight of stairs and passed into a dark corridor*, Bajó un tramo de escaleras y entró en un pasillo oscuro; *If you would like to pass into the dining room, dinner is served*, Si quieren pasar al comedor, la cena está servida.

pass off

1 *vi* pasarse, irse: *He sat down until the feeling of dizziness passed off*, Permaneció sentado hasta que se le pasó la sensación de mareo.

SYNONYMS: wear off.

2 *vi* pasar, transcurrir: *Despite our misgivings, the whole thing passed off without a hitch*, Pese a nuestros recelos, todo salió a pedir de boca.

3 *vt sep* disimular, quitarle importancia a algo: *I could tell that Barbara was hurt, though she passed the comment off with a smile*, Me di cuenta de que Barbara estaba dolida, aunque sonrió para quitarle importancia al comentario.

pass off as *vt sep* hacer pasar algo/a alguien por algo: *He had tried to pass the painting off as a genuine Picasso*, Había intentado que el cuadro pasara por un Picasso auténtico; *She gained access to the castle by passing herself off as a kitchenmaid*, Tuvo acceso al castillo haciéndose pasar por ayudante de cocina.

pass on

1 *vt sep* pasar a alguien, transmitir a alguien: *Could you pass the message on to Andrew if you see him?*, ¿Podrías pasarle el mensaje a Andrew si lo ves?; *You can pass on the infection without knowing*, Puedes pasar la infección sin saberlo; *When you've read the article, pass it on to Liam*, Cuando hayas leído el artículo pásaselo a Liam.

2 *vt sep* pasar, transmitir, dejar en herencia a alguien: *The farm will be passed on to the eldest son when Jones dies*, La granja pasará al hijo mayor cuando Jones muera; *He feels it is his duty to pass his knowledge on to his students*, Cree que es su deber transmitir sus conocimientos a sus alumnos.

SYNONYMS: hand on; hand down; pass down.

3 *vt sep* pasar, transmitir: *Congenital diseases are passsed on from parents to children*, Las enfermedades congénitas se transmiten de padres a hijos.

SYNONYMS: transmit.

4 *vi* pasar a otro tema, pasar a otra cosa: ***We've spent enough time on that subject, shall we pass on to the next item now?***, Le hemos dedicado bastante tiempo a este tema, ¿pasamos ahora al asunto siguiente?
SYNONYMS: go on; proceed *(formal)*.

5 *vt sep* pasar con alguien *(por teléfono)*; poner en contacto con alguien: ***I'm going to pass you on to my colleague, Mr Adams, who knows all about your case***, Le voy a poner en contacto con mi compañero, el señor Adams, quien conoce a fondo su caso.

6 *vi (euphemistic)* fallecer, pasar a mejor vida: ***She passed on two weeks ago, after a long illness***, Falleció hace dos semanas, después de una larga enfermedad.
SYNONYMS: pass away.

7 *vt sep* repercutir sobre alguien, afectar a alguien: ***Any rise in petrol prices is automatically passed on to the customer***, Cualquier aumento en los precios de la gasolina repercute automáticamente en el consumidor.

pass out

1 *vt sep* repartir, distribuir: ***The exam papers were passed out and we had a few moments to look at them before we had to begin***, Repartieron los exámenes y tuvimos un momento para echarles un vistazo antes de empezar.
SYNONYMS: give out; hand out.

2 *vi* desmayarse, perder el conocimiento: ***She saw the body lying there in a pool of blood and passed out***, Vio el cuerpo que yacía allí en un charco de sangre y se desmayó; ***It was so hot that I was near passing out at times***, Hacía tanto calor que a veces estuve a punto de desmayarme.
SYNONYMS: black out; faint.

3 *vi* licenciarse *(un militar)*, graduarse *(un estudiante)*: ***The place was packed with proud parents who had come to see their soldier sons pass out***, El lugar estaba repleto de padres orgullosos que habían venido a ver licenciarse a sus hijos.

pass out of *vt insep*

1 pasar por algo, salir por algo: ***Cars passed out of the iron gates, one by one, and followed the hearse***, Los coches salían por las puertas de hierro, uno a uno, y siguieron el coche fúnebre.

2 estar fuera de la vida de alguien, no estar ya en la vida de alguien: ***At New Year, I think about the year that's gone past, and people who've passed out of my life***, En Año Nuevo pienso sobre el año que ha pasado y la gente que ya no está en mi vida.

3 eliminar: ***Waste products are passed out of the body as urine***, Los productos residuales son eliminados del cuerpo a través de la orina.

pass over *vt sep*

1 pasar por alto algo/a alguien, saltarse algo/a alguien: ***She has been passed over for promotion yet again***, Han vuelto a ascender a otros antes que a ella.
SYNONYMS: overlook.

2 pasar por alto algo/a alguien, no fijarse en algo/alguien: ***This is the sort of CD that most music-lovers are likely to pass over in favour of something better known***, Ésta es la clase de CD que la mayoría de melómanos probablemente pasará por alto porque prefiere algo más conocido.
SYNONYMS: ignore; disregard *(formal)*.

3 pasar por alto, saltarse, omitir: ***He passed quickly over the section of the report that criticized his department***, Pasó por alto rápidamente la parte del informe en la que se criticaba su departamento.
SYNONYMS: gloss over; skirt around; skate around.
ANTONYMS: confront.

4 fallecer, pasar a mejor vida, haberse ido: *She claims she has the ability to contact relatives who have passed over*, Afirma tener la habilidad de contactar con familiares que están en el más allá.

pass round *vt sep* pasar de mano en mano, hacer circular: *They passed the bottle round, each taking a swig in turn*, Se fueron pasando la botella y cada uno tomó un trago; *Could you pass the photos round so that everyone can see them?*, ¿Podrías pasar las fotos para que todo el mundo pueda verlas?
SYNONYMS: hand round; circulate.

pass through *vt insep*
1 pasar por algún sitio, atravesar algún sitio, cruzar algún sitio: *The railway passes through some beautiful country on its way down to the sea*, La vía férrea atraviesa bellos paisajes campestres de camino al mar; *"Do you live here?" "No, I'm just passing through"*, -¿Vives aquí? -No, sólo estoy de paso.
2 cruzar, atravesar, pasar por algo: *The liquid then passes through this filter and all impurities are removed*, Y entonces el líquido pasa por este filtro y se eliminan todas las impurezas; *He then passed quickly through the crowd*, Después se abrió camino rápidamente entre la multitud.
3 pasar por algo, atravesar algo: *Comte maintained that all societies necessarily passed through the same three stages of development*, Comte sostenía que todas las sociedades pasaban necesariamente por las mismas tres fases de desarrollo; *These are phases of 'normal development' that we pass through as we progress to being mature adults*, Pasamos por unas fases de 'desarrollo normal' al acercarnos a la madurez.

pass to *vt sep* pasar a ser de alguien, a ser la herencia de alguien: *All this property will pass to my children when I die*, Toda esta propiedad pasará a mis hijos cuando me muera.

pass up *vt sep (informal)* dejar pasar *(una oportunidad)*, rechazar *(una oferta)*: *Surely you wouldn't pass up a chance to study in France?*, ¿No irás a desperdiciar una oportunidad de estudiar en Francia?

patch [pætʃ]

patch together *vt sep* improvisar, chapucear, hacer provisionalmente: *The Finnish presidency is trying to patch together an agreement on farm quotas*, La presidencia finlandesa está intentando improvisar un acuerdo para las cuotas agrícolas.
SYNONYMS: cobble together.

patch up *vt sep*
1 hacer las paces con alguien: *I'm glad to hear they've patched things up and are friends again*, Me alegro de que hayan hecho las paces y de que vuelvan a ser amigos.
2 *(informal)* arreglar provisionalmente, hacer un arreglo provisional: *The garage patched up the bodywork, but it really isn't a very satisfactory job*, El taller reparó la carrocería por encima, pero no ha quedado muy bien.
3 hacer una cura de urgencia: *Most soldiers had their wounds patched up before being evacuated by helicopter*, A la mayoría de los soldados les hicieron una primera cura de las heridas antes de evacuarlos en helicóptero.

pattern ['pætən]

pattern on *vt sep* imitar el modelo de alguien, tomar a alguien como modelo: *As a military strategist, he patterned himself on Napoleon*, Como estratega militar, se inspiró en el modelo de Napoleón.
SYNONYMS: model on.

pave [peɪv]
pave over *vt sep* pavimentar: *The plan is to take up the lawn and pave over the entire area*, El plan es quitar el césped y pavimentar toda la zona.

paw [pɔː]
paw at *vt insep*
1 tocar algo con la pata, rascar algo: *The reindeer pawed at the ice and snow to reach the lichens beneath*, El reno rascaba el hielo y la nieve con la pata para llegar al liquen de debajo.
2 *(informal)* manosear, sobar: *She said he was a very nice man, but she couldn't bear it when he pawed at her*, Dijo que era un hombre muy amable, pero no soportaba que la sobara.

pay [peɪ] paying, paid, paid
pay back *vt sep*
1 devolver: *I can lend you something as long as you pay me back this week*, Te puedo prestar algo si me lo devuelves esta semana.
SYNONYMS: repay.
2 hacer pagar algo a alguien, devolver algo: *You swine! I'll pay you back for what you did to me, just you wait and see!*, ¡Cerdo! Me las pagarás por lo que me has hecho, ¡ya verás!; *I'll never be able to pay you back for everything you've done for me*, Nunca podré pagarte por todo lo que has hecho por mí.
SYNONYMS: pay out.
pay for *vt insep*
1 pagar: *Who's going to pay for the damage?*, ¿Quién pagará los daños?
2 pagar, pagar por: *He paid for his mistake with his life*, Pagó su error con su vida.
pay in *vt sep* ingresar: *Have you paid that cheque in yet?*, ¿Ya has ingresado el talón?
ANTONYMS: draw out; withdraw.
pay into *vt sep* ingresar: *My wages are paid directly into my bank account*, Me ingresan el sueldo directamente en la cuenta del banco.
pay off
1 *vt sep* saldar *(una deuda)*, liquidar *(una hipoteca)*: *The first thing I'm going to do with the prize money is pay my mortgage off*, Lo primero que haré con el dinero del premio es cancelar la hipoteca; *Never borrow more money to pay off existing debts*, Nunca pidas más dinero prestado para saldar las deudas que ya tengas.
SYNONYMS: repay; settle; discharge.
2 *vt sep* despedir e indemnizar: *If the building crisis continues, companies will be forced to pay workers off*, Si sigue la crisis de la construcción, las empresas se verán obligadas a despedir a sus trabajadores; *It came as a very nasty shock when he heard he was being paid off*, Enterarse de su despido le sentó como un jarro de agua fría.
ANTONYMS: take on.
3 *vi* compensar, merecer la pena: *The company is investing in the training program because they believe it will pay off in the long run*, La empresa está invirtiendo en el programa de formación porque cree que a la larga la beneficiará; *My persistence paid off when the she finally agreed to marry me*, Mi persistencia valió la pena cuando por fin aceptó casarse conmigo.
4 *vt sep* acceder al soborno de alguien: *If you pay him off this time, he'll just come back for more*, Si le pagas el soborno esta vez, volverá a por más.

pay out *vt sep*

1 desembolsar: *The insurance companies had to pay out millions of dollars in compensation*, Las compañías de seguros tuvieron que desembolsar millones de dólares en concepto de indemnizaciones.
   SYNONYMS: lay out *(informal)*; shell out *(informal)*; spend.
2 pagar, soltar: *He announced that the full prize money would be paid out*, Anunció que pagarían todo el dinero del premio.
3 *(informal)* desquitarse con alguien, pagar a alguien con la misma moneda: *One day I'll pay him out for what he did to me*, Un día me las pagará por lo que me ha hecho.
   SYNONYMS: pay back.
4 soltar poco a poco, ir soltando: *The men at the top paid out the rope slowly, carefully lowering the injured climber down the rock face*, Los hombres que estaban en lo alto fueron soltando la cuerda poco a poco, bajando al escalador herido con cuidado por la pared rocosa.

pay up

1 *vi (informal)* pagar: *Come on, you made a bet and you lost. Now it's time to pay up!*, Vamos, has apostado y has perdido. ¡Ahora tienes que pagar!
2 *vt sep (informal)* pagar a plazos: *You can put down 20% now and pay the rest up over six months*, Puedes pagar el 20% ahora y abonar el resto a plazos en seis meses.

peal [pi:l]

peal out *vi* repicar, doblar *(las campanas)*; resonar *(la voz, la risa)*: *On the day of the royal wedding, all the church bells in the country pealed out joyfully*, El día de la boda real, todas las campanas de las iglesias del país repicaron con alegría; *Heads turned in surprise as her raucous laughter pealed out in the hushed reading-room*, Todos volvieron la cabeza sorprendidos cuando su risa estridente resonó en la silenciosa sala de lectura.
SYNONYMS: ring out; resound.

peck [pek]

peck at *vt insep* picar *(sin ganas)*: *Not having much of an appetite, he sat there just pecking at his food*, Como no tenía mucho apetito, sólo picoteó la comida.
SYNONYMS: pick at.

peel [pi:l]

peel off *vt sep - vi*

1 quitar con cuidado, despegar con cuidado: *I bought a sandwich and carefully peeled off the Cellophane wrapping*, Compré un bocadillo y le quité con cuidado el envoltorio de celofán; *After such a severe sunburn her skin peeled off*, Tras quemarse tanto con el sol se le peló la piel.
2 *(informal)* desnudarse, desvestirse: *Blanche peeled off, throwing her clothes over the back of a chair*, Blanche se desvistió y tiró la ropa sobre el respaldo de una silla.
   SYNONYMS: strip off.
3 quitarse *(con trabajo)*: *She peeled the wet trousers off*, Se quitó con dificultad los pantalones mojados.
4 separarse, alejarse *(del resto del grupo)*: *One of the destroyers peeled off from the convoy and began the search for the submarine*, Uno de los destructores se separó del convoy e inició la búsqueda del submarino; *Johnson's plane peeled off*

peg away

from the rest of the squadron to make the first bombing run, El avión de Johnson se separó del resto del escuadrón para cumplir su primera misión de bombardeo.

peg [peg] pegging, pegged, pegged
 peg away or **peg away at** *vt insep (informal)* meter caña, machacar: *They had been pegging away for years trying to get the council to make the road one-way*, Llevaban años insistiendo para conseguir que el ayuntamiento hiciera que la calle fuera de una sola dirección; *United pegged away at Liverpool's defence all through the second half, but to no avail*, El United le metió caña a la defensa del Liverpool durante toda la segunda parte, pero no sirvió de nada.
  SYNONYMS: plug away *(at)*; work away *(at)*.
 peg out *vt sep*
  1 tender *(con pinzas)*: *There's no use pegging the washing out now, it's going to rain*, Es mejor no tender la colada ahora, que va a llover.
   SYNONYMS: hang out.
  2 sujetar con estacas: *The animal skins were pegged out and left to dry in the sun*, Extendieron las pieles de los animales en el suelo sujetándolas con estacas para que se secaran al sol.
  3 *(informal)* palmarla, estirar la pata: *He must have been at least 95 when he eventually pegged out*, Debía de tener al menos 95 años cuando por fin la palmó.
   SYNONYMS: die.

pelt [pelt]
 pelt down *vi (informal)* diluviar, llover a cántaros, caer una buena: *Let's stay in today, it's pelting down outside*, Hoy nos quedamos en casa, que fuera llueve a cántaros.
  SYNONYMS: bucket down *(informal)*; pour down.

pen [pen] penning, penned, penned
 pen in *vt sep* encerrar *(con una cerca)*, acorralar; meter en el corral: *Demonstrators were penned in by riot police and not allowed near government offices*, Los manifestantes fueron cercados por la policía antidisturbios y no se les permitió acercarse a las oficinas gubernamentales; *Jim felt penned in and suffocated by his overly-protective parents*, Jim sentía que sus padres sobreprotectores lo acorralaban y ahogaban; *The sheep were penned in at night to keep them from wandering away from the farm*, Por las noches encerraban a las ovejas para que no se alejaran de la granja.
 pen up *vt sep* encerrar *(con una cerca)*, acorralar; meter en el corral: *The calves were penned up in a shed*, Metieron a los terneros en un cobertizo; *He spent ten long years penned up in a tiny prison cell*, Se pasó diez largos años encarcelado en una pequeña celda.

pencil ['pensəl] pencilling, pencilled, pencilled (In American English the final consonant does not double: **penciling, penciled, penciled**)
 pencil in *vt sep* apuntar con lápiz, apuntar de forma provisional: *My secretary will pencil our meeting in for 2.30 p.m. tomorrow*, Mi secretaria anotará provisionalmente la reunión para mañana a las 14:30.
  SEE ALSO: ink in.

pension ['penʃən]
pension off *vt sep*

1 jubilar, darle la jubilación a alguien: *The company is trying to pension off all executives over the age of 55*, La empresa está intentando dar la jubilación anticipada a todos los ejecutivos de más de 55 años.

2 *(informal)* dar el pasaporte a algo, retirar algo de la circulación: *Don't you think it's time you pensioned off that old tractor and got a more modern one?*, ¿No crees que ya es hora de jubilar ese viejo tractor y de comprarte uno más moderno?

people ['pi:pəl]
people by or **people with** *vt sep* estar poblado con algo: *She peopled her fantasy island with all sorts of exotic animals*, Pobló su isla imaginaria con todo tipo de animales exóticos.

pep [pep] pepping, pepped, pepped
pep up *vt sep (informal)*

1 animar, dar más vida a algo: *I think I'll add a tablespoon or two of rum or brandy to pep the flavour up*, Creo que añadiré una cucharada o dos de ron o coñac para darle más sabor; *He ought to pep up his lectures with a few jokes*, Debería animar sus conferencias con unos cuantos chistes.
SYNONYMS: liven up; enliven *(formal)*.

2 animar, levantar el ánimo a alguien: *A holiday in the sun is just what you need to pep you up*, Unas vacaciones al sol es justo lo que necesitas para levantarte el ánimo.
SYNONYMS: perk up *(informal)*.

pepper ['pepəʳ]
pepper with *vt sep*

1 acribillar algo/a alguien con algo: *He fired at the intruder peppering him with lead shot*, Disparó al intruso acribillándole a perdigones.

2 estar salpicado de algo: *We drove across a wide fertile plain, peppered with tiny villages*, Pasamos con el coche por una amplia y fértil llanura, salpicada de pequeños pueblos.

3 salpicar con algo, adornar con algo: *His speech was peppered with some of the most colourful oaths I have ever heard*, Su discurso estuvo salpicado de algunos de los tacos más subidos de tono que he oído nunca.

perk [pɜ:k]
perk up *(informal)*

1 *vt sep - vi* animarse, sentirse más animado: *He perked up immediately when someone mentioned a party*, En cuanto alguien mencionó lo de una fiesta enseguida se animó; *A night out on the town should perk you up*, Seguro que una noche de juerga te animará.
SYNONYMS: buck up *(informal)*; cheer up.

2 *vt sep* mejorar, animar, dar más sabor *(a una comida)*: *You can perk up the basic stew by adding some chilli powder*, Puedes dar más sabor al típico estofado, añadiéndole un poco de chile en polvo.
SYNONYMS: liven up; spice up; pep up *(informal)*.

permit [pəˈmɪt] permitting, permitted, permitted
permit of *vt insep (formal)* permitir algo, dar pie a algo: *The evidence permits of only*

peter out

one interpretation, Las pruebas permiten una sola interpretación; ***Our finances permit of only essential expenditure***, Nuestras finanzas sólo nos permiten gastar en lo indispensable.

peter [ˈpiːtəʳ]
   peter out *vi* irse acabando, desaparecer: ***Within a short distance from the airport, roads peter out to cattle tracks***, A poca distancia del aeropuerto, las carreteras se convierten ya en caminos de ganado; ***Artillery fire petered out between 3 a.m. and 4 a.m., and then started again***, El fuego de la artillería cedió entre las 3 y las 4 de la mañana y después empezó otra vez.

phase [feɪz]
   phase in *vt sep* introducir poco a poco, ir introduciendo: ***The new tax system will be phased in over three years***, El nuevo sistema impositivo se irá introduciendo a lo largo de tres años; ***Radical changes like this should be phased in gradually so that people have time to get used to them***, Los cambios radicales como éste deberían introducirse gradualmente para que la gente tenga tiempo para acostumbrarse; ***Robots were phased into car-assembly plants across Europe***, Los robots se fueron introduciendo en las plantas de montaje de automóviles de toda Europa.
   ANTONYMS: phase out.

   phase out *vt sep* retirar poco a poco, ir retirando: ***Customs duties are being phased out over a period of three years***, Los impuestos de aduanas se están retirando poco a poco a lo largo de un periodo de tres años; ***The old currencies were phased out and replaced by the euro***, Poco a poco se fueron retirando las antiguas monedas y se sustituyeron por el euro.
   ANTONYMS: phase in.

phone [fəʊn]
   phone around *vi* see **phone round**.
   phone back *vt sep* devolver la llamada, llamar después; volver a llamar: ***I waited to hear from him again, but he didn't phone back***, Esperé volver a recibir noticias de él, pero no me volvió a llamar; ***Sorry, I can't speak to you just now, I'll phone you back later***, Lo siento, ahora mismo no puedo hablar contigo, te llamaré después.
   SYNONYMS: call back; ring back.
   phone for *vt insep* llamar a alguien *(por teléfono)*: ***Quick! Phone for the doctor***, ¡Rápido! Llama al médico; ***I don't feel like going out. Shall we just phone for a pizza?***, No me apetece salir. ¿Por qué no pedimos una pizza por teléfono?
   phone in *vt sep*
      1 llamar *(a un programa)*: ***Listeners are invited to phone in with their comments***, Los oyentes están invitados a llamar al programa para hacer sus comentarios; ***He's always phoning in to the BBC complaining about something or other***, Siempre está llamando a la BBC para quejarse por algo.
      2 llamar al trabajo *(desde casa)*: ***Quite a number of the staff phoned in sick after the Christmas break***, Bastantes trabajadores llamaron para avisar de que estaban enfermos después de las vacaciones de Navidad; ***Jill isn't at work today and she hasn't phoned in yet***, Hoy Jill no ha venido a trabajar y todavía no ha llamado para avisar.
   phone round *vi* llamar a varios sitios, hacer unas llamadas: ***I phoned round all the hotels and none of them had a double room free***, Llamé a todos los hoteles y ninguno tenía una habitación doble disponible.

phone up *vt sep* llamar a alguien, telefonear a alguien: *He finally found the courage to phone her up and invite her to the cinema*, Por fin se armó de valor para llamarla e invitarla al cine.
SYNONYMS: call up; ring up.

pick [pɪk]
pick at *vt insep*
1 picar, comer sin ganas: *She said she wasn't hungry, she just sat there picking at her lunch*, Dijo que no tenía hambre y sólo picoteó la comida.
SYNONYMS: nibble at; peck at.
2 toquetear *(un grano)*; rascar; dar pellizcos a algo: *She was picking at the flaking paint*, Rascaba la pintura desconchada; *If you pick at that scab, it'll never get better*, Si te toqueteas la costra, nunca se te irá.

pick off *vt sep*
1 quitar, despegar: *He carefully picked the price label off and stuck another one on*, Despegó la etiqueta del precio con cuidado y puso otra; *If you pick off the scab the wound might get infected*, Si te quitas la costra se te puede infectar la herida.
2 matar *(uno a uno)*: *Snipers on the rooftops picked off anyone who dared to set foot outside*, Los francotiradores disparaban desde los tejados a todos los que se atrevían a poner el pie en la calle.

pick on *vt insep* meterse *(con alguien)*: *The bigger boys always picked on him at school*, Los niños mayores siempre se metían con él en la escuela; *Leave me alone. Why don't you pick on someone your own size?*, Déjame en paz. ¿Por qué no te metes con alguien que sea como tú de grande?

pick out *vt sep*
1 escoger, elegir: *She picked out the most expensive ring in the display*, Eligió el anillo más caro del expositor.
SYNONYMS: choose.
2 identificar, distinguir, reconocer: *It was hard to pick out faces he knew from among the crowd*, Le costaba identificar los rostros que conocía entre la multitud; *My eyes became accustomed to the darkness, so that I could pick out the shape of the church*, Mis ojos se acostumbraron a la oscuridad y pude distinguir la forma de la iglesia; *See if you can pick out which is the real one and which is the forgery*, A ver si distingues entre el auténtico y el falso.
SYNONYMS: make out; distinguish.
3 quitar, retirar, eliminar: *Wash the strawberries and pick out any that feel soft*, Lava las fresas y quita las que estén blandas.
4 resaltar: *A gorgeous pink ceiling with plaster moulding picked out in gold leaf*, Un espléndido techo rosado con una moldura de yeso resaltada con pan de oro; *The Eiffel Tower was amazing, all picked out in thousands of coloured bulbs*, La torre Eiffel estaba increíble, iluminada con miles de bombillas de colores.
5 tocar: *By the age of two, she could pick out a tune on the piano*, A los dos años, podía tocar una melodía de oído al piano.

pick over *vt sep* seleccionar *(lo mejor)*: *He makes his living picking rubbish over and selling bits and pieces*, Se gana la vida rebuscando en la basura y vendiendo lo que encuentra; *If you want the best produce you should go to the market early, before everything's been picked over*, Si quieres los mejores productos tienes que ir al mercado temprano, antes de que se hayan llevado lo mejor.

pick through *vt insep*

1 hacer una selección: ***I picked through my father's collection of books and kept the ones that looked interesting***, Hice una selección de la colección de libros de mi padre y me quedé con los que parecían interesantes.

2 (**to pick one's way through** *somewhere*) abrirse el camino *(con cuidado)*: ***We picked our way through the dense undergrowth***, Nos abrimos el camino por la espesa maleza; ***Picking her way through the rubble, she eventually came to the place where her house had stood***, Abriéndose paso entre los escombros, al final llegó al lugar donde antes estaba la casa.

pick up

1 *vt sep* coger, recoger, levantar: ***Stanley picked up a newspaper and started to read***, Stanley cogió un periódico y se puso a leer; ***He saw a coin on the floor, and bending down, picked it up and put it in his pocket***, Vio una moneda en el suelo y se agachó para cogerla y metérsela en el bolsillo; ***They had a crane to pick up cars and move them around the junk-yard***, Tenían una grúa para levantar los coches y trasladarlos por el depósito de chatarra.

2 *vt sep* levantar: ***Astonishingly, after tumbling headlong down the steps, she picked herself up and walked away as if nothing had happened***, Sorprendentemente, tras caer de bruces por la escalera, se levantó y se fue caminando como si nada hubiese ocurrido.

3 *vt sep* recoger: ***You'll need to pick her up from school about half past two***, Tendrás que recogerla de la escuela a eso de las dos y media; ***Would you mind picking up my suit from the dry cleaners on your way home from work?***, ¿Te importaría recoger mi traje de la tintorería cuando vuelvas a casa del trabajo?

4 *vt sep* recoger, rescatar: ***The crew of the shipwrecked tanker were picked up by the lifeboat***, La lancha de salvamento rescató a la tripulación del buque cisterna siniestrado.

5 *vt sep* aprender, coger: ***After only a few days in the country he'd already picked up a few German phrases***, Tras sólo unos pocos días en el país ya había aprendido unas cuantas frases en alemán.

6 *vt sep* adquirir: ***He'd picked up a few nasty little habits since I last saw him***, Había adquirido unas cuantas costumbres desagradables desde la última vez que lo vi.

7 *vt sep* contraer: ***John picked up malaria while travelling in the tropics***, John contrajo el paludismo cuando estuvo en el trópico.
 SYNONYMS: catch; contract *(formal)*.

8 *vt sep* aprender, coger, sacar: ***By observing expert salesmen he hoped to pick up a few new techniques***, Esperaba aprender unas cuantas técnicas nuevas observando a los vendedores expertos; ***I wonder where he picks up ideas for new recipes***, Me pregunto de dónde saca las ideas para las recetas nuevas.

9 *vt sep* adquirir, conseguir, encontrar, comprar: ***You can pick up all sorts of bargains at London's street markets***, Puedes encontrar todo tipo de gangas en los mercados de las calles de Londres.

10 *vt sep* conseguir, ganar: ***Hull picked up their first win of the season against Leeds on Sunday***, El Hull consiguió su primera victoria de la temporada en el partido del domingo contra el Leeds; ***The Republicans picked up an estimated 14,000 votes from the Social Democrats***, Los Republicanos ganaron unos 14.000 votos a expensas de los socialdemócratas; ***You will pick up penalty points for stepping out of the area***, Si te sales del área te dan puntos en contra.

11 *vt sep* captar, recibir, pillar: ***If you want to pick up the BBC World Service you'll have to buy a short-wave radio***, Si quieres pillar el World Service de la BBC te

tendrás que comprar una radio de onda corta; ***With our new satellite dish we can pick up TV programmes from dozens of countries***, Con nuestra nueva antena parabólica podemos captar programas de televisión de un montón de países.

12 *vt sep* detener: ***Never before have so many young men been picked up for questioning in one day***, Nunca habían detenido a tantos jóvenes para interrogarlos en un solo día.

13 *vt sep* pagar *(una cuenta)*: ***It doesn't seem fair that the taxpayer should have to pick up the bill for their incompetence***, No parece justo que el contribuyente tenga que pagar la factura por su incompetencia.

14 *vi* recuperarse, mejorar, remontarse: ***He's been terribly ill for almost a week, but thankfully he's beginning to pick up now***, Ha estado muy enfermo durante casi una semana, pero por suerte empieza a mejorar; ***Figures picked up slowly towards the end of the year***, Las cifras de negocio se recuperaron lentamente para finales del año; ***He reckons the economy will soon pick up again***, Cree que la economía pronto volverá a recuperarse.

SYNONYMS: get better, improve.

15 *vt sep* reanimar, hacer sentir mejor: ***It was the only hangover remedy that really did pick him up the morning after***, Era el único remedio para la resaca que de verdad le reanimaba a la mañana siguiente.

16 *vi* fortalecerse, arreciar *(el viento)*: ***The wind finally picked up a bit so they didn't need to use the boat's motor after all***, Se levantó un poco de viento así que al final no tuvieron que usar el motor del barco.

17 *vt sep* **(to pick up speed)** ir más de prisa, acelerar: ***Once we've passed the roadworks we should be able to pick up speed again***, En cuanto hayamos pasado las obras de la carretera podremos acelerar otra vez.

18 *vt sep* retomar, seguir contando *(una historia)*: ***Anton picked up his story from the point when the main character became stranded in the city***, Anton siguió contando su historia a partir del momento en que el personaje principal se perdía en la cuidad.

19 *vt sep (informal)* ligar: ***Becoming a rock musician made it easier for him to pick up girls***, Al hacerse músico de rock le fue más fácil ligar con chicas; ***A couple of American sailors tried to pick us up in a waterfront bar***, Un par de marineros estadounidenses intentaron ligar con nosotras en un bar del puerto.

pick up on

1 *vt insep* retomar: ***He has a habit of picking up on topics discussed in previous conversations***, Tiene la costumbre de retomar los temas discutidos en conversaciones anteriores.

2 *vt insep* mencionar, comentar: ***Neither of these points were picked up on in the debate***, No se mencionó ninguno de esos puntos en el debate.

3 *vt sep* **(to pick somebody up on something)** *(informal)* señalar *(una falta, incoherencia)*; corregir *(a alguien)*: ***The interviewer failed to pick him up on the obvious contradictions in his argument***, El entrevistador no le señaló las contradicciones obvias de su argumento.

pick up with *vt insep* juntarse: ***He's picked up with a very strange group of people***, Se ha juntado con una gente muy rara; ***On his travels he picked up with a travelling circus and became a juggler***, En sus viajes se lió con un circo itinerante y se hizo malabarista.

piece [piːs]
piece together *vt sep*

1 reconstruir *(pieza a pieza)*: ***Police are busy piecing together the events leading up***

pig out

to the murder, La policía está ocupada reconstruyendo los acontecimientos que condujeron al asesinato.

2 reconstruir: *Piecing together and gluing the broken shards is a job for an expert*, Reconstruir y pegar los fragmentos rotos es un trabajo de experto.

pig [pɪg] pigging, pigged, pigged

pig out *vi* (to pig out; pig out on *something*) *(informal)* ponerse morado, darse un atracón: *I drove back, pigged out on a huge breakfast, and read the Sunday papers*, Cogí el coche y volví, me puse morado en el desayuno y leí los periódicos del domingo.

SYNONYMS: gross out *(informal)*; overeat; overindulge.

pile [paɪl]

pile in *vi* entrar, subir, meterse *(rápidamente y sin orden)*: *Then the lads all piled in and the bus moved off*, Entonces entraron todos los chicos a mogollón y el autobús se marchó.

pile into *vt insep* entrar, subir, meterse *(rápidamente y sin orden)*: *We all had to pile into a speedboat and flee for our lives*, Tuvimos que apiñarnos todos en una lancha y huir para salvar nuestras vidas.

pile off *vi - vt insep* salir, bajar *(rápidamente y sin orden)*: *The kids piled off the coach and ran down to the beach*, Los niños bajaron del autocar a mogollón y bajaron corriendo a la playa.

pile on *(informal)*

1 *vt sep* amontonar, poner mucha cantidad: *He piled food on his plate*, Puso un montón de comida en su plato.

2 *vt sep* incrementar, aumentar: *I can't cope, my boss just keeps piling more and more work on me*, No puedo más, mi jefe no para de darme cada vez más trabajo; *Chelsea piled on the pressure, but Leeds resisted and held them to a draw*, El Chelsea presionó mucho, pero el Leeds resistió y consiguió un empate.

3 *vi* subir, meterse *(rápidamente y sin orden)*: *The minibus arrived and we piled on with all our gear*, Llegó el minibús y nos metimos a mogollón con todo nuestro equipo; *As soon as the doors opened, people piled onto the train anxious to find a seat*, En cuanto se abrieron las puertas, subieron al tren un montón de gente ansiosa de encontrar un asiento.

pile out *vi* (to pile out; pile out of *somewhere*) salir, bajar *(rápidamente y sin orden)*: *Around twenty Scotland supporters piled out of the carriage, shouting and singing*, Unos veinte seguidores escoceses salieron a mogollón del vagón, gritando y cantando; *When the fire alarm went off, hundreds of people began piling out of the disco*, Cuando sonó la alarma, cientos de personas empezaron a salir de la discoteca.

pile up

1 *vt sep* apilar: *Clean plates were piled up on the draining board*, Los platos estaban apilados en el escurridor; *After you finish cutting the firewood please pile it up in the shed*, Por favor, después de cortar la leña, déjala apilada en el cobertizo; *If you pile up too many boxes, they'll fall over*, Si apilas demasiadas cajas, se caerán.

SYNONYMS: stack up.

2 *vi* acumularse: *Rotting rubbish was piling up in the streets because of the strike*, La basura en descomposición se acumulaba en las calles por la huelga; *So much work is beggining to pile up that I'll have to do some overtime*, Se me empieza a acumular tanto trabajo que tendré que hacer horas extras.

piss about

pin [pɪn] pinning, pinned, pinned
  pin down *vt sep*
   1 atrapar, inmovilizar: *They found themselves pinned down by snipers in a gully*, Se vieron atrapados por unos francotiradores en un barranco; *Firemen battled to free the man from the steel beam that was pinning him down*, Los bomberos intentaron retirar la viga de acero que inmovilizaba al hombre.
   2 identificar, definir, precisar: *She had a strange feeling about the place, but she couldn't pin down exactly what it was*, El sitio le transmitía algo extraño, pero no sabía decir exactamente lo que era.
   SYNONYMS: put one's finger on.
   3 obligar a concretar, obligar a definirse: *He wasn't too keen to commit himself to an exact time, but I managed to pin him down to the next afternoon at 3 p.m.*, No estaba muy dispuesto a comprometerse con una hora exacta, pero conseguí obligarlo a quedar a las 3 de la tarde del día siguiente.
  pin on or **pin upon** *vt sep*
   1 prender, enganchar *(con un alfiler)*: *The President pinned a gold medal on her chest*, El presidente le prendió una medalla de oro en el pecho con un alfiler.
   2 **(to pin the blame on *somebody*)** culpar, echar la culpa a alguien: *They tried to pin the robbery on the former security guard, but he had an alibi*, Intentaron culpar del robo al antiguo guardia de seguridad, pero tenía una coartada.
  pin up *vt sep* fijar, colgar, sujetar: *The notices were pinned up high to avoid any graffiti*, Colgaron los carteles en un lugar elevado para evitar las pintadas.

pine [paɪn]
  pine for *vt insep* anhelar, añorar, suspirar por algo: *He spent his lonely days pining for the love he left behind him*, Se pasó los días de soledad suspirando por el amor que había dejado atrás.
  pine away *vi* morirse de pena: *The dog refused to eat and simply pined away*, El perro se negó a comer y sencillamente se murió de pena.

pipe [paɪp]
  pipe down *vi (informal)* callarse: *Pipe down, you lot, and listen to what Miss Hudson has to say*, Callaos, niños, y escuchad a la señorita Hudson.
   SYNONYMS: shut up *(informal)*; belt up *(informal)*.
  pipe up *vi* hablar, decir algo inesperadamente: *And then, out of the blue, Cooper piped up, "I know, Miss"*, Y de pronto, cuando menos se lo esperaban, Cooper soltó: -Yo lo sé, señorita-.

piss [pɪs]
  piss about or **piss around** *(vulgar slang)*
   1 *vi* tontear, perder el tiempo: *Stop pissing about and get down to some serious work*, Para de hacer el vago y ponte a trabajar en serio.
   SYNONYMS: arse about *(vulgar slang)*; faff about *(informal)*; fart about *(vulgar slang)*; mess about *(informal)*.
   2 *vt sep* jugar con, joder, maltratar, fastidiar: *Stop pissing me about and tell me what happened*, Deja de tomarme el pelo y dime lo que pasó; *I have no respect for him as a boss because I've seen him piss employees about too many times*, Como jefe no le tengo el menor respeto porque lo he visto maltratar a sus empleados muchas veces.
   SYNONYMS: mess about *(informal)*.

piss down

piss down *vi (vulgar slang)* llover a cántaros, diluviar: *I'm soaked to the skin: it's absolutely pissing down outside*, Estoy calado hasta los huesos: fuera está cayendo una buena.

piss off *(vulgar slang)*
1 *vi* largarse: *Piss off, you stupid old fool!*, ¡Vete a la mierda, viejo estúpido!; *I've had enough of this. I'm pissing off home!*, Ya estoy harto. ¡Me largo a casa!
2 *vt sep* molestar, cabrear, tocar las narices: *Quite honestly I'm getting pretty pissed off with these power cuts*, Te aseguro que estos apagones empiezan a cabrearme.

pit [pɪt] pitting, pitted, pitted

pit against *vt sep* enfrentar, medirse: *The civil war pitted brother against brother*, La guerra civil enfrentó hermanos a hermanos; *Mountain climbers love the idea of pitting their skills against the forces of nature*, A los escaladores les encanta medirse con las fuerzas de la naturaleza.

pitch [pɪtʃ]

pitch in or **pitch into** *vi - vt insep (informal)*
1 (to pitch in; pitch into *something*) meterse de lleno, arrimar el hombro: *There was a great deal to do, so we all had to pitch in*, Había muchas cosas que hacer, de modo que todos tuvimos que arrimar el hombro; *Like ravenous dogs, they pitched into the cakes and chocolates*, Como perros hambrientos, se abalanzaron sobre los pasteles y chocolates.
   SYNONYMS: wade in; weigh in.
2 atacar, arremeter *(contra alguien)*: *The Minister pitched into his opposite number and accused him of lying*, El Ministro arremetió contra su homólogo y lo acusó de faltar a la verdad.
   SYNONYMS: lay into *(informal)*; wade into *(informal)*; weigh into *(informal)*.

plague [pleɪg]

plague with *vt insep* (to be plagued with *something*)
1 padecer, sufrir, estar acosado, estar asediado: *The English team is still plagued with injury, four players are out of tomorrow's match*, El equipo inglés sigue acosado por las lesiones, pues cuatro jugadores han sido excluidos del partido de mañana; *The company was plagued with seemingly insoluble financial problems*, La empresa estaba asediada por problemas financieros que parecían insolubles.
2 (to plague *somebody* with questions) acosar a alguien con preguntas: *He said he didn't want to be plagued with embarrassing questions by the press, so was getting away until the fuss died down*, Dijo que no quería que la prensa lo acosara con preguntas embarazosas así que iba a esconderse hasta que se calmaran las cosas.

plan [plæn] planning, planned, planned

plan ahead *vi* planificar, planear *(con antelación)*: *You can't just do things on a day-to-day basis, you must plan ahead*, No puedes hacer las cosas improvisando cada día, tienes que planearlas de antemano; *We like to plan well ahead so as to avoid nasty surprises*, Nos gusta planear las cosas con mucha antelación para evitar sorpresas desagradables.

plan for *vt insep* tener en cuenta, contar con: *We now need to plan for increasing numbers of elderly people*, Ahora tenemos que hacer los planes contando con un creciente número de ancianos.

play down

plan on vt insep planear, pensar, contar con algo: *Where were you planning on going on holiday this year?*, ¿Adónde pensabas ir de vacaciones este año?; *I didn't plan on them all bringing their wives and husbands, so we ran out of food*, Como no contaba con que todos traerían a sus cónyuges, no nos alcanzó la comida.

plan out vt sep planificar, organizar *(detalladamente)*: *You should plan out your time so that you can get through the work reasonably comfortably*, Deberías organizarte el tiempo para poder hacer tu trabajo cómodamente.

plant [plaːnt]
plant out vt sep trasplantar: *You should plant out the seedlings in early spring, once the morning frosts have disappeared*, Deberías trasplantar las plantas de semillero a principios de primavera, cuando ya no hiela por las mañanas.

play [pleɪ]
play about or **play around** vi
1 tontear, perder el tiempo: *You had better stop playing about and take school a bit more seriously*, Más vale que dejes de tontear y que te tomes la escuela un poco más en serio.
2 *(informal)* tener líos: *She found out about him playing around with other women and left him*, Se enteró de que andaba con otras mujeres y lo dejó; *He played around with quite a few women before he settled down*, Tuvo líos con varias mujeres antes de sentar la cabeza.
3 juguetear, probar: *We've been playing around with several diferent designs, but we haven't settled on one yet*, Hemos estado dándoles vueltas a varios diseños, pero todavía no nos hemos decidido por ninguno; *Since she retired she's been playing about with the idea of moving to Spain*, Desde que se jubiló, ha estado dándole vueltas a la idea de irse a vivir a España.

play along vt sep
1 seguir el juego, seguir la corriente *(a alguien)*: *She decided to play along with the bank robbers to avoid violence*, Decidió seguirles la corriente a los atracadores del banco para que no se pusieran violentos; *I should play along with her if I were you, it would make life easier for all of us*, Yo en tu lugar le seguiría la corriente, nos facilitaría la vida a todos.
2 fingir estar de acuerdo con alguien: *She's been playing him along for years, but she doesn't have the least intention of marrying him*, Le ha estado haciendo el juego desde hace años, pero no tiene la menor intención de casarse con él.

play at vt insep
1 jugar a algo: *You can't just play at being a parent, it takes total commitment all the way*, No puedes jugar a ser padre, tienes que comprometerte a fondo.
2 jugar a algo: *The children spend hours playing at soldiers*, Los niños se pasan horas jugando a los soldados.
3 jugar a algo,: *You nearly got yourself killed: what on earth did you think you were playing at?*, Por poco te matas: ¿se puede saber qué demonios te proponías?

play back vt sep volver a ver o escuchar, poner *(algo grabado)*: *Camcorders can play back their recordings immediately after filming*, Con una cámara de vídeo puedes ver enseguida lo que acabas de filmar; *She played back the messages on her answerphone*, Volvió a escuchar los mensajes del contestador.

play down vt sep restar importancia a algo, tartar de minimizar algo: *The government tried to play down the seriousness of the scandal*, El gobierno intentó restar importancia a la gravedad del escándalo; *She played down her own role in the peace settlement and gave all the credit to others*, Minimizó su papel en el acuerdo de paz y atribuyó todo el mérito a los demás.

play off *vi* jugar un partido o una liguilla de desempate: *The top four teams played off for the championship*, Los cuatro equipos principales disputaron una pequeña liga por el título del campeonato.

play off against *vt insep* enfrentar, hacer que uno se pelee con otro: *The tension between the Soviet Union and the West allowed national liberation movements to play one side off against the other*, La tensión entre la Unión Soviética y Occidente permitió a los movimientos de liberación nacional hacer que un bando se peleara con el otro.

play on

1 *vi* seguir jugando *(un jugador)*, seguir tocando *(un músico)*: *The ref ignored their pleas for a penalty and ordered them to play on*, El árbitro no hizo caso a los que pedían penalti y les ordenó que siguieran jugando; *All the lights went out, but the band played on as if nothing had happened*, Se apagaron todas las luces, pero la banda siguió tocando como si nada.

2 *vt insep* dar en algo, iluminar algo: *The sergeant's torch played on a single figure ten yards away*, La linterna del sargento iluminó una sola silueta a unos diez metros de distancia; *Sunlight filtered through the trees and played on the surface of the stream*, La luz del sol se filtró entre los árboles e incidió en la superficie del arroyo.

3 *vt insep* sacar provecho de algo, explotar algo: *His sister's words still played on his mind*, Siguió dándole vueltas a las palabras de su hermana; *It's the sort of film that plays on your emotions*, Es el tipo de película que se aprovecha de tus emociones; *Political leaders played on people's fears of racial conflict*, Los líderes políticos se aprovecharon de los temores de la gente de que estallara un conflicto racial.

play out *vt sep*

1 llevar a efecto algo, realizar algo: *The results of the educational reform will be played out in schools across the country*, Los resultados de la reforma educativa se reflejarán en las escuelas de todo el país; *This initially provincial dispute was played out on the national stage*, Esta disputa que al principio surgió de forma local se reflejó en todo el país.

2 (to be played out) *(informal)* acabar, agotar: *The notion that women can't function without a man is played out*, La idea de que la mujer no puede hacer nada sin un hombre está pasada de moda.

play through

1 *vt sep* tocar algo por completo: *Play the adagio through and then I'll make comments or suggestions*, Toca todo el adagio y después haré comentarios o sugerencias.

2 *vi* tirar sin esperar el turno, adelantarse: *We were playing slowly, so we invited the group behind to play through*, Como jugábamos despacio, invitamos al grupo que iba detrás a adelantarnos.

play up *(informal)*

1 *vi* hacer cosas raras, funcionar mal: *Suspecting that the compass was playing up again, the captain altered course by 5 degrees*, Sospechando que la brújula estaba haciendo de las suyas otra vez, el capitán modificó el rumbo unos 5 grados.
SYNONYMS: act up *(informal)*.

2 *vt sep - vi* fastidiar, molestar, dar la lata: *I see the Major's limping. His old wound must be playing him up again*, Veo que el comandante cojea. Seguro que su vieja herida le está dando la lata otra vez.

3 *vi* dar la lata, dar guerra: *Some of the older boys were playing up and wouldn't sing*, Algunos de los niños mayores se portaron mal y no quisieron cantar.

SYNONYMS: act up *(informal)*.

play upon *vt insep* see **play on**.

play up to *vt insep (informal)*

1 dar coba a alguien, hacer la pelota a alguien: *It's quite sickening the way she plays up to the boss*, Realmente da asco ver cómo le da coba al jefe.

2 exagerar algo para aprovecharse: *They think she's a poor innocent little girl, and she plays up to this for all she's worth*, Creen que es una pobre niña inocente, y ella se aprovecha de eso todo lo que puede.

play with *vt insep*

1 jugar con *(algo)*: *The baby lay in his cot playing with his toes*, El bebé estaba en su cuna jugando con los deditos de sus pies.

2 jugar en *(un equipo)*: *He used to play with the local team*, Antes jugaba en el equipo local.

3 disponer de algo, contar con algo: *Clearly, we did not have much time to play with*, Estaba claro que no disponíamos de mucho tiempo; *How much money have we got to play with?*, ¿Con cuánto dinero podemos contar?

plead [pli:d] pleading, pleaded, pleaded (Note that the usual past tense and past participle is **pleaded**. However, American and Scottish speakers of English also use the form **pled**)

plead for *vt insep*

1 pedir, suplicar: *Victims of the disaster pleaded for help from the government*, Las víctimas de la catástrofe pidieron ayuda al Gobierno.

2 defender a alguien, abogar por alguien: *He hired a skilful lawyer to plead for him*, Contrató a un buen abogado para que lo defendiera.

plead with *vt insep* suplicar a alguien: *She pleaded with the doorkeeper to let her in*, Le suplicó al portero que la dejara entrar.

plod [plɒd] plodding, plodded, plodded

plod away *vi* seguir *(haciendo un trabajo pesado a pesar de las dificultades)*, trabajar mucho: *He'll never be a high-flier, but he plods away and gets through the work I set him*, Nunca será un triunfador, pero va tirando y hace todo el trabajo que le doy.

plod on *vi* andar con paso pesado, avanzar con dificultad pero de forma constante: *The rest of the walkers plodded on through the rain*, El resto de los excursionistas siguió caminando lentamente bajo la lluvia.

plonk [plɒŋk]

plonk down *vt sep (informal)* dejar caer algo, plantificar: *Carrie came in and plonked her bucket down on the newly polished table*, Carrie entró y plantificó el cubo en la mesa recién encerada; *He wandered around the room before plonking himself down in a chair by the fire*, Dio unas cuantas vueltas por la habitación antes de de dejarse caer en un sillón junto a la chimenea.

SYNONYMS: plump down.

plot against

plot [plɒt] plotting, plotted, plotted
  plot against *vt insep* conspirar contra alguien: *Several military officers were accused of plotting against the king*, Varios oficiales militares fueron acusados de conspirar contra el rey.
  plot out *vt sep* trazar: *They used a large-scale map to plot out their route*, Usaron un mapa a gran escala para trazar su ruta.

plough [plaʊ] (In American English the spelling is **plow**)
  plough in *vt sep* enterrar arando: *Prices fell so low that it made more financial sense to plough the crop in*, Los precios cayeron tanto que desde el punto de vista económico les convino más enterrar la cosecha con el arado.
  plough into *vt insep*
    1 estrellarse contra algo, precipitarse contra algo: *The two girls died when the car ploughed into them from behind*, Las dos muchachas murieron cuando el coche las embistió por detrás.
    2 invertir *(en grandes cantidades)*: *The company has ploughed vast sums into research and development*, La empresa ha invertido grandes cantidades de dinero en investigación y desarrollo; *The whole of the first year's profits were ploughed back into the business*, Todos los beneficios del primer año se reinvirtieron en el negocio.
    3 incorporar, mezclar *(arando)*: *Many farmers prefer to plough the stubble into the land*, Muchos agricultores prefieren mezclar el rastrojo y la tierra arándola.
  plough on *vi* seguir adelante: *The temptation is to plough on regardless instead of cutting your losses*, Lo más tentador es seguir adelante pase lo que pase, en lugar de reducir las pérdidas.
  plough through *vt insep*
    1 abrirse camino por entre algo: *The ship ploughs through the pack ice*, El barco se abre camino entre la masa flotante de hielo.
    2 avanzar en algo con dificultad: *I had to plough through all five hundred and thirty-one pages of the report*, Tuve que leerme todas y cada una de las quinientas treinta y una páginas del informe; *Not wanting to appear rude we ploughed through a second helping of lasagna*, Como no queríamos quedar mal, repetimos la lasaña aun a desgana.

pluck [plʌk]
  pluck at *vt insep* tirar de algo, dar un tirón de algo: *The boy stood outside the headmaster's office, nervously plucking at his sleeve*, El niño estaba delante de la oficina del director, tirándose nerviosamente de la manga; *One fan sang along and plucked at an imaginary guitar*, Un admirador cantaba a la vez y punteaba una guitarra imaginaria.
  pluck out *vt sep* arrancar, sacar, quitarse: *He plucked out the thorn from her finger*, Le arrancó la espina del dedo; *He reached into his breast pocket and plucked out a business card*, Se metió la mano en el bolsillo superior y sacó una tarjeta.

plug [plʌg] plugging, plugged, plugged
  plug away or **plug away at** *vt insep (informal)* perseverar: *Learning the guitar is a slow process, you have to keep plugging away at it*, Aprender a tocar la guitarra es un proceso lento, tienes que seguir dándole duro; *She's still plugging away at her thesis, I don't know when she'll finish it*, Sigue metiéndole caña a la tesis, no sé cuándo la acabará.
    SYNONYMS: peg away *(at)*; work away *(at)*.

plug in vt sep enchufar: *It's not that the bulb's blown, the lamp isn't plugged in*, No es que se haya quemado la bombilla, es que la lámpara no está enchufada.

plug into vt sep
1 enchufar a algo, conectar a algo: *Plug the computer into the mains and switch it on*, Enchufa el ordenador y enciéndelo.
2 *(informal)* estar al corriente de algo, estar al día de algo: *Doing this job I'm plugged into what's going on in the musical world*, Con este trabajo estoy al día de lo que pasa en el mundo de la música.

plug up vt sep tapar, taponar: *You can use plaster to plug up the gaps between the frame and the wall*, Puedes poner yeso para tapar los huecos entre el marco y la pared.

plumb [plʌm]

plumb in vt sep conectar a la toma de agua: *The man who delivered the washing machine offered to plumb it in for me*, El hombre que trajo la lavadora se ofreció a conectármela a la toma de agua.

plump [plʌmp]

plump down vt sep plantar, plantificar, dejar caer: *He plumped the bags down in the middle of the kitchen floor*, Dejó las bolsas en medio del suelo de la cocina.
SYNONYMS: plonk down *(informal)*.

plump for vt insep
1 decidirse por algo: *After much hesitation we finally plumped for the stuffed squid*, Tras muchas dudas, al final optamos por los calamares rellenos.

plump up vt sep ahuecar, mullir: *The nurse plumped up the pillows to make me more comfortable*, La enfermera ahuecó las almohadas para que yo estuviera más cómoda.

plunge [plʌndʒ]

plunge in vi
1 zambullirse, tirarse: *He saw the boy fall into the river and plunged in after him*, Vio que el niño se caía al agua y se zambulló detrás de él.
2 lanzarse a algo: *Tony plunged in with a spirited but rather ill-thought-out defence of their actions*, Tony se lanzó a hacer una defensa vehemente, aunque mal elaborada, de sus acciones.
SYNONYMS: leap in.

plunge into vt sep
1 clavar, hincar: *Richard plunged his sword into William's horse*, Richard clavó su espada en el caballo de William.
2 caer a, lanzarse a *(el mar, el agua)*: *The car skidded off the road and plunged into the sea*, El coche se salió de la carretera y cayó al mar.
3 quedarse a oscuras de repente: *A fuse blew and we were plunged into total darkness*, Se fundió un fusible y nos quedamos totalmente a oscuras.
4 lanzarse a algo, volcarse en algo: *Trying to put everything behind her, she plunged into her work*, Intentando olvidarse de todo, se volcó en su trabajo.

ply [plaɪ] plying, plied, plied

ply between vt insep hacer el servicio entre dos lugares: *A small ferry plies between the two islands*, Un pequeño ferry hace el trayecto entre las dos islas.

ply with *vt sep* no parar de ofrecer *(comida, bebida)* a alguien, acribillar a alguien con *(preguntas)*: *The landlord of the tavern could not stop plying wealthy travellers with drink*, El dueño de la taberna no paraba de ofrecer bebidas a los viajeros acaudalados; *She plied him with questions about his visit to Africa*, No paró de hacerle preguntas sobre su viaje a África.

point [pɔɪnt]
point out *vt sep*
1 señalar algo a alguien: *The guide pointed out things of interest as we travelled along in the coach*, El guía nos señalaba cosas de interés mientras viajábamos en el autobús; *He can take you to the loch and point out precisely where you will be sure to catch fish*, Puede llevarte al lago y mostrarte los lugares exactos donde seguro que pescarás.

2 indicar algo a alguien, decir algo a alguien *(señalando)*: *I don't know who the director is. Can you point him out to me?*, No sé quién es el director. ¿Me puedes decir quién es con el dedo?

3 apuntar, señalar, observar: *I examined my contract and pointed out a minor discrepancy in it to Personnel*, Examiné mi contrato y comenté una pequeña discrepancia a la sección de personal; *I should point out, before we go any further, that all these figures are estimates*, Debo señalar, antes de proseguir, que todas estas cifras son cálculos aproximados.

point to *vt insep*
1 señalar: *I asked to see the manager and she just pointed to a door in the corner*, Dije que quería ver al director y se limitó a señalarme una puerta en la esquina; *It is one o'clock when the big hand is pointing to 12 and the little hand is pointing to 1*, Es la una cuando la manecilla grande señala las doce y la pequeña señala la una; *Economic indicators point towards an imminent recession*, Los indicadores económicos apuntan a una recesión inminente.

2 apuntar, señalar: *The minister pointed to the fact that both countries have nuclear capability*, El Ministro señaló el hecho de que los dos países tienen armamento nuclear.

point towards *vt insep*
1 estar orientado hacia alguna parte: *The aerial is pointed towards the north*, La antena está orientada hacia el norte.

2 señalar algo: *The compass needle points towards magnetic north*, La aguja del compás señala el norte magnético (American speakers of English usually use **toward** instead of **towards**).

point up *vt sep* subrayar, destacar, poner de relieve: *She compared the two activities, drawing parallels and pointing up interesting distinctions*, Comparó las dos actividades, estableciendo paralelismos y poniendo de relieve diferencias interesantes.

poke [pəʊk]
poke about or poke around *vi*
1 husmear, hurgar, rebuscar: *I was poking around in the loft the other day when I found this old chest*, El otro día me puse a husmear en el desván y encontré este viejo arcón.

2 fisgonear, hacer indagaciones: *I caught him poking around in my office the other day*, El otro día lo pillé fisgoneando en mi oficina; *She's a real busybody, always poking about in other people's business*, Es una auténtica cotilla, siempre anda metiéndose en la vida de los demás.

poke at vt insep dar *(con la punta de algo)*: ***She poked at the snake with a stick to see if it was dead***, Le dio a la serpiente con un palo para ver si estaba muerta.
   SYNONYMS: prod at.
poke out vt sep - vi
   1 sacar, saltar *(un ojo)*; sobresalir: ***His big toe was poking out of a hole in his sock***, Se le salía el dedo gordo del pie por un agujero del calcetín.
   2 sacar, asomar: ***He poked his head out of the bedcovers to listen***, Asomó la cabeza por entre las mantas para escuchar; ***The boy poked his head out and glanced up and down the corridor***, El niño asomó la cabeza y miró hacia ambos lados del pasillo.
   3 sacar *(con un objeto punzante)*: ***You have to poke the winkles out of their shells with a pin***, Tienes que sacar los bígaros de las conchas con un alfiler.
poke round vi see **poke about**.
poke through vt insep sobresalir, verse: ***You can see the tips of new shoots poking through the soil***, Se ven las puntas de los brotes nuevos asomando en la tierra.
poke up vt sep atizar: ***Grandad rose, poked up the fire, and then settled himself again cosily in a big leather chair***, El abuelo se levantó, atizó el fuego y volvió a sentarse comódamente en una gran butaca de cuero.

polish ['pɒlɪʃ]
polish off vt sep *(informal)* zamparse, liquidarse, pulirse, despacharse: ***There's no cake left! You greedy pigs have polished it all off!***, ¡Ya no queda pastel! ¡Os lo habéis pulido todo, glotones!; ***He polished off his first two matches in three sets***, Se despachó los dos primeros partidos en tres sets.
polish up vt sep
   1 encerar, dar cera a algo, sacar brillo a algo: ***The soldier polished up his medals for the big parade***, El soldado sacó brillo a sus medallas para el gran desfile.
   2 repasar, poner algo al día: ***If you're going to camp out on the mountain, you'd better polish up your survival skills***, Si vas a acampar en la montaña, más vale que pongas al día tus tácticas de supervivencia; ***The cast were polishing up their lines***, Los miembros del reparto estaban repasando el guión.

ponce [pɒns]
ponce about or **ponce around** vi *(offensive slang)*
   1 chulear: ***All he does is ponce about the office trying to look important***, Lo único que hace es chulear por la oficina dándose aires de importancia.

ponder ['pɒndəʳ]
ponder on or **ponder upon** vt insep *(formal or literary)* considerar algo: ***He pondered on the significance of the day's events***, Meditó sobre la importancia de los acontecimientos del día.

pop [pɒp] popping, popped, popped
pop in or **pop into** *(informal)*
   1 vt insep entrar un momento: ***We'll pop in somewhere for a drink and a snack on the way to the theatre***, Pasaremos por algún sitio para tomar y picar algo de camino al teatro; ***"I'm just popping into the butcher's," she said brightly***, -Pasaré un momento por la carnicería -dijo alegremente.
   2 vt sep dejar algo en algo: ***Will you pop this card into his pigeonhole, please***, ¿Pue-

des dejar esta tarjeta en su casillero, por favor?; ***The idea just popped into my head***, Se me acaba de ocurrir la idea.

pop off vi *(informal)*
1 irse corriendo: ***I'm just popping off now. Cheerio, everyone***, Me voy corriendo. Adiós a todos; ***She said she had to pop off home***, Dijo que tenía que irse corriendo a casa.
2 palmarla, diñarla, estirar la pata: ***When I eventually pop off I want all my friends to have a big party***, Cuando la palme quiero que todos mis amigos hagan una gran fiesta.

pop out vi asomarse, salir, aparecer: ***If there's not enough natural light, the flash pops out automatically***, Si falta luz natural, el flash sale automáticamente; ***A figure popped out of a doorway to my left***, Una figura se asomó por una puerta a mi izquierda; ***His eyes seemed to be popping out of his head with uncontrollable anger***, Parecía que los ojos se le salían de las órbitas con una furia incontrolable.

pop up vi surgir, aparecer de pronto: ***I was looking around for another job when this opportunity popped up***, Estaba buscando otro empleo cuando se me presentó esta oportunidad.

pore [pɔːʳ]

pore over vt *insep* enfrascarse en algo, estudiar algo con detenimiento: ***Emily found him poring over a letter, deep in concentration***, Emily lo encontró enfrascado en una carta, muy concentrado.

portion [ˈpɔːʃən]

portion out vt *sep* repartir, dividir: ***We want to portion the work out fairly***, Queremos repartir el trabajo de un modo justo.
SYNONYMS: share out.

post [pəʊst]

post up vt *sep* poner algo a la vista, hacer público, sacar: ***The exam results will be posted up in the main hall tomorrow morning***, Las notas del examen se colgarán en la sala principal mañana por la mañana.

potter [ˈpɒtəʳ]

potter about or **potter around** vi dedicarse a trabajos pequeños, no hacer casi nada en todo el día: ***He spends hours pottering about in the garden when the weather's fine***, Cuando hace buen tiempo, se pasa horas trabajando en el jardín; ***This little dinghy is an ideal boat for the whole family to use and generally potter around in***, Este pequeño bote es ideal para que toda la familia lo use y se entretenga en general.

pounce [paʊns]

pounce on or **pounce upon** vt *insep* abalanzarse sobre alguien: ***The mouse tried to escape but the cat pounced on it again***, El ratón intentó escapar pero el gato volvió a abalanzarse sobre él; ***Edward hoped to slink past unnoticed, but a teacher pounced on him and told him to go back to his classroom***, Edward intentó pasar desapercibido, pero un profesor lo pilló y le dijo que volviera a su clase.

pour [pɔːʳ]

pour away vt *sep* tirar algo, echar algo por el desagüe: ***If the milk is sour, pour it away***, Si la leche está agria, tírala.

pour down *vi* diluviar, llover a cántaros: *The rain poured down in Carmarthen and the streets were like rivers*, Llovía a cántaros en Carmathen y las calles parecían ríos.

pour forth *vi* salir a borbotones: *Once she felt more confident, the words poured forth in a torrent*, En cuanto se sintió más segura, le salieron las palabras con mucha fluidez; *Clouds of smoke poured forth from the burning warehouse*, Salieron nubes de humo del almacén en llamas.

pour in or **pour into** *vi* llegar en abundancia: *Offers of aid are pouring in from all over the world*, Están llegando ofrecimientos de ayuda de todo el mundo; *Brilliant sunlight poured in through the uncurtained windows*, La brillante luz del sol entraba a raudales por las ventanas sin cortinas; *On the day of the royal wedding thousands of people poured into the capital by rail and road*, El día de la boda real llegó una avalancha de personas en tren y por carretera.

pour off *vt sep* echar, verter, vaciar: *Pour off the fat before it solidifies*, Vierte la grasa antes de que se solidifique.

pour onto *vi* llegar en abundancia, afluir: *People poured onto the streets waving flags*, La gente afluyó a las calles agitando banderas.

pour out *vt sep*
1 echar, verter, servir: *He poured out a large measure of whisky*, Sirvió una buena copa de whisky.
2 salirse de algo: *Petrol was pouring out of the tanker and spreading over the road*, La gasolina se salía a chorros del camión cisterna y se extendía por toda la carretera.
3 dejar salir algo: *There was no stopping him as he poured out his feelings to us*, No había manera de detenerlo cuando empezó a contarnos sus sentimientos.

prance [prɑːns]
prance about *vi* pavonearse: *In the film, two well-known actors prance about in women's clothes*, En la película, dos famosos actores se pavonean vestidos de mujer.

present [prɪˈzent]
present to *vt sep* (to present *something* to *somebody*)
1 entregar: *Medals will be presented to all the winners at a special ceremony*, Se entregarán las medallas a todos los ganadores en una ceremonia especial.
2 presentar a alguien: *He was presented to the governor, Lord Gardner*, Le presentaron al gobernador, Lord Gardner.

present with *vt sep* (to present *somebody* with *something*)
1 entregar: *The prizewinner was presented with a cup*, Le entregaron una copa al ganador del premio.
2 tener que hacer frente a algo: *In this case, the police were presented with a dilemma*, En este caso, la policía se enfrentaba a un dilema; *I was presented with a serious problem*, Me vi frente a un grave problema.
SYNONYMS: face with.

press [pres]
press ahead *vi* seguir adelante, continuar: *The other 10 EC nations were determined to press ahead with the Maastricht Treaty*, Las otras 10 naciones de la CE estaban decididas a seguir adelante con el tratado de Maastricht.

press for *vt insep* pedir insistentemente algo: *MPs are pressing for an enquiry*

press into

following recent revelations in the press, Los parlamentarios presionan para que se lleve a cabo una investigación tras las últimas noticias que han salido en la prensa.

press into *vt sep* obligar a hacer algo: *Don't let them press you into signing anything if you're not sure about it*, No dejes que te obliguen a firmar nada si no estás seguro.

press on *vi* seguir adelante, continuar: *The Prime Minister is keen to press on with his programme of reforms*, El primer ministro quiere seguir adelante con su programa de reformas; *She pressed on, her legs aching, until she could walk no further*, Siguió caminando, pese al dolor en las piernas, hasta que ya no pudo más.

press upon *vt sep* (to press *something* on *somebody*) forzar a alguien: *We tried to refuse their gifts, but they pressed them on us and in the end we had to accept them*, Intentamos rechazar sus regalos, pero ellos insistieron y al final tuvimos que aceptarlos.

presume [prɪˈzjuːm]

presume on or **presume upon** *vt insep (formal)* abusar de algo: *We wouldn't presume upon your hospitality unless it was a dire emergency*, No abusaríamos de su hospitalidad si no se tratara de una emergencia desesperada.

pretend [prɪˈtend]

pretend to *vt insep (formal)* afirmar ser poseedor de algo: *How dare she pretend to the title of 'spokesperson' for ethnic minorities!*, ¡Cómo se atreve a adjudicarse el título de 'portavoz' de las minorías étnicas!; *I don't pretend to any knowledge about art, but I know what I like*, No pretendo saber de arte, pero sé lo que me gusta.

pretty [ˈprɪtɪ] prettying, prettied, prettied

pretty up *vt sep* engalanar, poner bonito: *The dreary town centre has been prettied up for the occasion*, Habían adornado el triste centro de la ciudad para la ocasión.

prevail [prɪˈveɪl]

prevail on or **prevail upon** *vt insep* convencer a alguien de que haga algo: *He prevailed upon his mother to let him stay up and watch the film*, Convenció a su madre de que lo dejara quedarse levantado para ver la película.

prey [preɪ]

prey on or **prey upon** *vt insep*

1 alimentarse de algo: *Hawks prey on small birds and rodents*, Los halcones se alimentan de aves pequeñas y de roedores.

2 reconcomer, remorder: *His unannounced departure preyed on her thoughts. Had she done something wrong?*, Su partida inesperada la sumió en graves reflexiones. ¿Había obrado mal?

prick [prɪk]

prick out *vt sep* plantar *(en otro tiesto)*, trasplantar: *When the seedlings are about 3 cm tall, prick them out into small pots*, Cuando las plantas del semillero midan unos 3 cm de alto, trasplántelas a macetas pequeñas.

prick up *vt sep (informal)*

1 levantar, erguir: *The horse's ears pricked up at the unfamiliar noise*, El caballo levantó las orejas cuando oyó el extraño ruido.

2 prestar atención, abrir bien *(los oídos)*: ***Hearing voices in the next room, she pricked up her ears***, Al oír voces en la habitación de al lado, aguzó el oído.

print [prınt]
  print off *vt sep* imprimir, sacar *(un número de)* copias: ***They'll print off ten thousand leaflets to begin with, more if we need them***, Para empezar imprimirán diez mil folletos, y más si nos es necesario.
  print out *vt sep* imprimir: ***You can print out what's on the screen at any time***, Puedes imprimir lo que sale en la pantalla en cualquier momento.

prise [praız] (Also spelled **prize**)
  prise off *vt sep* levantar algo haciendo palanca: ***The workmen prised the lid off the coffin***, Los empleados quitaron la tapa del ataúd haciendo palanca.
  prise out *vt sep* sacar algo con dificultad empujando hacia arriba *(haciendo palanca)*: ***He tried to prise himself out of the chair***, Aprisionado en la butaca, intentó levantarse haciendo fuerza.

proceed [prəˈsiːd]
  proceed against *vt insep (formal or legal)* demandar a alguien: ***Her barrister has advised that she proceed against both companies***, Su abogado le aconsejó que demandara a las dos empresas.
  proceed from *vt insep (formal)* proceder de algo, tener su origen en algo: ***Michelangelo's works have a strong and marked character and seem to proceed from his own mind entirely***, Las obras de Miguel Ángel tienen un carácter fuerte y marcado y parecen proceder por completo de su mente.
  proceed with *vt insep (formal)* proceder con algo, continuar con algo: ***Shall we proceed with the meeting now?***, ¿Les parece bien que procedamos con la reunión?

prod [prɒd] prodding, prodded, prodded
  prod at *vt insep* dar a algo con la punta del dedo, de un palo, etc: ***He prodded at the snake with a stick to see if it was dead***, Le dio a la serpiente con un palo para ver si estaba muerta.
  SYNONYMS: poke at.

profit [ˈprɒfɪt]
  profit by or **profit from** *vt insep* aprovecharse de algo, sacar partido de algo: ***I hope that others may profit from my experience***, Espero que otros puedan aprovechar mi experiencia.

pronounce [prəˈnaʊns]
  pronounce on or **pronounce upon** *vt insep (formal)* pronunciarse sobre algo: ***The European Court of Human Rights is due to pronounce upon the matter***, El Tribunal Europeo de Derechos Humanos tiene que pronunciarse al respecto.

prop [prɒp] propping, propped, propped
  prop up *vt sep*
    1 apoyar: ***She propped herself up on one elbow***, Se apoyó en un codo; ***The roof was in danger of falling in so it had to be propped up***, El tejado amenazaba con derrumbarse así que tuvieron que apuntalarlo.
    2 apoyar a alguien, dar su apoyo a alguien: ***They have denounced the reform as an***

attempt to prop up a bankrupt system, Denunciaron la reforma como un intento de mantener a flote un sistema que está en quiebra; *The industry had to be propped up with government money,* El gobierno tuvo que apoyar a la industria con dinero.

provide [prə'vaɪd]

provide against *vt insep* tomar precauciones contra algo: *With increased job insecurity, it makes sense to provide against loss of income,* Con el aumento de la inseguridad en el empleo, tiene sentido tomar precauciones contra la pérdida de ingresos.

provide for *vt insep*
1 mantener: *He wasn't able to provide adequately for his family on his meagre pay,* No podía mantener a su familia como correspondía con su escaso sueldo.
2 prever algo, tomar precauciones contra algo: *The plan provided for the withdrawal of troops from occupied territory,* El plan preveía la retirada de las tropas del territorio ocupado; *Finland's constitution provides for a parliamentary system of government,* La constitución finlandesa estipula un sistema parlamentario de gobierno.

provide with *vt sep* proporcionar algo a alguien, proveer a alguien de algo: *We will provide you with a free uniform,* Le proporcionaremos un uniforme gratis; *The manager provides players with the incentive to train harder and win more matches,* El entrenador da a los jugadores el incentivo de entrenar más y ganar más partidos; *He was provided with a map and a compass, and nothing else,* Le dieron un mapa y una brújula, y nada más.

prowl [praʊl]

prowl about or **prowl around** *vi* merodear, rondar: *I phoned the police because I saw someone prowling around in the garden,* Llamé a la policía porque vi a alguien merodeando por el jardín.

psych [saɪk] (Also spelled **psyche**)

psych out *vt sep (informal)* poner nervioso a alguien: *In games like chess, where concentration is vital, players try to psyche each other out,* En juegos como el ajedrez, en los que la concentración es fundamental, los jugadores intentan ponerse nerviosos los unos a los otros.

psych up *vt sep (informal)* mentalizar: *It's the coach's job to psyche the players up and give them the will to win,* Es el trabajo del entrenador mentalizar a los jugadores y transmitirles el deseo de ganar.
SEE ALSO: hype up.

puff [pʌf]

puff away *vi* dar caladas *(a un cigarro)*, chupar *(una pipa)*: *One of the boys produced a packet of cigarettes and soon all four of them were puffing away merrily,* Uno de los chicos sacó un paquete de tabaco y al poco estaban los cuatro dando caladas tranquilamente.

puff out *vt sep*
1 hinchar, inflar: *The portrait made him look like some sort of elderly cherub, with puffed out cheeks,* El retrato le hacía parecer una especie de querubín anciano, con las mejillas hinchadas.
2 *(informal)* dejar sin aliento a alguien: *She had felt full of energy till the long climb*

up the hill puffed her out, Se había sentido llena de energía hasta que la larga subida a la colina la dejó sin aliento; *What've you been doing? You look puffed out*, ¿Qué has estado haciendo? Pareces agotada.

puff up *vt sep - vi* hinchar, ahuecar; hincharse, ahuecarse: *The lizard puffs up its body to deter predators*, El lagarto hincha el cuerpo para disuadir a los depredadores; *Her eyes were all puffed up from crying*, Tenía los ojos muy hinchados de llorar; *Mike came back from the dentist's with his cheeks puffed up, barely able to talk*, Mike volvió del dentista con las mejillas hinchadas y casi no podía hablar.

pull [pʊl]

pull about or **pull around** *vt sep* maltratar, zarandear: *The younger ones are often pulled about by the older kids, but never seem to come to much harm*, Los niños mayores suelen zarandear a los más pequeños, pero no parece que les hagan nunca demasiado daño; *He was pulled around in the scrum, his shirt was torn, and his nose was bleeding*, Lo zarandearon en la melé, le rompieron la camisa y le salía sangre de la nariz.

pull ahead *vi* sacar ventaja, tomar la delantera, ponerse por delante: *According to a poll in the Sunday Times, Labour is pulling ahead of the Tories once again*, Según una encuesta del Sunday Times, los laboristas van otra vez por delante de los conservadores.

pull apart *vt sep*

1 hacer pedazos algo, romper algo: *The puppy had pulled the soft toy apart and was playing with the stuffing*, El cachorro había destrozado el peluche y estaba jugando con el relleno; *Jack moved to the window and pulled apart the curtains*, Jack fue hacia la ventana y corrió las cortinas.

2 echar abajo, echar por tierra *(un argumento)*; poner por los suelos, criticar duramente *(una obra)*: *His latest offering was pulled apart by the art critic on the Guardian*, El crítico de arte del Guardian puso por los suelos su última creación; *She'd read my essay, pull it apart, and then suggest I start all over again*, Después de leer mi trabajo y ponerlo por los suelos, me sugirió que lo empezara de nuevo.

SYNONYMS: take apart.

pull around *vt sep* see **pull round**.

pull aside *vt sep*

1 apartar: *Pulling aside the screen of branches, she found a door in the wall*, Apartó las ramas que lo cubrían todo y encontró una puerta en la pared.

2 apartar, llevar aparte a alguien: *Francis pulled me aside and warned me to be careful*, Francis me llevó a un lado y me advirtió que tuviera cuidado.

pull at *vt insep*

1 tirar de algo: *Someone was pulling urgently at my coat. I turned to find Jess standing just behind me*, Alguien me tiraba del abrigo con insistencia. Me di la vuelta y allí estaba Jess, de pie justo detrás de mí; *Four men pulled at the rope, but the boat was firmly stuck in the sand*, Cuatro hombres tiraban de la cuerda, pero la barca estaba muy encallada en la arena.

SYNONYMS: tug at.

2 dar una calada a *(un cigarro)*, chupar *(una pipa)*: *"Hmm, let me see," he said, pulling meditatively at a foul-smelling clay pipe*, -Hum, déjame ver -dijo, dándole una chupada a una pipa de arcilla que olía fatal.

pull away

1 *vi* apartarse, irse, salir: *Schumacher pulled away from the start line*, Schumacher se separó de la línea de salida; *The two policemen gave chase but the white car*

pull back

pulled away before they could reach it, Los dos policías lo persiguieron pero el coche blanco arrancó y se alejó antes de que pudieran alcanzarlo.

2 *vi* alejarse de algo, separarse de algo: ***The boat was pulling swiftly away from us towards a distant ship***, La barca se estaba alejando de nosotros rápidamente en dirección a un barco que estaba lejos.

3 *vi* soltarse: *"**Leave me alone, it wasn't me!**" I cried, trying to pull away from him*, -Déjame tranquilo, no he sido yo -grité, intentando soltarme.

4 *vt sep* (**to pull yourself away**) apartarse, irse, dejar: ***If you could pull yourself away from the telly for a minute, I need you to help me***, Si pudieses apartarte de la tele un momento, necesito que me ayudes; ***It was all she could do to pull herself away from such a fascinating spectacle***, Tuvo que hacer un gran esfuerzo para apartar la mirada de tan fascinante espectáculo.

pull back *vt sep*

1 retirar: ***The German forces had pulled back towards the Seine taking all their equipment with them***, Las fuerzas alemanas se habían retirado hacia el Sena llevándose consigo todo su equipo.

2 echarse atrás de algo: ***They've pulled back from all-out confrontation with the unions***, Se han echado atrás y no van a enfrentarse abiertamente a los sindicatos.

3 salvar de algo: ***They were a goal down when the captain scored, pulling them back from almost certain relegation***, Perdían por un gol cuando el capitán marcó y los salvó de un descenso casi seguro.

pull down *vt sep*

1 bajar *(la bandera, la persiana)*: ***He watched me pull down the Jolly Roger and throw it overboard***, Miraba cómo bajaba la bandera pirata y la tiraba por la borda; ***Agnes bolted the door and pulled down the blind***, Agnes cerró la puerta con cerrojo y bajó la persiana.

2 derribar, echar abajo: ***A beautiful old Georgian terrace was pulled down to make way for the motorway extension***, Derribaron una magnífica hilera de casas georgianas para dejar paso a la prolongación de la autopista; ***They had no choice but to pull it down before it fell down***, No tuvieron más remedio que derribarlo antes de que se cayera.

SYNONYMS: demolish.

3 debilitar *(físicamente)*, desanimar *(anímicamente)*: ***If you're already undernourished, the virus will pull you down very rapidly***, Si ya estás desnutrido, el virus te debilitará muy rápidamente.

4 *(informal)* hundir: ***She should leave him before he pulls her down any further***, Debería dejarlo antes de que la hunda todavía más; ***He's always pulling his wife down by criticizing her in public***, Siempre humilla a su esposa criticándola en público.

5 bajar: ***His overall mark was pulled down by the last assessment***, La última evaluación le bajó la nota media.

6 ESP AmE *(informal)* ganar, ingresar: ***Some of those stockbrokers are pulling down five hundred grand a year***, Algunos de estos agentes de bolsa están ganando quinientos mil dólares al año.

pull for *vt insep* *(informal)* animar, apoyar: ***He felt utterly alone, as if there was no-one pulling for him***, Se sentía completamente solo, como si nadie estuviera apoyándolo.

SYNONYMS: root for *(informal)*.

pull in or pull into *vt insep*

1 parar: ***We stopped and the police car pulled in behind***, Paramos y el coche de la policía paró detrás de nosotros; ***I pulled into the driveway of the third house on the right***, Entré en la entrada para coches de la tercera casa de la derecha.

pull out

2 llegar *(a una estación)*: ***There were hundreds of people waiting when the troop train pulled in***, Había cientos de personas esperando cuando llegó el tren de transporte militar; ***At 6.30 a.m. the next morning the train pulled into Central Station, Glasgow***, El tren llegó a la Estación Central de Glasgow la mañana siguiente a las 6:30.
   Antonyms: pull out; leave.

3 ganar, ingresar: ***After a couple of successful shows in the Big Apple, you'll soon be pulling in the cash***, Después de un par de espectáculos de éxito en la Gran Manzana no tardarás en forrarte.
   Synonyms: rake in *(informal)*.

4 atraer: ***He said he was getting out of the business, circuses weren't pulling in the crowds like they used to***, Dijo que iba a dejar el negocio, los circos ya no atraían a tanto público como antes.
   Synonyms: attract.

pull off

1 *vt sep* quitarse: ***Georgina pulled off her coat and flung it on a chair***, Georgina se quitó rápidamente el abrigo y lo echó sobre una silla; ***She could hear Ben pulling covers off chairs and tables, restlessly searching for something***, Podía oír cómo Ben sacaba las fundas de las sillas y de las mesas, buscando algo sin descanso.

2 *vt sep* conseguir, obtener, sacarse: ***He is backing his old club to pull off their first League title***, Está apoyando a su antiguo club para que consiga su primer título de liga; ***Well, I never thought we'd get the contract but we've managed to pull it off***, Bueno, nunca pensé que conseguiríamos el contrato, pero nos las hemos arreglado para conseguirlo.
   See also: bring off.

3 *vi* salir: ***The stationmaster blew his whistle and the train pulled off in clouds of steam***, El jefe de estación tocó el silbato y el tren salió entre nubes de vapor.
   Synonyms: pull away.

4 *vt insep* salirse de la carretera: ***Ellwood saw them pull off the road into the driveway of a hotel***, Ellwood vio cómo salían de la carretera y se metían en el camino que llevaba hasta un hotel; ***Five miles past the town we pulled off the main road onto the lane leading to the farm***, Nos salimos de la carretera principal cinco millas después del pueblo y nos metimos en el camino que llevaba a la granja.

pull on

1 *vt sep* ponerse *(con trabajo o con prisa)*: ***He pulled on his coat and ran out of the door, shouting to her to come back***, Se puso el abrigo y salió corriendo por la puerta, pidiéndole a gritos que volviera.

2 *vt insep* dar caladas a *(un cigarro, un puro)*, chupar *(una pipa)*: ***He pulled on a hand-rolled Havana cigar and smiled complacently***, Daba caladas a un habano liado a mano y sonreía con suficiencia.

pull out

1 *vt sep* sacar: ***He opened one of his desk drawers and pulled out a little tin box***, Abrió uno de los cajones de su escritorio y sacó una cajita de hojalata; ***He pulled a wad of hundred-dollar bills out of his pocket***, Se sacó un fajo de billetes de cien dólares del bolsillo; ***First pull out all the old nails with a pair of pliers***, Primero arranca todos los clavos viejos con unos alicates.

2 *vi* salir de algún sitio: ***He was hit by a van which pulled out of a side street right in front of him***, Lo atropelló una camioneta que salía de una calle lateral justo delante de él; ***"Some people are so slow," muttered Stirling as he pulled out to overtake a car that must have been doing at least 80***, -Algunos son lentísimos -

masculló Stirling mientras cambiaba de carril para adelantar a un coche que debía ir al menos a 80.

3 *vi* salir, realizar la salida *(un tren)*: ***Several minutes before the express was due to pull out, there was no-one on the platform***, El andén seguía vacío varios minutos antes de que el expreso tuviera prevista su salida.
SYNONYMS: draw out.
ANTONYMS: pull in.

4 *vt insep* retirarse de algo: ***He pulled out of the tournament with a sprained wrist***, Se retiró del torneo por un esguince en la muñeca; ***His chance for gold was gone when the US pulled out of the Moscow Olympics***, Su oportunidad de conseguir el oro se esfumó cuando Estados Unidos se retiró de la olimpiada de Moscú.

5 *vt insep* retirarse: ***The government has announced that it is pulling another 2,000 soldiers out of Northern Ireland***, El gobierno ha anunciado que va a retirar a otros 2.000 soldados de Irlanda del Norte; ***All UN observers have been pulled out of the country***, Han sacado del país a todos los observadores de la ONU.

pull over

1 *vi* acercarse: ***We pulled over at a roadside café to have a cup of coffee***, Paramos en una cafetería de carretera para tomar una taza de café; ***You'd better pull over to let the ambulance go past***, Será mejor que te hagas a un lado para dejar paso a la ambulancia.

2 *vt sep* parar, hacer parar *(a un lado de la carretera)*: ***The police can pull you over and check that your vehicle is roadworthy***, La policía puede pararte y comprobar si tu vehículo es apto para circular.

pull round

1 *vt sep* girar hacia el lado contrario: ***Wilson grabbed me then and pulled me round to face him***, Entonces Wilson me agarró e hizo que me volviera hacia él.

2 *vt sep* reanimar, reactivar: ***The banks have given them six months to pull the business round***, Los bancos les han dado seis meses para que reactiven el negocio.

3 *vi* recuperarse, reponerse *(de una enfermedad)*, recobrar el conocimiento: ***The doctors say that if he doesn't pull round in twenty-four hours, there isn't much hope***, Los médicos dicen que no hay mucha esperanza si no se reanima en veinticuatro horas.

pull through *vi* recuperarse, reponerse: ***She's out of coma, and we think she'll pull through***, Ha salido del coma y creemos que se recuperará; ***It was the love and support of our family that pulled us through the crisis in our marriage***, Gracias al cariño y al apoyo de nuestra familia remontamos la crisis de nuestro matrimonio; ***He's going through a bad time but he's tough and he'll pull through***, Está atravesando un mal momento pero es fuerte y saldrá adelante.

pull to *vt sep* ajustar *(la puerta o la ventana, tirando de ella)*: ***Bob pushed her onto the landing and pulled the bedroom door to behind him***, Bob la empujó al rellano y se aseguró de que la puerta del dormitorio quedaba bien cerrada.

pull together

1 *vi* aunar los esfuerzos, tener espíritu de equipo: ***France and Britain never really pulled together in either of the two World Wars***, Francia y Gran Bretaña nunca aunaron del todo sus esfuerzos en ninguna de las dos guerras mundiales; ***If we all pull together I'm sure the project will be a success***, Si todos ponemos de nuestra parte, estoy segura de que el proyecto será un éxito.

2 *vt sep* llevar a cabo: ***Well, it's a pretty complicated takeover but I think we'll be able to pull it together***, Bueno, es un proceso de absorción bastante difícil pero creo que seremos capaces de llevarla a cabo.

3 *vt sep* calmar, tranquilizar: ***I saw him go pale and then pull himself together***

before proceeding, Vi cómo palidecía y después recobraba la compostura antes de continuar; ***I dried my eyes and pulled myself together***, Me sequé los ojos y me calmé; ***Pull yourself together! This is no time to panic***, ¡Cálmate! No es momento de dejarse llevar por el pánico.

pull under *vt sep* arrastrar al fondo, hundir: ***The currents off the coast can pull even the strongest swimmer under***, Las corrientes costeras pueden arrastrar al fondo incluso a los nadadores más fuertes.

pull up

1 *vt sep* levantarse ayudándose con los brazos: ***The baby can pull himself up using the sides of the cot***, El niño puede levantarse cogiéndose a los lados de la cuna.

2 *vt sep* acercar: ***He pulled up a chair and sat down next to Jane's bed***, Acercó una silla y se sentó junto a la cama de Jane.

3 *vt insep* arrancar *(de raíz)*: ***Vandals had pulled up all the tulips and strewn them over the grass***, Los gamberros habían arrancado todos los tulipanes y los habían tirado por el césped.

4 *vt insep* parar en algún sitio, detenerse en algún sitio: ***By the time he pulled up outside the house Liz was beginning to feel much better***, Cuando por fin se paró frente a la casa, Liz empezaba a encontrarse mucho mejor.

5 *vt sep* parar, detenerse: ***He was just about to dive, saw the pool was empty, and pulled himself up just in time***, Iba a tirarse de cabeza, vio que la piscina estaba vacía y se detuvo justo a tiempo.

6 *vt sep (informal)* echar una bronca a alguien, regañar a alguien: ***He pulled me up about my work, saying it wasn't up to the required standard***, Me echó una bronca por mi trabajo, diciendo que no estaba a la altura exigida.

pump [pʌmp]

pump in or **pump into** *vt sep*

1 bombear, meter con una bomba: ***They pumped in oxygen using a portable generator***, Bombearon oxígeno con un generador portátil; ***Water from the Chattahoochee river is pumped into the peanut fields***, Bombean agua del río Chattahoochee hasta los campos de cacahuetes.

2 invertir, ingresar: ***In the period between the wars, even more money was pumped into enlarging and rebuilding old pubs***, En el periodo de entreguerras se invirtió aún más dinero en la ampliación y reconstrucción de viejos pubs.

pump out *vt sep*

1 bombear, extraer con una bomba: ***The air is then pumped out leaving a perfect vacuum***, Entonces se saca el aire con una bomba y se crea un vacío perfecto.

2 bombear el líquido de algo, extraer el líquido de algo: ***The tin mines nearer the coast had to be pumped out continuously***, En las minas de estaño cercanas a la costa era preciso bombear el agua constantemente; ***Some speakers in the corner of the room were pumping out dance music at full volume***, En una esquina de la habitación había unos altavoces que emitían música de baile a todo volumen.

pump up *vt sep*

1 bombear, extraer bombeando: ***Oil is pumped up from deep below the ground***, Bombean el petróleo desde lo más profundo de la tierra.

2 hinchar, inflar: ***He'd checked the oil and pumped up the tyres***, Comprobó el aceite e hinchó las ruedas.

SYNONYMS: blow up.

punch [pʌntʃ]

punch in *vt sep* teclear, introducir tecleando: ***Vic went to the console by the door***

punch out

and punched in a numerical code, Vic fue hasta el panel que estaba junto a la puerta y tecleó un código numérico.

punch out *vt sep*
1 troquelar: *The star shapes were punched out using a steam press*, Las formas de estrella se troquelaron usando una prensa de vapor.
2 *(slang)* tumbar a alguien de un puñetazo: *Come on, go for the knock-out! Punch him out!*, ¡Venga, a por el K.O.! ¡Túmbalo de un puñetazo!

punch up *vt sep* teclear, introducir tecleando, meter, entrar: *He'd already punched it up on the till*, Ya lo había entrado en la caja registradora.

push [pʊl]

push about or **push around** *vt sep*
1 empujar: *I see the young mums pushing their prams about and I think, "That's not for me!"*, Veo a las mamás jóvenes llevando los cochecitos y pienso: "esto no es lo mío"; *He wasn't hungry and just pushed his food around on his plate*, No tenía hambre y jugaba con la comida en el plato.
2 mangonear, intimidar: *You'd never have stayed around so long if I'd pushed you about*, No te habrías quedado tanto tiempo si te hubiera mangoneado; *I told him he couldn't push me around any more from one job to another*, Le dije que no podía seguir mandándome de un trabajo a otro; *Teachers in general feel that they are being pushed around by the government*, En general, los maestros piensan que el gobierno los está mangoneando.

push ahead *vi* seguir adelante: *We're pushing ahead and hope to have the job finished by tomorrow*, Seguimos adelante y esperamos tener el trabajo acabado mañana; *The group is pushing ahead with an ambitious expansion strategy despite the economic recession*, El grupo sigue adelante con una ambiciosa estrategia de expansión pese a la recesión económica; *Our orders were clear; we were to push ahead and not wait for reinforcements*, Nuestras órdenes eran muy claras; teníamos que seguir adelante sin esperar refuerzos.
SYNONYMS: push forward; push on *(informal)*.

push along *vi (informal)* irse, marcharse, largarse: *We'll have to be pushing along soon, George*, Tendremos que largarnos pronto, George.
SYNONYMS: push off.

push aside *vt sep*
1 apartar empujando, apartar a empujones: *He pushed her aside roughly, and opened the door*, La apartó bruscamente y abrió la puerta.
2 dejar aparte, no hacer caso de algo: *Her request for clarification had been pushed aside*, Habían hecho caso omiso de su petición de explicaciones.
SYNONYMS: brush aside; disregard.

push back *vt sep*
1 echar para atrás, hacer retroceder: *Jonathan pushed back his chair and got up*, Jonathan echó hacia atrás la silla y se levantó; *She pushed back the lock of hair that covered her eyes*, Apartó el mechón que le tapaba los ojos; *Bob pushed her back onto the landing*, Bob la hizo retroceder hasta el rellano a empujones.
2 hacer retroceder: *There was a possibility that the German Army might push the Commando Brigade back to the sea*, Existía la posibilidad de que el ejército alemán hiciera retroceder hasta el mar a la brigada de comandos.

push by *vt insep* empujar a alguien para hacerse un lado, conseguir pasar haciendo a un lado a alguien: *Her eyes stared unseeingly at the people pushing by her into the Metro*, Miraba sin ver a la gente que pasaba empujándola de camino al metro;

The woman suddenly crossed the room, pushed by him, and ran down the stairs, De repente la mujer cruzó la habitación, lo empujó y bajó corriendo las escaleras.

SYNONYMS: push past.

push for *vt insep* presionar para conseguir algo, pedir algo insistentemente: *The Irish government has been pushing for more rapid progress since September*, El gobierno irlandés ha estado presionando desde septiembre para que se avance más rápidamente.

SYNONYMS: press for.

push forward

1 *vt sep* echar algo hacia adelante: *Now push your hips forward and straighten your legs*, Y ahora echa hacia adelante las caderas y estira las piernas.

2 *vi* empujar hacia adelante: *The crowd pushed forward to be closer to the stage*, La multitud empujaba hacia adelante para acercarse más al escenario; *They announced that they would be pushing forward with plans for a single currency*, Anunciaron que seguirían adelante con los planes para implantar una moneda única.

SYNONYMS: push ahead; push on.

3 *vt sep* ponerse en evidencia, hacerse notar: *You have to push yourself forward in this business, otherwise you'll get nowhere*, En este negocio tienes que hacerte notar, si no, no llegarás a ninguna parte.

push in *vi (informal)* colarse: *I was here first. He pushed in ahead of me*, Yo estaba aquí primero. Él se me ha colado; *Some of the demonstrators had pushed in to interrupt the meeting*, Algunos de los manifestantes habían entrado a la fuerza para interrumpir la reunión.

push into *vt sep*

1 introducir *(a empujones)*, meter *(a la fuerza)*: *A dust bag is supplied and it very simply pushes into the side of the machine*, Viene provista de una bolsa para el polvo que se puede introducir muy fácilmente por un lado del aparato.

2 forzar a hacer algo: *He said he wouldn't be pushed into resigning*, Dijo que no lo forzarían a dimitir.

push off *vi*

1 darse impulso *(en un vehículo)*, desatracar *(en una embarcación)*: *She put one foot on the pedal, pushed off with the other, and cycled away*, Puso un pie en el pedal, se dio impulso con el otro y se alejó; *Harris pushed off from the jetty and the raft floated into the middle of the river*, Harris soltó las amarras del embarcadero y la balsa flotó hasta la mitad del río.

2 *(informal)* marcharse, irse, largarse: *We'll push off now and see you in a couple of hours*, Nos piramos ahora y te veremos en un par de horas; *Why don't you just push off and leave us alone?*, ¿Por qué no te largas y nos dejas solos?

push on *vi*

1 seguir, continuar: *We stopped at the inn for a midday meal and then pushed on to Aubeterre*, Paramos en el hostal para comer al mediodía y después seguimos viaje hasta Aubeterre; *There were times when even the thought of the money wasn't enough to push him on to success*, Hubo ocasiones en las que incluso pensar en el dinero no era suficiente para empujarle a buscar el éxito.

2 *(informal)* seguir adelante con algo: *Raymond's working at the weekend so that he can push on with the job*, Raymond está trabajando en fin de semana para poder adelantar el trabajo.

push out *vi* echar, expulsar: *Grieves didn't want to leave, he was pushed out by the board*, Grieves no quería marcharse, lo echó la junta; *He'd decided to get out before he was pushed out*, Había decidido salir antes de que lo echaran.

push over

push over *vt sep* derribar, echar abajo: *Vandals have pushed over some of the gravestones and broken the rest*, Los gamberros han derribado algunas de las lápidas y han roto el resto; *It was an obvious foul. He pushed the striker over deliberately*, Estaba claro que fue falta. Derribó deliberadamente al delantero.

push past *vt insep* pasar haciendo a alguien a un lado, pasar a empujones: *The man started to push past, but Alexei caught his arm*, El hombre empezó a abrirse paso a empujones, pero Alexei lo agarró del brazo; *He said something rude under his breath and tried to push past*, Masculló una grosería entre dientes e intentó abrirse paso a empujones; *She pushed past him roughly on her way to the kitchen*, Le dio un empujón al pasar por su lado camino de la cocina.

push through

1 *vt insep* abrirse paso a empujones entre alguien: *Bragg pushed through the crowd and bent over the body*, Bragg se abrió paso a empujones entre la multitud y se inclinó sobre el cuerpo; *She twisted out of his grasp and pushed through the swing doors*, Se retorció para librarse de él y salió por las puertas batientes dando un empujón; *In a week or two the catkins will be out and spring flowers will begin to push through*, En una o dos semanas saldrán los amentos y las flores primaverales empezarán a brotar.

2 *vt sep* seguir adelante con algo, conseguir que se apruebe algo: *Management has pushed through the restructuring plan despite opposition from the unions*, La dirección ha conseguido que se apruebe el plan de reestructuración pese a la oposición por parte de los sindicatos; *The government wants to push this bill through before the next election if at all possible*, A ser posible, el gobierno quiere conseguir que se apruebe este proyecto de ley antes de las próximas elecciones; *Gorbachev used his powers to rule by decree to push the reform through*, Gorbachev se valió de sus poderes para gobernar por decreto a fin de conseguir que se aprobara la reforma.

push to *vt sep* ajustar *(la puerta o la ventana, empujándola)*: *He put out his enormous hand and pushed the door to*, Alargó una manaza y ajustó la puerta.

push towards *vt insep* ir hacia algo, llevar adelante algo: *The government is pushing towards complete privatization of the transport system*, El gobierno está llevando adelante la privatización total del sistema de transporte (American speakers of English usually use **toward** instead of **towards**).

push up *vt sep*

1 levantar, poner de pie: *Matthews tried to push himself up but the weight on his back was too great*, Matthews intentó levantarse pero llevaba demasiado peso a la espalda.

2 subir, elevar: *Higher mortgage rates will push up inflation towards 8%*, Los tipos hipotecarios más elevados harán subir la inflación hasta un 8%; *The markets have already pushed up rates by half a point*, Los mercados ya han hecho subir los tipos medio punto.

put [pʊt] putting, put, put

put about

1 *vt sep* hacer circular algo, difundir: *They even suggest that these lies are put about by foreigners who don't understand the country's history and culture*, Incluso insinúan que estas mentiras las han hecho circular los extranjeros que no entienden la historia y la cultura del país.

SYNONYMS: put round.

2 *vi* cambiar de rumbo, virar: ***Then the boat put about and came straight back towards us***, Entonces el barco cambió de rumbo y vino derecho hacia nosotros.

3 *vt sep (informal)* dejarse ver, llamar la atención, relacionarse: ***You have to put yourself about a bit if you want the right people to notice you***, Tienes que relacionarte un poco si quieres que la gente importante repare en ti.

put above *vt sep* (**to put** *something* **above** *something*) anteponer algo a algo, poner algo por delante de algo: ***He puts creativity and originality above musicianship***, Antepone la creatividad y la originalidad a la maestría musical.

put across *vt sep* hacer que se acepte, presentar, conseguir: ***Put it across as something they can't do without***, Preséntalo como algo de lo que no pueden prescindir; ***They're increasingly dependent on spin-doctors to put over the party message***, Cada vez dependen más de los asesores políticos para transmitir el mensaje del partido.

put around *vt sep* see **put round**.

put aside *vt sep*

1 apartar, poner a un lado: ***Their gardener put aside some of the best plants to take cuttings for next season***, Su jardinero apartó algunas de las plantas mejores a fin de coger esquejes para la temporada siguiente.

2 ahorrar, reservar: ***Surely you have some money. Have you really got nothing put aside?***, Seguro que debes tener algo de dinero. ¿De verdad que no tienes nada ahorrado?; ***We're putting aside a few pounds a week for our summer holiday***, Estamos ahorrando unas cuantas libras a la semana para las vacaciones de verano.
SYNONYMS: save.

3 *(formal)* abandonar: ***He'd put his first wife aside to marry a princess whose dowry included large areas of the adjoining province***, Abandonó a su primera mujer para casarse con una princesa cuya dote incluía grandes extensiones de la provincia vecina.
SYNONYMS: discard.

put at *vt insep* estimar en algo, calcular en algo: ***I would put the total cost at nearer a thousand pounds***, Yo diría que el coste total se acerca a las mil libras; ***The skeleton's age was put at about eighteen or nineteen years***, Se estimó que la edad del esqueleto sería de unos dieciocho o diecinueve años.

put away *vt sep*

1 guardar, poner en su sitio: ***I have put away my paints and brushes for ever***, He guardado definitivamente mis pinturas y mis pinceles; ***The girls had washed and put away the cups and plates***, Las chicas habían lavado y guardado las tazas y los platos; ***It started to rain so we put the folding chairs away in the car***, Como empezó a llover guardamos las sillas plegables en el coche; ***It was time to put away childish things***, Había llegado el momento de dejar de comportarse como un niño; ***And when you've finished playing I want all those toys put away***, Y cuando hayáis acabado de jugar quiero que guardéis todos estos juguetes.

2 *(informal)* ahorrar, apartar: ***You don't have to save large sums, you can put away as little as 10 pounds per month***, No tienes que ahorrar grandes cantidades, basta con que guardes 10 libras al mes.
SYNONYMS: put by.

3 meter: ***Shortly afterwards Chandler put away City's second***, Poco después Chandler marcó el segundo gol del City; ***Hendry is eleven points behind, so he must put away both the pink and the black to win the match***, Hendry pierde por once puntos, de modo que debe meter tanto la bola rosa como la negra para ganar la partida.

4 *(informal)* zamparse *(comida)*, beberse, pimplarse *(bebida)*: *He was putting away cakes and sandwiches as if he hadn't seen food for a month,* Estaba zampándose pasteles y bocadillos como si no hubiera visto comida en un mes; *John can easily put away ten pints an evening,* John puede pimplarse fácilmente diez pintas en una noche.

5 *(informal)* encerrar, meter en chirona, meter en el manicomio: *She's a danger to herself and to others. She ought to be put away,* Es un peligro para sí misma y para los demás. Deberían encerrarla; *The evidence we have should be enough to put him away for at least ten years,* Las pruebas que tenemos deberían bastar para encerrarlo al menos diez años.

put back *vt sep*

1 volver a colocar en su sitio, volver a guardar: *Iona picked up one of the figures, saw what it cost, and put it back hurriedly,* Iona cogió una de las figuras, vio lo que costaba y la volvió a poner en su sitio a toda prisa; *The stones were collected in a trailer and taken away, instead of being put back on the field,* Recogieron las piedras en un remolque y se las llevaron, en lugar de volverlas a poner en el campo; *Jennings knew what he had to do to put the plan back on course,* Jennings sabía lo que tenía que hacer para volver a poner en marcha el plan.

2 retrasar, aplazar, posponer: *Dinner had to be put back an hour,* La cena se tuvo que retrasar una hora.
SYNONYMS: postpone.

3 atrasar, retrasar: *And don't forget to put your clocks back by one hour tonight,* Y no olvidéis atrasar el reloj una hora esta noche.

4 (**to put the clock back**) volver atrás en el tiempo: *If I could put the clock back, I think I'd do a lot of things differently,* Si pudiera volver atrás, creo que haría muchas cosas de forma distinta; *In 1945 some of the mine owners wanted to put the clock back to the pre-war situation,* En 1945, algunos de los propietarios de las minas quisieron volver a la situación de antes de la guerra.
SYNONYMS: turn back.

put before *vt sep* (**to put** *something* **before** *somebody*) presentar algo a alguien: *These proposals on electoral reform should be put before the electorate either in a referendum or at the next general election,* Estas propuestas sobre la reforma electoral deberían presentarse al electorado o bien en un referéndum o en las próximas elecciones generales.

put behind *vt sep* olvidar, dejar atrás: *I can put all my fears behind me now,* Ahora puedo superar todos mis miedos.

put by *vt sep* guardar, reservar, ahorrar: *She puts a little something by every week 'for a rainy day',* Cada semana ahorra un poquito 'para los tiempos difíciles'; *Mrs Vane told him she might be able to help since she had a little money put by,* La señora Vane le dijo que quizá podría echar una mano porque tenía unos pequeños ahorros.
SYNONYMS: put away.

put down

1 *vt sep* dejar, soltar *(encima de algo)*: *Chief Inspector Kuhlman put down the phone and looked at Kurt Meyer,* El inspector jefe Kuhlman colgó el teléfono y miró a Kurt Meyer; *The small girl put down the basket she was carrying,* La niñita puso en el suelo el cesto que llevaba; *Put down your pens and stop writing, please,* Dejen el bolígrafo y no escriban más, por favor.

2 *vt sep* sofocar, reprimir, acabar con algo: *The Americans dispatched marines to put down an uprising in Grenada,* Los americanos enviaron a infantes de marina para sofocar un levantamiento en Granada.
SYNONYMS: crush.

put forward

3 *vt sep (informal)* rebajar, degradar, poner mal a alguien: *Some women put her down for working with a man*, Algunas mujeres la ponen mal por trabajar con un hombre.

4 *vt sep* sacrificar, dormir: *I don't want the dog to suffer any longer. I want him to be put down humanely*, No quiero que el perro sufra más. Quiero que lo sacrifiquen de forma humanitaria.
  Synonyms: put to sleep; destroy.

5 *vt sep* apuntar, anotar: *I've put down four different headings*, He apuntado cuatro encabezamientos distintos; *He put down whatever came into his head*, Anotaba todo lo que se le venía a la cabeza.
  Synonyms: set down; note down; jot down; put in writing.

6 *vt sep* presentar: *This year 1073 motions have been put down, but only 18 will be debated*, Este año se han presentado 1073 mociones, pero sólo se debatirán 18.

7 *vi* aterrizar, tomar tierra: *The aircraft put down in Denver for an hour before flying on to Los Angeles*, El aparato estuvo en Denver durante una hora antes de seguir su ruta hacia Los Angeles.

put down as *vt sep*

1 apuntar algo como algo, anotar algo como algo: *He'd put a dinner with his wife down as incidental expenses!*, ¡Había apuntado una cena con su mujer como gastos imprevistos!

2 catalogar a alguien como algo, considerar algo a alguien: *I hadn't put him down as the romantic type*, No lo tenía considerado como romántico.

put down for *vt sep* (to put *somebody* down for *something*)

1 apuntar a alguien en algo, inscribir a alguien en algo: *They put his name down for a place at Eton when he was less than a year old*, Lo inscribieron en Eton cuando tenía menos de un año.

2 apuntar a alguien una cantidad de dinero: *"I'm collecting for a leaving present for George." "Oh, okay, put me down for a fiver"*, -Estoy haciendo una colecta para un regalo de despedida para George. -Ah, de acuerdo, apúntame cinco libras.

put down to *vt sep* echar la culpa de algo a algo, achacar algo a algo, atribuir algo a algo: *I'd been having these terrible headaches, but I put them down to stress*, He tenido unos dolores de cabeza tremendos, pero los achacaba al estrés; *The accident could be put down to inexperience*, El accidente podía achacarse a la falta de experiencia; *The evening's success should be put down to Mrs Martin's hospitality*, El éxito de la velada debe atribuirse a la hospitalidad de la señora Martin.

put forth *vt sep*

1 presentar, proponer: *A similar idea was put forth some months earlier*, Presentaron una idea similar hace algunos meses; *The book accepts many of the arguments put forth by scholars of the judicial system*, El libro acepta muchos de los argumentos postulados por estudiosos del sistema judicial.
  Synonyms: put forward.

2 *(rather formal)* extender, desplegar: *The British Navy put forth all its strength*, La armada británica desplegó toda su fuerza; *The plant grows quickly and puts forth floating leaves*, La planta crece deprisa y echa hojas flotantes.

put forward *vt sep*

1 presentar, proponer: *The arguments he put forward were very persuasive indeed*, Los argumentos que presentó eran muy convincentes; *In his book he develops the categories of types put forward by Jung*, En su libro desarrolla las categorías de tipos postuladas por Jung; *The case put forward by the pensions industry was less than persuasive*, Los argumentos presentados por el sector de las pensiones no fueron nada convincentes.

put in 274

    2 presentarse a algo: *It was then that Gordon Brown decided not to put his name forward for party leader*, Fue entonces cuando Gordon Brown decidió no presentarse como candidato al liderazgo del partido; *If you don't mind I'll put your name forward for club secretary*, Si no te importa te propondré como candidato a secretario del club.

    3 adelantar *(el reloj)*: *Please remember to put your watches forward one hour*, Por favor, recuerden que tienen que adelantar los relojes una hora.

    4 adelantar: *Mum put lunch forward an hour so that we could leave to catch the 2.30 train*, Mamá adelantó la comida una hora para que pudiéramos marcharnos con tiempo de coger el tren de las 2:30.

put in *vt sep*

    1 poner, meter *(en algún sitio)*: *She put her thumb in her mouth again as soon as her mother's back was turned*, Se volvió a poner el dedo en la boca tan pronto como su madre se dio la espalda; *The children were wrapped in blankets and put in the car*, Envolvieron a los niños en mantas y los metieron en el coche; *He put his hands in his pockets and walked slowly down the road*, Se metió las manos en los bolsillos y caminó despacio calle abajo.

    2 dedicar: *He puts in the hours but the standard of his work is still not as good as it should be*, Aunque le dedica tiempo, su trabajo aún no alcanza el nivel adecuado; *Crisp is putting in an astonishing performance and may well win the race*, Crisp está teniendo una actuación sensacional y es muy posible que gane la carrera.

    3 presentar: *Postal workers have put in a claim for a 10% pay rise*, Los empleados de Correos han presentado una demanda de aumento salarial del 10%.

    4 terciar algo, decir algo en favor: *"But it's not the same one," Meg put in*, -Pero no es el mismo -terció Meg.

put in for *vt insep* solicitar: *He's put in for a transfer to another part of the company*, Ha solicitado un traslado a otra parte de la empresa.

put into *vt sep*

    1 poner, meter *(en algo)*: *They were separated from the other passengers and put into a van*, Los separaron de los otros pasajeros y los metieron en una camioneta.

    2 encerrar *(en algún sitio)*, meter en un asilo, meter en chirona, meter en un manicomio: *We've had to put mother into a retirement home*, Hemos tenido que meter a nuestra madre en una residencia.

    3 invertir dinero en algo, meter dinero en algo: *My advice would be to put all the money into an interest-bearing account*, Mi consejo sería meter todo el dinero en una cuenta con intereses; *She bought the flat with money that had been put into trust until her eighteenth birthday*, Compró el piso con el dinero dejado en fideicomiso hasta que cumpliera dieciocho años; *He put all his savings into the business*, Metió todos sus ahorros en el negocio.

    4 dedicar, invertir: *Aunt Julia has put a lot of time and effort into organizing this family reunion so the least you could do is come*, La tía Julia ha dedicado mucho tiempo y esfuerzo a organizar este reencuentro familiar, así que como mínimo podrías venir; *I put a lot into this relationship*, Me he involucrado mucho en esta relación.

    5 poner *(una teoría, un plan)* en práctica: *It gave them an opportunity to put into practice what they had learned*, Les dio la oportunidad de poner en práctica lo que habían aprendido.

    6 expresar *(los pensamientos, los sentimientos)* con palabras: *They were too frightened to put into words what they had felt*, Estaban demasiado asustados para poder expresar con palabras lo que sentían.

put off vt sep

1 posponer, retrasar, aplazar: *We had to put off the match until next week because of the rain*, Tuvimos que aplazar el partido hasta la semana que viene por la lluvia; *Never put off until tomorrow what you can do today*, No dejes para mañana lo que puedes hacer hoy.
   SYNONYMS: postpone.

2 quitar a alguien las ganas de hacer algo, disuadir a alguien de hacer algo: *The weather conditions weren't severe enough to put us off going for a sail*, El tiempo no estaba tan mal como para disuadirnos de salir a navegar; *The house was still dark and gloomy which is what had put Meg off it*, La casa seguía oscura y sombría, que es lo que había disuadido a Meg; *I'm trying to concentrate and that music's putting me off*, Intento concentrarme y esa música me lo impide.
   SYNONYMS: deter; discourage.

put on vt sep

1 poner en algún sitio, colocar en algún sitio: *Philip took the vase and put it on the table*, Philip cogió el jarrón y lo puso en la mesa.

2 ponerse *(ropa)*: *I went back to the changing room to put on my gym shoes*, Volví al vestuario para ponerme las zapatillas de deporte; *She put her hat and coat on and left the house*, Se puso el sombrero y el abrigo y se fue de la casa.

3 encender, poner: *I think I'll put the heating on, it's a bit cold in here*, Creo que voy a encender la calefacción, aquí dentro hace un poco de frío; *Put the light on; I can't see a thing in here*, Enciende la luz; no veo nada aquí dentro.

4 poner: *Mary went over to the sound system and put on another CD*, Mary se acercó al equipo de música y puso otro compact; *Do you mind if I put on this Genesis tape?*, ¿Te importa si pongo esta cinta de Genesis?

5 montar, poner en escena: *The drama society put on a short comic sketch*, El grupo de teatro puso en escena un breve sketch cómico; *We put on three new plays by Will in the next year, and some plays by other playwriters*, El año que viene montaremos tres obras nuevas de Will, y unas cuantas de otros dramaturgos.

6 (to put on weight) engordar, ganar peso: *He's put on a lot of weight since last year*, Ha engordado mucho desde el año pasado.

7 fingir, poner expresión de algo: *Then she puts on her little-girl-lost face*, Y entonces pone la típica cara de niña perdida; *Can you really believe he's that concerned? I think he puts it on*, ¿De verdad te crees que está tan preocupado? Yo creo que finge.

8 causar: *He was aware of the strain it had put on his relationship with George*, Se daba cuenta de la tensión que había creado en su relación con George.

put on to vt sep (to put *somebody* on to *something*) *(informal)* poner a alguien en contacto con algo, recomendar algo a alguien, dar a alguien información sobre algo: *Fred put me on to this much cheaper place*, Fred me recomendó este lugar, que es mucho más barato.

put out vt sep

1 sacar: *He put the cat out, locking the back door before he came to bed*, Sacó el gato y cerró con llave la puerta de atrás antes de irse a la cama; *"Can you put your tongue out please, Mr Leonard?" said the doctor*, -¿Puede sacar la lengua, por favor, señor Leonard? -preguntó el médico.

2 apagar *(una luz)*, apagar, extinguir *(un fuego)*: *Would you put out the light, please, dear?*, ¿Por favor, puedes apagar la luz, querido?; *Firemen who were called to put out the fire discovered the child's body*, Los bomberos que acudieron a apagar el fuego descubrieron el cadáver del niño.

put out of

   3 molestar a alguien: ***Don't do it unless you have time. I don't want to put you out***, No lo hagas a menos que tengas tiempo. No quiero molestarte.

   4 estar molesto por algo, estar desconcertado por algo: ***He had to admit he was a little put out by her reaction***, Tuvo que reconocer que estaba un poco molesto por su reacción; ***The Commandos in the trench with me didn't seem to be put out by the noise of the explosions***, Los comandos que estaban conmigo en la trinchera no parecían inmutarse por el ruido de las explosiones.

   Synonyms: disturb.

   5 emitir, difundir: ***We couldn't put a message out on the radio because there was something wrong with the equipment***, No pudimos emitir un mensaje por la radio porque el equipo no iba bien; ***The White House has put out a statement denying the President's involvement in the affair***, La Casa Blanca difundió una declaración negando que el presidente tuviera algo que ver con el asunto.

put out of *vt sep* echar de algún sitio, expulsar de algún sitio: ***In the depression, people lost their jobs, couldn't pay their rent and were put out of their homes***, En la depresión, la gente se quedó sin trabajo, no podían pagar el alquiler y los echaron de sus casas; ***20 horses were put out of the race at the smallest fence on the course***, 20 caballos fueron eliminados de la carrera en la valla más pequeña de la pista.

put over *vt sep* see **put across**.

put past *vt sep* (to put *something* past *somebody*) creer algo de alguien, no extrañar algo de alguien: ***You know what he's like, I wouldn't put it past him to turn up at the party even without an invitation***, Ya sabes cómo es, es muy capaz de presentarse a la fiesta incluso sin invitación; ***I'm not saying he did steal the money, but I certainly wouldn't put it past him***, No digo que robase el dinero, pero no me extrañaría en absoluto que lo hubiera hecho.

put round *vt sep*

   1 (to put *something* around *something*) poner algo alrededor de algo: ***She put her arms round his neck but he pushed her away***, Le puso los brazos alrededor del cuello pero él la apartó; ***The senator put his arm lightly around his son's shoulder***, El senador puso suavemente el brazo sobre el hombro de su hijo.

   2 (to put *something* around) hacer circular algo: ***A view was put around that individual companies in the group were worth more separately than as a group***, Hicieron circular la idea de que las empresas individuales del grupo valían más por separado que como grupo; ***The government has been putting this story round just to scare people***, El gobierno ha hecho correr esta historia sólo para asustar a la gente.

   Synonyms: put about.

put through *vt sep*

   1 pasar *(con alguien)*; pasar la llamada a alguien: ***I'm putting you through now, caller***, Ahora mismo le paso, señor; ***She put the call through to me because I'm the only one who speaks French***, Me pasó la llamada a mí porque soy el único que hablo francés.

   2 (to put *somebody* through *something*) hacer pasar a alguien por algo: ***This is typical of the pain Dustin would put himself through in order to get 'inside' a character***, Esto es típico del esfuerzo que hacía Dustin para 'meterse' en un personaje; ***She acted in a very calm manner considering the trauma she had been put through***, Se comportó con mucha calma teniendo en cuenta el trauma por el que había pasado; ***How could I put the people I love through so much pain?***, ¿Cómo pude hacer sufrir tanto a las personas a las que quería?

put to *vt sep* (to put *something* to *something*)
1 poner algo en algo: *She put the damp cloth to his forehead*, Le puso el trapo húmedo en la frente.
2 (to put *something* to *somebody*) proponer algo a alguien, plantear algo a alguien, sugerir algo a alguien: *The new offer was put to them*, Les plantearon la nueva oferta; *I put it to you that you made a copy of the key and later used that copy to enter the house and steal the money*, Yo diría que usted hizo una copia de la llave y después usó esa copia para entrar en la casa y robar el dinero.

put together *vt sep*
1 juntar, poner juntos, poner en el mismo sitio: *When horses are put together in the same paddock they need to be carefully chosen for their compatibility*, Cuando juntan varios caballos en el mismo prado hay que elegirlos con cuidado para que sean compatibles.
2 unir, armar, montar, formar: *The way sleeping bags are put together is one of the main factors affecting their efficiency*, La manera en que se unen las distintas partes de un saco de dormir es uno de los principales factores que afectan su eficacia; *Now that he'd put the facts together the story sounded absolutely ridiculous*, Una vez reunidos todo los detalles la historia sonaba absolutamente ridícula; *Our buying power with the major hotel chains means we can put together an excellent package, complete with rail and coach fares*, Nuestro poder adquisitivo con las principales cadenas de hoteles significa que podemos ofrecer un excelente viaje organizado, con billetes de tren y autocar incluidos; *Hopefully, he'll be interested in being in this band that we're trying to put together*, Esperemos que le interese estar en el grupo que intentamos formar.
3 formar, realizar, llevar a cabo: *She knows how to put a business letter together all right*, Sabe redactar una carta comercial perfectamente; *The company was fully prepared to give her the necessary freedom to put together the type of programme she truly wanted to make*, La empresa estaba totalmente dispuesta a darle la libertad necesaria para llevar a cabo el tipo de programa que ella realmente quería hacer.
4 organizar: *They're putting together an exhibition of post-war British painting*, Están organizando una exposición de la pintura británica de la posguerra.
5 juntarse, reunirse: *He seemed to have more money than all the rest of us put together*, Parecía tener más dinero que todos nosotros juntos.

put towards *vt sep* destinar a algo: *The money I was going to save on rent could be put towards a deposit on a house*, El dinero que iba a ahorrar con el alquiler podía destinarlo a un fondo para una casa; *My rich uncle gave me £5000 to put towards a flat*, Mi tío rico me dio cinco mil libras para ayudarme a comprarme un piso (American speakers of English usually use **toward** instead of **towards**).

put under *vt sep (informal)* dormir, anestesiar: *The nurse gave me an injection to put me under*, La enfermera me dio una inyección para dormirme.
SYNONYMS: knock out.

put up *vt sep*
1 levantar, erigir, montar: *Her parents had put up a marquee in the garden*, Su padres habían montado una carpa en el jardín.
2 abrir: *Lucia took her umbrella with her but didn't put it up despite the light drizzle*, Lucia se llevó el paraguas pero no lo abrió pese a la llovizna.
3 colgar, colocar: *He took a hand in the redecorating, splashing on paint and putting up wallpaper*, Participó en la nueva decoración, pintarrajeando y empapelando la pared; *Why don't you put up an ad on the college noticeboard?*, ¿Por qué no pones un anuncio en el tablón de anuncios de la universidad?

put upon

    4 subir, aumentar: *Most high-street banks have put up their charges to customers who go into overdraft*, La mayoría de los grandes bancos suben sus tarifas a los clientes que están en números rojos; *They should put the price of cigarettes up to stop people smoking*, Deberían subir el precio del tabaco para que la gente deje de fumar.

    5 aportar, poner: *No-one is willing to put up the funds for a proper training course*, Nadie está dispuesto a poner el dinero para un buen curso de formación.

    6 poner en venta, poner en alquiler, sacar a subhasta: *On the way they stopped at a farmhouse that was about to be put up for sale*, Por el camino se detuvieron en una granja que estaban a punto de poner en venta; *The painting will be put up for auction at Christie's next month*, El mes que viene sacarán el cuadro a subasta en Christie's.

    7 oponer resistencia a algo: *He decided it wasn't worth putting up a fight and risking a beating*, Decidió que no valía la pena oponer resistencia y arriesgarse a que le dieran una paliza; *The Nissan of Bailey and Blundell put up a strong challenge and took second*, El Nissan de Bailey y Blundell fue un rival importante y salió segundo.

    8 alojar, dar alojamiento a alguien: *Would your brother be willing to put us up for a few nights?*, ¿Estaría tu hermano dispuesto a alojarnos unas cuantas noches?

    9 presentar, proponer como candidato a alguien: *The Republicans put up candidates in about half the constituencies*, Los republicanos presentaron candidatos en alrededor de la mitad de los distritos electorales.

put upon *vt insep* explotar a alguien, aprovecharse de alguien: *From what he says you'd think he was constantly put upon by Mrs Moore*, Por lo que dice, cualquiera diría que la señora Moore siempre se está aprovechando de él; *Stand up for yourself and don't let yourself be put upon*, Defiéndete y no dejes que abusen de ti.

put up to *vt sep* (to put *somebody* up to *something*) incitar a alguien a hacer algo, instigar a alguien a hacer algo: *It wasn't something he'd have thought of by himself. Someone must have put him up to it*, Eso no se le habría ocurrido a él solo. Seguro que alguien lo empujó a hacerlo.

    SEE ALSO: egg on; goad into; incite.

put up with *vt insep* aguantar algo/a alguien, tolerar algo: *He's so rude and unpleasant, I don't know how she puts up with him*, Es tan grosero y desagradable, no sé cómo lo aguanta; *Violence in the home is as much a crime as violence from a stranger, so don't put up with it*, La violencia doméstica es un delito tan grave como la violencia infligida por un extraño, así que no la toleres.

puzzle ['pʌzəl]

    puzzle out *vt sep* adivinar algo, descubrir el secreto de algo, descifrar algo: *She seemed to be trying to puzzle out who the midnight caller might be*, Parecía que intentaba adivinar quién podía ser la persona que la llamaba a medianoche.

    puzzle over *vt insep* dar vueltas a algo, romperse la cabeza con algo: *I've been puzzling over the timetable all morning and I really can't see how we are going to fit all the speakers in*, Me he pasado toda la mañana dándole vueltas al horario y realmente no veo cómo vamos a acomodar a todos los participantes; *Experts have puzzled for years over the meaning of these ancient inscriptions, but have found no answer*, Los expertos llevan años dándole vueltas al significado de estas inscripciones antiguas pero no han encontrado ninguna respuesta.

quarrel ['kwɒrəl] quarrels, quarrelling, quarrelled, quarrelled (In American English the final consonant does not double: **quarrels, quarreling, quarreled**)

railroad into

quarrel with *vt insep*
1 pelearse con alguien: *They're the sort of people who are always quarrelling with their neighbours*, Son el tipo de personas que siempre se están peleando con los vecinos.
2 discrepar con algo, discutir sobre algo: *"It's one of the best paintings in the exhibition." "I don't think many people would quarrel with that"*, -Es uno de los mejores cuadros de la exposición. -No creo que mucha gente discrepe contigo.

queue [kjuː]
queue up *vt insep* hacer cola: *At noon things get busy as customers queue up for sandwiches and take-away meals*, Al medio día hay mucho jaleo porque los clientes hacen cola para comprar bocadillos y comida para llevar; *I wouldn't mind betting people will be queuing up for these products as soon as they come on the market*, No me importaría apostar que la gente hará cola para comprar estos productos en cuanto salgan al mercado.

quicken ['kwɪkən]
quicken up *vt sep* acelerar, ir más rápido con algo: *You'll have to quicken up your typing speed if you want to get a job as a secretary*, Tendrás que aumentar el número de pulsaciones si quieres conseguir un trabajo de secretaria; *The pace quickened up and Don had to pedal like mad to keep up with the leaders*, Aceleraron el ritmo y Don tuvo que pedalear como loco para seguir al pelotón de cabeza.

quiet ['kwaɪət]
quiet down *vt sep - vi* calmar, tranquilizar; calmarse, tranquiliarse: *When things had quieted down a little, we went into the garden to look at the stars*, Cuando las cosas se calmaron un poco, salimos al jardín a ver las estrellas.

quieten ['kwaɪətən]
quieten down *vt sep - vi* calmar, tranquilizar; calmarse, tranquilizarse: *Four months in France had quietened her down and given her a veneer of sophistication quite lacking before*, Los cuatro meses en Francia la habían tranquilizado y dado un barniz de sofisticación que antes no tenía; *I was in the bedroom, trying to quieten down the baby*, Yo estaba en el dormitorio, intentando calmar al bebé.

rabbit ['ræbɪt]
rabbit on *vi (informal derogatory)* enrollarse: *I still don't know what he was rabbiting on about, do you?*, Todavía no sé de qué parloteaba, ¿y tú?; *She can spend a full hour on the phone rabbiting on about nothing in particular*, Es capaz de pasarse una hora entera al teléfono parloteando de cualquier cosa.
SYNONYMS: gabble on *(informal)*; rattle on *(informal)*.

rack [ræk]
rack up *vt sep (informal)* obtener, conseguir, acumular: *The company racked up losses of 45 million dollars during the first quarter*, La empresa acumuló pérdidas de 45 millones de dólares en el primer trimestre; *Kasparov had racked up another easy victory*, Kasparov había obtenido otra victoria fácil.

railroad ['reɪlrəʊd]
railroad into *vt sep* **(to railroad *somebody* into *something*)** obligar a alguien a

hacer algo rápidamente, presionar a alguien para que haga algo rápidamente: *He felt he was being railroaded into it despite having serious doubts about the plan*, Sintió que lo estaban presionando a hacerlo a pesar de que tenía serias dudas sobre el plan.

railroad through vt sep pasar *(una ley, un plan)* rápidamente: *The legislation was railroaded through Congress without any proper consultation with groups that would be affected by it*, Se pasó la ley rápidamente por el Congreso sin consultar debidamente a los grupos a los que afectaría.

rain [reɪn]

rain down vi llover, caer a montones: *As soon as they announced they were to have a baby loads of letters of congratulation, bibs and baby boots rained down on them*, En cuanto anunciaron que iban a tener un hijo, les llovió un montón de cartas de felicitaciones, biberones y botines de bebé; *Bombs were raining down on the city day and night*, Una andanada de bombas caía sobre la ciudad día y noche.

rain off vt sep

1 causar la suspensión de, suspender *(un partido, una celebración)* a causa de la lluvia: *Cricket fans were given a ticket refund when the England game was rained off*, Devolvieron el importe del billete a los aficionados al críquet cuando se suspendió el partido de Inglaterra por la lluvia.

2 impedir el trabajo por causa de la lluvia: *The work isn't progressing as planned, principally because the men were rained off all last week*, La obra no avanza como se preveía, sobre todo porque la semana pasada los obreros no pudieron trabajar por la lluvia.

rake [reɪk]

rake in vt sep *(informal)* recoger a espuertas, amasar: *The top football clubs are raking in millions from sales of merchandise, bringing out a new strip each season which their fans feel obliged to buy*, Los principales clubes de fútbol se están haciendo de oro con las ventas de artículos, pues sacan cada temporada un equipo nuevo que sus aficionados se sienten obligados a comprar; *She's opened a little souvenir shop near the cathedral and she's really raking it in*, Ha abierto una pequeña tienda de recuerdos cerca de la catedral y se está forrando de verdad.

SYNONYMS: pull in *(formal)*.

rake over vt insep remover, sacar algo del pasado: *The press will insist on raking over all the details of his past indiscretions*, La prensa insistirá en remover todos los detalles de sus indiscreciones del pasado.

rake up vt sep *(informal)*

1 desenterrar, remover: *It may be regarded as of historical interest by some, but as far as I'm concerned its just raking up a past that is best forgotten*, Puede que algunos crean que es de interés histórico, pero en lo que a mí se refiere sólo es desenterrar un pasado que más vale olvidar; *He's always raking up the past, saying how unfair everyone was to him*, Siempre saca a relucir el pasado, diciendo lo injusto que ha sido todo el mundo con él.

2 reunir, sacar a la luz: *I think I might be able to rake up enough people to make two 5-a-side football teams*, Creo que podré conseguir suficiente gente para formar dos equipos de fútbol de 5 jugadores cada uno.

SYNONYMS: dredge up.

rally ['ræli] rallying, rallied, rallied
  rally round *vt insep* hacer una piña, cooperar: *Everyone in the village rallied round, and they were soon fixed up with a bed for the night and dry clothes*, Todos los habitantes del pueblo formaron piña y enseguida les procuraron una cama para pasar la noche y ropa seca.

ram [ræm] ramming, rammed, rammed
  ram down *vt sep*
    1 apisonar, meter haciendo presión desde arriba: *A mixture of stone chips called hardcore is rammed down into the hole, and the concrete replaced*, Pasan una mezcla de esquirlas de piedra llamada balasto por el agujero y reponen el cemento.
    2 imponer algo a la fuerza: *He's not one of those politicians who tries to ram his opinions down your throat*, No es uno de esos políticos que intentan imponerte sus opiniones.
  ram in or **ram into** *vt sep*
    1 meter algo a la fuerza en algo: *He won't pay any attention unless we find some way to ram it into his head that drugs can kill*, No hará caso a menos que encontremos una manera de meterle en la cabeza que las drogas matan; *I jumped into the driver's seat and rammed the key into the ignition*, Me abalancé sobre el asiento del conductor y metí la llave en el encendido.
    2 estrellarse contra algo, darse contra algo: *The lorry rammed into the crash-barrier, shedding its load on the carriageway*, El camión se estrelló contra la barrera de protección, tirando la carga por la calzada; *I had to brake suddenly and the car behind rammed into the back of me*, Tuve que frenar de golpe y el coche que iba detrás chocó contra el mío.

ramble ['ræmbəl]
  ramble on *vi* divagar, perder el hilo de la conversación: *He has a tendency to ramble on, and risks losing readers' interest as a result*, Tiene cierta tendencia a divagar, y por eso se arriesga a perder el interés de sus lectores; *Grandma sat in her favourite chair, rambling on as usual about life when she was a girl*, Sentada en su silla favorita, la abuela divagaba como siempre sobre cómo era la vida cuando era pequeña.
    SYNONYMS: run on.

range [reɪndʒ]
  range against *vt insep* poner a alguien en contra de alguien: *The dictator threatened that it was in his power to sponsor terrorist attacks on the countries ranged against him*, El dictador amenazó con que estaba en su poder financiar ataques terroristas a los países alineados en contra de él; *Incredibly, he seemed quite undaunted by the powerful forces ranged against him*, Aunque parezca mentira, no parecía inmutarse por las poderosas fuerzas alineadas contra él.

rank [ræŋk]
  rank among *vt insep* estar entre alguien, encontrarse entre alguien: *The young Australian ranks among the world's top competitive surfers*, El joven australiano está entre los mejores surfistas de competición del mundo; *Britain's researchers still rank among the world's best in the science that underpins biotechnology*, Los investigadores británicos siguen estando entre los mejores del mundo en la ciencia que sostiene a la biotecnología.

rap [ræp] rapping, rapped, rapped
   rap out *vt insep* soltar, espetar: *The sergeant-major was rapping out orders*, El brigada espetaba órdenes; *"What the hell do you think you're doing?" he rapped out*, -¿Pero qué demonios estás haciendo? -espetó.

rat [ræt] ratting, ratted, ratted
   rat on *vt insep (informal)* chivarse de alguien: *Lloyd said, "I bet it was that little sneak Mitchell who ratted on us to the cops"*, Lloyd dijo: -Seguro que fue ese soplón de Mitchell el que se chivó y nos denunció a la poli.
   SYNONYMS: squeal on *(informal)*.

ration ['ræʃən]
   ration out *vt sep* racionar, distribuir: *Emergency aid was being rationed out, but still many people went without*, Se distribuyó la ayuda de emergencia de forma racionada, pero aun así mucha gente se quedó sin; *Flour and rice had to be rationed out at two sacks per family per month*, Había que racionar la harina y el arroz, y cada familia recibía dos sacos al mes.

rattle ['rætəl]
   rattle off *vt sep (informal)* recitar de un tirón, decir una lista todo seguido: *Williams Junior can rattle off the dates of all the British kings and queens since Henry VIII*, Williams Junior puede decir de un tirón las fechas de todos los reyes y reinas británicos desde Enrique VIII; *Clearly, the album had not, like some, been rattled off in a weekend*, Evidentemente, el disco, a diferencia de otros, no se había hecho de prisa y corriendo en un fin de semana.
   SYNONYMS: reel off.

   rattle on *vi (informal)* no parar de hablar, seguir hablando: *You won't be able to stop him once he gets started. He rattles on non-stop*, En cuanto empieza es imposible callarlo. No para de hablar; *Try as he might he couldn't get away and had to listen to old Mrs Murray rattling on about the faulty plumbing*, Pese a lo mucho que lo intentó no pudo escapar y tuvo que escuchar a la señora Murray parlotear sin parar sobre las cañerías defectuosas.
   SYNONYMS: rabbit on *(informal)*.

   rattle out *vt sep (informal)* hacer algo a toda prisa, acabar algo volando: *With up-to-date machinery the firm could rattle out twice as many parts as they can now*, Con una maquinaria moderna la empresa podría producir en un periquete el doble de piezas que ahora; *He rattles out novels like a factory making nuts and bolts*, Produce novelas como rosquillas.

   rattle through *vt insep (informal)* hacer algo a toda prisa, acabar algo volando: *They rattled through all the business on the agenda and were finished before lunchtime*, Repasaron rápidamente todos los puntos de la agenda y a la hora de comer ya habían terminado.

   rattle up *vt sep (informal)* hacer algo en un abrir y cerrar de ojos: *Give John a couple of planks of wood and a handful of nails and he'll rattle you up a set of bookshelves in no time*, Si le das a John un par de tablas de madera y un puñado de clavos, te hará un par de estanterías en un periquete.
   SYNONYMS: knock up *(informal)*.

rave [reɪv]
   rave about *vt insep (informal)* hablar con mucho entusiasmo de algo: *He was raving*

about the young actress, saying that she was the discovery of the decade, Ponía por las nubes a la joven actriz, diciendo que era la revelación de la década; *I don't know why Ken raves about Corfu so much, I found it very disappointing*, No sé por qué Ken está tan loco por Corfú, a mí me decepcionó mucho.

rave on *vi (informal)* decir algo con entusiasmo: *"Just think," she raved on, "six months in New Zealand, hot springs, kiwis, spectacular scenery ..."*, -Imagínate -dijo con entusiasmo- seis meses en Nueva Zelanda, con las fuentes termales, kiwis, los paisajes espectaculares ...; *Do you have any idea what he was raving on about?*, ¿Tienes alguna idea de por qué deliraba así?

rave up *vt sep* (**to rave it up**) *(informal)* pasarlo bien, ir de juerga, ir de marcha, divertirse: *Just occasionally they like to rave it up a bit at a disco*, Sólo de vez en cuando les gusta ir de juerga a una discoteca.

reach [riːtʃ]

reach down *vi* alargar, bajar: *Suddenly a metal door opened and arms reached down to pull us up*, De pronto se abrió una puerta de metal y asomaron unos brazos desde arriba para sacarnos; *He reached down into the bottom of an enormous sack and pulled out a rabbit*, Metió la mano hasta el fondo de un enorme saco y sacó un conejo.

reach down to *vt insep* bajar hasta algo, llegar hasta algo: *Gerald was wearing an extraordinary coat that reached down almost to his ankles*, Gerald llevaba un abrigo extraordinario que casi le llegaba a los tobillos.

reach for *vt insep* extender la mano para alcanzar algo: *Reaching for a cup, her hand accidentally brushed his arm*, Al tender la mano para coger una taza, le rozó el brazo sin querer.

reach out *vi* estirar para alcanzar algo, alargar la mano para alcanzar algo: *He reached out and switched on the lamp*, Estiró la mano y encendió la lámpara.

reach out for *vt insep* extender la mano para alcanzar algo: *He reached out for the phone and picked it up*, Tendió la mano hacia el teléfono y levantó el auricular.

reach out to *vt insep*
1 llegar a alguien, ayudar a alguien: *These charities and support groups are reaching out to the needy and victims of injustice of all kinds*, Estos grupos de beneficencia y ayuda tratan de llegar a los necesitados y a las víctimas de cualquier tipo de injusticia.
2 intentar llegar a alguien: *Particularly at election time, television reaches out to people who are less well informed about politics*, Sobre todo en los periodos de elecciones, la televisión trata de llegar a la gente que está menos informada sobre política.

reach up *vi* estirar el brazo hacia arriba, alargar la mano hacia arriba: *She reached up and put her hand over his mouth*, Estiró la mano hacia arriba y le tapó la boca; *She reached up to the hook for her dressing-gown*, Estiró la mano hacia el gancho para coger su camisón.

reach up to *vi* alcanzar algo, llegar a algo: *The water rose steadily until it reached up to his chin*, El nivel del agua subía a un ritmo constante hasta que le llegó a la barbilla.

read [riːd] reading, read, read

read back *vt sep* volver a leer algo: *He asked his secretary to read back what he had just dictated*, Le pidió a su secretaria que le volviera a leer lo que acababa de dictarle.

read for

read for vt sep

1 estudiar algo *(para obtener un título)*: ***My younger son is reading for a BA in medieval history***, Mi hijo pequeño está estudiando la carrera de historia medieval; ***At that time he was reading for the bar***, En esa época estudiaba derecho.

2 prepararse para el papel de algo: ***He was reading for a part in an Agatha Christie film***, Estaba estudiando un papel para una película de Agatha Christie; ***The director has asked Findlay to read for the part of Prince Hal***, El director le ha pedido a Findlay que se estudiara el papel del príncipe Hal.

read into vt sep buscar otro significado a lo que dice alguien, dar demasiada importancia a lo que dice alguien: ***No matter what he does now, the press will read something sinister into it***, Haga lo que haga ahora, la prensa le buscará un significado siniestro; ***Those are the facts, read into them what you will***, Esos son los hechos, puedes interpretarlos como quieras.

read off vt sep leer en voz alta *(uno por uno)*: ***He read off the numbers on the meter, and I wrote them down***, Leyó uno por uno los números del contador en voz alta y yo los anoté.

read out vt sep leer algo en voz alta: ***They were all there when Moran read out the telegram***, Estaban todos allí cuando Moran leyó el telegrama en voz alta; ***His statement was read out in court***, Leyeron su declaración en voz alta en el juicio.

read over vt sep

1 leer con detenimiento: ***When you've finished writing your essay, read it over, paying particular attention to spelling and punctuation***, Cuando acabéis la redacción, repasadla, y fijaos sobre todo en la ortografía y la puntuación.

2 repasar, volver a leer: ***Read the poem over once or twice before class to make sure you know it***, Vuelve a leer el poema una o dos veces antes de la clase para asegurarte de que te lo sabes.

read through vt sep leer bien algo, leer algo de principio a fin: ***Take care to read through the documents carefully before signing them***, Léete bien los documentos antes de firmarlos; ***Stirling handed the hand-written note to the general who read it through twice***, Stirling le entregó la nota escrita a mano al general que se la leyó dos veces.

read up or **read up on** vt insep leer sobre algo, prepararse sobre algo, documentarse sobre algo: ***Ray is reading up on the history of Crete before we go on holiday***, Ray está estudiando la historia de Creta antes de que vayamos de vacaciones; ***We recommend that applicants read up on the company and prepare a list of questions about it for their interviews***, Recomendamos a los candidatos que se documenten sobre la empresa y que preparen una lista de preguntas sobre la misma para las entrevistas.

rear [nəʳ]

rear up vi

1 ponerse de pie sobre las patas traseras, empinarse: ***The grizzly bear reared up and bared its fangs***, El oso pardo se puso sobre las patas traseras y mostró los colmillos.

2 alzarse, erguirse: ***A seemingly impenetrable jungle reared up before the exhausted men***, Una jungla que parecía impenetrable se alzó ante los hombres agotados; ***A great pillar of lava reared up above St Pierre like an obelisk***, Un gran pilar de lava se irguió sobre St Pierre como un obelisco.

reduce to

reason ['ri:zən]
reason out *vt sep* dar rezones para algo, razonar algo: *I cannot reason out why we have to copy the Americans all the time*, No me explico por qué tenemos que copiar constantemente a los americanos.
SYNONYMS: work out.

reason with *vt insep* hacer entrar en razón a alguien, razonar con alguien: *They tried in vain to reason with the gunman*, Intentaron en vano hacer razonar al pistolero; *He tried to reason with her but she wouldn't listen*, Intentó hacerla razonar pero ella no quiso escuchar.

rebound [rɪ'baʊnd]
rebound on or **rebound upon** *vt insep* salir a alguien el tiro por la culata, rebotar en alguien, volverse en contra de alguien: *He pointed out that that sort of criticism had a habit of rebounding on the critics*, Señaló que ese tipo de críticas solían volverse contra los propios críticos; *The attempt to silence Bevan rebounded upon the leadership when it actually made him more popular in the party*, El intento de mandar callar a Bevar se volvió en contra de la directiva ya que a raíz de eso fue más popular en el partido.
SYNONYMS: come back on.

reckon ['rekən]
reckon in *vt sep* incluir *(en la contabilidad)*, tener en cuenta: *Have you reckoned in the cost of car hire for the full fortnight?*, ¿Has incluido el precio del alquiler del coche para los quince días?

reckon on or **reckon upon** *vt insep* contar con algo: *At the very least he would have to reckon on five of his Cabinet colleagues being against him*, Por lo menos tendría que contar con la oposición de cinco de sus colegas del Gabinete.

reckon up *vt sep* calcular *(el total)*: *I'll send you an invoice once I've reckoned up the bill*, Le enviaré una factura en cuanto haya calculado los gastos.
SYNONYMS: add up; tot up *(informal)*.

reckon with *vt insep*
1 tener en cuenta, tener en consideración: *Don't underestimate her, she's a formidable opponent, a woman to be reckoned with*, No la subestimes, es una adversaria tremenda, una mujer que hay que tener en cuenta.
2 vérselas con algo: *Even if we manage to get there, we'll still have the problem of transport into the interior to reckon with*, Aunque consigamos llegar, todavía tendremos que resolver el problema del transporte al interior.
3 contar con algo, tener algo previsto: *The police had hoped to catch them all together but they hadn't reckoned with the break-up of the gang*, Los policía esperaba cogerlos a todos juntos pero no había previsto la ruptura de la banda.
ANTONYMS: reckon without.

reckon without *vt insep* no contar con algo, no tener algo en cuenta: *Napoleon had, however, reckoned without the arrival of the Prussians in the afternoon*, Sin embargo, Napoleón no había tenido en cuenta la llegada de los prusianos por la tarde.
ANTONYMS: reckon with.

reduce [rɪ'dju:s]
reduce to *vt sep*
1 reducir a algo: *The digestive process reduces food to its constituent nutrients*, El proceso digestivo reduce la comida a sus componentes nutritivos.

reek of

    2 reducir a algo: *The basic rate of income tax has been reduced to 20%*, La contribución básica del impuesto sobre la renta ha sido reducida al 20%.
    3 caer tan bajo como para hacer algo, verse obligado a hacer algo: *He was reduced to begging in the streets of Paris*, Se vio obligado a mendigar en las calles de París.
    4 hacer llorar a alguien: *She's reduced to tears by the sight of an animal in distress*, Ver sufrir a un animal la hace llorar.

reek [riːk]
    reek of *vt insep* apestar a algo: *He swaggered in, reeking of cheap aftershave*, Entró con aire arrogante, apestando a loción para después del afeitado barata; *The situation reeks of corruption in high places*, La situación huele a corrupción en los altos cargos.

reel [riːl]
    reel back *vi* caer de espaldas: *Bruno landed a punch square on his chin and he reeled back against the ropes*, Bruno recibió un puñetazo directamente en la barbilla y cayó sobre las cuerdas; *She reeled back gasping as the choking fumes filled her lungs*, Se tambaleó hacia atrás respirando con dificultad mientras el asfixiante humo le llenaba los pulmones.
    reel in *vt sep* ir cobrando, recoger: *Once you feel the salmon has got too tired to fight, start to reel him in gently*, En cuanto sientas que el salmón se ha cansado de luchar, recoge el sedal con suavidad.
    reel off *vt sep* recitar de un tirón, soltar de una vez: *She can reel off the relevant statistics at the drop of a hat*, Puede recitar de un tirón las estadísticas pertinentes; *Miss Cross began the match well, reeling off the first four games for the loss of only four points*, La señorita Cross empezó bien el partido, pues superó las primeras cuatro partidas perdiendo sólo cuatro puntos.

refer [rɪˈfɜːʳ] referring, referred, referred
    refer to *vt insep*
    1 referirse a algo/alguien: *Who exactly were you referring to when you talked about people being marginalized?*, ¿A quién te referías exactamente cuando mencionaste a la gente marginada?; *He referred repeatedly to the 'special relationship' that existed between their two countries*, Se refirió en varias ocasiones a la 'relación especial' que había entre los dos países.
    2 llamar algo/ a alguien de algún modo, denominar algo de algún modo: *He's in the habit of referring to his mother as his old woman*, Cuando habla de su madre, tiene la costumbre de llamarla mi vieja; *Don't you think it's rather unjust to refer to him as 'that young thug'?*, ¿No te parece que es un poco injusto llamarlo 'ese joven matón'?
    3 consultar: *Check your spelling by referring to your dictionary*, Comprueba la ortografía consultando en tu diccionario; *For guidance on grammar refer to the appendices at the back of the book*, Para una orientación sobre la gramática, consulte los apéndices al final de este libro.
    4 (**to refer** *somebody* **to** *something/somebody*) recomendar algo a alguien, referir a alguien a alguna fuente, mandar a alguien a *(un especialista)*: *My tutor referred me to a collection of the author's letters held in the university library*, Mi tutor me recomendó una colección de cartas del autor que estaban en la biblioteca de la universidad; *If your GP is unable to make an accurate diagnosis, he should refer you to a consultant*, Si tu médico general no puede hacer un diagnóstico exacto, debería mandarte a un especialista; *He was referred to a lawyer who specialized in that area*, Lo derivaron a un abogado experto en el tema.

relieve of

reflect [rɪ'flEkt]
reflect on or **reflect upon** *vt insep*
1 reflexionar sobre algo, meditar sobre algo: *You should take some time to reflect on this*, Deberías tomarte un tiempo para reflexionar sobre el tema; *When he reflected on his marriage he had to acknowledge to himself that it was a great mistake*, Cuando reflexionó sobre su matrimonio tuvo que reconocer que fue un gran error.
2 (**to reflect well/badly on** *somebody*) honrar/deshonrar a alguien: *His behaviour reflects well on those who were responsible for bringing him up*, Su conducta habla bien de los que se responsabilizaron de educarlo.

rein [reɪn]
rein back *vt sep* refrenar, tirar de las riendas: *Stanley managed to rein back the horse just before he reached the cliff*, Stanley consiguió frenar el caballo justo antes de llegar al precipicio.
rein back on *vt insep* reducir, contener *(el consumo, el gasto)*: *This is just yet another attempt by the government to rein back on public expenditure*, Esto es sólo otro intento del gobierno de contener el gasto público.
rein in *vt sep*
1 frenar, tirar de las riendas para frenar: *He desperately tried to rein in his panic-stricken horse*, Intentó desesperadamente frenar a su caballo presa del pánico.
2 refrenar a alguien, poner riendas a alguien: *The old man will have to rein that son of his in before he wrecks the entire family business*, El viejo tendrá que refrenar a su hijo antes de que se cargue toda la empresa familiar.

relate [rɪ'leɪt]
relate to *vt insep*
1 relacionarse con algo, estar relacionado con algo: *How does this relate to what we were discussing earlier?*, ¿Qué relación tiene esto con lo que hablábamos antes?; *All the evidence relating to the crime has mysteriously disappeared from a police safe*, Todas las pruebas relacionadas con el delito han desaparecido misteriosamente de una caja fuerte de la policía.
2 entender a alguien, empatizar con alguien: *"I find big crowds terrifying." "Yes, I can relate to that"*, -Las grandes multitudes me aterrorizan. -Sí, lo entiendo; *She was looking for someone she could relate to*, Buscaba a alguien con quien pudiera entenderse.

relieve [rɪ'liːv]
relieve of *vt sep* (**to relieve** *somebody* **of** *something*)
1 liberar a alguien de algo, quitar a alguien el peso de algo: *Can I relieve you of that heavy suitcase?*, ¿Me permite que le lleve esta maleta tan pesada?; *This is a measure that effectively relieves the local authority of responsibility for housing homeless families*, De hecho, ésta es una medida que exime al ayuntamiento de la responsabilidad de proporcionar alojamiento a las familias sin hogar; *A pickpocket had relieved him of his wallet*, Un carterista le había quitado la cartera.
2 aliviar a alguien de algo, relevar a alguien en *(un puesto)*: *The President relieved the general of his command and ordered him home*, El presidente relevó al general de su puesto y le ordenó que se fuera a casa.

remember to

remember [rɪˈmembəʳ]
  remember to *vt sep* dar recuerdos a alguien de parte de alguien, saludar a alguien de parte de alguien: *Remember me to Peter when you see him*, Dale recuerdos de mi parte a Peter cuando lo veas.

render [ˈrendəʳ]
  render down *vt sep* derretir: *The fat is rendered down into lard*, La grasa se derrite y se convierte en manteca.
  render into *vt sep (formal)* traducir a *(otro idioma)*: *The next test is to render this passage into French*, La siguiente prueba consiste en traducir este pasaje al francés.
    SYNONYMS: translate.

rent [rent]
  rent out *vt sep* alquilar: *I'm going abroad for a year so I'll be renting out my flat in Edinburgh*, Me voy un año al extranjero, así que alquilaré mi piso en Edimburgo.

repair [rɪˈpeəʳ]
  repair to *vt insep (formal or humorous)* dirigirse a algún sitio, acudir a algún sitio: *Shall we repair to the lounge for coffee?*, ¿Vamos a tomar café al salón?

report [rɪˈpɔːt]
  report back *vt insep* informar, presentar un informe *(a la vuelta)*: *Go there, find out what's happened and report back to me*, Ve allí, entérate de lo que ha pasado y después infórmame.

reside [rɪˈzaɪd]
  reside in *vt insep (formal)* residir en alguien: *He has his finger on the nuclear button and that power resides in him alone*, Tiene el dedo puesto en el botón nuclear y este poder reside sólo en él.

rest [rest]
  rest on or **rest upon** *vt insep* sustentarse en algo, apoyarse en algo: *The whole structure of his argument rests on this one rather spurious contention*, Toda la estructura de su razonamiento se sustenta en una opinión un tanto espuria; *Effective foreign policy rests upon a shared sense of national identity*, Una política exterior eficaz se basa en un sentimiento compartido de identidad nacional.
  rest up *vt insep* descansar: *They found a ledge so that they could rest up before the final assault on the summit*, Encontraron un saliente para poder descansar antes de coronar por fin la cima.
  rest with *vt insep* recaer en alguien: *A Scottish Office spokesman said responsibility for the repairs rested with the local authority*, Un portavoz de la Oficina Escocesa dijo que la responsabilidad de las obras recaía en el ayuntamiento.
    SYNONYMS: lie with.

result [rɪˈzʌlt]
  result from *vt insep* deberse a algo, derivarse de algo, ser el resultado de algo: *Scurvy results from a lack of vitamin C in the diet*, El escorbuto se debe a la falta de vitamina C en la dieta.
  result in *vt insep* tener algo como resultado, llevar a algo, conducir a algo: *I predict that the experiment will result in economic disaster*, Pronostico que el experimento se traducirá en un desastre económico.

rev [rev] revving, revved, revved
  rev up *vt sep - vi (informal)* acelerar, girar el motor: *He was already in the car, revving up and impatient to be off*, Ya estaba en el coche, acelerando el motor e impaciente por irse.

revolve [rɪ'vɒlv]
  revolve around or **revolve round** *vt insep*
  1 girar alrededor de algo: *Her life revolves around her word*, Su vida gira alrededor de su trabajo.
  2 girar alrededor de algo, centrarse en algo: *Their arguments tended to revolve around domestic concerns*, Sus discusiones solían girar alrededor de asuntos domésticos.

rid [rɪd] ridding, rid, rid
  rid of *vt sep (formal)* librarse de algo, quitarse algo de encima: *They came up with some fairly ingenious ways of ridding themselves of the lice that infested the trenches*, Se les ocurrieron formas bastante ingeniosas de librarse de los piojos que infestaban las trincheras.

ride [raɪd] riding, rode, ridden
  ride out *vt sep* aguantar, sobrevivir: *If we can just ride out the next six months, everything should be okay*, Si podemos mantenernos a flote los próximos seis meses todo debería ir bien.
  ride up *vi* subirse, quedar arrugado y subirse: *His jacket had ridden up at the back revealing a large scar*, Se le había subido la chaqueta por detrás dejando al descubierto una gran cicatriz.

riffle ['rɪfəl]
  riffle through *vt insep (informal)* hojear algo *(rápidamente)*: *He was riffling through the memo pad on Jean's desk*, Hojeaba el bloc de notas que había sobre el escritorio de Jean.

rifle ['raɪfəl]
  rifle through *vt insep* revolver en algún sitio, rebuscar por algún sitio: *Emmy caught Joss rifling through her father's bureau*, Emmily cogió a Joss revolviendo el escritorio de su padre.

rig [rɪg] rigging, rigged, rigged
  rig out *vt sep* vestirse de alguna manera, ir ataviado de alguna manera: *He'd rigged himself out in this pirate's costume, Captain Hook, I think*, Se había puesto un disfraz de pirata, creo que del capitán Garfio; *He was fully rigged out in his dress uniform*, Iba ataviado con su uniforme de gala.
  rig up *vt sep (informal)* instalar improvisadamente algo, improvisar algo: *They were able to rig up a sort of temporary hospital on the outskirts of the camp*, Pudieron instalar una especie de hospital provisional a las afueras del campamento; *Can you rig me up a couple of spotlights?*, ¿Puedes montarme un par de focos?

ring [rɪŋ] ringing, rang, rung
  ring around *vt insep* see **ring round**.

ring back

ring back *vt sep* volver a llamar *(más tarde)*: ***Can you ring me back later?***, ¿Puedes volverme a llamar más tarde?; ***John called and asked if you would ring him back before lunch***, Ha llamado John preguntando si podías llamarle antes de comer.
SYNONYMS: call back; phone back.

ring in *vi* telefonear a la oficina/lugar de trabajo/etc: ***Gary rang in sick this morning***, Gary ha llamado esta mañana para decir que estaba enfermo.
SYNONYMS: call in; phone in.

ring off *vi* colgar: ***I'm going to ring off now, Mum, I can hear the baby crying***, Ahora voy a colgar, mamá, oigo llorar al niño.

ring out *vi*
1 sonar, repicar *(campanas)*; oírse *(una voz)*: ***The church bells rang out as the happy couple left through the west door***, Las campanas de la iglesia repicaban mientras la feliz pareja salía por la puerta oeste; ***A voice rang out in the darkness: "Is anyone there?"***, Se oyó una voz en la oscuridad: -¿Hay alguien aquí?; ***Occasionally a shot would ring out and a soldier would slump to the ground, another victim of the snipers***, De vez en cuando se oía un disparo y un soldado se desplomaba, otra víctima de los francotiradores.
2 sonar, dar la llamada: ***I've tried ringing her a couple of times this morning but the phone just rings out***, He intentado llamarla un par de veces esta mañana, pero el teléfono suena y nadie lo coge.

ring round *vt insep* hacer unas llamadas a alguien, hacer una ronda de llamadas a alguien: ***Ring round all the suppliers and find out who's offering the biggest discounts***, Llama a todos los proveedores y averigua quién ofrece los mayores descuentos; ***I've been ringing around all his friends' houses, but no one has seen him***, He estado llamando a las casas de todos sus amigos pero nadie lo ha visto.
SYNONYMS: phone round.

ring up *vt sep*
1 llamar a alguien, telefonear a alguien: ***The cheeky devil rang me up and asked me out***, El muy descarado me llamó y me pidió para salir.
SYNONYMS: call up; phone up.
2 registrar, meter en la cuenta: ***Do you want to put this back, sir? I haven't rung it up yet***, ¿Quiere devolver esto, señor? Aún no lo he registrado.

rinse [rɪns]

rinse out *vt sep*
1 enjuagar: ***She'd rinsed out her tights and hung them on the radiator***, Había enjuagado las medias y las había colgado en el radiador; ***The final cycle rinses the soap powder out completely***, El último ciclo enjuaga completamente el jabón en polvo.
2 enjuagar: ***Leonora rinsed out her cup, then eyed the cupboards wondering where to put it***, Leonora enjuagó su taza y después miró los armarios preguntándose dónde ponerla.
3 enjuagarse: ***"And don't forget to rinse your mouth out after brushing your teeth." "Yes, Mum"***, -Y no te olvides de enjuagarte la boca después de lavarte los dientes. -Sí, mamá.

rip [rɪp] ripping, ripped, ripped

rip off *vt sep* estafar a alguien, timar a alguien *(en el precio)*: ***They rip customers off with massive bank charges***, Estafan a los clientes cobrándoles enormes comisiones;

He said he didn't mind paying, but really resented being ripped off, Dijo que no le importaba pagar, pero que le molestaba muchísimo que lo timaran.
SYNONYMS: cheat; overcharge.

rip through *vt insep* arrasar con algo, destrozar algo atravesándolo: *The bullet ripped through the sleeve of his jacket missing his arm by millimetres*, La bala le desgarró la manga de la chaqueta y no le dio por unos pocos milímetros; *The hurricane has ripped through this village, destroying everything it met in its path*, El huracán ha arrasado este pueblo, destruyendo todo lo que encontraba a su paso.

rip up *vt sep* romper, hacer pedazos: *Harry ripped up the photograph and tossed the pieces into the waste bin*, Harry rompió la fotografía en pedazos y los tiró a la papelera.
SYNONYMS: tear up.

rise [raɪz] rising, rose, risen
rise above *vt insep* superar algo, salir adelante a pesar de algo: *Jocasta rose above those minor setbacks, and continued undeterred with her arrangements*, Jocasta superó esos pequeños contratiempos y continuó con sus preparativos sin desanimarse.

rise up *vi*
  1 elevarse, subir: *Smoke rose up in a great black column, obliterating the sun*, El humo se elevó en una enorme columna negra e hizo desaparecer el sol; *Their chanting rose up through the vaulted roof of the Cistercian chapel*, Sus cánticos se elevaron a través del techo abovedado de la capilla cisterciense.
  2 surgir, elevarse: *And there it was, a massive iceberg rising out of the mist like a floating cathedral*, Y allí estaba, un enorme iceberg surgiendo de entre la niebla como una catedral flotante.
  3 levantarse *(contra alguien)*, sublevarse: *The peasants rose up against their oppressors*, Los campesinos se levantaron contra sus opresores.

roll [rəʊl]
roll about or **roll around** *vi*
  1 rodar por el suelo, revolcarse por el suelo: *In those days kids seemed to have more fun because they could run and roll around and get dirty*, En aquella época los niños parecían divertirse más porque podían correr, revolcarse y ensuciarse; *What amazes me is the way they roll about in agony and then the next minute they're up and playing again*, Lo que me asombra es la forma en que se retuercen de dolor y al cabo de un minuto están en pie y jugando de nuevo; *Ken watched the dog rolling around in the grass*, Ken observaba cómo el perro se revolcaba en el césped.
  2 revolcarse de risa: *Jane watched with delight as he rolled about on the floor with mirth*, Jane contemplaba encantada cómo se revolcaba de risa por el suelo.

roll back *vt sep*
  1 enrollar: *The rug was rolled back to reveal a trapdoor*, Al enrollar la alfombra quedó al descubierto una trampilla.
  2 retroceder, disminuir: *The power of the state is being rolled back in some areas, but is being greatly increased in others*, El poder del estado está disminuyendo en algunas zonas, pero está creciendo enormemente en otras; *The Germans were gradually rolled back towards the Hindenburg Line*, Hicieron retroceder paulatinamente a los alemanes hacia la línea Hindenburg.

roll by *vi* pasar: ***These small details are so easy to forget as the years roll by***, Estos pequeños detalles son tan fáciles de olvidar a medida que pasan los años.

roll down *vt sep*
1 rodar cuesta abajo, caer rodando por las escaleras: ***Suddenly he found himself rolling down the slope, head over heels***, De repente se encontró rodando pendiente abajo; ***He was staring straight ahead, the tears rolling down his cheeks***, Miraba al frente y las lágrimas le resbalaban por las mejillas.
2 bajar: ***Ben rolled down the window and threw out his cigarette***, Ben bajó la ventanilla y tiró el cigarrillo.

roll in or **roll into** *vt insep (informal)*
1 llegar, entrar, presentarse: ***The convoy rolled into Sarajevo just before dusk***, El convoy entró en Sarajevo justo antes de que anocheciera; ***When the first tanks rolled in, the streets were deserted***, Cuando entraron los primeros tanques las calles estaban desiertas; ***He rolled in two hours late and seemed surprised at her indignation***, Apareció dos horas tarde y pareció sorprenderse de su indignación; ***Her husband would roll in drunk at least three times a week***, Su marido solía aparecer borracho al menos tres veces por semana.
2 llegar en masa, llegar en grandes grupos: ***Visitors to the palace are rolling in at the rate of ten thousand a day***, Los visitantes al palacio están llegando a razón de diez mil al día; ***Once we start selling the houses money should start rolling in and we'll be out of the bad patch***, Una vez empecemos a vender las casas nos lloverá el dinero y saldremos de esta mala racha.

roll on
1 *vi* pasar *(el tiempo)*, seguir su curso *(un proceso)*: ***As the years rolled on she became isolated from her friends***, Con el paso de los años se fue aislando de sus amigos.
2 *vt insep* que llegue ya algo: ***"Roll on the weekend," he cried***, -¡Que el fin de semana llegue pronto! -gritó.

roll out *vt sep*
1 extender *(con un rodillo)*: ***Roll out the pastry to an oblong measuring 8 x 12 inches***, Extender la masa con el rodillo hasta formar un rectángulo de 8 x 12 pulgadas.
2 salir al mercado: ***By that time, the company's new models will begin to roll out***, Para entonces empezarán a salir al mercado los nuevos modelos de la compañía.
3 *(informal)* invitar *(un personaje público)*: ***A number of celebrities were rolled out for the première***, Trajeron a unos cuantos famosos para el estreno.

roll over *vt sep - vi*
1 darse la vuelta: ***He rolled over onto his back and stared at the ceiling***, Se puso boca arriba y se quedó mirando al techo.
2 acumular: ***Last week's jackpot has been rolled over again to make a total jackpot this week of a massive forty-two million***, Se ha vuelto a acumular el bote de la semana pasada y esta semana hay un bote total de nada menos que cuarenta y dos millones.

roll up *vt sep*
1 enrollar *(un periódico, un mapa)*, arremangarse *(el pantalón, las mangas)*: ***He rolled the newspaper up and put it in his back pocket***, Enrolló el periódico y se lo metió en el bolsillo de atrás; ***He rolled up his sleeves immediately and got to work***, Se arremangó inmediatamente y se puso a trabajar.
2 acudir en masa: ***Roll up, roll up! See the amazing monkey woman!***, ¡Vengan todos y vean a la increíble mujer mono!; ***Large numbers of aviation enthusiasts rolled up to this weekend's Duxford air show***, Un gran número de entusiastas de la aviación acudieron al espectáculo aéreo celebrado este fin de semana en Duxford.

romp [rɒmp]

romp through *vt insep* pasar algo sin problema, hacer algo con facilidad: *They romped through the speeches, determined to get to the most important thing, the banquet itself*, Acabaron los discursos en un santiamén empeñados en llegar a lo más importante, el banquete; *This time he had real difficulty with a maths paper that he would normally have romped through*, Esta vez tuvo muchas dificultades con un examen de matemáticas que normalmente habría pasado con los ojos cerrados.
SYNONYMS: rattle through *(informal)*.

root [ruːt]

root about or **root around** *vi (informal)* buscar revolviéndolo todo, rebuscar, escarbar en la tierra: *Henry got down on his knees and began rooting about in his files of cuttings*, Henry se puso de rodillas y empezó a rebuscar en sus carpetas de recortes; *We do actually use trained pigs which root around in the earth looking for the truffles*, De hecho usamos cerdos entrenados que hozan la tierra buscando las trufas.
SYNONYMS: rummage about.

root for *vt insep (informal)* animar a alguien, apoyar a alguien: *Just go out and do the best you can. You know we'll all be rooting for you*, Sal y hazlo lo mejor que puedas. Sabes que todos te estaremos animando.

root out *vt sep*
1 arrancar de raíz algo, acabar con algo de una vez: *His aim is to root out corruption in the police force*, Su objetivo es acabar con la corrupción en la policía.
2 malvivir: *The descendants of the once magnificent Mayan civilization are rooting out a meagre living in isolated villages*, Los descendientes de la otrora magnífica civilización maya malviven en pueblos aislados.

root up *vt sep* arrancar de raíz: *Smaller wine producers have been rooting up their vines and planting cereals in their place*, Los pequeños viticultores han arrancado de raíz las vides y han plantado cereales en su lugar.

rope [rəʊp]

rope in or **rope into** *vt sep* encerrar: *The bulls may have been tied up and roped in but he was still wary of going too near them*, Aunque los toros estuvieran atados y encerrados seguía recelando de acercarse demasiado a ellos; *I've roped Harry into helping us with the move*, He enrolado a Harry para que nos ayude con la mudanza.

rope off *vt sep* acordonar algún sitio: *Will we be roping off the area to keep the public at a safe distance?*, ¿Vamos a acordonar la zona para mantener al público a una distancia prudencial?; *The area of investigation was roped off and marked out with luminous tape*, Acordonaron la zona de la investigación y la marcaron con cinta luminosa.

rot [rɒt] rotting, rotted, rotted

rot away *vi* pudrirse, descomponerse: *Use concrete to close off holes where wood is rotting away*, Emplee hormigón para tapar los agujeros allí donde se esté pudriendo la madera.

rot down *vi* descomponerse: *As the compost rots down it gives off heat which further accelerates the process*, El compost produce calor a medida que se va descomponiendo, lo cual acelera aún más el proceso.

rough [rʌf]

rough out *vt sep* esbozar, bosquejar: *He had spent the morning roughing out a few ideas for the new garden layout*, Había pasado la mañana esbozando unas cuantas ideas para el nuevo trazado del jardín.

rough up *vt sep (informal)* dar una paliza a alguien: *The gang would rough up any rival dealers who tried to move in on their territory*, La banda daba una paliza a todos los traficantes rivales que intentaban invadir su territorio.
SYNONYMS: beat up.

round [raʊnd]

round down *vt sep* redondear *(a la baja)*: *To be strictly accurate, the figure is 4.23, but we've rounded it down to 4*, Para ser del todo exactos, la cifra es 4,23, pero la hemos redondeado a 4.

round off *vt sep* completar, acabar: *They rounded off their education with a cookery or arts course*, Completaron su formación con un curso de cocina o de pintura; *Charles finds that a glass of port is a very pleasant way to round off a good dinner*, Charles piensa que una copa de oporto es una forma muy agradable de rematar una buena cena.

round on *vt insep* volverse contra alguien, devolver el golpe a alguien: *He taunted the police officers until one of them rounded on him and threatened him with arrest*, Se burló de los policías hasta que uno de ellos se volvió contra él y lo amenazó con arrestarlo.
SYNONYMS: turn on.

round up *vt sep*
1 acorralar, rodear: *It looks like one of those dogs that round up sheep, a collie or something*, Parece uno de esos perros que acorralan ovejas, un pastor escocés o algo así; *Those prisoners that tried to escape were either shot or rounded up and taken back to their cells*, Aquellos presos que intentaron escapar o los mataron o los atraparon y los devolvieron a sus celdas.
2 redondear *(al alza)*: *His official salary is £23,750 but it's been rounded up to £24,000 to make it easier to divide by 12*, Su sueldo oficial es de 23.750 libras, pero lo han redondeado a 24.000 para que sea más fácil dividirlo entre 12.

rout [raʊt]

rout out *vt sep (informal)* hacer salir algo/a alguien: *Go and rout that lazy boy out of his bed. It's past ten*, Ve a sacar de la cama a ese perezoso, ya pasan de las diez; *He keeps the cats because they are so good at routing out the rats and mice from the haystacks*, Tiene los gatos porque son muy buenos para hacer salir a las ratas y los ratones de los pajares.

rub [rʌb] rubbing, rubbed, rubbed

rub along *vi (informal)* llevarse bastante bien, ir tirando: *They've been rubbing along for years, not exactly close friends but never having any serious disagreements*, Se han llevado bastante bien durante años, no es que sean exactamente amigos íntimos pero tampoco han tenido ninguna discusión importante.

rub down *vt sep* frotar, friccionar *(una persona)*; almohazar *(un caballo)*: *He rubbed himself down briskly*, Se secó frotándose con energía; *He was rubbing the horse down with a handful of straw*, Estaba restregando al caballo con un puñado de paja.

rub in *vt sep (informal)* restregar, refregar: *"You seem to have put on a bit of weight!" "Yes, I know, don't go rubbing it in"*, -Parece que has engordado un poco. -Sí, ya lo sé, no me lo refriegues más por las narices.

rub off or rub off on *vt sep*

1 borrar, quitar frotando: *The teacher had rubbed the examples off the board before I had time to take them down*, El profesor borró los ejemplos de la pizarra antes de que tuviera tiempo de apuntarlos; *Will these marks rub off or will we have to paint over them?*, ¿Saldrán estas manchas o tendremos que pintar encima?

2 contagiarse a alguien, pegarse a alguien: *We're hoping that some of the older boys' enthusiasm will rub off on him*, Esperamos que se le pegue parte del entusiasmo de los chicos mayores.

rub out *vt sep* borrar: *She wasn't satisfied with what she had written so she rubbed it out and started again*, No estaba satisfecha con lo que había escrito, así que lo borró y empezó de nuevo.

ruck [rʌk]

ruck up *vt sep* arrugar, hacer pliegues: *She was dancing around in the stream with her skirt rucked up and tucked into her knickers at the back*, Bailaba en el arroyo con la falda arrugada y metida dentro de las bragas por detrás.

rule [ruːl]

rule off *vt sep* dividir, separar con líneas: *Rule off the sheets into ten equally-spaced columns*, Divide las hojas en diez columnas iguales.

rule out *vt sep*

1 descartar, excluir: *The French still have interest rates above the German level and they don't rule out a devaluation of the franc*, Los franceses todavía tienen tipos de interés que están por encima del nivel alemán y no descartan una devaluación del franco; *The Labour leader hadn't ruled out proposals on electoral reform*, El líder laborista no había descartado las propuestas de reforma electoral.

2 excluir, eliminar, impedir hacer algo: *A knee injury ruled him out of the match*, Una lesión de rodilla le impidió jugar el partido.

3 prohibir, impedir, evitar: *Guidelines designed to rule out racial and sexual discrimination in the workplace*, Directrices concebidas para impedir la discriminación racial y sexual en el trabajo.

rumble ['rʌmbəl]

rumble on *vi* prolongarse, continuar, colear: *The dispute rumbled on for months, then years, with neither side prepared to give an inch*, La disputa se prolongó durante meses, y luego años, sin que ninguna de las partes estuviera dispuesta a ceder un ápice.

rummage ['rʌmɪdʒ]

rummage about or rummage around *vi* revolverlo todo, rebuscar por todos lados: *He was rummaging around in the office looking for some old bills*, Lo estaba revolviendo todo en la oficina en busca de unas facturas antiguas; *Gary unzipped his schoolbag and rummaged about for a pencil*, Gary abrió la cremallera de la cartera y hurgó dentro en busca de un lápiz.

run [rʌn] running, ran, run

run about *vi* correr de un sitio para otro, correr por todos lados: *Hillary prepared the food and I ran about acting as kitchenmaid*, Hillary preparó la comida y yo iba de aquí para allá haciendo de pinche.

SEE ALSO: run around.

run across *vt insep* encontrarse con alguien, tropezar con alguien, cruzarse con alguien: *Did you happen to run across any of my old acquaintances while you were in Oxford?*, ¿Por casualidad no te encontraste con alguno de mis antiguos conocidos mientras estuviste en Oxford?
SYNONYMS: come across.

run after *vt insep*
1 ir detrás de alguien: *He's got all those silly little girls running after him. Is it any wonder he's conceited?*, Siempre le van detrás todas esas niñitas tontas. ¿Te extraña que sea creído?
2 *(informal)* estar detrás de alguien todo el tiempo, estar pendiente de alguien: *If you think your mother's going to go on running after you when you've grown up, think again!*, ¡Estás muy equivocado si piensas que tu madre va a seguir haciéndotelo todo cuando seas mayor!

run along *vi* irse, marcharse, largarse: *Run along now, Jane. I want to speak to your aunt*, Venga, ahora vete, Jane. Quiero hablar con tu tía.

run around or **run round** *vi*
1 correr de un lado a otro, ir corriendo de acá para allá: *No-one seemed to know what to do. They were all running around in a blind panic*, Nadie parecía saber qué hacer. Todos corrían de un lado a otro presas del pánico; *When she got to the park she let the dog off the lead so that it could run about*, Cuando llegó al parque le sacó la correa al perro para que pudiera correr de acá para allá.
2 *(informal)* ir por ahí: *It terrifies me to think of people running around the streets carrying guns*, Me aterroriza pensar que hay gente que va por las calles con armas.
3 *(informal)* ir de un lado a otro, ir de acá para allá: *Women performed most of the daily chores such as grocery shopping and running around to find particular things*, Las mujeres llevaban a cabo casi todas las tareas diarias, como ir a comprar comida e ir de un lado a otro para encontrar ciertas cosas; *I've been running around all day and I'm shattered*, He pasado todo el día corriendo de acá para allá y estoy agotado.

run around with *vt insep* ir con alguien, salir con alguien, pasar tiempo con alguien: *Six months ago she was involved with a criminal, now she's running around with a married man*, Hace seis meses tenía una relación con un delincuente y ahora sale con un hombre casado; *He runs around with some pretty unsavoury characters*, Anda con algunos tipos bastante indeseables.

run away *vi*
1 escaparse, evadirse, huir: *I ran away from the attack dogs as fast as I could*, Huí de los perros de ataque lo más deprisa que pude; *The policeman tried to speak to the young girl but she ran away*, El policía intentó hablar con la chica pero ella se fue corriendo; *The boys would ring the neighbours' doorbells and run away*, Los chicos llamaban al timbre de los vecinos y salían corriendo.
2 escaparse, huir *(de casa)*: *He ran away to the Army when he was 17*, Se escapó para alistarse en el ejército cuando tenía 17 años; *They'd never even realized their teenage daughter was unhappy until she ran away from home*, No se dieron cuenta de que su hija adolescente era infeliz hasta que se escapó de casa.
3 eludir algo: *You can't run away from the fact that you are ten years older than you were then*, No puedes eludir el hecho de que eres diez años mayor de lo que eras entonces; *Instead of facing his problems he chose to run away from them*, En lugar de enfrentarse a sus problemas optó por eludirlos.

run away with *vt insep*
1 fugarse con alguien: *Ursula met Justin, her boyfriend's best friend from univer-*

sity, and ran away with him two months later, Ursula conoció a Justin, el mejor amigo de su novio en la universidad, y se fugó con él dos meses después.

2 irse de la lengua: *I'm sorry I upset you. You know how my tongue runs away with me sometimes*, Siento haberte disgustado. Ya sabes que a veces me voy de la lengua; *This is silly, you're letting your emotions run away with you*, Esto es ridículo, te estás dejando llevar por los sentimientos.

3 creerse algo equivocado: *People shouldn't run away with the notion that they are more important than other members of the cast*, La gente no debería creer que son más importantes que otros miembros del reparto.

run down vt sep

1 bajar corriendo, correr cuesta abajo: *He ran down the slope to meet Sue*, Corrió pendiente abajo para recibir a Sue; *Would you run down to the shops and get a loaf of bread?*, ¿Podrías ir un momento a la tienda y comprar una barra de pan?

2 hablar mal de alguien, poner a alguien por los suelos: *It won't do much for his confidence if people are always running him down*, No le ayudará a tener mucha confianza en sí mismo si la gente siempre está hablando mal de él.

3 reducir el tamaño/la producción de un negocio: *The factory is being run down and closure is scheduled for late next year*, Están reduciendo la actividad de la fábrica y el cierre está previsto para finales del próximo año.

4 reducir: *The $25 million reserve fund had been run down to $8 million*, Redujeron a 8 millones el fondo de reserva de 25 millones de dólares.

5 acabarse, gastarse, agotarse: *I think the batteries in this radio are running down*, Me parece que las pilas de esta radio se están acabando.

6 atropellar: *He was about to be run down by the motorcycle, but managed to step out of the way just in time*, Una motocicleta estuvo a punto de atropellarlo, pero consiguió apartarse justo a tiempo.

7 localizar, encontrar: *I ran him down in a seedy hotel on Sunset Boulevard*, Lo localicé en un sórdido hotel de Sunset Boulevard.

run in vi

1 entrar *(corriendo)*: *Run in and get an umbrella*, Entra un momento y coge un paraguas; *He ran into the kitchen, shouting excitedly*, Entró corriendo en la cocina, gritando muy excitado.

2 *(informal)* detener: *They ran him in on some trumped-up charge*, Lo detuvieron bajo una acusación falsa.

3 hacer el rodaje a *(un vehículo)*, rodar *(un motor)*: *With modern cars, there's no need to run the engine in as you used to have to do*, Con los coches modernos no hay necesidad de rodar el motor como tenía que hacerse antes.

run into vt insep

1 encontrarse con alguien, tropezar con alguien: *Did you run into anyone interesting on your travels?*, ¿Tropezaste con alguien interesante en tus viajes?; *Yesterday at the post office I ran into Mr Wilbury, whom I hadn't seen in nearly 10 years*, Ayer en la oficina de correos me encontré con el señor Wilbury, a quien no había visto en casi 10 años.

SYNONYMS: bump into; run across.

2 encontrarse con, tropezar con *(dificultades)*: *She ran into both financial and emotional problems after her husband died*, Tuvo que enfrentarse a problemas tanto económicos como emocionales después de la muerte de su marido.

3 elevarse a, ascender a *(una cantidad)*: *The cost to government, employers and insurance companies could run into millions*, El coste para gobierno, empresarios y aseguradoras podría ascender a varios millones.

run off

    4 chocar contra algo: *The sports car ran straight into the back of the sedan*, El coche deportivo chocó directamente con la parte trasera del sedán; *The fighter was badly damaged and ran into a parked aircraft on landing*, El caza había sufrido graves desperfectos y chocó contra un avión aparcado al aterrizar.

    5 dar paso a algo, mezclarse con algo: *The late night ran into the early morning without us realizing how much time had passed*, La noche cerrada dio paso a la madrugada sin que nos diéramos cuenta del tiempo que había transcurrido; *She had her hair dyed blue, running into yellow near the ends*, Llevaba el pelo teñido de azul, mezclado con amarillo cerca de las puntas.

run off *vi*

    1 irse corriendo, salir corriendo: *He shouted at them and they ran off*, Les gritó y salieron corriendo.

    2 escaparse, fugarse, salir sin decir nada: *He ran off to London without telling his parents*, Se escapó a Londres sin decírselo a sus padres.

run off with *vt insep* fugarse con alguien, escaparse con alguien: *Apparently her husband ran off with some girl half his age*, Al parecer su marido se fugó con una chica a la que doblaba la edad.

run on

    1 *vi* seguir corriendo: *He reached the garden gate at a trot, hesitated for a moment, and then ran on*, Llegó hasta a la puerta del jardín a paso rápido, dudó un momento y después siguió corriendo; *The wee boy ran on ahead into the house*, El niñito fue corriendo delante y se metió en la casa.

    2 *vi* enrollarse mucho, hablar sin parar, seguir hablando: *She runs on a bit, your Gran, doesn't she?*, Tu abuela se enrolla bastante, ¿no?

    3 *vt insep* gastar, usar, funcionar con: *The new buses run on natural gas*, Los nuevos autobuses funcionan con gas natural.

run out *vi* acabarse, agotarse: *What're they going to do when North Sea oil runs out?*, ¿Qué van a hacer cuando el petróleo del Mar del Norte se acabe?

run out of *vt insep* quedarse sin algo: *Buy the most powerful PC you can afford, then there's less risk of running out of memory*, Compra el PC más potente que puedas permitirte, así hay menos riesgo de que te quedes sin memoria; *We've run out of toilet paper*, Se nos ha acabado el papel higiénico.

run out on *vt insep* dejar, abandonar: *She never dreamed he would run out on her at a time like this*, Nunca imaginó que la abandonaría en un momento así.

run over

    1 *vi* venir corriendo, ir corriendo, acercarse corriendo: *As soon as she saw me, she ran over to me to show me her new dolly*, En cuanto me vio, vino corriendo hacia mí para enseñarme su muñequita nueva.

    2 *vi* ir en coche: *I'll be running over to Exeter this afternoon to do some shopping*, Esta tarde iré en coche a Exeter para hacer unas compras.

    3 *vi* desbordarse, derramarse, rebosar: *The bath was running over, but there didn't seem to be anyone in the house*, La bañera se estaba desbordando, pero no parecía haber nadie en la casa.

    4 *vt sep* atropellar: *Hundreds of frogs are run over every year on Britain's roads*, Cientos de ranas son atropelladas cada año en las carreteras de Gran Bretaña; *He tried to run me over with his motorbike*, Intentó atropellarme con su moto.

    SEE ALSO: run down; knock down.

    5 *vt sep* repasar: *I'd like you to run over these accounts with me sometime*, Me gustaría que repasaras estas cuentas conmigo en algún momento.

    6 *vt insep* pasarse de tiempo, durar más tiempo de la cuenta: *If we don't eliminate*

run through *vt insep*
1 atravesar algo corriendo, correr a través de algo: *They ran through the fields waving their arms and shouting to him to stop*, Atravesaron los campos corriendo, agitando los brazos y gritándole que se detuviera.
2 atravesar un sitio: *We came to a long straight road running through agricultural land*, Llegamos a una carretera larga y recta que atravesaba terrenos agrícolas.
3 discurrir a lo largo de algo: *What makes it interesting are the various sub-plots that run through the entire novel*, Lo que la hace interesante son los diferentes argumentos secundarios que discurren a lo largo de la novela.
4 gastar, consumir: *We seem to be running through a huge amount of paper*, Parece que estamos gastando una cantidad enorme de papel; *I predict that they'll manage to run through all the money before Christmas*, Pronostico que conseguirán gastar todo el dinero antes de Navidad.
5 repasar, comprobar: *I just want to run through the times of the flights again so that you all know when you should be where*, Quiero repasar otra vez las horas de los vuelos para que todos sepáis dónde deberíais estar en cada momento.

run to *vt insep*
1 acudir a alguien *(para pedir ayuda)*, ir corriendo a alguien: *You won't always be able to run to your parents whenever something goes wrong in your life*, No siempre vas a poder ir corriendo a tus padres cuando algo te vaya mal en la vida; *What if he goes running to the police?*, ¿Qué pasará si va a la policía?
2 alcanzar para algo, poder permitirse algo: *My salary doesn't run to expensive weekends in fancy hotels*, Mi sueldo no alcanza para fines de semana caros en hoteles de lujo.
3 extenderse a algo: *The report ran to more than two thousand pages, not including the appendices*, El informe tenía más de dos mil páginas, sin incluir los apéndices.
4 abarcar algo, incluir algo: *Unlike most teenagers, his taste in music runs to more sophisticated things like opera*, A diferencia de la mayoría de adolescentes, sus gustos musicales se decantan por cosas más sofisticadas como la ópera.

run up *vt sep*
1 contraer, acumular: *How much debt do you run up on your credit card around Christmas*, ¿A cuánto sube la factura de tu tarjeta de crédito por Navidad?
2 izar: *According to the story, the pirates ran up the Jolly Roger and began to bombard Port-of-Spain*, Según reza la historia, los piratas izaron la bandera pirata y empezaron a bombardear Puerto España.

run up against *vt insep* encontrarse con algo, tropezar con algo: *You've been lucky so far, but one of these days you'll run up against a problem that you can't solve so easily*, Hasta ahora has tenido suerte, pero un día de éstos tropezarás con un problema que no vas a poder solucionar tan fácilmente.

rush [rʌʃ]

rush in or **rush into** *vt insep* precipitarse a hacer algo: *Andy gets into so many scrapes because he just rushes in without thinking*, Andy se mete en tantos líos porque no piensa y se precipita; *I wouldn't rush into marriage if I were you*, Yo que tú me lo pensaría mucho antes de casarme.

rush out *vi* salir corriendo: *Don't rush out immediately and buy all the textbooks*

rush through

on the list, No salgas corriendo inmediatamente y compra todos los libros de texto de la lista.

rush through *vt sep* hacer algo de prisa y corriendo, hacer algo a la carrera, hacer algo a toda prisa: *Everything was rushed through before they had time to think*, Lo hicieron todo a la carrera sin tener ni tiempo de pensar; *The report implied that they may have rushed the product through without adequate testing*, El informe daba a entender que podrían haber sacado a toda prisa el producto sin haberlo probado adecuadamente.

rust [rʌst]

rust away *vi* oxidarse: *The iron railings hadn't been painted for years and were slowly rusting away*, No habían pintado las rejas de hierro en años y se estaban oxidando lentamente.

rustle ['rʌsəl]

rustle up *vt sep* improvisar, preparar: *If you can wait ten minutes, I'm sure we can rustle up some hot soup and bread, at least*, Si puedes esperarte diez minutos estoy segura de que podemos preparar un poco de sopa caliente y pan, como mínimo; *Can you rustle us up some coffee and sandwiches, Miss Peters?*, ¿Podría prepararnos un café y bocadillos, señorita Peters?

saddle ['sædəl]

saddle up *vt sep* ensillar: *He saddled up his pony and started to trot him round the practice ring*, Ensilló su pony y empezó a hacerlo trotar por el recinto de entrenamiento.

saddle with *vt insep* cargar a alguien con algo: *I've been saddled with the kids this weekend because Mary's going to visit her mother*, Este fin de semana tengo que hacerme cargo de los niños porque Mary se va a ver a su madre; *The reason I can't do anything to turn this company around is because I've been saddled with an out-of-date structure*, La razón por la que no puedo hacer nada para sanear esta empresa es que me han endilgado una estructura desfasada.

SYNONYMS: lumber with *(informal)*.

sail [seɪl]

sail through *vt insep* superar algo, pasar sin esfuerzo por algo: *Oxbridge interviews are supposed to be stiff, but Wilkie sailed through*, Se supone que las entrevistas de Oxbridge son duras, pero Wilkie las superó sin problemas.

SYNONYMS: romp through; walk it *(informal)*.

salt [sɔːlt, sɒlt]

salt away *vt sep (informal)* ahorrar, guardar para el futuro: *We listened open-mouthed as we were told of the thousands of pounds she had somehow managed to salt away*, Escuchamos boquiabiertos mientras nos contaban cómo se las había arreglado para ahorrar miles de libras.

SYNONYMS: put by; put away; stash away *(informal)*.
SEE ALSO: save up.

sand [sænd]

sand down *vt sep* lijar: *I gave the table three coats of varnish and sanded it down between coats*, Le di a la mesa tres capas de barniz y la lijé entre capa y capa.

SEE ALSO: rub down.

save [seɪv]
save up vt sep
1 ahorrar: *I'm saving up to buy a new car*, Estoy ahorrando para comprar un coche nuevo; *She saved up enough money to take a manicuring course*, Ahorró suficiente dinero para hacer un curso de manicura.
SEE ALSO: put away; put by.

2 guardar, reservar: *I'd saved up quite a stock of scrap paper for the kids to draw on*, Había guardado un montón de papel de borrador para que los niños dibujaran; *Note down any queries and save them up for the next meeting*, Apunten todas las preguntas y guárdenlas para la siguiente reunión.

savour ['seɪvəʳ] (In American English the spelling is **savor**)
savour of vt insep oler a algo: *It wasn't the first time that team selection had savoured of favouritism*, No era la primera vez que la selección del equipo olía a favoritismo.
SYNONYMS: smack of.

saw [sɔː] sawing, sawed, sawn
saw off vt sep aserrar, cortar algo con una sierra: *One of the construction workers accidentally sawed his finger off*, Uno de los obreros de la obra se cortó el dedo con una sierra sin querer; *We sawed off the point with a neighbour's hacksaw*, Cortamos la punta con la sierra de arco del vecino.

saw up vt sep cortar algo en trozos con una sierra: *The smaller branches would be sawed up for firewood*, Se cortarían las ramas más pequeñas con una sierra para usar como leña.

say [seɪ] saying, said, said
say for vt insep decir de algo: *We have virtually no traces of bacteria in the finished product, which is more than can be said for cheeses from some other Common Market countries*, Prácticamente no hay rastros de bacterias en el producto acabado, que es más de lo que se puede decir de los quesos de algunos de los países del Mercado Común; *It doesn't say much for their organization if they can't even get the stuff mailed out on time*, No dice mucho de su organización si ni siquiera pueden enviar las cosas a tiempo; *It says a lot for both clubs that they can produce such an exciting and entertaining game at this level*, El hecho de que puedan ejecutar un partido tan emocionante y entretenido a este nivel dice mucho de los dos clubes.

scale [skeɪl]
scale down vt sep reducir, reducir el tamaño de algo: *By the end of the 1980s, armies were scaled down enormously and we waited for the peace dividend*, A finales de la década de los ochenta, los ejércitos se vieron muy reducidos y esperamos los beneficios de la paz.

scale up vt sep aumentar, incrementar: *Production had to be scaled up to meet the demands of a growing market*, Había que aumentar la producción para responder a las exigencias de un creciente mercado.

scare [skeəʳ]
scare away or **scare off** vt sep
1 asustar, ahuyentar, espantar: *The radio had been left on to scare burglars away*,

scatter about

La radio había quedado encendida para ahuyentar a los ladrones; *All the recent police activity scared him off and he left in quite a hurry*, Las últimas actividades de la policía lo espantaron y se marchó de prisa y corriendo.

2 asustar, disuadir, intimidar: *An overprotective father is guaranteed to scare off even the most committed boyfriend*, Seguro que un padre sobreprotector asusta incluso al novio más comprometido; *Potential investors had been scared away by rumours of interest-rate rises*, Los rumores de las subidas de los tipos de interés disuadieron a los inversores potenciales.

SYNONYMS: put off; deter; discourage.

scatter ['skætəʳ]

scatter about or **scatter around** *vt sep* esparcir, desparramar: *There were lots of crisp packets and chocolate papers scattered about the yard*, Había un montón de bolsas de patatas fritas y de envoltorios de chocolate desparramados por todo el jardín; *Old bits of iron and wood lay scattered around*, Había viejos trozos de hierra y madera tirados por todas partes.

school [skuːl]

school in *vt sep* (to school *somebody* in *something*) inculcar algo a alguien, dar clases de algo a alguien: *Children from that kind of background are schooled in the art of self-promotion*, A los niños con ese tipo de educación les inculcan el arte de la autopromoción.

scoop [scuːp]

scoop up *vt sep* levantar poniendo la mano por debajo, coger en brazos: *Alice scooped the little one up from behind and tried to propel her into safer water*, Alice levantó a la pequeña por detrás e intentó lanzarla hacia un lugar más seguro en el agua; *One by one, the gerbils were scooped up, inspected, and dropped back new*, Levantó los gerbos uno por uno, los inspeccionó y los volvió a dejar donde estaban.

score [skɔːʳ]

score off *vt insep* meterse con alguien, reírse de alguien: *We were treated to an evening of Alan and Fay scoring off each other*, Alan y Fay nos dieron la noche pues no pararon de meterse el uno con el otro.

score out *vt sep* tachar: *The manuscript reveals that he had chosen a much more prosaic title at first, and later scored it out*, El manuscrito revela que al principio había elegido un título mucho más prosaico y que después lo había tachado.

SYNONYMS: cross out.

scout [skaut]

scout around *vi* buscar algo, ir de exploración para buscar algo: *We spent the afternoon scouting around for a place to set up camp*, Nos pasamos toda la tarde buscando un lugar para acampar; *He was soon scouting round for logs and pieces of wood*, Pronto se puso a buscar troncos y trozos de leña.

SYNONYMS: look around.

scrabble ['skræbəl]

scrabble about or **scrabble around** *vi* escarbar buscando algo, rebuscar algo entre las piedras: *It was a pitiful sight to watch them scrabbling about for food on* *the tip*, Fue penoso verlos escarbar en el vertedero buscando comida; *Like many voluntary organizations, they had to scrabble around to find the money they needed to continue providing a service*, Como muchas organizaciones voluntarias, tuvieron que rebuscar entre las piedras para encontrar el dinero necesario para poder seguir ofreciendo un servicio.

See also: scratch about.

scramble ['skræmbəl]

scramble for *vt insep* luchar por algo, pelearse por algo: *The lesser media companies are left to scramble for coverage of the smaller tournaments*, Los medios de comunicación más pequeños tienen que pelearse entre ellos por la cobertura de los torneos menos importantes.

scrape [skreɪp]

scrape along *vi* ir tirando, arreglárselas como se puede: *They scraped along for over a year until a small windfall made life a little easier*, Se las arreglaron como pudieron durante un año hasta que un pequeño premio les facilitó un poco la vida.

Synonyms: scrape by; get by.

scrape by *vi* ir tirando, arreglárselas con poco dinero: *We will have to depend on dad for money or else scrape by on Social Security*, Tendremos que depender de papá para que nos dé dinero o arreglárnoslas con la Seguridad Social; *Those who had possessions pawned them, while others did what they could to scrape by*, Los que tenían propiedades las empeñaron, mientras que los demás hicieron lo que pudieron para salir adelante.

Synonyms: scrape along; get by.

scrape in or **scrape into** *vt insep* conseguir algo por los pelos: *I expect the Tories will scrape into office on the slimmest of margins, like they always do*, Supongo que los conservadores ganarán por los pelos, como hacen siempre; *She was a poor scholar and only scraped in because her father had been to the same college*, Era mala estudiante y aprobó por los pelos sólo porque su padre había ido a la misma universidad.

scrape through *vt insep - vi* conseguir algo por los pelos, aprobar por los pelos, pasar muy justo por algo: *I scraped through the exam with a 5, the minimum passing mark*, Aprobé el examen por los pelos con un 5, la nota mínima para aprobar; *The aim is to cut costs enough to scrape through the current recession*, El objetivo es reducir los gastos justo lo suficiente como para sobrevivir a la actual recesión.

scrape together *vt sep* reunir algo a duras penas: *I managed to scrape enough together to feed my children and keep my flat going*, Me las arreglé para reunir suficiente dinero para dar de comer a mis hijos y llevar la casa; *Watson had succeeded in scraping together eleven players for the match, although two of them were over fifty*, Watson había conseguido a duras penas reunir a once jugadores para el partido, aunque dos de ellos eran mayores de cincuenta años.

Synonyms: scrape up.

scrape up *vt sep* reunir a duras penas: *We had scraped up just enough to make a down-payment on a house*, Habíamos conseguido reunir con muchas dificultades justo lo suficiente para pagar una entrada para la casa.

Synonyms: scrape together.

scratch [skrætʃ]

scratch about or **scratch around** *vi* rebuscar por todas partes, intentar reu-

screen off

nir: *He was worrying his head off, scratching about for the rent and weathering one disappointment after another*, Estaba muy preocupado, mientras intentaba reunir dinero para el alquiler y aguantaba una decepción tras otra; *The refugees spent most of their days scratching around for whatever bits of food they could find*, Los refugiados se pasaban casi todo el tiempo buscando cualquier tipo de comida.

SEE ALSO: scrabble about.

screen [skri:n]

screen off *vt sep* separar algo con un biombo: *He worked in the dining room, at a desk that was screened off*, Trabajaba en el comedor, en un escritorio que lo separaba de la estancia con un biombo.

SEE ALSO: cordon off.

screw [skru:]

screw around *vi (informal)*

1 ir acostándose con todo el mundo: *People who screw around nowadays know they risk getting a sexually transmitted disease*, Hoy en día la gente que se acuesta con cualquiera sabe que corre el riesgo de coger una enfermedad de transmisión sexual.

2 jugar con algo: *He should have known better than to screw around with people's livelihoods*, Tenía que haber sido que no se juega con el sustento de la gente.

screw down *vt sep* atornillar, asegurar con tornillos: *Screw down the base plate before assembling the rest of the machine*, Atornille bien la placa de la base antes de montar el resto de la máquina.

screw out of *vt sep* (to screw *something* out of *somebody*; screw *somebody* out of *something*) *(informal)* sacar algo a alguien: *Albums, tee-shirts and endless other merchandising gimmicks are designed to screw, on average, another £12 out of each concert-goer*, Los discos, las camisetas e innumerables ardides de la comercialización son diseñados para sacar una media de otras doce libras a cada asistente al concierto; *That taxi driver screwed us out of $5, I'm sure of it!*, Ese taxista nos timó cinco dólares, ¡estoy seguro!

screw up *vt sep*

1 cerrar *(los ojos)*, arrugar *(el entrecejo)*, apretar *(los labios)*, torcer *(el gesto)*: *When Stephen came out the mine he screwed up his eyes against the bright sun*, Cuando Stephen salió de la mina cerró los ojos para protegerse de la brillante luz del sol; *You put down a lovingly cooked meal and your child just screws up her face at it*, Haces una comida con todo tu amor y tu hija hace una mueca de disgusto cuando la ve.

2 arrugar, hacer una bola con *(papel)*: *Jason screwed the letter up nonchalantly and tossed it into the bin*, Jason arrugó la carta con indiferencia y la tiró a la papelera.

SYNONYMS: scrunch up.

3 armarse de *(valor)*: *Screwing up her courage, Polly turned the handle slowly and opened the door*, Armándose de valor, Polly giró el pomo despacio y abrió la puerta.

SYNONYMS: summon up; muster up.

4 *(informal)* joder, fastidiar, estropear: *The drugs business has screwed up his chances of going to the world championships next summer*, El asunto de las drogas dio al traste con las posibilidades que tenía de participar en el campeonato mundial el verano que viene; *Johnson's screwed up the paperwork so we'll have to re-do it*,

Johnson metió la pata con los trámites burocráticos así que tendremos que volver a hacerlos.
SYNONYMS: mess up *(informal)*; cock up *(vulgar slang)*; foul up *(informal)*.

5 *(informal)* joder: ***Don't even think of trying drugs; they can really screw you up, you know***, Ni se te ocurra probar las drogas; pueden joderte de verdad, ¿sabes?

scrunch [skrʌntʃ]

scrunch up *vt sep* hacer una bola con *(papel)*: ***He scrunched up sheets of newspaper and stuffed them between the logs in the fireplace***, Estrujó hojas de periódicos en forma de pelotas y las metió entre los leños de la chimenea.
SYNONYMS: screw up.

seal [siːl]

seal off *vt sep* acordonar: ***Forensic were on the scene and the whole area had been sealed off***, Acudieron los forenses y toda la zona estaba acordonada.
SYNONYMS: cordon off.
SEE ALSO: screen off; cut off.

seal up *vt sep* precintar, sellar: ***It is unwise to seal the vents up completely with tape, as changes in atmospheric pressure may cause damage***, No es prudente precintar los respiraderos con cinta ya que los cambios en la presión atmosférica pueden causar daños.

search [sɜːtʃ]

search out *vt sep* encontrar, descubrir: ***With John in the band, we began to search out new songs***, Con John en la orquesta, empezamos a encontrar canciones nuevas.
SYNONYMS: hunt out.

search through *vt insep* recorrer buscando algo, buscar algo bien: ***He came to London and systematically searched through the various agencies that might have employed her***, Llegó a Londres y recorrió sistemáticamente las distintas agencias que podían haberla contratado; ***They searched through all his bags, but could find no evidence of contraband***, Le registraron todas las maletas, pero no encontraron ninguna prueba de contrabando.
SYNONYMS: look through.

second [sɪˈkɒnd]

second to *vt sep* trasladar a alguien a algún sitio temporalmente, enviar a alguien en comisión de servicios a algún sitio: ***Wilkins had been seconded to Special Branch, who thought his knowledge of local criminals might come in useful***, Habían trasladado temporalmente a Wilkins a la División Especial, donde creían que sus conocimientos sobre los delincuentes locales podía ser útil.

secure [sɪˈkjʊəʳ]

secure against *vt sep* proteger de algo: ***The clip secures the slate against wind uplift***, El gancho protege la pizarra de las ráfagas de viento; ***There is no way you can secure the system against access by hackers***, Es imposible proteger el sistema para que no accedan los hackers.

see [siː] seeing, saw, seen

see about *vt insep* encargarse de algo, ocuparse de algo: ***I phoned up to see about having the bed delivered***, Llamé para que nos enviaran la cama; ***They'd left us to***

see as

see about the broken washing machine, Se habían ido para encargarse de la lavadora estropeada; *So he wants to get rid of the strike leaders, does he? We'll see about that!*, ¿Conque quiere quitarse de encima a los líderes de la huelga? ¡Eso ya lo veremos!
SEE ALSO: see to.

see as *vt sep* ver como algo, imaginar como algo: *Charlie Buchan was seen as the man to inspire and lend experience to a faltering Arsenal attack*, Consideraban que Charlie Buchan era el hombre que debía inspirar y ofrecer su experiencia para un ataque titubeante del Arsenal; *Yes, he's a good honest politician, but I don't really see him as the next prime minister*, Sí, es un buen político, pero realmente no me lo imagino como el próximo primer ministro.

see beyond or **see past** *vt insep*
1 ver más allá de algo, mirar más allá de algo: *At the moment we can't see beyond paying the car insurance, let alone Christmas*, En estos momentos no podemos prever nada más allá del pago del seguro del coche, y mucho menos la Navidad; *Many shareholders have adopted an impatient attitude, unable to see past the next quarter's earnings*, Muchos accionistas han adoptado una actitud de impaciencia, al no poder ver más allá de los beneficios del próximo trimestre.
2 no ver los defectos de alguien: *Don't criticize him in front of his Mum. She's never been able to see past him*, No lo critiques delante de su madre. Nunca ha aceptado que pudiera tener el menor defecto; *She can't see beyond her husband, in spite of his many faults*, Pese a sus muchos defectos, cree que su marido es perfecto.

see in *vt sep*
1 ver algo en alguien: *It's uncanny how much of his father I see in him*, Es increíble lo mucho que se parece a su padre; *We couldn't understand what a beautiful girl like Anna could possibly see in Jim*, No entendíamos qué podía ver en Jim una muchacha tan hermosa como Anna.
2 recibir, empezar, celebrar: *I went round to Bob's flat and we saw the New Year in together*, Fui a casa de Bob y recibimos el Año Nuevo juntos.
SEE ALSO: usher in.

see of *vt insep* ver a alguien: *I didn't see all that much of her when she was a child*, No la veía mucho cuando era pequeña; *I've seen a great deal of my family since I moved back to Scotland*, He visto mucho a mi familia desde que volví a Escocia.

see off *vt sep*
1 despedir a alguien, acompañar a despedir a alguien: *She comes out on the terrace to see them off to school*, Sale a la terraza para despedirlos cuando se van a la escuela; *I drove to the airport to see off a friend who's gone to Australia*, Fui al aeropuerto a despedir a una amiga que se ha ido a Australia.
2 vencer, derrotar: *They defeated Spurs, then saw Chelsea off with ease*, Derrotaron al Spurs y después al Chelsea sin problemas.
3 ahuyentar, impedir el paso de alguien: *The dogs are left in the yard to see off intruders*, Los perros se quedan en el jardín para ahuyentar a los intrusos.
SYNONYMS: chase off.

see out *vt sep*
1 acompañar a la puerta: *See the inspector out please, Marilyn*, Por favor, Marilyn, acompañe al inspector a la puerta.
SYNONYMS: show out.
2 aguantar hasta el final de algo: *He can expect to see out the remainder of his two-*

seize on

year term as prime minister, Seguro que aguantará el resto de su mandato de dos años como primer ministro.

SYNONYMS: last out.

see over or **see round** *vt insep* recorrer, visitar: *It took over three hours for us to see over the extensive grounds*, Tardamos más de tres horas en recorrer el amplio terreno; *I saw round the factory on my last visit*, En mi última visita recorrí la fábrica.

SYNONYMS: look round.

see past *vt insep* see **see beyond**.

see through

1 *vt insep* ver a través de algo: *The latest radar equipment enables them to see through layers of cloud*, El último equipo de radares les permite ver a través de las capas de nubes; *She could see the bones through the skin*, Se veían los huesos a través de la piel.

2 *vt insep* calar a alguien, ver las intenciones de alguien: *It didn't take her long to see through his elegant veneer and realize he was just as crude and uncultured as the rest*, No tardó en ver lo que había tras su barniz de elegancia y en darse cuenta de que era tan vulgar e inculto como los demás.

3 *vt sep* llevar algo a cabo *(hasta el final)*: *It would be a bold attack requiring determination to see it through*, Sería un ataque atrevido que requiere determinación para llevarlo a cabo.

4 *vt sep* (**to see somebody through something**) ayudar a conseguir algo: *The points secured will see England through to the finals*, Gracias a los puntos obtenidos, Inglaterra podrá llegar a las finales; *The support of his family and friends saw him through his long illness*, El apoyo de su familia y sus amigos lo mantuvo en su larga enfermedad.

5 *vt sep* aguantar hasta el final de algo: *He doubted he would see the winter through, and he died the following spring*, No creía que aguantaría hasta el final del invierno y murió la siguiente primavera.

see to *vt insep* ocuparse de algo, encargarse de algo: *Who's seeing to the travel arrangements?*, ¿Quién se ocupa de los preparativos del viaje?; *"Would someone please organize some coffee and sandwiches for our visitors." "Yes, I'll see to it"*, -Por favor, que alguien prepare café y bocadillos para nuestras visitas. -Sí, ya me ocupo yo.

SYNONYMS: attend to; deal with; take care of.

seek [siːk] seeking, sought, sought

seek out *vt sep* buscar: *The researchers first sought out patients who had a history of the illness*, Los investigadores primero buscaron a pacientes que tenían un historial de la enfermedad; *She no longer had the energy to seek out the reasons why her life was such a mess*, Ya no tenía energía para buscar las razones de por qué su vida era tan desastrosa.

SEE ALSO: track down.

seize [siːz]

seize on *vt insep* aprovechar algo, echar mano de algo: *The money-conscious Sir Henry seized on the suggestion of a £2000 fee*, Sir Henry, siempre tan preocupado por el dinero, aceptó enseguida la propuesta de unos honorarios de dos mil libras; *These minor mistakes were seized upon to claim his whole theory was flawed*, Aprovecharon estos pequeños errores para afirmar que toda su teoría estaba mal; *He* *seized upon the weakened state of his opponent and delivered a knock-out punch*, Aprovechó la debilidad de su oponente y le asestó un puñetazo que lo derribó.

seize up *vi*

1 agarrotarse, engarrotarse: *Peterson's right calf seized up and he had to leave the field 20 minutes into the second half*, A Peter se le agarrotó la pantorrilla derecha y tuvo que abandonar el campo a los veinte minutos de la segunda parte.

2 quedar paralizado, trabarse: *To the strikers' dismay, Britain did not seize up without trains*, Para la consternación de los huelguistas, Gran Bretaña no se paralizó al quedarse sin trenes; *The loss of oil eventually caused the car's engine to seize up*, Debido a la pérdida de aceite, al final el motor del coche se trabó.
SYNONYMS: jam.

sell [sel] selling, sold, sold

sell off *vt sep* vender, hacer una liquidación de algo: *They were forced to keep the land because of the problems associated with selling it off*, Se vieron obligados a quedarse con las tierras debido a los problemas relacionados con su venta; *He lost all his money and was forced to sell off his precious book collection*, Se quedó sin blanca y tuvo que ir liquidando su preciosa colección de libros.

sell out *vt insep*

1 agotar: *Sony is anticipating selling out within a week of the game's release*, Sony prevé agotar las existencias una semana después de lanzar el juego.

2 estar agotado, no quedar entradas: *The concert sold out two hours after the box office opened for business*, Se agotaron las entradas del concierto dos horas después de que abrieran las taquillas.

3 *(informal)* venderse *(al mejor postor)*: *Letting companies drill for oil in that national park is just another example of government selling out to big business*, Permitir que las empresas perforen ese parque nacional en busca de petróleo es otro ejemplo de cómo el Gobierno se vende a las grandes empresas; *He didn't want to be accused of selling out to the arts establishment*, No quería que lo acusaran de venderse a las clases dirigentes en el mundo del arte.

sell up *vi* venderlo todo: *They didn't sell up completely but granted leases of land for development purposes*, No lo vendieron todo, sino que cedieron contratos de arrendamiento de tierras para urbanizar; *It looked as if they might have to sell up and move into rented accommodation*, Parecía que iban a tener que vender y trasladarse a una vivienda alquilada; *The recession was so bad that he had to sell up his business and emigrate*, La recesión era de tal envergadura que tuvo que liquidar su negocio y emigrar.

send [send] sending, sent, sent

send ahead *vt sep* enviar por delante, mandar por adelantado: *We can arrange for your luggage to be sent on ahead to each of the overnight stops*, Podemos hacer que le envíen el equipaje por adelantado a cada una de las escalas donde pasará la noche; *Lewis sent ahead two of the team to find a place to camp for the night*, Lewis mandó a dos del equipo por delante para que buscaran un lugar para pasar la noche.

send away *vt sep*

1 mandar fuera, pedir a alguien que se vaya: *She was dying to get on with her work but did not want to send him away in this mood*, Se moría de ganas de seguir trabajando, pero no quería decirle que se fuera estando él de ese humor; *Many upper-class children were sent away to boarding school*, A muchos niños de clase alta los enviaban a internados.

send off

2 pedir algo por correo, escribir para pedir algo: *Mum's sent away for their spring catalogue*, Mamá escribió pidiendo el catálogo de primavera; *Morrison's said they would have to send away for the part and it might be two weeks before it arrived*, Morrison ha dicho que tendrían que escribir para pedir la pieza y que a lo mejor tarda dos semanas en llegar.

SYNONYMS: send off.

send back *vt sep* devolver *(por correo)*, enviar de vuelta: *There were some parts in the shipment which we hadn't ordered so I sent them back*, Había piezas en el envío que no habíamos pedido así que las devolví; *Some men came from the shop to pick up the TV but I'm still waiting for them to send back my cheque*, Vinieron unos hombres de la tienda a buscar la televisión pero todavía estoy esperando que me devuelvan el talón.

send down *vt sep (informal)* meter en la cárcel a alguien, encarcelar a alguien: *This time he'll be sent down for life*, Esta vez lo condenarán a cadena perpetua.

send for *vt insep*

1 pedir algo por correo, escribir para pedir algo: *Before launching out to buy new materials, send for literature from each company*, Antes de lanzarte a comprar materiales nuevos, escribe a cada empresa pidiendo información.

SYNONYMS: send away.

2 mandar a buscar a alguien, mandar llamar a alguien: *I advised him to send for the leaders of the other two parties*, Le aconsejé que mandara a buscar a los líderes de los dos partidos; *The plant will grow rapidly and send forth its runners*, La planta crecerá rápido y echará estolones; *This newspaper has sent forth many editorials arguing against the single currency*, Este periódico ha publicado muchos editoriales criticando la moneda única.

SYNONYMS: send out.

send in *vt sep*

1 enviar, mandar: *To win a prize, send in your caption together with any suitable photos*, Para ganar un premio, debe enviar su título junto con las fotos pertinentes; *To be eligible for the drawing, complete the form opposite and send it in to the address below*, Para participar en el sorteo, debe rellenar el formulario contiguo y enviarlo a la dirección indicada más abajo.

2 mandar llamar a alguien, hacer entrar a alguien: *Mrs Pygling sent her in to explain how the new ad campaign was going*, La señora Pygling la mandó llamar para que le explicara cómo iba la nueva campaña publicitaria.

3 enviar, mandar: *The banks don't want to send in managers or directors to deal with labour relations problems*, Los bancos no quieren enviar a los gerentes o directores a tratar los problemas de relaciones laborales; *The police were unable to control the situation, so the government sent in the army*, Como la policía no podía controlar la situación, el Gobierno mandó al ejército.

send off *vt sep*

1 enviar, mandar, echar al correo: *He hasn't forgiven his secretary for sending off the letter before he'd had a chance to review it*, No le ha perdonado a su secretaria que hubiera enviado la carta antes de que él la repasara.

2 pedir algo por correo, escribir para pedir algo: *She cuts out coupons from magazines and sends off for make-up samples*, Recorta los cupones de las revistas y los envía para que le manden muestras de maquillaje.

SYNONYMS: send away.

3 enviar, mandar: *The professor sent us off to the library to do some research*, El profesor nos mandó a la biblioteca a investigar; *She wouldn't listen to him and*

send on

sent him off feeling more bitter and frustrated than ever, Ella no quiso escucharle y lo despachó, por lo que él se sintió más amargado y frustrado que nunca.

4 expulsar *(del campo)*: *He was sent off in the first minute*, Lo expulsaron del campo en el primer minuto.

send on *vt sep* remitir, reexpedir: *After you have read this letter, please send it on to other colleagues of yours*, Tras leer esta carta, le ruego que la reenvíe a otros colegas.

send out *vt sep*

1 mandar, enviar *(por correo)*: *Eleven weeks before departure, we will send out a final invoice showing the balance*, Once semanas antes de la salida, enviaremos una última factura con el balance.

2 echar *(un brote, un olor, humo)*, emitir *(una señal)*: *The tree sends out shoots from a dry and seemingly lifeless trunk*, El árbol echa brotes desde un tronco seco y aparentemente sin vida.

SYNONYMS: send forth.

send up *vt sep (informal)* parodiar, satirizar, burlarse de algo: *These are situations which Zuckerman experiences and sends up, to the delight of viewers*, Son situaciones que Zuckerman experimenta y parodia, para gran alegría de los espectadores; *He sends up politicians and TV personalities brilliantly*, Parodia de un modo brillante a los políticos y a los famosos de la televisión.

separate ['sepəreɪt]

separate out *vt sep* apartar, separar: *Separating a pupil out from the class like that is likely to make him feel different than the other students*, Al separar a un alumno de la clase de esa manera, lo más probable es que se sienta diferente de los demás; *The effect of the rotation is to separate things out from the original mixture*, El efecto de la rotación es separar las cosas de la mezcla original.

SEE ALSO: sort out.

serve [sɜːv]

serve as *vt insep* servir de algo, usarse para algo, hacer de algo: *Due to a lack of space, the living room often has to serve as a study*, Debido a la falta de espacio, la sala de estar a menudo tiene que emplearse como estudio; *His approval served as a guarantee that the deal would go ahead*, Su aprobación servía de garantía de que se seguiría adelante con el acuerdo.

SYNONYMS: do as *(informal)*; do for *(informal)*.

serve on *vt insep*

1 ser miembro de algo: *Serving on the General Purposes Committee gave him a certain insight into how they did things*, Su participación en la Comisión de Asuntos Generales le permitió ver cómo se hacían las cosas.

2 *(technical)* presentar, entregar, formular: *Writs were served on the two firms last March*, Entregaron un mandato judicial a las dos empresas en marzo.

serve under *vt insep* estar bajo las órdenes de alguien, trabajar para alguien: *From 1851 to 1854 he was in Canada, returning in 1854 to serve under Sir Henry James*, Desde 1851 hasta 1854 estuvo en Canadá, y volvió en 1854 para estar bajo las órdenes de sir Henry James.

serve up *vt sep*

1 servir, echar: *Dot had not seen an egg served up like that before*, Dot nunca había visto a nadie servir un huevo de esa manera.

SYNONYMS: dish up.

2 ofrecer, presentar: *Some served up their erotic fantasies while others explored their inner beings*, Algunos explicaban sus fantasías eróticas mientras otros exploraban su ser interior.

set [set] setting, set, set
  set about *vt insep*
   1 ponerse a hacer algo, empezar a hacer algo: *I took off my jacket and set about clearing the tables*, Me quité la chaqueta y me puse a recoger las mesas; *In Africa, the Italian army set about building an empire*, En África, el ejército italiano se dedicó a construir un imperio.
   2 *(informal)* atacar, agredir: *The angry mob then set about him with sticks*, La multitud enfurecida empezó a golpearle con palos; *I fetched the iron and set about a pile of shirts*, Fui a buscar la plancha y me dispuse a planchar una pila de camisas.
  set against *vt sep*
   1 ambientar algo en algo: *This story of mystery and intrigue is set against the turbulence of the French Revolution*, Esta historia de misterio e intriga está ambientada en las turbulencias de la Revolución Francesa.
   2 (to set *somebody* against *somebody*) enemistar a alguien contra alguien, poner a alguien en contra de alguien: *Both groups were set against each other, each determined not to give in to the other*, Los dos grupos estaban enemistados, cada uno empeñado en no ceder ante el otro; *He sees the community and the individual as being set against each other*, Según él la comunidad y el individuo están enfrentados.
   3 comparar a alguien con alguien: *You have the intellectual subversive set against the law-abiding, middle-class citizen*, Frente al ciudadano de clase media, respetuoso con la ley, tenemos al intelectual subversivo.
   4 (to set *something* against *something*) contrarrestar, oponer, comparar *(ventajas)* con *(inconvenientes)*: *They have only two wins and two draws to set against four defeats*, Sólo tienen dos victorias y dos empates para contrarrestar cuatro derrotas.
   5 (to to be set against *something*) oponerse a algo: *I can't see why you're so set against the idea*, No entiendo por qué te opones tanto a la idea.
  set apart *vt sep* reservar: *Areas of woodland have been set apart for recreational and educational purposes*, Se han reservado zonas de bosques para usos recreativos y educativos.
  set apart from *vt sep* (to set *something* against *something*, set *somebody* against *somebody*) diferenciar algo de algo, distinguir algo de algo: *Cases involving negligence have been set apart from cases of positive acts*, Se han diferenciado los casos de negligencia de los casos de acciones positivas; *His leadership abilities set him apart from his colleagues*, Su capacidad de liderazgo lo distingue de sus colegas.
  set aside *vt sep*
   1 guardar, apartar *(dinero)*, reservar *(tiempo)*: *We have a little money set aside for emergencies*, Tenemos un poco de dinero guardado para casos de emergencia; *The last day had been set aside for a hunting trip*, Habían reservado el último día para salir de caza.
   SYNONYMS: set apart; put aside.
   2 dejar algo de lado, poner algo aparte: *Some think the new coach should set aside his obsession with results and experiment with tactics and players*, Algunos creen que el nuevo entrenador debería dejar de lado su obsesión con los resultados y experimentar con las tácticas y los jugadores; *They decided to set aside their*

personal conflicts for the good of the company, Decidieron dejar de lado sus conflictos personales por el bien de la empresa.

SYNONYMS: put aside.

set back *vt sep*

1 retrasar, atrasar: ***A knee injury has set back his training schedule by one month***, Una lesión en la rodilla ha hecho que su programa de entrenamiento se retrasara un mes.

SEE ALSO: hold up.

2 *(informal)* costar, salir por *(una cantidad)*: ***The white evening gloves set her back the equivalent of two weeks' wages***, Los guantes de noche blancos le han costado el equivalente al sueldo de dos semanas.

SYNONYMS: knock back *(informal)*.

3 situar a una distancia de algo, no estar cerca de algo, estar apartado de algo: ***The house is ideally suited, being set back 50 metres from the seafront***, La casa es ideal, al estar situada a 50 metros del mar.

set down *vt sep*

1 escribir, poner por escrito: ***I'd like you to set your proposals down on paper***, Me gustaría que escribieras tus propuestas.

SEE ALSO: take down; note down; jot down.

2 establecer, prescribir: ***The regulations set down the conditions that have to be met in order to qualify for a government subsidy***, Las regulaciones establecen las condiciones requeridas para poder recibir el subsidio del Gobierno.

SYNONYMS: lay down.

3 colocar, poner, dejar *(encima de algo, en el suelo)*: ***Ken carefully set the vase down on the table***, Ken puso el jarrón en la mesa con cuidado.

SYNONYMS: lay down.

4 dejar *(bajar, apearse)*: ***They asked to be set down in the next village***, Pidieron que los dejaran en el siguiente pueblo.

set down as *vt sep* **(to set *somebody* down as *something*)** clasificar a alguien como algo, catalogar a alguien como algo: ***Her family had, of course, set him down from the start as an opportunist, only interested in her money and social status***, Su familia, por supuesto, lo había catalogado desde el principio como un oportunista que sólo quería su dinero y su posición social.

SYNONYMS: have down as; put down as.

set forth *vi (formal)*

1 salir, partir, ponerse en camino: ***The two armies finally set forth on the third anniversary of the Battle of Hattin***, Los dos ejércitos por fin partieron el día del tercer aniversario de la batalla de Hattin; ***At once, Richard set forth for Cyprus***, Richard partió hacia Chipre de inmediato.

SYNONYMS: set off; go forth.

2 exponer, explicar, presentar: ***This recalls the doctrine set forth in the Old Testament***, Esto recuerda la doctrina expuesta en el Antiguo Testamento; ***He sets forth an idealistic view of society***, Presenta una visión idealista de la sociedad.

SYNONYMS: put forth.

set in *vt insep* empezar algo, llegar el momento de algo: ***Root crops must be dug up before severe frosts set in***, Hay que desenterrar los tubérculos antes de que empiecen las fuertes heladas; ***A sort of bunker mentality quickly sets in***, No tarda en instaurarse una mentalidad tipo búnker.

set off

1 *vi* salir, partir, ponerse en camino: ***He collected his offspring and set off home***,

Reunió a su prole y partió hacia su casa; ***He could set off to walk south and try to cross enemy lines***, Podía ir a pie hacia el sur e intentar cruzar las líneas enemigas; ***She tucked the case under her arm and set off down the alley***, Se puso el maletín bajo el brazo y se fue por el callejón.

SYNONYMS: set out.

2 *vt sep* hacer estallar, explosionar, accionar *(una bomba)*; hacer saltar, accionar *(una alarma)*, hacer funcionar, accionar *(un mecanismo)*: ***Two men sitting in a van set the bomb off just as the police patrol passed by***, Dos hombres instalados en una furgoneta hicieron estallar la bomba justo cuando pasaba la patrulla de la policía; ***Exhaust fumes had set off the fire alarm in the garage***, Los gases de los tubos de escape habían disparado la alarma de incendios en el garaje.

SEE ALSO: trigger off; go off.

3 *vt sep* provocar, desencadenar *(un proceso)*: ***A leak in the reactor can set off a very volatile and dangerous sequence of events***, Un escape en el reactor puede desencadenar una secuencia de acontecimientos muy volátil y peligrosa.

SYNONYMS: trigger off; spark off.

4 *vt sep* hacer que alguien haga algo, hacer reír/llorar/hablar a alguien: ***The noise set one dog off barking and others joined in***, Al oír el ruido, un perro se puso a ladrar y los demás lo imitaron; ***We'd just calmed her down when a chance remark from Don set her off again***, Habíamos conseguido calmarla cuando un comentario casual de Don hizo que empezara otra vez.

5 *vt sep* resaltar algo frente a algo, destacar algo frente a algo, poner algo de relieve frente a algo: ***His luminous head with its burning eyes is set off against a whirlpool of darkness***, Su cabeza luminosa con sus ojos ardientes resaltaba en un remolino de oscuridad; ***Soft surrounding plants set off spiky, yellow-bloomed irises***, Las suaves plantas a su alrededor daban realce a los lirios de flores amarillas y en punta.

SYNONYMS: bring out; show off.

set off against *vt sep* (to set *something* off against *something*) deducir algo de algo, desgravar algo de algo, amortizar algo con algo: ***I'm going to set these expenses off against tax***, Voy a deducir estos gastos de los impuestos; ***We can set the cost of the new heater off against a reduction in our energy consumption***, Amortizaremos el coste de la calefacción nueva con la reducción en nuestro consumo energético.

set on *vt insep*

1 seguir adelante con algo,: ***It was clear that both parties were set on a collision course***, Era evidente que los dos partidos estaban empeñados en seguir un rumbo de colisión; ***He has set the Group on a course for long-term growth***, Ha dirigido el Grupo hacia un crecimiento a largo plazo.

2 atacar, agredir: ***Without warning, they set on the ragged marchers with batons***, Sin previo aviso, se abalanzaron con porras sobre los manifestantes harapientos; ***Farrell was set upon by a gang of thugs wielding iron bars***, Una banda de matones se lanzó sobre Farrell esgrimiendo barras de hierro.

3 azuzar *(un perro, un animal)* contra alguien: ***The farmer threatened to set his German Shepherd on us if we didn't get off his land***, El agricultor nos amenazó con echarnos encima el pastor alemán si no abandonábamos sus tierras.

set out

1 *vi* salir, partir, ponerse en camino: ***Wycliffe set out along the road which was really a lane***, Wycliffe se alejó por la carretera, que en realidad era un camino; ***Four horses and riders set out to complete the cross-country course***, Cuatro caballos con sus jinetes partieron para concluir la carrera; ***You are about to set out***

set to 314

on an interesting and formative experience, Está a punto de emprender una experiencia de lo más interesante y formativa.
SYNONYMS: set off.

2 *vi* proponerse, pretender: *These artists and poets set out to explore the inner mind*, Estos artistas y poetas pretendían explorar la mente interior; *They did not succeed in doing what they had set out to do*, No consiguieron lo que se habían propuesto.

3 *vt sep* explicar, exponer: *In each course, the method of assessment is set out at the beginning of the session*, Al principio de cada curso, se explica el método de evaluación; *Your attention is drawn to the proviso set out in Clause 3 of the contract*, Se ruega tomen nota de la condición expuesta en la tercera cláusula del contrato; *The committee's functions and powers are set out in Schedule 1 to the Act of 1986*, Las funciones y atribuciones de la comisión están expuestas en el apéndice 1 de la ley de 1986.
SYNONYMS: set forth *(formal)*.

4 *vt sep* colocar, situar, disponer *(de algún modo)*: *Trees were set out in lines on either side of the road*, Los árboles estaban alineados a ambos lados de la carretera; *Set the tiles out starting in the centre of the floor*, Disponga las baldosas empezando por el centro del suelo.
SYNONYMS: lay out.

set to *vi*
1 ponerse a trabajar, poner manos a la obra: *Mike set to, looking forward to his work on the new project*, Mike puso manos a la obra, ilusionado con su trabajo en el nuevo proyecto.
2 *(old)* pelearse, liarse a porrazos/golpes/etc: *Billy and Marty set to again, hitting each other with their little fists*, Billy y Marty empezaron a pelearse otra vez, golpeándose uno al otro con sus pequeños puños.

set up *vt sep*
1 instalar: *I bought the computer, brought it home and set it up immediately*, Compré el ordenador, me lo llevé a casa y lo instalé de inmediato.
2 montar, instalar: *After the robbery the police set up roadblocks all over the county*, Tras el robo, la policía montó controles de carretera por todo el condado; *They set up video cameras in the city centre in an attempt to reduce crime*, Instalaron cámaras de vídeo en el centro de la ciudad para reducir la delincuencia.
SYNONYMS: erect *(formal)*.
3 montar, establecer: *Licences were issued to any company wanting to set up a sawmill*, Se concedieron permisos a todas las compañías que querían montar un aserradero; *There are still those who would advocate setting up a separate Parliament*, Todavía hay que gente que apostaría por crear otro Parlamento; *I set up a little trap in order to catch him stealing money from the till*, Preparé una pequeña trampa para pillarlo robando dinero de la caja.
4 establecerse *(en un negocio)*: *He decided to set up as a masseur*, Decidió establecerse como masajista; *The government would contribute to the cost of setting up in areas of high unemployment*, El Gobierno contribuiría con los costes de instalación en las zonas con un alto nivel de paro.
5 provocar, crear: *He attempted to set up a confrontation in order to embarrass them publicly*, Intentó provocar un enfrentamiento para avergonzarlos en público; *He ended a fine performance by setting up a goal for Byram*, Concluyó una actuación excelente haciéndole una asistencia de gol a Byram; *He set up his victory by establishing a new record in the third round*, Obtuvo la victoria al batir un nuevo récord en la tercera vuelta.

6 dar energía, restablecer: *There's nothing like a good breakfast to set you up for the day ahead*, No hay nada mejor que un buen desayuno para darte energía para todo el día.

7 *(informal)* engañar a alguien, poner una trampa a alguien: *It was then that he realised he'd been set up by Marie*, Fue en ese momento cuando se dio cuenta de que Marie le había tendido una trampa; *He tried to set me up by placing a glass with my fingerprints at the murder scene*, Intentó tenderme una trampa poniendo un vaso con mis huellas dactilares en la escena del asesinato.

settle ['setəl]

settle back *vi* recostarse, tumbarse, echarse para atrás: *She settled back on the pillow*, Se reclinó en la almohada; *He'd just settled back to enjoy the film when the baby started crying again*, Acababa de acomodarse para disfrutar de la película cuando el bebé empezó a llorar otra vez.

settle down

1 *vi* dedicarse a algo, irse acostumbrando a algo: *With its political base ensured, the government could now settle down to enjoy the fruits of recovery*, Una vez asegurada la base política, el Gobierno podía dedicarse a disfrutar de los frutos de la recuperación.

2 *vt sep* instalarse comodamente, acomodarse: *We settled ourselves down in a first-class compartment*, Nos instalamos cómodamente en un compartimento de primera clase.

3 *vi* echar raíces, sentar la cabeza, establecerse: *They're considering building a house and perhaps settling down*, Están pensando en hacerse una casa y a lo mejor echar raíces.

4 *vi* calmarse, tranquilizarse: *Things had just settled down again when the air-raid siren sounded for a second time*, Las cosas se habían calmado otra vez cuando de pronto sonó la sirena antiaérea por segunda vez; *Settle down now, children. The programme is just about to begin*, Ahora, niños, tranquilizaos. El programa está a punto de empezar.

settle for *vt insep* conformarse con algo, aceptar algo: *The breakfast on offer looked revolting, so I settled for tea and muesli*, El desayuno que ofrecían tenía muy mal aspecto, así que me conformé con un té y muesli; *He wasn't proposing to settle for just any job*, No proponía conformarse con cualquier empleo.

See also: plump for.

settle in *vi* instalarse en algún sitio, acostumbrarse a algo: *They had stayed to help her settle in*, Se habían quedado para ayudarla a instalarse; *No doubt it'll all seem a bit strange at first, but you'll soon settle in*, Seguro que al principio todo te resultará un poco extraño, pero enseguida te acostumbrarás.

settle into *vt insep* establecerse en algo, adaptarse a algo: *They gave up their bohemian lifestyle and settled into a mundane suburban existence*, Renunciaron a su estilo de vida bohemia y adoptaron una vida aburguesada y mundana; *We appear to be settled into a period of relative calm on the political front*, Parece que estamos en un periodo de calma relativa en el frente político.

settle on *vt insep* decidirse por algo, ponerse de acuerdo sobre algo: *After some discussion, we settled on lunch together the following day*, Tras una pequeña discusión, acordamos comer juntos al día siguiente; *We negotiated and finally settled on a price that was acceptable to both of us*, Negociamos y al final acordamos un precio que era aceptable para los dos.

Synonyms: decide on.

See also: agree on.

settle up

settle up *vt insep* - *vi* ajustar cuentas, saldar cuentas *(con alguien)*: *I don't get paid until next week. Can I settle up with you then?*, No me pagan hasta la semana que viene. ¿Podemos saldar las cuentas entonces?; *You go ahead and I'll settle up the bill*, Vete y yo ya pagaré la cuenta.

sew [səʊ] sewing, sewed, sewn

sew on *vt sep* coser en algo: *The doctor said he could have sewn the fingers back on*, El médico dijo que podría haber vuelto a coser los dedos amputados; *Mary was sitting in the armchair, sewing a button on her husband's shirt*, Sentada en la butaca, Mary cosía un botón en la camisa de su marido.

sew up *vt sep*
1 coser *(algo que está roto)*, remendar: *Take your jacket off and I'll sew up the tear*, Quítate la chaqueta y te coseré el roto; *The surgeon had sewed up the patient leaving a swab inside*, Al coser al paciente, el cirujano se había dejado una gasa dentro.
2 *(informal)* tener conseguido, tener arreglado, tener en el bote: *They appeared to have the championship sewn up, but then United scored two goals in the last minutes of the game*, Parecía que tenían el campeonato en el bolsillo cuando de pronto el United marcó dos goles en los últimos minutos del partido.

shack [ʃæk]

shack up *vi (informal)* vivir juntos, juntarse con alguien: *He met this girl in Rome, shacked up with her and I haven't seen him since*, Conoció a una chica en Roma, se fue a vivir con ella y desde entonces no le he vuelto a ver; *Elizabeth said quite firmly that she didn't believe in young men and women shacking up together*, Elizabeth dijo con firmeza que no estaba de acuerdo con que las jóvenes parejas se fueran a vivir juntas.

shackle [ˈʃækəl]

shackle with *vt sep* poner trabas a alguien, quitar la libertad a alguien: *He works at home because he could never stand being shackled with an office routine*, Trabaja en su casa porque no podría soportar verse constreñido por la rutina de una oficina.

SEE ALSO: lumber with (informal); saddle with.

shade [ʃeɪd]

shade in *vt sep* sombrear, poner sombra a algo: *Once she'd shaded in the shadows the picture was almost complete*, Tras pintar las sombras el cuadro estaba casi terminado.

shade into *vt insep* convertirse en algo, fundirse en algo: *His anxiety became chronic and later shaded into depression*, Su angustia se volvió crónica y al cabo de un tiempo se convirtió en una depresión.

SYNONYMS: blend into; merge into.

shake [ʃeɪk] shaking, shook, shaken

shake down *vi (informal)* dormir, acostarse *(en cualquier sitio)*: *The shearers usually shake down at the back of the sheds, maybe building a camp fire if it's cold*, Los esquiladores suelen dormir en el fondo de los cobertizos, a veces haciéndose una fogata cuando hace frío.

SYNONYMS: bed down; doss down *(informal)*.

shake off *vt sep* librarse de algo, salir de algo, zafarse de algo/alguien, dar esquinazo a alguien: *It was just an attempt to shake off a pervasive boredom*, Sólo fue un intento de escapar de un aburrimiento insoportable; *Many of the island-groups still have to shake off the mastery of foreign powers*, Muchos de los grupos isleños todavía tienen que librarse del dominio de las potencias extranjeras; *We managed to shake off the police by driving down a narrow alley*, Conseguimos quitarnos a la policía de encima metiéndonos por un callejón estrecho.

SEE ALSO: throw off.

shake out *vt sep* sacudir: *She shook her duster out on to the roses*, Sacudió el trapo del polvo sobre las rosas.

shake out of *vt sep* (to shake somebody out of something) sacar a alguien de algo, quitar algo a alguien: *He was shaken out of his boredom by the sight of a very attractive girl walking towards him*, Se le pasó el aburrimiento en cuanto vió que una preciosa joven se acercaba a él.

shake up *vt sep*
1 conmocionar, trastornar, dar una sacudida a alguien: *The news from home had really shaken him up*, Las noticias que le llegaron de su casa le habían afectado mucho.
2 reorganizar, reestructurar: *After so many years of inefficiency, they need new management to come in and really shake things up*, Tras tantos años de ineficacia, necesitan que venga una nueva dirección y lo reorganice todo de arriba abajo.

shame [ʃeɪm]

shame into *vt sep* hacer pasar una vergüenza a alguien para que haga algo, exigir algo a alguien bajo la presión de la vergüenza: *My teacher said I was a disaster and my father was shamed into paying for extra lessons for me*, Mi profesor me dijo que yo era un desastre y que era una vergüenza para mi padre tener que pagarme clases extras; *She said she wasn't the least bit sorry for what she'd done until mum shamed her into apologizing*, Dijo que no lamentaba en absoluto lo que había hecho hasta que mamá la avergonzó tanto que al final se disculpó.

shape [ʃeɪp]

shape up *vi (informal)* ir, marchar, progresar: *How's the new trainee shaping up?*, ¿Cómo va el aprendiz?; *According to preliminary reports things seem to be shaping up pretty well so far*, Según los informes preliminares, de momento las cosas parecen ir bastante bien.

share [ʃeəʳ]

share out *vt sep* repartir, distribuir: *Mother would count us all and then share the sweets out equally*, Mamá contaba cuántos éramos y después repartía los caramelos equitativamente; *Then home we would go and share out the proceeds of our trip*, Después volvíamos a casa y nos repartíamos lo recaudado durante el viaje.

SEE ALSO: give out; dish out.

sharpen [ˈʃɑːpən]

sharpen up *vt sep*
1 afilar *(un cuchillo, una hoja de punta)*, sacar punta a *(un lápiz)*: *Sharpening up the mower blades regularly will ensure a good cut*, Afile con regularidad las hojas de la máquina de cortar el césped para asegurar un buen corte; *The knives were sharpened up with a whetstone*, Se afilaron los cuchillos con una piedra de afilar.

2 perfeccionar, agudizar: *He took the course in order to sharpen up his public speaking skills*, Hizo el curso a fin de perfeccionar sus aptitudes para hablar en público.

shave [ʃeɪv]
shave off *vt sep* afeitar, afeitarse: *In those days typhoid victims were forced to shave off all their hair to avoid spreading the disease*, En esa época las víctimas de la fiebre tifoidea estaban obligadas a afeitarse todo el pelo para no contagiar la enfermedad; *No-one recognised him when he'd shaved off his beard and moustache*, Nadie lo reconoció cuando se afeitó la barba y el bigote.

shear [ʃɪəʳ]
shear off *vi* partirse, romperse: *One of the bolts fixing the mast had sheared off*, Uno de los tornillos que sujetaban el mástil se había partido.

sheet [ʃiːt]
sheet down *vi (informal)* caer a mansalva: *They looked out at the monsoon rain sheeting down and turning the roads into muddy rivers*, Contemplaron la lluvia torrencial del monzón que convertía las carreteras en ríos llenos de barro.
SYNONYMS: pour down; lash down.

shell [ʃel]
shell out *vt sep (informal)* desembolsar, soltar, apoquinar: *And then he had to shell out five hundred quid to have the car fixed*, Y entonces tuvo que apoquinar quinientas libras para que le arreglaran el coche.
SYNONYMS: fork out *(informal)*; splash out *(informal)*.
SEE ALSO: cough up.

shin [ʃɪn] shinning, shinned
shin down *vt insep* bajar *(de un árbol, una tubería)*: *The burglar made his escape by shinning down a drainpipe*, El ladrón huyó deslizándose por un bajante.
shin up *vt insep* trepar por *(un árbol, una tubería)*: *The next moment he was shinning up the rope as if his life depended on it*, Acto seguido se puso a trepar por la cuerda como si su vida dependiera de ello.

shine [ʃaɪn] shining, shone, shone
shine out *vi*
1 brillar *(con fuerza)*, relucir, resplandecer: *The reassuring beam of the lighthouse shone out across the darkened sea*, El tranquilizador haz de luz del faro brillaba en el mar oscuro.
2 destacar, sobresalir: *Her kindness and concern shone out like a beacon*, Su amabilidad y preocupación destacaban como una señal luminosa.
shine through *vi* destacar, sobresalir: *Hugh McIlvanney's feeling for his fellowman shines through*, Destaca el sentir de Hugh McIlvanney por sus congéneres.

ship [ʃɪp] shipping, shipped, shipped
ship in *vt sep* transportar por barco, enviar por barco: *Emergency aid was being shipped in by the tonne*, Los barcos traían la ayuda de emergencia a toneladas.
ship off *vt sep (informal)* mandar, enviar *(en barco)*: *Many children were shipped off*

shoot up

to the relative safety of the US and Canada, Muchos niños fueron enviados a la seguridad relativa de Estados Unidos y Canadá.

ship out *vt sep* mandar, enviar *(en barco)*: *The crates were eventually shipped out of Africa,* Al final enviaron las cajas en barco desde África.

shock [ʃɒk]
shock into *vt sep* (to shock somebody into something) hacer alguien algo debido a un susto: *She'd been shocked into complete silence,* Se había quedado tan sorprendida que no dijo nada.

shoo [ʃuː] shooing, shooed, shooed
shoo away or **shoo off** *vt sep* ahuyentar, espantar: *She flapped her hands as if shooing somebody away,* Agitó las manos como si ahuyentara a alguien; *I had to shoo off a half dozen dogs the last time I took the rubbish out,* La última vez que saqué la basura tuve que ahuyentar a media docena de perros.

shoot [ʃuːt] shooting, shot, shot
shoot down *vt sep*
1 derribar, abatir *(un avión)*: *They moved the anti-aircraft units to the Isle of Wight, making it possible to shoot the V1s down before they reached the London area,* Trasladaron las unidades antiaéreas a la isla de Wight, lo que permitió abatir a los VI antes de que llegaran a las cercanías de Londres; *Two of the pilots were eventually shot down in 1986,* Dos de los pilotos acabaron siendo derribados en 1986.
SYNONYMS: bring down.
2 matar a tiros *(a una persona)*: *They organized escape routes for pilots who'd been shot down over France,* Organizaron vías de escape para los pilotos que eran derribados en Francia; *The gang leader was shot down in the street,* El líder de la banda murió de un disparo en la calle.
SYNONYMS: bring down.
3 *(informal)* rechazar, echar por tierra, echar abajo *(unas ideas)*: *The new state governor tried to introduce a law to legalize cannabis, but it was shot down by a unified front of Republicans and Democrats,* El nuevo Gobernador del Estado intentó presentar una ley para legalizar el cannabis, pero ésta fue tajantemente rechazada por un frente unido de republicanos y demócratas.
shoot off *(informal)*
1 *vi* irse, marcharse, largarse, salir pitando: *Alistair said he was shooting off to the country for a long weekend,* Alistair dijo que se largaba ya mismo al campo a pasar un fin de semana largo.
SYNONYMS: dash off.
SEE ALSO: clear off.
2 *vt sep* arrancar de un disparo: *One of the soldiers had had his nose shot off,* Uno de los soldados se había quedado sin nariz de un disparo.
SEE ALSO: blow off.
shoot out *vt sep* expulsar, echar *(fuego)*, lanzar, sacar *(un objeto)*: *The dragon shoots out flames and sparks from its nostrils,* El dragón saca llamas y chispas por la nariz; *Graham almost tripped but she shot her hand out and grabbed him,* Graham estuvo a punto de tropezar pero ella rápidamente tendió la mano y lo sujetó.
shoot up
1 *vi* crecer rápidamente: *They watched the flames shoot up the chimney,* Observaron cómo las llamas se elevaban por la chimenea.

2 *vi* crecer rápidamente, dar un estirón: ***Don't worry if his growth seems slow, he'll probably shoot up when he reaches 14 or 15***, No te preocupes si tarda en crecer, lo más probable es que dé un estirón a los catorce o quince años.

3 *vt sep* barrer a tiros un sitio, ir pegando tiros por un sitio: ***Rebel troops drove around the town shooting up buildings***, Las tropas rebeldes recorrieron el pueblo tiroteando a los edificios.

4 *vi (informal)* chutarse, pincharse: ***There were some addicts shooting up in a disused warehouse***, Unos cuantos drogadictos se chutaban en un almacén abandonado.

shop [ʃɒp] shopping, shopped, shopped
shop around *vi*

1 ir de tiendas para comparar precios: ***This is a bargain time for buyers prepared to shop around***, Es un momento ideal para los compradores dispuestos a ir de tienda en tienda comparando precios.

2 comparar las distintas ofertas: ***They encouraged people to shop around among insurers***, Animaban a la gente a que investigaran y compararan las distintas compañías de seguros; ***Never buy anything on impulse; shop around for the lowest price***, No compres nunca nada sin pensarlo, recorre varias tiendas y busca el precio más barato.

shore [ʃɔːʳ]
shore up *vt sep*

1 apuntalar: ***After the earthquake, we had to shore up the walls to prevent them falling down***, Tras el terremoto, tuvimos que apuntalar las paredes para que no se derrumbaran.

2 reforzar, apoyar: ***Investment was intended to shore up the pound against the dollar***, Se suponía que la inversión tenía que reforzar la libra frente al dólar.
SYNONYMS: prop up.

shout [ʃaʊt]
shout down *vt sep* hacer callar a alguien *(a gritos)*, dar gritos a alguien para que se calle: ***Each time he opened his mouth, he was shouted down by a militant faction***, Cada vez que abría la boca, una facción militante lo obligaba a callar con sus gritos.
SYNONYMS: howl down.

shout out *vt sep - vi* gritar algo, decir algo a gritos, decir algo a voz en grito: ***Lilley shouted out that there was trouble ahead***, Lilley gritó que se avecinaban problemas; ***I shouted out to her but she walked past***, La llamé a gritos pero ella siguió de largo; ***They heard Angus's name shouted out***, Oyeron que llamaban a Angus a gritos.
SYNONYMS: call out.

shove [ʃʌv]
shove about *or* shove around *vt sep (informal)* mangonear, tiranizar: ***He went into business for himself because he couldn't stand being shoved around by managers and bosses***, Se montó un negocio por su cuenta porque no soportaba que los gerentes y jefes le mangonearan.
SYNONYMS: push around.

shove off *vi (informal)* largarse, pirarse, irse a freír espárragos: ***Why don't you shove off and leave us alone?***, ¿Por qué no te largas y nos dejas en paz?
SYNONYMS: push off *(informal)*; clear off *(informal)*.

shove up vi *(informal)* hacerse a un lado: *Shove up and let Russell sit on the couch*, Hazte a un lado y deja que Russell se siente en el sofá.
SYNONYMS: budge up *(informal)*.

show [ʃəʊ] showing, showed, shown
  show around or **show round** vt sep enseñar algo a alguien: *As he showed me round, he apologized for how untidy the house was*, Cuando me mostró la casa, se disculpó por el desorden; *He's promised to show us around the factory*, Prometió enseñarnos la fábrica.
  show in vt sep hacer pasar a alguien: *The secretary showed me into an office where I waited for the manager*, La secretaria me hizo pasar a una oficina donde esperé al gerente.
  ANTONYMS: show out.
  show off
  1 vi presumir, fardar, darse importancia, darse pisto, hacer alarde: *They speak in English to each other to show off*, Hablan en inglés entre ellos para fardar; *He rides up and down the street on his new bike just to show off to the other kids*, Se pasea por la calle con su bicicleta nueva sólo para fardar delante de los demás niños.
  2 vt sep alardear de algo, hacer alarde de algo, presumir de algo: *You can acquire a cloth badge to show off your membership*, Puedes conseguir una insignia de tela para alardear de que eres socio; *The nouveau riche show off their wealth by buying expensive cars and extravagant clothing*, Los nuevo ricos presumen de su riqueza comprando coches caros y ropa extravagante.
  3 vt sep realzar, destacar: *She strode forward with that swing in her hips that showed off her tall, slim figure*, Avanzó con ese movimiento de caderas que hacía resaltar su figura alta y esbelta.
  SEE ALSO: set off.
  show out vt sep acompañar a alguien a algún sitio, acompañar a la puerta: *Show Mr McGregor out, would you*, Acompaña al señor McGregor a la puerta, por favor; *She said it wouldn't be necessary to be shown out, that she could find the door on her own*, Dijo que no hacía falta que la acompañaran a la puerta, que ya sabría encontrarla sola.
  ANTONYMS: show in.
  show through vi dejarse notar, verse: *It's a rich voice with a touch of his native Somerset showing through*, Tiene una voz sonora con un ligero deje de su acento nativo de Somerset.
  show up *(informal)*
  1 vi aparecer, venir, presentarse: *Sooner or later the brothers would show up in London*, Antes o después los hermanos aparecían en Londres; *He was supposed to come yesterday but he didn't show up*, Tenía que venir ayer, pero no se presentó.
  SYNONYMS: turn up.
  2 vi resaltar, destacar, verse, notarse: *This beige trimming won't show up against the white of the walls*, Este ribete beige no destacará frente al blanco de las paredes; *The chameleon changes colour so that it doesn't show up against whatever vegetation it happens to be on*, El camaleón cambia de color para confundirse con la vegetación que le rodea.
  3 vt insep revelar, poner de manifiesto, sacar a la luz: *The audit showed up irregularities in the accounting procedures*, La auditoria reveló irregularidades en la

contabilidad; *When his so-called treatments were scrutinized by scientists he was shown up to be a complete fraud*, Cuando sus supuestos tratamientos fueron analizados por científicos, se comprobó que era un auténtico fraude.

4 *vt sep* poner en evidencia a alguien, dejar en ridículo a alguien, ridiculizar a alguien, dejar mal a alguien: *Promise you'll behave. I don't want to be shown up in front of my colleagues*, Prométeme que te portarás bien. No quiero que me hagas quedar mal delante de mis colegas.

shower [ʃaʊəʳ]
shower on or **shower upon** *vt sep* (to shower *something* on *somebody*) colmar a alguien de algo: *During their trip, local tribesmen showered gifts upon them*, Durante el viaje, los miembros de las tribus locales los colmaron de regalos.

shrink [ʃrɪŋk] shrinking, shrank, shrunk
shrink away *vi*
1 retirarse a causa del miedo, echarse para atrás por miedo: *The child shrank away in terror from his touch*, El niño retrocedió asustado cuando lo tocó.
2 encogerse, ir desapareciendo: *It's funny how lies can shrink away when subjected to close scrutiny*, Es curioso cómo las mentiras se encogen y se desvanecen cuando se someten a un examen riguroso.

shrink back *vi* retroceder a causa del miedo, echarse para atrás por miedo: *He shrank back fearfully as the wolves charged from the edge of the cliff*, Retrocedió asustado cuando los lobos se abalanzaron desde el borde del precipicio.
SYNONYMS: draw back; pull back.

shrink from *vt insep* no estar dispuesto a hacer algo, no atreverse a hacer algo, dudar en hacer algo: *He claimed she was not a fit parent and shrank from his responsibilities*, Dijo que no era un buen padre y se desentendió de sus responsabilidades; *She wouldn't shrink from lying to get her way*, No dudaba en mentir para conseguir lo que quería.
SYNONYMS: shy away.

shrivel [ʃrɪvəl] shrivelling, shrivelled, shrivelled (In American English the final consonant does not double: **shriveling, shriveled, shriveled**)
shrivel up *vi* marchitarse, secarse *(una planta)*, encogerse, arrugarse *(la superficie de algo)*: *Ferns tend to shrivel up in a centrally-heated room*, Los helechos tienden a marchitarse en una habitación con calefacción central; *It's normal for bacon to shrivel up when it is fried*, Es normal que el beicon se encoja al freírlo.

shroud [ʃraʊd]
shroud in *vt insep* envolver en algo, cubrir con algo: *The Kennedy assassination has been shrouded in official explanations which are as implausible as they are convenient*, El asesinato de Kennedy ha estado envuelto en explicaciones oficiales que son tan inverosímiles como convenientes; *The new project is shrouded in secrecy, nobody knows anything about it at all*, El nuevo proyecto está envuelto en un velo de misterio, pues nadie sabe nada al respecto.

shrug [ʃrʌg] shrugging, shrugged, shrugged
shrug off *vt sep* no hacer caso de algo, minimizar algo: *For years, that idea was shrugged off as Unionist propaganda*, Durante años despreciaron esa idea tachán-

shut out

dola de propaganda sindical; ***He shrugged off the allegations as mere gossip***, Restó importancia a las acusaciones al considerarlas simples cotilleos.

SEE ALSO: play down.

shuffle [ˈʃʌfəl]
shuffle off *vt sep* desentenderse de *(una responsabilidad)*, quitarse de encima *(una responsabilidad)*: ***They shuffle off their responsibilities by claiming that they are understaffed***, Se desentienden de sus responsabilidades con la excusa de que andan escasos de personal.

shut [ʃʌt] shuting, shut, shut
shut away *vt sep*
1 encerrar: ***You can't just shut her away in some mental hospital and forget all about her***, No puedes encerrarla en un psiquiátrico y olvidarte por completo de ella.
2 encerrarse, permanecer encerrado: ***When she wasn't at the university, she was shut away in her room studying***, Cuando no estaba en la universidad, se encerraba en su habitación a estudiar.
SYNONYMS: lock away; shut in.

shut down *vt sep*
1 cerrar, clausurar: ***Any pub can be shut down at a moment's notice by the police***, La policía puede cerrar un bar en cualquier momento; ***Many factories have shut down because of the economic recession***, Muchas fábricas han cerrado por la recesión económica.
2 apagar, desconectar: ***The turbines were shut down until the water supply could be restored***, Apagaron las turbinas hasta que se reanudó el suministro de agua.
SYNONYMS: switch off; shut off.

shut in *vt sep*
1 encerrar, cercar, cortar el paso a alguien: ***The policy consisted mainly of shutting them in and letting them be***, La política consistía básicamente en encerrarlos y dejarlos allí; ***The dogs were shut in all day***, Los perros se pasaban todo el día encerrados.
SYNONYMS: lock in; imprison.
2 encerrarse: ***Ever since his wife died he's shut himself in his room and won't come out***, Desde que murió su mujer, ha estado encerrado en su habitación y se niega a salir.
SYNONYMS: shut away; lock away.

shut off *vt sep*
1 apagar, desconectar: ***In case of fire the engines will shut off automatically***, En caso de incendio, los motores se apagarán automáticamente.
SYNONYMS: switch off; turn off.
2 aislar: ***The garden was shut off from the street by a tall wooden fence***, Una alta valla de madera separaba el jardín de la calle.
SYNONYMS: block out.
3 aislarse: ***She went through a period when she basically shut herself off from the rest of the world***, Pasó por una época en que básicamente se aisló del resto del mundo.
SYNONYMS: cut off, shut in.
SEE ALSO: shut away.

shut out *vt sep*
1 dejar fuera, bloquear, no dejar pasar *(la luz, el sonido)*: ***Heavy brocade curtains were***

shut up

drawn, shutting out all the natural light, Corrieron unas pesadas cortinas de brocado que no dejaban pasar la luz del día.
SYNONYMS: block out.

2 negar, no admitir: *She won't admit that it ever happened. She's shut it out completely*, No quiere aceptar lo ocurrido. Lo ha negado por completo.
SYNONYMS: block out; blot out.

3 no permitir la entrada a alguien, dejar fuera a alguien: *The strikers were shut out of the factory*, No dejaron entrar a los huelguistas en la fábrica.

4 impedir, bloquear: *If the England team can shut out the French attack, they should be able to manage at least a draw*, Si el equipo inglés puede bloquear el ataque francés, podrán conseguir al menos un empate; *They tried to shut out the opposition from the meeting*, Intentaron excluir a la oposición de la reunión.

shut up vt sep - vi (informal)

1 callar, callarse: *Shut up and listen!*, ¡Calla y escucha!; *The joke got a laugh but didn't shut up the heckler in the back row*, La broma provocó risas pero no hizo callar al alborotador de la fila de atrás; *A disapproving glance from the teacher shut him up*, Una mirada de desaprobación del profesor lo mandó callar.

2 encerrar: *The dogs had to be shut up in the little room off the kitchen*, Fue necesario encerrar a los perros en la pequeña habitación que da a la cocina.
SYNONYMS: shut in.
SEE ALSO: coop up; fasten up.

shy [ʃaɪ] shying, shied, shied

shy away vi rehuir, asustarse: *He confronts problems that other men would shy away from*, Se enfrenta a problemas que otros hombres rehuirían; *Horses are sensible to shy away at the sound of a hiss*, Los caballos tienden a rehuir el sonido de un silbido.
SYNONYMS: back away.

sick [sɪk]

sick up vt sep - vi (informal) vomitar, devolver: *Mum! Mark's sicked up all over the back seat!*, ¡Mamá! ¡Mark acaba de vomitar por todo el asiento trasero!; *I started to feel nauseous and then sicked up my breakfast*, Primero sentí náuseas y después vomité el desayuno.
SYNONYMS: throw up *(informal)*; chuck up *(informal)*; bring up.

side [saɪd]

side against vt insep alinearse en contra de alguien, ponerse en contra de alguien: *Labour leaders sided against the government's proposal for a longer work week*, Los líderes laboristas se opusieron a la propuesta del Gobierno de una semana laboral más larga.
ANTONYMS: side with.

side with vt insep alinearse a favor de alguien, ponerse a favor de alguien: *Jess didn't know if she should side with her colleagues or follow her own beliefs*, Jess no sabía si debía ponerse del lado de sus colegas o actuar según sus propias creencias.
ANTONYMS: side against.

sidle ['saɪdəl]

sidle up vi acercarse sigilosamente *(a alguien)*: *A suspicious-looking character sidled up to me and asked me if I wanted to buy a watch*, Un tipo sospechoso se me acercó sigilosamente y me preguntó si quería comprar un reloj.

sift [sɪft]
  sift through *vt insep* examinar detenidamente algo, investigar buscando algo: ***The judges have sifted through over 8,000 entries***, Los jueces han examinado a más de 8.000 participantes; ***They were sifting through the rubble looking for survivors***, Buscaban supervivientes entre los escombros.
    SYNONYMS: look through; search through.

sign [saɪn]
  sign away *vt sep* renunciar a algo, ceder algo: ***Mary, Queen of Scots, signed away her Scottish kingdom***, María, reina de Escocia, renunció a su reino escocés.
    SEE ALSO: hand over.
  sign in or **sign into**
    1 *vi* fichar, firmar *(a la entrada)*: ***Staff have to sign in every morning***, El personal tiene que fichar cada mañana; ***He'd signed himself into a detoxification unit without telling his family***, Se había apuntado a una unidad de desintoxicación sin decírselo a su familia.
      SYNONYMS: book in; check in.
    2 *vt sep* firmar por alguien, firmar para avalar a alguien *(en la entrada de un club, asociación, etc)*: ***You can't use the club's facilities unless a member signs you in***, No puede emplear las facilidades del club a menos que un miembro lo apunte en el registro.
  sign off
    1 *vi* despedirse *(en una carta)*, acabar *(un programa de radio)*: ***The DJ signed off with the national anthem playing in the background***, Cuando se despidió, el discjockey puso el himno nacional de música de fondo; ***"I guess I'll be signing off now, and do write back as soon as you can. Love, Chrissy"***, "Y ahora ya me despido, escribe en cuanto puedas. Con cariño, Chrissy".
    2 *vt sep* dar la baja a alguien, firmar la baja de alguien: ***The doctor's signed her off for a week because she had the flu***, El médico le dio la baja para una semana porque tenía gripe.
  sign on
    1 *vi* apuntarse al paro, firmar para cobrar el subsidio de desempleo: ***After the factory closed I signed on and started looking for work***, Después de que cerrara la fábrica me apunté al paro para recibir el subsidio de desempleo y me puse a buscar trabajo.
    2 *vt sep* apuntarse para algo, ofrecer sus servicios para algo: ***After finishing college, he signed on as an insurance salesman***, Cuando acabó la universidad, se ofreció como vendedor de seguros.
      SYNONYMS: sign up.
  sign out *vi* fichar, firmar *(a la salida)*: ***Remember to sign out when you leave the office at night***, Acuérdate de fichar cuando te vayas de la oficina por la noche.
    SYNONYMS: book out; check out.
  sign over *vt sep* ceder, poner algo a nombre de otra persona: ***They found that he'd already signed his house over to his wife***, Descubrieron que ya había puesto la casa a nombre de su mujer.
  sign up
    1 *vi* apuntarse, matricularse: ***Kate signed up for an intensive course at the Berlitz school***, Kate se matriculó en la academia Berlitz para hacer un curso intensivo.
    2 *vt sep* contratar *(en una empresa)*, fichar *(en un equipo)*: ***Most second-division clubs just don't have enough money to sign up world-class players***, La mayoría de los

clubes de segunda división no tienen dinero para fichar a jugadores de talla mundial.

silt [sɪlt]
silt up *vi* bloquearse con sedimentos, barro, etc: *The North Sea inevitably began to silt up*, Inevitablemente, el Mar del Norte empezó a encenagarse.

simmer ['sɪmə']
simmer down *vi* calmarse, tranquilizarse: *When I'd simmered down a bit, I phoned him back and apologised*, Tras tranquilizarme un poco, lo volví a llamar y me disculpé.
SYNONYMS: calm down; cool down.

sing [sɪŋ] singing, sang, sang
sing up *vi* cantar más fuerte: *You boys at the back'll have to sing up if you want to be heard*, Los que estáis en el fondo tendréis que cantar más fuerte si queréis que os oigan.

single ['sɪŋgəl]
single out *vt sep* señalar algo entre varias posibilidades, elegir, seleccionar: *Two possible causes of the accident have been singled out by investigators*, Los investigadores han señalado dos posibles causas del accidente; *The police singled him out for questioning even though he hadn't been one of the demonstrators*, La policía lo había elegido para interrogarlo a pesar de que él no había sido uno de los manifestantes.
SEE ALSO: set apart.

sink [sɪŋk] sinking, sank, sunk
sink back *vi*
1 recostarse, echarse para atrás, ponerse cómodo: *The convulsion was over and she sank back quite exhausted*, Se le pasaron las convulsiones y se recostó agotada.
2 volver a una situación anterior: *Barnfield would sink back into anonymity once more*, Barnfield volvería a sumirse en el anonimato una vez más.
sink down *vi* caer *(al suelo)*, dejarse caer: *Feeling dizzy, she sank down to the ground*, Se mareó y se desplomó en el suelo; *She sank down into a chair and began sobbing*, Se dejó caer en una silla y rompió a llorar.
sink in *vi* asimilarse, aumirse: *I couldn't believe he'd actually died. It took a while for the news to sink in*, No me podía creer que había muerto. Tardé un tiempo en asimilar la noticia.
sink into
1 *vt insep* dejarse caer en algún sitio: *Sighing, she sank into an armchair*, Suspirando, se dejó caer en una butaca.
2 *vt insep* hundirse en algo, clavarse en algo: *A dog sank its teeth into his arm*, Un perro le clavó los dientes en el hombro.
3 *vt insep* caer en alguna situación, sumirse en alguna situación: *He was just about to sink into a state of total collapse*, Estaba a punto de sumirse en un estado de desmoronamiento total; *Kids are in danger of sinking into a subculture of drugs and crime*, Los niños corren el peligro de hundirse en una subcultura de drogas y delincuencia.
SYNONYMS: lapse into.

4 *vt sep* invertir *(dinero)* en algo: ***He'd sunk most of his inheritance into the ill-fated venture***, Había invertido casi toda su herencia en la infortunada empresa.

siphon ['saɪfən] (Also spelled **syphon**)
siphon off *vt sep*
  1 sacar algo con un sifón, sacar succionando: ***We siphoned off some petrol from my car to put into his***, Pasamos la gasolina de mi coche al suyo con un sifón.
  2 irse por otro lado, desviarse hacia otro fin: ***Taxes and debt siphoned off most of his inheritance money***, Casi todo el dinero de la herencia se le fue en impuestos y deudas.

sit [sɪt] sitting, sat, sat
sit about or **sit around** *vt insep - vi* hacer el vago, holgazanear, no hacer nada: ***I've more to do than sit about***, Tengo más cosas que hacer que quedarme a holgazanear; ***I need a relaxing weekend, so I plan to just sit around the house***, Necesito un fin de semana tranquilo, así que pienso quedarme en casa sin hacer nada; ***He didn't sit around. He got out and did the work***, No se quedó quieto. Salió y cumplió con el cometido.

sit back *vi*
  1 recostarse, echarse para atrás, ponerse cómodo: ***Sit back, relax and enjoy the presentation***, Ponte cómodo, relájate y disfruta de la presentación; ***Like many people, he prefers to sit back and watch TV after a hard day's work***, Como mucha gente, prefiere ponerse cómodo y ver la televisión tras un duro día de trabajo.
  2 cruzarse de brazos, estar sin hacer nada: ***Steve couldn't sit back while the animals suffered***, Steve no podía quedarse cruzado de brazos mientras los animales sufrían.
  SYNONYMS: sit by.

sit by *vt insep* no hacer nada, hacer el vago, hogazanear: ***Should society sit by and allow them to get away with it?***, ¿Debería la sociedad cruzarse de brazos y dejar que se salgan con la suya?; ***The females hunt in a pack. One male lion sits by, watching***, Las hembras cazan en manada. Un león macho permanece a la espera, observándolas.
  SYNONYMS: sit back.

sit down *vt sep - vi*
  1 sentarse: ***She makes me sit down while she laces my boots***, Me obliga a sentarme mientras me ata los cordones de las botas; ***He sat down at his desk***, Se sentó frente a su escritorio.
  2 sentar a alguien: ***She sat Nicandra down on her own chair***, Sentó a Nicandra en su silla.
  3 sentarse a hacer algo, sentarse para hacer algo: ***Representatives of the union sat down to negotiate an end to the strike***, Los representantes del sindicato se sentaron a negociar el final de la huelga; ***Over 130 sat down to a five-course meal***, Más de 130 personas se sentaron para degustar una cena de cinco platos.

sit for *vt insep* posar para alguien, hacer de modelo para alguien: ***I remember sitting for him and not being able to move for an hour***, Me acuerdo de que posé para él y me pasé una hora sin poder moverme.

sit in on *vt insep* asistir, estar presente, participar como observador: ***Would you object if my lawyer sat in on our discussion?***, ¿Le importaría si mi abogado estuviese presente en nuestra discusión?

sit on vt insep

1 ser miembro de algo, formar parte de algo: *Three Labour members have been appointed to sit on the Commons Select Committee*, Tres laboristas han sido nombrados miembros de la comisión investigadora de los Comunes.

2 no dar trámite a algo, dar carpetazo a algo: *It would appear that he'd been sitting on the loan application for three weeks*, Parece que ha retenido la solicitud del préstamo desde hace tres semanas.

sit out

1 *vi* sentarse fuera: *They would sit out in their deckchairs in the sunshine*, Se sentaban en las hamacas a tomar el sol.

2 *vt sep* esperar hasta el final de algo: *They were desperate to get away but had to sit it out until the speeches were over*, Se morían de ganas de irse pero tuvieron que esperar a que se acabaran los discursos.

3 *vt sep* no participar en algo: *Tony sat out the match with a sprained ankle*, Tom vio el partido sin participar por su esguince en el tobillo; *If you don't mind, I think I'll sit the next couple of dances out*, Si no te importa, creo que no bailaré el próximo par de canciones.

sit through vt insep

quedarse hasta el final, aguantar hasta el final: *That was one of the worst films it has ever been my misfortune to sit through*, Fue una de las peores películas que he tenido la desgracia de aguantar hasta el final; *We had to sit through a half an hour lecture from the boss about the need to be more 'flexible'*, Tuvimos que aguantar un sermón de media hora del jefe sobre la necesidad de ser más 'flexibles'.

sit up vi

1 incorporarse, sentarse derecho: *Sit up a little and touch your right elbow*, Incorpórate un poco y tócate el codo derecho; *Sit up straight and pay attention*, Siéntate bien y presta atención.

2 quedarse despierto: *A few staff sit up late at night to prepare lectures*, Unos cuantos empleados se quedan por la noche hasta muy tarde para preparar charlas.

3 prestar atención: *This will really get the banks to sit up and take notice*, Seguro que esto hará que los bancos empiecen a reaccionar.

size [saɪz]

size up vt sep

hacerse una idea de algo/alguien, saber de lo que va alguien, calar a alguien: *I could feel the children sizing me up as soon as I walked into the classroom*, Nada más entrar en la clase noté que los niños intentaban calarme.

SYNONYMS: weigh up.

skate [skeɪt]

skate around or skate round vt insep

esquivar, no hacer referencia a *(un tema)*: *We've been skating around the subject for too long. Now is the time to face facts*, Hemos estado esquivando el tema durante demasiado tiempo. Ha llegado la hora de afrontar los hechos; *The report basically skates over the government's responsibility for the crisis*, Básicamente, el informe pasa por alto la responsabilidad que el gobierno ha tenido en la crisis.

SYNONYMS: skirt round.

sketch [sketʃ]

sketch in vt sep

1 añadir, bosquejar: *She'd already done the background and sketched in some of the details*, Ya había pintado el fondo y luego añadió algunos detalles.

2 esbozar una visión de algo, introducir a alguien en algo: *It will be necessary first to sketch in a general historical picture*, Será necesario esbozar primero una visión histórica general; *During the journey, I sketched in the background to the case*, Durante el viaje esbocé los antecedentes del caso.
SYNONYMS: outline.

sketch out *vt sep* presentar brevemente, trazar brevemente: *The party president sketched out the contours of a new socialist movement*, El presidente del partido trazó las líneas de un nuevo movimiento socialista.
SYNONYMS: outline.

skim [skɪm] skimming, skimmed, skimmed

skim off *vt sep*
  1 quitar, retirar: *Boil the ham in plenty of water, skimming off any scum that rises to the surface*, Hervir el jamón en mucha agua y quitar la espuma que se forme en la superficie.
  2 llevarse una parte de *(beneficios)*, llevarse lo mejor de algo: *They'd been skimming the profits off and reinvesting them elsewhere*, Han estado sacando los beneficios y reinvirtiéndolos en otro sitio.
SYNONYMS: cream off.

skim through *vt insep* hojear, echar un vistazo a *(un texto)*: *Skimming through his notes, she'd missed the reference to Auden*, Al hojear sus notas no vio la referencia a Auden.
SYNONYMS: flick through.

skimp [skɪmp]

skimp on *vt insep* intentar ahorrar escatimando algo, recortar gastos en algo: *Buy only the best ingredients, skimping on them will produce an inferior result*, Compra sólo los mejores ingredientes, si intentas escatimar obtendrás un resultado mucho peor; *Afterwards it was discovered that the contractor had skimped on the concrete, causing the wall to collapse*, Después se descubrió que el contratista había escatimado el hormigón, lo que causó el derrumbamiento de la pared.

skirt [skɜːt]

skirt around or **skirt round** *vt insep*
  1 bordear, rodear: *There's a tunnel up ahead but you must skirt round it*, Hay un túnel más adelante, pero tienes que bordearlo; *We skirted around the edge of the lake and went into the woods*, Bordeamos el lago y nos metimos en el bosque.
  2 eludir: *We skirted round the vexed question of what was to be done with the children*, Eludimos el peliagudo asunto de qué había que hacer con los niños; *The final communiqué skirts around the issue of farm subsidies*, El comunicado final elude el tema de las subvenciones agrícolas.
SYNONYMS: skate around.

skive [skaɪv]

skive off *vt insep (informal)* escabullirse, escaquearse, hacer novillos: *I spent more and more of my time skiving off work to go out on my bike*, Cada vez pasaba más tiempo escaqueándome del trabajo para salir con la bici; *Those boys should be in school. Are they skiving off again?*, Estos chicos tendrían que estar en el colegio. ¿Están haciendo novillos otra vez?

slacken ['slækən]

slacken off *vi* bajar, disminuir, calmarse, amainar *(el viento)*: *We waited until the rain and wind had slackened off before we left the pub*, Esperamos que cesaran la lluvia y el viento antes de salir del pub; *Recently, the volume of work seems to be slackening off*, De un tiempo a esta parte parece que el volumen de trabajo está disminuyendo.

slag [slæg] slagging, slagged, slagged

slag off *vt sep (informal)* poner verde a alguien, echar pestes de alguien: *Most of his resignation speech was taken up with slagging off his former colleagues*, Dedicó casi todo su discurso de renuncia a poner verdes a sus antiguos colegas.

slam [slæm] slamming, slammed, slammed

slam down *vt sep* golpear violentamente con algo; dar un golpe violento con algo: *He slammed his fist down angrily on the table*, Dio un puñetazo en la mesa con rabia; *"And you're a complete bastard!" shouted George before he slammed down the phone*, -¡Y tú eres un auténtico hijo de puta! -gritó George antes de colgar violentamente el teléfono.
SYNONYMS: slap down.

slam on *vt sep* **(to slam on the brakes)** dar un frenazo brusco, frenar bruscamente: *He had to slam on the brakes when a dog ran out in front of him*, Tuvo que dar un frenazo cuando un perro se le cruzó por delante.
SYNONYMS: jam on.

slam to *vt sep* dar un portazo; cerrar o cerrarse *(de un golpe)*: *She nearly jumped out of her skin when the door of the barn slammed to behind her*, Se pegó un susto de muerte cuando la puerta del granero se cerró de golpe a su espalda.

slap [slæp] slapping, slapped, slapped

slap around *vt sep* dar de bofetadas a alguien, pegar a alguien: *My husband would get drunk, come home and slap me around*, Mi marido se emborrachaba, llegaba a casa y me pegaba.
SYNONYMS: rough up.

slap down *vt sep*
1 tirar con fuerza: *He slapped down the book and shouted: "I don't believe it!"*, Tiró el libro sobre la mesa y gritó: -¡No me lo creo!
SYNONYMS: slam down.
2 *(informal)* recriminar severamente a alguien, rechazar de plano algo: *Kids who are slapped down repeatedly tend to lose self-confidence*, Los niños a los que reprimen constantemente suelen perder la confianza en sí mismos; *Mark slapped down the suggestion, saying it was completely impractical*, Mark se cargó la sugerencia, diciendo que no era nada práctica.
SEE ALSO: put down.

slap on or **slap onto** *vt sep (informal)*
1 dar brochazos a lo bestia sobre algo, pintar algo sin poner atención: *We left him slapping whitewash on the walls*, Lo dejamos poniendo una capa de cal en las paredes.
2 añadir a lo bestia: *They'll slap on massive bank charges if you go over your overdraft limit*, Te cargan unos intereses enormes si te quedas al descubierto; *A completely unjustifiable 25% price increase has been slapped on the cost of domestic gas over the past twelve months*, Han añadido un aumento de precio

sleep with

totalmente injustificable de un 25% al coste del gas doméstico durante los últimos doce meses.

slave [sleɪv]
slave away *vi* trabajar como un negro: *Mum was slaving away in the kitchen, as usual*, Mamá estaba trabajando como una negra en la cocina, como siempre.

sleep [sliːp] sleeping, slept, slept
sleep around *vi* acostarse con mucha gente, estar con mucha gente, irse a la cama con cualquiera: *She says he's been sleeping around and that's why she's left him*, Dice que se ha acostado con muchas tías y que por eso lo ha dejado; *Despite all the health warnings, drink and drugs and sleeping around were still the favoured recreations of some young people*, A pesar de todas las advertencias sanitarias, el alcohol, las drogas y la promiscuidad seguían siendo las distracciones favoritas de algunos jóvenes.
SYNONYMS: screw around *(informal)*.

sleep in *vi* levantarse tarde, quedarse en la cama hasta tarde, dormir hasta tarde: *Her excuse for sleeping in was that her alarm clock hadn't gone off*, Su excusa por haberse levantado tarde era que no le había funcionado el despertador; *The great thing about Sundays is that you can sleep in*, Lo mejor de los domingos es que puedes dormir hasta tarde.

sleep off *vt sep* dormir hasta que se pase *(el dolor de cabeza, la resaca, los efectos de algo)*: *Ronnie spent many Sunday mornings sleeping off a hangover*, Ronnie pasó muchas mañanas de domingo durmiendo la mona; *We would get drunk at lunchtime and then sleep it off on the beach in the afternoon*, Nos emborrachábamos a la hora de comer y luego dormíamos la mona en la playa por la tarde.

sleep on *vt insep* consultar algo con la almohada: *I'll sleep on it tonight and tomorrow we'll do our best to come up with a solution*, Lo consultaré con la almohada esta noche y mañana haremos todo lo posible para dar con una solución.

sleep through *vt insep* dormir como si nada, a pesar de algo: *That's the film I slept through at the cinema, isn't it?*, Ésta es la película con la que me dormí en el cine, ¿no?; *Apparently there was an enormous thunderstorm last night but I slept right through it*, Al parecer hubo una tormenta eléctrica increíble anoche, pero yo seguí durmiendo como si nada.

sleep together *vi*
1 acostarse con alguien, irse a la cama con alguien: *Ruth and Jonathan stopped sleeping together when she discovered she was pregnant*, Ruth y Jonathan dejaron de acostarse cuando ella descubrió que estaba embarazada; *Don't you think that sleeping together automatically implies a certain level of commitment?*, ¿No te parece que acostarse con otra persona implica automáticamente un cierto nivel de compromiso?
2 dormir juntos, dormir con alguien, compartir la cama con alguien: *All four children slept together in one big bed*, Los cuatro niños durmieron juntos en una cama grande.
SEE ALSO: sleep with.

sleep with *vt insep*
1 acostarse con alguien: *Angelo offers her a bargain: if she will sleep with him, her brother shall live*, Angelo le ofrece un trato: si se acuesta con él, su hermano seguirá vivo.
2 dormir con alguien; llevarse a alguien/algo a la cama: *Little Katy always sleeps*

with four teddies and a fluffy rabbit, La pequeña Katy siempre duerme con cuatro ositos y un conejo de peluche.
SEE ALSO: sleep together.

slew [sluː]
slew round *vi* dar un giro inesperado o brusco: ***The articulated lorry had slewed round blocking both lanes***, El tráiler había dado un giro brusco y había bloqueado los dos carriles; ***Then he slewed round hard in his chair and stared straight at me***, Entonces giró bruscamente con la silla y me clavó la mirada.

slice [slaɪs]
slice into *vt insep* clavar en algo: ***The knife slipped and sliced into his thigh***, Se le fue el cuchillo y se lo clavó en el muslo.

slice off *vt sep* cortar algo; rebanar algo: ***The executioner raised his sword and sliced off her head***, El verdugo levantó la espada y le cortó la cabeza.

slice up *vt sep* cortar en rebanadas, cortar: ***Slicing up the Christmas cake, she offered a piece to each of the guests***, Cortó el pastel de Navidad y ofreció un trozo a cada uno de los invitados.

slick [slɪk]
slick down *vt sep* alisar con alguna sustancia; ponerse gomina en algo: ***Most of the pilots slicked down their hair which led to them being called 'the Brylcream boys'***, Casi todos los pilotos se alisaban el pelo con brillantina, lo que provocó que les llamaran 'los chicos de la brillantina'.

slip [slɪp] slipping, slipped, slipped
slip away *vi*
1 escabullirse, salir sin que se note: ***We managed to slip away without attracting notice***, Conseguimos escabullirnos sin llamar la atención.
SYNONYMS: slip off.
2 desaparecerle a alguien, írsele algo a alguien: ***She opened the window and felt her exhaustion slip away from her***, Abrió la ventana y sintió cómo se esfumaba su agotamiento.
3 escapar: ***I think United have let two points slip away in this match***, Creo que el United ha dejado escapar dos puntos en este partido; ***She felt that her chance of finally being happy was slipping away***, Pensaba que se le estaba escapando la oportunidad de ser finalmente feliz.

slip by *vi*
1 pasar: ***As the hours slipped by I noticed Jones getting increasingly tense***, A medida que pasaban las horas, noté que Jones se ponía cada vez más tenso; ***Don't let this opportunity slip by!***, ¡No dejes que se te escape esta oportunidad!
2 pasar al lado de alguien, escabullirse: ***I slipped by when the policeman wasn't looking***, Me escabullí cuando el policía no miraba.

slip down *vi*
1 dejarse caer: ***Ward slipped down into the driving seat***, Ward se deslizó en el asiento del conductor.
2 *(informal)* entrar bien: ***This cognac is slipping down a treat***, Este coñac entra de maravilla.

slip in
1 *vt sep* introducir: ***Then just slip in the cassette and you're ready to start recording***, Y entonces simplemente mete la casete y ya puedes empezar a grabar.

slip through

2 *vi* entrar sin que se note: ***The raiders slipped in past the border patrols***, Los asaltantes pasaron por delante de la patrulla fronteriza sin ser vistos.

slip into

1 *vt sep* (**to slip *something* into *something***) introducir, meter: ***This illegal cash is made legal by slipping it into the banking system***, Este dinero ilegal se legaliza introduciéndolo encubiertamente en el sistema bancario; ***The new phone is really small and slips easily into a pocket or handbag***, El nuevo teléfono es muy pequeño y se puede meter fácilmente en un bolsillo o en un bolso.

2 *vt insep* meterse *(silenciosamente, sigilosamente)*: ***The thief slipped into an alley and waited till the police car had gone***, El ladrón se metió en un callejón y esperó hasta que hubo pasado el coche de policía.

3 *vt insep* ponerse algo, meterse dentro de algo: ***Why don't you slip into something more comfortable?***, ¿Por qué no te pones algo más cómodo?; ***Carole slipped into a mink coat***, Carole se puso un abrigo de visón.
   SYNONYMS: slip on.

4 *vt insep* pillar la costumbre de hacer algo: ***I have now slipped into the comfortable habit of accepting proffered cigarettes***, Ahora he cogido una costumbre muy cómoda, la de aceptar los cigarros que me ofrecen.

slip off

1 *vi* escaparse, salir sin llamar la atención: ***Millions of pounds are slipping off to tax havens abroad***, Millones de libras están yendo a parar a paraísos fiscales en el extranjero; ***That evening Jerry slipped off to the pub for a quick drink***, Aquella noche Jerry se escapó al pub para tomarse una copa.
   SYNONYMS: slip away.

2 *vi* caerse, resbalarse: ***He wakes up to find he's slipped off the bed***, Se despierta y descubre que se ha caído de la cama.

3 *vt sep* quitarse: ***She sat down beside me and slipped her shoes off***, Se sentó a mi lado y se quitó los zapatos; ***He slipped off his shirt and trousers and dived into the water***, Se quitó la camisa y los pantalones y se zambulló en el agua.
   ANTONYMS: slip on.

slip on
vt sep ponerse: ***She slipped on a sweater and turned up the heating***, Se puso un jersey y subió la calefacción; ***He quickly slipped his trousers on and went to answer the door***, Rápidamente se puso el pantalón y fue a abrir la puerta.
ANTONYMS: slip off.

slip out

1 *vt insep* (**to slip out of *something***) salir sin ser visto, pasar desapercibido al salir: ***Taking advantage of the fog, the small fishing boat slipped out of the harbour right under the noses of the coast guard***, Aprovechando la niebla, el pequeño pesquero pasó por delante de las narices de los guardacostas sin que lo vieran; ***I slipped out while the priest was talking***, Aproveché para salir sin que me vieran, mientras hablaba el sacerdote.
   SYNONYMS: slip away.

2 *vi* escaparse, decir sin querer: ***Sam realized that June had let the name slip out without thinking***, Sam se dio cuenta de que a June se le había escapado el nombre sin pensar; ***I'm sorry, I didn't mean to say that, it just slipped out***, Lo siento, no quería decir eso, se me escapó.
   SEE ALSO: come out with.

slip through

1 *vi* colarse, escaparse: ***Nurses were vetted strictly but a few negligent ones slipped through***, Investigaron a fondo a las enfermeras, pero se les colaron unas cuantas que eran negligentes.

slip up

2 *vt insep* escaparse, irse de entre las manos: ***Norman let the championship slip through his fingers***, Norman dejó que el campeonato se le escapara de las manos.

slip up *vi* meter la pata: ***It seemed that they were all waiting for her to slip up***, Parecía que todos estuvieran esperando que metiera la pata.

See also: mess up; foul up.

slob [slɒb] slobbing, slobbed, slobbed

slob about or **slob around** *vi (informal)* ir hecho un asco, estar todo el día tirado: ***The great thing about working from home is that, if you want to, you can slob about in an old tracksuit***, Lo mejor de trabajar desde casa es que, si quieres, puedes ir hecho un asco con un chándal viejo; ***He doesn't even look at the job ads in the paper any more, he just slobs around the house***, Ya ni siquiera mira los anuncios de empleos en el periódico, se pasa el día haciendo el vago por casa sin arreglarse.

See also: laze about; lounge about.

slog [slɒg] slogging, slogged, slogged

slog away *vi* trabajar sin parar: ***Sean spent all weekend slogging away at physics and algebra***, Sean se ha pasado todo el fin de semana sudando tinta con la física y el álgebra.

Synonyms: slave away; beaver away.

slop [slɒp] slopping, slopped, slopped

slop out *vi* vaciar el cubo: ***Far too many prisoners in British jails still have to slop out in the morning***, Hay demasiados presos en las cárceles británicas que todavía tienen que vaciar por la mañana el cubo en el que han hecho sus necesidades.

slop over *vi* derramarse, salirse por el borde, sobrepasar el borde: ***The water level had risen so high it was beginning to slop over the edge of the dam***, El nivel del agua había subido tanto que estaba empezando a salirse por el borde del embalse.

slope [sləʊp]

slope off *vi (informal)* irse con disimulo, pasar desapercibido al salir, hacerse el longuis e irse: ***Whenever Mum was looking for someone to run some errands, Jim would slope off to his bedroom***, Cada vez que mamá buscaba a alguien para que le hiciera algún recado Jim se iba disimuladamente a su habitación.

See also: slip away; clear off.

slot [slɒt] slotting, slotted, slotted

slot in *vt sep*

1 introducir en la ranura: ***You can open up your PC and slot the card in***, Puedes abrir tu PC e introducir la tarjeta.

2 meter, incluir: ***I think we can slot the slide show in at 2 pm***, Creo que podemos incluir la proyección de diapositivas a las 2 de la tarde.

slot into *vt sep* (to slot *something* into *something*)

1 meter en su sitio: ***The table's easy to assemble, the legs just slot into these holes here***, La mesa es fácil de montar, las patas se meten aquí en estos agujeros; ***The drill bits are quickly slotted into place***, Las brocas del taladro se montan muy fácilmente.

2 incluir: ***The Prime Minister's surprise announcement was slotted into the evening schedule at the last moment***, El comunicado sorpresa del presidente del gobierno fue incluido en el último momento en la programación nocturna.

slouch [slaʊtʃ]

slouch about or **slouch around** *vi* moverse sin ganas: *There was a group of leather-clad youths slouching about in the doorway*, Había un grupo de jóvenes vestidos de cuero apoyados con desgana en la entrada; *Most of the prisoners just slouched around the prison yard*, La mayoría de los presos deambulaban sin ganas por el patio de la prisión.
SEE ALSO: lounge about; laze about.

slough [slʌf]

slough off *vt sep (literary)* desprenderse de algo, quitarse algo de encima: *They did everything they could to slough off the bad reputation they had acquired*, Hicieron todo lo posible para deshacerse de la mala reputación que se habían ganado.

slow [sləʊ]
slow down
1 *vt sep - vi* reducir la velocidad *(de un vehículo)*, disminuir algo, ralentizarse *(el crecimiento)*: *A black BMW slowed down and then stopped beside them*, Un BMW negro redujo la velocidad y se detuvo junto a ellos; *Growth in the UK economy has slowed down considerably in the last quarter*, El crecimiento de la economía en el Reino Unido se ha ralentizado considerablemente en el último trimestre; *The pace was slowed down by the Kenyans on the third lap*, Los kenianos disminuyeron el ritmo en la tercera vuelta.

2 *vi* aflojar el ritmo: *You need to slow down, man, you'll get a heart attack working that hard*, Tienes que aflojar el ritmo, hombre, o tendrás un ataque al corazón si trabajas tanto.
SYNONYMS: slow up.
ANTONYMS: speed up.

slow up
1 *vt sep - vi* retrasar, ralentizar, retrasarse, ir más lento: *We'll have to replace that machine, it's slowing up the whole process*, Tendremos que cambiar esa máquina, está ralentizando todo el proceso; *He was being slowed up by the injury to his leg*, La herida de la pierna le hacía ir más lento.

2 *vi* aflojar el ritmo, relajarse un poco, trabajar menos: *After twenty years of continual hard work, it was inevitable that he should slow up a little once he was financially secure*, Después de veinte años de trabajar duro sin parar era inevitable que aflojara un poco el ritmo cuando consiguió la seguridad económica.
SYNONYMS: slow down.
ANTONYMS: speed up.

sluice [sluːs]

sluice down *vt sep* limpiar echando mucha agua sobre algo, pasar la manguera por algún sitio: *The whole area had to be sluiced down with strong disinfectant*, Tuvieron que regar toda la zona con un poderoso desinfectante; *And when you've finished that you can sluice down the cow sheds with that hose over there*, Y cuando hayas acabado con eso puedes limpiar los establos con aquella manguera.
SEE ALSO: wash down.

smack ['smæk]

smack of *vt insep* oler a algo: *It wasn't the first time that team selection had*

smacked of favouritism, No era la primera vez que la selección del equipo olía a favoritismo.
SYNONYMS: savour of.

smarten ['smɑːtən]
smarten up *vt sep* arreglar, poner presentable, acicalar: *The old caravan had been smartened up and given a coat of paint*, Habían arreglado y dado una mano de pintura a la vieja caravana; *He smartened himself up for the interview putting on a clean shirt and a new jacket*, Se arregló para la entrevista poniéndose una camisa limpia y una chaqueta nueva.
SYNONYMS: spruce up.

smash [smæʃ]
smash down *vt sep* echar abajo algo: *The tanks surged forward, smashing down the barricades and scattering the protestors*, Al avanzar, los tanques echaron abajo las barricadas y dispersaron a los manifestantes; *He threatened to smash the door down if I didn't let him in*, Amenazó con echar la puerta abajo si no lo dejaba entrar.

smash in *vt sep* romper: *The windscreen had been smashed in and the radio stolen*, Habían roto el parabrisas y habían robado la radio.

smash up *vt sep* destrozar, hacer pedazos: *Burglars broke in and when they found nothing valuable, they smashed up all the furniture*, Entraron ladrones y cuando no encontraron nada de valor, se dedicaron a destrozar todos los muebles; *After their team lost the match, English football hooligans smashed up everything in their path*, Después de que su equipo perdiera el partido, los 'hooligans' ingleses destrozaron todo que encontraron a su paso; *The prolonged aerial bombardment smashed up the Iraqi defences*, El prolongado bombardeo aéreo destruyó las defensas iraquíes.

smell [smel] smelling, smelled, smelled (The past tense and past participle can also be spelled **smelt**)
smell out *vt sep*
1 localizar por el olfato: *Pigs were traditionally used to smell out the rare black truffles*, Los cerdos solían emplearse tradicionalmente para localizar por el olfato las poco comunes trufas negras.
SYNONYMS: sniff out.
2 *(informal)* distinguir a primera vista: *She has this uncanny ability to smell out a traitor to the cause*, Es increíble cómo logra distinguir a primera vista a quien traiciona la causa.
SYNONYMS: sniff out; root out.

smoke [sməʊk]
smoke out *vt sep*
1 hacer salir usando humo, obligar a salir con humo: *They built a fire of damp brushwood to smoke the bear out of the cave*, Hicieron un fuego con broza húmeda para que el humo obligara al oso a salir de la cueva.
2 poner algo/alguien al descubierto, sacar algo a la luz, descubrir: *Their task was to smoke out the enemy agents*, Su tarea consistía en poner al descubierto a los agentes enemigos.

smooth [smuːð]
smooth down *vt sep* alisarse, tirarse de algo para alisarlo: ***Nervously, she smoothed down her hair***, Se alisaba el pelo con un gesto nervioso; ***They were suddenly self-conscious, smoothing down their tattered skirts***, De repente se sintieron cohibidas y empezaron a alisarse las raídas faldas.
SEE ALSO: slick down.

smooth out *vt sep*
1 aplanar, quitar los pliegues de algo: ***Gingerly, he unfolded the old map and smoothed it out on the table***, Desdobló el viejo mapa con cuidado y lo alisó sobre la mesa.
2 resolver, solucionar *(un problema)*, arreglar *(una situación)*: ***How can we smooth things out between Tim and Anna so that they're not quarrelling all the time?***, ¿Cómo podemos arreglar las cosas entre Tim y Anna para que no estén siempre peleándose?; ***Both he and his accountant tried to smooth out the problems with his bank, without success***, Tanto él como su contable intentaron resolver los problemas con su banco sin ningún éxito.

smooth over *vt sep* arreglar: ***I tried to smooth things over by offering to buy him a replacement but he wouldn't listen***, Intenté arreglar las cosas ofreciéndome a comprarle uno nuevo, pero no me quiso escuchar.
SEE ALSO: gloss over.

snap [snæp] snapping, snapped, snapped
snap at *vt insep*
1 intentar morder a alguien, lanzarse sobre alguien: ***James wanted to pick up the ball, but the dog snapped at him***, James quiso coger la pelota, pero el perro intentó morderle.
2 soltar con brusquedad: ***"Come here," he snapped at me***, -¡Ven aquí! -me dijo bruscamente; ***I don't know what's the matter with her. She's been snapping at everyone all morning***, No sé qué le pasa. Lleva toda la mañana soltando bufidos a todo el mundo.

snap up *vt sep* llevarse algo sin pensarlo: ***The property was an absolute bargain, so we snapped it up***, El inmueble era una auténtica ganga, así que no lo dejamos escapar; ***The best roles had already been snapped up by more experienced actors***, Actores con más experiencia se habían hecho con los mejores papeles.
SYNONYMS: seize on; pounce on.

snarl [snɑːl]
snarl up *vt sep - vi* embotellarse, formarse un atasco *(el tráfico)*, embrollarse, enmarañarse *(una historia)*: ***The book soon snarls up in a mess of motives and half-finished characters***, El libro no tarda en enmarañarse en un batiburrillo de motivos y de personajes a medio acabar; ***He rushed headlong into the fence snarling his clothes up in the barbed wire***, Se abalanzó precipitadamente contra la valla y se le enganchó la ropa en el alambre de espino; ***Traffic has snarled up on the M4 due to an accident***, Hay un atasco en la M4 a causa de un accidente.
SEE ALSO: pile up.

snatch [snætʃ]
snatch away *vt sep* quitar, arrancar, arrebatar: ***The boy was snatched away from his mother as they were walking in a park. A ransom of $500,000 has been***

snatch up

demanded, El niño fue arrebatado a su madre mientras paseaban por un parque. Se ha exigido un rescate de $500.000.

snatch up *vt sep* agarrar rápidamente: *As smoke poured into the room, Jane snatched the cat up and climbed out of the window*, Mientras el humo invadía la habitación Jane cogió rápidamente al gato y salió por la ventana; *She bent down and snatched up a roll of paper*, Se agachó y cogió un rollo de papel.

sniff [snɪf]
sniff out *vt sep*

1 localizar algo con el olfato: *The terriers could sniff out and kill a rat quicker than any other dog*, Los terriers podían olfatear una rata y matarla mucho más rápido que ningún otro perro.
SYNONYMS: smell out.

2 *(informal)* identificar: *See if you can sniff out what it is they're up to*, Mira a ver si puedes descubrir lo que están haciendo.
SYNONYMS: smell out; root out.

snip [snɪp] snipping, snipped, snipped
snip off *vt sep* cortar, dar un tijeretazo a algo: *She snipped off one of the best blooms by mistake*, Cortó con las tijeras una de las mejores flores por error.

snoop [snu:p]
snoop about or snoop around *vi* fisgar, fisgonear, husmear: *A couple of journalists were snooping about in the backyard*, Un par de periodistas andaban fisgoneando en el patio trasero; *There was most definitely someone snooping around outside*, No cabía duda de que había alguien fisgoneando fuera.

snow [snəʊ]
snow in *vt sep* quedar incomunicado por la nieve, no poder salir a causa de la nieve: *Almost the entire population of the Shetlands were snowed in for three days*, Casi toda la población de las islas Shetland quedó aislada durante tres días a causa de la nieve.
SYNONYMS: snow up.

snow under *vt sep* **(to be snowed under)** estar sobrecargado de algo, estar hasta arriba de algo: *We're pretty snowed under with all of these Christmas orders*, Estamos inundados de trabajo con todos estos pedidos navideños.

snow up *vt sep* quedar incomunicado por la nieve, no poder salir a causa de la nieve: *They were snowed up for a fortnight in a remote cabin in the Rockies*, Quedaron aislados por la nieve durante dos semanas en una remota cabaña de las montañas Rocosas.
SYNONYMS: snow in.

snuff [snʌf]
snuff out *vt sep*

1 apagar *(cubriendo o con los dedos, no soplando)*: *She'd snuffed out the candles and was sitting in the dark*, Había apagado las velas y estaba sentada en la oscuridad.
SYNONYMS: put out; extinguish *(formal)*.
SEE ALSO: blow out.

2 acabar con algo: *High interest rates would have snuffed out any upturn in the economy*, Los altos tipos de interés habrían acabado con cualquier repunte de la

economía; *Any independent thought the students may have is snuffed out early on*, Cualquier intento de pensar por sí mismos por parte de los estudiantes es anulado desde el principio.

snuggle ['snʌgəl]
snuggle down *vi* acurrucarse, hacerse un ovillo: *Snuggling down further into the bed and pulling the blankets over her head, she felt cosy and secure*, Tras haberse acurrucado aún más en la cama y haberse tapado la cabeza con las mantas se sentía segura y muy a gusto.

snuggle up *vt insep* (**to snuggle up to** *somebody*) acurrucarse contra alguien, arrimarse a alguien: *The puppies snuggled up to their mother's body for warmth*, Los cachorros se arrimaron al cuerpo de su madre en busca de calor.
SYNONYMS: cuddle up.

soak [səʊk]
soak in *vt sep*
1 dejar en remojo, empapar en algo: *Soak the lentils in cold water overnight*, Deja las lentejas toda la noche en agua fría.
2 empaparse de algo, imbuirse de algo: *She played the record non-stop and soaked it in until it was her heartbeat*, Puso el disco una y otra vez y se empapó de la música hasta que llegó a confundirse con el latido de su corazón.
SYNONYMS: soak up.
3 estar empapado de algo, estar lleno de algo, tener algo por todas partes: *London is soaked in history, if you know where to look*, Londres es una ciudad empapada de historia, si sabes dónde buscar.
SYNONYMS: steep in.

soak through *vt sep* estar empapado: *Your shirt's soaked through, go and change it immediately*, Llevas la camisa empapada, ve a ponerte otra ahora mismo; *They were soaked right through to the skin*, Estaban calados hasta los huesos.

soak up *vt sep*
1 absorber, empapar: *The other main function of a plant's roots is to soak up water*, La otra función principal de las raíces de una planta es absorber el agua.
SYNONYMS: absorb.
2 hartarse de, pillar todo lo que se puede de algo: *Thousands of holidaymakers soak up the sun on the Costa Brava every year*, Miles de veraneantes pillan todo el sol que pueden cada año en la Costa Brava.
3 imbuirse de algo, meterse en algo, empaparse de algo: *You sit in one of the small roadside restaurants and simply soak up the atmosphere*, Te sientas en uno de los pequeños restaurantes que están al borde de la carretera y simplemente te vas metiendo en el ambiente; *He spends his time painting and soaking up the culture of the land*, Pasa el tiempo pintando y empapándose de la cultura del país.
SYNONYMS: soak in; drink in.
4 comerse, acabar con: *Replacing stock damaged in the fire has soaked up most of our contingency fund*, Reponer las existencias dañadas en el incendio ha acabado con casi todo nuestro fondo para casos de emergencia.
SYNONYMS: eat up.
SEE ALSO: eat into.

sober ['səʊbə]
sober up *vi* pasársele la borrachera a alguien: *He's drunk; give him some coffee to*

sober him up, Está borracho; dale un café para que se le pase; ***We soon sobered up when we saw her hurt expression***, No tardamos en ponernos serios cuando vimos su expresión dolida.

SEE ALSO: dry out.

sod [sɒd] sodding, sodded, sodded

sod off *vi (vulgar slang)* irse a tomar por culo, largarse, pirarse: ***"I said 'sod off!'" the youth repeated***, -¡He dicho que te den por el culo! -repitió el muchacho; ***It's getting late so I'm going to sod off home***, Se está haciendo tarde, así que me largo a casa.

SYNONYMS: clear off *(informal)*; bugger off *(vulgar slang)*; piss off *(vulgar slang)*.

soften ['sɒfən]

soften up *vt sep* hacerle la pelota a alguien; darle coba a alguien: ***They tried softening him up by cooking his favourite meal***, Intentaron ablandarlo haciéndole su comida preferida; ***The seven-day bombardment was intended to soften up the German defences***, Bombardearon durante siete días con la intención de debilitar las defensas alemanas.

SEE ALSO: butter up.

soldier ['səʊldʒəʳ]

soldier on *vi* seguir adelante con algo; persistir en el intento de hacer algo: ***I admire the way he's soldiered on with the course***, Admiro la forma en que ha seguido adelante con el curso; ***Should we abandon the car or soldier on?***, ¿Abandonamos el coche o seguimos adelante?

SYNONYMS: press on.

sort [sɔːt]

sort out *vt sep*

1 resolver, arreglar, solucionar: ***She spent half her time in London sorting out her father's will***, La mitad del tiempo que estuvo en Londres lo pasó poniendo en orden el testamento de su padre; ***The history department is trying to sort out its timetable***, Los miembros del departamento de historia están intentando organizar el horario; ***We'll hopefully get the computer sorted out by lunchtime***, Esperamos tener el ordenador arreglado para la hora de comer.

SYNONYMS: see to; clear up; straighten out.

2 separar algo de algo: ***It takes time to sort out the real issues from the party politics***, Lleva tiempo diferenciar entre los asuntos importantes y la política de partido; ***Try to sort your rubbish out into cans, bottles, paper and food waste***, Intenta separar la basura en latas, botellas, papel y residuos de comida.

SYNONYMS: separate out.

3 seleccionar, escoger, buscar: ***Can you sort out a decent melon for me?***, ¿Puede buscarme un melón que esté bien?

4 organizar a alguien, dar instrucciones a alguien: ***No-one seemed to know what to do until a policeman came along and sorted us out***, Nadie parecía saber qué hacer hasta que llegó un policía y nos dio instrucciones.

SYNONYMS: organize.

5 *(informal)* ponerle las cosas claras a alguien, meter en cintura a alguien: ***Someone'll have to sort him out, before he gets involved in worse crimes***, Alguien tendrá que meterlo en cintura antes de que se vea metido en delitos peores.

SYNONYMS: deal with.

speak on

sound [saund]
  sound off *vi (informal)* pontificar, decir algo con tono autosuficiente: ***Oliver's always sounding off about the injustice of the tax system***, Oliver siempre está pontificando sobre lo injusto del sistema fiscal.
  See also: hold forth.

  sound out *vt sep* tantear a alguien sobre algo, sondear a alguien: ***He wanted to sound Eleanor out on the subject of Liz***, Quería tantear a Eleanor sobre el tema de Liz; ***I've decided to sound out the unions for their reaction to the idea***, He decidido sondear a los sindicatos para saber cómo han reaccionado ante la idea.

soup [suːp]
  soup up *vt sep* customizar, trucar el motor de *(un coche)*: ***Once he's souped it up, he'll be able to use it as a rally car***, Cuando lo haya trucado podrá usarlo como coche de rally.

space [speɪs]
  space out *vt sep* dejar espacio entre algo y algo, espaciar: ***Space out the bulbs, leaving about 15 centimetres between them***, Espacia los bulbos, dejando unos quince centímetros entre ellos; ***Spacing the paragraphs out gives the letter a better appearance***, Si se espacian los párrafos la carta queda mejor.

spark [spɑːk]
  spark off *vt sep* provocar, desatar: ***The smallest thing was enough to spark off a terrible row between her parents***, Cualquier menudencia bastaba para provocar una pelea terrible entre sus padres; ***The riots had been sparked off by police brutality***, Los disturbios fueron originados por la brutalidad policial.
  Synonyms: set off; trigger off.

speak [spiːk] speaking, spoke, spoken
  speak for *vt insep*
  1 hablar en nombre de alguien, hablar por alguien: ***MPs, in theory at least, are supposed to speak for their constituents***, Se supone que los diputados, al menos en teoría, deben hablar en nombre de sus electores; ***He has spent the last decade speaking for a number of good causes***, Ha pasado la última década hablando en nombre de varias buenas causas.
  Synonyms: represent.
  2 hablar por uno mismo: ***Speaking for myself, I'd say that this is the best offer we are likely to get***, Personalmente, diría que ésta es la mejor oferta que nos puedan hacer; ***"I've never seen the point of dieting." "Speak for yourself, most women of our age are obsessed by their weight"***, -Nunca he visto qué sentido tiene hacer régimen. -Eso lo dirás tú, la mayoría de mujeres de nuestra edad están obsesionadas por el peso; ***Stop interrupting and let him speak for himself***, No interrumpas más y déjale hablar a él.
  3 hablar por sí mismo, cantar: ***The figures speak for themselves; we're bankrupt***, Las cifras cantan; estamos en quiebra.
  4 apalabrar, comprometer: ***Is this seat spoken for?***, ¿Está reservado este asiento?; ***You can't ask Sheila out, she's already spoken for***, No puedes pedirle a Sheila que salga contigo, ya está comprometida.

  speak on *vt insep* hablar sobre algo, debatir sobre algo: ***Next will be Professor Greenberg who'll be speaking on the latest developments in bioengineering***, A

speak out

continuación el profesor Greenberg hablará sobre los últimos adelantos en bioingeniería.

speak out *vi* exponer la opinión de uno sobre algo, hablar abiertamente de algo: *An anonymous female member of the Saudi royal family has spoken out about the reality of life for women in Saudi Arabia*, Un miembro femenino anónimo de la familia real saudita ha hablado abiertamente sobre la realidad cotidiana de las mujeres en Arabia Saudita; *We in this party will always speak out very strongly against racial discrimination*, En este partido siempre condenaremos enérgicamente la discriminación racial.

speak up *vi*
1 hablar más alto, subir la voz: *You'll have to speak up, I'm afraid she's a little deaf*, Tendrás que hablar más alto, me temo que es un poco sorda.
2 defender, intervenir en favor de alguien/algo: *It is a organization that speaks up for citizens as well as consumers*, Es una organización que defiende tanto a los ciudadanos como a los consumidores; *Let's all speak up and denounce discrimination in every form*, Digamos todos lo que pensamos y denunciemos cualquier tipo de discriminación.

speed [spiːd]

speed up *vi* aumentar la velocidad de algo, acelerar: *The manufacturer claims that you can speed up your computer with this application*, El fabricante asegura que puedes aumentar la velocidad de tu ordenador con esta aplicación; *The Italian car speeded up and was soon 300 metres ahead*, El coche italiano aceleró y en un momento ya iba 300 metros por delante; *This should speed the process up*, Esto debería acelerar el proceso; *Human activity has speeded up the pace of deforestation*, La actividad humana ha acelerado el ritmo de deforestación.

SEE ALSO: hurry up.

spell [spel] spelling, spelled, spelled (The past tense and past participle can also be spelled **spelt**)

spell out *vt sep*
1 deletrear, decir cómo se escribe algo: *That's an odd name. Would you spell it out for me?*, Es un nombre raro. ¿Me lo puedes deletrear?
2 explicar detalladamente: *The Special Report spells out the nature and function of the different sections*, El Informe Especial explica detalladamente la naturaleza y la función de las distintas secciones; *I don't want any misunderstandings later on so I'm going to spell things out for you now*, No quiero que haya ningún malentendido luego, así que voy a dejaros las cosas muy claras ahora; *Do I really need to spell it out for you? Our marriage is over*, ¿Hace falta que te lo explique? Nuestro matrimonio se ha acabado.

SYNONYMS: set out.

spend [spend] spending, spent, spent

spend up *vi (informal)* gastárselo todo, quedarse sin blanca: *I've spent up, I haven't got a penny left*, Me lo he gastado todo, no me queda ni un céntimo.

spew [spjuː]

spew out *vi - vt sep* expulsar, vomitar: *Paper was spewing out of the printer*, El papel salía de la impresora sin parar.

SYNONYMS: pour out.

spew up vi *(informal)* vomitar, devolver, echar la papa: *Then he went into the gents and spewed up*, Y entonces se fue al lavabo de hombres y vomitó.
  SYNONYMS: throw up *(informal)*; sick up *(informal)*; be sick; vomit.

spice [spaɪs]
spice up vt sep dar un toque a algo, dar más sabor a algo: *He spices up his music with exotic touches drawn from swing and jazz*, Le da más sabor a su música con toques exóticos provenientes del swing y del jazz.
  SYNONYMS: jazz up *(informal)*; liven up.

spill [spɪl] spilling, spilled, spilled (The past tense and past participle can also be spelled **spilt**)
  spill out vt insep - vi
    1 derramarse, salirse; volcar: *Many of the sacks had burst in transit and the corn had spilled out*, Muchos de los sacos se habían reventado durante el viaje y el maíz se había derramado; *Jenny turned her bag upside down and spilled its contents out onto the table*, Jenny le dio la vuelta a su bolso y derramó el contenido sobre la mesa.
    2 salir en masa: *At the end of the match Everton fans spilled out into the streets, happy that their team had won*, Al final del partido los hinchas del Everton salieron en masa a la calle, contentos de que su equipo hubiera ganado.
      SYNONYMS: pour out.
  spill over vt insep
    1 verter *(el contenido, las aguas)* en algún sitio: *The reservoir was so full that water was beginning to spill over the top of the dam*, El embalse estaba tan lleno que la presa estaba empezando a desbordarse.
    2 dar paso a algo, acabar convirtiéndose en algo: *Pent-up hurt and frustration had spilled over into violence*, El dolor y la frustración reprimidos habían dado paso a la violencia; *Debates about the problems of the British constitution spill over into a case for reconstructing the constitution itself*, Los debates sobre los problemas de la constitución británica acaban convirtiéndose en un argumento para rehacer la propia constitución.

spin [spɪn] spinning, spun, spun
  spin out vt sep alargar al máximo, prolongar el máximo posible: *Frankie tried to spin out the discussion as long a possible to allow time for them to arrive*, Frankie intentó alargar la discusión al máximo para darles tiempo de llegar.
    SYNONYMS: draw out; drag out; prolong.
  spin round vi girar, dar una vuelta, dar vueltas: *The birds can hang in the air or spin round at breakneck speed*, Los pájaros pueden planear en el aire o girar a una velocidad vertiginosa; *A voice broke the silence and made them spin round*, Una voz rompió la quietud y les hizo darse la vuelta.

spirit ['spɪrɪt]
spirit away or **spirit off** vt sep hacer desaparecer algo, desaparecer por arte de magia, llevarse: *The aircraft was unloaded and the crew spirited away by car*, Descargaron el avión y se llevaron a la tripulación a escondidas en un coche; *Captain Hook spirits Banning's children away*, El capitán Garfio rapta a los hijos de Banning.
  SEE ALSO: whisk away.

spit [spɪt] spitting, spat, spat
- **spit at** *vt insep* escupir a alguien: *The crowd jeered and spat at him as he was dragged to the scaffold*, La multitud lo abucheaba y le escupía mientras lo arrastraban hasta el patíbulo.
- **spit out** *vt sep*
  1 escupir algo: *She had the sense to spit it out when she found it wasn't a mint*, Tuvo la sensatez de escupirlo cuando se dio cuenta de que no era una pastilla de menta.
  2 echar: *Jennifer spat out the woman's name as if it was poison*, Jennifer escupió el nombre de la mujer como si fuera veneno.
  3 soltar, largar: *I'll never know what's the matter with you unless you tell me. Come on, spit it out!*, Nunca sabré lo que te pasa a menos que me lo digas. ¡Venga, suéltalo!

splash [splæʃ]
- **splash about** *vi* chapotear: *He found several children splashing about in the water*, Encontró a varios niños chapoteando en el agua.
- **splash down** *vi* amerizar: *The astronauts will be splashing down in the Atlantic, where they'll be picked up by a US aircraft carrier*, Los astronautas amerizarán en el Atlántico, donde los recogerá un portaaviones estadounidense.
  SEE ALSO: touch down.
- **splash on** *vt sep*
  1 echar *(colonia)*; dar rápidamente *(una capa de pintura)*: *He quickly splashed on some aftershave*, Se echó a toda prisa una loción para después del afeitado.
  SYNONYMS: slap on.
  2 golpear, caer sobre algo: *The first heavy drops of rain splashed on the pavement*, Los primeros goterones de lluvia salpicaron la acera.
- **splash out** *vt insep (informal)* gastarse un dineral en algo: *We splashed out on champagne to celebrate*, Nos gastamos una fortuna en champán para celebrarlo; *Building societies were splashing out on brochures offering fancy loans*, Las sociedades de crédito hipotecario se gastaban un dineral en folletos que ofrecían préstamos maravillosos.
  SYNONYMS: lash out *(informal)*.
  SEE ALSO: fork out; cough up.

split [splɪt] splitting, split, split
- **split off** *vt sep - vi*
  1 romper, romperse; partir partirse: *My nails are so brittle they split off once they have grown to a certain length*, Tengo las uñas tan quebradizas que se me rompen en cuanto han crecido demasiado; *The gales had split large branches off and even toppled some of the smaller trees*, Los vendavales habían partido grandes ramas e incluso derribado algún árbol pequeño.
  2 escindirse, separarse: *The three men belong to a group that has split off from the IRA*, Los tres hombres pertenecen a un grupo que se escindió del IRA.
  SYNONYMS: break away.
- **split on** *vt insep (informal)* delatar a alguien, dar el chivatazo de algo, soltar algo sobre alguien: *A former gang member had split on them and told the cops where the money was stashed*, Un antiguo miembro de la banda los había delatado y le había dicho a la policía donde estaba escondido el dinero.
  SYNONYMS: tell on; grass on *(informal)*; rat on *(informal)*.

split up *vt sep - vi*
1 dividir, separar: *You can basically split our customers up into two types*, Básicamente puedes dividir nuestros clientes en dos tipos; *Okay, we'll split up into groups for the next activity*, Muy bien, para la próxima actividad nos dividiremos en grupos.
SYNONYMS: divide up.

2 dividirse, separarse: *Let's split up; you go and look down by the woods and I'll search the farm buildings*, Vamos a separarnos; tú vete a buscar por el bosque y yo registraré la granja; *On arrival the children were split up and sent to stay with different families*, Al llegar separaron a los niños y los enviaron a vivir con familias distintas.

3 (**to split up; split up with** *somebody*) separarse, dejarlo: *Andy and I had already split up before he met her*, Andy y yo ya lo habíamos dejado antes de que él la conociera; *Mum and Dad have decided to split up*, Mis padres han decidido separarse; *She split up with him last month*, Cortó con él el mes pasado.
SYNONYMS: break up; separate.

spoil [spɔɪl] spoiling, spoiled, spoiled (The past tense and past participle can also be spelled **spoilt**)
spoil for *vt insep* (**to be spoiling for**) tener ganas de, andar buscando *(camorra, una pelea)*: *Clarke was spoiling for a fight, and got exactly what he was looking for*, Clarke andaba buscando pelea, y recibió exactamente lo que quería.

sponge [ˈspʌndʒ]
sponge down *vt sep* darse con la esponja: *The shower wasn't working so all I could do was rather ineffectively sponge myself down*, Como la ducha no funcionaba, sólo pude lavarme por encima con una esponja.
SEE ALSO: wipe down.

sponge off or **sponge on** *vt insep* vivir a costa de alguien, aprovecharse de alguien: *It's very unjust to accuse them of sponging off the state*, Es muy injusto acusarles de vivir a costa del Estado.

spoon [spuːn]
spoon out *vt sep* echar con una cuchara, servir con una cuchara: *Spoon the mixture out until it half fills a cake tin*, Eche la mezcla con una cuchara hasta llenar la mitad de un molde de pastel.

spoon up *vt sep* comer con cuchara: *She's just learned how to spoon up her baby food*, Acaba de aprender a comerse la papilla con la cuchara.

sprawl [sprɔːl]
sprawl out *vt sep - vi* despatarrarse, tumbarse con los brazos y piernas en cruz: *Tricia was sprawled out on the grass with her sunhat over her face*, Tricia estaba despatarrada en la hierba con la pamela tapándole la cara.

spread [spred]
spread out *vt sep - vi*
1 extender *(sobre una superficie)*: *I took off my jacket and trousers and spread them out on the grass to dry*, Me quité la chaqueta y el pantalón y los extendí a secar sobre la hierba; *Hanson spread out a map of the area on the bonnet of the car*, Hanson extendió un mapa de la zona sobre el capó del coche.
SYNONYMS: open out.

spread over

   2 desperdigarse, espaciarse: *Bits of wreckage are spread out over a five mile radius*, Los restos del siniestro están desperdigados en un radio de cinco millas a la redonda.
   SYNONYMS: space out.
   3 dispersarse: *Right, I want you all to spread out and start searching down towards the stream*, Muy bien, quiero que os disperséis y empecéis a buscar en dirección al arroyo.
   4 extenderse: *Beyond, the sea spread out like a ploughed field*, Más allá, el mar se extendía como un campo surcado por un arado; *The wide sweep of the Bay of Naples spread out far below them*, La amplia extensión de la bahía de Nápoles se extendía a lo lejos; *He was standing alone with the world spread out at his feet*, Estaba de pie solo con el mundo que se extendía a sus pies.

spread over *vt sep* distribuir a lo largo de un tiempo, repartir durante un tiempo: *Hick normally spreads his work on each painting over three or four months*, Hick suele dedicar unos tres o cuatro meses a cada cuadro; *The cost was spread over a few months*, El coste se pagó en varios meses.

spring [sprɪŋ] springing, sprang, sprung

spring back *vi* volver a la posición anterior, volver a estar como antes: *No matter what she did, her hair always sprang back into those curls she hated so much*, Hiciera lo que hiciera, el pelo siempre se le volvía a rizar de esa manera que ella odiaba tanto.

spring from *vt insep*
   1 salir de algo, ser el resultado de algo: *Ideas are self-generating now, they spring from what I've done before*, Ahora las ideas salen solas, son el resultado de lo que he hecho antes.
   2 *(informal)* salir de algún sitio: *Who was the boy? Where had he sprung from?*, ¿Quién era el niño? ¿De dónde había salido?

spring on *vt sep* (to spring *something* on *somebody*) presentar algo a alguien, presentarse ante alguien con algo: *They're fond of springing those little surprises on you. It seems to give them some sort of perverted pleasure*, Les gusta darte pequeñas sorpresas como ésa. Parece que les da una especie de placer perverso.

spring up *vi*
   1 surgir: *Reform groups were springing up all over the country*, Empezaban a aparecer grupos reformistas por todo el país.
   SYNONYMS: sprout up; shoot up.
   2 ponerse de pie de un salto: *Bertha sprang up with surprising alacrity*, Bertha se puso de pie con una prontitud sorprendente.
   SYNONYMS: jump up.

sprout [spraʊt]

sprout up *vi* aparecer de repente, salir de pronto: *Aerials sprouted up like weeds on the roof*, Las antenas aparecieron como hierbajos en los tejados.
   SYNONYMS: spring up; shoot up.

spruce [spruːs]

spruce up *vt sep* arreglar, poner presentable, acicalar: *The old caravan had been spruced up and given a lick of paint*, Habían arreglado y dado una mano de pintura a la vieja caravana; *He'd even spruced himself up in a clean shirt and a fairly*

spur [spɜːR] spurring, spurred, spurred
spur on *vt sep* animar a alguien a hacer algo: *They were partially spurred on by the success of the project*, En parte los animó el éxito del proyecto.
SYNONYMS: urge on.

sputter ['spʌtəʳ]
sputter out *vi*
1 echar chispas, chisporrotear: *The flame sputtered out when the door was opened*, La llama chisporroteó cuando se abrió la puerta.
2 extinguirse, llegar al final: *Their sudden burst of frenzied activity sputtered out when the heat began to have its effect*, Su repentino estallido de actividad frenética se extinguió cuando el calor empezó a hacer mella.
SEE ALSO: fizzle out; peter out.

spy [spaɪ] spying, spied, spied
spy on *vt insep* espiar a alguien: *You've been spying on them, have you?*, Los has estado espiando, ¿no es así?; *She couldn't help glancing back, in case Jasper was spying on her*, No pudo evitar mirar atrás, por si Jasper la espiaba.
spy out *vt sep* localizar, descubrir: *Small patrols were dispatched to spy out the enemy positions and report back*, Enviaron pequeñas patrullas a localizar las posiciones del enemigo y luego debían volver a informarles.

square [skweəʳ]
square off *vt sep* cuadrar, dar forma cuadrada, formar un cuadrado: *Square off the edges of the cardboard and draw a line down the centre*, Forme un cuadrado con los bordes del cartón y dibuje una línea desde el centro hasta abajo.
square up *vi (informal)* hacer cuentas con alguien, arreglar cuentas: *Have you squared Tom up for the taxi fare?*, ¿Has arreglado con Tom lo del dinero del taxi?
SYNONYMS: settle up.
square up to *vt insep*
1 enfrentarse con alguien, cuadrarse frente a alguien: *As they squared up to each other, the spouses implored them not to fight*, Cuando se enfrentaron, las mujeres les rogaron que no se pelearan.
2 enfrentarse a algo: *We'll need the services of a lawyer to square this one up*, Necesitaremos los servicios de un abogado para arreglar esto.
SEE ALSO: face up to.
square with *vt insep* conciliar, hacer coincidir; coincidir: *How do you square the needs of an ever-increasing population with diminishing world resources?*, ¿Cómo concilias las necesidades de una población en constante crecimiento con unos recursos mundiales cada vez menores?; *The unemployment statistics don't square with the real facts*, Las estadísticas del paro no coinciden con los hechos reales.
SYNONYMS: agree with; be consistent with.

squash [skwɒʃ]
squash in or **squash into** *vt sep*
1 entrar con dificultad, meterse a la fuerza; meter con dificultad o a la fuerza: *If you*

squash up

move up a little, I'll be able to squash in beside you, Si te mueves un poco, cabré a tu lado; *Edward was trying to squash his sleeping bag into his rucksack*, Edward intentaba meter su saco de dormir en su mochila.

SEE ALSO: push in.

2 apretujarse dentro, estar apretujados dentro: *They were all squashed into a couple of small rooms, with no indoor plumbing*, Todos estaban metidos en un par de habitaciones pequeñas sin instalación de agua; *I think we can squash the bookcase in next to the window, don't you?*, Creo que la estantería cabrá al lado de la ventana, ¿no te parece?

SYNONYMS: squeeze in.

squash up *vt sep* apretujarse: *There was plenty of room in the front of the bus, but they chose to sit squashed up at the back*, Había sitio de sobra en la parte delantera del autobús, pero prefirieron sentarse apretujados en los asientos de atrás.

squat [skwɒt] squatting, squatted, squatted
squat down *vi*

1 agacharse, ponerse en cuclillas: *Squat down with your feet well apart and breathe deeply*, Siéntate en cuclillas con los pies bien separados y respira hondo.
SYNONYMS: hunker down.

2 sentarse en el suelo con las piernas cruzadas: *He sighed and squatted down by her feet*, Suspiró y se sentó a sus pies.

squeal [skwiːl]
squeal on *vt insep (informal)* delatar: *Don't worry, Johnnie ain't gonna squeal on his own brothers*, No te preocupes, Johnnie no delatará a sus propios hermanos.
SYNONYMS: split on *(informal)*; grass on *(informal)*; rat on *(informal)*; tell on.

squeeze [skwiːz]
squeeze in or squeeze into

1 *vi* meterse a la fuerza: *We arrived late and had to squeeze in at the back of the hall*, Llegamos tarde y tuvimos que meternos en el fondo del vestíbulo; *Several large and formidable-looking ladies were squeezed into the tiny car*, Varias señoras de gran tamaño y de aspecto imponente se metieron en el coche minúsculo.

2 *vt sep* meter, hacer que quepa, aprisionar: *It was difficult to squeeze my full name into the box on the form*, Fue difícil hacer que mi nombre completo cupiera en el recuadro del formulario; *There was a tiny cottage squeezed in between the pub and the village shop*, Había una pequeña casita aprisionada entre el bar y la tienda del pueblo.

SYNONYMS: squash in.

3 *vt sep* (**to squeeze** *something* **into** *something*) buscar un hueco para algo: *The Lions had squeezed in two light training sessions before the match*, El Lions había hecho un hueco para hacer dos breves sesiones antes del partido; *I'll see if I can squeeze it into my diary next week*, Veré si encuentro un hueco en mi agenda para la semana que viene.

SYNONYMS: fit in.

squeeze out *vt sep*

1 sacar apretando: *Mike squeezed paint out of the tube*, Mike sacó la pintura del tubo apretando.

2 excluir, eliminar: *There is a risk that these projects will get squeezed out in the annual spending review*, Existe el riesgo de que se excluyan estos proyectos en la

revisión anual de gastos; *He yawned to squeeze the bad thoughts out of his head*, Bostezó para alejar los malos pensamientos.

3 *(informal)* sacar, extraer: *The government won't just give you the information, you have to squeeze it out of them*, El Gobierno no te dará la información tan fácilmente, tendrás que sacársela a la fuerza.

squeeze through *vi* pasar por algún sitio: *He doubted he'd be able to squeeze through that hole again*, Dudaba de que pudiera volver a pasar por ese agujero; *Watson managed to squeeze through to the next round by getting a birdie at the 18th*, Watson consiguió pasar a la siguiente vuelta haciendo un birdie en el décimo octavo hoyo.

squirrel ['skwɪrəl] squirrelling, squirrelled, squirrelled (In American English the final consonant does not double: **squirreling, squirreled, squirreled**)

squirrel away *vt sep* reservar, guardar para otra ocasión, poner a buen recaudo: *The auction has lost its sparkle slightly since the National Gallery squirrelled away the sculpture*, La subasta ha perdido algo de su brillo desde que la National Gallery decidió reservar la escultura para otra ocasión.
SYNONYMS: hoard away; stash away *(informal)*.

stack [stæk]
stack up *vt sep*
1 apilar, amontonar: *Stack the clean plates up on the sideboard and I'll put them away later*, Apila los platos limpios en el aparador y yo ya los guardaré.
2 *(informal)* cuadrar, tener sentido: *He was seen in the High Street at 2 o'clock, but his employer said he was in a meeting at the time. It doesn't stack up*, Lo han visto en High Street a las dos, pero su jefe dice que a esa hora estaba en una reunión. No me cuadra.
SYNONYMS: add up.

staff [stæf]
staff up *vi* aumentar el número de empleados, contratar a más personal: *They'd staffed up for a major expansion programme*, Contrataron a más personal para un importante programa de expansión.

stake [steɪk]
stake on *vt sep* (to stake *something* on *something*) jugarse algo por algo, apostar algo por algo: *It was amazing to find him staking his life on this principle*, Era increíble ver cómo se jugaba la vida por esa idea; *He will come back. I'd stake my life on it*, Volverá. Me jugaría la vida a que lo hará.
SYNONYMS: bet on.

stake out *vt sep*
1 señalar con estacas, colocar estacas a todo alrededor, marcar el terreno: *The whole area had been staked out by gold-hungry prospectors from the east*, Buscadores de oro del Este habían marcado toda la zona con estacas.
SEE ALSO: mark out; mark off.
2 delimitar, definir: *They'd staked out their position firmly in the middle ground of politics*, Habían definido su posición claramente en el centro del espectro político.
3 *(informal)* vigilar, controlar secretamente el acceso a algo: *The FBI had been staking the place out for weeks, hoping for evidence that it was being used as a safe*

house for Soviet spies, EL FBI llevaba semanas vigilando el lugar, esperando encontrar pruebas de que los espías soviéticos lo empleaban como piso franco.

stamp [stæmp]
stamp on
1 *vt insep* pisar, aplastar: *We stamped on the cockroaches as they scuttled out from under the fridge*, Pisamos las cucarachas cuando salieron corriendo de debajo de la nevera.

SEE ALSO: trample on.

2 *vt sep* (**to stamp** *something* **on** *something*) imprimir carácter a algo, transmitir: *He'd stamped his larger-than-life personality on all his businesses, and dealt with opposition ruthlessly*, Imprimía su exuberante personalidad en todos sus negocios y trataba a la oposición sin la menor piedad.

stamp out
vt sep acabar con, erradicar: *The Church had tried, and failed, to stamp out those ancient pagan customs*, La Iglesia había intentado, en vano, erradicar esas antiguas costumbres paganas.

SYNONYMS: crush.

stand [stænd] standing, stood, stood
stand about or stand around
vi estar de pie sin hacer nada, estar esperando: *People were standing about on the dried mud of the half-built streets*, La gente se quedaba de pie sin moverse en el barro seco de las calles a medio construir; *Hundreds of people are standing around, waiting to be told which platform their train is leaving from*, Cientos de personas esperan a que les digan de qué andén saldrá el tren.

SEE ALSO: hang about; lounge about.

stand apart
vi mantenerse o quedarse al margen, no inmiscuirse: *The speaker stands apart from the political parties, and is directly answerable to the Commons*, El presidente de la Cámara de los Comunes se mantiene al margen de los partidos políticos y depende directamente de la misma; *I always try to stand apart and not get involved in office politics*, Siempre intento mantenerme al margen y no participar en los asuntos políticos de la oficina.

stand aside *vi*
1 apartarse: *She stood aside to let him in*, Se apartó para dejarlo entrar.

SYNONYMS: step aside; move aside.

2 mantenerse o quedarse al margen: *The UN will be standing aside to allow NATO to take over the role of peacekeepers*, La ONU se mantendrá al margen para que la OTAN pueda desempeñar el papel conciliador.

SYNONYMS: stay out of.

stand back *vi*
1 retroceder, echarse para atrás: *He stood back to let us pass*, Retrocedió para dejarnos pasar.

SYNONYMS: step back.

2 apartarse: *He will have little opportunity to stand back and examine the data*, Tendrá pocas oportunidades para examinar la información tomando cierta distancia.

SYNONYMS: step back.

3 no estar al borde de algo: *Standing some 50 metres back from the main street, the museum was hidden from view until you were right in front of it*, Situado a

unos cincuenta metros de la calle principal, el museo no alcanzaba a verse hasta que no lo tenías justo delante.
SYNONYMS: set back.

stand between *vt insep* interponerse: *Now there was nothing standing between her and the fulfilment of her lifetime ambition*, Ahora ya nada se interponía entre ella y la realización del sueño de su vida.
SEE ALSO: come between.

stand by
1 *vi* cruzarse de brazos, quedarse al margen: *Governments stand by while the industry collapses*, Los gobiernos se cruzan de brazos mientras la industria se viene abajo; *He would not stand by and watch her impulsively throw her life away*, No iba a ver cómo ella desperdiciaba su vida de un modo impulsivo sin hacer nada por evitarlo.

2 *vi* estar dispuesto, estar en posición de espera: *Extra medical teams are standing by and will be called in if needed*, Equipos médicos suplementarios están a la espera y se les llamará si es necesario.

3 *vt insep* apoyar a alguien, respaldar a alguien: *In a statement she said that she would stand by her husband no matter what*, En una declaración dijo que apoyaría a su marido, pasara lo que pasara.
SYNONYMS: stick by.

4 *vt insep* mantener, ser fiel a: *I think you have to stand by what you believe*, Creo que tienes que atenerte a tus creencias; *"You gave me your word," said Keating, "and now you have to stand by it"*, -Me diste tu palabra -dijo Keating- y ahora tienes que mantenerla.
SYNONYMS: stick by; abide by; adhere to.

stand down *vi* retirarse: *He's about to stand down on grounds of age and health*, Está a punto de retirarse por motivos de edad y de salud.
SYNONYMS: step down.

stand for *vt insep*
1 significar, ser las siglas de algo: *CPU stands for central processing unit*, CPU son las siglas de unidad de proceso central en inglés.

2 tolerar, aguantar: *Put him into Mrs McGill's class. She won't stand for any of his nonsense*, Ponlo en la clase de la señora McGill. No le tolerará sus tonterías.
SYNONYMS: put up with; tolerate.

3 representar: *People like him stand for everything that's rotten in public life*, La gente como él representa todo lo que hay de asqueroso en la vida pública; *We as a party have always stood for family values*, Nosotros como partido siempre hemos defendido los valores de la familia.

4 presentarse por algo: *He's standing for the Tories at the by-election*, Se presenta por el partido conservador en las próximas elecciones al Parlamento.
SEE ALSO: put up.

stand in *vi* hacer de suplente, hacer se sustituto: *Would you be able to stand in if one of the committee doesn't arrive?*, ¿Podrías hacer de sustituto si falla algún miembro del comité?

stand in for *vt insep* sustituir: *Barbara Bonney was standing in for an indisposed Lillian Watson*, Barbara Bonney sustituía a Lillian Watson porque estaba enferma.

stand out *vi*
1 destacar: *The caravans are painted white so that they stand out against the green landscape*, Las caravanas están pintadas de blanco porque así destacan en el paisaje verde; *Mount Kanchenjunga with its bright plume of snow stands out*

stand out against

like a triumphal flag, El monte Kanchenjunga, con su brillante penacho de nieve, destaca como una bandera triunfante.

2 sobresalir, destacar de entre algo: *In my opinion, she stands out as being the most self-assured of the four candidates*, En mi opinión, de los cuatro candidatos, es a todas luces la más segura de sí misma.

stand out against *vt insep* oponerse a, resistir a: *He continued, despite overwhelming pressure, to stand out against entry into the euro*, Pese a la abrumadora presión, siguió oponiéndose tajantemente a la introducción del euro.

stand out for *vt insep* insistir en, luchar por algo: *Don't let them bully you. Stand out for what is rightfully yours*, No dejes que te mangoneen. Lucha por lo que te pertenece por legítimo derecho.
SYNONYMS: hold out for.

stand over *vt insep* vigilar a alguien, estar encima de alguien: *Dad would stand over us and make sure we did our homework*, Papá nos vigilaba y se aseguraba de que hacíamos los deberes.

stand together *vi* permanecer unidos: *The Armed Services needed to stand together to mitigate the worst excesses of the reforms*, Los Servicios Armados tenían que permanecer unidos para mitigar los peores excesos de las reformas.
SYNONYMS: stick together.

stand up

1 *vi* ponerse de pie: *When I was at school we had to stand up when the teacher came into the classroom*, Cuando iba a la escuela teníamos que ponernos de pie cuando la maestra entraba en el aula; *We were asked who would volunteer to stand up and read their poem*, Nos preguntaron quién se ofrecía a levantarse y leer el poema; *The train was so crowded we spent the whole journey standing up in the corridor*, El tren iba tan lleno que nos pasamos todo el viaje de pie en el pasillo.

2 *vi* aguantar, ser convincente: *The evidence against him is purely circumstantial and would never stand up in court*, Las pruebas contra él son sólo circunstanciales y cualquier tribunal las desestimaría.

3 *vt sep (informal)* dejar plantado, dar plantón: *It took him an hour to realize that Tracy wasn't coming, that she had in fact stood him up on their first date*, Tardó una hora en darse cuenta de que Tracy no iba a presentarse, la verdad era que le había dado plantón en la primera cita.

stand up for *vt insep* respaldar, defender, ponerse del lado de algo/alguien: *They could not be relied on to stand up for British interests*, No se podía contar con que defenderían los intereses británicos.
SYNONYMS: stick up for.

stand up to *vt insep*

1 resistir, soportar: *These tyres are tough and will stand up to even the roughest off-road driving*, Estos neumáticos son resistentes y soportarán incluso los caminos más agrestes.
SYNONYMS: withstand.

2 presentar resistencia a alguien, enfrentarse a alguien: *I would never have thought he had the courage to stand up to her*, Nunca habría pensado que tuviese el valor de enfrentarse a ella.
SEE ALSO: face up to.

stare [steəʳ]
  stare down or **stare out** *vt sep* hacer que alguien baje la Mirada, mirar fijamente

a alguien para atemorizarlo, retar a alguien con la mirada: *The stupid man thought he could stare the tiger out, and ended up being eaten*, El muy estúpido creyó que podía ahuyentar al tigre mirándolo fijamente y acabó siendo devorado; *The two men stood in the middle of the room, each trying to stare the other down*, Los dos hombres estaban de pie en medio de la habitación, retándose con la mirada.

start [stɑːt]

start back *vi*

1 iniciar la vuelta: *It's six o'clock. We ought to be starting back*, Son las seis. Deberíamos iniciar el camino de vuelta.

2 dar un salto hacia atrás, retroceder: *Starting back in alarm from the edge of the pavement, she collided with a passer-by*, Al asustarse y dar un salto hacia atrás en el borde de la acera, chocó con un transeúnte.

start for *vt insep*
salir para algún sitio: *Everyone should get packed up this evening. We'll be starting for Etosha first thing in the morning*, Todos deberían hacer las maletas esta noche. Saldremos para Etosha a primera hora de la mañana.

start in on *vt insep (informal)*
soltar la bronca: *Oh, don't start in on me, just because he wouldn't give you the car*, Ah, no me des la paliza, sólo porque no quiso prestarte el coche.

SYNONYMS: start on *(informal)*; lay into *(informal)*; tear into *(informal)*.

start off

1 *vi* empezar por algo, empezar haciendo algo: *Start off by standing upright with your arms by your sides*, Primero ponte recto con los brazos a los lados; *They started off drinking beer but soon got on to the whisky*, Empezaron bebiendo cerveza pero pronto se pasaron al whisky; *Let's start off the meeting with some introductions*, Empecemos la reunión con algunas presentaciones.

2 *vi* ponerse en camino, partir, salir para algún sitio: *We said goodbye and started off home*, Nos despedimos y partimos hacia casa; *The signal was given and the train started off*, Dieron la señal y el tren emprendió la marcha.

SYNONYMS: set off; set out; start out.

3 *vi* empezar: *As a town, Bullens Creek started off tiny and tedious and got worse*, Como población, Bullens Creek al principio era pequeña y aburrida y luego fue a peor; *The membranes start off positively charged*, Al principio las membranas tienen una carga positiva.

SYNONYMS: start out.

4 *vt sep* dar comienzo a algo, originar algo: *The conventional theory is that it was the Big Bang that started off the Universe*, La teoría convencional es que el Big Bang originó el Universo.

5 *vt sep* hacer que alguien empiece algo, o empiece a hacer algo: *I said something about how we would all miss him which started her off crying again*, Dije que todos lo echaríamos de menos, lo que la hizo irrumpir en llantos otra vez.

start on *vt insep*

1 empezar, empezar con algo: *You may find that when you first start on your weight control programme you don't notice much effect*, Es posible que cuando empieces el programa para adelgazar no notes mucho el efecto; *She started on the thick vegetable soup*, Empezó a tomar la espesa crema de verduras.

2 *(informal)* empezar a meterse con alguien, emprenderla con alguien: *Then he started on poor Lucy, shouting and bawling at the top of his voice*, Entonces empezó a meterse con la pobre Lucy, gritando y chillando a voz en grito.

SYNONYMS: start in on *(informal)*; lay into *(informal)*.

start out *vt insep*
1 salir, emprender la salida: *Before you start out, make sure the mountain rescue know when you intend to return*, Antes de salir, asegúrate de que los servicios de rescate de montaña sepan cuándo piensas volver.
SYNONYMS: start off; set off; set out.
2 empezar por: *A take that starts out as three or four minutes long may eventually be edited to a ten-second shot*, Una toma que al principio dura entre dos o tres minutos al final cuando la montan pueden convertirla en una toma de diez segundos; *He had started out in Cleveland, Ohio, playing to audiences of less than fifty*, Había empezado a tocar en Cleveland, Ohio, ante públicos de menos de cincuenta personas; *Part of the American dream is that anyone can, like Lincoln, start out in a log cabin and end up being President*, Parte del sueño americano es que, como Lincoln, cualquiera puede empezar en una cabaña de madera y acabar siendo Presidente.
SYNONYMS: start off.
3 empezar por ser algo, empezar como algo: *He actually started out to be a comedian, but he soon discovered he had a brilliant voice, so he became a singer instead*, De hecho, al principio era comediante, pero pronto descubrió que tenía una voz maravillosa, así que se convirtió en cantante; *What started out as a routine arrest soon turned into a major confrontation between police and local youths*, Lo que empezó como una detención rutinaria acabó convirtiéndose en un importante enfrentamiento entre la policía y los jóvenes de la zona.

start over *vi* ESP AME empezar otra vez, recomenzar: *Then the negotiations collapsed and we had to start over*, Entonces las negociaciones se interrumpieron y tuvimos que empezar otra vez de cero.

start up *vt sep*
1 arrancar: *They heard an ambulance start up and move off*, Oyeron que una ambulancia arrancaba y se iba.
2 empezar, emprender, lanzarse a algo: *With her redundancy money she started up a small business making baby clothes*, Con el dinero de la indemnización montó un pequeño negocio haciendo ropa de bebé.
SYNONYMS: set up; establish.

starve [staːv]
starve for *vt insep* **(to be starved for *something*)** carecer de algo, estar necesitado de algo: *Starving for some attention, he deliberately set the kitchen on fire*, Necesitado de atención, prendió fuego a la cocina a propósito.
SEE ALSO: starve of.

starve into *vt sep* **(to starve *somebody* into *something*)** dejar sin comer hasta conseguir algo, no dar de comer hasta que hagan algo: *His main tactic was to starve them into submission*, Su principal táctica consistía en dejarlos sin comer hasta que se rendían.

starve of *vt insep* privar de, no dar: *His stepmother starved him of the affection he so needed*, Su madrastra le privó del afecto que tanto necesitaba; *The heating system is starved of water due to losses not being replaced*, Al sistema de calefacción le falta agua porque no se le ha añadido la que perdió; *The council is being starved of funds and cannot carry out the necessary refurbishment*, El ayuntamiento se ahoga por falta de fondos y no puede llevar a cabo las reformas necesarias.
SYNONYMS: deprive of.

starve out *vt sep* forzar a salir por falta de comida: *Laying seige to the city, Alexander hoped to starve the occupants out*, Al sitiar la ciudad, Alejandro esperaba obligarlos a salir por el hambre.

stash [stæʃ]
stash away *vt sep (informal)* esconder, ocultar: *They looked under the floorboards for that fortune he was supposed to have stashed away*, Buscaron bajo las tablas del suelo esa fortuna que se supone que tenía escondida; *He's probably got thousands stashed away*, Seguro que tiene un montón de dinero bien guardadito.
SEE ALSO: salt away.

stave [steɪv]
stave off *vt sep* evitar que ocurra algo, evitar: *There are emergency measures to stave off a winter economic crisis*, Hay medidas de emergencia para evitar una crisis económica en invierno; *In the summer of 1940 few foreign observers thought that Britain could stave off defeat for more than a few weeks*, En el verano de 1940 los observadores extranjeros pensaban que Gran Bretaña no podría evitar la derrota durante más de unas pocas semanas.
SYNONYMS: ward off; avert.

stay [steɪ]
stay ahead *vi* quedar por delante de alguien, adelantarse a alguien: *The US government always justified new defence expenditure by the need to 'stay ahead' of the Russians*, El Gobierno estadounidense siempre justificaba los gastos en defensa por la necesidad de adelantarse a los rusos; *Peter managed to stay ahead throughout the race*, Peter consiguió mantenerse en cabeza durante toda la carrera; *If Scotland can stay ahead of Sweden in their group they have an excellent chance of qualifying*, Si Escocia puede mantenerse por delante de Suecia en su grupo tendrá una posibilidad excelente de clasificarse.

stay away *vi* no acudir, no venir, ausentarse: *Many voters simply stayed away rather than vote against the proposals*, Muchos votantes sencillamente prefirieron no acudir antes que votar contra las propuestas; *We're asking those without tickets to stay away*, Estamos pidiendo a los que no tienen entradas que no vengan.

stay away from *vt insep* no acercarse, mantenerse alejado: *Stay away from me or I'll put a bullet in you!*, ¡No te acerques o te pego un tiro!; *He told me to stay away from his daughter and not to try to contact her*, Me dijo que no me acercara a su hija y que no intentara ponerme en contacto con ella; *If you want to stay healthy, stay away from cigarettes and alcohol*, Si quieres seguir sano, no toques ni el tabaco ni el alcohol.

stay back *vi* quedarse: *He stayed back at the ranch with the women*, Él se quedó en el rancho con las mujeres.
SYNONYMS: stay behind.

stay behind *vi* quedarse: *Both of them were told to stay behind after school*, Les dijeron a los dos que se quedaran después de la escuela.
SYNONYMS: stay back.

stay down *vi* ser retenida: *He said a little of Mamma's chicken broth might stay down*, Dijo que a lo mejor era capaz de retener un poco del caldo de pollo de mamá.
SEE ALSO: keep down.

stay in *vi* quedarse en casa: *I don't feel like going out tonight, I think I'll stay in and watch the telly*, Esta noche no me apetece salir, me quedaré en casa viendo la tele.

stay off

stay off *vt insep*

1 no consumir algo, no tomar algo: *Maintain good health and stay off drugs*, Lleva una vida sana y no tomes drogas; *He managed to stay off alcohol for the first time*, Por primera vez consiguió no beber alcohol.
SYNONYMS: lay off *(informal)*; keep off.

2 dejar de ir a algún sitio, no ir a algún sitio: *You can't stay off school just because you feel like it, you know*, Oye, no puedes dejar de ir a la escuela sólo porque te da la gana; *He stayed off work all week, claiming he had flu*, Estuvo toda la semana sin ir a trabajar con la excusa de que tenía gripe.

stay on *vi* quedarse más tiempo: *She had come to Glasgow to nurse her father and stayed on after his death*, Había venido a Glasgow a cuidar a su padre y luego ya se quedó después de su muerte; *Mary stayed on after everyone else had left to help with the clearing up*, Mary se quedó después de que todo el mundo se marchara para ayudar a recoger.

stay out *vi*

1 estar fuera, no volver a casa: *He stayed out until after midnight without phoning his wife to tell her where he was*, Estuvo fuera de casa hasta pasada la medianoche y no llamó a su mujer para decirle dónde estaba.

2 seguir en huelga: *The miners stayed out for a number of weeks*, Los mineros siguieron en huelga varias semanas.

stay out of *vt insep* no meterse en algo, mantenerse fuera de algo: *"Stay out of this," she yelled, "it's none of your business!"*, -¡Tú no te metas -gritó ella- no es asunto tuyo!

stay over *vi* quedarse a dormir, pasar la noche: *John and Mark are welcome to stay over if they want*, John y Mark pueden quedarse a dormir si quieren.

stay up *vi* quedarse sin dormir, no acostarse: *Stay up all night if you have to but I want that report on my desk at 9 a.m.*, Trabaja toda la noche si es necesario, pero quiero el informe en mi escritorio a las nueve de la mañana; *Mother would let us stay up late on Saturdays*, Los sábados mamá nos dejaba acostarnos tarde.

stay with *vt insep*

1 quedarse con alguien, vivir con alguien: *I'll stay with friends for the first few days until I've got somewhere more permanent*, Los primeros días me alojaré en casa de unos amigos hasta que consiga un lugar fijo; *Bruno was sent to stay with a family near Weimar*, Enviaron a Bruno a vivir con una familia cerca de Weimar.

2 seguir con algo, no cambiar algo: *Staying with the economy, is it the Labour Party's intention to increase public expenditure on education?*, Siguiendo con la economía, ¿tiene el Partido Laborista la intención de aumentar el gasto en educación?; *He'd looked at a few other cars, but in the end decided to stay with Fords*, Miró otros coches, pero al final se decidió por otro Ford.
SYNONYMS: stick with.

steal [stiːl] stealing, stole, stolen

steal away *vi* salir furtivamente, escabullirse: *They stole away from the fort under cover of darkness*, Se fueron sigilosamente del fuerte al amparo de la oscuridad.
SYNONYMS: slip away.

steal up on *vt insep* acercarse sigilosamente: *Through the infra-red scope he could see two figures stealing up on the sentry*, Por la mira de infrarrojos vio que dos figuras se acercaban sigilosamente al centinela; *Middle age steals up on you like a mugger in a dark lane*, La mediana edad se presenta de improviso como un atracador en un callejón oscuro.
SYNONYMS: creep up on.

step down

steam [sti:m]
  steam off *vt insep* despegar con vapor: ***She gave him the envelopes so that he could steam off the stamps for his collection***, Le dio los sobres para que les quitara los sellos con vapor para su colección.
  steam up *vt sep*
    1 empañarse: ***We couldn't see in. The windows had steamed up***, No podíamos ver el interior. Las ventanas estaban empañadas.
    SYNONYMS: fog up; mist up.
    2 *(informal)* enfadarse: ***He had got all steamed up over nothing***, Se había enfadado por una tontería.

steep [sti:p]
  steep in *vt sep* estar repleto de algo, estar impregnado de algo: ***The city is steeped in history, everywhere you look there are ancient buildings and reminders of the past***, Es una ciudad impregnada de historia, donde quiera que mires encuentras edificios antiguos y recuerdos del pasado; ***Djogo's work is steeped in folklore***, La obra de Djogo está impregnada de folclore.
    SYNONYMS: soak in.

steer [stɪəʳ]
  steer away from *vt insep* evitar algo, alejar a alguien de algo, apartar a alguien de algo: ***I'll steer away from men like him in future***, De ahora en adelante evitaré a los hombres como él; ***Steering teenagers away from situations where there's likely to be drugs isn't as easy as you might think***, Alejar a los adolescentes de las situaciones donde puede haber drogas no es tan fácil como podrías pensar.

stem [stem] stemming, stemmed, stemmed
  stem from *vt insep* venir de algo, surgir cuando pasó algo: ***His love of writing stems from his analytical training at university***, Su amor a la escritura viene de su formación analítica en la universidad.
    SYNONYMS: spring from.

step [step] stepping, stepped, stepped
  step aside *vi*
    1 hacerse a un lado, apartarse: ***When he stepped aside we could see into what looked like an Aladdin's cave***, Cuando se hizo a un lado vimos lo que parecía una cueva de Aladino.
    2 retirarse: ***He chose to step aside and let the party choose another leader***, Decidió retirarse y dejar que el partido eligiera a otro líder.
    SYNONYMS: step down; stand down.
  step back *vi*
    1 retroceder, echarse para atrás, apartarse del borde de algo: ***Miles threw a punch at me, which I avoided by stepping back***, Miles me lanzó un puñetazo y yo lo evité retrocediendo; ***Could you step back from the edge of the platform, please?***, Por favor, apártese del borde del andén.
    2 alejarse, apartarse: ***Once he had stepped back from the day-to-day struggle, he realised how pointless it had all been***, En cuanto se hubo distanciado de la lucha cotidiana, se dio cuenta de lo inútil que había sido todo.
  step down *vi* dimitir, renunciar al cargo de algo: ***The Prime Minister has con-***

step forward

firmed that he *will step down shortly*, El Primer Ministro ha confirmado que pronto dimitirá.
SYNONYMS: step aside; stand down.

step forward *vi* ofrecerse a algo: *Frankly, we hadn't expected anyone to step forward and take on willingly such a difficult task*, Francamente, no esperábamos que alguien se ofreciera a hacerse cargo por su propia voluntad de una tarea tan difícil.
SYNONYMS: come forward.

step in *vi* intervenir: *Things were going badly until Tony stepped in to help*, Las cosas iban mal hasta que intervino Tony para ayudar; *Television and radio stepped in and killed the art of storytelling*, Llegaron la televisión y la radio y acabaron con el arte de la narración de cuentos.

step up *vt sep* aumentar, aumentar el número de algo: *The government has appealed to western countries to step up their aid*, El Gobierno ha pedido a los países occidentales que aumenten su ayuda; *Police presence in the area has been stepped up since the crime wave started*, La presencia policial en la zona ha aumentado desde que se inició la oleada de delincuencia; *My blood tests were stepped up to once a week*, Aumentaron el número de análisis de sangre que me tengo que hacer a uno por semana.

stick [stɪk] sticking, stuck, stuck

stick around *vi (informal)* quedarse por algún sitio: *If you find something better, great, if not, stick around*, Si encuentras algo mejor, fantástico, y si no, quédate por aquí; *Just stick around here until we can think of something*, Quédate por aquí hasta que se nos ocurra algo.
SYNONYMS: hang around *(informal)*.

stick at *vt insep*
1 seguir con algo, seguir algo que se ha empezado: *Grandad told me to stick at my lessons and get into a good university if I could*, El abuelo me dijo que siguiera con mis clases y que fuera a una buena universidad si podía.
SYNONYMS: keep at.
2 plantarse en algo: *After doing so well, her weight stuck at 9 stone 6 pounds*, Tras irle tan bien, su peso se plantó en 60 kilos.
3 no escatimar algo: *Some of the more extreme elements in the party will stick at nothing to achieve what they've set out to do*, Algunos de los elementos más extremistas del partido no escatimarán medios para conseguir lo que se proponen.
SYNONYMS: stop at.

stick by *vt insep*
1 aferrarse a algo, seguir creyendo en algo: *Most of the villagers are quite conservative and tend to stick by traditional farming methods*, Las mayoría de los habitantes del pueblo son bastante conservadores y tienden a aferrarse a los métodos agrícolas tradicionales.
2 permanecer al lado de alguien, ser fiel a alguien: *Somehow he'd taken it for granted that she would stick by him. She didn't*, Por alguna razón había dado por sentado que ella permanecería a su lado. Pero no fue así.
SYNONYMS: stand by.

stick in
1 *vt sep* **(to stick *something* in *something*)** clavar, hincar, introducir: *She turned the fish over and stuck the knife in just beneath the gills*, Dio la vuelta al pescado y le clavó el cuchillo justo debajo de las agallas.

stick up

2 *vt insep* quedarse grabado: *I don't know why his words stuck in my mind*, No sé por qué sus palabras se me quedaron grabadas en la cabeza.

3 *vi* (**to get stuck in**) *(informal)* meterse de lleno en algo, dedicarse plenamente a algo: *You choose your college, find a course, and get stuck in*, Eliges la universidad, encuentras un curso y te metes de lleno.

SYNONYMS: wire in *(informal)*.

stick on *vt sep*

1 pegar, enganchar: *He stuck the poster on the wall with glue*, Enganchó el póster a la pared con cola.

2 (**to be stuck on somebody**) *(informal)* estar loco por alguien, irle alguien: *Julie seems pretty stuck on that boy*, Parece que a Julie le va bastante ese chico.

stick out

1 *vi* salir por fuera, sobresalir, asomar: *His left elbow was sticking out of the window*, Su codo izquierdo asomaba por la ventana; *I could see the letter sticking out of his pocket*, Vi la carta que asomaba por el bolsillo.

SYNONYMS: jut out; protrude *(formal)*.

2 *vi* destacar: *Dressed like that you'll certainly stick out in a crowd!*, ¡Vestido así seguro que destacarás en la multitud!

SYNONYMS: stand out.

3 *vt sep* aguantar: *Fordyce stuck it out for six months in the factory before he quit*, Fordyce aguantó seis meses en la fábrica antes de dejarlo.

stick out for *vt insep*

estar empeñado en algo, obstinarse por conseguir algo: *The unions seem determined to stick out for a shorter working week*, Los sindicatos parecían empeñados en no ceder hasta conseguir una semana laboral más corta.

SYNONYMS: hold out for; stand out for.

stick to *vt insep*

1 ajustarse a algo, ceñirse a algo: *Find the rules to work by and then stick to them*, Encuentra las normas para trabajar y después cíñete a ellas.

SYNONYMS: abide by.

2 seguir con: *My advice is to stick to what you know and don't try fancy new methods*, Mi consejo es que te limites a lo que sabes y que no inventes métodos nuevos; *Knighton is publicly sticking to the line that his offer will proceed*, Knighton mantiene públicamente la idea de que su oferta saldrá adelante.

3 ceñirse a algo: *I think writers should stick to the facts*, Creo que los escritores deberían ceñirse a los hechos; *Could we stick to the point and not start talking about unrelated issues?*, ¿Podemos ceñirnos al tema y no hablar de cosas que no tienen nada que ver?

4 ser fiel a alguien, seguir apoyando a alguien: *Despite the questions about his loyalty, he's sticking to the President, so far at least*, Pese a las dudas sobre su lealtad, sigue apoyando al Presidente, al menos de momento.

SYNONYMS: stick by; stand by.

stick together

1 *vt sep* juntar, pegar, unir: *If I stick the pieces together again, nobody will know I broke it*, Si vuelvo a pegar los trozos, nadie sabrá que lo he roto.

2 *vi* mantenerse unidos, no separarse: *All we have to do is stick together and tell the truth*, Lo único que tenemos que hacer es mantenernos unidos y decir la verdad.

stick up

1 *vi* sobresalir hacia arriba: *Some of them had electrodes on their heads that stuck up like a second pair of ears*, Algunos tenían electrodos en la cabeza que asomaban como un segundo par de orejas.

stick up for

2 *vt sep (informal, old)* atracar con armas: *He said jokingly that the only way out of his problems would be to stick up a bank*, Dijo en broma que la única manera de resolver sus problemas era atracando un banco.
SYNONYMS: hold up.

stick up for *vt insep* defender: *All the kids stuck up for him*, Todos los chicos lo defendieron.
SYNONYMS: stand up for.

stick with *vt insep*

1 mantener algo, seguir con algo: *The government has decided to stick with its low interest rate policy*, El Gobierno ha decidido seguir con la política de mantener los tipos de interés bajos; *"Would you like a whisky?" "I'll stick with the beer, thanks"*, -¿Te apetece un whisky? -Seguiré con la cerveza, gracias.

2 no separarse de alguien, pegarse a alguien: *You stick with me, kid, and you'll be all right*, Tú no te separes de mí, chaval, y no te pasará nada.
SYNONYMS: stay with.

3 permanecer en la memoria, recordar, no olvidar: *Their experiences in Burma had stuck with them for all these years*, Recuerdan sus experiencias en Birmania después de todos estos años.
SYNONYMS: stay with.

4 estar cargado con algo: *The Democrats are stuck with Mr Clinton*, Los demócratas tienen que cargar con el señor Clinton.
SYNONYMS: lumber with *(informal)*; saddle with.

sting [stɪŋ] stinging, stung, stung

sting for *vt insep (informal)* clavar, meter un clavo de alguna cantidad: *Then the cab driver stung me for fifty quid!*, ¡Y luego el taxista me clavó cincuenta libras!

stir [stɜː'] stirring, stirred, stirred

stir in or **stir into** *vt sep* añadir y remover: *Wait until the sugar has dissolved then stir in the honey*, En cuanto se haya disuelto el azúcar, añada la miel y remueva; *Last of all, stir the treacle and milk into the flour and fruit*, Por último, añada la melaza y la leche a la harina y la fruta y remuévalo todo.

stir up *vt insep* armar, provocar: *The management claimed that outside agitators were stirring up trouble in the factory*, La dirección afirmó que agitadores externos estaban armando jaleo en la fábrica; *The French Revolution stirred up a fear of similar uprisings across Europe*, La Revolución Francesa suscitó el temor a revueltas similares en el resto de Europa.

stitch [stɪtʃ]

stitch up *vt sep*

1 coser, dar unos puntos de sutura en algo: *When he'd stitched me up, he asked me how I'd come to get a wound like that*, Después de darme los puntos de sutura, me preguntó cómo me había hecho una herida así(alan.
SYNONYMS: sew up.

2 *(informal)* vender, preparar una encerrona a alguien: *Becket was stitched up. New evidence has come to light that proves he didn't do it*, A Becket le tendieron una trampa para incriminarlo. Han surgido nuevas pruebas que demuestran que él no lo hizo.
SYNONYMS: frame.

stop in

3 tener algo cerrado: *He was jubilant, saying he had the deal stitched up*, Estaba exultante, diciendo que había conseguido el acuerdo.
SYNONYMS: sew up.

stock [stɒk]
  stock up *vt insep - vi* (**to stock up on/with** *something*) proveerse de algo, abastecerse de algo: *We were going to be away for some days so we stocked up on rations before we left*, Como íbamos a estar fuera varios días, nos abastecimos de víveres antes de salir; *Power stations are stocking up with coal as the prospect of a miners' strike grows*, Las centrales eléctricas se están abasteciendo de carbón ante la posibilidad de una huelga de mineros.
  SYNONYMS: store up; lay in.

stoke [stəʊk]
  stoke up *vt sep*
  1 echar leña a la lumbre, avivar el fuego: *Stoking up the boilers was one of the janitor's tasks*, Una de las tareas del portero era echar carbón a la caldera.
  2 avivar, aumentar: *This will only stoke up trouble for the future*, Esto sólo traerá problemas en el futuro; *The thought of Alan and Jenny together stoked up his anger and jealousy*, Imaginar a Alan y Jenny juntos avivó su enfado y sus celos.
  SYNONYMS: stir up.

stoop [stu:p]
  stoop to *vt insep* rebajarse a algo, ser capaz de hacer cualquier cosa: *She'd stoop to anything to get the man she wants*, Es capaz de hacer lo que sea para conseguir al hombre que quiere; *I will not stoop to exchanging insults with you*, No me rebajaré a intercambiar insultos contigo.
  SYNONYMS: descend to; resort to.

stop [stɒp] stopping, stopped, stopped
  stop at *vt insep* pararse en algo: *She will stop at nothing to get herself elected*, Está dispuesta a cualquier cosa con tal de conseguir que la elijan.
  SYNONYMS: stick at.
  stop away *vi* ausentarse, no asistir, no ir: *Most of their supporters had stopped away for fear of police reprisals*, La mayoría de sus partidarios no habían acudido por temor a las represalias de la policía.
  SYNONYMS: stay away.
  stop behind *vi* quedarse sin ir, quedarse atrás: *Bert stopped behind to look after the animals*, Bert se quedó para ocuparse de los animales.
  SYNONYMS: stay behind.
  stop by *vi* hacer una visita a algún sitio, pasar por algún sitio: *At 11.30, a few regulars stopped by the pub but found the door locked*, A las once y media, unos cuantos clientes habituales pasaron por el bar pero encontraron la puerta cerrada; *I made a mental note to stop by at Fraser's to get her a present*, Pensé en pasar por Fraser para comprarle un regalo.
  SYNONYMS: drop by; drop in.
  stop in *vi*
  1 quedarse en casa, no salir: *"Are you coming?" "No, I'm stopping in with my husband"*, -¿Vienes? -No, me quedo en casa con mi marido.
  SYNONYMS: stay in.

stop off

2 pasar por algún sitio: ***She's stopping in at Hamish's on her way south***, Pasará por casa de Hamish de camino hacia el sur.
SYNONYMS: drop in; look in.

stop off *vt insep* hacer una parada en algún sitio, parar en, pasar por algún sitio camino de otro: ***We could stop off in Paris for a few days before heading south***, Podríamos parar unos días en París antes de seguir hacia el sur; ***I'll stop off at the supermarket on the way home and get some wine***, Pasaré por el supermercado de camino a casa y compraré vino.

stop on *vt insep* quedarse más tiempo: ***Are you lot stopping on here? We're going down the pub***, ¿Os quedáis por aquí? Nosotros nos vamos al bar.
SYNONYMS: stay on.

stop out *vi*
1 quedarse fuera, no volver a casa: ***Will you be stopping out again tonight?***, ¿Esta noche tampoco vendrás?
2 hacer huelga: ***The railwaymen stopped out for another week***, Los empleados de la línea de ferrocarril hicieron huelga otra semana más.
SYNONYMS: stay out.

stop over *vi*
1 pasar la noche, quedarse: ***Our plan is to stop over with friends in Manchester for the night before driving on to the Lake District the next day***, Tenemos la intención de pasar la noche en Manchester en casa de unos amigos y luego seguir hacia Lake District al día siguiente.
SEE ALSO: stop off.
2 hacer una parada, pasar por algún sitio: ***Jane'll be stopping over in Frankfurt on her way home***, Jane pasará por Frankfurt de camino a casa; ***Your flight stops over in Bahrain before going on to Hong Kong***, Su vuelo hace escala en Bahrein antes de seguir hasta Hong Kong.
SYNONYMS: stop by; drop by.

stop up
1 *vt sep* tapar, bloquear: ***Don't stop up that vent. It keeps damp out of the chimney***, No tapes el tiro. Evita la humedad en la chimenea.
SYNONYMS: block up.
2 *vi* estar despierto, no acostarse: ***Patrick stopped up to watch the American football***, Patrick estuvo despierto hasta tarde viendo el partido de fútbol americano.
SYNONYMS: stay up.

store [stɔːʳ]

store away *vt sep* almacenar, guardar: ***Fortunately they'd stored away enough tinned and dried food to see them through the winter***, Por suerte, habían almacenado suficientes conservas y alimentos salados para pasar todo el invierno.
SEE ALSO: hoard away; stash away (informal).

store up *vt sep*
1 acumular, almacenar: ***Contrary to popular belief, camels store up fat and not water in their humps***, Al contrario de lo que cree la gente, los camellos almacenan grasa y no agua en sus jorobas.
SYNONYMS: save up.
2 ir almacenando, tener guardado: ***Elizabeth stored up her anger until she could think of a good way of getting her revenge***, Elizabeth fue acumulando su ira hasta que se le ocurrió una buena manera de vengarse.
SYNONYMS: bottle up.

storm [stɔːm]

storm in or **storm into** *vi* irrumpir violentamente en algún sitio, entrar hecho una furia: *Davis stormed in, his face black with rage, and demanded to know who had been tampering with the generator*, Davis irrumpió furioso y exigió saber quién había tocado el generador; *Police officers in flak jackets stormed into the flat and arrested all four members of the gang*, Agentes de policía con chalecos antibalas irrumpieron en el piso y detuvieron a los cuatro miembros de la banda.

storm off *vi* marcharse hecho una furia: *He hurled a chair across the set and then stormed off to his dressing-room*, Lanzó una silla por el plató y se marchó furioso a su camerino.

storm out *vi* salir hecho una furia: *She stormed out of the room, pale with anger*, Salió de la habitación pálida de ira.

stow [stəʊ]

stow away

1 *vt sep* guardar de reserva, reservar: *The crew were stowing away barrels of salted pork in the ship's hold*, La tripulación metía los barriles de cerdo salado en la bodega del barco; *The musical instruments had been stowed away in the cabinets*, Los instrumentos musicales habían sido guardados en las vitrinas.
   SEE ALSO: store away.

2 *vi* viajar de polizón, colarse en un vehículo: *In order to escape, they stowed away on a tanker bound for Europe*, Para huir, viajaron de polizones en un petrolero rumbo a Europa.

straighten ['streɪtən]

straighten out *vt sep*

1 enderezar, poner derecho: *Someone had bent the aerial so I had to straighten it out*, Alguien había torcido la antena así que tuve que enderezarla.

2 arreglar, resolver: *When is someone going to straighten out this mess?*, ¿Cuándo arreglará alguien este lío?; *He's been sent by head office to straighten out problems on the production line*, La oficina central lo ha enviado para resolver los problemas en la línea de producción.
   SYNONYMS: straighten up; put right; sort out.

3 aclararle las cosas a alguien: *Alan thought I was in fact criticizing the report so I had to straighten him out and tell him I thought it was fine*, Alan pensó que en realidad estaba criticando el informe por lo que tuve que aclararle que creía que estaba bien.
   SYNONYMS: put straight; put right.

4 ponerlo derecho, ajustar las cuentas a alguien: *It'll take more than a prison sentence to straighten him out*, Hará falta algo más que una condena en la cárcel para enderezarlo.
   SYNONYMS: put right.

straighten up

1 *vi* ponerse derecho, erguirse, enderezarse: *Diane straightened up in her chair as her grandmother entered the room*, Diane se enderezó en la silla cuando su abuela entró en la habitación; *After inspecting the diamonds for a minute he straightened up and said they were genuine*, Tras examinar los diamantes durante un minuto se irguió y dijo que eran auténticos.
   SEE ALSO: stand up.

2 *vt sep* poner en orden, arreglar: *How are we going to straighten up the mess we've*

got ourselves into?, ¿Cómo vamos a salir del lío en que nos hemos metido?; *You'll have to straighten up this room before your father gets home*, Tendrás que ordenar esta habitación antes de que llegue tu padre.
SYNONYMS: straighten out; put right; sort out.

strain [streɪn]
strain at *vt insep* tirar de algo: *By this time the dog was straining at the lead, eager to move on again*, Para entonces el perro empezó a tirar de la correa, deseoso de seguir caminando.

strain off *vt insep* colar, filtrar: *Strain off the liquid for the consommé by passing it through a piece of muslin*, Cuele el líquido del consomé pasándolo por una gasa.

strap [stræp] strapping, strapped, strapped
strap in or **strap into** *vt sep* ir con el cinturón de seguridad abrochado, ponerse el cinturón de seguridad: *The kids were safely strapped in and survived the accident with only minor cuts and bruises*, Los niños iban protegidos con el cinturón de seguridad y sobrevivieron al accidente con sólo pequeños cortes y magulladuras; *They found the pilot, still strapped into his ejector seat, dead*, Encontraron al piloto, que seguía atado al asiento de eyección, muerto.

strap on *vt sep* sujetar con una correa: *Karl strapped his skis on his back and began climbing up the slope*, Karl se sujetó los esquís a la espalda con una correa y empezó a subir la pendiente.

strap up *vt sep* vendar: *He came back onto the field with his injured ankle strapped up*, Volvió al campo con una venda en el tobillo lesionado.

stray [streɪ]
stray from *vt insep* desviarse de algo: *The Prime Minister strayed from his prepared text to make a special mention of the rescue workers*, El Primer Ministro se desvió del texto que llevaba preparado para hacer una mención especial de los rescatadores; *The nuns were always warning us not to stray from the straight and narrow path of virtue*, Las monjas siempre nos advertían que no nos apártaramos de la senda recta y estrecha de la virtud; *I think we're straying from the main point of the discussion here*, Creo que nos estamos desviando del tema principal de la discusión.
ANTONYMS: stick to; keep to.

stretch [stretʃ]
stretch away *vi* extenderse: *The N-II stretched away into the distance*, La N-II se extendía a lo lejos; *A long formal garden stretched away past ponds and flower beds*, Una jardín largo y formal se extendía con sus estanques y arriates.

stretch out *vt sep*
1 estirarse, tumbarse: *Two medics were lying stretched out on the floor*, Dos médicos estaban tumbados en el suelo; *The cat stretched itself out in the sunshine*, El gato se tumbó al sol.
2 estirar, extender: *By stretching out his arm he could just reach the telephone*, Al tender el brazo apenas alcanzaba el teléfono.

strike [straɪk] striking, struck, struck
strike at *vt insep* atacar, lanzar un ataque contra: *The old man stepped forward and struck at me with his stick*, El anciano se acercó y me golpeó con su bastón.

strike back *vi* contraatacar, devolver el golpe a alguien: *Hewitt struck back in the very next set, winning it by six games to two*, Hewitt contraatacó en el siguiente set y ganó por seis juegos a dos; *He got his second yellow card for striking back at a United player who had fouled him*, Recibió la segunda tarjeta amarilla por devolverle el golpe a un jugador del United que había cometido una falta contra él.

SYNONYMS: hit back.
SEE ALSO: get back at.

strike down *vt sep* matar, llevarse a alguien la muerte: *He was struck down in the prime of life*, La muerte le sobrevino en la flor de la vida; *Their eldest was struck down by polio at aged 8*, Su hijo mayor fue abatido por la polio a los ocho años.

strike off *vt sep* incapacitar, prohibir el ejercicio de la medicina, la abogacía, etc: *The number of doctors who have been struck off for professional misconduct is actually quite low*, El número de médicos a los que han prohibido el ejercicio de la profesión por mala práctica de hecho es muy bajo; *The firm has been struck off the list of officially approved suppliers*, La firma ha sido tachada de la lista de los suministradores aprobados oficialmente.

strike out

1 *vi* ponerse a hacer otra cosa, dedicarse a otra cosa: *He resigned from his job and struck out on his own*, Dejó su empleo y se puso a trabajar por su cuenta.

2 *vt insep - vi* dirigirse a algún sitio: *He dived into the water and struck out for the shore*, Se tiró al agua y se puso a nadar hacia la orilla; *We struck out at dawn, hoping to reach the summit by midday*, Salimos al amanecer, con la esperanza de llegar a la cumbre al mediodía.

3 *vt sep* tachar, eliminar: *Strike out any references to the USSR and substitute the Russian Federation*, Tacha todas las referencias a la URSS y pon en su lugar la Federación Rusa; *Any foods you suspect are causing problems must be struck out of your diet*, Cualquier alimento que sospeches que causa problemas tiene que ser eliminado de tu dieta.

SYNONYMS: cross out; delete.

4 *vi (informal)* fallar: *Arnie couldn't get anyone to go to the prom with him. He'd struck out again*, Arnie no encontró a nadie que quisiera ir al baile con él. Una vez más había fracasado.

strike up

1 *vt sep* empezar, entablar: *We met on the cross-Channel ferry and struck up a conversation*, Nos conocimos en el ferry que cruza el canal y nos pusimos a charlar.

2 *vi* dar los primeros acordes de algo, epezar a tocar: *A small group of musicians struck up the opening bars of the hymn*, Un pequeño grupo de músicos empezó a tocar los primeros acordes del himno; *As the national anthem struck up the audience rose to their feet*, Cuando empezó a sonar el himno nacional el público se puso en pie.

string [strɪŋ] stringing, strung, strung
string along *(informal)*

1 *vt sep* dar falsas esperanzas a alguien, mantener entretenido a alguien: *Try to string her along for a while longer. We've almost got everything we want*, Intenta mantenerla entretenida un poco más. Casi tenemos todo lo que necesitas; *He's never intended to marry you. He's just been stringing you along*, Nunca tuvo la intención de casarse contigo. Sólo te ha dado falsas esperanzas.

SYNONYMS: lead on.

2 *vt insep* juntarse con alguien, venir acompañando a alguien: *He'd strung along with*

a group of settlers heading west, Se había juntado con un grupo de colonos que se dirigían hacia el Oeste.
SYNONYMS: go along; tag along.

string out *vt sep*
1 alargar: *I don't want to string the advertising campaign out for any longer than a week because by then it'll have lost its impact*, No quiero alargar la campaña publicitaria más de una semana porque para entonces habrá perdido su efecto; *I don't think we can string this excuse out much longer. We're going to have to tell him the truth*, No creo que podamos emplear esta excusa mucho más tiempo. Tendremos que decirle la verdad.
SYNONYMS: spin out.
2 existir una cierta distancia entre las cosas, estar disperses por algún sitio, extenderse por algún sitio: *Look-out posts were strung out along the coast at five-mile intervals*, En la costa había un puesto de observación cada ocho kilómetros.

string together *vt sep* reunir, juntar, poner juntos: *The performance strings together every possible Celtic cliché*, La actuación reúne todos los tópicos celtas; *I'm trying to string together a number of appointments in Manchester on the same day*, Estoy intentando organizar una serie de citas en Manchester para el mismo día.

string up *vt sep*
1 colgar de algún sitio: *Gaily-coloured bunting was strung up along the main street of the town*, Banderitas de alegres colores ondeaban en la calle principal del pueblo.
2 *(informal)* colgar, ahorcar: *He was captured and strung up there and then*, Fue capturado y colgado allí mismo.

strip [strɪp] stripping, stripped, stripped
strip away *vt sep*
1 quitar, despegar, raspar: *Stripping away the wallpaper they found what looked like the original silk wall-coverings beneath*, Tras quitar el papel pintado encontraron lo que parecía la seda original que revestía las paredes.
2 quitar, retirar: *Strip away the hype and there is some original thought, substance and strength*, Si le quitas el bombo publicitario, verás un pensamiento original, substancia y fuerza.

strip down *vt sep* desmontar: *They had stripped the engine down and were examining it piece by piece*, Habían desmontado el motor y estaban examinándolo pieza por pieza.

strip of *vt sep* **(to strip *somebody* of *something*)**
1 arrebatar algo a alguien, despojar a alguien de algo: *He should be stripped of his powers and reduced to a representative role*, Habría que arrebatarle el poder y reducir su cargo a un papel representativo; *Booth was stripped of his rank and sentenced to four years in a military prison*, Booth fue despojado de su rango y condenado a cuatro años en una cárcel militar.

strip off *(informal)*
1 *vi* desnudarse, despelotarse, quedarse en bolas, quitarse rápidamente: *We stripped off and dived into the water*, Nos desnudamos y nos tiramos al agua; *He put his cup down and stripped off his apron*, Depositó la taza y se quitó el delantal.
2 *vt sep* quitar, raspar: *You have to strip off the old paint from the walls first*, Antes tienes que quitar la pintura vieja de las paredes.

struggle ['strʌgəl]
struggle on *vi* conseguir avanzar en algo, avanzar con dificultad en algo: *The brave*

old horse put her head down and struggled on through the snowstorm, La valiente yegua bajó la cabeza y avanzó dificultosamente por la nieve.

SYNONYMS: soldier on.

strut [strʌt] strutting, strutted, strutted

strut about or **strut around** *vi* pavonerse, contonearse, dares aires de algo: *Don't you think you look a trifle ridiculous strutting about on stage dressed in tights?*, ¿No te parece que estás un poco ridículo pavoneándote por el escenario con leotardos?; *He struts around as if he owned the place*, Se pavonea por ahí como si fuera el dueño.

stub [stʌb] stubbing, stubbed, stubbed

stub out *vt sep* apagar: *Mrs Hepton's hands shook as she stubbed out her cigarette and immediately lit another*, Las manos de la señora Hepton temblaron al apagar el cigarrillo y enseguida encendió otro.

SEE ALSO: put out.

stumble ['stʌmbəl]

stumble across or **stumble on** *vt insep* cruzarse con alguien, encontrarse con alguien/algo, dar con algo por casualidad: *Exploring the caves, he stumbled across a cache of guns and ammunition*, Mientras exploraba las cuevas, se encontró con un alijo de armas y municiones; *He was working on engine efficiency when he stumbled on the revolutionary new fuel*, Investigaba la eficacia del motor cuando dio con el nuevo combustible revolucionario.

SYNONYMS: come across; come upon; chance on *(formal)*.

stump [stʌmp]

stump up *vt sep (informal)* soltar, aflojar, apoquinar: *Her father had to stump up 8,000 pounds for the wedding*, Su padre tuvo que aflojar ocho mil libras para la boda.

SYNONYMS: cough up *(informal)*.

subscribe [sʌb'skraɪb]

subscribe to *vt insep*

1 suscribirse a algo: *Father subscribed to 'Punch' as well as 'National Geographic'*, Papá se suscribió al 'Punch' y al 'National Geographic'.

2 *(formal)* suscribir algo, estar de acuerdo con algo, adherirse a algo: *I subscribe to the theory that if anything can go wrong, it will*, Estoy de acuerdo con la teoría de que si algo puede ir mal, irá mal; *That's not a view that I subscribe to*, No me adhiero a esa idea.

suck [sʌk]

suck up to *vt insep (informal)* dar coba a alguien, hacerle la pelota a alguien, chuparle el culo a alguien: *He thinks that if he sucks up to the boss he'll get a rise*, Cree que si le hace la pelota al jefe conseguirá un aumento.

SYNONYMS: fawn on.

sum [sʌm] summing, summed, summed

sum up

1 *vt sep* resumir, dar una idea de algo: *I would sum it up by saying that cars are for*

work, not for worship, Lo resumiría diciendo que los coches son para trabajar, no para adorarlos; ***'A wonderful place for a holiday,' I think that sums up the island perfectly***, Decir que es 'un magnífico lugar para las vacaciones' creo que resume la isla a la perfección.
SYNONYMS: summarize.

2 *vt sep* calar, catalogar: ***A good thing is the ability to sum up your close colleagues***, Es bueno saber catalogar a tus colegas más cercanos.
SYNONYMS: size up.

3 *vt sep* resumir, sintetizar: ***The word 'disastrous' would pretty accurately sum up the whole escapade***, La palabra 'desastroso' resumiría de un modo bastante preciso toda la aventura; ***You could sum up the situation by saying that it was the biggest mistake of her life***, Podrías resumir lo ocurrido diciendo que fue el mayor error de su vida.
SYNONYMS: epitomize; typify; symbolize.

4 *vi* recapitular, hacer un resumen de algo: ***When summing up, the judge said the counsel's comment was improper***, Al recapitular, el juez dijo que el comentario del abogado defensor fue inapropiado; ***He summed up his presentation by listing all of the main points he'd covered***, Resumió su presentación dando una lista de los principales puntos que había tratado.

summon ['sʌmən]
summon up *vt sep*

1 reunir, hacer acopio de algo: ***There is still a way out of this economic crisis, if the government can summon up the courage to take it***, Todavía hay una manera de resolver esta crisis económica, si el gobierno puede armarse de valor para llevarla a cabo; ***Do you think you could summon up the energy to get out of bed?***, ¿Crees que puedes reunir las fuerzas necesarias para levantarte de la cama?
SYNONYMS: muster up.

2 evocar, traer a la memoria algo: ***The taste of sun-dried tomatoes summons up images of Tuscan hillsides bathed in sunshine***, El sabor de los tomates secados al sol evoca imágenes de las colinas toscanas bañadas por el sol; ***He concentrated on passages he knew and summoned them up word for word***, Se concentró en los pasajes que conocía y los recitó palabra por palabra.
SYNONYMS: conjure up; call up.

surge [sɜːdʒ]
surge forward *vi* avanzar en grupo: ***The protesters surged forward waving placards and driving the riot police back along the boulevard***, Los manifestantes avanzaron agitando pancartas y empujando a la policía antidisturbios por el bulevar.

surge up *vi* apoderarse de alguien: ***Blind uncontrollable rage surged up inside him***, Una rabia ciega e incontrolable se apoderó de él.

suss [sʌs]
suss out *vt sep (informal)* enterarse de algo; calar a alguien: ***Have you sussed out what it is they're trying to achieve?***, ¿Te has enterado de lo que pretenden?
SYNONYMS: figure out.

swab [swɒb] swabbing, swabbed, swabbed
swab down *vt sep* fregar, pasar bien la fregona por algún sitio: ***Most of their time was spent swabbing down the decks or helping in the galley***, La mayor parte del tiempo se dedicaban a fregar las cubiertas o a ayudar en la galera.
SEE ALSO: sluice down.

swear in

swab out *vt sep* limpiar, pasar el estropajo por algo: *She was trying to swab out the filthy cooking pot with an old cloth*, Intentaba limpiar la olla mugrienta con un trapo viejo.

swallow [ˈswɒləʊ]

swallow down *vt sep* tragarse,: *He turned his head with a little toss and swallowed down his wine*, Hizo un pequeño movimiento de cabeza y se tragó el vino.

swallow up *vt sep*

1 absorber: *Our village was soon swallowed up by the expanding city*, Nuestro pueblo pronto se vio absorbido por la ciudad en expansión.
SYNONYMS: absorb.

2 consumir, dejar sin algo, llevarse algo: *Endless meetings were swallowing up most of his working day*, Reuniones inacabables le consumían la mayor parte de su día de trabajo; *France's nuclear weapons swallow up almost a third of defence spending*, Las armas nucleares de Francia consumen casi un tercio de los gastos en defensa.

3 absorber, desaparecer en algo: *In mid-summer twilight seems to last forever, until it is eventually swallowed up by the night*, En pleno verano parece que el crepúsculo va a durar eternamente, hasta que al final se lo traga la noche.

swamp [swɒmp]

swamp with *vt sep* estar hasta arriba de algo, estar agobiado de algo: *After the programme about cancer, the BBC was swamped with inquiries from worried listeners*, Tras el programa sobre el cáncer, la BBC recibió una avalancha de preguntas de oyentes preocupados.
SYNONYMS: flood with; inundate with.

swap [swɒp] swapping, swapped, swapped (Also spelled **swop**)

swap over *vt sep* cambiar algo de sitio: *He hadn't noticed that she'd swapped the cups over so that he had the one with the poison*, No se dio cuenta de que ella había cambiado las tazas de sitio de modo que él se quedó con la del veneno.
SYNONYMS: change over.

swap round *vt sep* cambiar algo de sitio con algo: *I see you've swapped the telly round with the table, it looks better like that*, Veo que has puesto la tele donde estaba la mesa, así queda mejor.
SYNONYMS: switch round; change round.

swear [sweəʳ] swearing, swore, sworn

swear at *vt insep* insultar a alguien, echar pestes de alguien: *The boss swore at me for accidentally mixing up the order numbers*, El jefe me insultó porque confundí sin querer los números de los pedidos.

swear by *vt insep* tener plena confianza en algo, fiarse por completo de algo: *Bill always swore by what is now considered to be an old-fashioned remedy for colic*, Bill siempre ha tenido una fe ciega en lo que ahora se considera un remedio anticuado para el cólico.

swear in *vt sep* tomar juramento a alguien: *The sheriff swore them all in as deputies and gave them a badge*, El sheriff tomó a juramento a todos los ayudantes y les dio una chapa; *The girl couldn't testify because she was too young to be sworn in*, La chica no pudo declarar porque era demasiado joven para prestar juramento.

swear off vt sep (informal) dejar algo, renunciar al consumo de algo: *His health has improved dramatically since he swore off alcohol*, Su salud mejoró de manera espectacular desde que dejó la bebida.
SYNONYMS: give up.

sweat [swEt]
sweat off vt sep
1 sudar, perder algo a través del sudor o sudando: *I spent an hour or so in the sauna sweating off a bit of weight*, Me pasé alrededor de una hora en la sauna sudando para adelgazar un poco.
2 sudar: *Keep him warm and he'll have sweated off his cold by tomorrow*, Haz que pase calor y que sude y mañana ya se habrá curado del resfriado.

sweat out vt sep (informal) pasar un mal rato, sufrir: *They left us to sweat it out for the next three days*, Nos dejaron para que pasáramos un mal rato durante los tres días siguientes.

sweat over vt insep sufrir por algo, pasarlo mal para algo: *When I left him he was sweating over the last few pages of his thesis*, Cuando lo dejé estaba sufriendo por acabar las últimas páginas de su tesis.

sweep [swi:p] sweeping, swept, swept
sweep aside vt sep dejar desplazado, apartar bruscamente: *A revolution from within swept aside the old party leaders*, Una revolución interna desplazó a los viejos líderes del partido.
SEE ALSO: brush aside.

sweep away vt sep
1 erradicar, arrasar con algo: *We would expect a left-wing government to sweep away all these repressive laws*, Suponemos que un gobierno de izquierdas erradicará todas estas leyes represivas.
2 arrastrar, arrasar con algo, dejar algo arrasado: *The storm raged on, sweeping away huts and trees*, La tormenta siguió su curso, arrastrando chozas y árboles; *They fear the volcano will erupt and sweep away the villages on its slopes*, Temen que erupcione el volcán y que arrase con las aldeas situadas en las laderas.
3 dejarse llevar por algo: *She saw Ron with his new girlfriend and was swept away by jealousy*, Vio a Ron con su nueva novia y fue presa de los celos.
SYNONYMS: carry away.

sweep out vt sep barrer, pasar bien la escoba por algun sitio: *The attic will have to be swept out and everything rearranged*, Habrá que barrer bien el suelo del ático y volver a ordenarlo todo.

sweep up vt sep
1 barrer, recoger con la escoba: *Sweep up that broken glass before somebody treads on it*, Barre esos vidrios rotos antes de que alguien los pise.
2 dejarse llevar por algo: *Everybody was doing the twist: even older people were swept up in the craze*, Todos bailaban el twist; incluso los mayores se dejaron llevar por la moda.
SYNONYMS: catch up.

sweeten ['swi:tən]
sweeten up vt sep dar coba a alguien, convencer a alguien: *He tried to sweeten me up by telling me I was looking beautiful*, Intentó convencerme diciéndome que estaba guapa.
SEE ALSO: soften up; butter up; win over.

swell [swel] swelling, swelled, swollen
  swell up *vi*
   1 hincharse: *His hand had swollen up from the bee stings*, Se le había hinchado la mano por las picaduras de abeja; *Simpson's left eye swelled up after his opponent landed a few punches*, A Simpson se le hinchó el ojo izquierdo después de que su oponente le asestara unos cuantos puñetazos.
   Synonyms: puff up.
   2 hinchar, henchirse: *Pride swelled up in the bosoms of the children's parents*, Los padres de los niños se hincharon de orgullo.
   See also: well up.

swing [swɪŋ] swinging, swung, swung
  swing round *vi* volverse, girar, dar media vuelta: *He swung round, grabbed him by the collar and shook him*, Se volvió, lo cogió por el cuello y lo sacudió; *McBride lost control of the car on a bend and its back end swung round and off the road*, McBride perdió el control del coche en una curva y la parte trasera dio un viraje y se salió de la carretera; *His arm swung round and pointed north*, Agitó el brazo y señaló el norte.

switch [swɪtʃ]
  switch off
   1 *vt sep* apagar, desconectar: *Don't forget to switch your computer off before you leave*, No te olvides de apagar el ordenador antes de irte; *They were watching television and didn't even switch off when he came in*, Miraban la televisión y ni siquiera la apagaron cuando él entró.
   2 *vi* desconectar: *As soon as you mention politics, they just switch off*, En cuanto hablas de política, desconectan.
   3 *vt sep* poner en marcha una actitud de algo: *She can switch the charm off and on like a light*, Cuando quiere se pone encantadora.
   Synonyms: turn off.
  switch on *vt sep*
   1 encender, conectar, poner en marcha: *It was very hot so she switched the air-conditioning on*, Como hacía mucho calor, encendió el aire acondicionado; *He got into the car and switched on the radio and the heater*, Entró en el coche y encendió la radio y la calefacción.
   2 ponerse, poner en marcha la actitud de algo: *All she has to do is switch on the charm and she has him in the palm of her hands*, Lo único que tiene que hacer es ponerse encantadora y lo tendrá a sus pies.
   Synonyms: turn on.
  switch over *vi*
   1 poner algo, cambiar a algo: *Switch over to BBC1, the football's just coming on*, Pon la BBC1, está a punto de empezar el partido.
   2 pasarse a algo, cambiar a algo: *I've always been in favour of Britain switching over to the euro*, Siempre he estado a favor de que Gran Bretaña se pasara al euro.
   Synonyms: change over.
  switch round *vt sep* cambiar algo de sitio, cambiar algo: *Someone must have switched the bags round and I took the wrong one*, Alguien debió de cambiar las bolsas de sitio y me llevé una que no era la mía.
   Synonyms: swap round.

swoop [swuːp]
swoop down vi
1 lanzarse en picado sobre algo: *The bird swooped down and caught the worm in its beak*, El pájaro bajó en picada y cogió el gusano con el pico.
2 lanzarse sobre alguien, echarse sobre alguien: *Police and customs officers swooped down on them as they brought the drugs ashore*, La policía y los agentes de aduana se abalanzaron sobre ellos cuando llevaban las drogas a la costa.
SEE ALSO: pounce on.

swop [swɒp] see swap.

swot [swɒt] swotting, swotted, swotted
swot up or **swot up on** vt insep (informal) empollarse algo: *He spent days swotting up on English history because he really wanted to get a good mark in the exam*, Se pasó varios días empollando historia inglesa porque estaba empeñado en sacar una buena nota en el examen.
SYNONYMS: mug up (informal).

syphon ['saɪfən] see siphon.

tack [tæk]
tack down vt sep clavar, asegurar con tachuelas, sujetar con tachuelas: *The carpet hadn't been tacked down properly*, La moqueta no estaba bien clavada en el suelo.
tack on vt sep añadir: *They tacked a clause on to the contract which stipulated what would happen if either of them died*, Agregaron una cláusula al contrato que estipulaba lo que ocurriría si uno de los dos moría.
SYNONYMS: tag on; add on.

tag [tæg] tagging, tagged, tagged
tag along vi pegarse: *When I started going out with him, his little brother always tagged along with us wherever we went*, Cuando empecé a salir con él, su hermano pequeño siempre nos seguía a todas partes.
tag on vt sep añadir: *The comment about costs was tagged on at the end of his letter*, Había añadido el comentario sobre los costos al final de la carta.
SYNONYMS: tack on; add on.

tail [teɪl]
tail away vi see **tail off**.
tail back vi llegar hasta, extenderse hasta: *A huge queue of cars and lorries tailed back from the scene of the accident*, Una larga cola de coches y camiones se extendía desde la escena del accidente.
SEE ALSO: snarl up.
tail off or **tail away** vi ir disminuyendo, ir apagándose: *Acceleration only begins to tail off above 120 mph*, La aceleración no empieza a disminuir hasta los 190 kph; *His voice tailed off and he sat down in silence*, Se le apagó la voz y se sentó en silencio; *Initial enthusiasm tailed off when people started to realize how much work would be involved*, El entusiasmo inicial decayó cuando la gente empezó a darse cuenta de todo el trabajo que habría que hacer.
SYNONYMS: drop off; fade away; peter out.

take away

take [teɪk] taking, took, taken

take aback *vt sep* desconcertar, sorprender: *She was clearly taken aback at his radical suggestion*, Era evidente que su propuesta radical la desconcertó.

take after *vt insep* parecerse a alguien, haber salido a alguien, heredar algo de alguien: *I take after my mother, she has a quick temper too*, Me parezco a mi madre, ella también tiene un genio vivo; *She took after her father in having a pale complexion*, Ha heredado el cutis pálido de su padre.

take against *vt insep* coger manía a alguien: *For some unknown reason, the dog seems to have taken against the new gardener*, No sé por qué, parece que el perro le ha cogido manía al jardinero nuevo.
ANTONYMS: take to.

take along *vt sep* llevar a su lado, llevarse: *She always takes her sister along with her wherever she goes*, Siempre lleva a su hermana a todas partes; *Take your camera along in case you want to take any photos*, Llévate la cámara por si quieres sacar fotos.
SEE ALSO: go along; come along.

take apart *vt sep*
1 desmontar, desarmar, separar las piezas de algo: *They had to take the engine apart to find the fault*, Tuvieron que desmontar el motor para ver qué le pasaba.
2 *(informal)* destrozar a alguien, hacerlo pedazos: *Don't get into an argument with him because he'll take you apart*, No discutas con él porque te hará pedazos.
SEE ALSO: tear apart.

take aside *vt sep* llevar a alguien aparte, apartar a alguien un momento: *Try to take him aside and warn him not to say too much*, Intenta llevarlo a un lado y adviértele que no hable demasiado.
SEE ALSO: put aside; set aside.

take away *vt sep*
1 quitar, retirar, apartar: *They took his driving license away for six months*, Le retiraron el permiso de conducir por un periodo de seis meses; *Take your hand away from your mouth, I can't hear what you're saying*, Quítate la mano de la boca, no oigo lo que dices; *The builders take the rubble away and dump it at a tip*, Los constructores retiran los escombros y los tiran en un vertedero.
2 llevarse, incautarse de algo: *The guards at the airport took the drugs away and burned them*, Los guardias del aeropuerto se llevaron las drogas y las quemaron; *The movers came to take away the furniture*, Los de la mudanza vinieron a llevarse los muebles.
3 llevarse: *The suspects were taken away for questioning*, Se llevaron a los sospechosos para interrogarlos; *The secret police took her away and she was never seen again*, La policía secreta se la llevó y nunca más volvieron a verla.
4 pasar por alto algo, restar valor a algo: *When you take away all the sociological jargon, the article is really quite sensible*, Si pasas por alto todo esa jerga sociológica, el artículo resulta muy sensato.
5 sacar: *The abiding impression I'll take away from Namibia is the vastness and emptiness of the country*, La impresión perdurable que me dejará Namibia es la inmensidad y el vacío del país.
6 qiutar, restar: *Taking 55 away from 102 leaves 47*, 102 menos 55 es igual a 47.
7 desmerecer, quitar mérito a algo: *His unironed shirt rather took away from what was otherwise a smart appearance*, Su camisa sin planchar desmereció lo que por lo demás era un aspecto elegante.

take back

take back *vt sep*

1 devolver, volver a poner en su sitio: *You'll have to take that chair back into the house if it starts to rain*, Tendrás que volver a llevar la silla a la casa si empieza a llover.

2 devolver: *Oh no! I've forgotten to take my library books back!*, ¡Oh, no! ¡Me he olvidado de devolver los libros a la biblioteca!

3 devolver, llevar otra vez a algún sitio: *If it isn't working properly you should take it back to the shop*, Si no funciona bien deberías devolverlo a la tienda; *Sorry madam, but you've obviously worn the shoes so we can't take them back*, Lo siento, señora, pero es obvio que ha usado los zapatos así que no podemos aceptar su devolución.

4 recuperar: *Our mission was to take back from the Germans those few miles of battered ground*, Nuestra misión era recuperar de los alemanes esos pocos kilómetros de tierra asolada.
SYNONYMS: regain *(formal)*.

5 llevarse: *She could not take him back to America with her*, No podía llevárselo a Estados Unidos; *They took the little duckling back to the lake where they had found it*, Se llevaron al patito al lago donde lo habían encontrado.

6 devolver a alguien a una situación anterior, llevar a alguien otra vez a algo: *This week's rise takes many pensioners back to where they were 18 months ago*, Con el aumento de esta semana muchos pensionistas vuelven a estar como estaban hace 18 meses; *This took gold prices back to where they were the day before the Iraqi invasion of Kuwait*, De ese modo, los precios del oro volvieron a ser los mismos que el día antes de la invasión iraquí de Kuwait.

7 reconciliarse con alguien, volver a ser amigo de alguien: *After the way you spoke to Aunt Lucy I doubt she will ever take you back*, Después de hablarle a la tía Lucy como lo hiciste no creo que quiera reconciliarse nunca contigo; *Mary had a terrible row with her boyfriend and they stopped seeing each other, but she took him back after he apologized*, Mary tuvo una gran pelea con su novio y dejaron de verse, pero volvió con él después de que él se disculpara.
SYNONYMS: have back.

8 retirar, retractarse de algo: *If you don't take that back, I'll smash your face!*, ¡Si no retiras lo dicho, te daré un puñetazo en la cara!; *I take back what I'd said about this restaurant - this is delicious food!*, Retiro lo que dije de este restaurante, ¡esta comida es deliciosa!
SYNONYMS: retract *(formal)*.

9 traer recuerdos de algo, recordar a algo: *Hearing that old recording again takes me back to when I was a child*, Volver a escuchar esa vieja grabación me trae recuerdos de la infancia.

take down *vt sep*

1 bajar: *He took down a box of old photographs from the top of the wardrobe*, Bajó una caja de viejas fotografías de lo alto del armario.

2 quitar, desprender, descolgar, despegar: *The vines were taken down from their wires and their ends tied*, Desprendieron las viñas de los alambres y ataron las puntas; *Alan had decided to take down all the posters in his bedroom*, Alan decidió quitar todos los pósters de su habitación; *It's time we took down the Christmas decorations*, Ya es hora de quitar los adornos de Navidad.

3 desmontar, desmantelar: *The exhibition's being taken down today*, Hoy desmontan la exposición.
SYNONYMS: dismantle *(formal)*.
ANTONYMS: put up.

take in

4 tomar nota de algo, apuntar algo: *The vehicle's details were taken down and reported back to Holbaek*, Anotaron y enviaron a Holbaek la información sobre el vehículo; *She took down his words in her notebook*, Apuntó lo que él dijo en su cuaderno.
   SYNONYMS: note down; jot down.

5 llevarse a alguien, llevar algo, bajar algo: *He's setting up a golf course in Cornwall and he's taken Margaret and Suzie down there with him*, Va a hacer una pista de golf en Cornualles y se ha llevado a Margaret y Suzie con él; *Take this down to desk number twenty-three*, Lleva esto al mostrador veintitrés; *We'll take you down to the town centre in the minibus*, Te llevaremos al centro en el minibús.

take for *vt sep* (**to take** *somebody* **for** *something*) confundir con o alguien o algo, tomar a alguien o algo por alguien o algo: *Can I take that for a yes?*, ¿Puedo interpretar eso como un sí?; *In his smart suit and tie he could easily be taken for a businessman*, Con su elegante traje y su corbata se le podía confundir fácilmente con un hombre de negocios.

take in *vt sep*

1 llevar consigo: *He went into the study taking the case in with him*, Entró en el estudio con el maletín.

2 admitir, aceptar *(en una institución)*, acoger *(en un hogar)*: *It appears that a rich woman saw the boy begging, took him in, and brought him up as if he were her own son*, Se ve que una señora rica vio al chico pidiendo por la calle, lo acogió y lo educó como si fuera su propio hijo; *It's one of the few organizations that will take in homeless families and help them get back on their feet*, Es una de las pocas organizaciones que acepta a familias sin hogar y las ayuda a rehabilitarse; *She supplements her pension by taking in lodgers*, Complementa su pensión alquilando habitaciones.

3 asimilar, darse buena cuenta de algo: *I haven't had time to take everything in*, No he tenido tiempo de asimilarlo todo; *The judge takes in all the facts of a case before delivering his ruling*, El juez estudia todos los detalles de un caso antes de dictar sentencia; *They strolled around the gardens taking in the various delights on offer*, Pasearon por los jardines disfrutando de todos los placeres que ofrecían.
   SEE ALSO: pick up.

4 incluir, abarcar: *This enlarged area now takes in much land amenable for agricultural purposes*, Esta zona de mayor tamaño incluye ahora muchas tierras que tienen un uso agrícola; *Their area of responsibility takes in some of the city's most deprived estates*, El área de la que se responsabilizan incluye algunas de las zonas más deprimidas de la ciudad.

5 engañar, hacer que alguien se deje llevar: *We were completely taken in by his appearance of friendly concern*, Nos engañó totalmente con su aparente preocupación amistosa.

6 visitar: *Not surprisingly, they'll be taking in all the usual touristy sites, like the Parthenon*, Lógicamente, irán a visitar los típicos sitios de interés turístico, como el Partenón.

7 meter: *They make ideal houseplants if you take them in for the winter*, Son también unas plantas interiores ideales, si las metes en casa en invierno.

8 dedicarse a algo en casa: *She managed to make a living by taking in washing*, Se las arreglaba para vivir lavando ropa.

9 tomar, captar: *Plants take in carbon dioxide and give out oxygen*, Las plantas absorben dióxido de carbono y desprenden oxígeno.

take into   376

   10 meter: *The dress will have to be shortened and taken in at the waist*, Habrá que acortar el vestido y meterlo por la cintura.
    ANTONYMS: let out.

take into *vt sep*

   1 meter, llevar dentro: *The woman persuaded the kidnapper to let her take the child into a shop to get some baby food*, La mujer convenció al secuestrador de que le dejara llevar al niño a una tienda a comprar comida para bebés; *Father took us into Newcastle to buy Mama's perfume*, Papá nos llevó a Newcastle para comprar el perfume para mamá.

   2 transportar a algún sitio, llevar a algún sitio: *The story took her into an exotic, adult world*, La historia la transportó a un mundo adulto y exótico.

   3 ingerir: *Both plants and animals need to take in water, animals also take in food*, Tanto las plantas como los animales necesitan ingerir agua, y los animales también ingieren comida.

   4 aceptar, admitir: *A special service was held during which several new members were taken into the church*, Se celebró un oficio especial en que se incorporaron varios miembros nuevos a la Iglesia.

take off

   1 *vt sep* quitarse: *The man had taken his shoes off*, El hombre se había quitado los zapatos; *If it gets hot, take your sweater off*, Si hace calor, quítate el jersey.
    ANTONYMS: put on.

   2 *vt sep* quitar, suprimir: *Always take off your make-up before going to bed*, Quítate siempre el maquillaje antes de acostarte; *The new motorway will take a lot of traffic off this road*, La nueva autopista descongestionará mucho el tráfico de esta carretera; *I need an assistant to take some work off my shoulders*, Necesito un ayudante para que me quite un poco de trabajo; *They took his programme off TV after only two shows because nobody was watching it*, Retiraron su programa de la televisión después de dos emisiones porque no lo veía nadie.
    ANTONYMS: put on.

   3 *vi* despegar: *Pilots must learn how to take off and land in bad weather*, Los pilotos tienen que aprenden a despegar y aterrizar con mal tiempo; *We were supposed to take off for Malta twelve hours ago*, Teníamos que haber salido para Malta hace doce horas.

   4 *vi* tener éxito, cuajar: *Unlike basketball, American football has never really taken off outside the States*, A diferencia del baloncesto, el fútbol americano nunca ha tenido éxito fuera de Estados Unidos.

   5 *vi* dispararse: *Sales really took off after the massive advertising campaign was launched*, Las ventas se dispararon tras la enorme campaña de publicidad.

   6 *vt sep* (**to take something off something**) despegar de algo, distraer de algo: *She was so attractive that he couldn't take his eyes off her*, Era tan atractiva que él no podía dejar de mirarla; *A good game of squash takes my mind off work*, Un buen partido de squash me distrae del trabajo; *A minor issue such as that won't succeed in taking the focus off the budget crisis*, Un pequeño problema como ése no conseguirá desviar la atención de la crisis por los presupuestos.

   7 *vt sep* tomarse tiempo libre: *Many women find it hard to take time off to have children*, A muchas mujeres les cuesta encontrar tiempo para tener hijos; *You're allowed to take two days off to move house*, Puedes coger dos días libres para mudarte de casa.
    SEE ALSO: take out.

   8 *vi* salir para algo, partir para algo, iniciar: *They plan to take off in a camper van*, Piensan irse de vacaciones en una caravana; *Before you take off on your cam-*

paign, make sure you know you can meet voters' needs, Antes de iniciar la campaña, asegúrate de que puedes satisfacer las necesidades de los votantes.

9 *vi (informal)* irse, largarse: *He took off as soon as he saw the policeman coming*, Se marchó en cuanto vio llegar al policía.
   SEE ALSO: shoot off.

10 *vt sep* llevarse, llevar a alguien a algún sitio: *He had taken Maggie off to Ibiza on a second honeymoon*, Se había llevado a Maggie a Ibiza para pasar una segunda luna de miel.

11 *vt sep* llevarse, quitar: *Peter came running to his Mum saying the bigger boys had taken his ball off him*, Peter fue corriendo a decirle a su madre que los niños mayores le habían quitado la pelota.

12 *vt sep (informal)* imitar: *She's brilliant at taking off the boss, she has us all in fits of laughter*, Es genial imitando al jefe, nos morimos de la risa con ella.
   SYNONYMS: mimic.
   SEE ALSO: send up.

13 *vt sep* quitar, restar, descontar, deducir: *It's slightly damaged so we'll take 10% off the price*, Está un poco estropeado, así que haremos un descuento del 10%.
   SYNONYMS: subtract; deduct.
   ANTONYMS: put on; add on.

take on *vt sep*

1 coger, aceptar, asumir, hacerse cargo de algo: *He's taken on a part-time job as a waiter to earn some extra cash*, Ha cogido un empleo a tiempo parcial de camarero para ganar un poco de dinero extra; *The government is reluctant to take on new expenditure*, El Gobierno es reacio a asumir más gastos; *We can't afford to take on any more loans*, No podemos pedir más préstamos.

2 coger, contratar: *The university couldn't take him on as a full-time lecturer, although they did offer him a part-time post*, La universidad no podía contratarlo como profesor a tiempo completo, aunque sí le ofrecieron un puesto a tiempo parcial; *Fifty new hands have been taken on by the factory*, La fábrica ha contratado a cincuenta obreros.

3 *(informal)* enfrentarse a alguien, desafiar a alguien: *He had the courage to take on the central government*, Tuvo el valor de enfrentarse al Gobierno central; *He said he'd take on anyone, no matter how big they were*, Dijo que se enfrentaría a cualquiera, sin importarle cómo fuera de grande.

4 coger, tomar, adquirir: *Faces took on a different expression when the subject of the meeting turned to job-cuts*, En la reunión a la gente le cambió la cara cuando pasaron a hablar de la reducción de los puestos de trabajo; *Globalization has caused the concept of free-market economics to take on a new meaning*, Con la globalización el concepto de la economía del libre mercado adquirió un significado nuevo.

5 cargar, tomar, coger: *The boat put into Aberdeen to take on water and fuel*, El barco hizo escala en Aberdeen para cargar agua y combustible; *The bus stopped several times to take on more passengers*, El autobús se detuvo varias veces para recoger más pasajeros.

take out *vt sep*

1 sacar: *Don't take everything out of the freezer yet*, No lo saques todo del congelador todavía; *He took out a little yellow fiddle and began to play a tune*, Sacó un pequeño violín amarillo y se puso a tocar una melodía; *Taking out a clean white handkerchief, he blew his nose*, Tras sacar un pequeño pañuelo blanco, se sonó la nariz.

2 quitar, eliminar: *These filters take any remaining impurities out of the petrol*,

take out of 378

Estos filtros eliminan las impurezas que quedan en la gasolina; *These plants soon take all of the nutrients out of the soil, so you have to use fertilizer regularly*, Estas plantas no tardan en dejar la tierra sin nutrientes, de modo que hay que echar abono con regularidad; *A certain amount of money is taken out of your account each month and placed in your pension fund*, Cada mes te quitan cierta cantidad de dinero de la cuenta y te la ingresan en el fondo de pensiones.
Antonyms: put in.

3 invitar a salir, invitar a algo: *He often takes his clients out for meals*, Suele invitar a sus clientes a comer; *On their first date, he took her out to the cinema*, La primera vez que salieron, la invitó al cine.
See also: go out with.

4 hacerse, sacar: *It's a good idea to take out holiday insurance before you go away*, Es una buena idea hacerse un seguro de vacaciones antes de irse; *Take out a subscription today and we'll enter you in our fabulous prize draw*, Si se suscribe hoy podrá participar en nuestro fabuloso sorteo de premios; *He had to take out a loan to pay for the car*, Tuvo que pedir un préstamo para pagar el coche.

5 tomárselo haciendo otra cosa: *Ned took a year out from his university course to travel*, Ned dejó la universidad durante un año para dedicarse a viajar.
See also: take off.

6 *(slang)* eliminar, cargarse a alguien: *The government was accused of sponsoring secret missions to take out drug lords*, El Gobierno fue acusado de patrocinar mamisiones secretas para cargarse a los señores de la droga.
See also: knock off; (informal) bump off? (informal); do in.

7 destruir, eliminar: *Their mission was to take out the enemy's anti- aircraft defences to prepare for an air attack*, Su misión consistía en destruir las defensas antiaéreas para preparar un ataque aéreo.

take out of vt sep *(informal)*
1 (to take *something* out of *somebody*) agotar a alguien, dejar agotado: *A long session of aerobics can really take it out of you*, Una larga sesión de aerobic puede dejarte realmente agotado.

2 (to take *somebody* out of *themself*) hacer olvidarlo todo: *You should go to the party. It'll take you out of yourself*, Deberías ir a la fiesta. Te hará olvidar tus problemas.

take out on vt sep (to take *something* out on *somebody*) hacer pagar algo a alguien, desquitarse con alguien: *I know you're upset because of what happened at work, but don't take it out on the children*, Sé que estás disgustado por lo que pasó en el trabajo, pero no se lo hagas pagar a los niños.

take over vt sep - vi
1 hacerse cargo de algo, apoderarse de algo: *The military staged a coup and took over power*, Los militares llevaron a cabo un golpe de estado y se hicieron con el poder; *They asked Churchill to take over as Prime Minister*, Le pidieron a Churchill que ocupara el cargo de Primer Ministro; *The company was taken over by a huge American corporation*, La empresa fue absorbida por una gran corporación americana; *Central government has the power to take over the duties of local authorities*, El Gobierno central tiene poder para asumir las obligaciones de las autoridades locales.

2 hacerse con el control de algo, apoderarse de algo: *What happens to the diet when stress and temptation take over?*, ¿Qué pasa con la dieta cuando el estrés y la tentación pueden más que tú?; *She told herself not to let negative thoughts take over*, Se dijo que no debía dejarse llevar por los pensamientos negativos.

take up

  3 hacerse cargo de algo: *When Mr Grady retires, his son will take over the farm*, Cuando el señor Grady se retire, su hijo se hará cargo de la granja.
  4 apoderarse de alguien: *It started as a hobby, but now it's an obsession that's taken him over completely*, Empezó siendo un hobby, pero ahora es una obsesión que se ha apoderado de él por completo.

take round *vt sep* llevar a ver algo, enseñar: *After lunch we were taken round the grounds*, Después de comer nos llevaron a ver los jardines.
  SYNONYMS: show round.
  SEE ALSO: look round.

take through *vt sep*
  1 conducir, llevar a algún sitio: *He took Sarah through to the parlour*, Condujo a Sarah al salón; *Yanto took the empty glasses back through to the main bar*, Yanto llevó los vasos vacíos a la barra principal.
  2 mostrar: *The documentary takes us through a typical day in a New York City police precinct*, El documental nos muestra un día típico en una comisaría de la ciudad de Nueva York.
  3 hacer pasar a algún sitio, llevar a: *This takes the patient through to the next stage of treatment*, Con esto el paciente pasa a la siguiente fase de tratamiento; *Their 95-90 victory over Georgetown takes UCLA through to the final four*, Tras vencer por 95-90 al Georgetown, el UCLA pasa a la final.
  SEE ALSO: go through.

take to *vt insep*
  1 coger simpatía a alguien, gustar algo: *Dad liked Bill's last girlfriend, but mother never really took to her*, La última novia de Bill le caía bien a papá, pero a mamá nunca le acabó de gustar; *I wondered how they would take to raw fish*, Me preguntaba si les gustaría el pescado crudo; *She was ideally suited for the role, and took to it with great enthusiasm*, Era ideal para el papel, y se entregó a él con mucho entusiasmo.
  ANTONYMS: take against.
  2 aficionarse a, dar a alguien por algo: *Henry has taken to chess recently*, Últimamente a Henry le ha dado por el ajedrez; *She's taken to going for long walks alone at night*, Últimamente le ha dado por dar largos paseos sola por la noche.
  3 refugiarse: *The rebels took to the jungle, where the army dared not follow them*, Los rebeldes huyeron a la selva, donde el ejército no se atrevió a seguirlos; *Severe flooding forced the villagers to take to higher ground*, Las grandes inundaciones obligaron a los habitantes del pueblo a huir a zonas de mayor altitud.

take up *vt sep*
  1 subir, llevarse arriba: *He took her up the front steps and then went back for the luggage*, La subió por la escalera de la entrada y luego fue a buscar el equipaje; *He took us up in the lift to his office on the 22nd floor*, Nos subió en el ascensor a su oficina que estaba en el piso 22.
  2 *(formal)* coger, recoger levantar: *He paused before taking up his pen*, Hizo una pausa antes de coger la pluma; *He took up a stick and prodded the wolf to see if it was dead*, Cogió un palo y pinchó al lobo para ver si estaba muerto.
  SYNONYMS: pick up.
  3 hacer, practicar, pillar la costumbre de algo: *His doctor advised him to take up some form of sport*, Su médico le aconsejó que practicara algún tipo de deporte; *She was happy that none of her children had taken up smoking*, Se alegraba de que ninguno de sus hijos fumara.
  4 coger, adoptar: *Immigrants need work permits before they can take up employment*, Los inmigrantes necesitan un permiso de trabajo antes de poder aceptar un

empleo; *She's taken up residence at one of the town's best hotels*, Ha fijado su residencia en uno de los mejores hoteles de la ciudad.

5 ocupar *(espacio)*, llevar *(tiempo)*: *Sorting out the paperwork took up nearly two hours*, Ordenar los papeles llevó casi dos horas; *The sleeping bag will take up very little space when it is rolled up*, El saco de dormir ocupa muy poco espacio cuando se enrolla; *Most of the first volume is taken up with a narrative of past events*, La mayor parte del primer volumen contiene una narración de los acontecimientos anteriores.

6 adoptar: *The troops took up defensive positions on the left bank of the river*, Las tropas ocuparon posiciones defensivas en la orilla izquierda del río; *Jones took up the classic boxer's stance*, Jones adoptó la típica postura de boxeador.

7 retomar, volver sobre el tema con alguien, continuar hablando del tema con alguien: *I know nothing about it, you'll have to take it up with my boss*, No sé nada de eso, tendrás que hablarlo con mi jefe; *I'm afraid I must take this matter up with the police*, Me temo que tendré que presentar este asunto a la policía; *Amnesty International took up his case and managed to secure his release*, Amnistía Internacional se interesó en su caso y consiguió liberarlo.
SEE ALSO: take up with.

8 aceptar: *Technical colleges were eager to take up the new government subsidies*, Las universidades técnicas estaban deseosas de recibir los nuevos subsidios del Gobierno; *Let's take up the offer*, Aceptemos la oferta; *Not every woman takes up the challenge of working in a male-dominated profession*, No todas las mujeres aceptan el reto de trabajar en una profesión dominada por los hombres; *Twenty percent of pensioners do not take up benefits they are entitled to*, El veinte por ciento de los pensionistas no reciben los beneficios a los que tienen derecho.

9 continuar: *The sequel takes up the story at the point where the original film ended*, La segunda parte empieza donde acababa la película original.

10 levantar, quitar: *You'll have to take all the floorboards up and treat the timbers for woodworm*, Tendrá que quitar todas las tablas del suelo y tratar la madera para acabar con la carcoma.

11 absorber: *With this system the tomato plants will take up essential minerals more readily*, Con este sistema, las tomateras absorberán mejor los minerales esenciales.
SEE ALSO: take in?

12 acortar, meter: *The curtains are too long, we'll have to take them up about six inches*, Las cortinas son demasiado largas, tendremos que acortarlas unos quince centímetros.
ANTONYMS: let down.
SEE ALSO: take in.

take up on *vt sep* (to take *somebody* up on *something*) aceptarle a alguien algo: *I am sorry, I won't be able to take you up on your offer*, Lo siento, no podré aceptar su oferta.

take up with *vt insep* juntarse con alguien, andar con alguien: *He's dropped out of college and taken up with some left-wing group*, Ha dejado la universidad y anda con un grupo de izquierdas; *Her parents aren't happy about her taking up with drug users*, A sus padres no les hace gracia que ella ande con consumidores de drogas.
SEE ALSO: take up.

talk [tɔːk]
talk about *vt insep*
1 hablar de o sobre algo: *She was unwilling to talk about her past*, No quería

hablar de su pasado; *We have things to talk about*, Tenemos cosas de las que hablar.

2 hablar de o sobre algo: *We talked about it and decided we would wait a bit longer*, Lo hablamos y decidimos que esperaríamos un poco más; *A weekend away was still talked about though not realized*, Todavía se hablaba de pasar un fin de semana fuera pero nunca se llevaba a la práctica.

3 hablar de alguien: *They say the only thing worse than being talked about is not being talked about*, Dicen que si hay algo peor que hablen de ti es que no hablen de ti.

SEE ALSO: talk of.

talk around *vt insep* see **talk round**.

talk at *vt insep* hablar a alguien, dirigirse a alguien: *She has this habit of talking at you, not to you*, Tiene la costumbre de hablarte, no de hablar contigo.

talk away *vi* hablar sin parar, pasar charlando: *She would spend hours talking away to herself*, Se pasaba horas hablando sola.

talk back to *vt insep* contestar: *It's disgraceful the way children talk back to their parents these days*, Hay que ver cómo los niños de hoy en día contestan a sus padres.

SYNONYMS: answer back.

talk down *vt sep*

1 criticar, menospreciar: *They're fed up with the Labour Party's attempts to talk down and undermine the Health Service*, Están hartos de los intentos del Partido Laborista de criticar y socavar la Seguridad Social.

SYNONYMS: do down *(informal)*.

2 hacer callar: *Mary made several attempts to object, but each time was talked down by the chairman*, Mary intentó protestar en varias ocasiones, pero el presidente la hizo callar cada vez.

SYNONYMS: shout down.

talk down to *vt insep* hablar con aires de superioridad a alguien: *He talks down to everyone as if he were superior*, Habla a todo el mundo con condescendencia como si él fuera superior.

SYNONYMS: patronize.

talk into *vt sep* (to talk *somebody* into *something*, talk *somebody* into doing *something*) convencer a alguien de algo: *I'm definitely not going, so don't try to talk me into it*, Seguro que no voy, así que no intentes convencerme.

ANTONYMS: talk out of.

talk of *vt insep* hablar de algo, decir algo: *The new Conservatives talk of 'being on the side of the people'*, Los nuevos Conservadores dicen que 'están del lado del pueblo'.

SYNONYMS: talk about.

talk out *vt sep* hablar detenidamente de algo, discutir algo a fondo: *We've talked it out and come to the following conclusion*, Lo hablamos y llegamos a la siguiente conclusión.

talk out of *vt sep* (to talk *somebody* out of *something*, talk *somebody* out of doing *something*) disuadir a alguien de algo, quitar a algiuen las ganas de algo: *He threatened to jump, but the rescue workers talked him out of it*, Amenazó con saltar, pero los rescatadores lo disuadieron; *Her parents tried to talk her out of studying fine arts, but she wouldn't listen*, Sus padres intentaron convencerla de que no estudiara bellas artes, pero ella no quiso escucharlos.

ANTONYMS: talk into.

talk over *vt sep* hablar de algo con alguien, discutir algo con alguien: *I'll talk it all over with Alan before taking a decision*, Lo discutiré con Alan antes de tomar una decisión.

talk round *vt sep*
1 Convencer, persuadir, hacer cambiar de idea: *Don't worry about Dad, I'll soon talk him round*, No te preocupes por Papá, que lo convenzo yo en seguida.
2 evitar, eludir: *We talked round the awkward question of what to do with the children*, Eludimos el peliagudo asunto de qué había que hacer con los niños.

talk through *vt sep*
1 hablar bien algo, discutir con detenimiento: *Let's not rush into this, we'd better talk it through first and not do anything rash*, Más vale que lo hablemos bien antes y no nos precipitemos.
2 explicar algo paso a paso a alguien: *The trainee pilot had never flown a jumbo jet before, but ground control talked him through it step by step and he landed it safely*, El aprendiz de piloto nunca había manejado un avión jumbo, pero desde control de tierra se lo explicaron paso por paso y aterrizó sin problemas.

talk to *vt insep*
1 hablar con alguien: *John is the only person I could talk to about it*, John es la única persona con la que pude hablarlo; *She's better to talk to than write to*, Es mejor hablar con ella que escribirle; *Babies should be talked to a lot*, Hay que hablar mucho a los bebés; *How dare you talk to me like that!*, ¡Cómo te atreves a hablarme así!
2 hablar con alguien: *The headmaster will have to talk to you if your behaviour doesn't show a marked improvement*, El director tendrá que hablar contigo si tu conducta no mejora de una manera notable.

talk with *vt insep* ESP AME hablar con alguien, charlar con alguien: *The barman was talking with a couple of customers*, El camarero conversaba con un par de clientes; *Daggy comes over and talks with me and Marie a bit*, Daggy viene a casa y charla un rato conmigo y con Marie.

tangle ['tæŋgəl]

tangle up *vt sep - vi*
1 enredarse, enmarañarse: *The dogs' leashes get tangled up every time she takes them out for a walk*, Las correas de los perros se enredan cada vez que los saca a pasear; *The fairy lights were tangled up with old pieces of tinsel and ribbon*, Las luces de colores estaban enredadas con viejos trozos de espumillón y cintas.
2 complicarse, enredarse, liarse: *The discussions had got tangled up with arguments over land ownership*, Las discusiones se habían complicado cuando surgieron desacuerdos por la propiedad de las tierras; *He got tangled up with a married woman who refused to leave her husband*, Se lió con una mujer casada que no quería dejar a su marido.

tangle with *vt insep (informal)* enredarse, liarse: *He tangled with the Mafia and ended up in the bottom of a lake*, Se metió con la Mafia y acabó en el fondo de un lago.

SYNONYMS: mess with *(informal)*.

tank [tæŋk]

tank up *vt sep (informal)* emborracharse, beber mucho: *He'd sometimes get tanked up before a performance and not be able to play at all*, A veces se emborrachaba antes de una actuación y no podía tocar ni una nota.

tear apart

tap [tæp] tapping, tapped, tapped
 tap for *vt sep* (**to tap** *somebody* **for** *something*) *(informal)* saquear a alguien, dar un sablazo a alguien, sablear: *He's always tapping me for money*, Siempre intenta sacarme dinero; *I don't really know him, but he's tapped me for a cigarette a couple of times*, En realidad no lo conozco, pero me ha pedido un cigarrillo un par de veces.
  SEE ALSO: sponge off; do out of.
 tap in *vt sep*
  1 clavar dando golpecitos, introducir a base de golpecitos: *Tap in the nails carefully so that you don't split the wood*, Clava los clavos con cuidado, de modo que no partan la madera.
  2 teclear, meter: *She tapped in the password and waited*, Tecleó la contraseña y esperó.
   SYNONYMS: key in.
 tap into *vt insep* acceder a algo, tener acceso a algo: *All the terminals tap into the central database*, Todos los terminales tienen acceso a la base de datos central; *The performers managed to tap into the mood of the audience*, Los artistas consiguieron conectar con el humor del público.
 tap out *vt sep* decir algo dando golpecitos, enviar algo en Morse: *The prisoners communicated by tapping out messages on the water pipes*, Los presos se comunicaban con mensajes que enviaban dando golpecitos en las cañerías.

tape [teɪp]
 tape up *vt sep* precintar: *The police taped up the door to prevent anyone getting in*, La policía precintó la puerta para que no entrara nadie.

taper ['teɪpəʳ]
 taper off *vi* ir disminuyendo, disminuir: *The rise in the unemployment rate has tapered off in the last couple of months*, El aumento del desempleo ha disminuido en el último par de meses.
  SYNONYMS: fall off; die out; fade away.

tart [tɑːt]
 tart up *vt sep* *(informal)*
  1 emperifollarse, ponerse de punta en blanco, arreglarse: *She'd tarted herself up in a ghastly pink dress and black tights*, Se había emperifollado con un horrible vestido rosa y leotardos negros.
   SYNONYMS: doll up *(informal)*.
  2 remozar, arreglar: *They've tarted the place up a bit since we were here last*, Han reformado un poco el sitio desde la última vez que estuvimos.
   SYNONYMS: do up.

team [tiːm]
 team up *vi* asociarse, juntarse: *In his new film Gibson teams up with Clooney to fight organized crime in the Chicago of the twenties*, En su nueva película Gibson se asocia con Clooney para luchar contra el crimen organizado en el Chicago de los años veinte.

tear [teəʳ] tearing, tore, torn
 tear apart *vt sep*

tear at

1 romper, destrozar, hacer pedazos: *Once they'd brought the animal down, the dogs tore it apart within seconds*, En cuanto derribaron al animal, los perros lo desgarraron en pocos segundos.

2 destrozar algo, causar destrozos en algún sitio: *Even though they tore the place apart, they found nothing incriminating*, A pesar de que destrozaron el lugar, no encontraron nada que los incriminara.

3 destrozar: *The combination of marital and financial difficulties was tearing him apart*, La combinación de problemas matrimoniales y económicos lo estaba destrozando.

4 dividirse, separarse: *The family was torn apart by disagreements over how to split the inheritance money*, Las familia se dividió al no ponerse de acuerdo sobre cómo repartir el dinero de la herencia.

tear at *vt insep* despedazar algo, causar desgarros en algo: *Once the animal had been brought down, the hungry tiger began tearing at its flesh*, En cuanto el animal fue derribado, el hambriento tigre empezó a despedazarlo.

tear away *vt sep*

1 arrancar, apartar, alejar a alguien de algún sitio: *I finally managed to tear the kids away from the swimming pool and we went for lunch*, Por fin pude arrancar a los niños de la piscina y fuimos a comer; *Do you think you could tear yourself away from the telly for a minute and give me a hand?*, ¿Crees que puedes alejarte un momento de la televisión y echarme una mano?

2 arrancar, arrebatar, sacar de cuajo: *He tore the book away from me and threw it into the fire*, Me arrebató el libro y lo lanzó al fuego; *The police kicked the door so hard that the frame was torn away*, La policía dio tales patadas a la puerta que el marco se salió.

tear between *vt insep* (to be torn between *something* or *something*) estar dividido entre algo y algo: *He was torn between studying business administration or law*, No sabía si estudiar administración de empresas o derecho.

tear down *vt sep*

1 derribar, demoler, echar abajo: *Several old buildings were torn down to make space for the new shopping centre*, Se derribaron varios edificios antiguos para disponer de espacio para un nuevo centro comercial.

2 arrancar *(de las paredes)*: *Student demonstrators forced their way into the building and tore down pictures of government officials*, Los estudiantes que se manifestaron irrumpieron en el edificio y quitaron los retratos de los funcionarios del Gobierno.

SYNONYMS: pull down.

tear into *vt insep (informal)* arremeter contra alguien, acometer contra alguien, echar la culpa de algo a alguien: *I called him into my office and really tore into him*, Lo llamé a mi oficina y arremetí contra él.

tear off

1 *vt sep* quitarse rápidamente algo: *John tore off his shirt and used it as a tourniquet to stop the bleeding*, John se quitó rápidamente la camisa y la usó como torniquete para detener la hemorragia.

2 *vt sep* arrancar: *Please don't tear that tag off your new shirt, it contains the washing instructions*, Por favor, no arranques esa etiqueta de tu camisa nueva, tiene las instrucciones de lavado.

3 *vi (informal)* salir pitando, salir corriendo, salir disparado: *Gordon always seems to be tearing off to some important meeting or other*, Gordon siempre parece estar a punto de salir corriendo a una reunión importante o algo así.

SYNONYMS: dash off; rush off.
SEE ALSO: clear off.

tear out *vt sep* arrancar, desprender: *After learning the poem by heart, he would tear out the page*, Tras aprender el poema de memoria, arrancaba la página.

tear up *vt sep*
1 romper, hacer pedazos, despedazar: *After the winning number was announced, the room was full of people tearing up their lottery tickets*, Después de que anunciaran el número ganador, todos en la sala rompieron los billetes de lotería; *She tore up the sheet of paper without realizing that it contained important information*, Rompió el papel sin darse cuenta de que contenía información importante.
SYNONYMS: rip up.
2 destrozar algún sitio, causar destrozos en algún sitio: *Vandals had completely torn up the building site*, Unos vándalos habían destrozado por completo la obra en construcción.

tease [tiːz]

tease out *vt sep* desenmarañar algo, ir descubriendo algo: *She listened to the story and teased out the relevant details*, Escuchó la historia y extrajo la información relevante; *The fringes of the carpet had been teased out so that the individual strands could be seen*, Se habían sacado los flecos de la alfombra para que se pudieran ver las hebras individuales.

tee [tiː]

tee off *vi* dar el primer golpe, dar el golpe de salida: *He waited until the others had teed off before starting to play himself*, Espero a que los demás dieran el primer golpe antes de empezar a jugar.

tee up *vi* colocar en el tee: *Now Woosnam's teeing up for the eighteenth hole*, Ahora Woosnam está colocando la pelota en el tee para el décimo octavo agujero.

teem [tiːm]

teem down *vi* caer a montones: *They struggled to put up the tents as the rain teemed down*, Intentaron montar las tiendas mientras llovía a cántaros.
SYNONYMS: pour down; bucket down *(informal)*.

tell [tel] telling, told, told

tell about *vt sep* contar algo, explicar algo: *I'll ring my mother and tell her about it*, Llamaré a mi madre y se lo contaré; *I wish you'd tell me more about this man you've been going out with*, Ojalá me contaras algo más de ese hombre con el que has estado saliendo; *Libet's experiments tell us something interesting about the brain*, Los experimentos de Libet revelan información interesante sobre el cerebro.

tell against *vt insep* perjudicar a alguien, volverse en contra de alguien: *His lack of experience told against him at this more demanding level*, Su falta de experiencia obró en su contra en este nivel de mayores exigencias.
SYNONYMS: go against; count against; weigh against.

tell apart *vt sep* distinguir, diferenciar: *She no longer gets the twins confused, but I still can't tell them apart*, Ella ya no confunde a los gemelos, pero yo todavía no los distingo.
SEE ALSO: tell from.

tell from *vt sep* distinguir, diferenciar: *I'm no expert. I can't tell one red wine from another*, No soy un experto. No sé distinguir un vino tinto de otro.
SEE ALSO: tell apart.

tell off *vt sep* regañar, reñir, echar un rapapolvo a alguien: *His mum told him off for being such a cheat*, Su madre le riñó por ser tan tramposo; *Now, if the kids start misbehaving, don't be afraid to tell them off*, Y si los niños se portan mal, no dudes en regañarlos.

tell on *vt insep* delatar a a alguien, chivarse de alguien: *Please don't tell on me, Dad will just kill me if he finds out!*, Por favor, no me delates, ¡papá me mata si se entera!
SYNONYMS: grass on *(informal)*; split on *(informal)*.

tempt [tempt]

tempt into *vt sep* inducir a alguien a hacer algo, incitar a alguien para que haga algo: *The low price and possibility for future development tempted him into buying the property*, El buen precio y la posibilidad de urbanizar en el futuro lo indujeron a comprar el inmueble.

tend [tend]

tend towards *vt insep*

1 tender hacia algo, tener una tendencia hacia algo, inclinarse hacia algo: *Young voters tended towards leftist politics*, Los votantes jóvenes tendían hacia una política de izquierdas.

2 tender hacia algo: *She has a conversational style that tends towards the monologue*, Conversa de una manera que tiende al monólogo (American speakers of English usually use **toward** instead of **towards**).
SYNONYMS: lean towards.

tense [tens]

tense up *vi*

1 tensarse, ponerse en tensión: *His neck was stiff and his back had tensed up*, Tenía el cuello rígido y se le había tensado la espalda.

2 ponerse tenso: *She tensed up as the dentist approached with the drill*, Se puso tensa cuando el dentista se acercó con la fresa.

thaw [θɔː]

thaw out *vi*

1 descongelarse, deshelarse: *Stand the gateau in a warm place until it's thawed out*, Ponga el pastel en un lugar cálido hasta que se haya descongelado.
SYNONYMS: defrost.

2 entrar en calor: *As my fingers thawed out and the blood began to flow, they tingled*, Cuando mis dedos entraron en calor y la sangre empezó a circular, sentí un cosquilleo.

thin [θɪn] thinning, thinned, thinned

thin down *vt sep* diluir, aclarar: *If necessary, acrylics can be thinned down with water*, En caso de necesidad, se puede diluir la pintura acrílica con agua.

thin out *vt sep* hacer menos denso algo, crear una distancia entre varias cosas: *Thin the young plants out to about 3 inches apart*, Separe las plantas jóvenes unos siete centímetros unas de otras.

think [θɪŋk] thinking, thought, thought

think about vt insep
1 pensar en algo: *You were miles away! What were you thinking about?*, ¡Estabas en otro mundo! ¿En qué pensabas?; *We encourage them to think about their future*, Los animamos a pensar en su futuro.
2 pensar en algo, considerar algo: *We're thinking about selling the car*, Estamos pensando en vender el coche.

think ahead vi planificar, pensar con antelación: *These kinds of mistakes are caused by poor basic training and not thinking ahead*, Estos errores se deben a una mala formación básica y a la falta de planificación; *You should try to think ahead to your financial future*, Deberías intentar planificar tu futuro económico.

think back vi pensar en el pasado, recordar el pasado, mirar hacia atrás: *I think back to the mistakes I've made and what I could have done to prevent them*, Pienso en los errores que cometí y lo que podía haber hecho para evitarlos; *She thought for a few seconds, thinking back to the Thursday of the fire*, Se detuvo a pensar unos segundos, mientras recordaba el jueves del incendio.
  SEE ALSO: look back; hark back to.

think of vt insep
1 pensar en algo, en hacer algo: *Don't worry, I wasn't thinking of messing around with him*, No te preocupes, no pensaba tontear con él; *He's seriously thinking of accepting the offer*, Está planteándose seriamente aceptar la oferta.
2 pensar en algo, recordar algo: *I think of what it was like after the War*, Pienso en cómo se vivía después de la guerra; *I can only think of two times he has watched me doing that*, Sólo se me ocurren dos veces en que me ha visto hacerlo.
3 pensar de algo, parecer algo: *What do you all think of this offer we've received?*, ¿Qué os parece esta oferta que nos han hecho?; *I didn't think much of his speech*, Su discurso no me causó muy buena impresión.
4 pensar en alguien: *You know Gran always thinks of others before herself*, Ya sabes que la abuela siempre piensa en los demás antes que en sí misma.
5 ocurrirse algo, pensar en algo: *The solution was so obvious I wished I had thought of it earlier*, La solución era tan evidente que ojalá se me hubiera ocurrido antes; *I thought of the following stratagem to bring him within range*, Pensé en la siguiente estrategia para acercarlo.
6 ocurrirse algo: *I would never think of asking him to lend me the money*, Nunca se me ocurriría pedirle dinero prestado.

think out vt sep elaborar, idear *(un plan)*, examinar *(un tema)*: *He has to think out what to do next*, Tiene que pensar qué hará a continuación.

think over vt sep pensar sobre algo, meditar algo, pensar bien algo: *Can you give me a couple of days to think it over?*, ¿Puedes darme un par de días para pensármelo?; *Once he'd thought it over, he decided it wasn't such a good idea after all*, Tras meditarlo, decidió que al fin y al cabo no era una idea tan buena.

think through vt sep pensar con detenimiento en algo, estudiar algo cuidadosamente: *You owe it to yourself to think all the implications through*, Te harías un favor a ti mismo si estudiaras detenidamente todas las implicaciones; *He tried to think it through properly*, Intentó analizarlo como corresponde; *In this collection of essays the author thinks through the problems of modern love*, En su colección de ensayos el autor considera detenidamente los problemas del amor moderno.

think up vt sep desarrollar, elaborar, tener *(ideas)*, idear *(un plan)*: *It's time to start thinking up new ideas*, Ya es hora de empezar a desarrollar ideas nuevas; *Thinking* *up costumes kept the ladies occupied for weeks beforehand*, Las señoras se mantuvieron ocupadas varias semanas ideando disfraces.

thrash [θræʃ]

thrash about *vi* agitarse mucho, revolverse: *He resisted arrest and thrashed about when they brought him into the police station*, Se resistió a la detención y se zarandeó cuando lo llevaron a la comisaría.

thrash out *vt sep* discutir a fondo algo, dar vueltas a algo: *The department heads spent several hours thrashing out the production difficulties*, Los directores de departamento estuvieron varias horas discutiendo a fondo los problemas de producción.

See also: work out.

throttle ['θrɒtəl]

throttle back or **throttle down** *vi* desacelerar, moderar la velocidad: *The pilot throttled back as the plane approached the runway*, El piloto disminuyó la velocidad en cuanto el avión se acercó a la pista de aterrizaje.

throw [θrəʊ] throwing, threw, thrown

throw about or **throw around** *vt sep*
1 tirarse algo: *The boys killed time in the hotel room by throwing about a pillow*, Los niños se entretuvieron en la habitación del hotel pasándose una almohada.
2 tirar, despilfarrar *(el dinero)*: *The way he throws cash around, you'd think he's won the lottery*, Por la manera en que tira el dinero cualquiera diría que ha ganado la lotería.

throw aside *vt sep* dejar algo de lado: *Throwing aside her inhibitions, she stood up and sang*, Dejando de lado sus inhibiciones, se puso en pie y cantó.

throw away *vt sep*
1 tirar: *There's no sense trying to repair it, throw it away and buy a new one*, No vale la pena intentar repararlo, tíralo a la basura y cómprate uno nuevo; *The American family was throwing away an average of 750 cans a year*, La familia americana tiraba a la basura una media de 750 latas al año.
2 deperdiciar, desechar: *They didn't expect their rivals to throw their lead away in such a foolish manner*, No se esperaban que sus rivales desperdiciaran la ventaja que les llevaban de una manera tan tonta.

throw back *vt sep*
1 devolver algo, volver a tirar algo: *Any fish that weighed less than a pound was thrown back into the lake*, Todos los peces que pesaban menos de una libra se volvían a tirar al lago.
2 echar para atrás: *He threw back the covers and jumped out of bed*, Se destapó y levantó de la cama de un salto; *She threw back the curtains and the room was immediately flooded with sunlight*, Descorrió las cortinas y enseguida la luz del sol invadió la habitación.
3 echar para atrás, inclinar hacia atrás: *She threw her head back and laughed*, Inclinó la cabeza hacia atrás y se echó a reír.
4 reflejarse, devolver: *Light from the object is thrown back onto the camera lens*, La luz del objeto se refleja en la lente de la cámara.
5 tragarse, zamparse de un trago, meterse entre pecho y espalda: *He threw back three large whiskies and began talking aggressively to some of the patrons*, Se

tragó tres buenos whiskies y se puso a hablar con agresividad con algunos clientes.
SYNONYMS: knock back *(informal)*.

throw back at *vt sep* **(to throw *something* back at *somebody*)** echar algo en cara a alguien: ***He'll always find some way of throwing back at you anything that he perceives as an insult***, Siempre encontrará la manera de echarte en cara cualquier cosa que él considere un insulto.

throw down *vt sep*
1 tirar, tirar al suelo: ***He stepped barefoot on a lit cigarette that someone had thrown down***, Pisó descalzo una colilla encendida que alguien había tirado al suelo.
2 acabarse rápidamente, apurar: ***After answering that call on his mobile phone, he threw down his coffee and hurried out of the café***, Tras contestar la llamada al móvil, apuró el café y se fue rápidamente del bar.
3 tirarse, echarse: ***He threw himself down on the bed, exhausted after a 12-hour shift***, Se tiró en la cama, agotado tras un turno de doce horas.
4 deponer: ***When they saw the size of the force ranged against them they threw down their arms and surrendered***, Cuando vieron el tamaño de las fuerzas a las que se enfrentaban, tiraron las armas y se rindieron.

throw in *vt sep*
1 incluir *(además, como éxtra)*: ***We're selling some of the horses and cows and we're quite willing to throw in the sheep***, Estamos vendiendo algunos caballos y vacas y estamos dispuestos a incluir las ovejas; ***If you hire the car for a whole week the rental agency will throw in a free tank of petrol***, Si alquilas el coche toda la semana, la agencia de alquiler te regala un depósito de gasolina.
2 añadir, incluir: ***She was babbling on, with her husband throwing in the occasional remark whenever she paused for breath***, Ella no paraba de parlotear y el marido a veces intervenía con algún comentario cuando ella callaba para recobrar el aliento.
3 meter en algún sitio: ***I would throw them all into jail and get them off the streets***, Los metería a todos en la cárcel y los sacaría de las calles.

throw into *vt sep*
1 dedicarse de lleno a algo: ***Since the divorce, I've thrown myself into my job***, Desde el divorcio, me he dedicado de lleno a mi trabajo.
2 dedicarlo todo a algo: ***They'd thrown all their energies, and their cash, into the venture***, Habían dedicado toda su energía, así como su dinero, a la operación.
3 verse inmerso en algo, meterse en algo, sumirse en algo: ***The film is about a middle-aged couple who are thrown into a marital crisis***, La película es sobre una pareja de mediana edad que de pronto se ve inmersa en una crisis matrimonial.
4 meter en algún sitio: ***It has been suggested that he was thrown into debtor's prison***, Se ha dicho que ha estado en la cárcel de morosos.

throw off *vt sep*
1 quitarse a toda prisa: ***He wanted to throw off his T-shirt and jeans, crawl under the covers and go to sleep***, Quería quitarse rápidamente la camiseta y los vaqueros, meterse bajo las sábanas y dormir; ***She threw off the covers and swung her feet to the floor***, Apartó las sábanas y se levantó de un salto.
2 deshacerse de algo, librarse de algo: ***We must throw off our prejudices and look at this with an open mind***, Debemos deshacernos de nuestros prejuicios y analizar el asunto con una mente abierta; ***Once he'd thrown off the self-pity his personality improved markedly***, En cuanto dejó de compadecerse, su personalidad mejoró de manera notable.

throw on

3 desprender, emitir: ***Tremendous heat was being thrown off by burning timbers***, La leña en llamas desprendía un calor tremendo.
SEE ALSO: throw off; give off.

4 hacer fallar a alguien: ***Her body spun in the opposite direction, throwing her aim off completely***, Su cuerpo giró en la dirección contraria, por lo que le falló la puntería por completo.

throw on *vt sep*

1 vestirse deprisa, ponerse rápidamente: ***After hearing what sounded like a crash, I threw my coat on and ran outside to see what'd happened***, Tras oír lo que pareció un choque, me puse rápidamente el abrigo y salí a ver qué había pasado.

2 **(to throw *something* on *something*)** arrojar *(luz, dudas)* sobre algo: ***Research over the last twenty years has thrown a lot of light on how we learn languages***, Las investigaciones realizadas a lo largo de los últimos veinte años han arrojado mucha luz sobre la forma en que aprendemos idiomas; ***Doubt was thrown on his claims when no-one managed to duplicate the experiment***, Pusieron en duda sus afirmaciones después de que nadie consiguiera repetir el experimento.

throw out *vt sep*

1 tirar: ***If a chair gets broken, don't throw it out, have it repaired***, Si una silla se rompe, no la tires, mándala a reparar; ***Maybe if you threw out some of your junk in the garage we could get the car into it***, Quizá si tiraras algunos de los trastos que tienes en el garaje podríamos meter el coche.

2 echar, expulsar: ***He was thrown out of the disco because he was drunk***, Lo echaron de la discoteca porque estaba borracho; ***The crisis in the airline industry has caused the company to close, throwing 300 people out of work***, La crisis en la industria aeronáutica ha provocado el cierre de la compañía y ha dejado sin empleo a 300 personas; ***When he came home drunk again, his wife lost her patience and threw him out of the house***, Cuando volvió a llegar a casa borracho su mujer perdió la paciencia y lo echó.

3 rechazar, desestimar: ***The leadership's proposal was thrown out by party members at the annual conference***, Los miembros del partido rechazaron la propuesta de los dirigentes en el congreso anual.

4 desprender, emitir: ***The heat thrown out by the explosion could be felt five miles away***, El calor que despidió la explosión se notó a cinco millas de distancia.
SEE ALSO: throw off; give off.

5 extender, estirar: ***She threw out her arms and ran down the platform to meet him***, Extendió los brazos y corrió hasta el andén para recibirlo.

6 soltar, lanzar: ***In a brainstorming session people just throw out ideas at random and someone writes them down***, En una sesión de lluvia de ideas la gente lanza ideas al azar y alguien las escribe.

throw over *vt sep* dejar, abandonar: ***She became very depressed when her boyfriend threw her over for another girl***, Se deprimió mucho cuando su novio la dejó por otra chica.

throw together *vt sep*

1 improvisar algo, enjaretar algo, preparar algo rápidamente: ***Are you hungry? I can soon throw some lunch together***, ¿Tienes hambre? Puedo preparar algo de comida en un momento; ***Her outfit looked as if it had been thrown together in a couple of hours***, Parecía como si el conjunto que llevaba puesto lo hubieran cosido de cualquier manera en un par de horas.
SEE ALSO: cobble together.

2 unir, reunir, juntar: ***Kevin and I were thrown together by fate***, A Kevin y a mí nos unió el destino.

tick off

throw up *vt sep*
1 levantar, lanzar al aire: *The cars raced down the track throwing up great clouds of dust*, Los coches corrían por la pista levantando grandes nubes de polvo.
2 *(informal)* vomitar, devolver: *Mark had too much to drink and threw up in the back of the car*, Mark había bebido demasiado y vomitó en la parte trasera del coche; *It was a rather bumpy flight and some of the passengers threw up their breakfasts*, Fue un vuelo bastante agitado y algunos de los pasajeros vomitaron el desayuno.
   SYNONYMS: be sick; vomit.
3 dejar algo, renunciar a algo: *You can't just throw up your job and go off without telling anyone where you're going*, No puedes dejar el trabajo así y marcharte sin decirle a nadie adónde vas.
4 dar, producir, arrojar: *It was a very stimulating discussion, it threw up lots of fascinating ideas*, Fue una discusión muy estimulante, de la que salieron muchas ideas fascinantes; *The massive influx of immigrants threw up all sorts of problems nobody had foreseen*, La entrada masiva de inmigrantes creó todo tipo de problemas que nadie había previsto.

thrust [θrʌst]

thrust upon *vt sep* (to thrust *something* on *somebody*) *(formal)* hacer recaer algo sobre alguien, obligar a alguien a hacer algo: *After their father died, heavy responsibility was thrust upon the older children*, Después de la muerte de su padre recayó una gran responsabilidad sobre los hijos mayores; *Television can thrust certain issues upon the attention of people in a way that newspapers and radio can never do*, Los periódicos y la radio no pueden llamar la atención de la gente sobre ciertos temas de forma tan impactante como la televisión.

thumb [θʌm]

thumb through *vt insep* hojear algo: *Thumbing through an old magazine, I found an article on clairvoyance*, Encontré un artículo sobre clarividencia mientras hojeaba una revista vieja.
   SYNONYMS: flick through; skim through.

thump [θʌmp]

thump out *vt sep* tocar algo aporreando el piano, aporrear algo: *In the corner of the pub someone was thumping out old ragtime tunes on a piano*, En un rincón del pub alguien tocaba antiguas melodías de ragtime aporreando el piano.

tick [tɪk]

tick away *vi* pasar, transcurrir: *As the final minutes ticked away, Arsenal scored a brilliant goal which gave them the match*, Cuando transcurrían los últimos minutos el Arsenal marcó un magnífico gol que le hizo ganar el partido.
   SYNONYMS: tick by.

tick by *vi* pasar, transcurrir: *The hours ticked by and still there was no news. We began to get seriously worried*, Las horas pasaban y seguíamos sin tener noticias. Empezamos a preocuparnos de verdad.

tick off *vt sep*
1 hacer una señal a algo, marcar: *As the children called out their names, the teacher ticked them off her list*, A medida que los niños decían sus nombres en voz alta la maestra los marcaba con una señal en su lista.

2 *(informal)* reñir, regañar, echar un rapapolvo a alguien: *His aunt ticked him off for being rude to Sophia*, Su tía le echó un rapapolvo por ser maleducado con Sophia.

tick over *vi*
1 marchar en ralentí, ir a marcha lenta: *Sleep is not a period when the body is just ticking over, vital functions are being performed*, Durante el sueño el cuerpo no va al ralentí, sino que realiza funciones vitales; *The third robber was waiting outside in a car with the engine ticking over*, El tercer atracador estaba esperando fuera en un coche con el motor en marcha.

2 progresa lentamente, ir a marcha lenta: *Exports have fallen, but most businesses are managing to keep ticking over thanks to the home market*, Las exportaciones han descendido, pero la mayoría de negocios se las arreglan para ir tirando gracias al mercado nacional.

tide [taɪd]
tide over *vt sep* llegar a final de mes, sacar de apuros: *Could you lend me fifty pounds to tide me over till I get paid?*, ¿Me podrías prestar cincuenta libras para que me alcance hasta que me paguen?
SYNONYMS: see through; get through.

tidy ['taɪdɪ] tidying, tidied, tidied
tidy away *vt sep* poner en su sitio, guardar: *Remember to tidy away all those toys before you go to bed*, Acuérdate de poner todos esos juguetes en su sitio antes de irte a la cama.

tidy out *vt sep* ordenar algo, poner orden en algo: *I found his letters when I was tidying out the desk*, Encontré sus cartas cuando estaba ordenando el escritorio.

tidy up *vt sep*
1 ordenar algo, colocar algo en su sitio, recoger algo, limpiar algo *(depués de una fiesta, etc)*; poner un poco de orden: *I found your ring when we were tidying up after the party*, Encontré tu anillo cuando estábamos ordenando después de la fiesta; *I did the washing up, tidied up the living room and went to bed*, Lavé los platos, ordené la sala de estar y me fui a la cama.

2 arreglarse: *She would comb our hair, wash our faces and tidy us up before sending us off to school*, Nos peinaba, nos lavaba la cara y nos arreglaba antes de mandarnos al colegio; *I had my hair cut, to tidy it up*, Me he cortado el pelo, para que quede más arreglado; *I hope you're going to tidy yourself up before they get here*, Espero que te arregles antes de que lleguen.

3 poner orden en algo: *The budget plan will tidy up your current financial position*, El plan presupuestario solucionará su situación financiera actual; *Edit the text before you tidy up the layout*, Corrige el texto antes de retocar la maquetación.

tie [taɪ] tying, tied, tied
tie back *vt sep* recoger, tener recogido: *She had beautiful long fair hair tied back with a ribbon*, Tenía el pelo precioso, largo y rubio, y lo llevaba recogido con un lazo.

tie down *vt sep*
1 atar, sujetar: *What with the new job and family responsibilities, I feel more tied down than ever before*, Entre el nuevo trabajo y las responsabilidades familiares, me encuentro más atado que nunca; *The disease originated in the north of England but as yet has not been tied down to a specific farm*, La enfermedad se originó en el norte de Inglaterra pero de momento todavía no la han vinculado a

una granja en concreto; *He's agreed to meet us but I couldn't tie him down to a specific day and time*, Ha aceptado venirnos a buscar pero no conseguí que se comprometiera a especificar día y hora.

2 atar, sujetar *(al suelo, o a algo fijo)*: *The patient was tied down so that he couldn't struggle during the treatment*, Ataron al paciente para que no pudiera forcejear durante el tratamiento.

SYNONYMS: lash down.

3 estar inmovilizado: *Their brigade was tied down by Serb artillery*, La artillería serbia tenía inmovilizada a su brigada.

tie in with *vt sep* (to tie in with *something*, tie *something* in with *something*) estar en relación con algo, guardar relación con algo; relacionar algo con algo: *Her attitude ties in with her previous comments on child abuse*, Su actitud guarda relación con sus anteriores comentarios sobre los abusos a menores.

SYNONYMS: fit in with.

tie up *vt sep*

1 atar, amarrar *(con cuerda)*: *He wrapped the parcel in brown paper and tied it up with string*, Envolvió el paquete con papel marrón y lo ató con un cordel.

2 atar, amarrar: *The burglars had tied up the family and left them in the living room*, Los ladrones habían atado a los miembros de la familia y los habían dejado en el salón; *There were four horses tied up to a wooden fence*, Había cuatro caballos atados a una valla de madera.

3 *(informal)* invertir, inmovilizar: *Most of his capital is tied up in stocks and bonds*, Casi todo su capital está invertido en acciones y bonos; *You have to be prepared to tie up £1000 for at least two years*, Has de estar dispuesto a tener 1000 libras inmovilizadas durante dos años como mínimo.

4 *(informal)* estar ocupado, tener compromisos: *Mr Saunders is tied up until late afternoon, but he could probably see you tomorrow sometime*, El señor Saunders está ocupado hasta bien entrada la tarde, pero probablemente pueda verle mañana en algún momento.

5 *(informal)* cerrar, concluir: *We still have to tie up a few minor details, but the contract will almost certainly be signed by all the parties*, Aún tenemos que cerrar algunos detalles poco importantes, pero es casi seguro que todas las partes firmarán el contrato.

SEE ALSO: wind up; wrap up? (informal).

6 atarse: *It's amazing, he's only four but he can tie up his own shoelaces*, Es increíble, sólo tiene cuatro años pero ya se sabe atar los cordones de los zapatos él solo.

7 amarrar: *Most of the year the yacht is tied up in Penzance harbour*, El yate está amarrado en el puerto de Penzance durante casi todo el año.

8 depender de algo, estar relacionado con algo, estar vinculado a algo: *The Chinese economy is increasingly tied up with events that take place eleswhere in the world*, La economía china depende cada vez más de acontecimientos que tienen lugar en cualquier otra parte del mundo.

tighten ['taɪtən]

tighten up *vt sep*

1 apretar: *You pull the line above the hook to tighten it up*, Tienes que tirar del sedal por encima del anzuelo para apretarlo; *And don't forget to tighten up the screws when you put the cover back on*, Y no te olvides de apretar los tornillos cuando vuelvas a poner la tapa.

2 endurecer algo, ser más estricto con algo: *This has caused many local authorities to tighten up their regulations*, Esto ha obligado a muchos ayuntamientos a endu-

recer sus normas; *I think we're going to have to tighten up on security*, Creo que vamos a tener que reforzar las medidas de seguridad.

3 apretarse, ponerse rígido: *His chest tightened up making breathing difficult*, Al contraer el pecho le costaba respirar; *After running for about five miles I felt the muscles in my legs start to tighten up*, Después de correr durante unas cinco millas sentí que los músculos de las piernas se me empezaban a agarrotar.

4 fortalecer, reforzar: *The Welsh team has worked hard to tighten up its defence*, El equipo galés ha trabajado duro para reforzar su defensa.

tinker ['tɪŋkəʳ]

tinker about or **tinker around** *vi* hacer cosillas, entretenerse: *Will's happiest when he's tinkering about in the garage*, Lo que más le gusta a Will es hacer trabajitos en el garaje; *Now he's retired he spends a lot of time tinkering around the house*, Ahora que está jubilado pasa mucho tiempo haciendo pequeños arreglos caseros.

tinker with *vt insep* hacer pequeños cambios en algo, hacer pequeños arreglos en algo, toquetear algo: *The government should adopt some radical measures instead of just tinkering with the existing legislation*, El gobierno debería adoptar medidas radicales en lugar de introducir pequeños cambios en la legislación actual; *Have you been tinkering with the computer again?*, ¿Has vuelto a tocar otra vez el ordenador?; *He spent all morning tinkering with the car but it still wouldn't start*, Pasó toda la mañana intentando arreglar el coche pero seguía sin arrancar.

SEE ALSO: tamper with.

tip [tɪp] tipping, tipped, tipped

tip off *vt sep (informal)* avisar a alguien, dar una información secreta a alguien, dar un chivatazo a alguien, filtrar algo a alguien: *The press had been tipped off that the Health Secretary was going to make an announcement*, Habían avisado a la prensa que el ministro de sanidad iba a emitir un comunicado.

tip over *vt sep* volcar, tirar: *The man stood up suddenly, tipping his chair over*, El hombre se levantó bruscamente, tirando la silla.

tip up *vt insep* volcar, vaciar: *Tipping the jar up, he poured the last of the honey into the child's mouth*, Le dio la vuelta al tarro y vertió el resto de la miel en la boca del niño.

tire [taɪəʳ]

tire of *vt insep* cansarse de algo, aburrirse de algo: *She never tires of reminding us of how much money she makes*, Nunca se cansa de recordarnos el dinero que gana; *Many people are tiring of conventional holidays and want something more exotic*, Mucha gente se está cansando de las vacaciones convencionales y quiere algo más exótico.

tire out *vt sep* cansar, agotar: *Now that she's getting on in years, a couple of hours with the grandchildren tires her out*, Ahora que empieza a hacerse mayor, un par de horas con los nietos la cansan.

SYNONYMS: wear out.

toddle ['tɒdəl]

toddle along *vi (informal)*

1 irse, largarse, pirarse: *We'd better be toddling along soon or we'll be late for the train*, Será mejor que nos vayamos pronto o perderemos el tren.

top off

2 dirigirse con paso lento, avanzar con paso lento: *Each morning, she toddles along to the village shop to make her modest purchases*, Cada mañana se dirige con paso lento hasta la tienda del pueblo para comprar unas pocas cosas.

tog [tɒg] togging, togged, togged

tog out *vt sep (informal)* vestir algo, ir ataviado con algo: *Richard was togged out in his dress uniform*, Richard iba ataviado con su uniforme de gala.

tog up *vt sep (informal)* ponerse algo, ir vestido con algo, ir ataviado con algo: *Do I really have to get togged up in a formal suit and bow tie? Isn't it just a family party?*, ¿De verdad que tengo que ponerme traje de etiqueta y pajarita? ¿No es sólo una fiesta familiar?

toil [tɔɪl]

toil over *vt insep* trabajar mucho: *Don was toiling over the annual accounts, trying to reconcile the figures*, Don trabajaba como un negro repasando la contabilidad anual para intentar que cuadraran las cifras.
SYNONYMS: slave over; labour over.

tone [təʊn]

tone down *vt sep* atenuar algo, suavizar algo, rebajar el tono de algo: *Attempts to tone down Dixons' garish image have yet to bear fruit*, Los intentos de suavizar la imagen chabacana de Dixon aún no han dado fruto.

tone in *vi* ir bien, coincidir, estar en armonía *(con algo)*: *The browns and yellows of their plumage tone in perfectly with vegetation, making them difficult birds to spot*, Los marrones y los amarillos de su plumaje se mezclan perfectamente con la vegetación, de modo que resulta difícil divisar a estos pájaros; *Caroline felt herself to be ostracized because her views didn't quite tone in with those of the rest of the group*, Caroline se sintió excluida porque sus opiniones no coincidían con las del resto del grupo.
SYNONYMS: blend in; go with.

tone up *vt sep* tonificar: *A balanced diet with regular exercise to tone up the muscles should be enough to keep you fit and healthy*, Una dieta equilibrada y ejercicio regular para tonificar los músculos deberían bastar para mantenerte sano y en forma.

tool [tuːl]
tool up
1 *vi* equiparse: *The factory is tooling up to cope with a massive order from the Middle East*, La fábrica se está equipando para poder hacer frente a un pedido enorme del Oriente Medio.
2 *vt sep (informal)* armarse de algo, equiparse con algo, ir cargados de algo: *Police intelligence has discovered that the paramilitaries are tooling themselves up for an renewed outbreak of violence*, Los servicios de inteligencia policial han descubierto que los paramilitares se están armando para provocar un nuevo estallido de violencia.

top [tɒp] topping, topped, topped

top off *vt sep* rematar, servir como colofón: *It was a terrible week for United, and to top it all off two of the club's players failed anti-doping tests*, Fue una semana terrible para el United, y para colmo dos de los jugadores del club dieron positivo en los controles antidopaje; ***We had a prawn cocktail starter followed by roast duck topped off with a delicious chocolate cake for dessert***, De primero comimos un cóctel de gambas, seguido de pato asado, y como colofón un delicioso pastel de chocolate para postre.

SYNONYMS: round off; crown.

top up *vt sep* completar hasta arriba: ***In hot weather, keep the dog's bowl topped up with water so that it has plenty to drink***, Cuando haga calor ten siempre lleno el recipiente del perro para que tenga suficiente agua para beber; ***Your glass is looking empty; let me top you up***, Tienes el vaso vacío, déjame que te lo llene; ***And then of course you can top up your mobile phone credit with £5, £10 or £15 cards***, Y, por supuesto, puede aumentar el crédito de su móvil con tarjetas de 5, 10 o 15 libras.

topple ['tɒpəl]

topple over *vi* desplomarse, perder el equilibrio, caerse al suelo: ***The calf toppled over and went into a convulsion***, El ternero se desplomó y le dieron convulsiones; ***The tower is still closed to tourists as it is in danger of toppling over***, La torre sigue cerrada a los turistas ya que corre el peligro de venirse abajo.

SEE ALSO: keel over.

toss [tɒs]

toss about or **toss around** *vt sep*

1 zarandear, mover de un lado a otro: ***The stormy sea tossed the little boat about***, El mar tormentoso zarandeaba el barco; ***Three or four players were tossing around a rugby ball on the far side of the pitch***, Tres o cuatro jugadores se lanzaban una pelota de rugby en un extremo del campo.

2 lanzar *(una idea, una sugerencia)* al aire, dejar caer *(una idea, una sugerencia)*: ***We tossed about a few ideas before finally deciding on the name***, Lanzamos al aire unas cuantas ideas antes de decidir finalmente el nombre.

toss for *vt insep* echar algo a suertes, decidir algo echando una moneda al aire: ***If you can't decide who's going to do the driving, you'll have to toss for it***, Si no podéis decidir quién va a conducir tendréis que echarlo a suertes.

SEE ALSO: toss up.

toss up *vi* echar a suertes, sortear: ***They tossed up and the home team won, choosing to play into the wind for the first half***, Lo echaron a cara o cruz y el equipo local ganó y eligió jugar contra el viento durante la primera mitad.

tot [tɒt] totting, totted, totted

tot up *vt sep (informal)* sumar, ascender a *(una cantidad)*: ***You don't have to tot the calories up for everything you eat***, No tienes que sumar las calorías de todo lo que comas.

touch [tʌtʃ]

touch down *vi* tomar tierra, aterrizar: ***The plane touched down at an airstrip in the middle of the desert***, El avión tomó tierra en una pista de aterrizaje en medio del desierto.

ANTONYMS: take off.

touch for *vt sep* **(to touch *somebody* for *something*)** *(informal)* sacar, sablear, dar un sablazo de algo: ***He tried to touch me for a fiver***, Intentó sablearme cinco libras.

SEE ALSO: sponge off.

touch off *vt sep* provocar, desencadenar, ser el desencadenante de algo: ***This thought-***

toy with

less comment touched off a heated argument between my parents, Este comentario desconsiderado provocó una acalorada discusión entre mis padres.

SYNONYMS: spark off.

touch on or **touch upon** *vt insep* mencionar algo, referirse a algo, tocar algo: *This is a problem which I will touch on in the next chapter*, Éste es un problema que mencionaré en el capítulo siguiente; *These are the themes touched upon by some of the films being screened*, Éstos son los temas que se tocan en algunas de las películas que se están proyectando.

touch up *vt sep*

1 retocar algo, dar unos toques a algo: *Someone suggested she touch up her makeup*, Alguien sugirió que se retocara el maquillaje.

2 *(informal)* meter mano a alguien: *He's one of those creeps who thinks it's amusing to touch up the waitresses*, Es uno de esos tipos repugnantes a los que les parece divertido meterle mano a la camarera.

SYNONYMS: feel up *(informal)*.

touch upon *vt insep* see **touch on**.

toughen ['tʌfən]

toughen up *vt sep* curtir, fortalecer, hacer más fuerte: *His parents thought the harsh discipline of military academy would toughen him up a bit*, Sus padres pensaron que la dura disciplina de la academia militar lo curtiría un poco.

tow [təʊ]

tow away *vt sep* llevarse *(remolcado)*: *I discovered that my car had been towed away*, Descubrí que la grúa se me había llevado el coche.

tower ['taʊəʳ]

tower above or **tower over** *vt insep*

1 elevarse sobre algo, sobresalir por encima de algo, destacar por encima de algo: *The skyscraper towered above him*, El rascacielos se elevaba sobre él; *He's nearly two metres tall and towers over everyone else in his class*, Mide casi dos metros y es mucho más alto que todos los de su clase.

2 sobresalir entre algo, destacar entre algo: *He towered above all the other poets of his generation*, Sobresalía entre todos los poetas de su generación; *The new printer towers over all its competitors currently on the market by speed, resolution and price*, La nueva impresora destaca entre todas las que hay actualmente en el mercado en cuanto a velocidad, resolución y precio.

toy [tɔɪ]

toy with *vt insep*

1 considerar, acariciar *(una idea)*: *We toyed with the idea of going to Majorca but in the end chose the Canary Islands*, Estuvimos pensando en ir a Mallorca, pero al final fuimos a las Islas Canarias.

2 jugar con alguien, entretener a alguien: *Roy was only toying with me, eventually agreeing to participate in good spirit*, Roy sólo jugaba conmigo, pues al final aceptó participar encantado.

3 toquetear algo: *He looked abstractedly into the distance, toying with his silver cufflink*, Miraba a lo lejos con aire ausente, mientras toqueteaba sus gemelos de plata.

SYNONYMS: play with.

track down

track [træk]

track down *vt sep* localizar algo, averiguar el paradero de algo: *The prisoner will be tracked down and caught*, Localizarán y atraparán al preso; *He would track her down mercilessly, even if it took him years*, La buscaría implacablemente, aunque tardara años; *Have you managed to track down that missing file yet?*, ¿Has localizado ya esa carpeta que desapareció?

trade [treɪd]

trade in *vt sep* entregar algo como parte del pago, dar algo como entrada: *Some retailers will allow you to trade in your old PC for a more up-to-date model*, Algunos minoristas te dejan entregar como parte del pago tu viejo PC al comprar un modelo más actual.

trade on *vt insep* aprovecharse de algo: *He's been trading on his privileged position as advisor to the government to further his career in the media*, Se ha aprovechado de su posición privilegiada de asesor del Gobierno para promocionar su carrera en los medios de comunicación.
  SYNONYMS: exploit.

trail [treɪl]

trail away or **trail off** *vi* irse apagando: *She was delirious and rambling. The nurse gave her an injection and as the sedative began to take effect her voice trailed away and she fell asleep*, Deliraba y desvariaba. La enfermera le puso una inyección y a medida que el sedante empezó a surtir efecto su voz se fue apagando hasta que se durmió.

train [treɪn]

train on *vt insep* apuntar a algo: *German machine guns were permanently trained on the British trench*, Las ametralladoras alemanas siempre apuntaban a la trinchera británica.

train up *vt sep* formar a alguien, entrenar a alguien, preparar a alguien, dar formación a alguien: *We're trying to train these young lads up as mechanics*, Intentamos formar a estos jóvenes para que sean mecánicos; *He's being trained up to take over when old Jack retires*, Se está formando para hacerse cargo del negocio cuando el viejo Jack se retire.

trample ['træmpəl]

trample down *vt sep* pisotear, aplastar con los pies: *Local farmers complain that herds of wild elephants often trample down their crops*, Los agricultores locales se quejan de que las manadas de elefantes salvajes suelen pisotear y destruir sus cosechas.

trample on *vt insep*
  1 pisotear, aplastar con los pies: *Visitors must keep to the paths so that they don't trample on the protected plants growing in the reserve*, Los visitantes deben seguir los senderos para no pisotear las plantas protegidas que crecen en la reserva.
  2 tratar a alguien con la punta del pie, aplastar a alguien: *You have to maintain classroom discipline or else the kids'll trample on you*, Tienes que mantener la disciplina en el aula porque si no los niños te pisotean.

trap [træp] trapping, trapped

trap into *vt sep* (**to trap somebody into something, trap somebody into doing something**) tender una trampa a alguien para que haga algo, engañar a alguien para

trim down

que haga algo: *They tried to trap him into admitting he had been there*, Intentaron tenderle una trampa para que reconociera que había estado allí; *Many of the young women were trapped into the prostitution network by false offers of au-pair work*, A muchas de las jóvenes las engañaron e introdujeron en la red de prostitución con falsas ofertas de trabajo de au- pair.

trespass ['trespəs]
  trespass on or **trespass upon** *vt insep (formal)* infringir algo, violar algo, usurpar algo, abusar de algo: *The Prime Minister has trespassed on the principle of parliamentary accountability*, El Primer Ministro ha abusado del principio de responsabilidad parlamentaria; *Roosevelt was accused of trespassing upon the rights of the states*, Roosevelt fue acusado de usurpar los derechos de los Estados; *Could I trespass on your time and ask you to have a look at this?*, ¿Puedo abusar de tu tiempo y pedirte que le eches un vistazo a esto?

trick [trɪk]
  trick into *vt sep* (to trick *somebody* into *something*, trick *somebody* into doing *something*) tender una trampa a alguien para que haga algo, engañar a alguien para que haga algo: *He reckons he can trick the doctor into giving him an alibi*, Cree que puede engañar al médico para que le dé una coartada; *A number of methods were used to trick young men into the army*, Se emplearon una serie de métodos destinados a engañar a los jóvenes para que se alistaran en el ejército.
  trick out *vt sep* adornar, ataviar *(con algo)*: *Her hair was tricked out with bows and combs*, Tenía el pelo adornado con lazos y peinetas.
  SYNONYMS: deck out.

trifle ['traɪfəl]
  trifle with *vt insep* jugar con alguien, con los sentimientos de alguien; no guardar el debido respeto a alguien: *She wanted her revenge on this man who had trifled so blatantly with her affections*, Quería vengarse del hombre que había jugado de una manera tan descarada con sus sentimientos; *Don't trifle with me, I want the truth*, No juegues conmigo, quiero la verdad.

trigger ['trɪgəʳ]
  trigger off *vt sep* provocar, desencadenar, ser el desencadenante de algo, poner algo en funcionamiento: *It triggered off a chain of events that no-one could have anticipated*, Desencadenó una serie de acontecimientos que nadie habría podido prever; *Genetic material lies dormant for years until something triggers it off*, El material genético permanece años inactivo hasta que algo lo pone en funcionamiento.
  SEE ALSO: spark off; touch off.

trim [trɪm] trimming, trimmed, trimmed
  trim away or **trim off** *vt sep* retirar, quitar: *Trim away any surplus mortar with the trowel*, Retire la argamasa que sobre con la paleta; *He used a pair of nail scissors to trim off the ends of his moustache*, Se recortó las puntas del bigote con unas tijeras para las uñas.
  trim down *vt sep* recortar, reducir: *Trim down the end of the stick until you have a fairly sharp point*, Recorte el extremo del palo hasta que la punta quede bastante afilada; *He gave them a trimmed-down version of events*, Les dio una versión reducida de los acontecimientos.

trip on

trip [trɪp] tripping, tripped, tripped

trip on or **trip over** *vt sep* tropezar con algo *(y caerse)*: *He'd tripped on the dog's lead and fallen headlong into the hedge*, Había tropezado con la correa del perro y se había caído de bruces en el seto; *Be careful to avoid walking on, or tripping over, electric cables*, Procura no pisar ni tropezar con los cables eléctricos.

trip up *vt sep - vi*
1 tropezar; hacer tropezar a alguien, poner la zancadilla a alguien: *He tripped up as he approached the Queen and fell at her feet*, Dio un traspié cuando se acercó a la Reina y cayó a sus pies; *Every time I ran past he hit me again or tripped me up*, Cada vez que yo pasaba corriendo, me volvía a pegar o me hacía una zancadilla.
2 pillar a alguien, hacer caer a alguien: *You had better have your story straight because their lawyer will do everything he can to trip you up and rubbish your evidence*, Más vale que tu historia sea coherente porque el abogado hará todo lo posible por liarte y poner por los suelos tu declaración.

trot [trɒt] trotting, trotted, trotted

trot off *vi (informal)* irse corriendo, salir pitando *(para algún sitio)*: *She trotted off with her shopping basket bursting to tell everyone in the High Street the news*, Se fue con su cesta de la compra deseando contárselo a todo el mundo en High Street.

trot out *vt sep (informal)* echar mano de algo otra vez, utilizar otra vez: *Unconvincing explanations like these are trotted out every time there is an accident on the railways*, Siempre sueltan esta clase de explicaciones tan poco convincentes cada vez que hay un accidente en las vías de ferrocarril.

trump [trʌmp]

trump up *vt sep* inventar, forjar: *They'd trumped up a charge of treason as a convenient method of getting rid of her once and for all*, La habían acusado falsamente de traición para deshacerse de ella de una manera práctica y de una vez por todas.
SEE ALSO: dream up.

truss [trʌs]

truss up *vt sep (informal)* atar con cuerdas, tener sujeto: *Sarge, I've got a man trussed up here on the floor like a Christmas turkey*, Sargento, aquí tengo a un hombre atado como un pavo de Navidad en el suelo; *In the Victorian age women were trussed up in tight-fitting corsets*, En la época victoriana las mujeres se ceñían el cuerpo con corsés muy ajustados.

try [traɪ] trying, tried, tried

try for *vt insep* intentar conseguir algo, tratar de conseguir algo: *I don't know whether to try for a place in the football team or the rugby team*, No sé si intentar entrar en el equipo de fútbol o en el de rugby; *His company commander encouraged him to try for promotion to sergeant*, El comandante de su compañía lo animó a intentar ascender a sargento.

try on *vt sep*
1 probarse algo: *"This sweater looks a bit small." "Well, why don't you try it on and see?"*, -Este jersey parece un poco pequeño. -¿Por qué no te lo pruebas para ver?; *She went into a shop and tried on dress after dress but could not find one that she liked*, Entró en una tienda y se probó vestido tras vestido pero no encontró ninguno que le gustara.

2 *(informal)* pasarse con alguien, meterse con alguien, picar a alguien, quedarse con alguien: *I was irritable because of David trying it on with Sara*, Yo estaba molesta porque David se pasaba mucho con Sara; *We all know his reputation for violence, but if he tries it on here, he'll be sorry*, Todos conocemos su fama de violento, pero como se pase aquí, lo lamentará; *But children are like that, they try it on to see how you'll react*, Pero es que los niños son así, te ponen a prueba para ver cómo reaccionas.

try out *vt sep*
  1 probar algo, poner a prueba algo: *It was too wet and windy to try out the new bikes that day*, Ese día llovía y soplaba demasiado viento para probar las bicicletas nuevas; *I took these two guitars into the studio to try them out*, Llevé estas dos guitarras al estudio para probarlas.
  2 poner a alguien a prueba: *I think I'll ask him to write a couple of articles to try him out*, Creo que le pediré que escriba un par de artículos para ponerlo a prueba.

tuck [tʌk]
  tuck away *vt sep* guardar, ocultar, esconder: *She looked in the mirror she kept tucked away in her bag*, Miró en el espejo que llevaba guardado en su bolso.
  2 ocultar, esconder: *The housing development is tucked away behind shops*, La urbanización está escondida detrás de las tiendas; *It was a little shop tucked away down an alley*, Era una pequeña tienda oculta al final de un callejón.
  3 *(informal)* zamparse, tragar: *You know her, she can tuck away a whole box of chocs in less than half an hour*, Ya la conoces, es capaz de zamparse una caja entera de bombones en menos de media hora.
    SYNONYMS: pack away; put away.
  tuck in *vt sep*
    1 meter: *They say he wears his shirt tucked into his underpants*, Dicen que se mete la camisa por dentro de los calzoncillos; *Tuck your T-shirt in*, Métete la camiseta por dentro del pantalón.
    2 remeter; arropar, tapar *(en la cama)*: *Off to bed now and I'll come up in a moment to tuck you in*, Vete ya a la cama y enseguida iré a arroparte; *When you make the beds, please remember to tuck the sheets in properly, will you?*, Cuando hagas las camas, por favor, acuérdate de remeter bien las sábanas por debajo del colchón.
    3 meter para adentro *(el estómago)*: *Stand straight and tuck in your stomach*, Ponte recta y mete el estómago para dentro.
      SYNONYMS: pull in.
    4 *(informal)* comer con muchas ganas: *Soon we were tucking into roast beef and Yorkshire pudding*, Enseguida nos lanzamos a comer rosbif y un pudding de Yorkshire; *The food's ready. Tuck in, everyone*, La comida está lista. ¡Al ataque todo el mundo!
  tuck up *vt sep* arropar, tapar *(en la cama)*: *Nanny would tuck us up in bed and read us a story*, La niñera nos arropaba en la cama y nos contaba un cuento; *You can only really relax when the children are safely tucked up in bed*, Sólo puedes relajarte cuando los niños están bien arropados en la cama.

tug [tʌg] tugging, tugged, tugged
  tug at *vt insep* tirar de algo: *The man gripped his arm and started to tug at him*, El hombre lo cogió por el brazo y tiró de él.

tumble down

tumble [ˈtʌmbəl]

tumble down *vi* derribarse, derrumbarse, venirse abajo: *Jack and Jill did not tumble down the hill without someone giving a push*, Jack y Jill no pudieron rodar por la colina sin la ayuda de un empujón; *Then the walls tumbled down with an almighty crash*, Entonces las paredes se derrumbaron con un estruendo terrible.

tumble to *vt insep (informal)* darse cuenta de algo, caer en la cuenta de algo: *He'd been embezzling funds, and we didn't tumble to it until he suddenly disappeared*, Había estado malversando fondos, y no nos dimos cuenta hasta que de pronto desapareció.

tune [tjuːn]

tune in or **tune into** *vi - vt insep* sintonizar *(con algún programa de radio)*; ver *(un programa de televisión)*: *Listeners who tune in next week will hear the result of our competition*, Los oyentes que sintonicen con nosotros la semana que viene oirán el resultado de nuestro concurso; *You should have tuned into '40 minutes' (BBC2) on the subject of geriatric romance*, Tendrías que haber visto '40 minutos' (BBC2) sobre el amor geriátrico.

tune up *vt sep - vi* afinar: *People were already taking their seats and the orchestra tuning up when the announcement was made*, La gente ya había empezado a sentarse y la orquesta afinaba los instrumentos cuando se hizo la presentación; *It was a punk group so we never bothered to tune up our guitars*, Como era un grupo punk nunca nos molestamos en afinar nuestras guitarras.

turf [tɜːf]

turf out *vt sep (informal)*

1 echar a la calle, poner de patitas en la calle: *A number of fans were turfed out of the ground for fighting*, Varias admiradores fueron expulsados del recinto por pelearse.

2 tirar: *"Do you want any of these old clothes?" "No, just turf them all out"*, -¿Quieres esta ropa vieja? -No, tírala.

SYNONYMS: throw out.

turn [tɜːn]

turn against *vt sep* (**to turn against** *somebody*, **turn** *somebody* **against** *somebody*) volverse en contra de alguien: *The Maronites and other Christian groups turned against the French*, Los maronitas y otros grupos cristianos se volvieron en contra de los franceses; *Muslims have missed a great opportunity to turn public opinion against Salman Rushdie*, Los musulmanes perdieron una gran oportunidad de poner a la opinión pública contra Salman Rushdie.

turn around or **turn round**

1 *vi* volverse, darse la vuelta: *He told us not to turn around and to give him our money*, Nos dijo que no nos volviéramos y que le diéramos nuestro dinero; *I heard someone call my name and turned round to see who it was*, Oí que alguien me llamaba y me volví para ver quién era.

2 *vt sep* cambiar el sentido de algo, recuperar algo: *The newspaper's board hopes that she will be able to turn around its falling circulation*, La junta del periódico espera que ella pueda detener el descenso de la circulación; *Hopkins has turned round three companies in the last decade*, Hopkins ha saneado tres empresas en la última década.

turn away *vt sep - vi*

1 volverse, darse la vuelta, dar la espalda a alguien: *I turned away so that Jeff* *wouldn't be able to see my tears*, Me volví para que Jeff no pudiera ver mis lágrimas.

2 volver algo, dar la vuelta a algo: *Marie turned her face away from him*, Marie se volvió para que él no le viera la cara; *Turn your cards away or I'll see what you've got*, Esconde las cartas o veré lo que tienes.

3 rechazar algo, negarse a hacer algo: *The Indian government has refused to turn refugees away from its embassy*, El Gobierno indio se ha negado a echar a los refugiados de su embajada; *Tickets sold out in less than an hour and thousands of disappointed fans had to be turned away*, Las entradas se agotaron en menos de una hora y miles de aficionados decepcionados no pudieron entrar.

turn back *vi*
1 volver, dar la vuelta, desandar lo andado: *We got about 2,000 feet up the mountain but were then forced to turn back by bad weather*, Subimos unos seiscientos metros, pero tuvimos que volver por culpa del mal tiempo.

2 echarse atrás, cambiar de idea: *I think he's gone too far in his opposition to the party leadership to turn back now*, Creo que ha ido demasiado lejos en su oposición al liderazgo del partido para echarse atrás.

turn down
1 *vt sep* rechazar, declinar, no aceptar: *He turned down the job, saying that the salary was too low*, Rechazó el empleo porque, según él, el salario era demasiado bajo; *The first time I asked her to marry me, she turned me down*, La primera vez que le pedí que se casara conmigo, me rechazó.
SYNONYMS: decline; reject.

2 *vt sep* bajar *(el volumen/la intensidad/etc de algo)*, poner más bajo/flojo/etc: *Turn the heating down, it's far too hot in here*, Baja la calefacción, hace demasiado calor aquí dentro; *Turn that TV down. I can hear it at the other end of the house*, Baja la televisión. La oigo desde la otra punta de la casa.

3 *vt insep* coger por algún sitio, meterse por algún sitio, tirar por algún sitio: *The car left the main road to Cambridge and turned down a narrow country lane*, El coche se desvió de la carretera principal a Cambridge y cogió un estrecho camino rural.

turn in
1 *vt sep* entregar: *They could turn their guns and knives in without fear of prosecution*, Podían entregar sus pistolas y cuchillos sin temor a que los procesaran.
SYNONYMS: hand in.

2 *vt sep* presentar, entregar: *Those who haven't turned in their essays by the end of the week won't have them marked*, Los trabajos que no se entreguen al final de la semana no serán corregidos.
SYNONYMS: submit.

3 *vi (informal)* retirarse, irse a dormir: *Well, it's getting late, I think I'm going to turn in now*, Bueno, es tarde, creo que me voy a retirar.

4 *vt sep* entregar, denunciar: *It would be better for everyone if he turned himself in*, Lo mejor para todo el mundo sería que se entregara; *The funny thing is that it was his wife who turned him in to the police*, Lo extraño es que fue su mujer la que lo entregó a la policía.

turn into
1 *vt sep – vi* convertir, convertirse, transformar, transformarse: *In five years he's turned the company into one of the leading public relations firms in the country*, En cinco años ha convertido la empresa en una de las principales firmas de relaciones públicas del país; *A witch turned his two daughters into swans*, Una bruja convirtió a sus dos hijas en cisnes; *A low estimate can easily turn into a high bill*, Un presupuesto bajo puede convertirse fácilmente en una factura elevada.

2 *vt insep* meterse por algún sitio, coger por algún sitio, tirar por algún sitio: ***Turning into the lane, they could see the house up ahead***, Al meterse por el camino, vieron que la casa estaba más adelante.

turn off

1 *vt sep* apagar, desconectar *(la luz, la calefacción)*, cerrar *(el grifo)*: ***Drain the tank and turn the electricity off***, Apaga el depósito y desconecta la electricidad; ***Could the last one to leave please turn off the lights?***, Por favor, él último que salga que apague la luz; ***Please remember to turn off the tap when you have finished using the washbasin***, Por favor, acuérdate de cerrar el grifo cuando acabes de usar el lavabo.

2 *vt insep* salir de *(una carretera)*: ***You have to turn off the road after the traffic lights***, Tienes que salir de la carretera después del semáforo; ***Turn off the motorway at exit 35 and take the A63***, Sal de la autopista en la salida 35 y coge la A63.

3 *vt sep* quitar las ganas de algo a alguien: ***Her rather high-pitched speaking voice was thought by her image-makers to turn voters off***, Sus asesores de imagen consideraban que su voz aguda producía una reacción de rechazo en los votantes.
Synonyms: put off.
Antonyms: turn on.

4 *vt sep* quitar las ganas *(de sexo)* a alguien, enfriar a alguien: ***All his attempts to arouse her seemed only to turn her off***, Parecía que todos sus intentos de excitarla sólo conseguían quitarle las ganas.
Antonyms: turn on.

turn on

1 *vt sep* encender *(la luz, la calefacción)*, abrir *(el grifo)*: ***I went into the kitchen and turned on the light***, Entré en la cocina y encendí la luz; ***Turn on the tap when I say 'now'***, Abre el grifo cuando te diga 'ahora'.

2 *vt sep* poner en marcha un comportamiento determinado, volverse de alguna manera: ***When he feels like it he can turn on the charm, but you know it's not the real him***, Cuando quiere puede estar encantador, pero sabes que en realidad él no es así.

3 *vt insep* atacar: ***Don't make sudden movements or the dogs may turn on you***, No hagas ningún movimiento brusco porque los perros pueden atacarte; ***Then she turned on me, saying that I was useless and incompetent***, Entonces arremetió contra mí, diciendo que era un inútil e incompetente.

4 *vt sep* apuntar con algo: ***She doesn't like it when the spotlight is turned on her***, No le gusta cuando la apuntan con un foco; ***Nervously she turned the torch on the door, crying 'Who's there?'***, Dirigió la linterna hacia la puerta con nerviosismo y gritó: '¿Quién está ahí?'; ***Joe kept the revolver turned on them as I went through their pockets***, Joe les apuntaba con la pistola mientras yo les inspeccionaba los bolsillos; ***After shooting half a dozen people, Macey then turned the gun on himself***, Tras disparar a media docena de personas, Macey se apuntó con la pistola; ***With the fire in the paint warehouse out, the firemen could now turn their hoses on the office buildings***, Una vez apagado el incendio en el almacén de pinturas, los bomberos pudieron dirigir las mangueras hacia los edificios de oficinas.

5 *vt insep* depender de algo: ***Liability turned on the question of whether the company had adequate safety procedures***, La responsabilidad depende de si la empresa tenía procedimientos de seguridad adecuados; ***The outcome turns on the votes of union delegates***, El resultado depende de los votos de los delegados sindicales.
Synonyms: hang on; hinge on.

6 *vt sep* excitar a alguien, poner caliente a alguien: ***The sight of all that naked flesh***

doesn't turn me on in the slightest, Ver toda esa carne desnuda no me excita en absoluto.
SYNONYMS: arouse.
7 *vt sep* excitar, emocionar: *He says that he gets turned on by the danger*, Dice que el peligro le emociona.

turn out
1 *vi* resultar, acabar siendo: *Two of the men turned out to have family problems*, Resultó que dos de los hombres tenían problemas familiares; *The photos didn't turn out too well, they're a bit blurred*, Las fotos no salieron muy bien, están un poco borrosas; *It turns out that she 'stole' the jewels herself to claim from the insurance company*, Resulta que ella misma 'robó' las joyas para reclamar el dinero del seguro; *Thankfully everything has turned out all right for both the baby and the mother*, Por suerte todo salió bien tanto para el bebé como para la madre; *Don't worry. It'll all turn out all right in the end!*, No te preocupes. ¡Al final todo saldrá bien!
2 *vt sep* apagar *(la luz, la calefacción)*: *Be sure to turn out the lights when you leave*, Acuérdate de apagar las luces cuando te vayas.
3 *vt sep* echar, expulsar: *She turned everyone else out of her room*, Echó a todos los demás de su habitación; *Those tenants who couldn't pay their rent were turned out of their cottages by police and soldiers*, Los inquilinos que no podían pagar el alquiler fueron desalojados de sus casas por la policía y los soldados.
SYNONYMS: put out; throw out; evict.
4 *vt sep* vaciar, sacar: *Her small son had opened the biscuit box and turned out the contents on the kitchen floor*, Su hijo pequeño había abierto la caja de galletas y había tirado su contenido por el suelo de la cocina.
5 *vt sep* sacar, producir: *Most of the stuff the Stones have turned out since 1973 is absolute rubbish*, Casi todo lo que han sacado los Stones a partir de 1973 es pura basura; *The local winery turns out several thousand bottles a year*, Las bodegas locales producen varios miles de botellas de vino al año.
6 *vi* asistir, acudir: *Large crowds turned out to welcome the team home*, Grandes multitudes acudieron a dar la bienvenida al equipo.
7 **(to to be well/neatly/smartly turned out)** ir elegante: *She's always neatly turned out in a smart skirt and jacket*, Siempre está impecable con una falda y chaqueta de lo más elegantes.

turn over
1 *vt sep - vi* dar la vuelta a algo, volver, girar: *The doctor turned her hands over and examined her fingernails*, El médico le dio la vuelta a las manos y le examinó las uñas; *Blofeld turned over a log in the fireplace with his boot*, Blofeld le dio la vuelta a un leño en la chimenea con la bota; *The lorry came off the road and turned over in a ditch*, El camión se salió de la carretera y dio una vuelta de campana en una cuneta; *When you hear this sound on the cassette, turn over the page in your book*, Cuando oiga este sonido en la cinta, pase la página de su libro.
2 *vt sep* entregar, ceder: *Britain agreed to turn Hong Kong over to China at the end of 1997*, Gran Bretaña prometió entregar Hong Kong a China a finales de 1997.
3 *vt sep* cambiar a algo, convertir en algo: *Most of the land where the factories once stood has been turned over to agricultural use*, La mayor parte de las tierras donde antes estaban las fábricas han pasado a tener un uso agrícola.
4 *vt sep* entregar a alguien *(a la policía)*: *They'll be turned over to the French police once the extradition formalities are completed*, Serán entregados a la policía francesa en cuanto concluyan los trámites de extradición.
5 *vt sep - vi* cambiar de emisora/canal, hacer zapping: *Do you mind if I turn the radio*

over? There's a concert on Radio 3 I'd like to hear, ¿Te importa si cambio de emisora? Hay un concierto en Radio 3 que quiero oír; *As soon as she had gone he turned over to watch the football*, En cuanto ella se fue, él cambió de canal para ver el fútbol.

6 *vt sep (informal)* poner algún sitio patas arriba: *They returned to find the office had been turned over by the police*, Cuando volvieron se encontraron con que la policía había puesto la oficina patas arriba.

7 *vi* hacer girar, revolucionar al mínimo: *Keep the engine turning over, engage first gear, and draw away slowly*, No dejes que se te cale el motor, pon la primera y sal poco a poco.

SYNONYMS: tick over.

8 *vt sep* pensarse algo: *When he turned it all over in his mind afterwards, he realised he had made a grave mistake*, Después, cuando lo pensó, se dio cuenta de que había cometido un grave error.

turn round *vt sep - vi* see **around**.

turn to *vt insep*

1 recurrir a alguien, acudir a alguien *(buscando ayuda)*: *Where we used to live you could always turn to the neighbours for help, but you can't do that here*, Donde vivíamos antes siempre podíamos recurrir a los vecinos para pedir ayuda, pero aquí eso no se puede hacer; *The company has been forced to turn to the government to solve its financial crisis*, La empresa se vio obligada a recurrir al Gobierno para resolver su crisis económica.

2 empezar con algo, cambiar a algo: *Now I'd like to turn to the English Romantic poets*, Ahora me gustaría hablar de los poetas románticos ingleses.

turn up

1 *vi* aparecer, presentarse, llegar: *Some parents don't even turn up for meetings with their child's teacher*, Algunos padres ni siquiera se presentan a las reuniones con el profesor de su hijo; *Surely Dennis wouldn't turn up late*, No creo que Dennis llegara tarde; *Everton supporters turn up in their thousands week after week*, Miles de aficionados al Everton acuden semana tras semana; *He had turned up for work as usual*, Se había presentado al trabajo como siempre.

2 *vt sep* descubrir casualmente, sacar a la luz casualmente: *We've turned up some pretty unsavoury details about his financial dealings*, Hemos descubierto detalles bastante desagradables sobre sus actividades económicas.

3 *vt sep* subir el volumen, la intensidad, etc de algo, poner más alto, fuerte, etc: *The pop music was turned up very loud, making it difficult to talk*, La música pop estaba muy alta, por lo que costaba hablar; *You can turn up the volume using the knob on the front of the music centre or with the remote control*, Puedes subir el volumen con el botón delantero del equipo de música o con el mando a distancia; *Can you turn up the heating? It's freezing in here*, ¿Puedes poner más fuerte la calefacción? Hace un frío que pela aquí dentro.

4 *vt sep* meterle el dobladillo a algo: *These jeans will have to be turned up by at least two inches*, Habrá que meterle un dobladillo a los vaqueros de al menos cinco centímetros.

type [taɪp]

type in or **type into** *vt sep* teclear, escribir *(a máquina)*, introducir: *Type in your name, then the password*, Teclee su nombre y después su contraseña; *I sit at home, typing this book into a word processor*, Estoy en casa, pasando este libro a un procesador de textos.

SYNONYMS: key in.

type out *vt sep* pasar algo a máquina, escribir algo a máquina: *He asked her if she was prepared to type out his thesis for him*, Le preguntó si estaba dispuesta a pasar su tesis a máquina.

type up *vt sep* pasar algo a máquina, escribir algo a máquina: *We'll send you the report as soon as it is typed up*, Le enviaremos el informe en cuanto lo hayan mecanografiado.

urge [ɜːdʒ]
urge on or urge upon *vt sep*

1 animar a alguien a seguir con algo: *By now both jockeys were using their whips to urge on their horses*, Para entonces los dos jockeys usaban los látigos para espolear a los caballos; *The Prime Minister, urged on by her economic advisors, insisted on cutting both taxes and public expenditure*, La Primera Ministra, a instancias de sus asesores económicos, insistió en reducir los impuestos y el gasto público.

2 (to urge *something* on *somebody*) animar a alguien a algo, instar a alguien a algo, convencer a alguien de algo: *The salesman was urging this encyclopaedia on us that we didn't need and couldn't afford*, El vendedor intentaba convencernos de que compráramos una enciclopedia que no necesitábamos ni podíamos pagar; *I didn't want to refuse the food that her mother urged upon me*, No quería rechazar la comida que su madre me instaba a comer.

use [juːz]
use up *vt sep*

1 acabar con algo, usarlo, gastarlo, consumirlo todo: *We've used up all the spare light bulbs*, Hemos usado todas las bombillas de repuesto; *The rockets flew in a straight line until their fuel was used up*, Los cohetes volaron en línea recta hasta que consumieron todo el combustible; *Sprinters often collapse when they cross the line because they've used up the reserves of oxygen in their blood*, Los velocistas suelen derrumbarse cuando cruzan la línea porque han agotado todas las reservas de oxígeno en la sangre.

2 aprovechar algo: *Karen made a rissoto to use up the remains of the turkey*, Karen hizo un risotto para aprovechar los restos del pavo.

usher ['ʌʃə']
usher in or usher into *vt sep*

1 hacer pasar a alguien, mostrar a alguien el camino de entrada: *A uniformed police officer ushered me in and offered me a chair*, Un policía uniformado me hizo pasar y me ofreció una silla; *At the restaurant they were ushered into a small, extremely hot cocktail lounge*, En el restaurante les hicieron pasar a una pequeña sala de cócteles en la que hacía mucho calor.

2 anunciar algo, llegar acompañado de algo: *Winter was ushered in by a week of especially hard frosts*, El invierno llegó con una semana de heladas especialmente duras.

usher out *vt sep* hacer salir, acompañar hasta la salida: *We were ushered out by a grim black-coated butler*, Un adusto mayordomo que llevaba un abrigo negro nos acompañó hasta la puerta.

vamp [væmp]
vamp up *vt sep* hacer algunos arreglos a algo, arreglar algo: *She'd vamped up the*

plain court shoes by adding diamanté clip-on bows, Había arreglado los sencillos zapatos de salón añadiéndoles unos lazos de estrás que se enganchaban con un clip.

varnish [ˈvɑːnɪʃ]

varnish over *vt sep* disimular, ocultar: *Their attempts to varnish over the rift in the party hadn't been wholly successful*, Sus intentos de disimular la escisión en el partido no tuvieron mucho éxito.
SYNONYMS: paper over; draw a veil over.

veer [vɪəR]

veer off *vi* salirse de la carretera, desviarse del camino: *A tyre burst and the car veered off the road into a field*, Reventó un neumático y el coche se salió de la carretera y se metió en un campo; *Initially we talked about work and exams, but soon the conversation veered off into more personal matters*, Al principio hablamos del trabajo y los exámenes, pero pronto la conversación se desvió hacia temas más personales.

venture [ˈventʃəʳ]

venture forth *vi (formal or literary)* aventurarse a salir: *It's much too cold to think of venturing forth unless your journey is absolutely necessary*, Hace demasiado frío para aventurarse a salir a menos que su viaje sea absolutamente necesario.

verge [vɜːdʒ]

verge on or **verge upon** *vt insep* rayar en algo, rozar con algo: *Then they would break into convulsions of laughter, verging on hysteria*, Entonces les entraban unos ataques de risa que rozaban con la histeria; *Some Conservatives thought that the BBC was verging upon treason with its 'even-handed' approach to covering the war*, Algunos conservadores creían que la BBC rozaba la traición con su enfoque 'imparcial' de la guerra.
SYNONYMS: border on.

vest [vest]

vest in *vt sep* conferir algo a alguien, conceder algo a alguien: *The government is vesting its hopes of re-election in an economic upturn*, El Gobierno deposita sus esperanzas de reelección en un repunte económico; *By the power vested in me by the state of Missouri, I now pronounce you man and wife*, Por el poder que me confiere el Estado de Missouri, los declaro marido y mujer.

vest with *vt insep* conferir algo a alguien, conceder algo a alguien: *All the bankrupt's property shall thenceforth vest with the trustee*, De ahora en adelante todas las propiedades del fallido serán conferidas al fideicomisario.

visit [ˈvɪzɪt]

visit on or **visit upon** *vt sep* (to visit *something* on *somebody*) *(old or literary)* hacer recaer algo sobre alguien, infligir algo a alguien: *He felt as if the wrath of the entire community was being visited upon him*, Sintió como si la ira de toda la comunidad se hubiera volcado sobre él; *Some saw the offensive as a way of visiting a punishment on the Germans for what they had done in Europe*, Algunos consideraron la ofensiva como una manera de infligir un castigo a los alemanes por lo que le habían hecho a Europa.

visit with *vt insep* AME visitar a alguien: *The incident happened when I was vis-*

iting with some relations in Nebraska, El incidente tuvo lugar cuando yo pasaba unos días en casa de unos familiares en Nebraska.

vote [vəʊt]

vote down *vt sep* rechazar algo *(por mayoría de votos)*, votar en contra de algo: ***A Liberal MP tabled an amendment that was subsequently voted down in the Commons***, Un diputado liberal presentó una enmienda que después fue rechazada en la Cámara de los Comunes.

vote in *vt sep* elegir a alguien *(por mayoría de votos)*: ***He was voted in again with an increased majority***, Fue reelegido con una mayoría aun más amplia; ***I think it very unlikely that the Nationalists will be voted in***, Creo que es muy poco probable que ganen los nacionalistas.

vote on *vt insep* votar algo: ***When they come to vote on it, it's likely to be very close-run thing***, Cuando lo voten, lo más probable es que el resultado esté muy reñido.

vote out *vt insep* no ser elegido *(en una votación)*, perder *(en las elecciones)*: ***Quite unexpectedly, Winston Churchill and the Conservatives were voted out in the post-war election***, De un modo bastante inesperado, Winston Chruchill y los conservadores perdieron en las elecciones que tuvieron después de la guerra; ***If you don't like my views, then you can vote me out at the next election***, Si no les gustan mis ideas, no me voten en las próximas elecciones.

vote through *vt sep* aprobar *(por mayoría de votos)*: ***These changes were voted through at the last council meeting***, Estos cambios fueron aprobados en el último pleno del ayuntamiento.

vouch [vaʊtʃ]

vouch for *vt insep*

1 responder por alguien: ***He's a good lad and I'd certainly be prepared to vouch for him***, Es un buen chico y desde luego estaría dispuesto a responder por él.
SYNONYMS: answer for.

2 responder de algo, ser aval de algo: ***You'll have to find someone who will vouch for the existence of another will***, Tendrás que encontrar a alguien que dé fe de la existencia de otro testamento.

wade [weɪd]

wade in *vi (informal)*

1 atacar, arremeter: ***He's always the first to wade in when a fight starts***, Es siempre el primero en meterse cuando empieza una pelea; ***Then Mike waded in, saying that the idea was completely absurd***, Entonces se metió Mike, diciendo que la idea era completamente absurda.

2 ponerse manos a la obra, ponerse a trabajar: ***There were hundreds of letters to be answered so we all had to wade in***, Había que contestar a cientos de cartas así que nos tuvimos que poner todos manos a la obra.
SYNONYMS: pitch in; get stuck in *(informal)*.

wade into *vt insep (informal)*

1 arremeter contra alguien, atacar a alguien: ***The Labour Deputy waded into the Tories in a rousing speech***, El diputado laborista arremetió contra los conservadores con un discurso vehemente.
SYNONYMS: launch into; tear into *(informal)*.

2 participar en algo, ponerse manos a la obra con algo: ***All his friends waded into***

wade through

the tidying-up and soon the house was back to normal, Todos sus amigos participaron en la limpieza y pronto la casa volvió a estar como siempre.
SYNONYMS: get stuck into *(informal)*.

wade through *vt insep (informal)* leer *(un libro)* con dificultad por lo pesado que es: *Then he's got to wade through boxes of official papers before going to bed*, Después tiene que leer varias cajas de documentos oficiales antes de irse a la cama.
SYNONYMS: plough through.

wager ['weɪdʒəʳ]

wager on *vt sep*

1 *(old)* apostar *(dinero)* por algo: *He'd wagered over £500 on the horse so was not very happy when it came third*, Había apostado más de 500 libras por el caballo así que no se alegró mucho cuando quedó tercero.
SYNONYMS: bet on.

2 *(rather formal)* apostar por algo, apostar a que pasa algo: *I wouldn't wager on his being there if I were you*, Yo en tu lugar no apostaría que estará allí.
SYNONYMS: gamble on.

wait [weɪt]

wait about or **wait around** *vi* quedarse esperando: *Film-making involves acting for ten minutes and then waiting about for two hours*, Hacer cine significa actuar diez minutos y después esperar sin hacer nada unas dos horas; *I waited around in the car park until I saw him come out*, Me quedé esperando en el parking hasta que lo vi salir; *I don't feel like waiting around in this job for years hoping that one day I'll get promoted*, No me apetece quedarme años en este trabajo a la espera de que algún día me asciendan.
SYNONYMS: hang about *(informal)*.

wait behind *vi* quedarse para esperar algo: *She asked her to wait behind after the meeting finished*, Le pidió que se quedara después de que acabara la reunión.
SYNONYMS: remain behind; stay behind.

wait in *vi* quedarse esperando *(en casa)*: *I waited in all morning but the workmen didn't turn up*, Me quedé esperando toda la mañana pero los obreros no se presentaron.
SYNONYMS: stay in.

wait on or **wait upon**

1 *vt insep* servir, atender: *It was lovely meal and we were waited on by a very nice young man called Keith*, Fue una comida maravillosa y nos atendió un joven muy amable que se llamaba Keith.

2 *vt insep* atender los deseos/las necesidades de alguien: *When I go away on holiday I just like to relax and be waited on*, Cuando me voy de vacaciones me gusta relajarme y que me sirvan; *The aristocracy had armies of servants who waited upon their every need*, La aristocracia tenía ejércitos de criados que atendían todas y cada una de sus necesidades.

3 *vt insep (informal)* esperar a alguien: *Kevin was waiting on me at the bus-stop*, Kevin me esperaba en la parada del autobús.

4 *vi (informal)* esperar un momento: *Wait on, I think I may have found what we were looking for*, Un momento, creo que he encontrado lo que buscábamos; *Wait on, I'm just coming*, Espera, ya voy.
SYNONYMS: hang on *(informal)*.

wake up to

5 *vi* quedarse esperando en algún sitio: *Jack waited on in her dressing-room until after eleven*, Jack se quedó esperando en su vestidor hasta pasadas las once.
SYNONYMS: stay on.

6 *vt insep (formal)* estar esperando algo: *"Have you fixed the machine yet?" "No, we're waiting on a delivery of spare parts"*, -¿Ya has arreglado la máquina? -No, estamos esperando que nos envíen unas piezas; *Parliament had to wait upon the king's response before acting*, El Parlamento tuvo que esperar la respuesta del rey antes de actuar.

wait out *vt sep* esperar a que acabe *(una tormenta, una situación difícil)*, esperar durante *(un período de tiempo)*: *There's nothing more we can do until the police get in touch again. We'll just have to wait it out*, Ya no podemos hacer nada más hasta que la policía vuelva a ponerse en contacto. Sólo podemos aguantar y esperar; *Impatiently, Maria waited out the month until his return*, María esperó impacientemente todo el mes a que él volviera.
SYNONYMS: sit out.

wait up *vi*
1 esperar despierto, no acostarse hasta que alguien llega: *My mother always waits up for me, even when I come in after midnight*, Mi madre siempre me espera despierta, incluso cuando llego pasadas la medianoche; *I'll be back late, don't wait up for me*, Vendré tarde, no me esperes despierto.
SYNONYMS: stay up.

2 *(informal)* esperar un momento: *Wait up, Ken, I'll just be a minute*, Espérame, Ken, sólo estaré un momento.
SYNONYMS: hang on *(informal)*.

wait upon *vt insep* see **wait on**.

wake [weɪk] waking, woke, woken (Also **waken**. In American English **waked** is often used as the past tense and past participle of **wake**)

wake up *vt sep - vi*
1 despertarse: *He woke up in the middle of the night and couldn't get back to sleep*, Se despertó a medianoche y no pudo volver a dormirse; *"Wake me up when we get to London," said O'Keefe and closed his eyes*, -Despiértame cuando lleguemos a Londres -dijo O'Keefe y cerró los ojos; *It was a thin, piercing sound, like the wail of a child that has just wakened up and found himself alone*, Era un sonido débil y penetrante, como el gemido de un niño que se acababa de despertar y que veía que estaba solo.

2 despertar: *A word from you might wake him up a bit and make him start working*, Puede que una palabra tuya lo espabile un poco y lo haga ponerse a trabajar; *The election defeat had the effect of wakening up the Conservatives who'd been pretty complacent about winning until then*, La derrota en las elecciones sirvió para espabilar a los conservadores que hasta entonces habían estado bastante seguros de que ganarían.

3 despertar, espabilarse: *Wake up, you lot. That was a dismal performance*, Despertad, muchachos. Eso fue una actuación penosa; *You'd better waken up if you don't want to lose your job*, Más vale que espabiles si no quieres quedarte sin trabajo.

wake up to *vt insep* darse cuenta de algo, tomar conciencia de algo: *By the time he woke up to the fact it was too late to do anything about it*, Cuando se dio cuenta ya era demasiado tarde para remediarlo; *Shareholders are increasingly waking up to the power they have*, Los accionistas están dándose cuenta cada vez más del poder que tienen; *It has taken the government a long time to waken up to the cri-*

walk away

sis in our schools, El gobierno ha tardado mucho en tomar conciencia de la crisis en nuestras escuelas.

waken ['weɪkən] see **wake**.

walk [wɔːk]
walk away *vi* see **walk off**.

walk away from *vt insep* desentenderse de algo, huir de algo: *You can't keep walking away from problems, some day you'll have to face up to them*, No puedes desentenderte siempre de los problemas, algún día tendrás que hacer frente a ellos; *But you can't just walk away and leave us like this*, Pero no puedes irte y dejarnos así.

walk away with *vt insep (informal)* llevarse: *There doesn't seem to be anyone who can stop him walking away with the World Driver's Championship*, No parece haber nadie capaz de impedir que gane el Campeonato Mundial de Conductores.
SYNONYMS: walk off with *(informal)*.

walk in *vi*
1 entrar: *They were talking about Edith and the money when Henry walked in*, Hablaban de Edith y el dinero cuando entró Henry; *He has this annoying habit of walking in without knocking*, Tiene la molesta costumbre de entrar sin llamar.
2 entrar, tener acceso a algo: *There's no security guard and anyone could walk in*, No hay un guardia de seguridad y cualquiera pudo entrar.

walk in on *vt insep* interrumpir a alguien, llegar en medio de algo: *Sam was embarrassed to have walked in on an argument between his sister and her boyfriend*, Sam estaba avergonzado porque llegó justo en medio de una discusión entre su hermana y su novio.

walk into *vt insep*
1 meterse en algo, toparse con algo: *He turned the corner and walked straight into a rioting mob of hooligans*, Dobló la esquina y se topó con una multitud desenfrenada de gamberros; *You can't just walk into a shop and buy a gun*, No puedes entrar en una tienda y comprar una pistola así sin más.
2 conseguir *(un trabajo)*: *He thinks that people from his sort of background can just walk into any job they like*, Cree que la gente con sus antecedentes puede conseguir el trabajo que quiera.

walk off
1 *vi* irse, marcharse, salir: *Jane waved goodbye and walked off without saying a word*, Jane dijo adiós con la mano y se fue sin decir nada; *I asked him to help me, but he just turned and walked away*, Le pedí que me ayudara, pero él dio media vuelta y se marchó.
2 *vt sep* bajar *(la comida)*, quitarse caminando *(la resaca)*, tranquilizar *(la rabia, en enfado)*: *Tim went down to the beach to walk off his rage and frustration*, Tim bajó a dar un paseo por la playa para aliviar su rabia y frustración; *I've eaten too much; I think I ought to go out and walk some of it off*, He comido demasiado; creo que debería salir a dar un paseo para bajar la comida.

walk off with *vt insep*
1 llevarse: *It seems that American athletes are walking off with all the gold medals again*, Parece que los atletas americanos se están llevando otra vez todas las medallas de oro.
SYNONYMS: walk away with.
2 *(informal)* llevarse, largarse con algo *(que no es suyo)*: *The thief calmly walked off*

wall up

with about ten thousand pounds' worth of jewels, El ladrón se fue tan tranquilo con joyas por un valor de diez mil libras.

walk on *vi* seguir su camino, seguir caminando: *They walked on in silence, not even looking at each other*, Siguieron caminando en silencio, sin siquiera mirarse; *Walk on past the church and turn right at the pub on the corner*, Pasada la iglesia siga todo recto y gire a la derecha cuando llegue al pub de la esquina; *It was now late, but we decided to walk on to the next village to find a place to sleep*, Ya era tarde, pero decidimos seguir caminando hasta el siguiente pueblo para encontrar un lugar para dormir.

walk out *vi*
1 declararse en huelga, dejar el trabajo: *The lads in the machine shop are threatening to walk out if they don't get a pay rise this year*, Los muchachos del taller de máquinas amenazan con declararse en huelga si no les aumentan el sueldo este año.
2 marcharse, irse, abandonar *(un sitio)*: *He felt he had been insulted and walked out of the meeting in protest*, Se sintió insultado y abandonó la reunión en señal de protesta; *The play was so bad that many of the audience walked out before the interval*, La obra era tan mala que muchos miembros del público se marcharon antes del intermedio.

walk out on *vt insep (informal)* abandonar a alguien, dejar a alguien: *Her husband walked out on her so she had to bring up the kids on her own*, Su marido la abandonó así que tuvo que criar a sus hijos sola.
SYNONYMS: leave; abandon.

walk over *vt insep (informal)* maltratar a alguien: *She lets those kids walk all over her*, Deja que esos niños la maltraten; *They were fed up of being walked over and treated like dirt*, Estaban hartos de que los pisotearan y los trataran como piltrafas.

walk through *vt sep* repasar *(una escena)* detenidamente, ensayar *(una escena)* paso a paso: *There's nothing to worry about, you'll be walked through the scene before we start filming*, No te preocupes, te enseñarán cómo es la escena antes de que empecemos a filmar.

wall [wɔ:l]

wall in *vt sep*
1 cercar, amurallar, tapiar, emparedar: *The kitchen garden was walled in and couldn't be seen from the big house*, El jardín de la cocina estaba cercado por un muro y no se veía desde la casa grande.
2 rodear, encerrar: *Rhoda felt trapped, walled in on every side by people who wanted to harm from her*, Rhoda se sintió atrapada y rodeada por todos los lados de gente que quería hacerle daño.
SYNONYMS: fence in; hem in; pen in.

wall off *vt sep* separar con un muro/una pared: *The prison was walled off from the rest of the city and patrolled inside and out by armed guards*, La cárcel estaba separada del resto de la ciudad por un muro y unos guardias armados la vigilaban por dentro y por fuera.
SEE ALSO: partition off.

wall up *vt sep*
1 tapiar, poner un muro en *(una entrada)*, condenar *(una ventana)*: *The sarcophagus was walled up in a hidden inner chamber*, El sarcófago estaba en una cámara interna oculta y tapiada; *Inspectors declared the building unsafe and walled up the entrance and windows*, Los inspectores declararon que el edificio era peligroso y tapiaron la entrada y las ventanas.

2 emparedar: *The kidnappers kept her hidden by walling her up in a basement*, Los secuestradores la mantuvieron oculta emparedándola en el sótano.

wallow [wɒləʊ]
wallow in *vt insep* deleitarse en algo, sumirse en algo: *You'll never be a success if you don't stop wallowing about in self-pity*, Nunca tendrás éxito si no paras de regodearte en la autocompasión.

waltz [wɔːlts, wɔːls]
waltz in *vi (informal)* entrar como si nada, entrar tan pancho: *She waltzed in and sat down in my armchair as if she owned the place!*, ¡Entró tan tranquila y se sentó en mi butaca como si fuera la dueña del lugar!
SYNONYMS: breeze in.

waltz off with *vt insep (informal)*
1 llevarse algo, hacerse con algo: *Keep this standard up and you'll waltz off with all the prizes*, Mantén este nivel y te llevarás todos los premios.
2 largarse con algo, salir llevándose algo: *Apparently this woman walked into the shop and waltzed off with a tray of gold rings while the assistant was on the phone*, Al parecer esta mujer entró en la tienda y salió con una bandeja llena de anillos de oro mientras el dependiente hablaba por teléfono.
SYNONYMS: walk away with; walk off with.

waltz out *vi (informal)* irse como si nada: *Then he waltzed out without even so much as a goodbye*, A continuación se fue tan fresco, sin siquiera despedirse.
SYNONYMS: breeze out.

wander [ˈwɒndəʳ]
wander about or **wander around** *vi* dar una vuelta, deambular: *He wandered around for a bit and then came back to the hotel*, Dio una pequeña vuelta y luego volvió al hotel; *I had two hours to kill so I spent some time wandering about the airport*, Me sobraban dos horas así que di una vuelta por el aeropuerto.

wander off *vi* alejarse, irse sin saber dónde: *Keep an eye on the children and make sure they don't wander off and get lost*, Vigila a los niños y asegúrate de que no se alejen y se pierdan.

want [wɒnt]
want for *vt insep* necesitar algo, faltar de algo, carecer de algo: *Coming from a wealthy family, she never wanted for anything*, Al proceder de una familia rica, nunca le faltó de nada.

want in on *vt insep (informal)* querer participar, querer entrar: *Jackson has made it clear that he wants in on the deal*, Jackson lo dejó bien claro que quiere participar en el negocio.
ANTONYMS: want out of.

want out of *vt insep (informal)* querer dejar, querer abandonar: *I don't think he wants a reconciliation, he just wants out of the marriage*, No creo que quiera una reconciliación, lo único que quiere es acabar con el matrimonio.
ANTONYMS: want in on.

ward [wɔːd]
ward off *vt sep*
1 parar, desviar: *He used his umbrella to ward off her blows*, Usó el paraguas para

protegerse de sus golpes; *She held up her arms as if to ward off a blow*, Levantó los brazos para repeler un golpe.
SYNONYMS: fend off.

2 protegerse contra algo, conjurar algo: *She has a big glass of orange juice for breakfast to ward off colds and flu*, Para desayunar se toma un gran vaso de zumo de naranja para prevenir los resfriados y la gripe; *We leave a light on when we go out to ward off burglars*, Cuando salimos dejamos una luz encendida para ahuyentar a los ladrones; *I always carry a rabbit's foot with me to ward off bad luck*, Siempre llevo encima una pata de conejo para conjurar la mala suerte.
SYNONYMS: fend off.

warm [wɔːm]

warm over *vt sep* ESP AME *(informal, derogatory)* hacer un refrito de algo, usar algo con pequeñas variaciones: *The voters want something new, not just the same old policies, warmed over*, Los votantes quieren algo nuevo, no sólo las viejas medidas de siempre pero recicladas.
SYNONYMS: rehash.

warm through *vt sep* calentar, recalentar *(comida)* templar *(agua, leche)*: *Serve the sauce cold, or warm it through before serving*, Sirva la salsa fría, o caliéntela un poco antes de servirla.

warm to *vt insep*
1 entusiasmarse con algo, empezar a gustar algo más: *After initial nervousness, he found himself warming to the task*, Tras el nerviosismo inicial, vio que se entusiasmaba con la tarea.
2 gustar a alguien, caer bien a alguien: *Mother wasn't keen on you at first, but she's warming to you now*, Al principio no le caías muy bien a mi madre, pero ahora empiezas a resultarle simpático.

warm towards *vt insep* gustar a alguien, caer bien a alguien: *Mother wasn't keen on you at first, but she's warming towards you now*, Al principio no le caías muy bien a mi madre, pero ahora empiezas a resultarle simpático (American speakers of English usually use **toward** instead of **towards**).

warm up *vt sep*
1 calentar, recalentar *(comida)* templar *(agua, leche)*: *She served us some warmed-up leftovers*, Nos sirvió unas sobras recalentadas; *I didn't feel much like cooking, so I just warmed up a tin of beans*, Como no me apetecía mucho cocinar, calenté una lata de judías.
2 subir las temperaturas: *The rain will die out slowly and it will warm up considerably over the next few days*, Poco a poco dejará de llover y en los próximos días subirán bastante las temperaturas; *The house soon warmed up when we turned the heating on*, La casa se calentó enseguida cuando encendimos la calefacción.
ANTONYMS: cool down.
3 calentarse, entrar en calor: *He put his hands inside his jacket to warm them up*, Metió las manos dentro de la chaqueta para calentarlas; *A nice bowl of hot soup will warm you up*, Un buen plato de sopa caliente te hará entrar en calor.
ANTONYMS: cool down.
4 animarse: *Now the competition is really warming up, with three runners battling for the lead*, Ahora la competición empieza a animarse de verdad, con los tres corredores luchando por la victoria.
SYNONYMS: hot up.
5 calentarse: *Let the engine warm up before you disengage the choke*, Deja que se caliente el motor antes de soltar el estárter.

warn against

6 animar: *He used to tell jokes to warm up the audience before becoming a star himself*, Solía contar chistes para preparar al público para la actuación principal antes de convertirse él también en una estrella.

7 calentar, hacer ejercicios de precalentamiento: *The substitute goalkeeper's warming up on the sidelines, waiting to go on*, El sustituto del portero está haciendo ejercicios de precalentamiento junto a la línea de banda, mientras espera para salir a jugar.
SYNONYMS: limber up.

warn [wɔːn]

warn against *vt sep* (to warn against *something*, warn *somebody* against *something*) advertir contra algo, advertir a alguien de algo: *Young people are being continually warned against the dangers of smoking*, A los jóvenes se les advierte continuamente de los peligros de fumar.

warn away or **warn off** *vt sep* (to warn *somebody* off, warn *somebody* away from *something*) advertir a alguien de los peligros de algo, advertir a algiuen que no se acerque a algo: *Her father had warned me off repeatedly saying that if I tried to contact her I'd be sorry*, Su padre me había advertido repetidas veces que si intentaba ponerme en contacto con ella lo lamentaría.

wash [wɒʃ]

wash away *vt sep* llevarse algo *(por delante)*, arrastrar algo, erosionar: *The thin layer of topsoil had been washed away exposing the bare rock*, El agua se había llevado la fina capa superior del suelo exponiendo así la roca desnuda.

wash down *vt sep*

1 lavar: *Wash down the walls with hot soapy water*, Lave las paredes con agua caliente y jabón.

2 tragar *(una pastilla)*; rociar, acompañar a *(una comida)*: *I'll need some water to wash these aspirins down with*, Necesitaré agua para tomar estas aspirinas; *They had roast beef washed down with an excellent red wine*, Tomaron rosbif rociado con un excelente vino tinto.

wash off *vt sep*

1 quitar *(con agua)*: *Go and wash off all that make-up, you look like a clown!*, ¡Vete a quitarte todo ese maquillaje, pareces un payaso!; *It isn't a real tattoo, you can wash it off with soap and water*, No es un tatuaje de verdad, puedes quitártelo con agua y jabón.

2 lavarse, limpiarse *(con agua)*, quitarse algo con agua: *He was covered in mud and dirt, so he washed himself off in a stream*, Estaba cubierto de barro y mugre, así que se lavó en un río.

wash out *vt sep*

1 lavar, limpiar *(con agua)*: *He washed out an old jam jar and filled it with honey*, Lavó un viejo tarro de mermelada y lo llenó de miel.
SYNONYMS: rinse out.

2 quitar, eliminar: *She washed the stains out of the sheets and hung them out to dry*, Quitó las manchas de las sábanas con agua y jabón y las tendió a secar; *I don't know if that blackcurrant stain will wash out*, No sé si se podrá quitar esa mancha de grosella negra.

3 cancelar a causa de la lluvia: *The match was washed out and had to be rescheduled for the following weekend*, El partido fue cancelado por la lluvia y tuvieron que aplazarlo para el siguiente fin de semana.
SEE ALSO: rain off.

water down

4 agotar, cansar: *Staying up late each night to study was really washing her out*, Estaba agotada de tanto quedarse a estudiar hasta las tantas de la noche.

wash over *vt insep*

1 invadir: *A feeling of relief washed over the crew when the captain told them land had been spotted*, Una sensación de alivio se apoderó de la tripulación cuando el capitán les dijo que habían divisado tierrra.

2 resbalar, no hacer caso: *Heidi let the whole thing wash over her as if she had no personal involvement in it at all*, Heidi no se inmutó por lo que pasaba, como si ella no tuviera nada que ver.

wash up

1 *vi* fregar/lavar los platos: *I'll wash up if you dry*, Yo lavaré los platos si tu los secas.

2 *vi* AmE lavarse: *You boys go and wash up before dinner*, Chicos, id a lavaros antes de cenar.

3 *vt sep* llevarse algo *(para adelante)*, arrastrar algo: *He collected pieces of driftwood washed up along the shore*, Recogió trozos de madera que las olas habían arrastrado hasta la orilla; *A couple of days after the boat sank, the bodies of the crew were washed up on a nearby beach*, Un par de días después de que se hundiera el barco, las olas arrastraron los cadáveres de los tripulantes a una playa cercana.

waste [weɪst]

waste away *vi* deteriorarse, debilitarse: *We watched helplessly as he wasted away, his body ravaged by cancer*, Contemplábamos sin poder hacer nada cómo se deterioraba, mientras el cáncer hacía estragos en su cuerpo.

watch [wɒtʃ]

watch for *vt insep* vigilar algo, estar atento a algo, estar pendiente de algo: *Parents should watch for the classic symptoms, such as abnormal sensitivity to light and a skin rash*, Los padres deben estar atentos por si surgen los síntomas típicos, como una sensibilidad anormal a la luz e irritación en la piel.

watch out *vi* tener cuidado, ir con cuidado: *Watch out! The boss is coming, look as if you're working*, ¡Cuidado! Viene el jefe, haz ver que estás trabajando; *If you don't watch out, you'll break that glass*, Si no tienes cuidado, romperás ese vidrio.
SYNONYMS: look out.

watch out for *vt insep*

1 tener cuidado con algo, estar atento a algo, estar pendiente de algo: *You have to watch out for pickpockets on the Underground*, Tienes que tener cuidado con los carteristas en el metro; *Watch out for snakes, there are lots round here*, Ten cuidado con las serpientes, hay muchas por aquí.

2 vigilar a alguien, estar pendiente de alguien, cuidar de alguien: *His elder brother goes to the same school, so he'll watch out for him*, Su hermano mayor va a la misma escuela, así que él ya lo vigilará.
SYNONYMS: look out for.

watch over *vt insep* vigilar, cuidar: *The shepherd stood with his dog, watching over his flock of sheep*, El pastor estaba con su perro vigilando su rebaño de ovejas.

water [ˈwɔːtəʳ]

water down *vt sep*

1 añadir agua a, aguar *(el vino)*: *Sometimes the children were given wine, watered down, of course*, A veces daban vino a los niños, aguado, por supuesto.
SYNONYMS: dilute.

2 hacer una versión light de algo, suavizar algo: *The initial proposal was quite radical, but there was so much protest that it had to be watered a lot down before it could be accepted*, La propuesta inicial era bastante radical, pero provocó tantas protestas que hubo que suavizarla bastante antes de que la aceptaran.
SYNONYMS: tone down.

wave [weɪv]
wave aside *vt sep* rechazar, desechar: *She waved aside all protests and carried on as if nothing had happened*, Desechó todas las protestas y siguió como si no hubiera pasado nada.

wave away *vt sep* hacer señas a alguien para que se vaya, indicar a alguien que se vaya: *I went to speak to Josh, but he waved me away and went back into the house*, Me acerqué a hablar con Josh, pero él me hizo señas para que me fuera y volvió a la casa.
SYNONYMS: wave off.

wave down *vt sep* parar *(haciendo señas)*, hacer señas para que se pare: *He stood at the side of the road trying to wave down a car, but none would stop*, Estaba en el borde de la carretera haciendo señas a los coches para que pararan, pero no paró ninguno; *A policeman waved me down and asked to see my driving licence*, Me paró un policía y me pidió que le enseñara mi permiso de conducir.
SYNONYMS: flag down.

wave off *vt sep* despedir a alguien, decir adiós a alguien: *Thousands of supporters went to wave the team off at the airport*, Miles de aficionados fueron al aeropuerto a despedir al equipo.
SYNONYMS: wave away.

wave on *vt sep* hacer señas para que continúe: *We slowed down to see what had happened, but a policeman waved us on*, Redujimos la velocidad para ver qué había pasado, pero un policía nos hizo señas para que siguiéramos.

wave through *vt sep*
1 hacer señas para que se atraviese algo: *The soldier didn't look at our passports, he just waved us through the frontier barrier*, El soldado no miró nuestros pasaportes, simplemente nos hizo señas para que atravesáramos la barrera de la frontera.
2 autorizar algo, dar el visto bueno a algo: *They hope to convince regulators in the US that the drug is safe as most other countries have already waved it through*, Esperan convencer a los organismos reguladores de EEUU que el medicamento es inocuo ya que la mayoría de los demás países lo han autorizado.

wean [wiːn]
wean off *vt sep* **(to wean somebody off something)** ir quitando algo poco a poco: *He had to be weaned off the tranquillizers gradually*, Fue necesario retirarle los calmantes poco a poco.

wean on *vt sep* **(to wean somebody on something)** criarse con algo: *They'd been weaned on stories of the Wild West*, Se habían criado escuchando historias del Lejano Oeste.
SYNONYMS: brought up on.

wear [weəʳ] wearing, wore, worn
wear away *vi*
1 gastarse, desgastarse, erosionarse: *The stone was gradually worn away by the*

drip drip of water over the centuries, La piedra se fue erosionando poco a poco por el goteo del agua durante varios siglos; *The leather was wearing away at the boots near the ankle*, El cuero de las botas cercano al tobillo se estaba desgastando.

2 pasar, transcurrir: *The afternoon wore away and still the sun beat down*, La tarde transcurrió lentamente pero el sol siguió abrasando.

SYNONYMS: wear on.

wear down *vt sep*

1 gastar, desgastar, erosionar: *Eventually, the action of the sea will wear down the rocks until sand is formed*, Con el tiempo, la acción del mar erosionará las rocas hasta convertirlas en arena; *His clothes were clean, but shabby, and the heels of his boots were worn down*, Tenía la ropa limpia, aunque raída, y los tacones de las botas estaban desgastados.

2 agotar, cansar: *The travelling and the long hours in his new job are really wearing him down*, Los viajes y las largas horas en su nuevo trabajo lo tienen agotado.

wear off *vi* pasarse, disiparse, desaparecer: *The effects of the anaesthetic will have worn off in a couple of hours*, Los efectos de la anestesia pasarán en un par de horas; *After the first awkwardness wore off, the party went with a swing*, Una vez superada la incomodidad inicial, la fiesta se animó mucho.

wear on *vi* pasar, transcurrir: *The days wore on and there was still no news of the missing girl*, Los días transcurrieron lentamente y seguía sin saberse nada de la niña desaparecida.

wear out *vt sep*

1 gastar, desgastar: *He wore out seven pairs of boots on his walk across America*, Gastó siete pares de botas en su caminata por América.

2 agotar, cansar: *I don't know how you cope with three kids, I only have one and he wears me out*, No sé cómo puedes con tres niños, yo sólo tengo uno y me agota; *Chris wore herself out trying to get the project finished on time*, Chris se agotó intentando acabar el trabajo a tiempo.

SYNONYMS: tire out.

wear through *vi* romperse con el uso, agujerearse con el uso: *The cheapest beds have a fabric which wears through very quickly*, Las camas más baratas tienen una tela que se agujerea enseguida.

weary ['wɪərɪ] wearying, wearied, wearied

weary of *vt insep (formal or literary)* llegar a cansarse de algo: *It wasn't long before he wearied of the constant media attention*, Pronto se cansó de la atención constante de los medios de comunicación.

SYNONYMS: tire of.

weed [wiːd]

weed out *vt sep* eliminar, quitar: *This test is designed to weed out the candidates that don't have the kind of attitude we're looking for*, Este test ha sido diseñado para eliminar a los candidatos que no tienen el tipo de actitud que buscamos.

weigh [weɪ]

weigh against

1 *vt insep* (**to weigh against** *somebody*) actuar en contra de alguien, ser desfavorable a alguien: *The fact that he's unmarried is likely to weigh against him in the*

weigh down

selection process, Es probable que el hecho de ser soltero sea un factor en su contra en el proceso de selección.

SYNONYMS: go against; tell against.

2 *vt sep* (**to to weigh** *something* **against** *something*) sopesar algo y algo, comparar algo con algo: *The advantages of having security personnel in the car park have to be weighed against the inevitable cost*, Hay que comparar las ventajas de tener personal de seguridad en el parking con el coste inevitable.

weigh down *vt sep*

1 cargar con algo: *We passed a line of donkeys weighed down by great bundles of firewood*, Pasamos ante una fila de burros cargados con grandes haces de leña.

2 abrumar con algo, agobiar con algo: *Paul is so weighed down by the stresses of his job that he has become silent and introverted*, Paul está tan abrumado por las tensiones de su trabajo que se ha vuelto callado e introvertido.

weigh in *vi*

1 pesarse *(oficialmente)* antes de una competición: *The American boxer weighed in at 126 kilos*, El boxeador americano pesó 126 kilos.

2 *(informal)* intervenir en algo: *Predictably, Gerry weighed in with his opinion*, Como era de prever, Gerry intervino para dar su opinión; *The whole village weighed in and cleared the debris up before it got dark*, El pueblo entero arrimó el hombro y despejó los escombros antes de que anocheciera.

3 *(informal)* contribuir con algo: *Unless some investor weighs in with a substantial amount of cash, takeover seems inevitable*, A menos que un inversor contribuya con una cantidad importante de dinero, la adquisición parece inevitable.

weigh into *vt insep* *(informal)* arremeter contra alguien, atacar a alguien: *The MP Dennis Healey weighed into the government spokesperson in his characteristic style*, El diputado Dennis Healey arremetió contra el portavoz del Gobierno con su estilo característico.

weigh on *vt insep* pesar a alguien, llevar alguien la carga de algo: *John couldn't concentrate on work as his personal problems were weighing on his mind*, John no podía concentrarse en su trabajo porque sus problemas personales le pesaban.

weigh out *vt sep* pesar: *Weigh out six ounces of plain flour, and six ounces of sugar*, Pesa seis onzas de harina normal y seis de azúcar.

weigh up *vt sep*

1 considerar, estudiar con detenimiento: *I was sorry I hadn't weighed it up more thoroughly beforehand*, Lamento no haberlo estudiado antes más a fondo.

2 comparar, sopesar: *We have to weigh up the benefits of medical assistance or letting Nature take its course*, Tenemos que sopesar las ventajas de la asistencia médica con lo que tiene de bueno el dejar que la Naturaleza siga su curso.

3 calar, tantear: *He thought he'd got me weighed up and eating out of his hand*, Creyó que me conocía y que podía hacer conmigo lo que quisiera.

SYNONYMS: size up.

weigh upon *vt insep* see **weigh on**.

weigh with *vt insep* tener importancia para alguien: *What weighed more heavily with some Tories was the thought that the positive values of the Thatcher years had been gradually eroded*, La idea que más importancia tenía entre los conservadores era que los valores positivos de la época Thatcher se habían ido erosionando poco a poco.

SYNONYMS: carry weight with.

whip up

weight [weɪt]
  weight down *vt sep* asegurar, fijar, sujetar *(con un peso)*: ***We weighted the tarpaulin down with bricks so that it wouldn't blow away***, Sujetamos la lona con ladrillos para que no se la llevara el viento; ***The body had been weighed down with stones to make it sink***, Habían sujetado piedras al cadáver para hundirlo.

weld [wEld]
  weld together *vt sep*
    1 soldar, unir: ***Two strips of metal are welded together lengthways***, Dos tiras de metal están soldadas todo a lo largo.
    2 unir, unificar: ***He confined his remarks to generalities about free trade welding nations together for mutual benefit***, Limitó sus comentarios a generalidades sobre cómo el libre comercio une a las naciones para su beneficio mutuo.

well [wEl]
  well up *vi*
    1 acumularse, inundar: ***Nancy could feel the tears welling up in her eyes***, Nancy sintió que los ojos se le llenaban de lágrimas.
    2 invadir: ***Compassion for him welled up inside her, and she put her arms around him***, Se apiadó de él y lo abrazó.

welsh [welʃ] (Also spelled **welch**)
  welsh on *vt insep (derogatory))* no cumplir con algo: ***I don't think there's any risk they will welsh on the agreement at this late stage***, No creo que haya ningún riesgo de que falten al acuerdo en esta última fase.

wheel [wiːl]
  wheel round or **wheel around** *vt insep* darse la vuelta, dar media vuelta: ***He wheeled round and looked to see where the noise had come from***, Se dio la vuelta para ver de dónde había venido el ruido; ***Lieutenant Erickson wheeled around to scream at the soldiers in his group***, El teniente Erickson se volvió para gritar a los soldados de su grupo.
  wheel in *vt sep (informal)* hacer entrar a alguien: ***"Mr Peters is here for his interview." "Okay, wheel him in"***, -El señor Peters está aquí para la entrevista. -Muy bien, hazlo pasar.
  wheel out *vt sep (informal)* sacar: ***The Household Cavalry are wheeled out in full regalia for state occasions***, La Caballería Real sale vestida de gala en las ocasiones solemnes.

while [waɪl]
  while away *vt sep* pasar, matar: ***Meg and Harry while away the hours until dinner doing jigsaws***, Meg y Harry matan el tiempo antes de cenar haciendo crucigramas.

whip [wɪp] whipping, whipped, whipped
  whip away *vt sep* quitar, arrancar, arrebatar: ***He whipped it away before I had a chance to look at it***, Me lo quitó antes de que pudiera verlo.
  whip up *vt sep* batir *(un huevo)*, montar *(la nata)*: ***Making an omelette is easy! Just whip up some eggs and pour them into a pan***, ¡Es fácil hacer una tortilla! Sólo tienes que batir los huevos y echarlos en una sartén.

whisk away

2 avivar, despertar, provocar: *It took only a few well-organized agitators to whip up political unrest that was difficult to contain*, Bastó con unos cuantos agitadores bien organizados para provocar una agitación política difícil de contener.

3 levantar: *We couldn't go near the water's edge as the wind was whipping up an impressive storm*, No pudimos acercarnos a la orilla porque el viento estaba provocando una tormenta impresionante.

4 azotar: *The coachman whipped up the horses and they disappeared into the night*, El cochero azuzó a los caballos y desaparecieron en la oscuridad.

5 *(informal)* improvisar, preparar en un plis-plas: *His wife usually whips them up a snack of hot soup or cheese and toast when they come in from the hill*, Su mujer suele improvisar un tentempié con sopa caliente o queso con pan tostado cuando vienen de la montaña.

whisk [wɪsk]

whisk away *vt sep* llevarse a toda velocidad: *He was whisked away in an official car to Cape Town*, Se lo llevaron en un coche oficial a Ciudad del Cabo; *At the hospital Lucy was quickly put on a stretcher and whisked away to casualty*, En el hospital pusieron a Lucy rápidamente en una camilla y se la llevaron a urgencias.

whisk up *vt sep* montar: *When making Irish coffee you must be careful to whisk up the cream to the correct consistency*, Cuando haces un café irlandés tienes que intentar montar la nata hasta que adquiera la consistencia adecuada.

whistle ['wɪsəl]

whistle for *vt insep (informal)* esperar algo sentado: *"He wants to borrow a thousand pounds apparently." "Well, as far as I'm concerned he can whistle for it"*, -Al parecer quiere pedir prestadas mil libras. -Pues, en lo que a mí se refiere, ya puede esperar sentado.

whistle up *vt sep (informal)* conseguir acumular rápidamente, preparar algo en un santiamén: *We can usually whistle up enough people to help us with the harvest*, Generalmente conseguimos suficiente gente para ayudarnos con la cosecha.

whittle ['wɪtəl]

whittle away or **whittle away at** *vt sep* ir reduciendo algo, reducir algo poco a poco: *He sat on a stump, whittling away at a hazel branch with a penknife*, Se sentó en un tocón y se puso a sacar punta a la rama de un avellano con una navaja; *Taxes had been whittling away at the family fortune until there was nothing left to pass on the next generation*, Los impuestos fueron mermando la fortuna familiar hasta que ya no quedó nada que pasar a la siguiente generación.

whittle down *vt sep* reducir algo poco a poco, ir reduciendo: *During his ministry, the Social Security budget had been whittled down by 30% in real terms*, Durante su gestión ministerial, el presupuesto de la Seguridad Social había sido reducido en un 30% en términos reales.

whoop [wuːp]

whoop up *vt sep* armar jaleo, armar follón: *A group of young people were whooping it up down on the seafront*, Un grupo de jóvenes estaba armando un jolgorio en el paseo marítimo.

wimp [wɪmp]

wimp out *vi (informal, derogatory)* rajarse, echarse atrás: *I knew he would wimp out*

wind up

of it when things got difficult, Sabía que se achicaría cuando las cosas se pusieran difíciles.
   SYNONYMS: chicken out *(informal)*.

win [wɪn] winning, won, won
   win back *vt sep* recuperar, recobrar: *British companies are going all out to win back the markets they lost during the recession*, Las empresas británicas van a intentar recuperar los mercados que perdieron en la recesión.
   win out *vi* ganar, triunfar, salir victorioso: *He said that he had been quite sure that I would win out in the end*, Dijo que estaba bastante seguro de que al final ganaría yo.
   win over or **win round** *vt sep* ganarse a alguien, convencer a alguien, poner de su parte a alguien: *The Labour Party, which was traditionally tied to the working class, managed to win over the middle class in the recent election*, El Partido Laborista, que tradicionalmente estaba ligado a la clase obrera, consiguió ganarse a la clase media en las últimas elecciones; *It took some persuasion, but we won him round in the end*, Le costó convencerlo, pero al final consiguió ponerlo de su lado.
   win through *vi* ganar, salir triunfante: *Although he was the candidate least likely to get elected, he won through by concentrating on real issues*, Aunque era el candidato con menos probabilidades de salir elegido, consiguió ganar porque se concentró en los problemas reales.

wind [wɪnd] winding, wound, wound
   wind back *vt sep* rebobinar: *When this video cassette ends, the video recorder will automatically wind it back to the beginning*, Cuando esta cinta se acaba, el vídeo la rebobina automáticamente hasta el principio de todo.
   SYNONYMS: rewind.
   wind down *vt sep*
   1 bajar: *He wound down the passenger window and asked if I wanted a lift*, Bajó la ventanilla del acompañante del conductor y se ofreció a llevarme a algún sitio.
   2 irse acabando la cuerda, irse parando: *The toy wound down and came to a halt under the kitchen table*, Se acabó la cuerda y el juguete se paró debajo de la mesa de la cocina.
   3 irse acabando: *You've arrived a bit late, the conference is winding down*, Has llegado un poco tarde, la conferencia se está acabando.
   wind on or **wind forward** *vt sep* adelantar, hacer correr para adelante: *After taking a photo you must wind the film on in preparation for the next one*, Después de sacar una foto, tienes que hacer correr la película para sacar la siguiente.
   ANTONYMS: wind back.
   wind up *vt sep*
   1 dar cuerda a algo: *A recent innovation is a radio that doesn't need batteries - you just wind it up*, Un invento reciente es una radio que no necesita pilas, sólo tienes que darle cuerda.
   2 liquidar: *He's thinking of winding up the company unless he can find a suitable buyer soon*, Está pensando en cerrar la empresa si no encuentra un buen comprador pronto.
   3 acabar con algo, poner fin a algo, dar algo por terminado: *They wound up the conference by singing 'The Red Flag'*, Pusieron fin a la conferencia cantando 'La bandera roja'.
   4 subir: *Before leaving the car remember to wind up the windows and lock the*

doors, Antes de salir del coche acordaos de subir las ventanillas y de poner el seguro en las puertas.

5 *(informal)* tomar el pelo a alguien: ***That's not true, you're winding me up, aren't you?***, No es cierto, me estás tomando el pelo, ¿verdad?

SYNONYMS: kid on *(informal)*.

6 *(informal)* provocar a alguien, enfadar a alguien: ***She sometimes winds him up so much, it takes all his self-control not to strangle her***, A veces lo provoca tanto que necesita todo su autocontrol para no estrangularla.

7 *(informal)* acabar en algún sitio, ir a parar a algún sitio: ***He's one of those kids that generally winds up in a young offender's institution***, Es uno de esos chicos que suelen acabar en una institución para delincuentes juveniles.

SYNONYMS: end up; land up *(informal)*.

wink [wɪŋk]

wink at *vt insep* hacer la vista gorda a algo, cerrar los ojos ante algo: ***It's to be hoped that his successor won't wink at Mafia activity in the same way***, Esperemos que su sucesor no le haga la vista gorda a las actividades de la Mafia de la misma manera.

winkle ['wɪnkəl]

winkle out *vt sep* sonsacar algo, averiguar algo: ***She managed to winkle the truth out of his younger brother***, Consiguió sonsacarle la verdad a su hermano pequeño.

wipe [waɪp]

wipe away *vt sep* secar, limpiar *(secando)*, enjugar: ***He took her in his arms and wiped away her tears***, La cogió entre sus brazos y le enjugó las lágrimas.

wipe down *vt sep* limpiar algo con un trapo húmedo: ***These easy-clean surfaces need only be wiped down with a damp cloth***, Estas superficies de fácil limpieza basta con limpiarlas con un trapo húmedo.

wipe off *vt sep*

1 quitar algo frotando: ***Apply the adhesive to both surfaces, wiping off any excess***, Aplique el pegamento a las dos superficies y retire lo que sobre.

2 deducir de algo, perder algo: ***Millions will be wiped off our share value***, Se perderán millones al bajar el valor de nuestras acciones.

wipe out *vt sep*

1 limpiar con un trapo húmedo: ***Wipe the pan out with a damp cloth***, Limpia la sartén con un trapo húmedo.

2 eliminar totalmente, erradicar: ***The snow has virtually wiped out today's racing programme***, La nieve prácticamente ha cancelado todo el programa de carreras de hoy.

SYNONYMS: eradicate.

3 saldar: ***A lottery win would wipe out all of my debts***, Si ganara la lotería saldaría todas mis deudas.

wipe up *vt sep* limpiar con un trapo, secar: ***Use your napkin to wipe up that spilt coffee***, Usa la servilleta para limpiar el café que se derramó.

wire [waɪəʳ]

wire in *vt insep (informal)* ponerse con algo: ***He was shown what to do and got wired into it right away***, Le mostraron lo que tenía que hacer y enseguida se puso manos a la obra.

wire up *vt sep* poner la instalación eléctrica de algo, conectar algo: ***The bomb had***

been wired up to the heating system, La bomba había sido conectada al sistema de calefacción.

wise up [waɪz]
wise up *vi (informal)* espabilarse: ***You'd better wise up if you don't want to end up dead***, Más vale que espabiles si no quieres acabar muerto.

wish [wɪʃ]
wish away *vt sep* desaparecer solo con desear algo: ***You'll just have to accept it. There's no point in trying to wish it away***, Tendrás que aceptarlo. Es inútil esconder la cabeza como el avestruz.

wish on or **wish upon** *vt sep* (**to wish** *something* **on** *somebody*) desear algo a alguien: ***It's been an experience that I wouldn't wish on my worst enemy***, Es una experiencia que no se la desearía ni a mi peor enemigo.

wither [ˈwɪðəʳ]
wither away *vi* secarse, marchitarse: ***The stitches will wither away after a few days and drop off***, Los puntos se secarán tras unos cuantos días y se caerán solos.

wolf [wʊlf]
wolf down *vt sep* zamparse, tragarse: ***We watched as he wolfed down a whole plate of doughnuts***, Lo miramos mientras se zampaba un plato entero de donuts.

wonder [ˈwʌndəʳ]
wonder at *vt insep* asombrarse de algo, admirarse de algo: ***Quentin could only wonder at her extraordinary cheek***, Quentin estaba asombrado de su cara tan dura.

work [wɜːk]
work at *vt insep* hacer un esfuerzo para conseguir algo, trabajar en algo: ***Writing doesn't coming naturally to him. He has to work at it***, La escritura no se le da de una manera natural. Tiene que hacer un esfuerzo.

work away or **work away at** *vt insep - vi* trabajar sin parar, seguir trabajando: ***Rescue workers worked away through the night, trying to free the people trapped in the rubble***, Los rescatadores trabajaron toda la noche, intentando liberar a la gente atrapada bajo los escombros; ***He was working away at the loose tooth with his fingers***, Se toqueteaba el diente suelto con los dedos.

work in or **work into** *vt sep*

1 incorporar poco a poco, meter poco a poco, añadir poco a poco: ***Work the oil into the mixture until it forms a soft dough***, Añada el aceite a la mezcla hasta que forme una pasta suave.

2 introducir algo poco a poco; ir metiéndose en algo: ***How are we going to work the subject of Anna into the conversation without being too obvious about it?***, ¿Cómo vamos a introducir el tema de Ana en la conversación sin que se note demasiado?; ***The puppy soon worked its way into all our affections***, El cachorro pronto se ganó el afecto de todos nosotros.

work off *vt sep*

1 quitarse algo, librarse de algo: ***Going to the gym is a great way of working off stress***, Ir al gimnasio es una buena manera de aliviar el estrés.

2 trabajar para saldar *(una deuda)*, pagar *(una deuda)* haciendo un trabajo: ***His father offered to buy him a car if he agreed to work off the debt by doing gardening***

chores, Su padre le propuso comprarle un coche si a cambio aceptaba trabajar en el jardín.

3 funcionar con *(electricidad, energía, etc)*: ***This machine works off mains or batteries***, Esta máquina funciona con la red o con pilas.

SEE ALSO: work on.

work on *vt insep*

1 estar trabajando en algo, estar en algo, estar con algo: *"**Have you finished that report yet?**" "**I'm working on it**"*, -¿Has acabado ya ese informe? -Estoy en ello.

2 intentar convencer a alguien: ***June said she was working on the boss to give her an extra week's holiday***, June dijo que estaba intentando convencer a su jefe para que le diera una semana más de vacaciones.

3 funcionar con *(pilas, electricidad, etc)*: ***She bought me a radio that worked on batteries***, Me compró una radio que funcionaba con pilas.

work out *vt sep*

1 resolver algo, calcular algo: ***Let me show you how to work out percentages on your calculator***, Deja que te muestre cómo sacar porcentajes con tu calculadora; ***This is the figure that will be used to work out their council tax***, Esta es la cifra que se usará para calcular el impuesto del ayuntamiento.

SYNONYMS: figure out.

2 pensar, idear: ***We are working out ways of using new course structures, perhaps with part-time study***, Estamos buscando maneras de usar nuevas estructuras para los cursos, a lo mejor con la posibilidad de estudiar a tiempo parcial; ***If you'd given me more notice, I'd have worked out a much more interesting alibi for you***, Si me hubieras avisado antes, te habría buscado una coartada mucho más interesante.

3 encontrar la solución de algo: ***They'll have to work out a solution that suits both partners***, Tendrán que encontrar una solución que vaya bien a los dos socios.

4 entender a alguien: ***He's not like anyone I've ever met before. I can't work him out***, No se parece a nadie que yo conozca. No lo entiendo.

SYNONYMS: figure out; make out.

5 funcionar, salir según lo previsto: ***In spite of the difficulties, all of his plans worked out in the long run***, Pese a todas las dificultades, al final todos sus planes salieron bien.

6 salir bien/mal: ***We had a few minor panics, but it all worked out okay in the end***, Nos llevamos unos cuantos sustos sin importancia, pero al final todo salió bien.

SYNONYMS: turn out.

7 hacer ejercicio, ir al gimnasio: ***He's so fit because he works out three times a week at the gym***, Está tan en forma porque hace ejercicio tres veces a la semana en el gimansio.

8 trabajar hasta cumplir el contrato: ***His boss insisted that he work out his three-month notice***, Su jefe insistió en que trabajara hasta el final del periodo de preaviso de tres meses.

work out at *vt insep* salir por *(una cantidad)*, sumar *(una cantidad)*: ***The bill worked out at more that twenty pounds a head***, La cuenta salió a más de veinte libras por cabeza.

SYNONYMS: come out at.

work over *vt sep (informal)* dar una paliza a alguien: ***The man who started the trouble was worked over by the crowd***, La multitud dio una paliza al hombre que provocó el altercado.

work through *vt sep* tratar, abordar: ***These problems have to be worked through, and fortunately they can often be resolved successfully***, Hay que abordar estos problemas, y por suerte en general se pueden resolver con éxito.

work towards *vt insep* intentar conseguir algo, hacer un esfuerzo para conseguir algo: *We are working towards a totally integrated free public transport system*, Nuestro objetivo es un sistema de transporte público totalmente integrado y gratuito; *He's only a bit-part player but he's working towards bigger roles*, Es sólo un actor de papeles secundarios, pero intenta conseguir papeles más importantes (American speakers of English usually use **toward** instead of **towards**).

work under *vt insep* trabajar para alguien: *You'll be working under Miss Hopeton in Accounts*, Trabajará bajo la dirección de la señorita Hopeton en Contabilidad.

work up

1 *vt sep* (**to work** *somebody* **up into** *something*) poner a alguien en un estado: *By then, he'd worked himself up into a frenzy*, Para entonces, estaba frenético.

2 *vt sep* desarrollar, crear, llegar a tener: *By the time I'd worked up the courage to ask him, he'd left*, Para cuando me armé de valor para preguntárselo, ya se había ido; *Lets go for a walk to work an appetite up*, Vamos a dar un paseo para abrir el apetito; *After running for ten minutes, I'd worked up quite a sweat*, Después de correr durante diez minutos ya sudaba bastante.

work up to *vt insep*

1 ir alcanzando algo, ir preparando el terreno para algo, ir a parar a algo: *The opera works up to a glorious climax in the final aria*, La ópera se va desarrollando hasta alcanzar un clímax increíble en la última aria.

2 ir ascendiendo hasta llegar a algo, acabar de algo: *Starting as a cub reporter and working up to editor had been his schoolboy dream*, Su sueño de colegial había sido empezar como periodista novato y acabar de director.

worm [wɜːm]

worm out *vt sep* (**to worm** *something* **out of** *somebody*) sonsacar algo a alguien, sacar algo de alguien: *We managed to worm his little secret out of him*, Conseguimos sonsacarle su pequeño secreto.

SYNONYMS: screw out of; coax.

worry ['wʌri] worrying, worried, worried

worry at *vt insep* juguetear con algo en la boca, mordisquear algo, sacudir algo con la boca: *The fox terrier worried at the slipper, obviously a little unsure quite what it was*, El fox terrier sacudía la zapatilla, obviamente sin saber exactamente qué era.

wrap [ræp] wrapping, wrapped, wrapped

wrap round *vt sep* (**to wrap** *something* **around** *something*)

1 envolver algo con algo, enrollar algo en algo: *Young pine trees have cloth wrapped round the top shoots to stop deer eating them*, Los pinos jóvenes tienen una tela alrededor de los brotes superiores para que los ciervos no se los coman.

2 rodear algo con los brazos: *I picked her up and she wrapped her little arms around my neck*, La levanté y ella me rodeó el cuello con sus pequeños brazos.

wrap up

1 *vt sep* envolver: *You'd better wrap up those Christmas presents before anyone sees them*, Más vale que envuelvas esos regalos de Navidad antes de que los vean; *The sleeping child was wrapped up in his coat*, El niño dormido estaba envuelto en su abrigo.

2 *vi* abrigarse: *The skaters on the frozen loch were all wrapped up warmly*, Los patinadores en el lago congelado estaban todos bien abrigados.

3 *vi (informal)* callarse: *Wrap up, will you?*, ¿Quieres hacer el favor de callarte?

wrap up in

4 vt sep *(informal)* resolver *(un asunto)*, cerrar *(un trato)*: ***I'm pretty confident we can wrap this up before the close of business tonight***, Estoy bastante seguro de que podremos resolver este asunto antes de marcharnos esta noche.

wrap up in vt sep (**to wrap** *somebody* **up in** *something*, **be wrapped up in** *something*) estar muy metido en algo, estar absorto en algo: ***The office manager became so wrapped up in his work that his family felt neglected***, El director de la oficina estaba tan enfrascado en su trabajo que su familia se sintió abandonada.

wrench [rentʃ]

wrench off vt sep arrancar algo de cuajo, sacar algo de quicio: ***The door had been wrenched off its hinges and was lying on the ground***, La puerta había sido arrancada de cuajo y estaba tirada en el suelo.

wrestle ['resəl]

wrestle with vt insep luchando cotra algo, batallar con algo: ***Aaron spent a sleepless night wrestling with his conscience, and in the morning resolved to tell her the truth***, Aaron se pasó toda la noche sin dormir batallando con su conciencia y por la mañana decidió contarle la verdad.

wriggle ['rɪgəl]

wriggle out of vt insep *(informal)* zafarse de algo, escabullirse de algo, librarse de algo: ***He always gets into trouble but somehow he always manages to wriggle out of it***, Siempre se mete en líos pero cada vez consigue zafarse de algún modo.

wring [rɪŋ] wringing, wrung, wrung

wring out vt sep escurrir, estrujar: ***The window cleaner wrung out his cloths while waiting to get paid***, El limpiacristales escurría sus trapos mientras esperaba que le pagaran.
  SYNONYMS: squeeze out.

wring out of vt sep (**to wring** *something* **out of** *somebody*) sacar algo de alguien, sonsacar algo a alguien: ***I will get him to tell me the truth, even if I have to wring it out of him***, Conseguiré que me diga la verdad, aunque tenga que sonsacársela.
  SYNONYMS: squeeze out of.

write [raɪt] writing, wrote, wrote

write away vt insep (**to write away for** *something*) escribir para pedir algo, solicitar algo por escrito: ***I'm interested in doing charity work abroad so I'm going to write away for details***, Me interesa hacer obras de beneficencia en el extranjero así que voy a escribir para pedir información.

write back vt sep - vi contestar *(por carta)* a alguien: ***The company wrote to me asking me if I could do some work for them. I wrote back to tell them I wouldn't be available until March***, La empresa me escribió pidiéndome que hiciera un trabajo para ellos y yo les contesté que no estaría disponible hasta marzo.

write down vt sep apuntar, anotar, escribir: ***I know I wrote his telephone number down somewhere, but I can't remember where***, Sé que apunté su número de teléfono en algún sitio, pero no me acuerdo dónde.
  SYNONYMS: note down.

write in

1 vi escribir *(a un programa de radio o televisión)*: ***Listeners should write in with suggestions for new word games***, Los oyentes deberían escribir con sugerencias para nuevos juegos de palabras; *I think that programme was a disgrace, I'm going to write in and complain*, Creo que ese programa era una vergüenza, voy a escribir para quejarme.

2 *vt sep* escribir algo, completar con algo, insertar algo: *Write your name and address in at the bottom of the form*, Escriba su nombre y dirección al final del impreso.

write into *vt sep* incluir algo en algo: *We'll have what we've just been discussing written in to your contract*, Incluiremos lo que acabamos de discutir en su contrato.

write off

1 *vi* escribir para pedir algo, solicitar algo por escrito: *He wrote off for their winter seed catalogue*, Escribió pidiéndoles su catálogo de semillas de invierno.

2 *vt sep* cancelar *(una deuda)*: *The high-street banks have had to write off millions of pounds in bad debts*, Los grandes bancos han tenido que renunciar a la devolución de millones de libras en deudas.

3 *vt sep* descartar, desestimar, dar por perdido o acabado *(a alguien)*: *You shouldn't write him off just because he made one mistake*, No deberías descartarlo sólo porque cometió un error; *I must admit we'd written him off, but then he made a miraculous recovery*, Tengo que reconocer que lo habíamos desahuciado, pero de pronto se recuperó milagrosamente.

4 *vt sep* dar algo por perdido, considerar algo como un fracaso, rechazar algo de plano: *He said he wasn't going to waste any more time on it, he'd written it off as a bad experience*, Dijo que no iba a perder más tiempo con eso, que para él había sido una mala experiencia.

5 *vt sep* declarar *(un vehículo)* como siniestro total, dar de baja *(un vehículo)* por siniestro total: *As the car was damaged in three different places I decided to write it off*, Como el coche estaba averiado en tres lugares distintos decidí declararlo siniestro total.

write out *vt sep*

1 escribir: *I wrote out my name and address on the back of the cheque*, Escribí mi nombre y dirección en el dorso del talón.

2 hacer, rellenar: *He said he would write me out a cheque but I insisted on cash*, Dijo que me haría un talón pero yo insistí en que me diera dinero en efectivo; *The doctor said he would write out a prescription and I could collect it the next morning*, El médico dijo que me haría una receta y que podía recogerla al día siguiente.

write up *vt sep*

1 escribir, redactar: *"Have you written up this patient's report yet?" asked the doctor*, -¿Ya has escrito el informe de este paciente? -preguntó el médico.

2 poner al día, llevar *(un diario)*: *The plane journey gave her the opportunity to write up her journal*, El viaje en avión le permitió poner al día su diario.

yearn [jɜːn]

yearn for *vt insep (formal or literary)* anhelar, ansiar: *It was so chaotic it made one almost yearn for the tedious but reassuring routine of one's schooldays*, Era tan caótico que uno casi anhelaba la rutina tediosa pero reconfortante de los tiempos en la escuela.
SYNONYMS: long for.

yell [jel]

yell out *vt insep - vi* gritar algo; gritar pidiendo algo: *The policeman yelled out to him to stop*, El policía le gritó que se detuviera.
SYNONYMS: shout out.

yield to

yield [ji:ld]
yield to *vt insep*
1 rendirse ante algo, ceder a algo: ***She yielded to temptation and had another slice of chocolate cake***, Cedió a la tentación y se comió otro trozo de tarta de chocolate; ***He was trying his best not to yield to pressure from big business***, Hacía todo lo posible para no ceder a las presiones de los grandes negocios.
SYNONYMS: give in to; give way.
2 *(formal)* ceder el paso a algo: ***Harsh winter had yielded to gentle spring***, El crudo invierno había cedido el paso a la suave primavera.
3 ESP AME ceder el paso a *(un vehículo)*: ***Some drivers on the main road are so courteous that they yield to traffic from the minor roads on the left***, Algunos conductores de la carretera principal son tan amables que ceden el paso al tráfico que viene de las carreteras secundarias por la izquierda.
SYNONYMS: give way to.

yield up *vt sep (formal)*
1 entregar, ceder: ***He refused to yield up his find to the authorities***, Se negó a entregar su descubrimiento a las autoridades; ***They were forced to yield up land that had been Serbian for generations***, Se vieron obligados a entregar tierras que habían sido serbias desde hacía generaciones.
SYNONYMS: surrender.
2 revelar, desvelar: ***The moon rock yielded up its chemical secrets***, La roca de la luna reveló sus secretos químicos.
SYNONYMS: give up.
3 producir algo, dar algo como fruto: ***The North Sea continues to yield up vast quantities of oil and gas***, El Mar del Norte sigue produciendo grandes cantidades de petróleo y gas.

zero ['zɪərəʊ]
zero in on *vt insep*
1 apuntar hacia algo, identificar algo como objetivo: ***The fighters have the latest technology which enables them to zero in on enemy positions, even in darkness***, Los combatientes disponen de la tecnología más moderna, la cual les permite apuntar a las posiciones del enemigo, incluso a oscuras.
2 dirigir sus esfuerzos hacia algo, centrarse en algo: ***He has this knack of zeroing in on the weakest point in your argument***, Tiene una habilidad especial para centrarse en el punto más débil de tu argumento.
SYNONYMS: focus on.

zip [zɪp] zipping, zipped, zipped
zip up *vt sep*
1 subir la cremallera de algo, cerrar la cremallera de algo: ***The dress zips up the side***, El vestido tiene una cremallera a un lado; ***It was too warm to zip up my sleeping bag***, Hacía demasiado calor como para subir la cremallera de mi saco de dormir.
2 subir la cremallera a alguien, cerrar la cremallera a alguien: ***Would you zip me up, please?***, ¿Puedes subirme la cremallera, por favor?

zone [zəʊn]
zone off *vt sep* acordonar: ***Two of the airport's runways have been zoned off for military use only***, Dos pistas de aterrizaje se han acordonado para restringir su uso a aviones militares.
SEE ALSO: cordon off.

zonk [zɒŋk]
  zonk out *vi (informal)* estar frito, quedarse roque: *He was zonked out on the bed*, Estaba roque en la cama.

zoom [zuːm]
  zoom in or **zoom in on** *vt insep - vi* hacer zoom sobre algo, enfocar algo con el zoom: *Even from this distance, you can zoom in and get a close-up of their faces*, Incluso a esta distancia, puedes hacer un zoom y sacar un primer plano de las caras.
  zoom off *vi (informal)* salir pitando *(de algún sitio, hacia algún sitio)*: *He'd zoomed off again before I could open my mouth to speak*, Ya se había vuelto a marchar antes de que pudiera abrir la boca para hablar; *They always seem to be zooming off on exotic holidays*, Parece que siempre se están yendo de vacaciones a lugares exóticos.
  zoom out *vi* pasar a un plano general con el zoom, ampliar el plano: *Zoom out so that we get the castle in the frame too*, Amplia el plano para poder incluir también el castillo en el encuadre

Clases de *phrasal verbs*

Los verbos normales se dividen en transitivos e intransitivos, los *phrasal verbs* se dividen en las siguientes clases:
1   transitivos e inseparables - *vt insep*
2   transitivos y separables - *vt sep*
3   intransitivos - *vi*

1 Los verbos transitivos inseparables
Son verbos transitivos que van seguidos directamente de una partícula y de un complemento directo (verbo + partícula + complemento directo):

> *Have you ever come across a case like this before?*
> ¿Te has encontrado alguna vez con un caso como éste?

> *He picked on the weaker pupils*
> Se metía con los alumnos más débiles

Esta construcción puede darse en forma pasiva:

> *I was picked on at school*
> Se metían conmigo en el colegio

2 Los verbos transitivos separables
a   Si el complemento directo es un nombre (sustantivo), hay dos construcciones posibles: el complemento directo puede colocarse después de la partícula, como en el caso de los verbos inseparables (verbo + partícula + complemento directo) o bien intercalarse entre verbo y partícula (verbo + complemento directo + partícula):

> *They closed <u>the factory</u> down* o *They closed down <u>the factory</u>*
> Cerraron la fábrica

Existe también la construcción pasiva:
> *The factory was closed down*
> La fábrica fue cerrada

b   Sin embargo, si el complemento del verbo es un pronombre personal, hay una sola construcción posible: es obligatorio intercalar el pronombre entre el verbo y la partícula:

> *He brushed his coat and hung <u>it</u> up in the wardrobe*
> Cepilló el abrigo y lo colgó en el armario

Existen algunos verbos transitivos que llevan dos complementos. En estos casos la construcción es verbo + complemento + partícula + complemento:

He put <u>his nephew</u> through <u>university</u>
Pagó los estudios universitarios de su sobrino

His uncle put <u>him</u> through <u>university</u>
Su tío le pagó los estudios universitarios

En estos casos el uso de la voz pasiva es posible:

He was put through university by his uncle
Su tío le pagó los estudios universitarios

3 Los verbos intransitivos

Obviamente, como estos verbos son intransitivos, no llevan complemento directo:

If everyone pitches in we'll soon finish
Si todo el mundo colabora acabaremos pronto

We watched as the train pulled away
Vimos alejarse el tren

Sin embargo, algunos de estos verbos con partícula intransitivos pueden ir acompañados de un complemento precedido por preposición:

He pulled ahead of the others
Se adelantó a los demás

Conviene recordar que un *phrasal verb* puede pertenecer a más de una de estas categorías. He aquí algunos ejemplos:

lay off	puede ser *vt insep* o *vt sep*,
light up	puede ser *vt sep* o *vi*,
look round	puede ser *vt insep* o *vi*,
pass by	puede ser *vt insep*, *vt sep* o *vi*.

Las partículas

Los hablantes nativos de inglés crean intuitivamente nuevos verbos preposicionales y entienden los que crean otros hablantes nativos. Naturalmente, esto es algo que los no nativos no pueden hacer con la misma facilidad instintiva.

La siguiente sección sobre las partículas adverbiales y preposicionales te ayudará con este aspecto del uso del lenguaje. Esta sección presenta el amplio abanico de significados que tiene cada partícula y muestran cuáles de ellas usan los hablantes nativos para formar nuevos verbos preposicionales.

Estas páginas te ayudarán a ampliar tu conocimiento sobre la formación de verbos preposicionales y su modo de funcionamiento en inglés. Muestran el abanico de significados que tiene cada partícula e identifican las partículas y los significados utilizados en inglés moderno para formar verbos preposicionales. Con su estudio empezarás a entender más fácilmente los verbos preposicionales y te sentirás más a gusto cuando los utilices.

ABACK *adverbio*

Antiguamente, **aback** se utilizaba en muchas de las formas en que se utiliza **back** hoy en día. En inglés moderno, el adverbio **aback** sólo aparece en el verbo preposicional ***take aback:*** *She was clearly taken aback at his radical suggestion.*

ABOUT *adverbio o preposición*

About aparece con frecuencia en los verbos preposicionales y se utiliza bastante a menudo para formar nuevos verbos preposicionales. Habitualmente se usa simplemente para unir el verbo con su objeto, como en **talk about, hear about, see about** y **worry about:** *I phoned to see about having the bed delivered.* Ahora bien, **about** también puede tener varios significados distintos y matices de significado cuando se utiliza en verbos preposicionales. Recuerda que a menudo se substituye **around** y **round** por **about** sin que el significado del verbo preposicional varíe.

Movimientos en distintas direcciones
En este sentido, se utiliza habitualmente **about** para demostrar que el movimiento al cual hace referencia el verbo no sigue ninguna pauta en particular, sino que es totalmente aleatorio y azaroso. Un ejemplo de verbos preposicionales con este sentido incluidos en este grupo es, ***run about:*** *Hillary prepared the food and I ran about acting as kitchenmaid.*

Acciones en diferentes lugares
Este sentido está estrechamente relacionado con el anterior, ya que sugiere una falta de pauta o plan. Ahora bien, en este caso el significado de **about** se refiere más específicamente a una acción que primero transcurre en un lugar y luego en otro. La acción a veces es violenta o brusca. ***Throw about, bang about*** y ***scatter about*** son ejemplos de

verbos preposicionales con este sentido: *The way he throws cash about, you'd think he's won the lottery; I could hear him banging about in the kitchen.*

Falta de actividad, objetivo o pauta

Utilizado en este sentido en verbos preposicionales, **about** implica una falta de actividad o propósito, a menudo con la sugestión añadida de holgazanería o descontrol. Ejemplos de verbos preposicionales son **hang about, stand about, loaf about, wander about, play about** y **mess about**: *I had two hours to kill so I spent some time wandering about the airport; The teacher told them off for messing about in class.* Muchos verbos preposicionales con este sentido pertenecen al lenguaje informal o vulgar.

Sucesos

En un pequeño grupo de verbos preposicionales, que incluye **bring about** y **come about**, **about** hace referencia a algo que ocurre o que es provocado: *They're hoping this next round of talks will bring about a settlement of the pay dispute.*

ABOVE *preposición o adverbio*

A pesar de ser una palabra muy corriente en inglés, **above** sólo aparece en un pequeño grupo de verbos preposicionales. Estas combinaciones tienen uno o dos sentidos, el primero literal y el segundo figurativo.

Posición o nivel superior

El sentido literal de **above** hace referencia al movimiento o la posición actual en relación con otra persona o cosa. Un ejemplo de este uso es **tower above**: *He's nearly two metres tall and towers over everyone else in his class.*

Mejor o más importante

Este sentido amplía el primer sentido puesto que el nivel o la posición superior se toma más bien en el sentido figurativo que en el literal. Así pues si se dice que alguien "... *is getting above himself*", es que se piensa que esa persona se está dando humos; cuando alguien "*rises above*" una situación difícil, es que no permite que eso le altere; y cuando uno considera que alguien es muy superior a los demás, se puede decir que "*he towers above the rest*".

ACROSS *preposición y adverbio*

Cuando se utiliza **across** en combinación con verbos para formar verbos preposicionales, sus significados hacen referencia a un movimiento desde una parte de una cosa hacia la otra, al descubrimiento de algo y a la transmisión de información de una persona a otra.

Movimiento de un lado al otro

Se utiliza **across** en su sentido literal con muchos verbos de movimiento, como por ejemplo **walk across, jump across** y **swim across**: *He tried to jump across the stream, but he slipped and fell into the water.* En verbos preposicionales que tienen este sentido literal, a menudo se puede sustituir **across** por **over** sin por ello modificar mucho el significado. Así, se puede decir tanto **go across** como **go over** y **jump across** o **jump over**. Como el sentido de estos verbos es literal, no aparecen en el diccionario.

Descubrimiento

También se utiliza **across** para hacer referencia a la acción de descubrir o encontrarse a una persona o una cosa, de forma inesperada o casual. Ejemplos de verbos preposicionales con este sentido son **run across, come across** y **stumble across**: *He was working on engine efficiency when he stumbled on the revolutionary new fuel.* Recuerda que no se puede sustituir **across** por **over** en los verbos preposicionales en que **across** tiene este significado.

Comunicación o transmisión

En sentidos no literales de los verbos preposicionales *get across, put across* y *come across*, el significado de **across** hace referencia a la transmisión de información entre personas, sobre todo a la manera en que se comunica dicha información o la impresión que causa en su audiencia el comunicador: *We have to get the message across that, once again, the government is wrong; She comes across as someone who is kind and caring.*

AFTER *preposición*

After tiene tres significados principales cuando se utiliza en verbos preposicionales.

Sucesión

El sentido general y literal de **after** se utiliza para mostrar que una cosa ocurre después de otra o que sigue a otra. Este sentido de sucesión, cuando se usa en los verbos preposicionales, a menudo hace referencia a personas a las que siguen o persiguen, como en **go after, come after, run after** y **chase after**: *We ran away, but he came after us, shouting and waving his hands in the air.*

Deseo

También se utiliza **after** para hacer referencia al sentimiento de querer algo o a la acción de intentar conseguirlo, como en **ask after**: *She asked after my mother's health.* A menudo este sentido es una matización de la idea de caza o persecución, como en **go after, run after** y **chase after**: *They all chased after the thief, but he was too fast and he got away.* En otras combinaciones con este sentido, el sentimiento sugerido es el de un fuerte deseo, como en **hunger after, hanker after** y **lust after**: *All the time she was going out with him, she was lusting after his brother.*

Imitación o copia

El último sentido principal de **after** se encuentra en verbos preposicionales que hacen referencia a la acción de imitar o copiar, como en **name after** y **take after**: *Peter is named after his maternal grandfather; I take after my mother, she has a quick temper too.*

AGAINST *preposición*

Against es una palabra bastante común en inglés y se combina fácilmente con verbos para formar verbos preposicionales. Su sentido básico hace referencia a relaciones entre dos cosas, sobre todo las relaciones que implican diferencia, oposición o conflicto, y en los verbos preposicionales tiene cuatro sentidos principales que son una extensión de este sentido general.

Oposición

Against se combina con verbos que hacen referencia a acciones de oposición entre una persona o cosa y otra, como en *go against*, ***turn against***, ***plot against***, ***protest against***, ***fight against***, ***battle against***, y muchos más: *Several military officers were accused of plotting against the king; Workers are protesting against the planned closure of the factory.*

Protección

En este sentido, **against** hace referencia al hecho de proteger a una persona o una cosa contra lo que puede herirla o dañarla, como en las combinaciones ***guard against***, ***protect against*** y ***insure against***: *All surgical equipment must be properly sterilized to guard against infection.*

Comparación

En este sentido, **against** se utiliza en verbos preposicionales que hacen referencia a la acción de comparar una cosa con otra o varias más. Ejemplos de verbos preposicionales con este sentido son ***check against***, ***match against*** y ***weigh against***: *They checked the names of the survivors against the passenger list to see how many were missing; The advantages of having security personnel in the car park have to be weighed against the inevitable cost.*

Ser una desventaja

El último sentido de **against** cuando se combina con verbos preposicionales hace referencia a un factor o circunstancia que impide que las cosas progresen o mejoren, como en ***count against***, ***work against*** y ***hold against***: *You're certainly well enough qualified, but your lack of experience may count against you.*

A veces, también se utiliza **against**, con el mismo sentido, como tercer elemento en los verbos preposicionales, como por ejemplo en ***be up against*** y ***come up against***: *I'm afraid we won't be able to get the work finished on time. We've come up against a bit of a problem.*

AHEAD *adverbio*

Ahead aparece sólo en algunos verbos preposicionales, con dos sentidos principales:

Futuro

Algunos verbos preposicionales con **ahead** hacen referencia al futuro y las previsiones, como, por ejemplo, ***look ahead***, ***think ahead*** o ***lie ahead***: *Who knows what lies ahead?*

Progreso

Ahead puede hacer referencia a la idea de progresar, como en *go ahead*. El progreso puede ser más rápido que el de los otros, como en ***get ahead*** y ***pull ahead***: *According to a poll in the Sunday Times, Labour is pulling ahead of the Tories once again.* También puede producirse muy rápidamente o con fuerza, como en ***push ahead*** o ***press ahead***: *The other 10 EC nations were determined to press ahead with the Maastricht Treaty.*

ALONG *adverbio o preposición*

Along se combina fácilmente con verbos para formar nuevos verbos preposicionales. Las combinaciones con **along** tienen tres significados principales.

Movimiento

Along se utiliza en su sentido literal, y como preposición, en combinaciones como *go along*, *stroll along* y *move along*. Este sentido literal es de movimiento en una cierta dirección, por ejemplo siguiendo la dirección de una carretera o un camino: *We walked along the river bank*. En algunos verbos preposicionales que pertenecen al registro informal, **along** aporta la idea de marcharse, de manera que si alguien cree que debería irse, podría decir *I must be getting along* o *I must be pushing along*.

Progresión

El sentido literal de movimiento se extiende a la acción de efectuar un progreso en los verbos ***help along*, *coast along*, *go along*** y ***come along***: *Our car ran out of petrol at the top of a mountain road, so we just coasted along until we reached the bottom*. Este significado se extiende aún más en combinaciones que incluyen la idea de manipular a la gente o las situaciones para progresar en la consecución de un objetivo, como en ***play along*** y ***string along***: *He's never intended to marry you. He's just been stringing you along*.

Aceptación y acuerdo

Utilizado como adverbio, **along** se combina con algunos verbos para indicar aceptación o acuerdo con otras personas. Así, si dos personas no se avienen, se dice: *they don't get along* Asimismo, cuando se usa *go along with* something, quiere decir que se acepta algo, que se está de acuerdo: *I'll go along with anything you might suggest*.

Estar juntos

Verbos preposicionales como ***bring along*, *come along*** y ***tag along*** hacen referencia a la acción de acompañar a alguien, o de personas o cosas que van juntas a algún sitio: *When I started going out with him, his little brother always tagged along with us wherever we went*.

AMONG *preposición*

Among (con su alternativa en inglés británico un poco más formal **amongst**) no es una palabra muy común en inglés y se utiliza para formar pocos verbos preposicionales en los que tiene dos significados principales.

Estar rodeado

Este es el sentido literal y hace referencia a una posición en la que algo o alguien se encuentra rodeada por un gran número de personas o cosas, como en ***stand among***: *The house stood among a group of oak trees*.

Formar parte de un grupo

En verbos preposicionales con este sentido, se utiliza **among** cuando la persona o la cosa a la que se hace referencia forma parte de un grupo más grande, porque se considera que esta persona o cosa tiene una característica en común con los otros miembros del grupo. Ejemplos incluyen los verbos preposicionales ***count among*, *number among*,** y ***rank among***: *The young Australian ranks among the world's top competitive surfers*.

APART *adverbio*

Apart es una palabra bastante corriente en inglés. Su significado básico es el opuesto de **together**, y hace referencia al estado de las cosas que se encuentran lejos unas de otras, o que no están en contacto. En los verbos preposicionales, **apart** tiene dos significados principales.

Romper o destrozar

Los verbos preposicionales con este sentido pueden hacer referencia al hecho de romper o destrozar. Así, ***fall apart*** quiere decir "deshacerse", "caerse a trozos" y ***tear apart*** es "desgarrar", "despedazar". A veces, este sentido literal se extiende para hacer referencia al sufrimiento o padecimiento emocional de las personas: *The combination of marital and financial difficulties was tearing him apart.*

Separar

También se utiliza **apart** en un grupo de verbos preposicionales cuyos significados están relacionados con la acción de separar a personas o cosas. Normalmente se utiliza en este sentido para hacer referencia a la separación de dos personas que antes tenían una estrecha relación; así pues, al hablar de antiguos compañeros que se van viendo cada vez menos o parejas que con el paso del tiempo se han ido distanciando se utiliza ***drift apart*** o ***grow apart***: *Each of them started to develop separate interests and within a couple of years they had grown apart as a couple.*

AROUND *preposición y adverbio*

Around es una palabra bastante común en inglés y tiene cinco sentidos principales cuando se utiliza en verbos preposicionales. Recuerda que a menudo se puede sustituir **about** y **round** por **around** sin apenas cambiar el significado. Esto ocurre sobre todo en inglés británico.

Movimiento

Este primer y literal significado de **around** en general hace referencia a un movimiento en distintas direcciones, a menudo sin un objetivo o propósito definido, como en ***run around**, **dance around***, y ***look around***: *I've been running around all day and I'm shattered; Looking round the room, I noticed there were no pictures on the walls.* En significados muy relacionados, **around** puede hacer referencia a un movimiento o una acción que se produce en distintos lugares, como en ***ask around*** y ***shop around***, o a una acción que conlleva la diseminación de algo en varios lugares, como en ***scatter around*** y ***spread around***: *Old bits of iron and wood lay scattered around.*

Falta de actividad o propósito

Around también se utiliza a menudo en verbos preposicionales que sugieren una falta de actividad o de propósito, como por ejemplo ***hang around**, **lie around*** y ***stand around***: *Local residents are disgusted by the number of prostitutes hanging around looking for clients.* En unos cuantos verbos preposicionales este significado se extiende para sugerir un comportamiento absurdo o irresponsable, como en ***fool around*** y ***mess around***: *There were one or two serious students, but most of them fooled around all day.*

Acción de rodear

El tercer significado más común de **around** se encuentra en los verbos preposicionales que sugieren el acto de rodear, de congregarse alrededor de algo o alguien, como en ***gather around*** o ***cluster around***: *Come on, children, gather round, and I'll show you how to make a cake.*

Girar, volverse

Un reducido grupo de verbos preposicionales con **around** tiene relación con la acción de girar o dar la vuelta, como en ***spin around*** y ***turn around****: A voice broke the silence and made them spin around.*

Bordear, evitar, no tocar

A veces **around** aporta una idea de bordear algo o evitar un tema, como en la combinación ***skirt around****: We skirted around the edge of the lake and went into the woods; The final communiqué skirts around the issue of farm subsidies.*

AS *preposición*

As es una de las preposiciones más comunes en inglés, pero sólo se utiliza en un pequeño número de verbos preposicionales. Todos hacen referencia a la naturaleza o la función de una cosa, como en ***know as*** y ***mark as****: The bison is now most common in North America, where it is known as the buffalo.* A veces la naturaleza es falsa o distinta de lo que se esperaba originalmente, como en ***do as*** o ***serve as****: Due to a lack of space, the living room often has to serve as a study.*

ASIDE *adverbio*

Aside no es una palabra muy común en inglés, pero se utiliza con gran frecuencia para formar verbos preposicionales. Cuando se combina con verbos, tienen tres sentidos principales. Es posible crear nuevos verbos preposicionales para cada uno de estos sentidos, normalmente con verbos de movimiento.

Movimiento hacia un lado

El sentido básico y literal de **aside** hace referencia a un movimiento hacia el lado, como en ***step aside****: When he stepped aside we could see into what looked like an Aladdin's cave.* Este sentido se extiende a otros verbos preposicionales, como ***stand aside*** y ***step aside***, que se utilizan para hacer referencia al acto de ceder su lugar o posición a otra persona apartándose para dejar el lugar libre y que esa persona lo ocupe: *He chose to step aside and let the party choose another leader.* Fíjate que ***step aside*** tiene tanto el sentido literal como el figurado.

Olvidar, descartar o rechazar

Ciertos verbos de movimiento combinados con **aside**, como ***lay aside***, ***throw aside***, ***set aside***, ***wave aside*** o ***sweep aside***, tienen este segundo significado no literal de olvidar, descartar o rechazar algo, o de deshacerse de ello: *We can progress only if we lay aside our prejudices and adopt a positive attitude; Throwing aside her inhibitions, she stood up and sang; She waved aside all protests and carried on as if nothing had happened.*

Dejar aparte o guardar para el futuro

Algunos verbos preposicionales con **aside** hacen referencia a la acción de separar o dejar las cosas aparte, como en ***lay aside*** y ***set aside***. Estos dos verbos preposicionales tienen significados más amplios que sugieren la idea de mantener algo aparte para usarlo en el futuro: *We always have some spare cash laid aside for emergencies.*

AT *preposición*

At es una palabra muy común en inglés y su sentido básico hace referencia al hecho de identificar la posición de algo en el espacio y el tiempo. Bastante a menudo se utiliza **at** para crear nuevos verbos preposicionales con los dos sentidos recogidos a continuación.

Apuntar, dirigir
En la unión del verbo con el objeto, **at** se utiliza para crear el sentido de apuntar o dirigir. Ejemplos de verbos preposicionales en que se usa **at** de esta manera incluyen *aim at*, *look at*, *throw at*, *laugh at*, *point at* y muchos más: *I aimed at one of the trees, but the arrow hit the wall beyond; He was afraid that the other children would laugh at him for not knowing the answer.*

Atacar o golpear
At también une a su objeto verbos que hacen referencia a algún tipo de ataque físico o a la acción de golpear a alguien. Ejemplos incluidos en este grupo son *grab at*, *strike at* y *fly at*: *She suddenly flew at him, clawing with her nails.*

AWAY *adverbio*

Away es una palabra muy común en inglés. En combinaciones de verbos preposicionales, se utiliza con siete sentidos principales, y es posible utilizarla en todos los sentidos para crear nuevos verbos preposicionales.

Apartarse, alejarse
El sentido literal y más común de **away**, cuando hace referencia a un movimiento hacia un lugar alejado, se encuentra en las combinaciones *go away*, *move away* y *send away*: *Now he must go away and I suppose I shall never see him again; Move away from the door and keep your hands in the air.*

Separarse, escindirse
El sentido de separarse o escindirse aparece en verbos preposicionales como *break away* o *pull away*. La acción a la que hace referencia el verbo puede ser brutal, brusca y repentina: *They became so disillusioned that they broke away from the Labour Party and formed the Social Democratic Party; Three of the prisoners managed to break away from their guard.*

Quitar, retirar; arrancar, arrebatar
Away puede acompañar verbos que tienen un significado de quitar o retirar algo: *They took his driving license away for six months.* A veces puede haber una idea de cierta violencia, como en el caso de *tear away* o *snatch away*: *He snatched the book away from me and threw it into the fire.*

Desaparecer y destruir
Away se utiliza con verbos que hacen referencia a la desaparición o la destrucción de algo, provocando su desaparición, como en *die away*, *fade away*, *melt away*, *drop away* y *waste away*. Recuerda que la mayoría de combinaciones con este sentido sugieren que el acto o proceso de desaparición es lento y gradual: *The sounds of the orchestra faded away until only a single violin could be heard; We watched helplessly as he wasted away, his body ravaged by cancer.*

Continuar

Verbos preposicionales como *plug away*, *work away* y *slog away* se utilizan cuando se hace referencia a algo que continua por un período de tiempo. Estas combinaciones a menudo también denotan una actividad difícil: *Learning the guitar is a slow process, you have to keep plugging away at it.*

Deshacerse de las cosas

Away se usa con menos frecuencia en verbos preposicionales que hacen referencia al hecho de deshacerse de las cosas, y a veces de las personas. Ejemplos incluidos en este grupo son *drive away*, *frighten away*, *throw away* y *wash away*: *There's no sense trying to repair it, throw it away and buy a new one; They kept the camp fire burning to frighten the bears away.*

Guardar y esconder

Finalmente, se utiliza **away** en verbos preposicionales que hacen referencia al acto de guardar, atesorar o esconder. Estos incluyen *file away*, *put away* y *tidy away*: *Remember to tidy away all those toys before you go to bed.*

BACK adverbio

Back es una palabra común en inglés y aparece en muchos verbos preposicionales en este diccionario. **Back** tiene cinco significados cuando se utiliza en combinación con verbos.

Moverse hacia atrás, apartarse

El sentido más común de **back** hace referencia al acto de apartarse o de apartar algo hacia atrás, como en los verbos preposicionales *drop back*, *fall back* y *hang back*: *Our troops had to fall back in the face of an assault by the enemy.* A veces, como extensión de este sentido, el movimiento hace referencia a una falta de progreso, como en *hold back* y *set back*: *A knee injury has set back his training schedule by one month.*

Regresar y repetir

Verbos preposicionales como *double back* y *go back* contienen la noción de regresar al lugar o a la posición en que uno se encontraba antes: *We came to a set of locked gates and had to double back and find another route.* En *give back*, *hand back* y *send back*, la acción consiste en devolver a alguien algo que le has cogido, tomado prestado o que le debes: *The customs officer looked hard at my passport and then handed it back to me.* En *answer back*, *fight back* y *strike back*, alguien responde a un ataque atacando a su vez a su agresor, ya sea físicamente o verbalmente: *If you don't fight back he'll just go on bullying you.* El sentido de repetir una acción se encuentra en los verbos preposicionales *play back*, *read back* y *go back over*: *She played back the messages on her answerphone.*

Recuperar

El tercer sentido está relacionado con el segundo porque incluye la noción de algo devuelto, si bien en verbos preposicionales con este sentido se centra más bien en la persona que devuelve la cosa y no en la persona a quien se le devuelve. Ejemplos incluyen *get back*, *take back* y *win back*: *British companies are going all out to win back the markets they lost during the recession.*

Pasado
Verbos preposicionales que hacen referencia al pasado incluyen *date back*, *think back* y *look back*: *I think back to the mistakes I've made and what I could have done to prevent them; These fossils are thought to date back as far as the Cambrian era.*

Control y limitación
Hay un grupo de verbos combinados con **back** cuyos significados hacen referencia al acto de controlar, contener o limitar algo, ya sean las emociones, el dinero o un progreso futuro. Entre estos verbos figuran *cut back*, *hold back*, y *fight back*: *We've had to cut back a great deal since my husband lost his job. There are no expensive holidays now and we can't afford a new car; We must try to hold back the enemy till reinforcements arrive.*

BEFORE *preposición y adverbio*

A pesar de que **before** es una palabra muy común en inglés, se utiliza en un pequeño grupo de verbos preposicionales con dos significados básicos.

Tiempo
Los verbos preposicionales con **before** pueden hacen referencia a un tiempo anterior al presente (*come before* y *go before*) o al futuro (*lie before*): *P comes before Q in the alphabet; Some difficult decisions lie before us.*

Presentación
Before también aparece en verbos preposicionales que hacen referencia a la acción de presentar algo a alguien para que pueda emitir un juicio sobre ello o considerarlo. Ejemplos incluidos en este grupo son *come before*, *put before* y *lay before*: *You can say all you want when your case comes before the magistrate; The plans will have to be laid before the committee.*

BEHIND *adverbio y preposición*

Behind es una palabra bastante común en inglés, si bien sólo aparece en un pequeño número de entradas en este diccionario. Su sentido básico hace referencia a la posición en el espacio y el tiempo, y los demás sentidos son extensiones de este sentido general.

Marcharse o quedarse
Este sentido literal de **behind** se encuentra en unos cuantos verbos preposicionales que hacen referencia a la acción de marcharse cuando los otros se han quedado, o bien permanecer en un lugar cuando los otros se han ido. Ejemplos de verbos preposicionales con este significado son *leave behind*, *stay behind* y *stop behind*: *The sports car soon left behind the police cars that were pursuing it; Hurricane Olga moved on to Florida, leaving behind it a trail of destruction; Both of them were told to stay behind after school.*

No avanzar, quedarse rezagado
En otros verbos preposicionales, **behind** hace referencia a la noción de progresar muy poco en relación con los demás. Ejemplos de estos verbos son *fall behind*, *lag behind* y *get behind*: *He's fallen behind the rest of the class and needs extra tuition to catch up; Salaries in Spain lag behind those in many other European countries.*

BELOW preposición y adverbio

Below no es una palabra muy corriente en inglés y su significado general hace referencia a una posición inferior. Se encuentra en unos pocos verbos preposicionales que hacen referencia a los barcos y naves. Así pues, se utiliza *go below* cuando se va de la cubierta al interior de un barco: *It started to rain so we all went below and shut the hatch.*

BENEATH preposición y adverbio

Beneath no es una palabra muy corriente en inglés, al ser una variante un poco más formal de **under** y se combina con muy pocos verbos, por lo que no hay entradas en este diccionario para verbos preposicionales con **beneath**,

BETWEEN preposición

Between es una palabra bastante corriente en inglés y generalmente hace referencia a algo situado en medio de dos o más personas o cosas o a una barrera o brecha que separa a dos personas o cosas. Entre los verbos preposicionales con **between** se incluyen *come between* y *stand between*; ambos hacen referencia a algo que impide a alguien tener o conseguir algo deseado: *He's determined to let nothing come between him and his ambition to reach the top of his profession.* Otras veces **between** hace referencia a la comunicación, como en el caso de *ply between* o *pass between*: *A small ferry plies between the two islands; Thousands of letters passed between them over the years..*

BEYOND preposición y adverbio

Beyond no es una palabra muy corriente en el inglés actual, y sólo aparece en un pequeño grupo de verbos preposicionales. Su sentido básico hace referencia a una posición más allá de algo o alguien como en el caso de *go beyond* o *see beyond*: *His behaviour goes beyond mere enthusiasm, it's obsessive; Many shareholders have adopted an impatient attitude, unable to see beyond the next quarter's earnings.*

BY adverbio y preposición

By es una palabra muy común en inglés y aparece en numerosos verbos preposicionales en este diccionario. Aunque tenga numerosos y variados significados, se pueden identificar cuatro sentidos básicos de **by** cuando se utiliza en combinación con verbos.

Pasar

El uso más común de **by** se encuentra en verbos preposicionales que hacen referencia a la acción de pasar. El significado del verbo preposicional puede ser de movimiento ante algo, al lado de algo, como en *go by*, *push by* y *pass by*: *Through the café window I watched people going by on their way home; I was just passing by and I thought I'd drop in to say hello*. Ahora bien, también puede haber una referencia más general a un movimiento o progreso de cualquier tipo, tanto en el espacio físico como en el tiempo: *A day, a week, then a month passed by, and still there was no news; Don't let this opportunity slip by!*

Visitar

Cuando se combina con determinados verbos, **by** se utiliza para hacer referencia al hecho de visitar a una persona o un lugar brevemente. Ejemplos de verbos preposicionales con este sentido incluyen ***call by, come by*** y ***stop by***: *I'll call by your house on my way to work and pick up the books; At 11.30, a few regulars stopped by the pub but found the door locked.* No olvides que los verbos preposicionales con este sentido se utilizan normalmente en contextos bastante informales.

Obedecer o seguir siendo fiel

By se utiliza en algunos verbos preposicionales que hacen referencia a la idea de obedecer a algo o alguien o de seguir siendo fiel a éste, como en el caso de ***abide by*** o ***stand by***: *The government undertook to abide by the terms of the treaty; In a statement she said that she would stand by her husband, no matter what.*

Almacenar o guardar

El último sentido general de **by** se encuentra en los verbos preposicionales ***lay by*** y ***put by***. Ambos hacen referencia a la acción de guardar algo para utilizarlo más adelante o en el futuro: *She puts a little something by every week "for a rainy day".*

DOWN *adverbio y preposición*

Down es una palabra muy común en inglés y también aparece en muchos verbos preposicionales en este diccionario. Su sentido literal hace referencia al movimiento desde arriba a una posición o un lugar inferior, como en los verbos preposicionales ***fall down, sit down*** y ***throw down***: *He fell down and broke his arm.* **Down** se combina con muchos verbos de movimiento en este sentido, y puesto que los significados de estos verbos preposicionales suelen ser obvios, no se les ha otorgado una entrada en este diccionario (a menos que además tengan un sentido no literal). También se utiliza **down** en varios sentidos no literales, como se explica a continuación.

Disminuir, reducir o convertir en inferior o más pequeño

En los verbos preposicionales ***come down, slow down, calm down*** y ***turn down***, **down** hace referencia al hecho de reducir o disminuir el nivel o el grado de algo: *The unemployment rate has come down for the third month running.* Muchos verbos preposicionales nuevos que pertenecen al registro coloquial se forman utilizando **down** en este sentido. Así, por ejemplo, ***dumb down*** significa reducir un estándar elevado a uno inferior para que sea adecuado para gente con una educación inferior: *Teachers are complaining that exams are being dumbed down so that more pupils can pass.*

Asegurar, sujetar y fijar

Down se utiliza con la idea de fijar o asegurar en verbos preposicionales como ***nail down, pin down, strap down*** o ***weight down***: *The body had been weighted down with stones to make it sink.*

Destruir y romper

En este sentido, se utiliza **down** para sugerir que la acción hace referencia al acto de acabar algo o destruirlo, desintegrarlo o romperlo completamente, como en ***burn down*** o ***break down***: *Most of the medieval abbeys were burned down in the sixteenth century; Two police officers broke down the door.* Se crean nuevos verbos preposicionales con este sentido de **down** con bastante facilidad.

Derrotar

En general este sentido está relacionado con el anterior, aunque en este caso **down** sugiere la noción de derrotar a alguien o algo, como en **bring down, knock down** y **vote down**: *The objective of the Allied attacks was to bring down the Taliban regime in Afghanistan; A Liberal MP tabled an amendment that was subsequently voted down in the Commons.*

Grabar y escribir

Down también se utiliza con bastante frecuencia para mostrar que algo se graba o escribe sobre papel, como por ejemplo en las combinaciones **copy down, note down, set down, take down** y **write down**: *I know I wrote his telephone number down somewhere, but I can't remember where.*

Comer y beber

En este sentido, se utiliza **down** con verbos que tienen relación con comer y tragar, para recalcar que la acción es rápida o brusca. Un ejemplo de un verbo preposicional con este sentido es **gulp down**: *He crammed the papers in his briefcase, gulped down a cup of tea, and rushed out to the car.* Una extensión de este sentido se encuentra en los verbos preposicionales **hold down, keep down** y **stay down**, que se usan para hablar de comida y bebida que permanece en el estómago de alguien que siente que puede devolver: *She was ill all night, but she managed to hold her breakfast down; She's got a stomach bug and can't keep anything down.*

Fuerza, firmeza y autoridad

Down también se puede utilizar para sugerir que la acción a la cual se hace referencia es enérgica o firme, como en **clamp down, crack down,** y **come down on**: *The Department of Social Security is cracking down on benefit fraud.*

Pasar de una generación a la siguiente

En combinaciones como **pass down** y **hand down**, **down** hace referencia a la transferencia de algo de una generación a otra posterior: *The craft of weaving was passed down from father to son.*

Limpiar, pulir, allanar y aplanar

En último sentido, **down** se utiliza con verbos que hacen referencia al acto de limpiar, pulir, allanar y aplanar, como por ejemplo **wash down, sand down, clean down** o **rinse down**: *Before painting the walls you should clean them down first.*

Hay algunos verbos preposicionales con **down** que son totalmente idiomáticos y en los que **down** no tiene un sentido fácilmente identificable. Un buen ejemplo de esto se encuentra en el verbo preposicional informal **go down**: *He wanted to find out what was going down* (Quería averiguar qué estaba pasando).

FOR *preposición*

For es una de las palabras más frecuentes en inglés y se usa mucho en combinación con verbos. A menudo apenas tiene significado, ya que se usa sencillamente para enlazar el verbo a su objeto, compo por ejemplo en **ask for** o **account for. For** también puede aparecer como el tercer elemento en verbos preposicionales, como en **make up for, be cut out for** y **stick up for**. También aparece en algunos verbos preposicionales que tienen un significado puramente idiomático.

For tiene dos significados comunes cuando se utiliza en verbos preposicionales.

Propósitos e intenciones

For se utiliza a menudo para hacer referencia a un propósito o una intención, como en los verbos preposicionales **go for, make for** y **head for**: *I'm thinking of going for the manager's job; We decided to abandon fishing and head for home before I froze to death.* A veces sugiere que el propósito o la intención es el resultado de una decisión o una elección, como en **press for, push for** y **opt for**: *MPs are pressing for an enquiry following recent revelations in the press; The American people opted for a return to isolationism.*

Acciones y estados relacionados con otras personas

For también puede hacer referencia a acciones o estados relacionados con otras personas, y en este sentido a menudo se remplaza por la locución *on behalf of*, sobre todo en contextos más formales Así podemos encontrar verbos como **fear for, root for** o **feel for**: *A blizzard blew up, making us fear for the lives of the climbers who were near the peak; Just go out and do the best you can. You know we'll all be rooting for you.*

FORTH *adverbio*

Forth es una palabra más bien literal y formal y actualmente lo más corriente es encontrarla como partícula en un verbo preposicional. En su sentido básico hace referencia a salir, y los verbos preposicionales con **forth** tienen tres principales sentidos relacionados con este sentido general.

Movimiento hacia delante

Forth hace referencia a un movimiento enérgico hacia delante, hacia fuera o fuera de un lugar. La persona o cosa que se está moviendo normalmente también tiene una cierta intención o propósito firme, como en **venture forth**: *It's much too cold to think of venturing forth unless your journey is absolutely necessary.*

Aparecer o ser producido

En el segundo sentido, **forth** hace referencia a algo que aparece o es producido como en **bring forth** o **call forth**: *When she sees a baby, it calls forth her maternal instincts.* A veces sugiere que lo que aparece tiene un efecto poderoso, o se produce a la fuerza, como una lluvia torrencial como en **come forth, pour forth** o **send forth**: *Moses struck the rock with his rod twice and water came forth abundantly; Clouds of smoke poured forth from the burning warehouse.*

Presentar

Forth también se utiliza para sugerir la idea de presentación, declaración o descripción de algo como una opinión o un plan, normalmente de forma enérgica y vigorosa, como en los dos sentidos anteriores. Ejemplos de verbos preposicionales con este sentido incluyen **hold forth, put forth** y **set forth**: *She's always holding forth about politics and personally I find it quite boring; The book accepts many of the arguments put forth by scholars of the judicial system.*

FORWARD *adverbio*

Forward es uno de los adverbios más comunes en inglés, ya que se utiliza con frecuencia para formar verbos preposicionales en su sentido literal de movimiento en una dirección hacia arriba o hacia delante. Ejemplos de verbos preposicionales con este sentido básico son **lean forward, leap forward, press forward** y **surge forward**: *The protesters surged forward waving placards and driving the riot police back along the boulevard*, pero son muchos más los verbos de movimiento que se pueden utilizar con **forward** en este sentido. Hay tres sentidos más de **forward** que extienden el significado de este sentido general.

Movimiento en el tiempo

Forward puede hacer referencia a movimiento en el tiempo, ya sea en el pasado o en el futuro, como en *bring forward, carry forward, put forward* y *look forward to*: *The trial has been brought forward to the beginning of February; I'm really looking forward to the holidays.*

Presentar u ofrecer

Forward también puede hacer referencia al hecho de presentar u ofrecer algo, a menudo de uno mismo, como en *come forward* y *step forward*: *We hope that anyone with any information about his whereabouts will come forward before another crime is committed*

Desarrollar o progresar

Finalmente, **forward** también hace referencia a algo que se desarrolla o progresa, como en *move forward* o *go forward*: *The scheme can't go forward unless we get planning permission.*

FROM *preposición*

From es una palabra muy común en inglés, pero sólo aparece en un pequeño número de verbos preposicionales. Los verbos preposicionales con **from** tienen dos significados generales muy amplios.

Fuente u origen

From puede indicar la fuente o el origen de algo, como en los verbos preposicionales *come from, date from* y *hail from*: *He's so weird I'm beginning to think he comes from another planet!* A veces el significado se centra más específicamente en la reunión de información en que **from** indica como o donde se ha conseguido esa información, como en *hear from* y *derive from*: *If you haven't heard from the firm within 28 days, write to their head office.*

Ocultar, excluir y separar

El segundo amplio sentido de **from** utilizado en verbos preposicionales sugiere que se oculta una cosa o que alguien evita ser visto o conocido. Ejemplos con este sentido incluyen *keep from* y *conceal from*: *I need to know everything, you mustn't keep anything from me.*

From también se encuentra como tercer elemento en verbos preposicionales, como en *get away from, break away from* y *set apart from*: *Three of the prisoners managed to break away from their guard.*

IN *adverbio y preposición*

In es una de las palabras más comunes en inglés, y su sentido general hace referencia a un movimiento desde el exterior de algo hacia su interior. Este sentido se encuentra en muchos de los significados más específicos que se recogen a continuación.

Entrar o llegar

Hay muchos verbos preposicionales en los que in tiene este sentido literal, y sus significados a menudo son muy claros, como en *come in, go in* y *invite in*. En muchos más casos encontramos combinaciones que básicamente significan lo mismo pero cuyos significados son menos claros, a menudo porque el verbo no se utiliza en su sentido literal. Así, se utilizan los verbos *check in, book in* y *sign in* cuando uno registra formalmente su llegada: *I usually check in an hour before my flight leaves.* Los verbos *flood in, crowd in, pour in* y *pile in*, por ejemplo, designan la entrada masiva de gente (o, a veces, cosas) en un lugar: *On the day of the royal wedding thousands of people poured into the capital by rail and road.*

Reunir, colectar

In también puede hacer referencia al hecho de reunir o colectar cosas. Combinaciones con este sentido incluyen *bring in, get in, fetch in* y *take in*. Los verbos preposicionales *cash in* y *trade in* combinan el sentido de colectar con el sentido de cambiar.

Entrar, poner a salvo, acoger, cobijar

Como extensión a lo anterior encontramos algunos verbos en los que *in* tiene la idea de entrar algo en un sitio seguro o protegido, como en el caso de *bring in, fetch in* o *take in*: *It's starting to rain, you'd better fetch the washing in; She took him in off the streets and brought him up as if he were her own son.*

Llamar, invitar

Verbos como *fetch in, call in* o *bring in* hacen referencia a un llamamiento o una invitación que se hace a alguien para que preste ayuda: *The county police were making no progress with the investigation so they called in the FBI.*

Añadir, incluir, incorporar

Hay muchos verbos preposicionales en que in hace referencia al hecho de añadir o incluir cosas, por ejemplo *add in, build in, fit in* y *put in*: *The fish tank was built into the back wall in the living-room.* Algunos verbos preposicionales incluyen la idea de cosas mezcladas juntas, como en *mix in* y *stir in*: *When you've sifted the sugar and flour, mix the yeast and water in.* Este sentido de mezclar se puede extender más para sugerir que las cosas mezcladas se armonizan bien las unas con las otras, como en *merge in, blend in* y *tone in*: *The purpose of camouflage is to enable the animal to blend in with its surroundings.*

Interrumpir e implicarse, meterse

In también puede hacer referencia a la acción de interrumpir o meterse, como en *barge in, break in* o *cut in*: *The operator cut in on our telephone conversation to tell me there was another call waiting.* A menudo estos verbos preposicionales hacen referencia a acciones de personas que interrumpen y se involucran en situaciones en que nadie les quiere en *butt in* y *muscle in*: *We can't have a sensible discussion if Mr Portillo continually butts in before I've finished what I'm saying.*

Encerrar y limitar

In también se utiliza con verbos para hacer referencia al hecho de encerrar o limitar, como en *lock in, block in* y *snow in*: *The weather was so bad that almost the entire population of the Shetlands were snowed in for three days.* A menudo este sentido no hace referencia a un estado físico a la manera como se siente la gente, como en **hem in** y **pen in**: *It's quite natural for Western women to feel that Muslim traditions hem them in.*

Romper

El grupo de verbos preposicionales con este sentido contiene la idea de romper, pero desde fuera hacia adentro, como en **cave in**, **break in**, **kick in** y **smash in**: *The windscreen had been smashed in and the radio stolen.*

Quedarse en casa

Verbos preposicionales con **in** también pueden hacer referencia al hecho de no salir. En este grupo están incluidos los verbos preposicionales **stay in**, **stop in** y **eat in**: *I don't feel like going out tonight, I'll stay in and watch the telly; We sometimes go out to restaurants, but mostly we eat in.*

Dormir

Un pequeño número de verbos preposicionales con **in** hacen referencia al acto de ir a la cama o quedarse en la cama. Estos son **turn in**, **sleep in** y **lie in**: *Her excuse for sleeping in was that her alarm clock hadn't gone off.*

Algunos verbos preposicionales con **in** tienen significados muy idiomáticos que no se pueden incluir en ninguno de los sentidos anteriores. A menudo se utilizan en contextos informales. Para estos casos hay que consultar el diccionario. Mira también **into**.

INTO *preposición*

Into, al igual que **in**, posee un amplio significado que hace referencia al movimiento desde el exterior de una cosa hacia el interior. Los verbos preposicionales formados con la preposición **into** también abarcan este sentido en sus significados más específicos.

Entrar y llegar

La mayoría de verbos preposicionales con este sentido que incluyen **in** también se pueden formar utilizando **into**. Así pues, **come into**, **go into**, **invite into**, **check into**, **book into**, **sign into**, **flood into**, **crowd into**, **pour into** y **pile into** tienen el mismo significado que los equivalentes formados con **in**. La única diferencia es que se utiliza **into** en lugar de **in** cuando hay un complemento, es decir cuando el verbo preposicional es transitivo y no intransitivo: *She invited me in,* pero: *She invited me into her flat.*

Poner, colocar o situar

Un amplio grupo de verbos preposicionales formados con **into** tienen significados que hacen referencia al acto de poner o colocar cosas en algún lugar, como por ejemplo **fit into** y **slot into**. *The table's easy to assemble, the legs just slot into these holes here.* También se puede combinar este sentido de poner con el sentido de meter o introducir como en el caso de **drum into**: *We had our multiplication tables drummed into us when we were at school.*

Golpear, pegar o chocar con

Algunos verbos preposicionales hacen referencia a la acción de una cosa que golpea o choca con otra, por ejemplo **bump into**, **crash into** y **plough into**: *The two girls died when the car ploughed into them from behind.*

Cambiar, convertir, transformar

Un grupo bastante grande de verbos preposicionales tiene significados que se refieren al proceso mediante el cual la naturaleza o la sustancia de una cosa cambia o es modificado, por ejemplo **turn into, grow into, lapse into** y **make into**: *I bought some new curtains and made the old ones into cushion covers.*

Obligar y persuadir

Finalmente, hay un pequeño grupo de verbos preposicionales en los que se utiliza **into** para hacer referencia a una acción que alguien se ve obligado a llevar a cabo. Algunos ejemplos son **force into, press into** y **talk into**: *It's your decision, I don't want to force you into doing anything against your will.*

Mira también **in**.

OF *preposición*

Of es una palabra muy común en inglés e indica las relaciones entre cosas. Cuando se utiliza con verbos, a menudo carece casi totalmente de significado y sirve de enlace entre el verbo y su complemento. Ahora bien, en algunos grupos de verbos preposicionales, **of** puede indicar cierta relación específica entre el verbo y su objeto.

Calidad y característica

Otros verbos preposicionales con **of** hacen referencia a una calidad o característica establecida que algo o alguien tiene en **reek of, savour of** o **smack of**: *The situation reeks of corruption in high places.* Normalmente, en estas combinaciones el verbo no se usa en su sentido literal.

Quitar, despojar, privar

Entre los verbos preposicionales de este grupo se encuentran **strip of, starve of** y **rob of**: *Booth was stripped of his rank and sentenced to four years in a military prison.*

OFF *adverbio y preposición*

Off se utiliza en muchos verbos preposicionales con una gran variedad de sentidos. Su significado básico, del cual todos los demás son extensiones, es de movimiento hacia fuera o de salida, como en **move off** y **set off**: *The bus moved off before Laura had got on and she fell and broke her leg.* A veces se utiliza **away** en vez de **off** en verbos preposicionales con este sentido general.

Movimiento de una posición superior a una inferior

Este es un sentido ligeramente más específico del sentido general de movimiento hacia fuera, porque hace referencia a movimientos desde una posición superior para llegar a una posición inferior. Combinaciones con este sentido incluyen **jump off, get off, fall off** y **step off**: *He fell off the horse and broke his leg.*

Disminución, reducción o declive

Off también se combina con verbos para demostrar la intensidad o el volumen de algo que disminuye o sufre un declive, como en **cool off** y **slacken off**: *We waited until the rain and wind had slackened off before we left the pub.* En un sentido no literal, también se utiliza para demostrar que la calidad de algo se ha reducido, como en *go off*, en el sentido relacionado con comida que se ha pasado y ya no se puede comer: *The fridge broke down, and all the milk went off*.

Separar o cerrar; cercar, vallar o acordonar
También se puede utilizar **off** con verbos para hacer referencia a acciones o estados en los que se separan unas cosas de otras poniendo una barrera o creando una división o un bloqueo de algún tipo, como en **block off**, **close off**, **fence off** y **partition off**: *They have fenced off part of the park as a children's play area; The area has been closed off to allow investigators to do their work*.

Aguantar o evitar un ataque
En una extensión del significado anterior, los verbos que se combinan con **off** pueden hacer referencia al hecho de resistir o evitar un ataque de algún tipo, como en **fight off**, **stave off**, **hold off** y **head off**: *If Everton can hold Liverpool off until half time, they'll consider that an achievement in itself*

Quitar, eliminar
Off se utiliza en otro grupo de verbos preposicionales para enfatizar que alguien o algo se quita o se elimina por completo, a menudo utilizando un determinado grado de fuerza. Ejemplos incluidos en este grupo son **cut off**, **chop off**, **cross off** y **wash off**: *They executed Mary, Queen of Scots by chopping her head off*. El sentido general de eliminar o deshacerse de algo también se encuentra en un pequeño subgrupo de verbos preposicionales más idiomáticos, como **bump off**, que significa matar, y **cart off**, que significa apartar o llevarse una cosa o una persona en contra de su voluntad o por la fuerza: *Several protesters were arrested and carted off to the police station*.

Empezar, iniciar, desencadenar
Entre los verbos preposicionales con **off** que hacen referencia a hechos que empiezan o que van a ocurrir se encuentran **lead off**, **trigger off**, **spark off** y **kick off**: *We'll introduce ourselves first. Roger, would you like to lead off?; The riots had been sparked off by police brutality*.

Acabar, detener, desconectar o cancelar
A menudo se forman nuevos verbos preposicionales que pertenecen a registros informales con este sentido, que indica o implica que algo se acaba o se cancela, como en **leave off**, **turn off**, **call off** y **switch off**: *I wish Frank would leave off filling the kids' heads with that nonsense; Don't forget to switch your computer off before you leave*. Muchos verbos preposicionales con este sentido tienen el significado contrario al sustituir **off** por **on**.

Finalizar o completar
Off se utiliza como intensificador en verbos preposicionales como **kill off**, **finish off**, **pay off** y **sell off**, que sugieren que las acciones han llegado a su fin y se han completado: *Infectious diseases killed off a large percentage of the population; Never borrow more money to pay off existing debts*.

Rechazar, restar importancia, no hacer caso, no tener en cuenta
Off también puede implicar que la idea del verbo es de rechazar algo o restarle importancia como en **brush off**, **shrug off**, **write off** y **laugh off**: *He shrugged off the allegations as mere gossip; I must admit we'd written him off, but then he made a miraculous recovery*.

Ausentarse del trabajo o la escuela

Un grupo de verbos preposicionales con **off** que pertenecen mayoritariamente a registros informales se utiliza cuando se hace referencia al hecho de ausentarse del trabajo o el colegio, sobre todo cuando esa ausencia no está autorizada o no se hace por razones justificadas. Este grupo incluye ***stay off*, *skive off*** y ***bunk off***: *You're allowed to take two days off to move house; Those boys should be in school. Are they skiving off again?*

Explotar o disparar

Off también se utiliza con verbos que hacen referencia a acciones que tienen relación con el hecho de descargar armas de fuego y otros artefactos explosivos, como en ***set off, blast off*** y ***go off***: *Exhaust fumes had set off the fire alarm in the garage; The gun went off accidentally while he was cleaning it.*

ON adverbio y preposición

On se utiliza en un gran número de verbos preposicionales, tanto en su sentido literal como en sentidos no literales. Su sentido literal tiene relación con el lugar o la posición. También se encuentra en combinación con muchos verbos bastante formales, como **enlarge on, impinge on** y **touch on**, en que su función esencial es conectar el verbo con el objeto, y en los que a menudo se utiliza **upon** como variante. En su significado literal general, **on** se combina con muchos verbos que hacen referencia a un lugar o una posición particular. A menudo indica que hay un contacto directo con una cosa. Algunos ejemplos de verbos preposicionales en los que se utiliza **on** en su sentido general son **rest on, place on, lie on, land on** y **step on**, aunque hay muchos más. Precisamente porque su sentido es literal, estos verbos no aparecen en el diccionario.

Movimiento en una dirección

Se encuentra con frecuencia **on** en combinación con verbos que indican que la acción a la que se hace referencia se dirige hacia un lugar o una cosa en particular, como en ***centre on, focus on, fire on, look on*** y ***shine on***. Algunas combinaciones con este sentido literal también tienen sentidos no literales: *Not centred on a single topic, the book deals with various aspects of Greek civilization.*

En o dentro de un vehículo, barco o avión

Algunos verbos preposicionales con **on** se refieren específicamente a un movimiento hacia una posición dentro o encima de un vehículo. Estos incluyen ***get on*** y ***pile on***: *Hurry up and get on the bus.*

Continuar, seguir

On también se utiliza con verbos para sugerir que la acción continúa hasta un determinado punto o durante un período extenso de tiempo. A menudo se crean nuevos verbos preposicionales con este sentido, tanto en inglés británico como en inglés americano. Algunos de los verbos preposicionales más conocidos con este sentido son ***carry on, keep on, walk on*,** y ***go on***: *She keeps on talking about her childhood, as if she wants to return to the past; They walked on in silence, not even looking at each other.* También hay muchos que tienen un significado más idiomático, como en ***rave on*** y el informal ***rabbit on***: *Do you have any idea what he was raving on about?; She can spend a full hour on the phone rabbiting on about nothing in particular.* A veces existe la idea de animar a alguien para que avance o continúe a desarrollar alguna acción como en ***come on, cheer on, egg on*** y ***lead on***: *All his friends came to the match to cheer him on to victory.*

Vestirse

Verbos preposicionales con **on** que hacen referencia al acto de vestirse incluyen *have on*, *put on*, *pull on* y *slip on*: *He pulled on his coat and ran out of the door.*

Atar, abrochar o añadir

Otro grupo de verbos preposicionales con **on** indica o sugiere que algo está atado o abrochado de forma segura a otra cosa. El significado puede ser literal o figurado. Ejemplos de combinaciones con este sentido incluyen *stick on*, *peg on* o *pin on*. En un inglés más formal o literario, a veces se utiliza **upon** en lugar de **on** con verbos preposicionales con este sentido.

Empezar, conectar o conllevar trabajo

El siguiente grupo de verbos preposicionales con **on** incluye la idea de que algo ha empezado, o está relacionado con lo que proporciona el poder de operar. Como ejemplos están *turn on*, *put on* y *switch on*: *It was very hot so she switched the air-conditioning on.*

Utilización como base o fuente

Los verbos combinados con **on** pueden demostrar que la persona o cosa a la que se hace referencia es lo que se utiliza como fuente o base para la acción o que es la causa de la condición del sujeto. Combinaciones con este sentido incluyen *act on*, *draw on* y *base on*: *She bases her theory on the findings of a team of Swiss scientists.*

Consumo

En relación con el sentido anterior, este sentido hace referencia al hecho de comer o de utilizar algo como combustible. Ejemplos incluyen *dine on* y *run on*: *To celebrate their wedding anniversary they dined on lobster.* **Off** puede sustituirse por **on** en todos estos verbos preposicionales y también se puede utilizar **upon** como variante con verbos que hacen referencia al acto de comer.

Atacar

Turn on y *round on* son dos ejemplos de un grupo de verbos preposicionales que sugieren la idea de un ataque súbito o de una acción violenta dirigida contra una persona o un objetivo en particular: *Don't make sudden movements or the dogs may turn on you.*

Descubrimiento, comprensión

Chance on y *stumble on* son dos ejemplos de verbos preposicionales que demuestran que algo ha sido descubierto: *He was working on engine efficiency when he stumbled on the revolutionary new fuel.* *Latch on* y *cotton on* indican comprensión: *It took her a moment to latch onto what they were arguing about.*

Transferencia

Hand on y *pass on* son ejemplos de otro grupo de verbos preposicionales cuyos significados tienen relación con la transferencia de algo de una persona a otra, o de una generación a la siguiente: *You can pass on the infection without knowing.*

Algunos verbos preposicionales con **on** son tan idiomáticos en su significado que no se pueden incluir en ninguna categoría. Por ejemplo, *have someone on*: *Was he having me on about his brother being in the Foreign Legion, or is it true?*

On a veces aparece como tercer elemento en los verbos preposicionales, como en *cash* *in on*, *crack down on*, *home in on* y *take out on*: *I know you're upset because of what happened at work, but don't take it out on the children.*

ONTO *preposición*

Onto hace referencia al movimiento hacia una posición o un lugar, como en *jump onto*, *fall onto* y muchos más: *He managed to jump onto the train just as it was leaving the station.* También puede hacer referencia a la acción de atar, fijar, abrochar o transferir algo de un lugar a otro, como en *cling onto* y *hang onto*: *Hang onto the rail, these steps are wet and very slippery.* Recuerda que los sentidos literales no siempre se recogen en este diccionario.

OUT *adverbio*

Out es una palabra muy común en inglés y se utiliza con mucha frecuencia en combinación con verbos. Su significado básico es de movimiento desde el interior hacia el exterior.

Salir
Los verbos preposicionales con **out** utilizados en este primer sentido literal indican que alguien o algo deja un lugar o sale de él. Algunos ejemplos de verbos preposicionales con este sentido son *go out*, *get out*, *drive out*, *walk out*, *fly out* y *sail out*: *We went out into the garden.*

Sacar, quitar
Entre los verbos preposicionales con **out** que tienen este segundo sentido literal se encuentran *take out*, *pull out*, *draw out* y *scoop out*: *He pulled a wad of hundred-dollar bills out of his pocket.* Con frecuencia se crean nuevas combinaciones que pertenecen a registros informales con este sentido.

Tachar y borrar
Una extensión del sentido anterior hace referencia a quitar algo en el sentido de tacharlo o borrarlo, como en el caso de *cross out* o *rub out*: *She wasn't satisfied with what she had written so she rubbed it out and started again.*

Excluir, omitir y rechazar
Este sentido indica que alguien o algo se excluye, omite, rechaza. Ejemplos incluidos en este grupo son *rule out*, *leave out*, *miss out* y *blot out*: *After such a poor performance, he risks being left out of the team; A knee injury ruled him out of the match.*

Echar, expulsar
Este sentido indica que alguien o algo se echa o expulsa de un lugar o un grupo. Ejemplos incluidos en este grupo son *throw out*, *cast out* y *kick out*: *He was thrown out of the disco because he was drunk.*

Buscar, obtener, descubrir
Find out, *seek out* y *check out* son ejemplos de verbos preposicionales que incluyen el sentido de descubrir una información que se desconocía anteriormente o que es difícil de obtener: *If he keeps cheating on his wife, she'll find out sooner or later and divorce him.* Algu-

nos verbos preposicionales de este grupo son más idiomáticos, como por ejemplo *ferret out, root out, sniff out* y *dig out*: *See if you can sniff out what it is they're up to.*

Salir, aparecer; escaparse
También se utiliza **out** en algunos verbos preposicionales que hacen referencia a algo que aparece o surge, a menudo desde un lugar donde ha sido ocultado o retenido. Ejemplos incluyen *break out, pop out* y *come out*: *They managed to break out of prison by sawing through the bars.*

Proyectar, sobresalir
Jut out, poke out y *stick out* son ejemplos de verbos preposicionales en relación con la idea de proyectar hacia fuera y lejos de una superficie o un objeto: *His big toe was poking out of a hole in his sock.*

Al exterior, de puertas para afuera o fuera de casa
Un grupo de verbos preposicionales con **out** hace referencia a actividades que se llevan a cabo en el exterior, más allá o fuera de tu entorno habitual en casa o en el trabajo. Estos incluyen *camp out, cook out, eat out, ask out, invite out* y *send out*: *She's been invited out to dinner and won't be home until late.*

Escoger, seleccionar
Single out y *pick out* son dos ejemplos de verbos preposicionales con este sentido. La selección puede hacerse a partir de un grupo o de un número de alternativas posibles: *The police singled him out for questioning even though he hadn't been one of the demonstrators.*

Hacer un ruido brusco y alto
Hay un grupo bastante amplio de verbos con **out** que sugieren que se hace un ruido de forma brusca o elevada, y que a menudo asusta a la persona que lo oye por su brusquedad o intensidad, como por ejemplo *cry out, shout out, blare out* y *bawl out*: *I shouted out to her, but she walked past.*

Producir
Out también se combina con verbos para crear el sentido de algo que se produce rápidamente, fácilmente o en grandes cantidades. Ejemplos de verbos preposicionales incluidos en este grupo son *churn out, turn out* y *rattle out*: *The universities churn out thousands of graduates every year, but most of them have no specialized training; With up-to-date machinery the firm could rattle out twice as many parts as they can now.*

Acabar, extinguir o desaparecer completamente
Este sentido se encuentra en los verbos preposicionales *go out, run out, peter out* y *conk out*: *Within a short distance from the airport, roads peter out to cattle tracks.* Este sentido se extiende para hacer referencia a acciones que provocan la pérdida de conocimiento de una persona, como en *black out, knock out, pass out* y *crash out*: *I must have blacked out: the next thing I remember is two men pulling me from the car.*

Distribuir
Give out, hand out, dole out, divide out y *pay out* son ejemplos de verbos preposicionales con este sentido general: *The class prefect would hand out books and pens to the others.*

Extender
Stretch out, reach out y *hold out* son algunos ejemplos del grupo de verbos preposicio-

nales que contienen la idea de extender o ensanchar en al menos uno de sus significados: *By stretching out his arm he could just reach the telephone.*

Aumentar, incrementar, ampliar
Let out, flesh out, pad out y *balloon out* son tres ejemplos del grupo de verbos preposicionales que hacen referencia a algo que se extiende o que aumenta de tamaño o de extensión: *He padded his report out with a load of meaningless statistics.*

Completar, rematar, perferccionar
Este importante sentido genera un gran número de nuevos verbos preposicionales con **out**, que se utiliza como intensificador para dar una idea de completar, rematar o perfeccionar algo. Entre los verbos preposicionales más comunes con este sentido se encuentran **work out, clear out** y **iron out**: *How can we smooth things out between Tim and Anna so that they're not quarrelling all the time?*

Seguir hasta que se acabe algo
Este sentido implica que la acción del verbo se lleva a cabo hasta que la situación a la que se hace referencia se termine o pueda considerarse acabada. Ejemplos de verbos preposicionales con este sentido son **hold out, last out** y **stick out**: *A pile of firewood that size should last out the winter; Fordyce stuck it out for six months in the factory before he quit.*

Grabar, demostrar, planificar o escribir
Map out, sketch out y *copy out* son tres de los verbos preposicionales cuyos significados indican que se deja constancia, graba, escribe o planifica algo: *She copied out the whole letter for me in her impeccable handwriting; Her parents appear to have her career all mapped out for her.*

Atacar
Algunas combinaciones con **out** demuestran que la acción es la de atacar a alguien o algo con golpes o insultos verbales. Ejemplos de verbos preposicionales incluidos en este grupo son **hit out** y **lash out**: *They hit out at the festival organizers, claiming not enough had been done to promote the city*

Recuerda que también se utiliza **out** en varios verbos preposicionales muy idiomáticos.

OVER *preposición y adverbio*

Over es una palabra muy común en inglés, y se usa frecuentemente como partícula en verbos preposicionales. Su sentido general es similar al de **above**. Como preposición, a menudo se utiliza simplemente para unir el verbo y el objeto. Ahora bien, otros verbos preposicionales pueden agruparse en función de los sentidos que aquí se detallan.

Arriba o encima
En los verbos preposicionales de este grupo **over** se utiliza en su sentido literal (por lo tanto estos usos no siempre se recogen en el diccionario). La acción transcurre en un lugar o en una posición por encima de otra cosa, como en **fly over**: *He watched the planes fly over the city and wondered where they were going.* En una extensión de este sentido literal, **over** también puede implicar que el movimiento se produce desde una posición superior a una inferior, como en **bend over** y **lean over**: *She leaned over and kissed him on the cheek.* En una mayor extensión del sentido general, se hace referencia al acto

de supervisar o de ser responsable de otros, como en **rule over, preside over** y **watch over**: *The shepherd stood with his dog, watching over his flock of sheep.*

Movimientos de un lado a otro
Los verbos preposicionales formados a partir de verbos de movimiento con **over** también pueden tener el sentido literal que indica un movimiento de un lado a otro, como en *cross over, leap over* y *walk over*: *He crossed over the road.* A veces el sentido es de algo situado de manera que cuelga a ambos lados de algo, como en *hang over*: *He took his shirt off and hung it over a chair.* Estos sentidos literales no aparecen en el diccionario.

Cubrir, tapar u ocultar
Este sentido lo ejemplifican las combinaciones *paint over, freeze over, ice over, cover over* y *gloss over*: *That was the year it was so cold that the lake iced over in November; It's no use the Minister trying to gloss over his department's mistakes*

Movimiento hacia un lado
Un pequeño grupo de verbos preposicionales con **over** indica que el movimiento se produce desde un lado o hacia un lado, como en *pull over* o *move over*: *You'd better pull over to let the ambulance go past*

Derrame, desbordamiento
Boil over, brim over y *spill over* son ejemplos de verbos preposicionales que indican que algo, especialmente un líquido, se derrama y sale del contenedor o recipiente en que se encuentra: *The champagne was so bubbly that the glasses brimmed over onto the table.*

Comunicar un sentimiento o una impresión
Over también se utiliza en un pequeño número de verbos preposicionales para indicar que se comunica algo a los otros, como en *put over, get over* y *come over*. A menudo se utiliza **across** en vez de **over** para verbos preposicionales con este sentido: *She came over as very intelligent and enthusiastic at the interview.*

Acabar, terminar
Over también se utiliza en un pequeño grupo de verbos preposicionales que implican que algo acaba o llega a su fin, como en *give over* o *blow over*: *I wish he would give over droning on about his holiday; We huddled together in the cellar and waited for the hurricane to blow over.*

Volver a hacer algo
Un pequeño grupo de verbos preposicionales, utilizado sobre todo en inglés americano, utiliza **over** para demostrar que se vuelve a hacer algo. Entre estos se encuentran *do over* y *start over*: *It's full of mistakes, you'll have to do it over.* Los equivalentes de estos verbos preposicionales en inglés británico son *do again* y *start again*.

Ver, examinar, considerar, repasar
Combinaciones con este sentido incluyen *go over, check over, talk over* y *think over*: *I'll talk it all over with Alan before taking a decision; Just give me a moment to check over what you have written so far.* Normalmente, está implícito en el sentido que el examen es atento y metódico.

Caer, volcar
Fall over, knock over, tip over y *trip over* contienen el sentido de caer o ser empujado

desde una posición de pie a una horizontal, en el suelo: *She lost her balance and fell over; The big man stood up suddenly, tipping his chair over.*

Transferir o cambiar la posición
Over también se combina con verbos para dar el sentido de que algo se transfiere de una persona a otra o que cambia de una posición a otra. Ejemplos incluyen **switch over** y **hand over:** *Switch over to BBC1, the football's just coming on; Come on, hand over the money!*

PAST *preposición y adverbio*

Past aparece generalmente con verbos de movimiento y suele guardar su sentido literal, el de acercarse o pasar al lado de alguien o algo. Algunos ejemplos son **drive past**, **go past**, **run past**, **hurry past** y **walk past**: *You'd better pull over to let the ambulance go past.* Otras veces **past** hace referencia no al espacio físico sino al paso del tiempo: *I was so happy that the days seemed to fly past.*

ROUND *adverbio y preposición*

Round es una palabra muy común en inglés británico y tiene muchos sentidos diferentes. En los verbos preposicionales, se identifican hasta ocho sentidos distintos. En la mayoría de los verbos preposicionales, se puede sustituir **round** por **around** o **about** en algunos de los sentidos del verbo preposicional sin cambiar el significado. Recuerda que en inglés americano normalmente se utiliza la forma **around**.

Movimiento
El sentido literal de **round** en general hace referencia a un movimiento en diferentes direcciones o a una acción que transcurre en varios lugares, como en **move round**, **chase round** y **pass round**. **Round** se combina con bastante libertad con los sentidos literales de verbos de movimiento para formar verbos preposicionales.

Girar, dar vueltas
El segundo significado más común de **round** es en verbos preposicionales que hacen referencia a la acción de girar, normalmente de girar para situarse en la dirección contraria, como en **look round**, **swing round**, **turn round** y **wheel round**: *He swung round, grabbed him by the collar and shook him.*

Convencer
La idea de girar para mirar en la dirección contraria se extiende en un pequeño grupo de verbos preposicionales que hacen referencia al acto de convencer a alguien de que cambie de opinión o de decisión, como en **bring round, talk round** y **win round**: *It took some persuasion, but we won him round in the end.*

Rodear
Otro grupo de verbos preposicionales contiene la idea de rodear como parte de su significado. En este grupo están incluidos **wrap round** y **gather round**: *Come on, children, gather round, and I'll show you how to make a cake.*

Evitar, eludir
En algunos verbos preposicionales con **round,** la idea de pasar en una trayectoria cir-

cular se extiende para hacer referencia al acto de evitar o eludir algo. Entre los verbos preposicionales con este sentido se incluyen **talk round, skirt round** y **get round:** *We skirted round the vexed question of what was to be done with the children; We'll just have to face it, I can't see any way of getting round it.*

Visitar
En el grupo de verbos preposicionales con este significado se encuentran **call round, drop round, come round** y **go round:** *I'm just going to drop round to Mum's and see if she's okay.*

Recobrar el sentido
Entre los verbos preposicionales que tienen un sentido que hace referencia al hecho de recuperar la conciencia después de haberse desmayado, de haber sido golpeado o de estar bajo los efectos de una anestesia están incluidos **bring round, pull round** y **come round:** *I saw his eyelids move, I think he's coming round.*

Falta de actividad o de propósito
Ejemplos de verbos preposicionales con **round** que incluyen la idea de falta de propósito o de actividad son **stand round** y **hang round:** *They spend most of their free time hanging round the bar trying to pick up girls.*

THROUGH *adverbio y preposición*

Through tiene varios significados cuando se usa en combinación con verbos. El significado general y literal hace referencia a un movimiento a través de algo, como en los verbos **pass through, slide through, flow through** y **jump through:** *The liquid then passes through this filter and all impurities are removed.* Este sentido puede ampliarse para hacer referencia al hecho de cortar o penetrar un objeto sólido o tipo de barrera. Ejemplos incluidos en este grupo son **cut through, break through** y **see through:** *You'll need a saw rather than secateurs if you want to cut through that thick branch.*

Hacer algo concienzudamente, detalladamente, a fondo
Ejemplos de verbos con este sentido son **think through** y **talk through:** *Let's not rush into this, we'd better talk it through first and not do anything rash.*

Mirar o leer
Como extensión del sentido anterior, como preposición **through** se combina a menudo con verbos para indicar que se mira, examina o lee algo, a veces de principio a fin, como en **glance through, look through, read through** y **leaf through:** *She sat at a table in the corner, leafing through a magazine.*

Terminar, completar llegar al final
Este grupo de verbos preposicionales contiene la idea de completar o terminar algo, a menudo después de un esfuerzo o cierto grado de dificultad. Ejemplos de verbos preposicionales con este sentido son **see through, work through** y **get through:** *The support of his family and friends saw him through his long illness; It'll take me hours to get through all these letters*

TO *preposición y adverbio*

To es una palabra muy común en inglés. A menudo carece casi completamente de significado y principalmente actúa como palabra de enlace para demostrar la relación entre cosas. Como preposición, **to** se utiliza con muchos verbos para demostrar que el movimiento o la acción se dirige hacia una persona, un lugar o un objetivo en particular, como en *go to*, ***admit to*** y ***look to***: *She has always looked to her parents for support*. También se utiliza como adverbio en los casos de ***pull to*** y ***push to*** que significan ajustar una puerta o una ventana. Otras combinaciones en las que se utiliza **to** como adverbio son *come to*, que significa recobrar el sentido y *set to*, que significa empezar a hacer algo, normalmente de forma enérgica.

A menudo **to** aparece como tercer elemento en verbos preposicionales, como ***feel up to**, **get up to**, **hang on to*** y ***lead up to***.

TOGETHER *adverbio*

Together aparece en un grupo reducido de verbos preposicionales. Su sentido general está relacionado con la unión o combinación de dos o más personas o cosas. Los cuatro sentidos principales que se describen a continuación están relacionados con este sentido general.

Reunir, unir, juntar, combinar

Together se combina con verbos para indicar proximidad o reunión como en ***bring together*** o ***gather together***: *The Festival brings together major musical talents from all parts of the world*. También indica unión, como en ***stick together**, **add together*** o ***string together***: *All we have to do is stick together and tell the truth; Add together the flour and sugar; I'm trying to string together a number of appointments in Manchester on the same day*.

Compartir, hacer algo juntos

Together indica también que dos o más personas comparten algún tipo de relación entre ellas, como en ***live together**, **work together**, **go together*** o ***sleep together***: *They've been going together for six months now*.

Formar un conjunto o una unidad

Otro pequeño grupo de verbos preposicionales con **together** hace referencia a personas o cosas que se unen o combinan entre ellas para formar un conjunto o una unidad, como en ***piece together**, **cobble together*** o ***hang together***: *We had to cobble together a sort of stretcher from branches and an old blanket so that we could get the injured man to hospital*.

Cooperar

El último grupo de verbos preposicionales con **together** hace referencia a un número de personas que forman un grupo para hacer algo que no serían capaces de hacer de manera individual, como en ***band together**, **club together*** y ***get together***: *The resistance fighters banded together to form a united front*.

TOWARDS *preposición*

Recuerde que en inglés americano a menudo se utiliza la forma **toward**. Cuando **towards** se combina con verbos, se crean cuatro sentidos generales.

Movimiento hacia algún sitio
El significado más común y literal de **towards** tiene relación con un movimiento hacia alguien o algo y da combinaciones fácilmente interpretables como **advance towards, head towards, march towards,** y **run towards**: *The gangsters' car was last seen heading towards Las Vegas.* A veces, este significado básico llega a tener una interpretación más figurada que literal como, por ejemplo, en **lean towards, incline towards** o **tend towards**: *It is clear that NATO is leaning increasingly towards a military solution; Young voters tended towards leftist politics.*

En o hacia una posición frente a alguien o algo
El segundo significado literal de verbos combinados con **towards** hace referencia a estar situado enfrente de alguien o algo, como en **face towards, turn towards** y **look towards**. Por ser transparentes, no hay verbos con este significado en el diccionario.

Actitud o sentimientos
Una extensión del sentido anterior es el uso de **towards** para indicar una actitud o unos sentimientos hacia alguien acomo en **feel towards** o **behave towards**: *He behaved very badly towards her..* No hay verbos con este significado en el diccionario.

Propósito, objetivo
La idea de hacer o usar algo para un propósito en particular se encuentra en el último grupo de verbos preposicionales como **put towards** o **work towards**: *My rich uncle gave me ,5000 to put towards a flat; We are working towards a totally integrated free public transport system.*

UNDER *preposición y adverbio*

Under es una palabra bastante común en inglés pero sólo aparece en un pequeño número de verbos preposicionales, que pueden clasificarse bajo cuatro sentidos generales.

Movimiento y posición
Under aparece en verbos preposicionales que hacen referencia al hecho de meterse o estar una cosa por debajo de otra, o debajo de una superficie, como en **pull under** o **go under**: *The ship struck a rock and went under.* El significado suele ser literal, pero a veces es más figurado: *We're pretty snowed under with all of these Christmas orders.*

Jerarquía
El sentido de estar debajo de algo se extiende en el segundo grupo de verbos preposicionales para hacer referencia a la posición de alguien que recibe órdenes de un superior. Ejemplos incluidos en este grupo son **work under** y **serve under**: *From 1851 to 1854 he was in Canada, returning in 1854 to serve under Sir Henry James*

Clasificación
Under también puede hacer referencia a la ubicación de algo dentro de un sistema jerárquico de clasificación, como en el caso de **come under, fall under** o **go under**: *Would you say dictionaries come under 'General Reference' or 'Language'?; Sorry, but I don't think a weekend in Mallorca falls under the heading of "Business Travel".*

Derrota o destrucción

Under también aparece en unos cuantos verbos preposicionales que tienen que ver con la derrota o la destrucción, como *go under*: *They'll lose everything if the company goes under.*

UP *adverbio y preposición*

Up es una de las palabras más comunes en inglés y es la partícula que aparece con más frecuencia en los verbos preposicionales. El sentido general de **up** hace referencia a un movimiento hacia arriba, y este sentido se encuentra en muchos verbos preposicionales, como *look up, reach up, jump up, sit up, dig up* y *pick up*: *She reached up to the hook for her dressing-gown; He saw a coin on the floor, and bending down, picked it up and put it in his pocket.*

Aumentar, incrementar, crecer, desarrollar

En verbos preposicionales que entrañan la idea de un aumento o mejora, el uso de **up** es muy común. Ejemplos incluidos en este grupo son *grow up, hurry up, save up* y *speed up*: *He's grown up a lot since he went away to school; I'm saving up to buy a new car; Human activity has speeded up the pace of deforestation.*

Mejorar, perfeccionar

Relacionada con la noción de aumento está la idea de mejora o perfección, y hay numerosos ejemplos de verbos preposicionales con **up** que tienen este sentido general, como *brush up, cheer up, smarten up, spruce up*: *He'd even spruced himself up in a clean shirt and a fairly respectable-looking jacket.*

Acabar, terminar, completar

Otra aparición común de **up** en verbos preposicionales hace referencia a algo que se acaba o que ya ha terminado, como en *drink up, eat up, swallow up* y *wind up*: *Come on, gentlemen, drink up now. The bar closes in five minutes.* Relacionada con la idea de acabar está la idea de algo que llega o llegará a su estado o condición final, como en *heal up, fill up, tidy up, wash up* y *wrap up*: *The wound has almost completely healed up now; You have to fill up dozens of forms when you take your car abroad.* La idea de acabarse o consumirse totalmente alguna cosa se encuentra en verbos como *spend up, burn up* o *use up*: *When the oxygen is all burned up, the candle will go out.*

Abrochar, cerrar

Up también aparece en un buen número de verbos preposicionales cuyos significados tienen relación de alguna manera con la idea de abrochar, como en *button up, lace up, stitch up, tie up* y *zip up*: *Don't go out without buttoning your coat up; He's only four and he can already lace his own shoes up.*

Tapar, obstruir, obturar

Un sentido relacionado con el anterior sugiere la idea de un hueco o un espacio que se llena para formar una barrera, como en *board up, clog up, dam up, jam up, plug up* y *stop up*: *Shopkeepers, terrified by rumours of street violence, had boarded their windows up.*

Estropear y deteriorar; destrozar

Este grupo de verbos preposicionales contiene la idea de algo que se estropea o deteriora como en *break up, mess up, mix up* y los informales *foul up* y *muck up*: *This pilots' strike has really messed up our holiday plans.* El estropicio o deterioro puede llegar a convertirse en destrucción, como en el caso de ***rip up***, ***smash up*** y ***tear up***: *Harry ripped up the photograph and tossed the pieces into the waste bin; After their team lost the match, English hooligans smashed up everything in their path.*

Preparar

Los verbos preposicionales que incluyen el sentido de preparar algo, especialmente una comida, como parte de su significado incluyen ***brew up***, ***cook up***, ***heat up***, ***start up*** y ***warm up***: *I didn't feel much like cooking, so I just warmed up a tin of beans.*

Inventar y producir

Como extensión del sentido anterior, **up** puede expresar la noción de inventar o producir, como en el caso de ***come up with***, ***cook up***, ***dream up***, ***make up*** y ***think up***: *Who came up with the bright idea to have a barbecue in March?; I'd like to meet the person who dreamed up this ridiculous scheme so that I could tell them what I thought of it.*

Reunir, juntar, amontonar

Otros verbos preposicionales con **up** contienen la idea de reunir cosas, como en ***heap up***, ***pile up***, ***round up*** y ***stack up***: *After you finish cutting the firewood, please pile it up in the shed.* Algunos hacen referencia a la idea de gente que se reúne en un grupo o que forma una pareja, como en ***gang up***, ***join up***, ***meet up*** y ***team up***: *Several of his former political allies ganged up on him; In his new film Gibson teams up with Clooney to fight organized crime in the Chicago of the twenties.*

Acercarse, alcanzar y tocar

También hay muchos verbos preposicionales que contienen la idea de acercarse como parte de su significado, como ***close up***, ***creep up*** y ***steal up***: *Through the infra-red scope he could see two figures stealing up on the sentry* La idea de dos personas o cosas que se encuentran tan cerca la una de la otra que se tocan o permanecen en contacto se encuentra en ***cuddle up*** y ***snuggle up***: *She went in to check on the children and found them all cuddled up in bed.*

Dar

Un pequeño número de combinaciones con **up** incluye la idea de dar en su significado, como los verbos preposicionales ***cough up***, ***pay up***, ***settle up*** y ***stump up***: *Her father had to stump up 8,000 pounds for the wedding.* La mayoría de estos verbos sugieren que el hecho de dar se hace a regañadientes.

Dividir

Otro pequeño grupo de verbos preposicionales con **up** hace referencia a la acción de dividir las cosas o de cortarlas en porciones, como ***cut up***, ***carve up***, ***divide up*** y ***slice up***: *Slicing up the Christmas cake, she offered a piece to each of the guests.*

Aplastar y estrujar

Algunos verbos preposicionales, como ***screw up*** y ***scrunch up*** tienen relación con las acciones de empujar, aplastar o estrujar algo para que quede comprimido: *Jason screwed the letter up nonchalantly and tossed it into the bin.*

UPON *preposición*

Upon no es una palabra muy común en inglés. Ahora bien, al ser una variante más formal de **on**, puede aparecer en un gran número de verbos preposicionales, a pesar de que **on** es mucho más usual. **Upon** no suele aparecer en vez de **on** en los usos más informales, vulgares o pertenecientes al argot, pero sí puede usarse en la mayoría de los principales sentidos aquí listados bajo **on**. No obstante, hay un pequeño número de verbos preposicionales que sólo aparecen con **upon**, que incluyen *put upon* y *come upon*: *I came upon these letters when I was sorting through her desk.*

WITH *preposición*

With es una de las palabras más comunes en inglés y aparece en un número bastante amplio de verbos preposicionales con cuatro sentidos principales.

Relación, conexión, interacción

Por su estrecha relación con el sentido literal de **with**, muchos verbos preposicionales contienen la idea de algún tipo de relación, conexión o interacción entre personas, como por ejemplo *live with, meet with, sleep with* o *visit with*: *Rob's been living with his girlfriend for six months now.* A veces la interacción es dificultosa, como lo sugieren los verbos preposicionales idiomáticos *mess with, tangle with* y *trifle with*: *He tangled with the Mafia and ended up in the bottom of a lake.* En otros casos la conexión se ha roto o se va a romper, como en *break with, finish with* o *split up with*: *She split up with him last month.*

Intervención

En este grupo de verbos preposicionales se encuentran *deal with*, y *wrestle with*: *Aaron spent a sleepless night wrestling with his conscience, and in the morning resolved to tell her the truth.* Algunos indican que la acción no es deseada ni bienvenida, com en *interfere with, meddle with, mess with* y *tinker with*: *Have you been tinkering with the computer again?*

Dar y abastecer

En unos cuantos verbos preposicionales con **with**, que a menudo se usan en la voz pasiva, está presente la idea de dar o abastecer en sus significados. Estos incluyen *provide with, land with, saddle with* y *supply with*: *I found myself landed with the bill for the whole meal; We will provide you with a free uniform.*

Dar apoyo

Agree with y *side with* contienen la idea de dar apoyo a otra persona: *Jess didn't know if she should side with her colleagues or follow her own beliefs.* La idea de seguir dando apoyo se encuentra en *hold with, stick with* y *stay with*: *You stick with me, kid, and you'll be all right.*

Con frecuencia, **with** aparece como tercer elemento en verbos preposicionales, como en *come up with, get away with, keep in with* y *take up with*.

WITHOUT *preposición*

Without es una palabra bastante común en inglés pero sólo aparece en un pequeño número de verbos preposicionales, y todos contienen la idea de una falta o ausencia de algo. Algunos ejemplos son *do without* y *go without*: *Our parents didn't have the money for Christmas presents, so we went without.*

Símbolos fonéticos usados en este diccionario

Todas las entradas inglesas en este diccionario llevan transcripción fonética basada en el sistema de la Asociación Fonética Internacional (AFI). He aquí una relación de los símbolos empleados. El símbolo ' delante de una sílaba indica que es ésta la acentuada.

Las consonantes

[p]   pan [pæn], happy [ˈhæpɪ], slip [slɪp].
[b]   big [bɪg], habit [ˈhæbɪt], stab [stæb].
[t]   top [tɒp], sitting [ˈsɪtɪŋ], bit [bɪt].
[d]   drip [drɪp], middle [ˈmɪdəl], rid [rɪd].
[k]   card [kɑːd], maker [ˈmeɪkəʳ], sock [sɒk].
[g]   god [gɒd], mugger [ˈmʌgəʳ], dog [dɒg].
[tʃ]   chap [tʃæp], hatchet [ˈhætʃɪt], beach [biːtʃ].
[dʒ]   jack [dʒæk], digest [daɪˈdʒest], wage [weɪdʒ].
[f]   fish [fɪʃ], coffee [ˈkɒfɪ], wife [waɪf].
[v]   very [ˈverɪ], never [ˈnevəʳ], give [gɪv].
[θ]   thing [θɪŋ], cathode [ˈkæθəʊd], filth [fɪlθ].
[ð]   they [ðeɪ], father [ˈfɑːðəʳ], loathe [ləʊð].
[s]   spit [spɪt], stencil [ˈstensəl], niece [niːs].
[z]   zoo [ˈzuː], weasel [ˈwiːzəl], buzz [bʌz].
[ʃ]   show [ʃəʊ], fascist [fæˈʃɪst], gush [gʌʃ].
[ʒ]   gigolo [ˈʒɪgələʊ], pleasure [ˈpleʒəʳ], massage [ˈmæsɑːʒ].
[h]   help [help], ahead [əˈhed].
[m]   moon [muːn], common [ˈkɒmən], came [keɪm].
[n]   nail [neɪl], counter [ˈkaʊntəʳ], shone [ʃɒn].
[ŋ]   linger [ˈfɪŋgə], sank [sæŋk], thing [θɪŋ].
[l]   light [laɪt], illness [ˈɪlnəs], bull [bʊl].
[r]   rug [rʌg], merry [ˈmerɪ].
[j]   young [jʌŋ], university [juːnɪˈvɜːsɪtɪ], Europe [ˈjʊərəp].
[w]   want [wɒnt], rewind [riːˈwaɪnd].
[x]   loch [lɒx].
[ʳ]   se llama *'linking r'* y se encuentra únicamente a final de palabra. Se pronuncia sólo cuando la palabra siguiente empieza por una vocal: mother and father [ˈmʌðər ən ˈfɑːðəʳ].

Las vocales y los diptongos

[iː] sheep [ʃiːp], sea [siː], scene [siːn], field [fiːld].
[ɪ] ship [ʃɪp], pity [ˈpɪti], roses [ˈrəʊzɪz], babies [ˈbeɪbɪz], college [ˈkɒlɪdʒ].
[e] shed [ʃed], instead [ɪnˈsted], any [ˈeni], bury [ˈberi], friend [frend].
[æ] fat [fæt], thank [θæŋk], plait [plæt].
[ɑː] rather [ˈrɑːðəʳ], car [kɑːʳ], heart [hɑːt], clerk [klɑːk], palm [pɑːm], aunt [ɑːnt].
[ɒ] lock [lɒk], wash [wɒʃ], trough [trɒf], because [bɪˈkɒz].
[ɔː] horse [hɔːs], straw [strɔː], fought [fɔːt], cause [kɔːz], fall [fɔːl], boar [bɔːʳ], door [dɔːʳ].
[ʊ] look [lʊk], pull [pʊl], woman [ˈwʊmən], should [ʃʊd].
[uː] loop [luːp], do [duː], soup [suːp], elude [ɪˈluːd], true [truː], shoe [ʃuː], few [fjuː].
[ʌ] cub [kʌb], ton [tʌn], young [jʌŋ], flood [flʌd], does [dʌz].
[ɜː] third [θɜːd], herd [hɜːd], heard [hɜːd], curl [kɜːl], word [wɜːd], journey [ˈdʒɜːni].
[ə] actor [ˈæktəʳ], honour [ˈɒnəʳ], about [əˈbaʊt].
[eɪ] cable [ˈkeɪbl], way [weɪ], plain [pleɪn], freight [freɪt], prey [preɪ], great [greɪt].
[əʊ] go [gəʊ], toad [təʊd], toe [təʊ], though [ðəʊ], snow [snəʊ].
[aɪ] lime [laɪm], thigh [θaɪ], height [haɪt], lie [laɪ], try [traɪ], either [ˈaɪðəʳ].
[aʊ] house [haʊs], cow [kaʊ].
[ɔɪ] toy [tɔɪ], soil [sɔɪl].
[ɪə] near [nɪəʳ], here [hɪəʳ], sheer [ʃɪəʳ], idea [aɪˈdɪə], museum [mjuːˈzɪəm], weird [wɪəd], pierce [pɪəs].
[eə] hare [heəʳ], hair [heəʳ], wear [weəʳ].
[ʊə] pure [pjʊəʳ], during [ˈdjʊərɪŋ], tourist [ˈtʊərɪst].